Andrea Müller-Dobler
SteuerSparBuch 2021/2022

Andrea Müller-Dobler

SteuerSparBuch 2021/2022

Für Lohnsteuerzahler und Selbständige

Bibliografische Information der Deutschen Nationalbibliothek

Die Deutsche Nationalbibliothek verzeichnet diese Publikation in der Deutschen Nationalbibliografie; detaillierte bibliografische Daten sind im Internet über http://dnb.d-nb.de abrufbar.

Hinweis: Aus Gründen der leichteren Lesbarkeit wird auf eine geschlechtsspezifische Differenzierung verzichtet. Entsprechende Begriffe gelten im Sinne der Gleichbehandlung für alle Geschlechter.

ISBN 978-3-7093-0680-2
ISBN 978-3-7094-1188-9 (E-Book – PDF)
ISBN 978-3-7094-1189-6 (E-Book – ePub)

Umschlag: buero8 + Linde Verlag Ges.m.b.H.

1210 Wien, Scheydgasse 24, Tel.: 01/24 630
www.lindeverlag.at

Satz: psb, Berlin
Druck: Hans Jentzsch u Co. Ges.m.b.H.
1210 Wien, Scheydgasse 31
Dieses Buch wurde in Österreich hergestellt

Gedruckt nach der Richtlinie des Österreichischen Umweltzeichens „Druckerzeugnisse", Druckerei Hans Jentzsch & Co GmbH, UW-Nr. 790

PRINTED IN AUSTRIA

Vorwort

Das Corona-Virus (Covid-19) hatte und hat nach wie vor die gesamte Welt im Griff mit weitreichenden Auswirkungen auf Wirtschaft und Gesellschaft. Der Staat hat in Österreich mit zahlreichen Hilfs- und Unterstützungsmaßnahmen rasch reagiert. Mittlerweile ist aber für alle Betroffenen die Vielfalt der Maßnahmen unübersichtlich. Auch wenn viele Maßnahmen schon ausgelaufen oder im Auslaufen sind, so geht es für die Betroffenen mitunter um die Existenz, jedenfalls aber um viel Geld. Daher finden Sie in diesem Buch mit dem **„Corona-Guide"** einen praktischen Leitfaden für Familien, für Arbeitnehmer und vor allem für Selbständige mit allen Maßnahmen und Begünstigungen. Darin enthalten sind nicht nur die steuerlichen Begünstigungen (zB Pendlerpauschale), sondern Direktförderungen (zB Härtefallfonds, Fixkostenzuschuss, Umsatzersatz), jeweils übersichtlich erläutert und mit praktischen Hinweisen versehen, wie man zur Begünstigung kommt.
Darüber hinaus gab und gibt es auch über die Corona-Krise hinaus einige **Änderungen**, wie zB Begünstigungen fürs Homeoffice und Öffi-Ticket, neue Spielregeln für die Pauschalierung von Kleinunternehmen oder den Versandhandel. Und auch von der ökosozialen **Steuerreform** gibt es erste Eckpunkte, auch wenn die Beschlussfassung noch aussteht.

Das SteuerSparBuch zeigt in verständlicher und übersichtlicher Form, wie man seine persönlichen Möglichkeiten zum Steuersparen optimal und auf einfachem Wege nutzen kann. Der Aufbau des SteuerSparBuchs ist so gestaltet, dass jeder sehr leicht seine individuellen Vorteile erkennen und umsetzen kann:

- ➔ In der Einleitung finden Sie die Änderungen 2021 und 2022 sowie den **Corona-Guide**, weiters allgemeine Informationen über den Umgang mit dem Finanzamt inklusive FINANZOnline sowie eine Steuerspar-Checkliste.
- ➔ Teil A ist dann speziell für **Lohnsteuerzahler** gedacht. Er enthält alle Informationen über Freibeträge und Absetzbeträge sowie Tipps für Begünstigungen bei der Lohnabrechnung.
- ➔ In Teil B finden **Selbständige** (Freiberufler, Gewerbetreibende, Vermieter, Lohnsteuerzahler mit Nebenjobs) alles über die Einkommensteuer, die Umsatzsteuer und die Einnahmen-Ausgaben-Rechnung sowie die Sozialversicherung.
- ➔ Teil C schließlich behandelt sonstige Steuern und Beihilfen und ist daher für alle Steuerzahler von Interesse.

Freiberuflern und allen anderen Einnahmen-Ausgaben-Rechnern steht mit **Linde Office** eine **Buchhaltungslösung** zur Verfügung, mit der Sie Ihre **Einnahmen-Ausgaben-Rechnung** im Internet erledigen können – und somit überall mit allen Geräten. Selbstverständlich befinden sich Ihre Daten sicher auf Servern in Österreich. Weitere Informationen erhalten Sie unter **www.lindeoffice.at**.

Für Ihre Einkommensteuererklärung bieten wir Ihnen weiterhin das bewährte **Steuer-SparProgramm kostenfrei** zum Download. Unter www.lindeoffice.at können Sie sich Ihre Version herunterladen.

Außerdem erhalten Sie unter www.lindeoffice.at Zugang zur kostenfreien **Steuer-SparApp**, mit der Sie Ihre Arbeitnehmerveranlagung mittels Tablet und Smartphone auch mobil erledigen können.

Unter www.steuersparbuch.at/vorlagen2021 stehen Ihnen die im Buch aufgenommenen **Formulare** zum Download zur Verfügung.

Wien, im November 2021 Mag. Andrea Müller-Dobler, MBA, MSc

INHALT

Corona-Guide

Zur Abfederung der Auswirkungen durch die COVID-19-Pandemie wurden und werden von der Bundesregierung zahlreiche Maßnahmen beschlossen. Der nachstehende Corona-Guide soll als Überblick und Leitfaden dabei unterstützen, rasch die jeweils relevanten Begünstigungen und Unterstützungen zu finden, den Inhalt und Umfang der Maßnahmen sowie den schnellsten Weg zu diesen Hilfen zu kennen.

Der Corona-Guide behandelt sämtliche Begünstigungen und Unterstützungen (Steuern, Beihilfen, Direktförderungen usw) in der Reihenfolge

1. Familien/Kinder
2. Arbeitnehmer und Pensionisten
2.1. Allgemeine steuerliche Maßnahmen für Arbeitnehmer
2.2. Steuerliche Maßnahmen für Arbeitnehmer iZm der COVID-19-Pandemie
2.3. COVID-19-Maßnahmen für Arbeitnehmer
3. Selbständige und Unternehmen
3.1. Allgemeine steuerliche Maßnahmen für Selbständige und Unternehmen
3.2. Steuerliche Maßnahmen für Selbständige und Unternehmen iZm der COVID-19-Pandemie
3.3. Finanzielle Zuschüsse für Selbständige und Unternehmen iZm der COVID-19-Pandemie
3.4. Entlastungen für Arbeitgeber
3.5. Umsatzsteuersätze

Dabei wird jeweils zuerst der Kern der jeweiligen Begünstigung angeführt, dann werden Gegenstand sowie Höhe erklärt und schließlich gibt es noch Hinweise, wie man zur jeweiligen Begünstigung kommt. Im Hinblick auf die Überprüfungen durch das Finanzamt werden alle Corona-Maßnahmen, auch wenn sie nicht mehr beantragt werden können, aufgelistet.

Der Vollständigkeit halber sei angeführt, dass neben diesen zahlreichen Maßnahmen der Bundesregierung noch verschiedene Bundesländer und teilweise auch Kommunen weitere Unterstützungsmaßnahmen gesetzt haben, die hier nicht behandelt werden können. Überdies werden im Hinblick auf den Verlauf der Pandemie Verlängerungen der verschiedenen Maßnahmen sowie auch neue Maßnahmen laufend diskutiert. Der gegenständliche Corona-Guide gibt die Rechtslage zum Zeitpunkt der Drucklegung Mitte November wieder.

Das Finanzministerium hat unter 050 233 770 eine **Corona-Hotline zu steuerrechtlichen Erleichterungen und zur Kurzarbeit** eingerichtet. Die Finanz ist aber auch zuständig für die Prüfung einiger COVID-19-Förderungen, und zwar den Fixkostenzuschuss, Garantieübernahmen durch die Austria Wirtschaftsservice GmbH oder die Österreichische Hotel- und Tourismusbank sowie die Zuschüsse aus dem Härtefallfonds und Kurzarbeitsbeihilfen (Förderungsprüfung).

Die Finanzämter handeln als Gutachter. Zur Überprüfung der Fördermaßnahmen kann das Finanzamt abgabenbehördliche Maßnahmen, wie Nachschauen, Außenprüfungen und begleitende Kontrollen, vornehmen. Es muss ein Prüfungsauftrag mit den zu prüfenden Fördermaßnahmen vorgelegt werden, die erlangten Informationen unterliegen dem Steuergeheimnis.

Im Hinblick auf allfällige Überprüfungsverfahren werden auch die bereits ausgelaufenen Corona-Maßnahmen dargestellt.

Ausgewählte COVID-19-Rechtsnormen

Bundesgesetze

- ➔ **2. COVID-19-Gesetz** (BGBl I 2020/16 vom 21.3.2020)
- ➔ **3. COVID-19-Gesetz** (BGBl I 2020/23 vom 4.4.2020)
- ➔ **6. COVID-19-Gesetz** (BGBl I 2020/28 vom 5.5.2020)
- ➔ **18. COVID-19-Gesetz** (BGBl 2020/44 vom 14.5.2020)
- ➔ **19. COVID-19-Gesetz** (BGBl I 2020/48 vom 17.6.2020)
- ➔ **20. COVID-19-Gesetz** (BGBl I 2020/49 vom 17.6.2020)
- ➔ **22. COVID-19-Gesetz** (BGBl I 2020/64 vom 7.7.2020)
- ➔ **Epidemiegesetz 1950** (EpiG, BGBl I 1950/186 idF BGBl I 2021/143 vom 26.7.2021)
- ➔ **COVID-19-Förderungsprüfungsgesetz** (CFPG, BGBl I 2020/44 idF BGBl I 2021/118 vom 30.6.2021)
- ➔ Errichtung eines Fonds für eine Überbrückungsfinanzierung für selbständige Künstlerinnen und Künstler (BGBl I 2020/64 idF BGBl I 2021/137 vom 26.7.2021)
- ➔ **COVID-19-Zweckzuschussgesetz** (BGBl I 2020/63 idF BGBl I 2021/187 vom 28.10.2021)
- ➔ **Investitionsprämiengesetz** (InvPrG, BGBl I 2020/88 idF BGBl I 2021/95)
- ➔ **COVID-19-Steuermaßnahmengesetz** (BGBl I 2021/3 vom 7.1.2021)
- ➔ Errichtung des **COVID-19-Krisenbewältigungsfonds** (COVID-19-FondsG, BGBl I 2020/12 idF BGBl I 2021/4 vom 7.1.2021)
- ➔ Förderungen des Bundes aufgrund der COVID 19-Pandemie, die an das **steuerliche Wohlverhalten** geknüpft werden (BGBl I 2021/11 von 7.1.2021)
- ➔ **Bundesabgabenordnung** (BGBl I 1961/194 idF BGBl I 2021/47 vom 24.3.2021)
- ➔ Änderung des Künstler-Sozialversicherungsfondsgesetzes und des 22. COVID-19-Gesetzes (BGBl I 2021/38 vom 24.3.2021)

- ➜ **2. Covid-19-Steuermaßnahmengesetz** (BGBl I 2021/52 vom 25.3.2021)
- ➜ **KMU-Förderungsgesetz** (BGBl I 1996/432 idF BGBl I 2021/166 vom 27.7.2021)
- ➜ **Garantiegesetzes 1977** (BGBl I 1977/296 idF BGBl I 2021/111 vom 30.6.2021)
- ➜ **Einkommensteuergesetz 1988** und **Umsatzsteuergesetz 1994** (BGBl I 2021/112 vom 30.6.2021)
- ➜ **Härtefallfondsgesetzes** (BGBl I 2020/16 idF BGBl I 2021/125 vom 6.7.2021)

Verordnungen

- ➜ KMU-Förderungsgesetz COVID-19-HaftungsrahmenV (BGBl II 2020/123 idF BGBl II 2021/330 vom 21.7.2021)
- ➜ Garantiegesetz 1977 COVID-19-HaftungsrahmenV (BGBl II 2020/135 vom 7.4.2020)
- ➜ Richtlinien über die Ergreifung von finanziellen Maßnahmen zur Erhaltung der Zahlungsfähigkeit und zur Überbrückung von Liquiditätsschwierigkeiten von Unternehmen im Zusammenhang mit der Ausbreitung des Erregers SARS-CoV-2 und den dadurch verursachten wirtschaftlichen Auswirkungen (BGBl II 2020/143 idF BGBl II 2021/313 vom 8.7.2021)
- ➜ 2. Verordnung des Bundesministers für Finanzen gemäß § 3b Abs. 3 des ABBAG-Gesetzes betreffend Richtlinien über die Ergreifung von finanziellen Maßnahmen, die zur Erhaltung der Zahlungsfähigkeit und zur Überbrückung von Liquiditätsschwierigkeiten von Unternehmen im Zusammenhang mit der Ausbreitung des Erregers SARS-CoV-2 und den dadurch verursachten wirtschaftlichen Auswirkungen geboten sind (BGBl II 2020/154 vom 13.4.2020)
- ➜ Richtlinien über die Gewährung von Zuschüssen zur Deckung von Fixkosten durch die COVID-19 Finanzierungsagentur des Bundes GmbH (COFAG), (BGBl II 2020/225 idF BGBl II 2021/249 vom 4.6.2021)
- ➜ Verlängerung bestimmter Zeiträume nach dem ASVG, dem GSVG, dem B-SVG und dem B-KUG im Zusammenhang mit der COVID-19-Krisensituation (BGBl II 2020/244 vom 29.5.2020)
- ➜ NPO-Fonds-Richtlinienverordnung (NPO-FondsRLV, BGBl II 2020/300 idF BGBl II 2020/627 vom 30.12.2020)
- ➜ Richtlinien über die Gewährung von Zuschüssen zur Erhaltung der Zahlungsfähigkeit für standortrelevante Unternehmen durch die COVID-19 Finanzierungsagentur des Bundes GmbH (COFAG, BGBl II 2020/326 vom 20.7.2020)
- ➜ COVID-19-Verlustberücksichtigungsverordnung (BGBl II 2020/405 vom 17.9.2020)
- ➜ Richtlinie zum Schutzschirm von Veranstaltungen I (BGBl 1996/432 idF vom 31.3.2021)

- ➔ Richtlinie zum Schutzschirm von Veranstaltungen II (BGBl II 1996/432 idF vom 7.10.2021)
- ➔ Richtlinien über die Gewährung eines Lockdown-Umsatzersatzes durch die COVID-19 Finanzierungsagentur des Bundes GmbH (COFAG), (BGBl II 2020/467 vom 6.11.2020)
- ➔ Richtlinien über die Gewährung eines begrenzten Fixkostenzuschusses bis EUR 800.000 durch die COVID-19 Finanzierungsagentur des Bundes GmbH (COFAG), (BGBl II 2020/497 idF BGBl II 2021/253 vom 8.6.2021)
- ➔ Richtlinien über die Gewährung eines Lockdown-Umsatzersatzes durch die COVID-19 Finanzierungsagentur des Bundes GmbH (COFAG) (Verordnung Lockdown-Umsatzersatz, BGBl II 2020/503 idF BGBl II 2020/565 vom 15.12.2020)
- ➔ Verordnung über die Gewährung eines Verlustersatzes (BGBl II 2020/568 idF BGBl II 2021/252 vom 8.6.2021)
- ➔ COVID-Kurzarbeit-Obergrenzen-Verordnung (BGBl II 2020/132 idF BGBl II 2020/2019 vom 20.5.2020)
- ➔ Verordnung über die Aufstellung von Durchschnittssätzen für Werbungskosten (BGBl 1988/400 idF BGBl II 2021/39 vom 1.2.2021)
- ➔ Elektronische Übermittlung von Anbringen an die Finanzstrafbehörde im Zusammenhang mit Maßnahmen zur Verhinderung der Verbreitung des Coronavirus (BGBl II 2020/158 idF BGBl II 2021/129 vom 26.3.2021)
- ➔ Verordnung Lockdown-Umsatzersatz II (BGBl II 2021/71 idF BGBl II 2021/131 vom 26.3.2021)
- ➔ Verordnung Ausfallsbonus (BGBl II 2021/74 idF BGBl II 2021/163 vom 12.4.2021)
- ➔ 2. NPO-Fonds-Richtlinienverordnung (BGBl II 2021/99 vom 5.3.2021)
- ➔ Nähere Ausgestaltung der Prüfung von Förderungen des Bundes aufgrund der COVID-19-Pandemie (BGBl II 2021/284 vom 30.6.2021)
- ➔ 3. NPO-Fonds-Richtlinienverordnung (3. NPO-FondsRLV, BGBl II 2021/307 vom 6.7.2021)
- ➔ Verordnung Ausfallsbonus II (BGBl II 2021/342 vom 27.7.2021)
- ➔ Verordnung über die Verlängerung der Gewährung eines Verlustersatzes (BGBl II 2021/343 vom 28.7.2021)

(Voraussichtliche) Verlängerung von COVID-19-Hilfen durch den vierten Lockdown

Zum Zeitpunkt der Drucklegung wurde von der Bundesregierung der vierte Lockdown ab 22.11.2021 bekannt gegeben. Parallel dazu wurde auch in Aussicht gestellt, dass bestimmte Zuschüsse bzw Hilfen verlängert werden sollen, die Details waren aber zum Zeitpunkt der Drucklegung noch nicht bekannt. Die konkrete Ausgestaltung und Beschlussfassung der nachstehenden Punkte bleiben also abzuwarten.

Neu eingeführt werden soll, dass es bei Hilfen des Ausfallsbonus, des Verlustersatzes, des Härtefallfonds, des NPO-Fonds und des Veranstalterschutzschirms zu einer Rückzahlung der Hilfen kommt, wenn die COVID-19-Bestimmungen nicht eingehalten werden. Bei Verwaltungsstrafen wegen Verstoß iZm 2G-Kontrollen soll die Rückzahlung der Hilfen für den jeweiligen Monat vorgesehen werden.

Achtung

Um Sie stets auf dem aktuellen Stand zu halten, finden Sie neue Beschlüsse zu Covid-19-Maßnahmen und -Unterstützungen der Bundesregierung – **laufend aktualisiert** – unter **www.lindeverlag.at/ssb2022**.

Selbständige und Unternehmen

Ausfallsbonus

Voraussetzungen	• Umsatzeinbruch von mind. 40 % im Vergleich zum identen Monat 2019
Höhe	• Ersatzrate 10 %-40 % des Umsatzrückgangs (je nach Kostenstruktur der Branche) • 2,3 Mio € (statt bisher 1,8 Mio €)
Zeitraum	November 2021 bis März 2022
Antragsfrist	ab 16.12.2021

Verlustersatz

Voraussetzungen	• Umsatzeinbruch von mind. 40 % im Vergleich zum identen Monat 2019
Höhe	• Ersatzrate 70 %-90 % des Verlustes • maximal 12 Mio € (statt bisher 10 Mio €)
Zeitraum	Verlängerung von Jänner 2022 bis März 2022
Antragsfrist	Anfang 2022

Härtefallfonds

Voraussetzungen	• mindestens 40 % Einkommensrückgang bzw • laufende Kosten können nicht mehr gedeckt werden
Höhe	• Ersatzrate 80 % zuzüglich 100 € des Nettoeinkommensentgangs • mindestens 600 € • maximal 2.000 €
Zeitraum	November 2021 bis März 2022

Darüber hinaus sollen folgende Hilfen verlängert werden:

➔ NPO-Fonds: Verlängerung bis März 2022
➔ Veranstalterschutzschirm: Verlängerung bis März 2022
➔ Garantien: bis Juni 2022

Corona-Kurzarbeit

Arbeitsausfall	Reduktion der Arbeitszeit bis zum völligen Arbeitsausfall
Höhe	Ersatz von 80 %-90 % des Nettoeinkommens
Frist	31.12.2021

Kunst- und Kulturbereich

NPO-Fonds

Zeitraum	Q4 2021 und Q1 2022

Künstler-Sozialversicherung

Zeitraum	November und Dezember 2021 und Q1 2022
Höhe	• Analog zu Härtefallfonds (600 €) • Lockdown-Monate (1.000 €)

Künstlersozialversicherungs-Fonds (KSVF)

Zeitraum	Verlängerung Q1 2022

Veranstalterschutzschirm

Verlängerung Antragstellung	bis 30.6.2022 für Veranstaltungen bis 30.6.2023

Comeback-Zuschuss Film (Ausfallshaftung)

Verlängerung Antragstellung	• bis 30.6.2022 • Gültigkeit bis 31.12.2022

Arbeitnehmerinnen und Arbeitnehmer

Verlängerung des **Freistellungsanspruchs für Risikogruppen, Sonderbetreuungszeit** und **Freistellungsanspruch für Schwangere** sowie der **Dienstfreistellung für Erwerbstätige mit Vorerkrankungen** (Vorlegen eines Risiko-Attests).

1. Corona-Guide für Familien

Familienbeihilfe für studierende Kinder	• Anspruchsdauer für die Familienbeihilfe verlängert sich um ein Semester oder Ausbildungsjahr • Diese Verlängerung ist in der aktuellen Studienphase wirksam, in der sich der oder die Studierende befindet • Sie durchbricht auch die bestehenden Altersgrenzen von 24 (in Einzelfällen 25) Jahren • Voraussetzung ist, dass das Studium vor Erreichung der Altersgrenzen begonnen wurde
Familienbeihilfe für Kinder, die in Berufsausbildung stehen	• Anspruchsdauer für die Familienbeihilfe verlängert sich um 6 Monate
Absolvierung eines freiwilligen Dienstes, Präsenz-, Ausbildungs- oder Zivildienstes	• Verlängerung des Beihilfenanspruches um 1 Semester oder um 1 Ausbildungsjahr, wenn zum Zeitpunkt der Erreichung der Altersgrenze der Beginn oder die Fortsetzung des Studiums infolge der COVID-19-Pandemie nicht möglich war

2. Corona-Guide für Arbeitnehmer

2.1. Allgemeine steuerliche Maßnahmen für Arbeitnehmer

Ab Jänner 2021: Bezüge aus gesetzlicher Kranken- und Unfallversicherung, Rehabilitationsgeld oder Wiedereingliederungsgeld	**Senkung des Lohnsteuerabzugs von 25 % auf 20 %, soweit diese Bezüge 30 € täglich übersteigen**
Ab Jänner 2021: Bezüge nach dem Heeresgebührengesetz	Senkung des Lohnsteuerabzugs von 22 % auf 20 %, soweit diese Bezüge 20 € täglich übersteigen
Pendlerpauschale – Fahrrad, Elektrofahrräder	Stellt der Arbeitgeber ein Fahrrad oder Elektrofahrrad zur Verfügung, geht der Anspruch auf das Pendlerpauschale nicht verloren
Neu ab 1.7.2021: Steuerfreiheit für Wochen-, Monats- oder Jahreskarte für öffentlichen Verkehr (**Öffi-Ticket**)	Übernimmt der Arbeitgeber die Kosten der Wochen-, Monats- oder Jahreskarte, ist diese steuerfrei, wenn die Karte zumindest am Wohn- oder Arbeitsort gültig ist
Ab 1.1.2021: Kontrollsechstel	Erweiterung der Ausnahmen bei Aufrollung des Differenzbetrages bei den das Kontrollsechstel übersteigenden Beträgen (dh keine Nachversteuerung): Elternkarenz, Krankengeld uÄ sowie bei Beendigung des Dienstverhältnisses, wenn im Kalenderjahr kein neues Dienstverhältnis bei demselben Arbeitgeber eingegangen wird

2.2. Steuerliche Maßnahmen für Arbeitnehmer iZm der COVID-19-Pandemie

Bis 30.6.2021: Werbungskostenpauschale für Vertreter	**Veranlagung 2020 und 2021:** Vertreterpauschale (maximal 2.190 €) ist auch anwendbar, wenn wegen der COVID-19-Pandemie nicht mehr als die Hälfte im Außendienst verbracht wurde

Bis 30.6.2021: **Zulagen und Zuschläge**	**Begünstigung bei Schmutz-, Erschwernis- und Gefahrenzulage, Zuschlägen für Sonntags-, Feiertags- und Nachtarbeit und Überstundenzuschlägen:** Sie blieben auch bei Quarantäne, Telearbeit bzw Kurzarbeit aufgrund der COVID-19-Pandemie steuerfrei
Bis 31.12.2022: **Kurzarbeit-Sonderzahlungen**	Verlängerung bei Kurzarbeit-Sonderzahlungen, Erhöhung des Jahressechstels pauschal um 15 %
Veranlagung 2020 und 2021: **Spendenbegünstigung**	Berechnung der 10%-Grenze stellt auf die höhere Grenze aus 2019 ab
Ab 1.1.2021: Jahressechstel-Aufrollung	Berücksichtigung eines vorhandenen nicht ausgeschöpften Jahressechstels (damit optimale Ausnutzung der Besteuerung mit 6 %) durch Aufrollung im Dezember
Ab 1.1.2021 bis 31.12.2022: **Erhöhung des Jahressechstels**	Erhöhung des Jahressechstels um 15 % für Arbeitnehmer, die in Kurzarbeit waren
Homeoffice-Paket 2020 bis 2023	
• **Kein lohnsteuerpflichtiger Sachbezug**	• Vvom Arbeitgeber unentgeltlich zur Verfügung gestellte **digitale Arbeitsmittel** (zB Computer, Bildschirm, Tastatur, Drucker, Handy und die erforderliche Datenanbindung) • **Homeoffice-Pauschale**
Werbungskosten 2020	Ausgaben für **ergonomisch geeignetes Mobiliar** (zB Schreibtisch, Drehstuhl, Schreibtischlampe) • mindestens 26 Homeoffice-Tage im Kalenderjahr, • Erfassung der Homeoffice-Tage im Lohnkonto, • kein Arbeitszimmer als Werbungskosten, • maximal 150 €, • zusätzlich zum Werbungskostenpauschale.
Werbungskosten 2021–2023	Ausgaben für **ergonomisch geeignetes Mobiliar** • 2021: 150 € • Übersteigen die Ausgaben den Höchstbetrag von 2020 und 2021 (jeweils 150 €), können diese 2022 und 2023 jeweils bis zu 300 € pro Jahr geltend gemacht werden • Keine AfA **Homeoffice-Pauschale** • Bis zu 3 € pro Tag für maximal 100 Tage im Jahr (also maximal 300 €), die im Homeoffice gearbeitet werden • Erfassung der Homeoffice-Tage im Lohnkonto **Differenzwerbungskosten** Erreicht das vom Arbeitgeber ausgezahlte Homeoffice-Pauschale nicht 3 € pro Tag für maximal 100 Tage im Jahr, sind die Differenz Werbungskosten (neben dem Werbungskostenpauschale) Ausgaben für **digitale Arbeitsmittel** • minus dem Homeoffice-Pauschale des Arbeitgebers, • minus Differenzwerbungskosten zum Homeoffice-Pauschale, • AfA, wenn Nutzungsdauer länger als 1 Jahr ist.
Bis 30.6.2021: Verlängerung des Pendlerpauschales	Wenn die Fahrtstrecke nur aufgrund der COVID-19-Krise, COVID-19-Kurzarbeit oder Telearbeit nicht mehr so oft wie bisher zurückgelegt wird, steht das Pendlerpauschale dennoch unverändert zu
1.11.2020–31.1.2021: Steuerfreiheit für Gutscheine	Wurde der Freibetrag für die Teilnahme an Betriebsveranstaltungen 2020 nicht ausgeschöpft, konnte der Arbeitgeber steuerfrei Gutscheine bis zu 365 € an seine Arbeitnehmer auszahlen

Bis 31.3.2022: Helferentschädigung bei Teststraßen	Ab Dezember 2020: Aufwandsentschädigungen von Ländern und Gemeinden an für nicht hauptberuflich tätige Personen sind bis zu 20 € je Stunde für medizinisch geschultes Personal und bis zu 10 € je Stunde für sonstige unterstützende Personen steuerfrei (bis zu 537,78 € pro Monat) Ab Dezember 2020: Aufwandsentschädigungen von Ländern und Gemeinden an für nicht hauptberuflich tätige Personen sind bis zu 20 € je Stunde für medizinisch geschultes Personal und bis zu 10 € je Stunde für sonstige unterstützende Personen steuerfrei (bis zu 537,78 € pro Monat)
Bis 30.6.2021: Steuerbegünstigungen für Sportler, Schiedsrichter und Sportbetreuer	Steuerfreiheit der pauschalen Reiseaufwandsentschädigungen für Einsatztage, die aufgrund der COVID-19-Krise nicht stattfinden können

2.3. COVID-19-Maßnahmen für Arbeitnehmer

Neustartbonus Arbeitsverhältnisse, die zwischen dem 15.6.2002 und 31.12.2021 beginnen, mit mindestens 20 Wochenstunden.	
Antrag	• Antrag vom Arbeitnehmer • Vor Beginn der Beschäftigung • Auszahlung über eAMS-Konto
Abwicklung	• Persönlich beim AMS • eAMS-Konto
Höhe	• Ab 20 Wochenstunden: 145 % des Arbeitslosengelds/der Notstandsbeihilfe • Ab 25 Wochenstunden: 155 % des Arbeitslosengelds/der Notstandsbeihilfe • Ab 30 Wochenstunden: 160 % des Arbeitslosengelds/der Notstandsbeihilfe • Maximal 950 € netto pro Monat
Berechnung	• Differenz zwischen Nettoentgelt für die geleistete Arbeit und rund 80 % des Nettoentgelts vor Arbeitslosigkeit (das entspricht 145 % des Arbeitslosengelds) zuzüglich anteiliger Sonderzahlungen
Dauer	• 28 Wochen
Familienhärteausgleichsfonds - Antrag nicht mehr möglich Unterstützung für durch ein besonderes Ereignis unverschuldet in Not geratene Familien bzw alleinstehende Personen, die Familienbeihilfe beziehen.	
Antrag	• Seit 1.7.2021 nicht mehr möglich
COVID-19 Einmalzahlung nach dem Arbeitslosenversicherungsgesetz für Abdeckung des Sonderbedarfs aufgrund der COVID-19-Pandemie	
Antrag	• Kein Antrag, automatisch
Abwicklung	• Auszahlung auf das dem AMS bekannte Konto
Geltung	• Ab 1.9.2020 bis unbefristet
Höhe	• 450 €
Voraussetzungen	• Personen, die in den Monaten Mai bis August 2020 mindestens 60 Tage Arbeitslosengeld, Notstandshilfe oder Überbrückungshilfe bezogen haben
Kurzarbeitsunterstützung des Arbeitgebers an den Arbeitnehmer	
Voraussetzungen	• Verdienstausfall durch Reduktion der Arbeitszeit • Verpflichtende Weiterbildungsbereitschaft des Arbeitnehmers für Aus-, Fort- bzw Weiterbildung in Nicht-Arbeitszeit

Höhe	• Entgelt für erbrachte Leistung (auch Urlaub, konsumierte Zeitguthaben aus der Zeit vor Kurzarbeit, Entgeltfortzahlung für Krankenstand, Dienstverhinderungen) • Nettoentgelt der Corona-Kurzarbeit • Bruttoentgelt vor Kurzarbeit unter 11.700 €: 90 % des vor Kurzarbeit bezogenen Nettoentgelts • Bruttoentgelt zwischen 1.700 € und 2.685 €: 85 % • Bruttoentgelt zwischen 2.685 € und der geltenden Höchstbeitragsgrundlage (2021: 5.370 €): 80 % • Für Bruttoentgelt über der Höchstbeitragsgrundlage gibt es keine Beihilfe • Bei Lehrlingen: 100 % • Lohnsteuerpflichtig
Begünstigungen	• **Schmutz-, Erschwernis- und Gefahrenzulagen sowie Sonn-, Feiertags- und Nachtzuschläge sowie damit zusammenhängende Überstundenzuschläge sind steuerfrei (bis maximal 360 € monatlich).** • Zuschläge für die ersten zehn Überstunden im Monat im Ausmaß von höchstens 50 % des Grundlohnes, maximal 86 € monatlich sind steuerfrei • Jahressechstel für begünstigte Sonderzahlungen erhöht sich um 15 % • In der Sozialversicherung bemisst sich die Höhe nach der letzten Beitragsgrundlage vor Eintritt der Kurzarbeit
Nicht anspruchsberechtigt	• Geringfügig Beschäftigte • Personen, die das Regelpensionsalter erreicht und die Anspruchsvoraussetzungen für eine Alterspension erfüllt haben • Beamtinnen und Beamte
Kurzarbeitsunterstützung bei Lehrlingen	
Voraussetzungen	• Sicherstellung der Ausbildung • Nutzung von 50 % der Ausfallszeit für Weiterbildungsmaßnahmen
Höhe	• 100 % der Nettoersatzrate • Bei Beginn des nächsten Lehrjahres steigt das Gehalt auf das Lehrlingseinkommen des entsprechenden Lehrjahres • Ab Ende der Lehrzeit ist das Mindestbruttoentgelt nach dem nach Ende der Lehrzeit gebührenden Entgelt neu zu berechnen
Kurzarbeitsbonus	
Trinkgeld	**Voraussetzungen** • Kurzarbeit im Unternehmen aufgrund des Lockdowns Arbeitsausfall mehr als 50 % • Anspruch auf Trinkgeldpauschale **Höhe** • 175 € netto im März 2021 **Auszahlung** • Durch Arbeitgeber
COVID-19 Vergütung nach dem Epidemiegesetz Für Arbeitnehmer, die einen Absonderungsbescheid erhalten und in Quarantäne sind. Die Vergütung an den Arbeitnehmer erfolgt durch den Arbeitgeber.	
Antrag	• Arbeitgeber muss binnen 3 Monaten vom Tag der Aufhebung der behördlichen Maßnahmen bei der Bezirksverwaltungsbehörde den Antrag stellen
Geltung	• 1.1.2020 bis unbegrenzt
Voraussetzungen	• Absonderung oder Untersagung der Ausübung der Erwerbstätigkeit und • Eintritt eines Verdienstentganges.

Höhe	• Anspruch auf Entgeltfortzahlung inklusive Sonderzahlungen (insbesondere Urlaubs- und Weihnachtsgeld) durch den Arbeitgeber bis zum Ende der Quarantäne
Sonderbetreuungszeit - Verlängerung bis 31.12.2021 Rechtsanspruch auf Freistellung bis zu 3 Wochen unter Fortzahlung des Entgeltes	
Voraussetzungen	• Behördliche Schließungen von Einrichtungen, Lehranstalten und Kinderbetreuungseinrichtungen, Ausfall von Betreuungskräften oder persönlicher Assistenz • Notwendige Betreuungspflicht für Kinder bis zum 14. Lebensjahr und Menschen mit Behinderung, Pflege von Angehörigen
Dauer	• 1.9.2020 bis 31.12.2021
Höhe	• Bezahltes Entgelt bis zur Beitragshöchstgrenze
Antrag	• Antrag des Arbeitgebers gegenüber der Buchhaltungsagentur
Frist	• 6 Wochen ab Ende der Kinderbetreuungszeit
Freistellung für Schwangere, die nicht voll immunisiert sind	
Voraussetzungen	• Schwangere ab der 14. Schwangerschaftswoche • Tätigkeit mit Körperkontakt • Fortzahlung des Entgelts
Dauer	• Bis 31.12.2021
Freistellungsanspruch für Risikopatienten: keine Verlängerung • Ausgelaufen mit 30.6.2021	

3. Corona-Guide für Selbständige und Unternehmen

3.1. Allgemeine steuerliche Maßnahmen für Selbständige und Unternehmen

Degressive AfA	• Für Investitionen ab 1.7.2020 • Bis zu 30 % der Anschaffungs-/Herstellungskosten
Ab 2021: Pauschalwertberichtigungen und Pauschalrückstellungen	Möglichkeit der Bildung von pauschalen Wertberichtigungen und Pauschalrückstellungen (ab 2021), Verteilung auf 5 Jahre
Neu ab 1.1.2021: Betriebsausgabenpauschalierung für Kleinunternehmer	Betragsmäßige Deckelung der pauschalen Betriebsausgaben: • grundsätzlich 45 % der Betriebseinnahmen, höchstens 18.900 € • bei Dienstleistungsbetrieben 20 %, höchstens 8.400 €

3.2. Steuerliche Maßnahmen für Selbständige und Unternehmen iZm der COVID-19-Pandemie

Veranlagungsjahre 2020 und 2021: Verlängerung der Begünstigung bei Ärzten	• Beibehaltung des Hälftesteuersatzes für den Veräußerungs- bzw Aufgabegewinn, wenn die ärztliche Tätigkeit während der COVID-19-Pandemie wieder aufgenommen wird • Beibehaltung der Steuerfreiheit der stillen Reserven für Gebäude, die anlässlich der Betriebsausgaben ins Privatvermögen übernommen wird • Begünstigungen bei Rückkehr in den Beruf gelten auch für 2021

Elektronischer Impfpass	Kostenübernahme für die Implementierung der Software in Arztpraxen und Primärversorgungszentren durch die ÖGK bis zu 1.300 €
Ab 1.1.2021: Zinsschranke	• Ein Zinsüberhang (=Überhang von abzugsfähigen Zinsaufwendungen gegenüber steuerpflichtigen Zinserträgen) kann im Ausmaß von bis zu 30 % des steuerlichen EBITDA abgezogen werden. Freibetrag bis zu 3 Mio € pro Veranlagungszeitraum.
Ab 1.1.2020: Vollpauschalierung bei Land- und Forstwirten	Vollpauschalierung bei einer Forstwirtschaft bis zu einem Einheitswert von 15.000 € (bisher 11.000 €) Erhöhung der Einnahmengrenze für Nebentätigkeiten auf 40.000 € (bisher 33.000 €)
E-Commerce-Paket Verschiebung auf 1.7.2021	• Erweiterung des One-Stop-Shop, Abschaffung der Lieferschwelle im innergemeinschaftlichen Versandhandel, Regelungen zum Einfuhr-Versandhandel • Vorregistrierung für die One-Stop-Shops ab 1.4.2021
Verlustrücktrag • Rückwirkender Ausgleich von Verlusten, die trotz Berücksichtigung der COVID-19-Rücklage im Jahr 2020 verbleiben • Für Land- und Forstwirte, Gewerbetreibende und Selbständige	• Verlust 2020 • Gewinn 2019 und 2018 • Veranlagung 2019: höchstens 5 Mio € • Veranlagung 2018: höchstens 2 Mio € • Herabsetzung der Einkünfte bis maximal null Euro • Antragstellung beim Finanzamt im Rahmen der Steuererklärung 2020 (betrifft aber die Veranlagung 2019 bzw 2018): E1 oder K1
COVID-19-Rücklage Berücksichtigung eines Verlustes im Jahr 2020 vor Veranlagung 2020	• Gewinn 2019 • Voraussichtlicher Verlust 2020 • **Höhe** - Bis zu 30 % des Gewinns 2019, wenn Vorauszahlungen auf null bzw die Mindestkörperschaftsteuer herabgesetzt wurde und ein Verlust erwartet wird - Bis zu 60 % des Gewinns, wenn der voraussichtliche Verlust glaubhaft gemacht wird - Maximal 5 Mio €. - Kürzung des Gesamtbetrages der Einkünfte 2019 auf maximal null Euro • Abzugsposten bei Veranlagung 2019. • Hinzurechnung dieses Abzugspostens bei Veranlagung 2020 • Rücktragung eines verbleibenden Verlustes ins Jahr 2019 bzw 2018 (Verlustrücktrag) • Bis zur Abgabe der Steuererklärung 2019 können noch nachträglich die Vorauszahlungen auf Antrag auf die voraussichtliche Steuerhöhe herabgesetzt werden • Antragstellung beim Finanzamt im Rahmen der Steuererklärung • **Formular**: CoV19-RL 2019
Verlustabzug nach COVID-19-Rücklage und Verlustrücktrag	• Verlustabzug eines verbleibenden Verlustes nach Berücksichtigung der COVID-19-Rücklage und des Verlustrücktrags ab 2021 (bei abweichendem Wirtschaftsjahr 2022) • Antrag: Steuererklärung 2021f beim Finanzamt

Allgemeine Erleichterungen auf Grund der COVID-19-Pandemie in der Sozialversicherung	• Bei Zahlungsschwierigkeiten, welche COVID-19-bedingt sind, können Sozialversicherungsbeiträge gestundet oder die Zahlungen in Raten genehmigt werden • Die Vorauszahlungen können in einer Herabsetzung der vorläufigen Beitragsgrundlagen von Gewerbetreibenden, Freiberuflern oder Neuen Selbständigen angepasst werden • Mahnungen werden ausgesetzt. • Verzugszinsen werden nicht festgesetzt
Lohnkonto	Arbeitgeber hat weitere folgende Aufzeichnungen im Lohnkonto zu erfassen: • Anzahl der Homeoffice-Tage • Höhe des ausgezahlten Homeoffice-Pauschales • Kosten einer Wochen-, Monats- oder Jahreskarte • Kalendermonate, in denen der Arbeitnehmer auf Kosten des Arbeitgebers befördert wird (Ticket für öffentliches Verkehrsmittel oder Werkverkehr)
Nichtvorschreibung diverser Abgaben	
Säumniszuschläge	• Keine Vorschreibung von Säumniszuschlägen für Abgaben mit Fälligkeit zwischen 15.3.2020 und 30.6.2021
Verspätungszuschläge	• Keine Festsetzung, wenn Fristversäumnis vor dem 1.9.2020 eintritt
Anspruchszinsen	• Entfall der Vorschreibung von Anspruchszinsen betreffend Nachforderungen für die Veranlagung 2019 und 2020
Stundungen	• Stundungen, die nach dem 15.3.2020 bewilligt wurden, werden bis 30.6.2021 verlängert • Stundungen, die zwischen 1.10.2020 und 31.5.2021 beantragt wurden, werden bis 30.6.2021 verlängert • **Stundungszinsen**: - Bis 30.6.2021: keine Stundungszinsen - Von 1.7.2021 bis 30.6.2024: 2 % über dem Basiszinssatz
Gebühren und Bundesverwaltungsabgaben	• Keine Gebühren für die Beantragung von Unterstützungsleistungen • Keine Rechtsgeschäftsgebühren für Rechtsgeschäfte, die zur Durchführung der Maßnahmen im Zusammenhang mit der Bewältigung der COVID-19-Pandemie notwendig sind • Keine Gebühren bei Bestandverträgen im Zusammenhang mit Veranstaltungen, deren Bestandzeitraum zwischen 1.3.2020 und 30.6.2021 liegt und deren Ausführung wegen der COVID-19-Pandemie gänzlich unterbleibt
COVID-19-Ratenzahlungsmodell Möglichkeit der Abzahlung des COVID-19-bedingten Rückstandes in 2 Phasen über die Dauer von maximal 36 Monaten	
Phase 1 (Ratenzahlungszeitraum 1.4.2021 bis 30.9.2022, maximal 15 Monate)	
Voraussetzungen	• COVID-19 bedingter Abgabenrückstand • Zum 31.3.2021 mehr als 50 % des aufgelaufenen Abgabenrückstandes (Abgabenschuldigkeiten, zwischen 15.3.2020 und 30.6.2021 fällig gewordene Abgabenschuldigkeiten oder aus bescheidmäßigen festgesetzten ESt-VZ oder Köst-VZ) • Angemessene Ratenzahlungen, jedoch auf Antrag einmalige Möglichkeit auf Neuverteilung der Ratenzahlung • Einbringung des Antrages ab 4.3.2021 bis 31.3.2021, jedoch vor Auslaufen der Stundung
Antragsfrist	• Bis 30.6.2021
Ratenzahlungszeitraum	• 1.7.2021 bis 30.9.2022

Safety-Car-Phase	• Erleichterungen bei der Rückzahlung während der ersten 3 Monate • Reduzierung der Raten auf 1 % des überwiegend Covid-19-bedingten Abgabenrückstands pro Monat im Zeitraum vom 1.7.2021 bis 30.9.2021 • Sollten trotzdem noch Liquiditätsprobleme auftreten, Reduzierung der Raten in diesem Zeitraum auf 0,5 % des Rückstandes
Phase 2 (Ratenzahlungszeitraum 1.7.2022 bis 31.3.2024, maximal 21 Monate)	
Voraussetzungen	• Abgabenschuldigkeiten, für die bereits die Phase 1 des COVID-19-Rückzahlungsmodells gewährt wurde, aber nicht vollständig entrichtet wurden plus Vorauszahlungen an Einkommen- und Körperschaftsteuer, die in der Phase 2 gelegen sind • Entrichtung von mindestens 40 % des Abgabenrückstandes in Phase 1 • Kein Terminverlust in Phase 1 • Glaubhaftmachung der Möglichkeit der Entrichtung des COVID-19-Rückstandes zu den laufenden Abgaben innerhalb dieses Zeitraumes • Auf Antrag einmalige Möglichkeit auf Neuverteilung der Ratenzahlung • Rückzahlung des gesamten Rückstandes in Phase 2
Antragsfrist	• Bis 31.8.2022
Ratenzahlungszeitraum	• 1.7.2022 bis 30.6.2024

3.3. Finanzielle Zuschüsse für Selbständige und Unternehmen iZm der COVID-19-Pandemie

Ab 1.1.2021: Anknüpfung der Förderung an das steuerliche Wohlverhalten • Gewährung der Förderungen wird an das steuerliche Wohlverhalten für 5 Jahre vor der Antragstellung bis zum Abschluss der Förderungsgewährung angeknüpft • Es darf keine rechtskräftige Finanzstrafe oder Verbandsgeldbuße aufgrund von Vorsatz von mehr als 10.000 € verhängt worden sein. Finanzordnungswidrigkeiten stehen dem steuerlichen Wohlverhalten im Sinne dieses Gesetzes nicht entgegen	
Bis 31.8.2021: Fixkostenzuschuss I (VO Fixkostenzuschuss) - Antrag nicht mehr möglich • Steuerfreier Zuschuss zu den betrieblichen Fixkosten, allerdings Aufwandsabzugsverbot • Für Land- und Forstwirte, Selbständige und Gewerbetreibende	
Antrag	• FINANZOnline • Darstellung der tatsächlich entstandenen Fixkosten und der tatsächlich entstandenen Umsatzausfälle • Bestätigung der Höhe der Umsatzausfälle und Fixkosten durch einen Steuerberater, Wirtschaftsprüfer oder Bilanzbuchhalter
Antragsfrist	• Bis 31.8.2021
Voraussetzungen	• Sitz oder Betriebsstätte in Österreich • Ausübung einer operativen Tätigkeit in Österreich • Keine aggressive Steuerplanung in den letzten 3 Jahren • Keine Finanzstrafen oder Verbandsgeldbußen (Vorsatz) in den letzten 5 Jahren • Umsatzausfall von mindestens 40 % • Kein Unternehmen in Schwierigkeiten • Zum Zeitpunkt der Antragstellung war kein Insolvenzverfahren anhängig (dies gilt nicht für Sanierungsverfahren) • Schadensminderungspflicht von zumutbaren Maßnahmen zur Senkung der Fixkosten • Erhaltung der Arbeitsplätze
Umsatzausfall	• Mindestens 40 %

Betrachtungszeitraum	• Quartalsvergleich (zB Quartal 2/2020 gegenüber Quartal 2/2019) oder maximal drei zusammenhängende Monate (gleicher Vorjahreszeitraum im Vergleich) • Abweichender Vergleichszeitraum (Zeitraum 1: 16.3.2020-15.4.2020, ... Zeitraum 6: 16.8.2020-15.9.2020)
Fixkosten	• Geschäftsraummiete und Pacht • Versicherungsprämien, Zinsaufwendungen, Lizenzgebühren • Finanzierunganteil der Leasingraten • Zahlungen für Strom, Gas und Telekommunikation • Wertverlust verderblicher oder saisonaler Ware durch COVID-19 von mindestens 50% • Angemessener Unternehmerlohn (steuerlicher Gewinn des letztveranlagten Jahres dividiert durch die Anzahl der Monate mit unternehmerischer Tätigkeit, die Einkünfte aus nichtselbständiger Arbeit werden abgezogen, maximal 2.666,67 € pro Monat, mindestens 666,66 € pro Monat) • Personalaufwendungen, die ausschließlich für die Bearbeitung von krisenbedingten Stornierungen und Umbuchungen anfallen (mit Lohnnebenkosten) • Maximal 500 € als Honorar für Steuerberater, Wirtschaftsprüfer oder Bilanzbuchhalter bei einem FKZ bis 12.000 € (bei Antragstellung eines FKZ über 12.000 € sind die Steuerberaterkosten keine Fixkosten) • Aufwendungen für sonstige vertragliche betriebsnotwendige Zahlungsverpflichtungen, die nicht das Personal betreffen
Höhe	• Maximal 75 % der Fixkosten, abhängig vom Umsatzausfall für bis zu 3 Monate im Zeitraum 16.3.-15.9.2020 • Bestätigung der Höhe der Umsatzausfälle durch Steuerberater/Wirtschaftsprüfer oder Bilanzbuchhalter • Staffelung nach Höhe des Umsatzausfalls: - 25 % bei Umsatzausfall von 40 % bis 60 % - 50 % bei Umsatzausfall von 60 % bis 80 % - 75 % bei Umsatzausfall von 80 % bis 100 %
Neugründungen	• Keine Daten für 2018 oder 2019, Antrag anhand einer Planungsrechnung
Auszahlung erfolgt in 3 Tranchen	• 1. Tranche - 50 % des (voraussichtlichen) FKZ - Antrag ab 20.5.2020-18.8.2020 • 2. Tranche - 75 % (die nächsten 25 %) - Antrag ab 19.8.2020-18.11.2020 • 3. Tranche - 100 % (die nächsten 25 %) - Antrag ab 19.11.2020 bis 31.8.2021
Verpflichtungen	• Keine unangemessenen Vergütungen für Unternehmer oder Mitarbeiter • Anpassung der Entnahmen oder Gewinnausschüttungen im Zeitraum vom 16.3.2020 bis 31.12.2021 an die wirtschaftlichen Verhältnisse • Keine Auflösung von Rücklagen zur Erhöhung des Bilanzgewinnes, keine Ausschüttung von Dividenden und kein Rückkauf eigener Aktien im Zeitraum vom 16.3.2020 bis 16.3.2021
Nicht antragsberechtigte Unternehmen	• Unternehmen mit mehr als 250 Mitarbeitern am 31.12.2019, wenn mehr als 3 % der Mitarbeiter gekündigt wurden, ohne die Kurzarbeit in Anspruch zu nehmen • Unternehmen, die Leistungen aus dem NPO-Unterstützungsfonds beziehen • Neu gegründete Unternehmen, die vor dem 16.3.2020 (FKZ I) bzw 1.11.2020 (FKZ 800.000) noch keine Umsätze erzielt haben

Bis 31.12.2021: Fixkostenzuschuss 800.000 (VO über die Gewährung eines FKZ 800.000) • Steuerfreier, nicht rückzahlbarer Zuschuss zu den betrieblichen Fixkosten, allerdings Aufwandsabzugsverbot • Für Land- und Forstwirte, Selbständige und Gewerbetreibende	
Antrag	• FINANZOnline • Abwickelnde Stelle: COFAG • Darstellung der geschätzten oder tatsächlich entstandenen Fixkosten und Umsatzausfälle • Darstellung der schadensmindernden Maßnahmen • Bestätigung der Höhe der Umsatzausfälle und Fixkosten durch einen Steuerberater, Wirtschaftsprüfer oder Bilanzbuchhalter
Fristen für Antrag	• Antragstellung bis 31.12.2021 - 1. Tranche ab 23.11.2020 bis 30.6.2021 - 2. Tranche ab 1.7.2021 bis 31.12.2021
Voraussetzungen	• Sitz oder Betriebsstätte in Österreich • Ausübung einer operativen Tätigkeit in Österreich, die zu einer Besteuerung in Österreich führt • Keine aggressive Steuerplanung in den letzten 5 Jahren • Keine Finanzstrafen für geschäftsführende Organe (bei Strafen über 10.000 €) • Fixkosten im Zeitraum zwischen 16.9.2020 und 30.6.2021 • Umsatzausfall zwischen 16.9.2020 und 30.6.2021 von mindestens 30 % • Keine vorsätzliche Finanzstrafe oder Verbandsgeldbuße • Kein Unternehmen in Schwierigkeiten zum 31.12.2019 • Zum Zeitpunkt der Antragstellung war kein Insolvenzverfahren anhängig (dies gilt nicht für Sanierungsverfahren) • Schadensminderungspflicht von zumutbaren Maßnahmen zur Senkung der Fixkosten (sowohl auf der Einnahmen- als auch Ausgabenseite) • Erhaltung der Arbeitsplätze
Umsatzausfall	• Mindestens 30 %
Betrachtungszeitraum	• Muss zwischen September 2020 und Juni 2021 liegen - 1. Betrachtungszeitraum 16.9.2020 bis 30.9.2020 - 2. Betrachtungszeitraum: Oktober 2020 - ... - 10. Betrachtungszeitraum: Juni 2021 • Maximal 10 zusammenhängende Monate (eine Lücke ist möglich) • Vergleichszeitraum: gleicher Zeitraum des Vorjahres (zB für Oktober 2020 der Oktober 2019)
Erweiterung der Fixkosten	• AfA (Anschaffung vor dem 16.9.2020 oder bestellt oder im Betrachtungszeitraum in Betrieb genommen) • Fiktive Abschreibungen auf bewegliche Wirtschaftsgüter • Leasingraten (außer wenn der Unternehmer das wirtschaftliche Eigentum am Leasinggegenstand erwirbt) • Angemessener Unternehmerlohn bei Personengesellschaften (liegt dieser unter 2.666,67 €, sind auch die SV-Beiträge Fixkosten) und bei Geschäftsführerbezügen für Gesellschafter-Geschäftsführer bei Kapitalgesellschaften (bis 2.666,67 €) • Personalaufwendungen, die ausschließlich für die Bearbeitung von krisenbedingten Stornierungen und Umbuchungen anfallen (ohne Lohnnebenkosten) • Personalaufwendungen für den Mindestbetrieb • Maximal 1.000 € als Honorar für Steuerberater, Wirtschaftsprüfer oder Bilanzbuchhalter bei einem FKZ bis 36.000 € (bei Antragstellung eines FKZ über 36.000 € sind die Steuerberaterkosten keine Fixkosten)

	• Frustrierte Aufwendungen, wahlweise branchenspezifische Durchschnittssätze von 12,5 % bis 36 % des Umsatzes im Vergleichszeitraum 2019 (das sind Aufwendungen, die als Vorbereitung zur Erzielung von Umsätzen getätigt werden, aber aufgrund der COVID-19-Krise keine Wirkung entfalten, zB Werbeaufwand für Veranstaltungen, Produktion und Versand von Reiseprospekten
Höhe	• Mindestens 500 € • Maximal 1,800.000 € • Prozentuelles Ausmaß des FKZ 800.000 richtet sich nach prozentuellem Umsatzausfall (zB Umsatzausfall 50 %, daher beim FKZ 800.000 50 % der Fixkosten) • Anrechnung für Höchstbetrag: - Lockdown-Umsatzersatz I und II - 100 %-Haftungen für Kredite vom ÖHT und AWS - Ausfallsbonus (nur Bonus) - Zuwendungen der Länder und Gemeinden aufgrund COVID-19 • Pauschale Ermittlung der Fixkosten für Unternehmen, die im letztveranlagten Jahr weniger als 120.000 € Umsatz erzielten (Umsatzausfall gegenüber Vergleichszeitraum maximal 30 %)
Auszahlung erfolgt in 2 Tranchen	• Mindestens 500 € • Maximal 1,800.000 € • 1. Tranche - 80 % des (voraussichtlichen) FKZ • 2. Tranche - 100 % (die restlichen 20 %)
Verpflichtungen	• Keine unangemessenen Vergütungen für Unternehmer oder Mitarbeiter • Anpassung der Entnahmen oder Gewinnausschüttungen im Zeitraum vom 16.3.2020 bis 31.12.2021 an die wirtschaftlichen Verhältnisse • Keine Ausschüttung von Dividenden im Zeitraum vom 16.3.2020 bis 30.6.2021 • Kein Rückkauf eigener Aktien im Zeitraum vom 16.3.2020 bis 30.6.2021
Nicht antragsberechtigte Unternehmen	• Kreditinstitute, Versicherungen, Wertpapierfirmen, Pensionskassen • Non-Profit-Organisationen • Unternehmen mit mehr als 250 Mitarbeiter am 31.12.2019, wenn mehr als 3 % der Mitarbeiter gekündigt wurden, ohne die Kurzarbeit in Anspruch zu nehmen • Unternehmen, die Leistungen aus dem NPO-Unterstützungsfonds beziehen • Neu gegründete Unternehmen, die vor dem 16.9.2020 noch keine Umsätze erzielt haben
Neugründungen ab November 2020	• Umsatzausfall anhand einer Planungsrechnung
Verhältnis zu Verlustersatz	• Wenn FKZ 800.000, dann kein Verlustersatz, es besteht Möglichkeit der Rückzahlung des FKZ 800.000, um Verlustersatz zu erhalten
Verhältnis zu Lockdown-Umsatzersatz	• Kein FKZ 800.000, wenn Lockdown-Umsatzersatz für November und Dezember 2020 • Daher zeitliche Reihenfolge bei Antragstellung beachten: 1. Umsatzersatz 2. FKZ 800.000
Verhältnis zum Ausfallsbonus	Wurde im Rahmen des Ausfallsbonus ein Vorschuss auf den FKZ 800.000 beantragt (Details siehe Ausfallsbonus), ist der Antragsteller des Ausfallsbonus verpflichtet, bis 31.12.2021 einen Antrag auf Gewährung eines FKZ 800.000 zu stellen.

Bis 31.12.2021: Verlustersatz • Steuerfreier, nicht rückzahlbarer Zuschuss • Verlustabdeckung für Betriebe zur Erhaltung der Zahlungsfähigkeit, allerdings Aufwandsabzugsverbot • Für Land- und Forstwirte, Selbständige und Gewerbetreibende	
Antrag	• FINANZOnline • Abwickelnde Stelle: COFAG • Bestätigung der Prognose bzw des Verlustes durch einen Steuerberater, Wirtschaftsprüfer oder Bilanzbuchhalter • Bei Verlustersatz bis 36.000 € Anrechnung von Aufwendungen für Steuerberater, Wirtschaftsprüfer oder Bilanzbuchhalter von maximal 1.000 €
Fristen für Antrag	• 1. Tranche: für 70 % des Verlustes, Antrag bis 30.6.2021 • 2. Tranche: für den noch nicht ausbezahlten Verlustersatz, Antrag ab 1.7.2021 bis 31.12.2021
Voraussetzungen	• Umsatzausfall: mindestens 30 % im Vergleich zu 2019 • Umsatzausfall im Zeitraum 16.9.2020 bis 30.6.2021 • Umsätze vor dem 16.9.2020 • Sitz oder Betriebsstätte in Österreich • Ausübung einer operativen Tätigkeit • Kein anhängiges Insolvenzverfahren im Zeitpunkt der Antragstellung (gilt nicht für Sanierungsverfahren)
Betrachtungszeiträume	• Bis zu 10 Betrachtungszeiträume ab 16.9.2020 bis 31.12.2021 (Betrachtungszeiträume müssen zusammenhängen)
Höhe	• 70 % des Verlustes für Unternehmen mit mehr als 50 Mitarbeitern oder Bilanzsumme größer als 10 Mio € • 90 % für Klein- und Kleinstunternehmen mit weniger als 50 Mitarbeitern oder Bilanzsumme kleiner als 10 Mio € • Maximal 10 Mio € • Mindestens 500 €
Bemessungsgrundlage	• Umsatzerlöse, Bestandsveränderungen, aktivierte Eigenleistungen und sonstige betriebliche Erträge minus Personalaufwendungen und sonstige Aufwendungen (Materialaufwand, bezogene Leistungen, sonstige betriebliche Aufwendungen, planmäßige Abschreibungen und berücksichtigungsfähiger Zinsaufwand, ausgenommen außerplanmäßige Abschreibungen von Anlagevermögen und Aufwendungen aus dem Abgang von Anlagevermögen) = Verlust • Dieser Verlust ist zu kürzen um Versicherungsleistungen, Zuwendungen von Gebietskörperschaften iZm der COVID-19-Krise, Kurzarbeitsbeihilfe, Entschädigungen nach dem Epidemiegesetz, Zuschüsse eines Lockdown-Umsatzersatzes und Beteiligungserträge • Bei einem erwarteten Verlustersatz von bis zu 36.000 € können Aufwendungen für Steuerberater, Wirtschaftsprüfer oder Bilanzbuchhalter von höchstens 1.000 € in der zweiten Tranche verlusterhöhend angesetzt werden
Reihenfolge der Anträge	1. Umsatzersatz 2. Fixkostenzuschuss 3. Verlustersatz
Verhältnis zum FKZ 800.000	Entweder Verlustersatz oder FKZ 800.000 (Bei Rückzahlung des FKZ 800.000 oder Anrechnung auf den Verlustersatz kann ein Antrag auf Verlustersatz gestellt werden)

Verhältnis zum Vorschuss auf den FKZ 800.000 als Teil des Ausfallbonus	Wird der Vorschuss auf den FKZ 800.000 gewährt, gibt es keinen Verlustersatz
Verhältnis zum Lockdown-Umsatzersatz I	Wenn Lockdown-Umsatzersatz für November bzw Dezember 2020, dann steht kein Verlustersatz zu
Verhältnis zum Lockdown-Umsatzersatz II	Beantragung des Lockdown-Umsatzersatzes II vor dem Verlustersatz (wurde der Verlustersatz bereits vor dem Lockdown-Umsatzersatz beantragt, kann der Lockdwown-Umsatzersatz beantragt werden, wenn der Verlustersatz an die COFAG zurückgezahlt wird)
Nicht antragsberechtigte Unternehmen	• Gemeinnützige Vereine (NPOs) • Kreditinstitute, Versicherungen • Neugründungen, wenn erst ab 1.11.2020 Umsätze erzielt werden • Unternehmen mit Finanzstrafen oder Verbandgeldbußen < 10.000 € (Vorsatz) in den letzten 5 Jahren, ohne Finanzordnungswidrigkeiten und Verkürzungszuschläge • Unternehmen in Insolvenzverfahren im Betrachtungszeitraum oder bei Antragstellung (gilt nicht für Sanierungsverfahren) • Unternehmen im Alleineigentum von Gebietskörperschaften • Unternehmen mit mehr als 250 Mitarbeiter am 31.12.2019, die mehr als 3 % der Belegschaft zwischen Kundmachung der Richtlinien und Ende des Antragszeitraumes gekündigt haben • Unternehmen mit Sitz oder Niederlassung in nicht kooperativen Ländern iVm Passiveinkünften • Unternehmen bei unangemessenen Entgelten an Eigentümer, Organe, Mitarbeiter, insbesondere keine erhöhten Boni an Vorstände und Geschäftsführer
Bis 30.6.2022: Verlustersatz verlängert Nicht rückzahlbarer Zuschuss, Verlustabdeckung für Betriebe	
Antrag	• FINANZOnline • Abwickelnde Stelle: COFAG • Durch Steuerberater/Wirtschaftsprüfer/Bilanzbuchhalter • Bestätigung der Prognose bzw des Verlustes durch einen Steuerberater, Wirtschaftsprüfer oder Bilanzbuchhalter
Antragsfrist	• 16.8.2021 bis 30.6.2022 • 1. Tranche: Antrag ab 16.8.2021 bis 31.12.2021, für 70 % des voraussichtlichen Verlustes, Verlust ist zu schätzen (auf Basis der Vorjahresdaten) • 2. Tranche: Antrag ab 1.1.2022 bis 30.6.2022, für den noch nicht ausbezahlten Verlustersatz (bei einem Verlustersatz von max 36.000 € können bis zu 1.000 € für Honorare für Steuerberater/Wirtschaftsprüfer/Bilanzbuchhalter verlusterhöhend zugerechnet werden), Bestätigung der Höhe des Umsatzausfalls und des Verlustes durch einen Steuerberater/Wirtschaftsprüfer/Bilanzbuchhalter
Zusätzliche Voraussetzungen	• Betrachtungszeiträume ab 1.7.2021 bis 31.12.2021 • Umsatzausfall: mindestens 50 % • Schadensmindernde Maßnahmen • Keine Finanzstrafen für geschäftsführende Organe oder Verbandsgeldbuße aufgrund von Vorsatz in den letzten 5 Jahren vor Antragstellung • Zum Zeitpunkt der Antragstellung darf kein Insolvenzverfahren anhängig sein • Unternehmen darf sich am 31. Dezember 2019 nicht in Schwierigkeiten befunden haben

Betrachtungszeiträume	• Bis zu 6 zeitlich zusammenhängende Betrachtungszeiträume
Höhe	• 70 % des Verlustes • 90 % für Klein- und Kleinstunternehmen (weniger als 50 Mitarbeiter) • Maximal 10 Mio € pro Unternehmen • Mindestens 500 €
Nicht antragsberechtigte Unternehmen	• Unternehmen, die Unterstützungsleistungen aus NPOs beziehen) • Neugründungen, wenn erst ab 1.11.2020 Umsätze erzielt werden
Bis 15.9.2021: Ausfallsbonus - Antrag nicht mehr möglich Steuerpflichtig, unterliegt jedoch nicht der Umsatzsteuer	
Zeitraum	• November 2020 bis Juni 2021
Antrag	**Antrag:** • FINANZOnline (Unternehmer selber oder durch Steuerberater/Wirtschaftsprüfer/Bilanzbuchhalter) • Keine Bestätigung durch Steuerberater/Wirtschaftsprüfer/Bilanzbuchhalter erforderlich
Antragsfrist	• Ab dem 16. des Folgemonats bis zum 15. des auf den Betrachtungszeitraum drittfolgenden Kalendermonats (das heißt für Jänner 2021 bis 15.4.2021) • Erstmals mit 16.2.2021 für Jänner • Ausnahme für November und Dezember 2020: bis 15.4.2021
Betrachtungszeitraum	• Betrachtungszeitraum ist der Kalendermonat (Geltung für den Zeitraum November 2020 bis Juni 2021)
Voraussetzungen	• Umsätze vor dem 1.11.2020 • Sitz/Betriebsstätte in Österreich • Ausübung einer operativen Tätigkeit in Österreich • Betriebliche Einkünfte • Direkt oder indirekt von behördlich verordneten Schließungen betroffene Unternehmer (gilt auch für Unternehmen, die im Lockdown nicht geschlossen hatten) • Mindestens 40 % Umsatzausfall im Vergleich zum jeweiligen Monatsumsatz 2019 • Für 2. Teil der Ersatzrate, dem Vorschuss auf Fixkostenzuschuss 800.000: Antragsberechtigung für Fixkostenzuschuss 800.000 und Verpflichtung einer Antragstellung auf Fixkostenzuschuss 800.000 bis 31.12.2021 • Überprüfung des Umsatzeinbruchs erfolgt durch Steuerberater bei Abgabe des Antrags für Fixkostenzuschuss 800.000 • Keine Finanzstrafe oder Verbandsgeldbuße in den letzten 5 Jahren vor Antragstellung (Vorsatz)
Höhe	• 30 % des Umsatzausfalls und besteht je zur Hälfte (15%) aus einem - Bonus: ein nicht rückzahlbarer Zuschuss (dieser Teil ist auch möglich ohne Antrag auf den Fixkostenzuschuss 800.000) und - (wahlweise) Vorschuss auf den FKZ 800.000: ein Vorschuss auf den Fixkostenzuschuss 800.000 (zusätzliche Voraussetzungen: Erfüllung der Voraussetzungen für Gewährung des Fixkostenzuschusses 800.000 und Antragstellung auf Fixkostenzuschuss 800.000 bis 31.12.2021) • Mindestens 100 € • Maximal jeweils 30.000 € (das sind insgesamt höchstens 60.000 €) • März und April 2021: 30 % des Umsatzausfalls (Deckelung mit 50.000 €) und 15 % Vorschuss auf den FKZ 800.000, insgesamt 45 % des Umsatzausfalls, max 80.000 €

Verhältnis zum Vorschuss FKZ 800.000 im Rahmen des Ausfallsbonus	Vorschuss FKZ 800.000 ausgeschlossen, wenn Antrag auf FKZ 800.000 gestellt wurde
Verhältnis zum Verlustersatz	Vorschuss FKZ 800.000 ausgeschlossen, wenn Verlustersatz beantragt, jedoch 15%iger Ausfallsbonus möglich
Verhältnis zum Lockdown-Umsatzersatz I + II	Wenn Lockdown-Umsatzersatz, dann kein Ausfallsbonus (gilt für die Monate November und Dezember 2020), es besteht Möglichkeit, Rückzahlung des Lockdown-Umsatzersatzes um Ausfallsbonus zu erhalten
Verhältnis zur Überbrückungsfinanzierungen für selbständige Künstler	Wenn Überbrückungsfinanzierungen für selbständige Künstler, dann kein Ausfallsbonus
Nicht antragsberechtigte Unternehmen	• Unternehmen mit anhängigen Insolvenzverfahren im Zeitpunkt der Antragstellung (gilt nicht für Sanierungsverfahren) • Gemeinnützige Non-Profit-Organisationen, die Zuschüsse aus dem NPO-Unterstützungsfonds beziehen • Unternehmen, die zu Beginn des Betrachtungszeitraums mehr als 250 Mitarbeiter hatten und während des Betrachtungszeitraums mehr als 3 % der Mitarbeiter gekündigt hatten (anstelle von Kurzarbeit) • Nicht unternehmerisch tätiger Antragsteller • Vorliegen einer rechtskräftigen Finanzstrafe, Verbandgeldstrafe aufgrund von Vorsatz (gilt nicht für Strafen unter 10.000 € oder Finanzordnungswidrigkeiten) • Neu gegründete Unternehmen ohne Umsätze vor dem 1.11.2020
Ausfallsbonus II (Ausfallbonus für Unternehmen mit sehr hohem Umsatzausfall) - Antrag nicht mehr möglich • Verlängerung des Ausfallbonus bis zum 30.9.2021	
Antrag	• FINANZOnline für den jeweiligen Monat • Abwickelnde Stelle COFAG
Antragsfrist	• Ab 16.8.2021 • 16. des dem Betrachtungszeitraum folgenden Kalendermonats bis zum 15. des viertfolgenden Kalendermonats: - Ausfallsbonus II für Juli 2021: Antrag vom 16.8.2021 bis 15.11.2021 - Ausfallsbonus II für August 2021: Antrag vom 16.9.2021 bis 15.12.2021 - Ausfallsbonus II für September 2021: Antrag vom 16.10.2021 bis 15.01.2022
Betrachtungszeitraum	• Juli 2021 bis September 2021
Zusätzliche Voraussetzungen	• Umsatzausfall von mind 50 % im jeweiligen Kalendermonat (der Umsatzausfall errechnet sich aus der Differenz zwischen Umsatz im Betrachtungszeitraum und dem entsprechenden Vergleichszeitraum) • Schadensminderungspflicht um Umsatzausfall zu reduzieren
Höhe	• **Neu:** Staffelung der Ersatzrate nach Branche (zwischen 10 %-40 % vom Umsatzausfall) • Mindestens 100 € • Max 80.000 € pro Kalendermonat • Entfall der Verknüpfung mit FKZ 800.000 • Kurzarbeitsbeihilfen und Ausfallsbonus dürfen den Vergleichsumsatz nicht übersteigen

	• Ausfallsbonus II kann bis zur Erreichung des beihilfenrechtlichen Höchstbetrages von 1,800.000 € (davon wird abgezogen: Lockdown-Umsatzersatz I oder II, FKZ 800.000, Ausfallsbonus und Ausfallsbonus II, 100%-Haftungen zur Bewältigung der COVID-19-Krise von aws oder ÖHT, Zuschüsse aus den NPO-Unterstützungsfonds, Zuwendungen aus den Bundesländern, Gemeinden oder regionalen Wirtschafts- und Tourismusfonds) gewährt werden
Nicht antragsberechtigte Unternehmen	• Unternehmen, die sich steuerlich nicht wohlverhalten haben • Unternehmen mit anhängigen Insolvenzverfahren (gilt nicht für Sanierungsverfahren) • Unternehmen, die zu Beginn des Betrachtungszeitraums mehr als 250 Mitarbeiter beschäftigt und die im Betrachtungszeitraum mehr als 3 % dieser Mitarbeiter gekündigt haben, statt Kurzarbeit in Anspruch zu nehmen (Ausnahmen möglich) • Neu gegründete Unternehmen, die vor dem 1.11.2020 keine Umsätze erzielt haben (Ausnahme bei Fortführen und Übernahmen, Umgründungen) • Pflicht der Anpassung von Entnahmen und Ausschüttungen an die wirtschaftlichen Verhältnisse (analog zum FKZ 800.000)
Umsatzersatz für direkt betroffene Unternehmen (November und Dezember 2020) – Antrag nicht mehr möglich	
Umsatzersatz November 2020 Nicht rückzahlbarer steuerpflichtiger Zuschuss, Betriebsausgaben sind zulässig	
Antrag	FinanzOnline
Antragsfrist	Bis 15.12.2020
Betrachtungszeitraum	3.11.2020-6.12.2020
Antragsberechtigt	Direkt betroffene Unternehmen gemäß Branchenabgrenzung (ÖNACE-2008-Klassifikation)
Berechnung	Vorjahresumsatz (November 2019) auf Basis der UVA bzw Steuererklärung abzüglich Umsätze in nicht betroffenen Branchen aliquotiert auf die beantragten Tage, davon: • 80 % für direkt betroffene Unternehmen (Kategorie A) • 60 % für Einzelhandel (Kategorie B), 40 % (Kategorie C) oder 20 % (Kategorie D) • Prozentsatz ist abhängig von der Branchenkategorisierung
Höhe	• Mindestens 2.300 € • Maximal 800.000 € abzüglich bestimmter Beihilfen (das sind Lockdown-Umsatzersatz, Fixkostenzuschuss 800.000, aushaftende Kredite im Ausmaß von 100 %, die von der Austria Wirtschaftsservice GmbH [aws] oder der Österreichischen Hotel- und Tourismusbank GmbH [ÖHT] übernommen wurden, und Zuwendungen von Bundesländern, Gemeinden oder regionalen Wirtschafts- und Tourismusfonds; nicht abgezogen werden Haftungen der COFAG, der aws oder ÖHT im Ausmaß von 90 % oder 80 % sowie Fixkostenzuschüsse der Phase 1)
Kürzung der Obergrenze um finanzielle Maßnahmen	• Fixkostenzuschuss 800.000 • Lockdown-Umsatzersatz • Ausfallbonus • 100%-Haftungen iZm Krediten zur Bewältigung der COVID-19-Krise von aws oder ÖHT • Zuwendungen von Bundesländern, Gemeinden oder regionalen Wirtschafts- und Tourismusfonds

Verhältnis zu FKZ 800.000 und Verlustersatz	• Beantragung vor FKZ 800.000 und Verlustersatz
Verhältnis zu FKZ November	• Unzulässig, wenn FKZ für Betrachtungszeitraum November in Anspruch genommen wird (Rückzahlung FKZ 800.000 möglich)
Umsatzersatz Dezember 2020 Nicht rückzahlbarer steuerpflichtiger Zuschuss, Betriebsausgaben sind zulässig	
Antragsfrist	Ab 16.12.2020 bis 20.1.2020
Betrachtungszeitraum	Betrachtungszeitraum: • 7.12.2020-31.12.2020 (ua Gastgewerbe, Beherbergungsbetriebe) • 7.12.2020-23.12.2020 (ua Seilbahnen) • 26.12.2020-23.12.2020 (ua Einzelhandel, körpernahe Dienstleistungen)
Antragsberechtigt	Direkt betroffene Unternehmen gemäß Definition ÖNACE-2008-Klassifikation
Nicht antragsberechtigte Unternehmen	• Anhängiges Insolvenzverfahren (gilt nicht für Sanierungsverfahren) • Kündigung von Mitarbeitern im Zeitraum vom 7.1.2020 bis 31.12.2020 (bei Seil- und Zahnradbahnen zwischen 7.12.2020 bis 23.12.2020) • Neu gegründete Unternehmen ohne Umsätze vor dem 1.12.2020
Voraussetzungen	• Betriebsstätte/Sitz in Österreich • Operative Tätigkeit in Österreich • Umsätze vor 1.12.2020 • Betretungs- oder Veranstaltungsverbot • Direkt betroffene Branche • Erhalt von Arbeitsplätzen
Berechnung	Vorjahresumsatz (Dezember 2019) auf Basis der UVA bzw Steuererklärung abzüglich Umsätze in nicht betroffenen Branchen aliquotiert auf die beantragten Tage, davon: • 50 % für direkt betroffene Unternehmen (Kategorie A) • 12,5 %, 25 % oder 37,5 % für Einzelhandel (Kategorie B), 25 % (Kategorie C) und 12,5 % (Kategorie D) • Prozentsatz ist abhängig von der Branchenkategorisierung
Höhe	• Mindestens 2.300 € bzw 500 € (bei einem Betrachtungszeitraum von nicht mehr als 7 Tagen) • Maximal 800.000 € abzüglich bestimmter Beihilfen (das sind Lockdown-Umsatzersatz, Fixkostenzuschuss 800.000, aushaftende Kredite im Ausmaß von 100 %, die von der Austria Wirtschaftsservice GmbH [aws] oder der Österreichischen Hotel- und Tourismusbank GmbH [ÖHT] übernommen wurden, und Zuwendungen von Bundesländern, Gemeinden oder regionalen Wirtschafts- und Tourismusfonds; nicht abgezogen werden Haftungen der COFAG, der aws oder ÖHT im Ausmaß von 90 % oder 80 % sowie Fixkostenzuschüsse der Phase 1)
Kürzung der Obergrenze um finanzielle Maßnahmen	• Fixkostenzuschuss 800.000 • Lockdown-Umsatzersatz • Ausfallbonus • 100%-Haftungen iZm Krediten zur Bewältigung der COVID-19-Krise von aws oder ÖHT • Zuwendungen von Bundesländern, Gemeinden oder regionalen Wirtschafts- und Tourismusfonds
Verhältnis zu FKZ 800.000 und Verlustersatz	• Beantragung vor FKZ 800.000 und Verlustersatz

Verhältnis zu FKZ Dezember	• Unzulässig, wenn FKZ für Betrachtungszeitraum Dezember in Anspruch genommen wird (Rückzahlung FKZ 800.000 möglich)
Umsatzersatz II für indirekt Betroffene für November und Dezember 2020 - Antrag nicht mehr möglich Nicht rückzahlbarer Zuschuss	
Antrag	• FINANZOnline • Bis 5.000 € durch Unternehmer selber, darüber durch Steuerberater, Wirtschaftsprüfer oder Bilanzbuchhalter
Antragsfrist	• Ab 16.2.2021 bis 30.6.2021
Betrachtungszeitraum	• 1.11.2020-31.12.2020
Antragsberechtigt	• Umsatzausfall von mehr als 40 % gegenüber Vergleichsmonat 2019 • Und im November 2019 oder im Dezember 2019 **mindestens 50 % der Umsätze mit direkt betroffenen Unternehmen erzielt wurden, die im November 2020 oder Dezember 2020 direkt von den behördlichen Schließungen betroffen waren** • Keine Mitarbeiterkündigungen seit 16.2.2021 • Umsätze laut Branchenkategorisierung • Steuerliches Wohlverhalten
Berechnung	Anteilig auf den Betrachtungszeitraum entfallender, vergleichbarer Vorjahresumsatz im prozentuellen Ausmaß der indirekten Betroffenheit, davon: • 12,5 %-80 % abhängig von der Branche
Höhe	• Mindestens 1.500 € • Maximal 800.000 € • Ersatzrate November 2020: Kategorie A 80 %, B 60 %, C 40 % und D 20 % • Ersatzrate Dezember 2020: Kategorie A 50 %, B 37,5 %, C 25 % und D 12,5 %
Kürzung der Obergrenze um finanzielle Maßnahmen	• Fixkostenzuschuss 800.000 • Lockdown-Umsatzersatz • Ausfallbonus • 100%-Haftungen iZm Krediten zur Bewältigung der COVID-19-Krise von aws oder ÖHT • Zuwendungen von Bundesländern, Gemeinden oder regionalen Wirtschafts- und Tourismusfonds
Abhängigkeiten	• Kein Umsatzersatz, wenn für beantragte Zeiträume ein **FKZ 800.000** oder **Verlustersatz** in Anspruch genommen wird • Kein Umsatzersatz, wenn für November oder Dezember 2020 ein **Ausfallsbonus** in Anspruch genommen wird • Für **direkt betroffene Umsätze** kann kein Lockdown-Umsatzersatz II gewährt werden
Härtefall-Fonds (Verlängerung Phase 3) - Antrag nicht mehr möglich • Nicht rückzahlbarer Zuschuss, Unterstützung bei den persönlichen Lebenserhaltungskosten • Für EPU, Kleinstunternehmen mit weniger als 10 Mitarbeitern, neue Selbständige, freie Dienstnehmer, freie Berufe und erwerbstätige Gesellschafter	
Antrag	• WKO • Abwicklung über AMA • **Neu:** per Handysignatur
Antragsfrist	• Antragsmöglichkeit: bis 31.10.2021 • Förderzeitraum 3 Monate (Juli, August, September) • Unterstützung für 3 aus 3 Betrachtungszeiträumen

Voraussetzungen	• 50 % Umsatzeinbruch
Höhe	• 600 € (statt bisher 1.100 € inklusive Comeback-Bonus und Zusatzbonus) • Maximal 2.000 €
Verhältnis zum FKZ I und FKZ 800.000	• Beide Förderungen können gleichzeitig bezogen werden
Verhältnis zum Lockdown-Umsatzersatz I +II	• Beide Förderungen können gleichzeitig bezogen werden
Verhältnis zum Ausfallsbonus	• Beide Förderungen können gleichzeitig bezogen werden
NPO-Fonds Richtlinienverordnung - Antrag nicht mehr möglich Nicht rückzahlbarer Zuschuss, kein Rechtsanspruch	
Antrag	• aws bis 31.12.2020 • Bestätigung durch einen Steuerberater, Wirtschaftsprüfer oder Bilanzbuchhalter
Zeitraum der Förderung	• Zeitraum Q 2-3/2020: • Antrag vom 1.4.2020 bis 30.9.2020
Förderbare Kosten	• Miete und Pacht • Versicherungsprämien • Zinsaufwendungen und Finanzierungskostenanteil Leasingraten (Verpflichtung vor dem 10.3.2020) • Vertragliche Zahlungsverpflichtungen (kein Personal) • Kosten für Bestätigung Antrag • Lizenzkosten • Betriebskosten, Telekommunikation, ... • Wertverlust saisonaler/verderblicher Ware • Personalkosten für begünstigt behinderte Personen iSd BEinstG • Durch COVID-19 notwendige Aufwendungen • Frustrierte Aufwendungen vor dem 10.3.2020 • **Struktursicherungsbeitrag:** 7 % der Jahreseinnahmen 2019 oder Durchschnitt 2018 und 2019, max 120.000 €
Umfang der Förderung	• 100 % der förderbaren Kosten • Struktursicherungsbeitrag
2. NPO-Fonds-Richtlinienverordnung - Antrag nicht mehr möglich	
Antrag	• aws bis 15.5.2021 • Bestätigung durch einen Steuerberater, Wirtschaftsprüfer oder Bilanzbuchhalter
Zeitraum der Förderung	• Zeitraum Q 4/2020: 1.10.2020 bis 31.12.2020 • Antrag: vom 1.10.2020 bis 31.12.2020
Zusätzliche förderbare Kosten	• Zinsaufwendungen und Finanzierungskostenanteil Leasingraten (Verpflichtung vor dem **1.10.2020**) • Frustrierte Aufwendungen vor dem **3.11.2020** • Struktursicherungsbeitrag: 7 % der Jahreseinnahmen 2019 oder Durchschnitt 2018 und 2019, max **90.000** €
Umfang der Förderung	• 100 % der förderbaren Kosten • Struktursicherungsbeitrag • NPO-Lockdown-Zuschuss
Verhältnis zu anderen COVID-19-Förderungen	• Lockdown-Umsatzersatz ersetzt den NPO-Unterstützungsfonds • NPO-Lockdown-Zuschuss ersetzt den NPO-Unterstützungsfonds

3. NPO-Fonds-Richtlinienverordnung (Zeitraum Quartal I und II/2021) - Antrag nicht mehr möglich	
Antrag	• aws • Bestätigung durch einen Steuerberater, Wirtschaftsprüfer oder Bilanzbuchhalter
Antragsfrist	• Bis 15.10.2021
Zeitraum der Förderung	• Zeitraum 1.1.2021 bis 30.6.2021
Zusätzliche förderbare Kosten	• Zinsaufwendungen und Finanzierungskostenanteil Leasingraten (Verpflichtung vor dem 1.1.2021) • Frustrierte Aufwendungen zwischen dem 1.1.2021 und 30.6.2021 • Struktursicherungsbeitrag: **10 %** der Jahreseinnahmen 2019 oder Durchschnitt 2018 und 2019, **max 150.000** € • Kostenersatz für COVID-19 Tests, Mindesthöhe 100 €
Höhe	• Mindestens 500 € • Höhe des Zuschusses ist mit Einnahmenausfall im Zeitraum 1.1.2021 bis 30.6.2021 mit dem ersten Halbjahr 2019 zu vergleichen • Absolute Deckelung bei Inanspruchnahme anderer Förderungen: 1,800.000 € (225.000 € für landwirtschaftliche Primärproduktion und 270.000 € für Fischerei und Aquakultur)
Umfang der Förderung	• 100 % der förderbaren Kosten • Struktursicherungsbeitrag
Verhältnis zu anderen COVID-19-Förderungen	• Förderung aus NPO-Fonds und andere Förderungen dürfen Einnahmenausfall nicht überschreiten • Kombination mit anderen Förderungen möglich
NPO-Lockdown-Zuschuss für die Monate November und Dezember 2020 - Antrag nicht mehr möglich Teil des NPO-Unterstützungsfonds	
Antrag	• aws
Antragsfrist	• Bis 31.12.2020
Höhe	• Deckelung mit 800.000 € abzüglich von gewährtem Umsatzersatz nach VO Lockdown-Umsatzersatz
Verhältnis zu anderen COVID-19-Förderungen	• NPO-Lockdown-Zuschuss ersetzt den NPO-Unterstützungsfonds • NPO-Lockdown-Zuschuss kann ohne NPO-Unterstützungsfonds beantragt werden • Kein Lockdown-Zuschuss, wenn Umsatzersatz gewährt wurde
Überbrückungsfinanzierung für selbständige Künstler - Antrag nicht mehr möglich • Unterstützungsleistungen zur Abfederung von Einnahmenausfällen • Steuerfreier Zuschuss	
Abwicklung	• SVS (Sozialversicherung der Selbständigen)
Antragsfrist	• Bis 31.10.2021
Unterstützungszeitraum	• März 2020 bis September 2021
Antragsberechtigung für 2020	• Pflichtversicherung zum 13.3.2020 oder • Personen unter der Versicherungsgrenze (2020: 5.527,92 €) mit freiwilliger Versicherung zum 13.3.2020 oder • Anmeldung zur Pflicht- bzw freiwilligen Versicherung spätestens bis 13.3.2020 bei SVS eingelangt oder • Pflichtversicherung im Jahr 2018 oder 2019 und künstlerische Tätigkeit zum 13.3.2020

Antragsberechtigung für 2021	• Antragsberechtigung für 2020 oder • Pflichtversicherung zum 1.11.2020 oder • Personen unter der Versicherungsgrenze (2021: 5.710,32 €) mit freiwilliger Versicherung zum 1.11.2020 oder • Anmeldung zur Pflicht- bzw freiwilligen Versicherung spätestens bis 1.11.2020 bei SVS eingelangt oder • Pflichtversicherung im Jahr 2018 oder 2019 und künstlerische Tätigkeit zum 1.11.2020
Voraussetzungen	• Hauptwohnsitz in Österreich • Durch COVID-19 verursachte wirtschaftliche Notlage • Kein Bezug von Arbeitslosengeld
Höhe	• **2020**: Einmalzahlung 6.000 € Seit 7.10.2020: aufgestockt auf 10.000 € • **Jänner-Juni 2021**: Einmalzahlung 6.000 € • **Juli-September 2021**: 1.800 € • Kein Rechtsanspruch auf Auszahlung • Rückzahlung der Förderung bei Übersteigen der Einkünfte 2020: 75.180 € und 2021: 77.700 €
Verhältnis zum Härtefallfonds	• Leistungen aus dem Härtefallfonds werden abgezogen
Verhältnis zum Lockdown-Umsatzersatz	Lockdown-Kompensation • November, Dezember 2020: 2.000 € • Jänner, Februar 2021: 1.000 € • März, April 2021: 1.000 €

Bis 31.12.2021: COVID-19-Fonds des Künstler-Sozialversicherungsfonds - Phase 4

- Unterstützungsleistungen für Künstler, die beim Härtefallfonds und der Überbrückungsfinanzierung nicht antragsberechtigt sind für COVID-19 bedingte Not- und Härtefälle
- Steuerfreier Zuschuss

Abwickelnde Stelle	• KSVF (Künstler-Sozialversicherungsfonds): • Online via COVID-19 Fonds der KSVF
Frist	• Bis 31.12.2021
Antragsberechtigt	• Künstler und Kulturvermittler, die weder beim Härtefallfonds noch bei der Überbrückungsfinanzierung für Künstler anspruchsberechtigt sind
Unterstützungszeitraum	• März bis Dezember 2020 (Phase 1 und 2) • Jänner bis 30. Juni 2021 (Phase 3 - Verlängerung) • August bis 31. Dezember 2021 (Phase 4)
Höhe	• **Phase 2:** - März bis Dezember 2020: Einmalzahlung maximal 3.000 € - Plus Lockdown-Zuschuss für 11 und 12/2020 500 € - Anrechnung Zuschuss aus Phase 1 von 1.000 € • **Phase 3:** - Jänner bis März 2021: Einmalzahlung 1.500 € - April bis Juli 2021: pauschal maximal 3.000 € • **Phase 4:** - Seit August 2021: pauschal maximal 1.000 € • Kein Rechtsanspruch auf Auszahlung • Rückzahlung bei Übersteigen der Einkünfte

Voraussetzungen	• Hauptwohnsitz seit 6 Monaten in Österreich • Durch COVID-19 wirtschaftliche Bedrohung • Einnahmenausfall aus künstlerischer, kunstnaher und kulturvermittelnder Tätigkeit • Kein Anspruch auf Leistungen aus privaten/beruflichen Versichrungen • Gesamteinkünfte liegen unter 29.942,90 € (2020) bzw 30.930,90 € (2021) • Keine anderen Beihilfen aus dem K-SVFG • Kein Anspruch aus dem Härtefallfonds bzw Überbrückungsfinanzierung für Künstler

Bis 31.12.2021: Comeback-Bonus für Film und TV-Produktionen

- Zuschuss für die Wiederaufnahme bzw Beendigung von COVID-19-bedingten Drehunterbrechungen von Kino- und TV-Produktionen, die nicht durch andere Hilfsmaßnahmen abgedeckt wurden
- Steuerfreier Zuschuss

Abwickelnde Stelle	• aws
Antragsfrist	• Bis 31.12.2021
Höhe	• Bis zu 100 % der förderbaren Kosten, • Begrenzt mit 75 % der ursprünglich kalkulierten Herstellungskosten, maximal 2,5 Mio €

Bis 31.12.2021: COVID-19-Schutzschirm für Veranstaltungen I (Ausfallshaftung für Absagen und Redimensionierungen)

- Zuschuss für den Schaden aus einer COVID-19-bedingten Absage oder wesentliche Einschränkung einer Veranstaltung
- Haftung des Bundes, nicht rückzahlbarer Zuschuss
- Auszahlung nach Maßgabe der zur Verfügung stehenden Geldmittel („first come, first serve")

Antrag	• Vor geplanten Veranstaltungsdatum und bevor feststeht, dass Veranstaltung nicht durchgeführt werden kann
Antragsfrist	• Bis 31.12.2021
Abwickelnde Stelle	• Online Österreichische Hotel- und Tourismusbank (ÖHT)
Höhe	• Zuschuss von bis zu 90 % der förderbaren Kosten • Höhe des tatsächlich erlittenen finanziellen Nachteils, maximal 1 Mio €
Persönliche Voraussetzungen	• Veranstalter, die das wirtschaftliche Risiko für eine geplante Veranstaltung tragen (auch bei Sitz im Ausland) • Kein anhängiges Insolvenzverfahren • Kein Unternehmen in Schwierigkeiten
Sachliche Voraussetzungen: zum 31.12.2019	• Veranstaltung zwischen 1.3.2021 und 31.12.2022 in Österreich • Schlüssiges Durchführungs- und Finanzierungskonzept • Erfolgversprechendes Durchführung • Erwartete Gesamteinnahmen von 15.000 € (bei Veranstaltungen ohne Einnahmen mindestens 15.000 € Gesamtausgaben) • Vorliegen eines Entwurfs eines COVID-19-Präventionskonzeptes • Schadensminderungspflicht • Einhaltung der Teilnehmerobergrenzen
Förderbare Kosten	Kosten, die mit der Planung und Durchführung der Veranstaltung zusammenhängen ZB: Veranstaltungstechnik, Kontrolldienste, Übersetzer und Dolmetscher, Zeltverleih, Technik, Catering, Bar, Service, Künstler, Floristen, Veranstaltungsorte, Hotels, Ticketing und Rückabwicklung, Marketing und eigene Personalkosten des Veranstalters

Nicht förderbare Kosten	Umsatzsteuer, Investitionskosten (außer geringwertige Wirtschaftsgüter), Personal- und Sachkosten, soweit sie nicht mit der Durchführung der fördergegenständlichen Veranstaltung zusammenhängen (zB für den laufenden Betrieb), Kosten aus Rechnungen unter 100 € netto
COVID-19-Schutzschirm für Veranstaltungen II - Antrag nicht mehr möglich	
Antrag	ÖHT (online)
Antragsfrist	31.10.2021
Voraussetzungen	Veranstaltungen zwischen 1.3.2021 bis 31.12.2022
Höhe	• Zuschuss von bis zu 80 % der förderbaren Kosten • Höhe des tatsächlich erlittenen finanziellen Nachteils, maximal 10 Mio €
Bis 31.12.2021 Überbrückungsgarantien Ein Unternehmen, das aufgrund der COVID-19-Pandemie in Schwierigkeiten geraten ist, kann gemeinsam mit der Hausbank einen Antrag auf garantierte Finanzierung (Überbrückungsgarantie) stellen. Die Bank leitet den Antrag zur Förderstelle, wo der Antrag geprüft wird. Die COFAG überprüft die Plausibilität der Angaben und genehmigt die Unterstützung. Die Hausbank erhält die Garantie, schließt den Kreditvertrag ab und führt die Auszahlung durch.	
Antragsfrist	• 31.12.2021
Unterstützung für Einpersonenunternehmen und Klein- und Mittelbetriebe	
Förderstelle	• Austria Wirtschaftsservice GmbH (aws)
100 % Garantien	• Kredite bis 500.000 € • Laufzeit: maximal 5 Jahre • Zinssatz in den ersten 2 Jahren 0 %, danach 3-Monats-Euribor + 0,75 % • Kein Garantieentgelt
90 % Garantien	• Kredite bis 27,7 Mio € (nicht mehr als die doppelte jährliche Lohnsumme des Unternehmens im Jahr 2019 oder 25 % des Jahresumsatzes im Jahr 2019 oder bei Begründung des Liquiditätsbedarfs für die nächsten 18 Monate) • Laufzeit: maximal 5 Jahre • Zinssatz 1 % fix • Garantieentgelt: 0,25 % im 1. Jahr, 0,5 % im 2. und 3. Jahr und 1 % ab dem 4. Jahr
80 % Garantien	• Kredite bis 2,5 Mio € • Laufzeit: maximal 5 Jahre • Zinssatz variabel • Kein Garantieentgelt
Unterstützung für Tourismus- und Freizeitbetriebe	
Förderstelle	• Österreichische Hotel- und Tourismusbank (ÖHT)
100 % Garantien	• Kredite bis 500.000 € • Laufzeit: maximal 5 Jahre • Zinssatz in den ersten 2 Jahren 0 %, danach 3-Monats-Euribor + 0,75 % • Kein Garantieentgelt
90 % Garantien	• Kredite bis 4,4 Mio € (bei höherer Kreditsumme kann ein Antrag bei aws eingebracht werden, bei Überschreiten der Größenschwelle für Großunternehmen ist der Antrag bei der OeKB zu stellen) • Laufzeit: maximal 5 Jahre • Zinssatz 1 % fix • Garantieentgelt: 0,25 % im 1. Jahr, 0,5 % im 2. und 3. Jahr und 1 % ab dem 4. Jahr

80 % Garantien	• Kredite bis 1,5 Mio € • Laufzeit: maximal 5 Jahre • Zinssatz variabel • Kein Garantieentgelt
Unterstützung für Großbetriebe	
Förderstelle	• Österreichische Kontrollbank AG (OeKB) oder aws
100 % Garantien	• Kredite bis 500.000 € über aws • Laufzeit: maximal 5 Jahre • Zinssatz in den ersten 2 Jahren 0 %, danach 3-Monats-Euribor + 0,75 % • Kein Garantieentgelt
90 % Garantien	• Kredite bis 120 Mio € (nicht mehr als die doppelte jährliche Lohnsumme des Unternehmens im Jahr 2019 oder 25 % des Jahresumsatzes im Jahr 2019 oder bei Begründung des Liquiditätsbedarfs für die nächsten 128 Monate), bei Anträgen über 120 Mio € ist eine Sondergenehmigung der COFAG erforderlich • Laufzeit: maximal 6 Jahre • Zinssatz 1 % fix • Garantieentgelt: 0,5 % im 1. Jahr, 1 % im 2. und 3. Jahr und 2 % ab dem 4. Jahr

3.4. Entlastungen für Arbeitgeber

Vergütungen nach dem Epidemiegesetz Bei Entgeltfortzahlung bei Absonderung oder Quarantäne von Mitarbeitern	
Antrag	• Bei Bezirksverwaltungsbehörde auf Rückerstattung des weitergezahlten Entgeltes
Antragsfrist	• Binnen 3 Monate nach Aufhebung der Absonderung bzw Quarantäne
Voraussetzungen	• Dienstnehmer wurde abgesondert oder • Ausübung einer Erwerbstätigkeit wurde untersagt oder • Unternehmen wird betrieben, das in seinem Betrieb beschränkt oder gesperrt worden ist oder • sie in einer Ortschaft wohnen oder berufstätig sind, über welche Verkehrsbeschränkungen verhängt worden sind, und dadurch ein Verdienstentgang eingetreten ist.
Höhe	• Regelmäßiges Entgelt des Arbeitnehmers im Sinne des Entgeltfortzahlungsgesetzes
Corona-Kurzarbeitsbeihilfe • Steuerfreie Beihilfe für Arbeitgeber • **Zweck:** temporäre Förderung der Personalkosten, um Beschäftigte zu halten • Nicht rückzahlbarer Zuschuss zu den Personalkosten, Ersatz der tatsächlichen Ausfallstunden • **Kurzarbeitsbeihilfe** = Pauschalsatz pro Ausfallstunde x verrechenbarer Ausfallstunden	
Antrag	AMS und Abrechnung über das eAMS-Konto
Fristen	Monatlich bis spätestens zum 28. des Folgemonats
Höhe	• Bis zur Höchstbeitragsgrundlage und der anzuwendenden Nettoersatzrate das auf die Ausfallstunden entfallende Entgelt zuzüglich der zu tragenden SV-Anteile • **Phase 5**: Seit 1.7.2021: Kürzung der Beihilfe auf 85 % (Ausnahme: besonders betroffene Unternehmen mit einem Umsatzrückgang ab 50 % im 3. Quartal 2020 gegenüber dem 3. Quartal 2019 und von einem Lockdown betroffene Unternehmen)

Phase 4 - abgelaufen	• Ab 1.4.2021 bis 30.06.2021
Phase 5	
Corona-Kurzarbeitsbeihilfe - Normalfall	
Antrag	Ab 19.7.2021 bis 30.6.2022
Höhe	• 85 % der Beihilfe (Kürzung der errechneten Beihilfe um 15 % gegenüber der Phase 4) • Gilt nicht für besonders betroffene Unternehmen
Arbeitsausfall	• Zwischen 20 % und 50 %
Corona-Kurzarbeitsbeihilfe für besonders betroffene Unternehmen: Sonderregelung gilt bis 31.12.2021	
Frist	• Ab 9.8.2021
Antrag	• Formular 10.0 (AMS Homepage) • Unternehmen, die bereits seit dem 19.7.2021 einen Antrag auf 85 % Beihilfenhöhe gestellt haben, aber als besonders betroffener Betrieb gelten, können ein Änderungsbegehren stellen, um 100 % der Beihilfe zu erhalten
Voraussetzungen	• Mindestarbeitszeit und Beihilfe bleiben gleich • Regelungen gelten bis 31.12.2021, danach ist ein neuer Antrag zu stellen • Umsatzrückgang von 50 % oder mehr im 3. Quartal 2020 gegenüber dem 3. Quartal 2019 oder Betrieb mit Betretungsverbot
Dauer der Kurzarbeit	• Höchstens 6 Monate • Ende: spätestens 30.6.2022
Höhe	• 100 % der Beihilfe
Arbeitsausfall	• Bis zu 70 % • Mindestarbeitszeit: 30 %, in Ausnahmefällen 10 % • Ausfallzeit von bis zu 100 % ist zulässig, sofern die Mindestarbeitszeit im Durchschnitt nicht unterschritten wird • Für eine **Unterschreitung der Mindestarbeitszeit** ist eine explizite Zustimmung der Sozialpartner erforderlich
Urlaubsverbrauch	Je nach Dauer der Kurzarbeit zwingend bis zu 3 Wochen: • Kurzarbeitszeitraum **mehr als 1 Monat** à jedenfalls **1 Woche** Urlaubsverbrauch • Kurzarbeitszeitraum **mehr als 3 Monate** à jedenfalls **2 Wochen** Urlaubsverbrauch • Kurzarbeitszeitraum **mehr als 5 Monate** à jedenfalls **3 Wochen** Urlaubsverbrauch Wird der Urlaub nicht verbraucht, wird die Beihilfe beim Arbeitgeber gekürzt.
Neues Verfahren	• Für Unternehmen, die **bereits in Phase 4** in Kurzarbeit waren, bleibt das Verfahren unverändert. Antrag an das AMS (eAMS-Konto), automatisiertes Verfahren. **Alle anderen Unternehmen**, die zwischen 1.4.2021 und 30.6.2021 nicht in Kurzarbeit waren, müssen ein **dreiwöchiges Beratungsverfahren** (mit AMS, WKO und Gewerkschaft) absolvieren. Erst danach darf die Kurzarbeit begonnen werden. • Dem Antrag ist die monatliche Umsatzentwicklung des Unternehmens seit Juli 2019 beizugeben. • Keine Bestätigung vom Steuerberater/Wirtschaftsprüfer erforderlich, wenn Kurzarbeit für nicht mehr als 5 Arbeitnehmer beantragt wird. Unabhängig von der Zahl der Arbeitnehmer entfällt die Bestätigung für Unternehmen, die von einem verordneten Betretungsverbot direkt betroffen sind, oder die nur für die Zeit eines verordneten Betretungsverbots Kurzarbeitsbeihilfe beantragen.

Behaltepflicht	Beschäftigtenstand ist grundsätzlich während der Kurzarbeit und in einem darüber hinaus zusätzlich vereinbarten Zeitraum nach deren Beendigung (Behaltefrist) aufrecht zu erhalten.
Weiterbildung	Erhöhung der Förderung für Kosten der Aus- und Weiterbildungskursen von 60 % auf 75 % für Weiterbildungen während der Ausfallszeit.
Kurzarbeitsbeihilfe	Ersatz des Kurzarbeitsbonus durch das AMS
Kurzarbeitsbonus - Antrag nicht mehr möglich • Ausgleich für die entstandenen Mehrkosten (zB Urlaubsgeld für Mitarbeiter in Kurzarbeit) • Ausgleich des Einkommensverlustes durch das entfallene Trinkgeld	
Antrag	• AMS
Antragsfrist	• Bis 28.3.2021
Voraussetzung	• Betrieb, der sich im März 2021 in Kurzarbeit befand
Höhe	• 1.000 € pro beschäftigter Person in Kurzarbeit - 825 € für Arbeitgeber - 175 € für Arbeitnehmer, unabhängig davon, ob sie Trinkgeld erhalten oder nicht
Anspruchsberechtigte Betriebe	• ÖNACE-2008-Klassifikation (zB Beherbergung, Gaststätten, Kinos, Reise- und Fremdenführer)
Investitionsprämie • Steuerfreier, nicht rückzahlbarer Zuschuss für Anschaffungen von abnutzbarem Anlagevermögen, keine Verkürzung der Anschaffungskosten • Für alle Unternehmen (Einpersonen-, Klein-, Mittel- und Großbetriebe)	
Höhe	• 7 % der Investitionskosten • 14 % der Investitionskosten bei Digitalisierung, Ökologisierung, Gesundheit • Mindestens 5.000 € • Maximal 50 Mio € • Befreiung von Gebühren für die dafür erforderlichen Rechtsgeschäfte, Schriften und Amtshandlungen
Änderung der Richtlinie zur Investitionsprämie	
Antrag	Online aws-Fördermanager (https://foerdermnager.aws.at)
Zeitraum, in dem eine erste Maßnahme gesetzt werden muss (zB Bestellung, Kaufvertrag, Baubeginn)	Verlängerung um 3 Monate bis 31.5.2021
Antragsfrist	• **Verlängerung der Frist** für die Inbetriebnahme der Investition und deren Bezahlung bis 28.2.2023 • Die Investitionen müssen mindestens 3 Jahre im Betrieb in Österreich verwendet werden
Abrechnung	• Je Förderungszusage ist nur eine Abrechnung möglich. Die Abrechnung muss nach Inbetriebnahme und Bezahlung zu einem Fördervertrag innerhalb von 3 Monaten erfolgen • Diese 3-Monstsfrist ist nicht zu beachten, wenn die Endabrechnung bis 30.89.2021 vorgenommen wurde.
Lehrlingsbonus - Antrag nicht mehr möglich Abschluss eines Lehrvertrages im Zeitraum vom 16.3.2020 bis 31.10.2020 oder bei Übernahme aus einer überbetrieblichen Ausbildungseinrichtung bis 31.3.2021	
Anspruch	Mit dem Zeitpunkt der Auszahlung hat der Arbeitgeber Anspruch auf Vergütung dieses Betrages gegenüber dem Bund

3.5. Umsatzsteuersätze

	Ab 1.1.2020	
E-Books	10 %	
	Ab 1.1.2021	
Reparaturen (Fahrräder, Schuhe, Lederwaren, Kleidung und Haushaltswäsche)	10 %	
Damenhygieneartikel	10 %	
	1.7.-31.12.2020	**1.1.-31.12.2021**
Bücher, Broschüren (Papier, E-Books)	5 %	5 %
Zeitungen und periodische Druckwerke (Papier oder elektronische Druckwerke)	5 %	10 %
Noten, kartografische Erzeugnisse	5 %	5 %
Gastronomie	5 %	5 %
Hotellerie, Beherbergung, Camping	5 %	5 %
Kunst und Kultur (Theater, Film, Musikaufführungen, Zirkus)	5 %	5 %
	1.1.2021-31.12.2022	
COVID-19-Tests	0 %	
COVID-19-Impfstoffe	0 %	
	14.4.2020-31.7.2020	
Schutzmasken	0 %	
	23.1.2021-31.12.2021	
Schutzmasken (Stoff- und Papiermasken)	0 %	
Schutzmasken (FFP2- und FFP3-Schutzmasken)	0 %	
	30.1.2020-31.12.2021	
Schutzmasken, Schutzkleidung, Desinfektionsmittel	Steuerbefreiung von Einfuhr und innergemeinschaftlichem Erwerb	
	1.7.2020-31.12.2020	
Verabreichte offene nichtalkoholische Getränke	0 %	
	Ab 1.7.2020	
Schaumwein	0 %	
	Bis 31.12.2021	
Zusatzsteuer bei Land- und Forstwirten	0 %	

Einleitung

1. Umgang mit dem Finanzamt

Welche Abteilungen gibt es im Finanzamt?

Die weit verbreitete Scheu vor Behörden lässt sich erfahrungsgemäß leicht abbauen, wenn man den Aufbau und den Arbeitsablauf kennt. An allen Standorten des Finanzamtes Österreich gibt es so genannte Infocenter, die als Anlauf- und Servicestelle fungieren. Insgesamt besteht das Finanzamt Österreich bzw der Standort aus folgenden Bereichen bzw Abteilungen:

Team	Anlaufstelle für	Aufgaben
Infocenter	Alle Bürger	Erteilung von Auskünften Entgegennahme von Formularen Neuaufnahmen von Betrieben
Allgemeinveranlagung	Private	Arbeitnehmerveranlagung Beihilfengewährung
Betriebsveranlagung und -prüfung	Unternehmen	Veranlagung von Einkommen-, Umsatz- Körperschaftsteuer usw Betriebsprüfung
Abgabensicherung	Alle Betroffenen	Einhebung und Verbuchung von Abgaben Zwangsweise Einbringung von Abgaben
Fachbereich	Alle Betroffenen, insbes Wirtschafts-treuhänder	Fachliche Koordinierung, schwierige Rechtsmittel
Geschäftsleitung und Fachbereich (Vorstand, Fachvorstand)	Alle Betroffenen	Gesamtleitung des Finanzamtes Die lokalen Dienststellen werden von Dienststellenleitern geführt.

Ab 1.1.2021 erfolgt eine Modernisierung der Steuer- und Zollverwaltung. Diese soll zu einer gleichmäßigeren Arbeitsaufteilung innerhalb des Finanzamtes Österreich führen. Grund für diese Umstrukturierung sind große externe und interne Herausforderungen wie Digitalisierung und Globalisierung in Gesellschaft und Wirtschaft, komplexer werdende Rechtssysteme und die Altersstruktur der Mitarbeiter der Finanzverwaltung.

Die derzeitigen Finanzämter sollen von 40 auf 33 Dienststellen und die derzeitigen Zollämter von 9 auf 5 Dienststellen zusammengelegt werden.

Ab 1.1.2021 treten an Stelle der bisherigen Finanz- und Zollämter mit bundesweiter Zuständigkeit

1. das Finanzamt Österreich (FAÖ),
2. das Finanzamt für Großbetriebe (FAG),

3. das Zollamt Österreich (ZAÖ),
4. das Amt für Betrugsbekämpfung (ABB) und
5. der Prüfdienst für Lohnabgaben und Beiträge (PLB; bereits seit 1.7.2020 bzw Vorversion seit 1.1.2020).

Durch die neue österreichweite Zuständigkeit der Behörden soll es in Hinkunft bei einem Wohnsitzwechsel auch nicht mehr zu Aktenabtretungen mit neuen Steuernummer kommen.

Alle bei den Abgabenbehörden anhängigen Verfahren werden mit 1.1.2021 automatisch auf die neuen Organisationseinheiten (FAÖ, FAG, ABB, ZAÖ) übergeleitet.

Erhält man vom Finanzamt auch Auskünfte?

Nach dem Auskunftspflichtgesetz sind alle Organe des Bundes verpflichtet, mündliche, telefonische, telegrafische, schriftliche oder fernschriftliche Anfragen ohne unnötigen Aufschub, spätestens aber binnen acht Wochen, zu beantworten. Auskünfte (idR des Arbeitgebers) über die Lohnsteuer sind vom Finanzamt der Betriebsstätte auch schriftlich innerhalb von 14 Tagen zu beantworten. Auskünfte über Rechtsfragen im Zusammenhang mit Umgründungen, Unternehmensgruppen, dem internationalen Steuerrecht, dem Umsatzsteuerrecht und dem Vorliegen von Missbrauch von Gestaltungsmöglichkeiten des privaten Rechts können auf Antrag als verbindliche Auskünfte verlangt werden. Diese Auskunftsbescheide werden von der Finanz tunlichst innerhalb von zwei Monaten erlassen, sie sind aber kostenpflichtig (Höhe abhängig von der Unternehmensgröße des Antragstellers).

Schriftliche Anfragen bieten den Vorteil, die Antwort schwarz auf weiß zu erhalten. Bei telefonischen oder mündlichen Auskünften kann man dagegen über einzelne Probleme detaillierter diskutieren, ohne sich jedoch später erfolgreich auf die erteilte Auskunft berufen zu können. Auskünfte per E-Mail sind grundsätzlich nicht vorgesehen, dafür gibt es FINANZOnline. Schnelle Auskünfte gibt es aber übers Internet (www.bmf.gv.at). An wen man sich wenden kann:

- ➜ Erste Adressaten für allgemeine inhaltliche Fragen sind die speziell geschulten Mitarbeiter im so genannten Infocenter.
- ➜ Für Fragen zu konkreten Akteninhalten oder zu geplanten Maßnahmen mit steuerlichen Auswirkungen stehen die Bearbeiter der jeweiligen Teams zur Verfügung.
- ➜ Für spezielle rechtliche Fragen gibt es in den Finanzämtern den so genannten Fachbereich, der zu allem Rede und Antwort steht.
- ➜ In jenen Fällen, in denen man mit seinem Finanzamt menschlich nicht zurechtkommt, bleibt als Ansprechpartner noch der Ombudsdienst des Finanzministeriums. Der Steuerombudsdienst ist per E-Mail unter steuerombudsdienst@bmf.

gv.at sowie postalisch unter Bundesministerium für Finanzen, Johannesgasse 5 in 1010 Wien erreichbar.

- Für Fragen rund um FINANZOnline steht österreichweit zum Ortstarif von Montag bis Freitag, 8.00 Uhr bis 17.00 Uhr, unter 050 233 790 eine Hotline zur Verfügung.
- Für telefonische Bestellungen von Formularen steht österreichweit zum Ortstarif von Montag bis Donnerstag, 7.30 Uhr bis 15.30 Uhr, und Freitag, 7.30 Uhr bis 12.00 Uhr, unter 050 233 710 dieselbe Hotline zur Verfügung.

In den Finanzämtern wurde ein **zentrales Auskunftsservice** installiert, das unter folgenden Telefonnummern erreichbar ist:

- 050 233 233 für Privatpersonen
- 050 233 333 für Unternehmen
- 050 233 770 **Corona-Hotline** zu steuerrechtlichen Erleichterungen und Kurzarbeit

Überdies können Sie Fragen ans Finanzamt auch in einem Internet-Chat klären (https://chat.bmf.gv.at/).

Die oa Telefonnummern ersetzen alle bisher vorhandenen lokalen Telefonnummern.

Bei gezielten Fragen zum konkreten Verfahren, also insbesondere für Steuerberater, gibt es die direkte Wahl in alle Teams ohne Umweg über das Infocenter: 050 233 433 + Finanzamtsnummer zweistellig + Teamnummer zweistellig (beides ist auf allen Zusendungen des Finanzamtes ersichtlich).

Um die Adressen, Telefon- und Telefaxnummern immer bei der Hand zu haben, ist im Anhang auch ein entsprechendes Verzeichnis der österreichischen Finanzbehörden abgedruckt.

Schreiben, faxen, telefonieren mit dem Finanzamt oder persönlich vorsprechen?

Anträge, Steuererklärungen und andere Anbringen können sowohl per Post oder Fax eingebracht als auch persönlich in der Einlaufstelle des jeweiligen Amtes abgegeben werden. Noch schneller geht es über FINANZOnline (siehe Folgeseite).

Im Allgemeinen versucht die Finanz, die Kontakte mit den Steuerpflichtigen für diese zeitsparend zu gestalten. Rückfragen werden oft auf direktem Wege telefonisch geklärt. Persönliche Vorsprachen sind nur dann zweckmäßig, wenn man ein konkretes Problem mit seinem zuständigen Referenten unmittelbar – eventuell im Hinblick auf einen Kompromiss – besprechen will. Bei persönlichen Vorsprachen sollte aber nicht übersehen werden, dass es – wie bei allen Behörden – auch beim Finanzamt so genannte Kundenverkehrszeiten gibt (vormittags idR offen, nachmittags am Donnerstag bzw in größeren Städten auch an anderen Tagen). Zudem bietet die Finanz auch Terminvereinbarungen an (online unter https://service.bmf.gv.at).

Mit E-Mails ist die Finanz vorsichtig. Sie sind gesetzlich nicht geregelt und werden daher – so wie Telefonate – nur für informelle Kontakte, nicht aber für formelle Anbringen verwendet. Das liegt vor allem daran, dass die Person hinter einer Mailadresse nicht identifizierbar ist. Ausnahme: Bis 31.12.2020 ist die Einreichung von Anbringen im Zusammenhang mit steuerlichen Erleichterungen, die durch das Corona-Virus veranlasst wurden, per E-Mail an corona@bmf.gv.at zulässig. Elektronisch können Sie mit dem Finanzamt aber vor allem über FINANZOnline in Verbindung treten.

Welche Formulare gibt es wofür?

Wie bei Ämtern so üblich, gibt es für (fast) alles ein Formular. Die Formulare erhält man natürlich bei den Finanzämtern, weiters zum Teil in Gemeindeämtern und in vielen Fällen auch in Lohnbüros. Die wichtigsten Formulare finden Sie natürlich auch im Internet unter www.bmf.gv.at unter Formulare, eine Vielzahl davon auch in mehreren Sprachen. Einige relevante Formulare erhält man auch beim Software-Download dieses Buches unter www.steuersparbuch.at/vorlagen2021. Die Bezeichnung der relevanten Formulare finden Sie bei den jeweiligen Kapiteln.

Achtung: Da die Finanz schrittweise die gängigen Formulare einscannt (derzeit Arbeitnehmerveranlagung und Umsatzsteuervoranmeldung), müssen folgende Punkte beachtet werden:

- ➜ Bitte geben Sie nur die **Originalformulare** ab, da Kopien maschinell nicht lesbar sind.
- ➜ Schreiben Sie in Blockschrift und verwenden Sie ausschließlich schwarze oder blaue Farbe.
- ➜ Schreiben Sie in jedes Kästchen nur einen Buchstaben, eine Ziffer oder ein Sonderzeichen.
- ➜ Füllen Sie Textfelder von links nach rechts aus.
- ➜ Leerbleibende Felder frei lassen und nicht durchstreichen.
- ➜ Anmerkungen außerhalb der vorgesehenen Felder können nicht maschinell gelesen werden.

2. FINANZOnline

Was ist FINANZOnline?

FINANZOnline ist das elektronische Datenübertragungsverfahren der Finanzverwaltung auf Basis der Internettechnologie und ermöglicht insbesondere die Übermittlung von Steuererklärungen über das Internet. Seit dem Jahr 2003 haben neben Parteienvertretern alle Bürger sowie Unternehmer und Gemeinden Zugang zu diesem Online-Service. FINANZOnline eröffnet für jede dieser Benutzergruppen verschiedenste Nutzungsmöglichkeiten.

Die Vorteile liegen auf der Hand:

- ➔ Die Anwendung steht kostenlos und rund um die Uhr zur Verfügung.
- ➔ Der Amtsweg kann per Mausklick bequem von zu Hause erledigt werden.
- ➔ Man benötigt dafür keine spezielle Software, sondern nur einen Computer mit Internetanschluss.

Eine eigene Hotline beantwortet alle Fragen zu FINANZOnline. Diese ist österreichweit zum Ortstarif von Montag bis Freitag, 08.00 Uhr bis 17.00 Uhr, unter der Nummer 050 233 790 erreichbar.

Wie kommt man zu FINANZOnline?

Bevor man in das Verfahren selbst einsteigt, muss man sich einmalig für das Verfahren anmelden. Dies ist für die eindeutige Identifizierung aller Teilnehmerinnen und Teilnehmer notwendig. Nach der erfolgreichen Anmeldung erhält man die persönlichen Zugangsberechtigungen.

Für die Anmeldung zu FINANZOnline gibt es folgende Möglichkeiten:

1. Die Online-Anmeldung über die Willkommensseite von FINANZOnline (https://finanzonline.bmf.gv.at, Punkt „Online-Anmeldung“). Wenn Sie „Online-Anmeldung“ anklicken, wird ein elektronisches Anmeldeformular geöffnet und Sie können Ihre Anmeldedaten eingeben. Stimmen Ihre Anmeldedaten mit den bereits bei Ihrem Finanzamt gespeicherten, personenbezogenen Daten (Grunddaten) überein, erhalten Sie drei Zugangskennungen:
   - Teilnehmer-Identifikation (TID)
   - Benutzer-Identifikation (BENID)
   - Persönliche Identifikationsnummer (PIN)

   Die Übermittlung dieser Zugangskennungen erfolgt durch Zustellung mit Rückscheinbrief (RSa).
2. Neben der Online-Anmeldung können Sie sich auch mit einem Formular anmelden. Dieses Anmeldeformular steht Ihnen zum Herunterladen zur Verfügung. Sie können das ausgefüllte Formular bei jedem Finanzamt persönlich abgeben oder per Post bzw Fax an jedes Finanzamt schicken. Wenn Sie das Anmeldeformular persönlich am Finanzamt abgeben, erhalten Sie nach Vorlage eines amtlichen Lichtbildausweises (Führerschein, Reisepass oder Personalausweis) die Zugangskennungen sofort. In allen anderen Fällen erfolgt die Zustellung wie bei der Online-Anmeldung mit Rückscheinbrief (RSa).

3. Einsteigen können Sie auch mit einem Mobiltelefon und Handy-Signatur. Das ist der wohl bequemste Weg. Sie müssen sich einmalig für die Signatur registrieren lassen (das können Sie auch in jedem Finanzamt tun) und dann brauchen Sie nur mehr Ihr Handy für das Login.

Mit FINANZOnline kommt man überdies zu weiteren Verfahren, wie zB dem Unternehmensserviceportal, diversen Sozialversicherungsanwendungen (inkl Pensionskonto) und dem Arbeitsmarktservice (inkl Arbeitslosenmeldung).

Was bietet FINANZOnline für den Bürger?

Folgende Vorteile bietet FINANZOnline:

- Elektronische Übermittlung der Arbeitnehmerveranlagung ohne Papierbeilagen (seit 2002)
- Elektronische Übermittlung sonstiger Anbringen (zB Bestätigung über Bezug der Familienbeihilfe, Änderung der Vorauszahlung, Verlängerung der Beschwerdefrist)
- Sofortberechnung der voraussichtlichen Steuer
- Bescheidzustellung in Ihren persönlichen elektronischen Postkasten (Nachrichten/ früher DataBox)
- Aktuelle Abfrage Ihres Steuerkontos
- Änderung Ihrer persönlichen Daten (Grunddaten – zB Kontodaten)
- Antrag auf Rückzahlung
- Antrag auf Familienbeihilfe
- Ergänzungsersuchen
- Electronic-Banking Zahlungsfunktion
- SEPA-Lastschriftmandat für Einkommensteuervorauszahlungen
- Assistent, der mit wenigen Angaben durch den Steuerausgleich führt, sowie ein Chatbot für Auskünfte

Was bietet FINANZOnline für Unternehmer?

Einzelunternehmen, Personenvereinigungen und juristische Personen können FINANZOnline insbesondere für folgende Bereiche verwenden:

- Übermittlung der Umsatzsteuervoranmeldung (U30) (seit 2003)
- Übermittlung der Umsatzsteuer-, Einkommensteuer- und Körperschaftsteuererklärung für Zeiträume (seit 2003)
- Übermittlung der Erklärungen für eine einheitliche und gesonderte Feststellung von Einkünften (seit 2006)
- Übermittlung des Jahresabschlusses (E-Bilanz) (seit 2006)
- Übermittlung von Anmeldungen und Anträgen betreffend Verbrauchsteuern

- Elektronische Übermittlung sonstiger Anbringen (zB Nachweis über die Erfassung als Unternehmer, Unbedenklichkeitsbescheinigung, Bekanntgabe Betriebsaufgabe, Bestätigung über Bezug der Familienbeihilfe, Änderung der Vorauszahlung, Verlängerung der Beschwerdefrist, Ersuchen um Rechtsauskünfte)
- Ergänzungsersuchen

Die Vorteile:

- Keine Papierbeilagen für Einnahmen-Ausgaben-Rechner
- Sofortberechnung der voraussichtlichen Steuer
- Bescheidzustellung in Ihren persönlichen elektronischen Postkasten (Nachrichten; seit 2013 erfolgen Zustellungen generell elektronisch über die Nachrichten, es sei denn, man optiert ausdrücklich für die Postzustellung)
- Übermittlung umfangreicher Datenmengen mittels Datenstromverfahren im XML-Format (Details finden Sie unter Informationen für Softwarehersteller)
- Elektronische Bestätigung der Gültigkeit einer Umsatzsteuer-Identifikationsnummer (UID-Nr)
- Eigenverantwortliche Benutzerverwaltung
- Aktuelle Abfragen Ihres Steuerkontos
- Elektronische Rückzahlungsanträge
- Elektronische Änderung Ihrer persönlichen Daten (Grunddaten – zB Kontodaten)
- Electronic-Banking Zahlungsfunktion
- SEPA-Lastschriftmandat für Einkommensteuervorauszahlungen

CORONA

Corona:

- Antrag zur Berücksichtigung einer Covid-19-Rücklage bei der Veranlagung 2019,
- Gewährung von Zuschüssen zur Deckung von Fixkosten und Lockdown-Umsatzersatz (Soforthilfe für betroffene Betriebe)

Was bietet FINANZOnline für Parteienvertreter?

Wirtschaftstreuhänder, Rechtsanwälte, Notare, Immobilien- und Vermögenstreuhänder sowie Buchhalter können FINANZOnline insbesondere für Steuerangelegenheiten ihrer Klienten verwenden. Die Befugnis zur Berufsausübung wird FINANZOnline von der zuständigen Interessenvertretung (Kammer der Steuerberater und Wirtschaftsprüfer, Rechtsanwaltskammer, Notariatskammer) ohne Ihr Zutun automatisch mitgeteilt. Wenn Sie eine aufrechte Befugnis zur Berufsausübung haben, werden Sie daher in FINANZOnline automatisch als Parteienvertreter erkannt. Die erweiterten Funktionen werden entsprechend der Berufs- und Vertretungsbefugnis bereitgestellt.

Bevor Sie in das Verfahren selbst einsteigen, müssen Sie Ihre Kanzlei einmalig für das Verfahren anmelden. Dies ist für die eindeutige Identifizierung aller Teilnehmerinnen und Teilnehmer notwendig. Nach Ihrer erfolgreichen Anmeldung erhalten Sie Ihre persönlichen Zugangsberechtigungen.

Wie erfolgen Zustellungen in FINANZOnline?

Bescheide und andere Erledigungen des Finanzamtes werden seit 1.1.2013 an FINANZOnline-Teilnehmer soweit wie möglich nur noch elektronisch zugestellt (Zustellung in die Nachrichten, push-Info mit Mail). Will man die Zustellung weiter in Papierform, muss man beim Einstieg in FINANZOnline ausdrücklich auf die elektronische Zustellung verzichten.

Achtung: Die Rechtsmittelfrist beginnt bereits mit dem Einlangen des Bescheides in die Nachrichten und nicht erst mit dem Auslesen zu laufen. Daher wird empfohlen, die Mail-Adresse in FINANZOnline unter Eingaben/Zustellung zu erfassen, um eine automatische Mail-Verständigung bei Zustellung des Bescheides in die Nachrichten zu erhalten.

3. Verfahrensrecht

Am angenehmsten (und einfachsten) ist es natürlich, wenn die Finanz allen Anträgen brav Folge leistet. Trotzdem sollte man auch für den Fall des Falles gewappnet sein: Will man sein Recht gegen eine anders lautende Ansicht der Behörde durchsetzen, braucht man die Verfahrensbestimmungen der so genannten Bundesabgabenordnung, kurz BAO.

Der vom Rechtsschutz handelnde Abschnitt der BAO enthält die Vorschriften über das ordentliche Rechtsmittel der

➔ Beschwerden,
  über sonstige Abänderungen von Bescheiden, wie
  - die Abänderung, Zurücknahme und Aufhebung von Amts wegen,
  - die Wiederaufnahme des Verfahrens,
  - die Wiedereinsetzung in den vorigen Stand,
  und über
➔ die Entscheidungspflicht der Behörde.

Für die Interessierten sei hier nur kurz vermerkt, dass neben den oben angeführten Rechtsmitteln noch weitere außerordentliche Rechtsmittel auch im Steuerrecht zum Tragen kommen können, und zwar

- ➜ Beschwerden an den Verfassungsgerichtshof (müssen von einem Rechtsanwalt unterschrieben sein) oder Revisionen an den Verwaltungsgerichtshof (müssen von einem Rechtsanwalt oder einem Steuerberater unterzeichnet sein!), wenn die ordentlichen Rechtsmittel erschöpft sind, sowie
- ➜ Dienstaufsichtsbeschwerden bei unkorrekter bzw unsachlicher Vorgangsweise seitens der Behörde.

Wie muss eine Beschwerde aussehen?

Erlässt das Finanzamt einen Bescheid, mit dessen Inhalt man nicht einverstanden ist, kann dagegen Beschwerde eingelegt werden. Die Beschwerde muss innerhalb eines Monats nach Bescheidzustellung beim zuständigen Finanzamt eingebracht werden. Durch die Einbringung einer Beschwerde wird die Wirksamkeit des angefochtenen Bescheides nicht gehemmt. Das heißt, man muss trotz Beschwerde vorerst einmal zahlen. Soll die Zahlungsverpflichtung hinausgeschoben werden, so ist entweder ein formloser

- ➜ Antrag auf Aussetzung der Einhebung oder ein
- ➜ Ansuchen um Zahlungserleichterung (Stundung oder Ratenzahlung)

zu stellen.

Da aber im Falle einer Abweisung für die ausständigen Abgaben von der Finanz Stundungszinsen (4,5 % über dem sog Basiszinssatz) berechnet werden, ist es sinnvoll, entweder die Aussetzung der Einhebung zu beantragen (Aussetzungszinsen 2 % über Basiszinssatz und damit niedriger als bei Zahlungserleichterungen, Aussetzungszinsen unter 50 € werden nicht festgesetzt) oder den Rückstand bis zur Erledigung der Beschwerde einzuzahlen (bei unsicherem Ausgang der Beschwerde).

Weiters besteht auch die Möglichkeit, für eine bereits entrichtete Steuer, die durch eine Beschwerdeerledigung herabgesetzt wird, vom Finanzamt Zinsen zu verlangen (so genannte Beschwerdezinsen in Höhe von 2 % über dem Basiszinssatz). Dazu braucht es einen Antrag an das Finanzamt und die Zinsen müssen mindestens 50 € ausmachen.

Wie sieht der Instanzenzug bei Beschwerden aus?

Das Finanzamt kann die Beschwerde nach Durchführung der etwa noch erforderlichen Ermittlungen durch **Beschwerdevorentscheidung** selbst erledigen oder an das Bundesfinanzgericht vorlegen.

Ist man auch mit der Beschwerdevorentscheidung des Finanzamtes nicht einverstanden, muss innerhalb eines Monats ein Antrag auf **Entscheidung über die Beschwerde durch das Bundesfinanzgericht** gestellt werden. Wenn die Vorlage vom Finanzamt nicht innerhalb von zwei Monaten an das Bundesfinanzgericht vorgelegt wird, kann man das mit einer formlosen Vorlageerinnerung erreichen. Das Bundesfinanzgericht entscheidet entweder durch Einzelrichter oder, wenn dies beantragt wird, durch einen Senat. Weiters kann auch eine mündliche Verhandlung beantragt werden. Das Bundesfinanzgericht entscheidet mit Beschluss (Zurückweisung, Gegenstandsloserklärung, Aufhebung und Zurückweisung an das Finanzamt, wenn Ermittlungen unterlassen wurden) oder durch Erkenntnis (in der Sache selbst).

Das Bundesfinanzgericht ist für alle Beschwerden in Steuer-, Zoll- und Finanzstrafsachen in zweiter Instanz zuständig. Der Sitz des Bundesfinanzgerichtes ist in Wien, Außenstellen befinden sich in Feldkirch, Graz, Innsbruck, Klagenfurt, Linz und Salzburg. Wenn man außerstande ist, die Kosten für ein Beschwerdeverfahren ohne Beeinträchtigung des notwendigen Unterhalts zu bestreiten, kann man beim Bundesfinanzgericht einen Antrag auf Verfahrenshilfe stellen.

Wird ein Finanzamt nicht innerhalb von sechs Monaten nach Einlangen eines Anbringens durch einen Bescheid tätig, kann man beim Bundesfinanzgericht eine sogenannte Säumnisbeschwerde einbringen.

Gegen ein Erkenntnis des Bundesfinanzgerichts ist nur mehr eine Revision an den Verwaltungsgerichtshof (wegen rechtswidriger Auslegung eines Gesetzes durch die Finanzbehörde oder wegen Verletzung von Verfahrensvorschriften) oder eine Beschwerde an den Verfassungsgerichtshof (zB wegen Gleichheitswidrigkeit einer Bestimmung) zulässig. Die Frist für die **Anrufung des Verwaltungs- oder Verfassungsgerichtshofes** beträgt sechs Wochen. Die Beschwerde an den Verfassungsgerichtshof muss – abgesehen von den gesetzlich bestimmten Ausnahmen – von einem Rechtsanwalt unterschrieben sein. Die Revision an den Verwaltungsgerichtshof muss – abgesehen von den gesetzlich bestimmten Ausnahmen – von einem Rechtsanwalt oder Steuerberater unterschrieben sein.

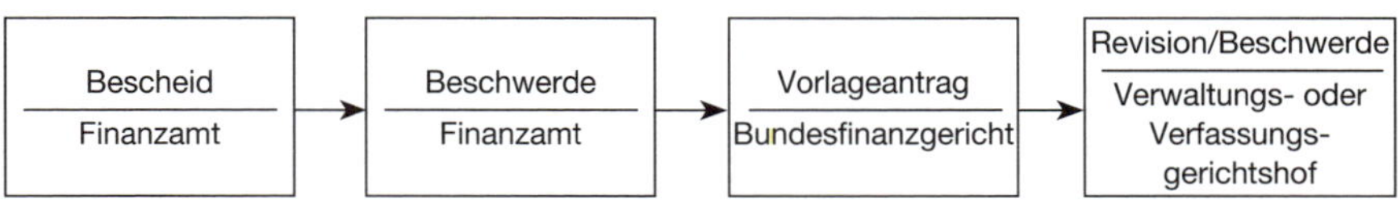

Die Angaben auf diesem Musterblatt entsprechen genau den Anforderungen Ihres Finanzamtes (ein eigenes Formblatt dafür gibt es nicht). Verwenden Sie daher am besten eine Kopie dieses Musterblattes – mit den entsprechenden Angaben versehen – als Vorlage. Sämtliche Vorlagen in diesem Buch finden Sie unter www.steuersparbuch.at/vorlagen2021 zum Download.

Name: ....
SV-Nr/St-Nr: ....
Adresse: ....
....

An das ....
Finanzamt .... Datum: ....
....
....

Beschwerde

Gegen den Bescheid vom .... betreffend ....

erhebe ich innerhalb offener Frist das Rechtsmittel der Beschwerde.

Die Beschwerde richtet sich gegen folgenden Punkt/folgende Punkte* des Bescheides:
....
....

Ich beantrage, ...
....
....
zu berücksichtigen und einen neuen Bescheid zu erlassen.

Begründung:
....
....
....
....

Gleichzeitig beantrage ich, die Einhebung der Abgaben in Höhe des strittigen Betrages von .... gem. § 212a BAO auszusetzen*.

Hochachtungsvoll

* Nichtzutreffendes streichen

Name: ....
SV-Nr/St-Nr: ....
Adresse: ....
....

An das ....
Finanzamt .... Datum: ....
....
....

Vorlage der Beschwerde an das Bundesfinanzgericht

Gegen den Bescheid vom .... betreffend ....
stelle ich gem § 264 BAO innerhalb offener Frist den Antrag auf Entscheidung über die Beschwerde durch das Bundesfinanzgericht.
Die Beschwerde richtet sich gegen folgenden Punkt/folgende Punkte* des Bescheides:
....

Ich beantrage, ...
....
....
zu berücksichtigen und einen neuen Bescheid zu erlassen.

Begründung: ....
....
....
....
....

Ich beantrage gem § 272 BAO die Entscheidung durch den zuständigen Senat des Bundesfinanzgerichts.*
Ich beantrage gem § 274 BAO die Durchführung einer mündlichen Verhandlung vor dem Bundesfinanzgericht.*
Gleichzeitig beantrage ich, die Einhebung der Abgaben in Höhe des strittigen Betrages von .... gem § 212a BAO auszusetzen.*

Hochachtungsvoll

* Nichtzutreffendes streichen

In welchen Fällen ändert die Behörde ihre Bescheide selbst?

Die Abgabenbehörde kann in ihrem Bescheid unterlaufene Schreib- und Rechenfehler oder andere offenbar auf einem ähnlichen Versehen beruhende Unrichtigkeiten von sich aus berichtigen. Bescheide, die aus anderen, später geänderten Bescheiden abzuleiten sind, müssen durch das Finanzamt geändert werden (Folgeänderung). Auch bei unrichtigem Inhalt eines Bescheides kann das Finanzamt den eigenen Bescheid korrigieren, und zwar innerhalb eines Jahres.

Eine Aufhebung wegen eines falschen Inhaltes ist nicht nur von Amts wegen möglich, sondern kann innerhalb eines Jahres auch beantragt werden.

Kann ein bereits abgeschlossenes Verfahren wieder aufgenommen werden?

Unter gewissen Voraussetzungen ist das möglich, und zwar, wenn

- der Bescheid durch eine gerichtlich strafbare Handlung herbeigeführt worden ist (zB Fälschung einer Urkunde) oder
- Tatsachen oder Beweismittel neu hervorkommen, die bisher nicht geltend gemacht wurden (bei Antrag ist erforderlich, dass hierfür kein Verschulden des Antragstellers vorliegt) oder
- der Bescheid von Vorfragen abhängig war und nachträglich über eine solche Vorfrage von der hierfür zuständigen Behörde (Gericht) wesentlich anders entschieden wurde.

Die Wiederaufnahme bewirkt, dass ein bereits mit Bescheid und abgelaufener Beschwerdefrist rechtskräftig abgeschlossenes Verfahren wieder aufgerollt und eine neuerliche Sachentscheidung erlassen wird. Die Wiederaufnahme kann von Amts wegen oder auf Antrag (Frist: drei Monate ab dem Zeitpunkt, in dem man vom Wiederaufnahmegrund Kenntnis erlangt hat) erfolgen.

TIPP

Entdeckt man nach Ablauf der Beschwerdefrist, dass man bei seiner Veranlagung einen Freibetrag vergessen hat, kann beim Finanzamt innerhalb der Verjährungsfrist von fünf Jahren die Wiederaufnahme angeregt werden. Es genügt ein formloses Schreiben oder auch ein neues Antragsformular, das einfach mit der Überschrift „Wiederaufnahme des Verfahrens gemäß § 303 BAO" zu übertiteln ist und Art bzw Höhe des neu beantragten Freibetrages enthalten muss. Als Alternative zur Wiederaufnahme können Sie beim Finanzamt beantragen, dass dieses den Bescheid wegen Rechtswidrigkeit des Inhalts aufheben soll. Ihr Antrag muss dafür die Bezeichnung des aufzuhebenden

Bescheides und die Gründe für die behauptete Unrichtigkeit enthalten. Die Entscheidung über die Wiederaufnahme bzw die Bescheidaufhebung liegt aber im Ermessen des Finanzamtes.

Gibt es bei einer versäumten Frist noch eine Chance?

Macht jemand glaubhaft, dass er durch ein unvorhergesehenes oder unabwendbares Ereignis (zB Naturkatastrophe) eine Frist versäumt hat und hierdurch einen Rechtsnachteil erleidet, kann er einen Antrag auf Wiedereinsetzung in den vorigen Stand stellen. Der Antrag muss binnen einer Frist von drei Monaten nach Aufhören des Hindernisses eingebracht werden. Wird der Antrag bewilligt, tritt das Verfahren in die Lage vor der Versäumung zurück, die versäumte Handlung (zB Einbringen einer Beschwerde) muss gleichzeitig mit dem Antrag nachgeholt werden.

Wie lange hat die Finanz Zeit, über Anträge zu entscheiden?

Die Abgabenbehörden sind verpflichtet, über Anbringen (das sind alle Anträge, Anfragen, Beschwerden usw) **ohne unnötigen Aufschub** zu entscheiden. Wird von einem Finanzamt über ein Anbringen nicht innerhalb von sechs Monaten entschieden, kann schriftlich beim Bundesfinanzgericht eine Säumnisbeschwerde eingebracht werden. Das Bundesfinanzgericht beauftragt dann entweder das Finanzamt mit der Entscheidung innerhalb von drei Monaten oder entscheidet selber.

Welche Möglichkeiten gibt es bei momentanen Zahlungsschwierigkeiten?

Für bereits festgesetzte Abgaben besteht die Möglichkeit, um die Bewilligung einer Zahlungserleichterung anzusuchen. Auf Antrag kann die Behörde

- ➜ den Zeitpunkt der Abgabenentrichtung hinausschieben (**Stundung**)
- ➜ oder die Entrichtung in **Raten** bewilligen.

Folgende Voraussetzungen sind zu beachten:

1. Einbringen eines Ansuchens.
2. Die sofortige oder die sofortige volle Entrichtung der Abgaben muss mit erheblichen Härten verbunden sein (wirtschaftliche Notlage, die man begründen muss).
3. Die Einbringlichkeit der Abgaben darf durch einen Zahlungsaufschub nicht gefährdet sein.

4. Für den Zahlungsaufschub sind, wenn die Abgabenschulden die Freigrenze von 750 € übersteigen, Stundungszinsen in Höhe von 4,5 % über dem sog Basiszinssatz zu entrichten. Stundungszinsen bis 50 € werden nicht festgesetzt.

CORONA

Corona: Erleichterungen bei Zahlungsverpflichtungen im Zusammenhang mit Corona siehe Kapitel B.2.1.2.

Die Angaben auf diesem Musterblatt entsprechen genau den Anforderungen Ihres Finanzamtes (ein eigenes Formblatt dafür gibt es nicht). Verwenden Sie daher am besten eine Kopie dieses Musterblattes – mit den entsprechenden Angaben versehen – als Vorlage. Sämtliche Vorlagen in diesem Buch finden Sie unter www.steuersparbuch.at/vorlagen2021 zum Download.

Name: ....
SV-Nr/St-Nr: ....
Adresse: ....
....

An das ....
Finanzamt .... Datum: ....
....
....

STUNDUNGSANSUCHEN

Gemäß § 212 Bundesabgabenordnung ersuche ich um eine Zahlungserleichterung für folgende Abgaben:

<Abgabenart> <Höhe>

Ich ersuche um Hinausschiebung des Entrichtungszeitpunktes (Stundung) bis zum ....

Begründung:

Die sofortige Entrichtung der Abgaben wäre für mich mit erheblichen Härten verbunden, weil ich mich aus folgenden Gründen in einer wirtschaftlichen Notlage befinde:

....
....
....
....
....
....

Abschließend verweise ich darauf, dass die Einbringlichkeit der Abgaben durch den Aufschub nicht gefährdet wird.

Hochachtungsvoll

Name: ....

SV-Nr/St-Nr: ....

Adresse: ....

....

An das ....

Finanzamt .... Datum: ....

....

....

ANSUCHEN UM RATENZAHLUNG

Gemäß § 212 Bundesabgabenordnung ersuche ich um eine Zahlungserleichterung für folgende Abgaben:

<Abgabenart> <Höhe>

Ich ersuche, die Entrichtung der Abgabe(n) wie folgt in Raten zu bewilligen:

Anzahl der Raten:	Ratenhöhe:	zahlbar bis:
....	....	....

Begründung:

Die sofortige Entrichtung der Abgaben wäre für mich mit erheblichen Härten verbunden, weil ich mich aus folgenden Gründen in einer wirtschaftlichen Notlage befinde:

....

....

....

....

....

....

Abschließend verweise ich darauf, dass die Einbringlichkeit der Abgaben durch den Aufschub nicht gefährdet wird.

Hochachtungsvoll

Kann die Entrichtung von Abgabenschuldigkeiten vom Finanzamt auch nachgesehen werden?

Fällige Abgabenschuldigkeiten können auf Antrag ganz oder zum Teil durch Abschreibung nachgesehen werden, wenn ihre Einhebung nach der Lage des Falles unbillig wäre. Folgende Voraussetzungen sind zu beachten:

1. Formloser Antrag.
2. Unbilligkeit der Einhebung nach der Lage des Falles.
3. Die Unbilligkeit ist im Antrag zu begründen. Dabei kann man persönliche (Existenzgefährdung) oder sachliche Gründe (vom Gesetzgeber nicht beabsichtigtes Ergebnis) geltend machen.

Wann verjähren Abgaben?

Das Recht der Behörde, Abgaben oder Beiträge festzusetzen, verjährt grundsätzlich nach fünf Jahren, beginnend mit dem Ablauf des Jahres, in dem der Abgabenanspruch entstanden ist. Bei Verbrauchsteuern und den festen Stempelgebühren beträgt die Verjährungsfrist nur drei Jahre. Bei der Grunderwerbsteuer beträgt die Verjährungsfrist zwar ebenfalls fünf Jahre, aber sie beginnt – wenn man den Erwerbsvorgang bei der Behörde nicht ordnungsgemäß gemeldet hat – erst mit Ablauf des Jahres zu laufen, in dem die Behörde davon Kenntnis erlangt.
Die Verjährungsfrist verlängert sich um ein Jahr, wenn nach außen erkennbare Amtshandlungen unternommen werden.

Hat man Abgaben oder Beiträge vorsätzlich hinterzogen, so beträgt die Verjährungsfrist zehn Jahre. Die absolute Verjährungsfrist beträgt zehn Jahre bzw bei vorläufigen Bescheiden 15 Jahre.

ACHTUNG

4. Die wichtigsten Änderungen 2021/2022

Die Änderungen des Jahres 2021 waren noch immer von COVID-19 geprägt. Neben den COVID-19 bedingten Gesetzen und Verordnungen wurden aber weitere – teilweise über die COVID-19-Bewältigung hinausgehende – steuerliche Änderungen vorgenommen und nachstehende Regelungen beschlossen:

- COVID-19-Steuermaßnahmengesetz (COVID-19-StMG, BGBl I 2021/3 vom 7.1.2021)
- Änderung des Einkommensteuergesetzes (EStG 1988 idF BGBl I 2021/18 vom 7.1.2021)
- Änderung des Normverbrauchsabgabegesetzes (BGBl I 2021/18 vom 7.1.2021)

- ➔ Änderung der Bundesabgabenordnung (BGBl I 2021/25 vom 22.1.2021)
- ➔ 2. COVID-19-Steuermaßnahmengesetz (2. COVID-19-StMG, BGBl I 2021/52 vom 25.3.2021)
- ➔ Änderung der Land- und Forstwirtschafts-Pauschalierungsverordnung (BGBl II 2013/125 idF BGBl II 2020/559 vom 11.12.2020)
- ➔ Sorgfaltspflichten-Umsatzsteuerverordnung (BGBl II 2019/315 idF BGBl II 2021/6 vom 7.1.2021)
- ➔ Lohnkontenverordnung (BGBl II 2005/256 idF BGBl II 2021/122 vom 25.3.2021)
- ➔ Verordnung zur Ermittlung des steuerlichen EBITDA sowie Gruppen EBITDA (EBITDA-ErmittlungsVO, BGBl II 2021/390 vom 10.9.2021)

COVID-19-Steuermaßnahmengesetz (COVID-19-StMG, BGBl I 2021/3 vom 7.1.2021)

Einkommensteuer

Eine pauschale Wertberichtigung für Forderungen sowie Rückstellungen für sonstige ungewisse Verbindlichkeiten sind zulässig.

Die pauschale Gewinnermittlung für Kleinunternehmer stellt auf die Umsatzsteuerbefreiung für Kleinunternehmer in der Umsatzsteuer ab. Die Pauschalierung ist auch anwendbar, wenn die Kleinunternehmergrenze in der Umsatzsteuer deswegen nicht anwendbar ist, weil auch Umsätze erzielt werden, die nicht von der Pauschalierung umfasst sind (zB Vermietung) oder auf die Umsatzsteuerbefreiung verzichtet wurde. Ein einmaliges Überschreiten der Umsatzgrenze um nicht als 15 % innerhalb eines Zeitraumes von fünf Jahren ist nicht schädlich (Toleranzgrenze). Die pauschalen Betriebsausgaben sind bei Dienstleistungsbetrieben mit maximal 8.400 €, ansonsten mit maximal 18.900 € gedeckelt.

Steuersatz für die Pauschalbesteuerung bei Krankengeld und Heeresgebühren, Winterfeiertagsvergütung wird auf 20 % herabgesetzt.

Ein vorhandenes nicht ausgeschöpftes Jahressechstel wird durch Aufrollung im Dezember berücksichtigt, damit kommt es zu einer optimalen Ausnutzung der Besteuerung mit 6 %.

Die Ausnahmen bei der Aufrollung des Kontrollsechstels werden erweitert auf Elternkarenz, Bezug von Krankengeld aus einer gesetzlichen Krankenversicherung, Rehabilitationsgeld, Pflegegeld oder Pflegeteilzeit, Familienhospiz oder Familienhospizteilzeit, Wiedereingliederungsteilzeit, Grundwehrdienst, Altersteilzeit, Teilpension, Beendigung des Dienstverhältnisses, wenn im Kalenderjahr kein neues Dienstverhältnis bei demselben Arbeitgeber eingegangen wird

Das Jahressechstel wird pauschal um 15 % erhöht.

Körperschaftsteuer

Ein Zinsüberhang (das ist ein Überhang von abzugsfähigen Zinsaufwendungen gegenüber steuerpflichtigen Zinserträgen) kann nur um Ausmaß von 30 % des steuerlichen EBITDA abgezogen werden. Ein Freibetrag von 3 Mio € pro Veranlagungsjahr ist vorgesehen.

Umsatzsteuer

Änderung des Steuersatzes auf 10 % für E-Books, Reparaturen und Damenhygieneartikel, eine zeitweise Verminderung des Steuersatzes auf 5 % für bestimmte Umsätze (zB Bücher, Gastronomie, Beherbergung, Kunst) und Steuerfreiheit für COVID-19-Tests und COVID-19-Impfstoffe.

Die Einführung des E-Commerce-Paketes wurde auf 1.7.2021 verschoben. Ab diesem Zeitpunkt ist für jede importierte Ware Einfuhrumsatzsteuer zu bezahlen.

Änderung des Einkommensteuergesetzes 1988 (BGBl I 2021/18 vom 7.1.2021)

Wird dem Arbeitnehmer ein Fahrrad oder Elektrofahrrad vom Arbeitgeber für Fahrten zwischen Wohnung und Arbeitsstätte gegeben, wirkt sich dies nicht auf ein etwaiges Pendlerpauschale aus.

Ab 1.7.2021: Die Übernahme der Kosten der **Wochen-, Monats- oder Jahreskarte** (Öffi-Ticket) durch den Arbeitgeber ist steuerfrei, wenn die Karte zumindest am Wohn- oder Arbeitsort gültig ist.

Änderung des Normverbrauchsabgabegesetzes (BGBl I 2021/18 vom 7.1.2021)

Ab 1.7.2021: Der Höchststeuersatz für Motorräder wird von 20 % auf 30 % und für Personenkraftwagen startend bei 50 % jährlich auf bis zu 80 % erhöht. Der CO_2-Abzugsbetrag soll startend bei 112 g/km jährlich um 5 g/km abgesenkt werden. Bei 200 g/km wird ein Malus hinzugerechnet, dieser sinkt jährlich bis einschließlich 2025 um 15 g/km. Der Malus beträgt 2021 50 € und steigt jährlich bis einschließlich 2024 um 10 g/km.

Änderung der Bundesabgabenordnung (BGBl I 2021/25 vom 22.1.2021)

Keine Umsatzsteuer für Schutzmasken im Zeitraum vom 23.1.2021 bis 30.6.2021.

2. COVID-19-Steuermaßnahmengesetz (2. COVID-19-StMG, BGBl I 2021/52 vom 25.3.2021)

Die COVID-19-Regeln beim Pendlerpauschale und bei den pauschalen Reisekosten für Sportler sowie bei den Schmutz-, Erschwernis und Gefahrenzulagen wurden verlängert.
Weiters wurde das Homeoffice-Paket eingeführt.

Änderung der Land- und Forstwirtschafts-Pauschalierungsverordnung (BGBl II 2020/559 vom 11.12.2020)

Rückwirkend ab 1.1.2020: Die Einheitswertgrenze für die Vollpauschalierung wird auf 15.000 € (bisher 11.000 €), die Einnahmengrenze für Nebentätigkeiten auf 40.000 € (bisher 33.000 €) und die pauschalen Betriebsausgaben bei Kalamitätsnutzungen um 20 % erhöht.

Änderung der Lohnkontenverordnung (BGBl II 2021/122 vom 25.3.2021)

Im Lohnkonto sind die Kalendermonate, in denen der Arbeitnehmer auf Kosten des Arbeitgebers befördert wird (Ticket für öffentliches Verkehrsmittel oder Werkverkehr), die Anzahl der Homeoffice-Tage, die Höhe des ausgezahlten Homeoffice-Pauschales sowie die Kosten einer Wochen-, Monats- oder Jahreskarte aufzunehmen.

Verordnung zur Ermittlung des steuerlichen EBITDA sowie des Gruppen-EBITDA (EBITDA-Ermittlungs-VO, BGBl II 2021/390 vom 10.9.2021)

Neu geregelt wird eine Zinsabzugsbeschränkung, um Gewinnverlagerungen von Hoch- in Niedrigsteuerländer zu vermeiden bzw einzuschränken. Demzufolge kann ein Zinsüberhang – das ist ein Überhang von abzugsfähigen Zinsaufwendungen gegenüber steuerpflichtigen Zinserträgen – nur im Ausmaß von 30 % des steuerlichen EBITDA abgezogen werden. Für den Zinsüberhang ist ein Freibetrag von 3 Mio € pro Jahr vorgesehen.

Ökosoziales Steuerreformgesetz 2022 (Begutachtungsentwurf von 8.11.2021, die parlamentarische Gesetzwerdung bleibt abzuwarten; mit einer Beschlussfassung ist Anfang Februar 2022 zu rechnen)

Änderungen im Einkommensteuergesetz

- Der **Grundfreibetrag beim Gewinnfreibetrag** wird für die ersten 30.000 € Gewinn von 13 % auf 15 % erhöht. Der Grundfreibetrag beträgt folglich bis zu 4.500 €.
- Für Investitionen ab dem 1.1.2022 soll ein **Investitionsfreibetrag** von 10 % als Betriebsausgabe eingeführt werden. Voraussetzung ist, dass das Wirtschaftsgut eine betriebsgewöhnliche Nutzungsdauer von mindestens vier Jahren hat und einem Betrieb zuzurechnen ist. Der Investitionsfreibetrag erhöht sich um weitere 5 % auf 15 %, maximal 1 Mio €, wenn die Anschaffung oder Herstellung dem Bereich Ökologisierung zuzuordnen ist. Bei einem Rumpfwirtschaftsjahr ist für jeden Monat ein Zwölftel des Höchstbetrages anzusetzen. Wird der Gewinn pauschal ermittelt, steht der Investitionsfreibetrag nicht zu. Keinen Investitionsfreibetrag gibt es für Wirtschaftsgüter, die zur Deckung eines investitionsbedingten Gewinnfreibetrages herangezogen werden, für die es eine gesetzliche Abschreibung gibt (zB Gebäude, Pkw, ausgenommen Kraftfahrzeuge mit einem CO_2-Emissionswert von 0 g/km), für geringwertige Wirtschaftsgüter, für unkörperliche Wirtschaftsgüter, die nicht den Bereichen Digitalisierung, Ökologisierung und Gesundheit/Life-Science zuzuordnen sind, für gebrauchte Wirtschaftsgüter und Anlagen, die der Förderung, dem Transport oder der Speicherung fossiler Energieträger dienen, sowie Anlagen, die fossile Energieträger direkt nutzen.
- Die begünstigte Besteuerung für **nicht entnommene Gewinne** entfällt.
- **Wirtschaftsgüter** können ab 2023 bis zu 1.000 € sofort abgeschrieben werden.
- Der **Einkommensteuersatz** für Einkommensbestandteile zwischen 18.000 € und 31.000 € wird ab 1.7.2022 von 35 % auf 30 % und ab 1.7.2023 für Einkommensbestandteile zwischen 31.000 € und 60.000 € von 42 % auf 40 % gesenkt.
- Der **Familienbonus Plus** für Kinder bis zur Vollendung des 18. Lebensjahres wird von monatlich 125 € auf 166,68 € erhöht. Das entspricht einer jährlichen Erhöhung von 1.500 € auf 2.000 €. Für Kinder ab 18 Jahren wird der Familienbonus Plus von 41,80 € monatlich auf 54,18 € monatlich erhöht, das entspricht einer jährlichen Erhöhung von 500 € auf 650 €.
- Der **Kindermehrbetrag** wird von 250 € auf bis zu 450 € pro Kind erhöht. Zahlt jemand weniger als 450 € pro Kind (350 € im Jahr 2022) Steuer bei Vorhandensein eines Kindes, wird die Differenz zwischen 450 € pro Kind (350 € im Jahr

2022) und der Steuer als Kindermehrbetrag erstattet. Anspruchsberechtigt sind auch geringverdienende Erwerbstätige.

- Neu eingeführt wird eine Befreiung für **Mitarbeitergewinnbeteiligungen ab 1.1.2022 bis zu 3.000 €**.
- Als **Sonderausgaben** sind Ausgaben **für die thermische Sanierung** von Gebäuden und Ausgaben für den **Ersatz eines fossilen Heizungssystems** (zB Solarnutzung, Fernwärme) absetzbar, wenn eine Förderung ausbezahlt wurde, diese Daten automatisch dem Finanzamt übermittelt werden und der Betrag 4.000 € (im Falle einer thermischen Sanierung) bzw 2.000 € (bei Austausch eines fossilen Heizungssystems) nach Abzug der gesamten Förderungen übersteigt. Wird eine Ausgabe getätigt, für die eine Förderung ausbezahlt wurde, soll im Jahr der Auszahlung der Förderung und in den folgenden vier Jahren jeweils ein Pauschbetrag von 800 € (im Falle einer thermischen Sanierung) bzw 400 € (bei Austausch eines fossilen Heizungssystems) als Sonderausgabe berücksichtigt werden. Werden mehrere begünstigte Maßnahmen innerhalb der fünf Jahre getätigt, kommt es zu einer Verlängerung des Zeitraumes (und nicht zu einer Erhöhung des Pauschbetrages); damit beträgt der Berücksichtigungszeitraum zehn Jahre.

Besteuerung von Krypto-Assets

Ab 1.3.2022 sollen Krypto-Assets als Einkünfte aus Kapitalvermögen erfasst und versteuert werden, und zwar

- laufende Einkünfte aus Kryptowährungen („Früchte" aus der Überlassung von Kryptowährungen und Einkünfte aus Mining im Privatvermögen) sowie
- Einkünfte aus realisierten Wertsteigerungen (Unterschiedsbetrag zwischen Veräußerungserlös und Anschaffungskosten, unabhängig von der Zeitspanne dazwischen, also auch wenn mehr als 1 Jahr seit der Anschaffung vergangen ist).
- Derivate, die sich auf Kryptowährungen beziehen, sind schon bisher als Einkünfte aus Kapitalvermögen erfasst.

Die Einkünfte sind dann in der Steuererklärung zu erfassen und mit dem besonderen **Steuersatz von 27,5 %** zu versteuern. Ab 1.1.2023 soll auf eine Abzugssteuer umgestellt werden, dh, dass für diese Einkünfte Kapitalertragsteuer iHv 27,5 % einbehalten werden muss, wenn ein inländischer Dienstleister die Realisation von Krypto-Assets abwickelt oder laufende Einkünfte gutschreibt.

Die Besteuerung von Kryptowährungen wird also anderen Kapitaleinkünften, wie solchen aus Aktien, angepasst. Damit soll auch bei Einkünften aus Kryptowährungen eine Verlustverrechnung mit anderen sondersteuersatzbesteuerten Kapitaleinkünften (zB Veräußerungsgewinnen aus Aktien, Zinsen aus Anleihen usw, nicht aber Sparbuchzinsen und Stiftungszuwendungen) möglich sein.

Folgende weitere Eckpunkte der geplanten Besteuerung von Kryptowährungen ab 1.3.2022 sind noch relevant:

- Für vor dem 1.3.2022 angeschaffte Krypto-Assets soll noch die alte Rechtslage gelten, nach der ein Verkauf nach einem Jahr steuerfrei bleibt, bei einem Verkauf innerhalb eines Jahres allerdings die normale Einkommensteuer mit bis zu 55 % anfällt.
- Täusche zwischen Krypto-Assets bleiben ab 1.3.2022 steuerfrei, es kommt also zu einer Verschiebung der Versteuerung der stillen Reserve auf die Veräußerung gegen Fiat-Geld.
- Einkünfte aus der Überlassung von Krypto-Assets an andere Marktteilnehmer (Lending, Pool-Staking) sind vom besonderen Steuersatz ausgenommen und mit der normalen Einkommensteuer von bis zu 55 % zu versteuern.
- Zugänge aus Staking, Airdrops und Bounties stellen zunächst keine Einkünfte dar, sondern werden erst mit der tatsächlichen Veräußerung mit den 27,5 % steuerpflichtig.
- Bei einem Wegzug aus Österreich in ein Drittland soll es zur Wegzugbesteuerung kommen (Versteuerung der stillen Reserven sofort zum Wegzugszeitpunkt), bei Wegzug in einen EU/EWR-Staat kann ein Antrag auf Nichtfestsetzung der Steuer gestellt werden, womit die Steuerpflicht erst zum Zeitpunkt der tatsächlichen Veräußerung eintritt.

Änderungen im Umsatzsteuergesetz

Bei einem Mietkaufmodell gemeinnütziger Wohnungen wird der Vorsteuerberichtigungszeitraum für den Erwerb von Mietwohnungen mit Kaufoption von gemeinnützigen Bauträgern von 20 Jahren auf 10 Jahre verkürzt.

Änderungen im Körperschaftsteuergesetz

- Der **Körperschaftsteuersatz** wird stufenweise ab dem Jahr 2023 von 25 % auf 24 % und ab dem Jahr 2024 auf 23 % gesenkt.
- Die **Immobilienertragsteuer bei Körperschaften** wird von 25 % auf 24 % (im Jahr 2023) und ab dem Jahr 2023 auf 23 % gesenkt.
- Die beschränkte Steuerpflicht soll auch auf Kryptowährungen ausgedehnt werden.

Senkung der Krankenversicherungsbeiträge

Ab Juli 2022 sollen die Krankenversicherungsbeiträge für Einkommen unter 2.500 € gesenkt werden. Die Senkung ist gestaffelt und beträgt maximal 1,7 Prozentpunkte und schleift sich bis 0,2 Prozentpunkte bei Einkommen von 2.500 € ein.

Änderungen im Elektrizitätsabgabegesetz

Die steuerliche Begünstigung für selbst hergestellte Energie wird ab 1.7.2022 auf alle erneuerbaren Energiequellen ausgeweitet. Die bestehende Beschränkung auf 25.000 kWh pro Jahr entfällt.

Emissionszertifikatehandel

Ab 1.7.2022 soll von Inverkehrbringern von fossilen Kraft- und Treibstoffen (Kohle, Erdgase, Erdölprodukte) eine Abgabe eingehoben werden, deren Höhe von den Treibhausgasemissionen abhängt. Die Energielieferanten müssen Emissionszertifikate kaufen und je nach Emissionsausstoß an die dafür eingerichtete Behörde abgeben werden bzw nicht verwendete Zertifikate müssen gegen Kaufpreisrefundierung retourniert werden. Für bestimmte Unternehmen (insbesondere Land- und Forstwirte) gibt es zur Vermeidung von Härtefällen (teilweise) Rückzahlungen der Abgabe.

Die Umsetzung soll in drei Phasen erfolgen:

1. Einführungsphase: 1.7.2022 bis 31.12.2023 mit vereinfachtem Registrierungsverfahren und einem CO_2-Preis je Tonne von 30 € bzw ab 2023 35 €
2. Übergangsphase: 1.1.2024 bis 31.12.2025 mit Ausbau des nationalen Emissionszertifikatehandels und einem CO_2-Preis von 45 € bzw ab 2025 55 €
3. Marktphase: ab 1.1.2026 mit frei handelbaren Emissionszertifikaten und allfälliger Überführung in das EU-ETS

Einführung des Regionalen Klimabonusgesetzes

Um die Mehrbelastungen für Haushalte durch die CO_2-Bepreisung auszugleichen, sollen die Einnahmen aus der CO_2-Bepreisung rückvergütet werden. Der regionale Klimabonus wird ausbezahlt an natürliche Personen, die an zumindest 183 Tagen im Kalenderjahr im Inland einen Hauptwohnsitz haben. Für Personen, für die Familienbeihilfe bezogen wird und welche das 18. Lebensjahr im Jahr der Auszahlung noch nicht vollendet haben, wird der Klimabonus an den Bezieher der Familienbeihilfe ausbezahlt. Der Klimabonus soll aus einem Sockelbetrag und einem Regionalausgleich bestehen. Der **Sockelbetrag** wird im Jahr 2022 für jeden Erwachsenen 100 € und für Personen, die im Jahr der Auszahlung das 18. Lebensjahr noch nicht vollendet haben, 50 € betragen. Der **Regionalausgleich** ist ein gestaffelter Bonus, der je nach Klassifikation der Wohnsitzgemeinde und der Verkehrsanbindung zwischen 100 € pro Person und Jahr (urbane Zentren mit höchstrangiger Erschließung an öffentliche Verkehrsmittel), 133 € pro Person und Jahr (urbane Zentren mit zumindest guter Erschließung an öffentliche Verkehrsmittel), 167 € pro Person und Jahr (Zentren sowie das Umland von Zentren mit zumindest guter Basiserschließung) bis 200 € (ländliche Gemeinden und Gemeinden mit höchstens Basiserschließung) betragen soll. Für Kinder ist ein Zuschlag von 50 % geplant.

CO_2-Steuer

Ab 1.7.2022 soll jeder für seinen CO_2-Ausstoß eine zusätzliche Steuer zahlen. Der Einstiegspreis für eine Tonne CO_2 beträgt 30 € und steigt bis 2025 auf 55 € je Tonne. Für besonders CO_2-intensive Unternehmen soll eine Entlastung erfolgen, damit sehr energieintensive Betriebe wegen der mit den Klimamaßnahmen verbundenen Kosten ihre Produktion nicht in andere Länder mit weniger strengen Auflagen verlagern (Carbon Leakage).

Arbeitsplatzpauschale für Selbständige, Ein-Personen-Unternehmen (EPU) und Klein- und Mittelunternehmen (KMU) (Ministerratsvortrag vom 10.11.2021, Gesetzesentwurf und parlamentarische Gesetzwerdung bleiben abzuwarten)

Ab der Veranlagung 2022 soll mit dem Arbeitsplatzpauschale die betriebliche Komponente der wohnraumbezogenen Aufwendungen (zB Miete, Strom, Heizung) berücksichtigt werden. Voraussetzung ist, dass kein anderer Raum für die betriebliche Tätigkeit im Wohnverband zur Verfügung steht. Das Pauschale beträgt zwischen 300 € und 1.200 €. Der maximale Betrag steht zu, wenn keine anderen Einkünfte aus einer aktiven Erwerbstätigkeit, für die ein Raum zugeordnet ist, erzielt werden oder diese höchstens 11.000 € betragen. Werden Einkünfte aus einer aktiven Erwerbstätigkeit erzielt, für die ein Raum außerhalb der Wohnung zur Verfügung steht, und betragen diese mehr als 11.000 €, steht ein Pauschale von 300 € zu. Wird die Tätigkeit unterjährig begonnen oder in ein Büro verlagert, ist zu aliquotieren. Für jeden Monat, in dem zu Hause gearbeitet wird, steht ein Zwölftel des Pauschale zu (100 € beim Höchstbetrag bzw 25 € beim Mindestbetrag). Sind die Einkünfte geringer als das Pauschale, betragen die Einkünfte Null, dh es kann kein Verlust geschaffen werden.

5. Steuerspar-Check

Bereich	Begünstigung	Nachlesen	✓
Familie			
Alleinverdiener	Alleinverdienerabsetzbetrag	A.1.2.1	
Alleinerzieher	Alleinerzieherabsetzbetrag	A.1.2.1.	
Kinder			
Im Haushalt	Familienbeihilfe Kinderabsetzbetrag Kinderfreibetrag Familienbonus plus	C.2. A.1.2.2. A.1.6. A.1.2.2.	
Mit Unterhaltsverpflichtung	Unterhaltsabsetzbetrag Kinderfreibetrag Unterhaltskosten als außergewöhnliche Belastung, wenn kein Anspruch auf Unterhaltsabsetzbetrag und Kinder außerhalb des EWR Familienbonus Plus	A.1.2.2. A.1.6. A.1.5.2. A.1.2.2.	
Drei oder mehr Kinder	Mehrkindzuschlag für Familieneinkommen bis 55.000 €	A.1.2.2.	
Betreuungskosten	Familienbonus Plus	A.1.2.2.	
Ausbildung	Außergewöhnliche Belastung, wenn Schule, Universität oder Lehrstelle außerhalb des Einzugsbereiches	A.1.5.2.	
Behinderte Kinder	Erhöhte Familienbeihilfe Außergewöhnliche Belastung ohne Selbstbehalt	C.2. A.1.5.2.	
Krankheit, Zahnbehandlung	Außergewöhnliche Belastung mit Selbstbehalt	A.1.5.2.	
Private Aufwendungen			
Kirchenbeiträge	Sonderausgaben	A.1.3.6.	
Spenden	Sonderausgaben	A.1.3.8.	
Nachkauf von Versicherungszeiten	Sonderausgaben (ohne Höchstbetragsbeschränkung)	A.1.3.3.	
Katastrophenschäden	Außergewöhnliche Belastung ohne Selbstbehalt	A.1.5.2.	
Begräbniskosten	Außergewöhnliche Belastung mit Selbstbehalt	A.1.5.2.	
Gesundheit			
Arzt, Krankenhaus, Medikamente	Außergewöhnliche Belastung mit Selbstbehalt	A.1.5.2.	
Kurkosten	Außergewöhnliche Belastung mit Selbstbehalt	A.1.5.2.	
Zahnarzt, Zahnersatz	Außergewöhnliche Belastung mit Selbstbehalt	A.1.5.2.	
Diätverpflegung	Außergewöhnliche Belastung mit Selbstbehalt (bei Behinderung: ohne Selbstbehalt)	A.1.5.2.	
Behinderung (ab 25 %)	Pauschale Freibeträge oder außergewöhnliche Belastung ohne Selbstbehalt	A.1.5.2.	
Alters- und Pflegeheim	Außergewöhnliche Belastung ohne Selbstbehalt (wenn Pflegegeldbezug)	A.1.5.2.	

Bereich	Begünstigung	Nachlesen	✓
Berufliche Ausgaben			
Vorstellungsgespräch, Jobsuche	Werbungskosten	A.1.4.2.	
Aus- und Fortbildung	Werbungskosten	A.1.4.2.	
Typische Berufsaufwendungen (zB Journalisten, Schauspieler, Vertreter, Politiker)	Pauschalierte Werbungskosten	A.1.4.1.	
Vom Arbeitgeber (teilweise) nicht ersetzte Kosten	Werbungskosten (zB Reisekosten, Telefonkosten)	A.1.4.2.	
Fahrten zum Arbeitsort	Pendlerpauschale und Pendlereuro bei laufenden Fahrten (bei Arbeitgeber oder bei Veranlagung) Werbungskosten für tatsächliche Fahrtkosten sowie Aufwendungen für Zweitwohnung bei auf Grund der Entfernung notwendiger doppelter Haushaltsführung	A.1.4.2.	
Arbeitsmittel (Computer, Handy, Auto usw)	Werbungskosten	A.1.4.2.	
Dienstverhältnis zu Arbeitgeber			
Fahrten zur Arbeitsstätte	Pendlerpauschale	A.1.4.2.	
Fahrten im Dienst	Reisekostenersätze (Fahrtkosten, Tagesgelder, Nächtigungsgelder) für Dienstreisen	A.2.2.	
Überstunden	10 steuerfreie Überstundenzuschläge monatlich Steuerfreie Zuschläge für Sonntags-, Feiertags- und Nachtarbeit	A.2.2.	
Arbeitsbedingungen	Steuerfreie Schmutz-, Erschwernis- und Gefahrenzulagen	A.2.2.	
Soziale Incentives	Steuerfreie Bezüge	A.2.2.	
Selbständige Tätigkeit			
Typische Aufwendungen allgemein (Basispauschalierung) oder für bestimmte Berufe bzw Branchen (zB Gaststätten, Gemischtwarenhandel, Vertreter, Künstler, Schriftsteller, Landwirte)	Pauschalierung von Betriebsausgaben und Vorsteuer	B.1.2.	
Vereinfachungen für Kleinunternehmer	Gewinnermittlung durch Einnahmen-Ausgaben-Rechnung Umsatzsteuerbefreiung (bis 35.000 € Jahresumsatz, bis 2019: 30.000 €)	B.4.1. B.3.2.3.	
Betrieblich veranlasste Ausgaben	Betriebsausgaben	B.4.3.	
Umsatzsteuer von Ausgaben	Vorsteuerabzug	B.3.5.	
Allgemeine Begünstigungen	Gewinnfreibetrag Tarifbegünstigungen	B.4.3. B.2.3.	

A. SteuerSparBuch für Lohnsteuerzahler

Im Kapitel A finden Sie alle relevanten Informationen

- zur Arbeitnehmerveranlagung,
- zu den Absetzbeträgen (für Alleinverdiener, Alleinerzieher, Kinder usw)
- zu den Freibeträgen (Sonderausgaben, Werbungskosten, außergewöhnliche Belastungen, Kinderfreibetrag) sowie
- zu den Begünstigungen bei der Lohnverrechnung.

Checkliste für Lohnsteuerzahler

Arbeitnehmerveranlagung und Freibetragsverfahren
Absetzbeträge • Alleinverdiener-, Alleinerzieherabsetzbetrag • Unterhaltsabsetzbetrag • Familienbonus Plus bzw Kindermehrbetrag (ab 2019) • Sonstige Absetzbeträge
Freibeträge bei Veranlagung • Sonderausgaben • Werbungskosten • Außergewöhnliche Belastungen • Kinderfreibetrag (bis inkl 2018)
Lohnverrechnung • Lohn- und Lohnsteuerberechnung • Begünstigung bei einzelnen Lohnarten • Optimaler Dienstvertrag

A.1. Arbeitnehmerveranlagung

A.1.1. Veranlagung und Freibetragsverfahren

Übersicht:

Aufrollung beim Arbeitgeber	Antragsveranlagung	Antragslose Veranlagung	Pflichtveranlagung
im Kalenderjahr ständig von diesem Arbeitgeber Lohn bezogen	wenn Voraussetzungen für Pflichtveranlagung nicht vorliegen	wenn bis 30.6. des Folgejahres keine Steuererklärung (zB Arbeitnehmerveranlagung) eingereicht wurde, ausschließlich lohnsteuerpflichtige Einkünfte vorliegen, aus der Veranlagung eine Steuergutschrift resultiert, die nicht höher sein darf, als die sich aus den übermittelten Freibeträgen und Lohnzetteln ergebende Lohnsteuer	neben den Lohneinkünften andere Einkünfte von mehr als 730 €
keine Freibeträge	Geltendmachung des Alleinverdiener-/Alleinerzieherabsetzbetrages oder des Unterhaltsabsetzbetrages	wenn bis zum Ablauf des zweitfolgenden Kalenderjahres keine Arbeitnehmerveranlagung eingereicht wurde, ist jedenfalls die antragslose Veranlagung durchzuführen, wenn sich nach der Aktenlage eine Gutschrift ergibt	gleichzeitig zwei oder mehrere Lohneinkünfte (mehrere Dienstverhältnisse nebeneinander)

Aufrollung beim Arbeitgeber	Antragsveranlagung	Antragslose Veranlagung	Pflichtveranlagung
kein Krankengeld aus der gesetzlichen Krankenversicherung	Beantragen von Freibeträgen für Werbungskosten, Sonderausgaben oder außergewöhnliche Belastungen	Dabei werden die von den jeweiligen Institutionen übermittelten Kirchenbeiträge, Spenden sowie Zahlungen zur freiwilligen Weiterversicherung und zum Nachkauf von Versicherungszeiten automatisch berücksichtigt. Wird nach erfolgter antragsloser Veranlagung eine Steuererklärung zB mit zusätzlichen Freibeträgen abgegeben, entscheidet das Finanzamt neu und hebt den Bescheid der antragslosen Veranlagung auf.	steuerpflichtige Bezüge aus einer gesetzlichen Krankenversorgung oder nach dem Heeresgebührengesetz, Rückzahlung von Pflichtbeiträgen aus der Sozialversicherung, Unfallrenten, Insolvenz-Ausfallgelder, Rückzahlungen aus Weiterversicherungen
Vorlage der entsprechenden Belege	Verlustveranlagung	keine Zweifel betreffend Beschäftigung bei Scheinunternehmen, keine Zweifel an der Identität oder sonstige schwerwiegende Bedenken	ein Freibetragsbescheid bei der Lohnverrechnung berücksichtigt wurde
	Anrechnung ausländischer Steuern		zu Unrecht berücksichtigter Alleinverdiener-/Alleinerzieherabsetzbetrag, bzw erhöhter Pensionistenabsetzbetrag, erhöhter Verkehrsabsetzbetrag, zu Unrecht berücksichtigte Freibeträge für Behinderte, Amtsbescheinigungen, Opferausweise oder pauschalierte Werbungskosten
	Beantragen der Negativsteuer (SV-Rückerstattung), Erstattung einer Abzugsteuer		unrichtige Erklärung oder Meldung betreffend Pendlerpauschale oder betreffend Kinderbetreuungszuschuss
			bestimmte Bezüge der österreichischen Abgeordneten zum europäischen Parlament
			Einkünfte aus Kapitalvermögen oder entsprechende betriebliche Einkünfte ohne Kapitalertragsteuerabzug

Aufrollung beim Arbeitgeber	Antragsveranlagung	Antragslose Veranlagung	Pflichtveranlagung
			Einkünfte aus privaten Grundstücksveräußerungen für die keine Immobilienertragsteuer entrichtet wurde
			Vorsätzliche Verkürzung der Lohnsteuer gemeinsam mit dem Arbeitgeber
			Familienbonus Plus zu Unrecht bzw in falscher Höhe berücksichtigt (ab 2019)
ohne Antrag (Arbeitgeber kann, muss aber nicht aufrollen; Aufrollverpflichtung, wenn mehr als ein Sechstel der laufenden Bezüge begünstigt besteuert wurde)	Formular L 1, wenn nur Lohneinkünfte Formular E 1 in allen anderen Fällen	ohne Antrag automatisch durch das Finanzamt	Formular L 1, wenn nur Lohneinkünfte Formular E 1 in allen anderen Fällen
Beleg über Gewerkschaftsbeitrag bei Dezemberabrechnung dem Arbeitgeber vorlegen	Beantragung innerhalb von fünf Jahren (für 2021 bis 31.12.2026, für 2016 noch bis 31.12.2021)	bei ausschließlich lohnsteuerpflichtigen Einkünften für die Veranlagung des Vorjahres, wenn bis 30.6. des Folgejahres keine Steuererklärung eingereicht wurde; jedenfalls bis zum Ablauf des zweitfolgenden Kalenderjahres	Abgabe der Steuererklärung L 1 bis 30.9. des Folgejahres bzw E 1 bis Ende April bzw bei elektronischer Übermittlung bis Ende Juni

A.1.1.1. Veranlagung

Was versteht man unter der Arbeitnehmerveranlagung?

Der frühere Jahresausgleich ist seit 1994 durch ein einheitliches Veranlagungsverfahren ersetzt. Folgende Verfahren für die Geltendmachung von Lohnsteuerbegünstigungen sind vorgesehen (früher: Jahresausgleich):

- Aufrollung durch den Arbeitgeber,
- Veranlagung beim Finanzamt auf Antrag,
- Antragslose Veranlagung durch das Finanzamt,
- Pflichtveranlagung beim Finanzamt.

WICHTIG

Wichtig: Ein Lohnzettel braucht bei den Steuererklärungen an das Finanzamt nicht beigelegt zu werden, weil bereits die Arbeitgeber sämtliche Lohnzettel direkt der Finanz zukommen lassen müssen. Ebenso müssen grundsätzlich keine Belege mitgesandt werden. Die Belege sind allerdings 7 Jahre aufzubewahren und können vom Finanzamt im Einzelfall abverlangt werden.

Kann die Arbeitnehmerveranlagung auch elektronisch erfolgen?

Seit 2003 kann man die Arbeitnehmerveranlagung per Internet über FINANZOnline übermitteln. Dazu ist es erforderlich, sich bei FINANZOnline im Internet unter www.bmf.gv.at anzumelden. Siehe dazu Punkt 2 der Einleitung.

Welche Formulare sind zu verwenden?

Folgende Formulare sind für Lohnsteuerzahler vorgesehen:

L 1	Erklärung zur Durchführung der ArbeitnehmerInnenveranlagung (früher Jahresausgleich)
L 1ab	Beilage L 1 ab für 2016 zur Erklärung zur ArbeitnehmerInnenveranlagung (L 1) oder Einkommensteuererklärung (E 1) zur Berücksichtigung von außergewöhnlichen Belastungen
L 1d	Beilage zu L 1 oder E 1 betreffend Kirchenbeiträge, Spenden, Weiterversicherung und Nachkauf von Versicherungszeiten
L 1k	Beilage zu L 1 oder E 1 betreffend • Unterhaltsleistungen, • außergewöhnliche Belastung für Kinder (Kinderbetreuung, auswärtige Berufsausbildung, Behinderung) • sowie Nachversteuerung des Arbeitgeberzuschusses für Kinderbetreuung.
L 1k-bF	Beilage zu L 1 oder E 1 für den Familienbonus Plus • in besonderen Fällen: Trennung der (Ehe-)Partner, Begründung einer Ehe oder einer eingetragenen Partnerschaft, Begründung einer Lebensgemeinschaft, die mehr als sechs Monate bestanden hat, Änderung des Wohnsitzstaates des Kindes, Unterhaltszahlungen für das Kind wurden nicht in vollem Umfang geleistet, Tod des (Ehe-)Partners bzw des Unterhaltszahlers, unterjähriger Wechsel im Bezug der Familienbeihilfe. • bei 90%-/10%-Aufteilung
L 1i	Beilage zu L 1 oder E 1 betreffend Einkünfte aus nichtselbständiger Arbeit mit Auslandsbezug: • Österreichischer Wohnsitz oder gewöhnlicher Aufenthalt und Lohneinkünfte ohne Lohnsteuerabzug: Grenzgänger, die bei einem ausländischen Arbeitgeber (ohne Verpflichtung zum Lohnsteuerabzug in Österreich) beschäftigt sind, sowie Bezieher einer ausländischen Pension, aber nicht Grenzgänger, die bei einer in Österreich bestehenden ausländischen diplomatischen Vertretungsbehörde oder internationalen Organisation (zB UNIDO) beschäftigt sind (Sur-place-Personal). • Kein österreichischer Wohnsitz oder gewöhnlicher Aufenthalt, aber grenzüberschreitende Beschäftigung: bei einem Arbeitgeber mit Verpflichtung zum Lohnsteuerabzug in Österreich (zB als Tagespendler, Saisonarbeiter), Bezieher einer österreichischen Pension sowie bei einem ausländischen Arbeitgeber (ohne Verpflichtung zum Lohnsteuerabzug in Österreich) beschäftigt. • Antrag auf unbeschränkte Steuerpflicht.
L 2	Ausfüllhilfe für die ArbeitnehmerInnenveranlagung
L 16	Jahreslohnzettel, den der Arbeitgeber ausstellt (bis 2018 inkl Beitragsgrundlagennachweis)
L 17	Lohnbescheinigung für Grenzgänger uÄ
L 54	Antrag auf einen Freibetragsbescheid
E 4	Antrag auf den Mehrkindzuschlag
E 30	Erklärung zur Berücksichtigung des Alleinverdienerabsetzbetrages, Alleinerzieherabsetzbetrages, Familienbonus Plus, behinderungsbedingter Freibeträge für außergewöhnliche Belastungen oder erhöhten Pensionistenabsetzbetrages beim Arbeitgeber

Was ist bei den Formularen zu beachten?

Die Formulare für die ArbeitnehmerInnenveranlagung (L 1, L 1ab, L 1d, L 1k, L 1k-bF, L 1i) sind in maschinenlesbarer Form gestaltet. Die Formulare sind dadurch übersichtlicher; gleichzeitig hat die Finanzverwaltung die Möglichkeit, die Daten durch Scannen zu übernehmen.

Daher ist Folgendes zu beachten:

- ➜ Am einfachsten ist es, wenn Sie die Arbeitnehmerveranlagung elektronisch über FINANZOnline machen (siehe Punkt 2 der Einleitung).
- ➜ Wenn Sie weiterhin auf Papier arbeiten, übermitteln Sie **nur Originalformulare** (keine Kopien). Wenn Sie die Erklärung also weiterhin per Post oder persönlich abgeben wollen, steht auf www.bmf.gv.at (Formulare) ein Bestellservice für die Erklärungsformulare zur Verfügung. Vergessen Sie dabei nicht, für jedes Kind das Formular L 1k mitzubestellen, bei Auslandseinkünften ein Formular L 1i.

Um eine optimale Verarbeitung der maschinell gelesenen Formulare zu gewährleisten, beachten Sie bitte die Ausfüllhinweise (Blockschrift, schwarze oder blaue Farbe usw). Sie vermeiden dadurch Rückfragen und unterstützen eine zügige Bearbeitung.

Wann kann der Arbeitgeber eine Aufrollung durchführen?

Der Arbeitgeber kann grundsätzlich unterschiedlich hohe monatliche Steuerbemessungsgrundlagen im Rahmen der so genannten „Aufrollung“ ausgleichen. Im Rahmen einer Aufrollung im Dezember kann ein selbst bezahlter Gewerkschaftsbeitrag berücksichtigt werden.

Folgende Voraussetzungen müssen erfüllt sein:

- ➜ Man erhält nur von einem Arbeitgeber im gesamten Kalenderjahr Lohn,
- ➜ es wurden vom Arbeitgeber keine Freibeträge berücksichtigt und
- ➜ die entsprechenden Belege über den Gewerkschaftsbeitrag werden rechtzeitig zur Dezemberabrechnung dem Lohnbüro vorgelegt.

Diese Aufrollung ist eine freiwillige Serviceleistung des Arbeitgebers bzw des Pensionsversicherungsträgers, für die auch kein Antrag notwendig ist. Der Arbeitgeber muss allerdings aufrollen, wenn im laufenden Jahr mehr als ein Sechstel der laufenden Bezüge begünstigt mit den festen Steuersätzen versteuert wurde (ausgenommen bei Elternkarenz). Da die Aufrollung nichts anderes darstellt als einen Jahresausgleich bereits während des Jahres, ersparen sich all jene, die keine Freibeträge geltend machen wollen, den Weg zum Finanzamt. Sobald allerdings im jeweiligen Jahr Krankengeld von einem Krankenversicherungsträger zugeflossen ist, darf der Arbeitgeber nicht mehr aufrollen. Dann wird man nämlich vom Finanzamt zu einer Pflichtveranlagung herangezogen, bei der auch die Krankengelder versteuert werden.

Wann macht das Finanzamt eine antragslose Arbeitnehmerveranlagung?

Das Finanzamt macht von sich aus eine antragslose Veranlagung, wenn auf Grundlage der aus den Lohnzetteln bekannten Höhe der nichtselbständigen Einkünfte für den

Steuerpflichtigen eine Gutschrift (zB aufgrund gemeldeter SV-Beiträge, Kirchenbeiträge oder Spenden) resultiert. Die antragslose Veranlagung kommt zur Anwendung,

- wenn keine Pflichtveranlagung vorzunehmen ist (eine Pflichtveranlagung muss man zB machen, wenn man mehrere Dienstverhältnisse gleichzeitig oder Absetzbeträge oder Freibeträge zu Unrecht erhalten hat),
- bis zum 30. Juni keine Steuererklärung (zB Arbeitnehmerveranlagung auf Antrag) für das vorangegangene Veranlagungsjahr eingereicht wurde,
- im gesamten Kalenderjahr ausschließlich Einkünfte aus nichtselbständiger Arbeit bezogen wurden,
- aus den Informationen, die dem Finanzamt zugänglich sind (Lohnzettel), anzunehmen ist, dass eine Veranlagung zu einer Steuergutschrift führen wird (zB bei Arbeit als Ferialpraktikant nur während der Sommermonate), und
- dem Finanzamt die Bankverbindung bekannt ist.

Die Steuergutschrift erhält man dann durch das Finanzamt automatisch überwiesen.

Wird bis zum Ablauf des zweitfolgenden Kalenderjahres keine Steuererklärung abgegeben, ist jedenfalls eine antragslose Veranlagung durchzuführen, wenn sich nach der Aktenlage eine Steuergutschrift ergibt.

Bei Verdacht, dass der Steuerpflichtige Dienstnehmer eines Scheinunternehmers ist, Zweifel an der Identität des Steuerpflichtigen oder sonstige schwerwiegende Bedenken gegen die antragslose Arbeitnehmerveranlagung bestehen, wird keine antragslose Veranlagung durchgeführt.

Ebenfalls keine antragslose Veranlagung wird durchgeführt, wenn man darauf verzichtet.

Welche Freibeträge werden bei der automatischen Arbeitnehmerveranlagung berücksichtigt?

Folgende Freibeträge erhält das Finanzamt von den jeweiligen Stellen übermittelt, diese werden daher automatisch berücksichtigt:

- verpflichtend zu leistende Beiträge an Kirchen und Religionsgesellschaften,
- freigebige Zuwendungen (insbesondere Spenden an begünstigte Spendenempfänger) sowie
- Beiträge für eine freiwillige Weiterversicherung einschließlich des Nachkaufs von Versicherungszeiten in der gesetzlichen Pensionsversicherung und vergleichbare Beiträge an Versorgungs- und Unterstützungseinrichtungen der Kammern der selbständig Erwerbstätigen.

Zusätzliche Freibeträge und Absetzbeträge können wie bisher nur auf Antrag geltend gemacht werden.

ACHTUNG

Die automatische Übermittlung der oa Freibeträge für die automatische, antragslose Arbeitnehmerveranlagung umfasst nur die oa Beträge und beginnt auch erst im zweiten Halbjahr zu laufen. Will man zusätzliche Freibeträge bzw Absetzbeträge geltend machen oder sein Geld schon früher haben, muss/kann man wie gewohnt einen Antrag (elektronisch über FINANZOnline oder mit Papier-Formular) einbringen.

Wann kann eine Veranlagung beim Finanzamt beantragt werden?

Soweit nicht eine Zwangsbeglückung durch das Finanzamt im Rahmen einer Pflichtveranlagung erfolgt, kann jeder Arbeitnehmer bei seinem Wohnsitz-Finanzamt eine Veranlagung beantragen. Der Antrag kann auch bei jedem anderen Finanzamt eingereicht werden und wird dann innerhalb der Finanz an das zuständige Amt weitergeleitet. Im Zuge dieser Antragsveranlagung besteht die Möglichkeit, seine

- Freibeträge (Sonderausgaben, Werbungskosten, außergewöhnliche Belastungen, bis 2018 Kinderfreibetrag),
- Absetzbeträge (Alleinverdienerabsetzbetrag, Alleinerzieherabsetzbetrag, Unterhaltsabsetzbetrag, seit 2019: Familienbonus Plus)
- und eine eventuelle Negativsteuer (SV-Rückerstattung, ab 2019 Kindermehrbetrag)

geltend zu machen. **Für den Antrag** (Formular L 1) **hat man fünf Jahre Zeit.** Die Veranlagung 2021 kann daher bis spätestens Ende 2026 beantragt werden. Und bis 31.12.2021 können noch die Jahre ab 2016 beantragt werden.

TIPP

Kopieren Sie Ihren Antrag bzw speichern Sie ihn. Sofort nach Erhalt des Einkommensteuerbescheides prüfen Sie dann, ob auch alle beantragten Freibeträge und Absetzbeträge gewährt wurden. Bei Abweichungen haben Sie für eine eventuelle Beschwerde einen Monat Zeit. Entdecken Sie erst nach Ablauf der Beschwerdefrist, dass Sie einen Freibetrag nicht geltend gemacht haben, können Sie immer noch eine Wiederaufnahme des Verfahrens gemäß § 303 Bundesabgabenordnung anregen. Es genügt ein formloses Schreiben oder auch ein neues Antragsformular, das einfach mit der Überschrift „Wiederaufnahme des Verfahrens gemäß § 303 BAO" zu übertiteln ist und Art bzw Höhe des neu beantragten Freibetrages enthalten muss. Die Entscheidung darüber liegt aber im Ermessen des Finanzamtes.

Hinweis: In Punkt 3 der Einleitung finden sich Musterschreiben für Beschwerden und Wiederaufnahmen.

Wann erfolgt für einen Arbeitnehmer eine Pflichtveranlagung durch das Finanzamt?

Eine Pflichtveranlagung durch das Finanzamt (früher „amtswegiger Jahresausgleich") erfolgt dann, wenn

- Nebeneinkünfte von mehr als 730 € im Jahr vorliegen oder
- mehrere Bezüge gleichzeitig zufließen oder
- steuerpflichtige Bezüge aus einer gesetzlichen Krankenversicherung (Krankengelder), Insolvenz-Ausfallgelder, Bezüge gemäß Heeresgebührengesetz oder Rückzahlungen von Weiterversicherungen zugeflossen sind oder
- Pflichtbeiträge aus der gesetzlichen Sozialversicherung zurückgezahlt werden oder
- nicht zustehende Freibeträge laut Freibetragsbescheid berücksichtigt wurden oder
- der Alleinverdiener- bzw Alleinerzieherabsetzbetrag bzw erhöhte Pensionistenabsetzbetrag, der erhöhte Verkehrsabsetzbetrag, zu Unrecht berücksichtigte Freibeträge für Behinderte, Amtsbescheinigungen, Opferausweise oder pauschalierte Werbungskosten gewährt wurden, obwohl die Voraussetzungen nicht vorlagen oder
- eine unrichtige Erklärung oder Meldung betreffend Pendlerpauschale oder Kinderbetreuungszuschlag abgegeben wurde oder
- bestimmte Bezüge von österreichischen Abgeordneten des Europäischen Parlaments vorliegen oder
- Einkünfte aus Kapitalvermögen oder entsprechende betriebliche Einkünfte ohne Kapitalertragsteuerabzug vorliegen oder
- Einkünfte aus privaten Grundstücksveräußerungen, für die keine Immobilienertragsteuer entrichtet wurde, vorliegen oder
- man an einer vorsätzlichen Verkürzung der Lohnsteuer gemeinsam mit dem Arbeitgeber mitgewirkt hat oder
- der Familienbonus Plus zu Unrecht berücksichtigt wurde (ab 2019) oder
- Corona: ein Homeoffice-Pauschale von mehreren Arbeitgebern in einer insgesamt nicht zustehenden Höhe steuerfrei ausbezahlt wurde.

In all diesen Fällen ist man verpflichtet, beim Finanzamt eine Veranlagung durchführen zu lassen, bei der dann aber selbstverständlich auch alle Freibeträge beantragt werden können. Soweit man dieser Verpflichtung nicht von selbst nachkommt, wird man von der Finanz durch Zusendung einer Steuererklärung dazu aufgefordert.

ACHTUNG

Kommt es bei der Arbeitnehmerveranlagung zu einer Nachzahlung infolge mehrerer nichtselbständiger Bezüge oder bei anderen (selbständigen) Einkünften von mehr als 730 €, schreibt das Finanzamt vierteljährlich Vorauszahlungen vor. Die Vorauszahlungen werden nur festgesetzt, wenn sie mehr als 300 € jährlich betragen. Sie sind je zu einem Viertel am 15.2., 15.5., 15.8. und am 15.11. zu leisten und werden bei der nächsten Veranlagung selbstverständlich angerechnet. Die Vorauszahlungen berechnen sich nach der Steuerschuld der letzten Veranlagung, wobei diese Summe – wenn sie aus dem Vorjahr stammt – um 4 %, für jedes weitere Jahr zurück, dann um jeweils zusätzlich 5 % erhöht wird.

Was passiert bei der Veranlagung?

Bei Durchführung der Arbeitnehmerveranlagung ist die Lohnsteuer neu zu berechnen. Bezüge, die steuerfrei bleiben oder mit festen Steuersätzen (sonstige Bezüge, Zulagen und Zuschläge) oder mit Pauschsätzen (zB Aushilfslöhne) zu versteuern waren, bleiben dabei außer Betracht. Die Lohnsteuer der übrigen Bezüge wird aber neu berechnet.

Das Finanzamt berücksichtigt dabei

- Werbungskosten,
- Sonderausgaben,
- außergewöhnliche Belastungen,
- den Freibetrag für Inhaber von Amtsbescheinigungen und Opferausweisen,
- Familienbonus Plus (ab 2019).

Auf das sich so als Unterschiedsbetrag ergebende Einkommen wird dann der Lohnsteuertarif angewendet.

Die Lohnsteuer laut Veranlagung wird der vom Arbeitgeber einbehaltenen Lohnsteuer gegenübergestellt:

Ist die Lohnsteuer bei der Veranlagung niedriger, wird sie erstattet, ist sie höher, kommt es zu einer Vorschreibung.

Wann und wie wird vom Finanzamt die Veranlagung durchgeführt?

Die Bearbeitung der Arbeitnehmerveranlagung in den Finanzämtern zielt auf rasche Erledigungszeiten ab und ist wie folgt konzipiert:

- Zur Vermeidung offensichtlicher Fehler sowie aus Risikogründen werden vorweg verschiedene Datenabgleiche vorgenommen und die dabei herausspringenden Fälle einer so genannten Vorbescheidkontrolle unterzogen.
- Fälle, die nicht bei der Vorbescheidkontrolle herausspringen, sowie die nach dieser Erstkontrolle berichtigten Fälle werden umgehend veranlagt. Der Bescheid ergeht hier – je nachdem, ob die Erklärung händisch oder elektronisch eingebracht wurde – sehr rasch.
- Von diesen sofort veranlagten und mit Bescheid erledigten Fällen wählt das Finanzamt zu Kontrollzwecken (Auffälligkeiten, Risikoorientierung, Präventivwirkung) im Nachhinein eine bestimmte Anzahl von Fällen aus, die eingehend geprüft werden. Diese so genannte Nachbescheidkontrolle bedeutet, dass man auch nach Erhalt des Bescheides mit einem Anruf, einem Vorhalt oder einer Nachschau seitens

des Finanzamtes rechnen muss und dann Aufwendungen detailliert nachzuweisen sind. Daher nicht auf die Aufbewahrung der Belege vergessen! Stellt sich heraus, dass Aufwendungen zu Unrecht abgesetzt wurden, berichtigt das Finanzamt den Bescheid.

A.1.1.2. Steuerberechnung

Wie berechnet man die Steuer bei der Veranlagung?

Will man den Einkommensteuerbescheid mittels der handelsüblichen **Lohnsteuertabelle** nachrechnen, so sind dem im Bescheid ausgewiesenen Einkommen – bei aktiven Dienstnehmern – das Werbungskostenpauschale (132 € jährlich) dazuzuzählen, weil diese in den Lohnsteuertabellen in der Regel schon berücksichtigt sind. Für diese Bemessungsgrundlage liest man in der Tabelle die entsprechende Lohnsteuer ab (für Bemessungsgrundlagen in ganzen Euro-Beträgen).

Es gibt aber auch Steuertabellen, bei denen die Steuer direkt aufgrund des im Bescheid ausgewiesenen Einkommens abgelesen werden kann. Die Absetzbeträge sind in den jeweiligen Tabellen bereits berücksichtigt.

Bestimmte steuerfreie Bezüge (Arbeitslosengeld, Notstandshilfe, Überbrückungshilfe, Bezüge der Wehrpflichtigen und der Zivildiener, bestimmte Geldleistungen von Bundesheerangehörigen für Auslandsentsendungen) lösen bei Durchführung der Veranlagung eine besondere Berechnung aus. Die Berechnungsmethode soll jenen Zeitraum, in dem man die Transferleistungen bezieht, neutralisieren. Die Veranlagung wird dabei in ihrer Wirkung auf jenen Zeitraum beschränkt, in dem Erwerbs- bzw Pensionseinkünfte oder überhaupt keine Einkünfte erzielt werden.

Die Veranlagung kann man – im Vorhinein, um das Ergebnis zu kennen, bzw im Nachhinein, um den Bescheid vom Finanzamt zu überprüfen – nach dem Schema auf den folgenden Seiten berechnen: Sämtliche Vorlagen in diesem Buch finden Sie unter www.steuersparbuch.at/vorlagen2021 zum Download.

Berechnungsblatt Arbeitnehmerveranlagung 2021

Bezüge laut Lohnzettel (in Klammer die jeweilige Kennzahl)

Summe der Bruttobezüge (ohne Reisekostenersätze) (Kennzahl 210) € ....

abzüglich steuerfreie Zulagen und Zuschläge (Kennzahl 215) € ....
sonstige Bezüge brutto (Kennzahl 220) € ....
Sozialversicherungsbeiträge (SV) insgesamt € ....
– SV für sonstige Bezüge (Kennzahl 225) € ....
– SV f Nachzahlungen uÄm (Kennzahl 226) € ....
= abzuziehende SV (Kennzahl 230) € ....
sonstige Abzüge (Kennzahlen 240/243) € ....
= Kennzahl 245 des Jahres-Lohnzettels € ....
abzüglich Werbungskosten (mindestens das Pauschale von 132 €) € ....

= Gesamtbetrag der Einkünfte € ....
abzüglich Sonderausgaben € ....
außergewöhnliche Belastungen (über Selbstbehalt) € .... € ....
= Einkommen € ....
Berechnung der Steuer (Zuordnung des Einkommens in der linken Spalte, Anwendung der Formel laut rechter Spalte). € ....

Jahreseinkommen in €	Einkommensteuer in €
bis 11.000 €	0
> 11.000 € bis 18.000 €	(Einkommen – 11.000) x 20 %
> 18.000 € bis 31.000 €	(Einkommen – 18.000) x 35 % + 1.400
> 31.000 € bis 60.000 €	(Einkommen – 31.000) x 42 % + 5.950
> 60.000 € bis 90.000 €	(Einkommen – 60.000) x 48 % + 18.130
> 90.000 € bis 1 Mio €	(Einkommen – 90.000) x 50 % + 32.530
> 1 Mio €	(Einkommen – 1 Mio) x 55 % + 487.530

Abzug folgender **Absetzbeträge** (soweit diese jeweils zustehen):

- Familienbonus Plus je Kind: € ....
  Bis zum 18. Geburtstag reduziert sich die Steuerlast um 125 € monatlich (1.500 € pro Jahr), auch noch für jenen Monat, in dem das Kind 18 Jahre alt wird. Nach Ablauf des Monats, in dem das Kind 18 Jahre alt wird, reduziert sich die Steuerlast um 41,68 € monatlich (500 € pro Jahr).
  Der Betrag kann auf Antrag zwischen den (Ehe-)Partnern aufgeteilt (750/750 € bzw 250/250 €) werden.
  Für Kinder, die sich im Ausland aufhalten, gelten die je nach Land an die Kaufkraft angepassten Werte.
  Alleinverdienerinnen und Alleinerzieher, die so wenig verdienen, dass sie kaum bzw. gar keine Lohn- oder Einkommensteuer zahlen, erhalten statt dem Familienbonus Plus eine steuerliche Entlastung von jedenfalls 250 € pro Kind pro Jahr (Kindermehrbetrag).

- Verkehrsabsetzbetrag (für aktive Dienstnehmer) € ....
  Ohne Anspruch auf Pendlerpauschale normaler Verkehrsabsetzbetrag:
  400 € jährlich bzw bei Einkommen bis 12.200 € jährlich 800 € (dh 400 € Zuschlag)
  Mit Anspruch auf Pendlerpauschale erhöhter Verkehrsabsetzbetrag:
  690 € jährlich bzw bei Einkommen bis 15.500 € jährlich 1.090 € (dh 400 € Zuschlag)
  Der erhöhte Verkehrsabsetzbetrag vermindert sich zwischen 12.200 € und 13.000 € Einkommen gleichmäßig auf null.
  Der Verkehrsabsetzbetrag für Einkommen zwischen 15.500 € und 21.500 € vermindert sich einschleifend um die 400 € Zuschlag.
- Pendlereuro: 2 € jährlich pro Kilometer der einfachen Fahrtstrecke zwischen Wohnung und Arbeitsstätte € ....
- Alleinverdiener- oder Alleinerzieherabsetzbetrag: 494 € jährlich mit einem Kind, 669 € jährlich mit zwei Kindern, 220 € jährlich zusätzlich je Kind ab drei Kindern (für Alleinverdiener oder Alleinerzieher) € ....
- Unterhaltsabsetzbetrag: 29,20 € monatlich für das erste Kind, 43,80 € für das zweite Kind, 58,40 € für jedes weitere Kind (für Unterhaltsleistungen an uneheliche Kinder oder Kinder aus geschiedenen Ehen). Für Kinder, die sich im Ausland aufhalten, gelten die je nach Land an die Kaufkraft angepassten Werte. € ....
- Pensionistenabsetzbetrag € ....
  600 € jährlich automatisch bei Pensionen oder gleichwertigen Bezügen,
  964 € jährlich, wenn der Steuerpflichtige nicht mehr als 19.930 € Pensionseinkünfte bezieht und sein (Ehe-)Partner nicht mehr als 2.200 € jährlich verdient und kein Anspruch auf den Alleinverdienerabsetzbetrag besteht.
  Der Pensionistenabsetzbetrag vermindert sich zwischen 17.000 € und 25.000 € einschleifend bis auf 0 €, der erhöhte Pensionistenabsetzbetrag zwischen 19.930 € und 25.000 €.

Unterliegen Sie aufgrund Ihres geringen Einkommens nicht der Steuerpflicht, erhalten Sie eine Gutschrift in Höhe von 50 % bestimmter Werbungskosten (insbesondere von Sozialversicherungsbeiträgen), maximal jedoch 400 € (Sozialversicherungserstattung).

Der Erstattungsbetrag erhöht sich von 400 € auf maximal 500 €, wenn Sie Anspruch auf ein Pendlerpauschale haben. Wenn wegen geringen Einkommens Anspruch auf den Zuschlag zum Verkehrsabsetzbetrag besteht, erhöhen sich diese Beträge um 400 €.

Die Erstattung der Sozialversicherungsbeiträge steht auch Pensionisten zu. Diese erhalten eine Gutschrift von 75 % der Sozialversicherungsbeiträge, jedoch maximal 300 € pro Jahr.

= Steuer nach Abzug der Absetzbeträge (Lohnsteuer laut Tarif) € ....

+ 6 % der 620 € übersteigenden sonstigen Bezüge (Kennzahl 220 abzüglich SV laut Kennzahl 225 und abzüglich 620 € x 6 %; Einschleifregelung siehe Kap A.2.2.) € ....

= Einkommensteuerschuld (die im Bescheid festgesetzte Einkommensteuer ist auf volle Euro zu runden, unter 0,50 € abzurunden, ab 0,50 € aufzurunden) € ....

– Anrechenbare Lohnsteuer (Kennzahl 260) des Jahres-Lohnzettels € ....

= Abgabenschuld/-guthaben € ....

Worauf müssen Bezieher deutscher Pensionen achten?

Österreicher (Personen, die in Österreich ansässig sind), die aus Deutschland Renten (Alterspensionen) beziehen, erhalten Steuervorschreibungen aus Deutschland. Die deutschen Rentenbezüge aus der gesetzlichen Sozialversicherung werden auf Grund des österreichisch-deutschen Doppelbesteuerungsabkommens in Österreich von der Steuer befreit. Österreich berücksichtigt jedoch die deutschen Rentenbezüge bei der Berechnung der Steuer für das übrige Einkommen, das in Österreich zu versteuern ist (Progressionsvorbehalt).

Für die in Österreich wohnhaften Pensionisten geht die deutsche Finanz im Hinblick auf den österreichischen Wohnsitz davon aus, dass in Deutschland nur die beschränkte Steuerpflicht gilt. Das heißt aber, dass auch eine sehr kleine deutsche Rente ab dem ersten Euro versteuert wird. Daher kann ein Antrag auf unbeschränkte Steuerpflicht in Deutschland von Vorteil sein, weil dann ein steuerfreies Existenzminimum (Grundfreibetrag) bei der Steuerberechnung berücksichtigt wird. Diesen Antrag kann man stellen, wenn

- ➜ mindestens 90 % der Einkünfte der deutschen Einkommensteuer unterliegen (zB wenn man lange als „Grenzgänger" in Deutschland gearbeitet hat, also in Österreich in Grenznähe gewohnt hat) oder
- ➜ die österreichischen Einkünfte (zB Pension) nicht den sogenannten deutschen „Grundfreibetrag" übersteigen, bis zu dem in Deutschland keine Steuer anfällt.

Da der Grundfreibetrag in Deutschland mehrfach geändert wurde, ist in manchen Jahren eine Option möglich, in anderen wieder nicht. Dies wird vom Finanzamt Neubrandenburg im Einzelnen nachgeprüft. Im Zweifel bzw bei Grenzfällen sollte daher immer ein Antrag gestellt werden, da sich daraus keine negativen Konsequenzen ergeben können.

Für den Antrag braucht man eine Bescheinigung EU/EWR (die Ansässigkeitsbescheinigung gibt es beim österreichischen Finanzamt) bzw die österreichischen Steuerbescheide.

Da diese Thematik äußerst kompliziert ist, wurden für die betroffenen Pensionisten folgende Ansprechstellen eingerichtet:

Finanzamt Neubrandenburg (RiA)
Postfach 110140
17041 Neubrandenburg
Telefon ++49/395/44 222–47000
Internet www.finanzamt-rente-im-ausland.de

Steuerombudsmann im österreichischen Finanzministerium
Bundesministerium für Finanzen
Johannesgasse 5
1010 Wien
Telefon 0810 00 54 66 österreichweit zum Ortstarif
E-Mail steuerombudsdienst@bmf.gv.at

ACHTUNG

Achtung für die Arbeitnehmerveranlagung: Der Progressionsvorbehalt in Österreich ist zwingend vorzunehmen. Daher sind die gesamten deutschen Rentenbezüge im Rahmen einer Arbeitnehmerveranlagung oder Steuererklärung im Formular L1i unter den Kz 453 und Kz 791 anzugeben. Von den unter den Kz 453 und Kz 791 einzutragenden Rentenbezügen sind allfällige Werbungskosten bereits vorher in Abzug zu bringen. Allfällige Werbungskosten, wie zB die ab 2012 vorgeschriebene österreichische Sozialversicherung, die im Zusammenhang mit den deutschen Renteneinkünften stehen, sind unter der Kz 493 anzugeben.

A.1.1.3. Freibetragsverfahren

Wie funktioniert das Freibetragsverfahren?

Gemeinsam mit dem Einkommensteuerbescheid ergeht für das zweitfolgende Kalenderjahr ein Freibetragsbescheid. Der Freibetragsbescheid stellt lediglich eine vorläufige Maßnahme dar. Man erhält die (vorläufige) Steuerersparnis bereits Monat für Monat in Form eines höheren Nettolohnes. Im Zuge der Veranlagung – bei Vorliegen eines Freibetragsbescheides vom Finanzamt durchzuführen – müssen die tatsächlichen Werbungskosten, Sonderausgaben und außergewöhnlichen Belastungen neuerlich geltend gemacht werden. Erst dabei wird dann die Steuerersparnis endgültig abgerechnet. Zusammen mit dem Freibetragsbescheid ergeht die Mitteilung für den Arbeitgeber. Diese Mitteilung enthält den vom Arbeitgeber zu berücksichtigenden Freibetrag. Wird diese Mitteilung im Lohnbüro abgegeben, muss dort bei der Lohnverrechnung der Freibetrag laufend berücksichtigt werden, wodurch sich die Steuerersparnis schon bei der monatlichen Lohnauszahlung auswirkt. Man kann aber auf einen Freibetragsbescheid verzichten (Ankreuzen auf der letzten Seite des Antragsformulars) oder die Mitteilung nicht beim Arbeitgeber abgeben. Dann heißt es aber mit der Steuererstattung auf die Veranlagung nach Jahresende zuwarten.

Losgelöst vom Veranlagungsverfahren kann man einen Freibetragsbescheid für das laufende Jahr nur dann beantragen, wenn

- zusätzliche Werbungskosten von mindestens 900 € oder
- Aufwendungen zur Beseitigung von Katastrophenschäden vorliegen

und der Antrag bis zum 31.10. gestellt wird.

Der Freibetragsbescheid enthält folgende Freibeträge aus der Veranlagung:

- Werbungskosten,
- Sonderausgaben (freiwillige Weiterversicherung und Nachkauf von Versicherungszeiten, Renten, Steuerberatungskosten, Spenden),
- Außergewöhnliche Belastungen ohne Selbstbehalt (mit Ausnahme der Katastrophenschäden),
- Freibeträge auf Grund einer Behinderung.

Allerdings kann das Finanzamt im Einzelfall niedrigere Beträge als Freibeträge festsetzen, wenn die Aufwendungen nur einmalig getätigt wurden.

Geschenke macht die Finanz keine: Wurden die bei der Lohnverrechnung laut Freibetragsbescheid berücksichtigten Aufwendungen nicht in dieser Höhe getätigt, so wird eine Pflichtveranlagung durchgeführt.

Ein Freibetragsbescheid wird jedoch nicht erlassen:

- nach dem 30.11. des Kalenderjahres, für das der Freibetragsbescheid zu ergehen hätte,
- bei Wegfall der unbeschränkten Steuerpflicht,
- bei einem jährlichen Freibetrag unter 90 €,
- wenn bei der Veranlagung die Einkommensteuer die angerechnete Lohnsteuer übersteigt und Vorauszahlungen festgesetzt werden.

Man kann außerdem auf der Mitteilung zur Vorlage beim Arbeitgeber erklären, dass anstelle des ausgewiesenen Freibetrages ein niedrigerer Betrag bei der Lohnverrechnung zu berücksichtigen ist. Damit spart man lästige Nachzahlungen, wenn schon vorher klar ist, dass der Freibetrag nicht mehr erreicht wird.

Hinweis: Beschränkt Steuerpflichtige erhalten keinen Freibetragsbescheid.

A.1.1.4. Grundsätzliches zu Absetzbeträgen und Freibeträgen

Freibeträge mindern die Steuerbemessungsgrundlage. Ihre finanzielle Auswirkung ist daher davon abhängig, in welcher Progressionsstufe das jeweilige Einkommen liegt. Absetzbeträge dagegen kürzen direkt die Steuer und sind damit „bares Geld". Mit Absetzbeträgen wird einerseits geregelt, ab welcher Einkommenshöhe die Steuer überhaupt beginnen soll, und andererseits eine Begünstigung für bestimmte steuerlich relevante Tatbestände geschaffen.

Um sich im folgenden Kapitel zurechtzufinden und seine persönlichen Begünstigungen zu kennen bzw optimal auszuschöpfen, geht man am besten folgendermaßen vor:

1. Man stellt fest, welche Begünstigung zum Tragen kommen kann:

Absetzbeträge gibt es für persönliche Verhältnisse wie zB den Familienstand und Kinder

Werbungskosten sind Aufwendungen, die mit der Einnahmenerzielung, also dem Beruf, in Zusammenhang stehen

Sonderausgaben sind Ausgaben, die in die Privatsphäre fallen, die der Staat aber fördern will (zB Renten, Nachkauf von Versicherungszeiten, Spenden)

Außergewöhnliche Belastungen sind Aufwendungen, die jemanden außergewöhnlich und zwangsweise treffen (zB Krankheitskosten)

Spezielle Freibeträge gibt es für Kinder, für Landarbeiter und für Inhaber von Amtsbescheinigungen und Opferausweisen

2. Einen ersten Überblick, welche der obigen Begünstigungen in Frage kommen, kann man aus den den einzelnen Kapiteln vorangehenden Übersichten gewinnen.

3. Konkrete Hinweise zu einzelnen Abzugsposten und gleichzeitig Anregungen für weitere Freibeträge und Absetzbeträge erhält man schließlich in den folgenden Kapiteln. Die einzelnen Posten sind – soweit sinnvoll – in alphabetischer Folge innerhalb der jeweiligen Kategorie aufgelistet.

4. Hat man seine persönliche Steuerstrategie gefunden, besorgt man sich einen Antrag (Erklärung zur Durchführung der Arbeitnehmerveranlagung oder Einkommensteuererklärung, erhältlich beim Finanzamt, Gemeindeamt oder eventuell im Lohnbüro, oder man erfasst die Daten in FINANZOnline). Der Antrag ist vollständig auszufüllen. Bei häufigen und wichtigen Absetzposten finden Sie in diesem Buch **Vorlagen zum Kopieren,** die das optimale Ausnützen der steuerlichen Möglichkeiten gewährleisten. Dem Finanzamt sind die Beilagen und Belege nur über Aufforderung vorzulegen.

A.1.2. Absetzbeträge

Das Wichtigste im Überblick	
Alleinverdiener-/Alleinerzieherabsetzbetrag	
Höhe	494 € jährlich mit einem Kind 669 € jährlich mit zwei Kindern 220 € jährlich für das dritte und jedes weitere Kind Indexierung für Kinder in der EU, dem EWR und der Schweiz
Voraussetzungen:	Alleinverdiener, mehr als sechs Monate im Kalenderjahr verheiratet oder Partnerschaft mit mindestens einem Kind, Einkünfte des (Ehe-)Partners höchstens 6.000 € Alleinerzieher, mehr als sechs Monate im Kalenderjahr nicht in einer Gemeinschaft mit einem (Ehe-)Partner, mindestens ein Kind, mehr als sechs Monate Familienbeihilfe beziehen
Auswirkungen:	mindert direkt die Einkommensteuer bzw Lohnsteuer, vermindert Selbstbehalt bei außergew Belastung (um 1 %), Erstattung einer Negativsteuer (SV-Rückerstattung) ist möglich
Berücksichtigung:	Lohnverrechnung durch Arbeitgeber (Antrag E 30) und/oder Veranlagung
Familienbonus Plus (ab 2019)	
Höhe:	125 € monatlich (1.500 € jährlich) für Kinder bis 18 Jahre 41,68 € monatlich (500 € jährlich) für Kinder über 18 Jahre Valorisierung für Kinder im Ausland Bei (Ehe)Partnern und Unterhaltsverpflichteten Wahlrecht, ob die o.a. Beträge von beiden jeweils zur Hälfte beantragt werden oder einer den vollen Familienbonus Plus beantragt Alleinverdiener/Alleinerzieher, die weniger als 250 € Lohnsteuer zahlen, erhalten anstelle des Familienbonus Plus einen sogenannten Kindermehrbetrag von 250 € pro Kind und Jahr (für Kinder im Ausland Valorisierung)
Voraussetzungen:	Anspruch auf Familienbeihilfe
Berücksichtigung:	Lohnverrechnung durch Arbeitgeber (Antrag E 30) und/oder Veranlagung
Kinderabsetzbetrag	
Höhe:	58,40 € monatlich für jedes Kind (Mehrkinderstaffel dann bei Familienbeihilfe) Ab 2019 Indexierung für Kinder in der EU, dem EWR und der Schweiz
Voraussetzungen:	Anspruch auf Familienbeihilfe
Berücksichtigung:	Auszahlung mit Familienbeihilfe
Unterhaltsabsetzbetrag	
Höhe:	29,20 € monatlich für das 1. Kind, 43,80 € für das 2. Kind und 58,40 € für jedes weitere Kind Indexierung für Kinder in der EU, dem EWR und der Schweiz
Voraussetzungen:	Gesetzliche Unterhaltsleistungen an nicht haushaltszugehörige Kinder (uneheliche Kinder, Kinder aus geschiedenen Ehen)
Berücksichtigung:	Veranlagung
Mehrkindzuschlag	
Höhe:	20,00 € für das dritte und jedes weitere Kind
Voraussetzungen:	Zu versteuerndes Familieneinkommen darf 55.000 € nicht übersteigen
Berücksichtigung:	Veranlagung (oder eigener Antrag, falls keine Veranlagung erfolgt)

Verkehrsabsetzbetrag	
Höhe:	Ohne Anspruch auf Pendlerpauschale normaler Verkehrsabsetzbetrag: 400 € jährlich bzw bei Einkommen bis 12.200 € jährlich 800 € (dh 400 € Zuschlag) Mit Anspruch auf Pendlerpauschale erhöhter Verkehrsabsetzbetrag: 690 € jährlich bzw bei Einkommen bis 15.500 € jährlich 1.090 € (dh 400 € Zuschlag) Der erhöhte Verkehrsabsetzbetrag vermindert sich zwischen 12.200 € und 13.000 € Einkommen gleichmäßig auf null. Der Verkehrsabsetzbetrag für Einkommen zwischen 15.500 € und 21.500 € vermindert sich einschleifend um die 400 € Zuschlag. Die Erstattung einer Negativsteuer (SV-Rückerstattung) ist möglich.
Berücksichtigung:	Automatisch bei jedem Arbeitnehmer, wenn er lohnsteuerpflichtige Einkünfte aus einem bestehenden Dienstverhältnis bezieht
Pensionistenabsetzbetrag	
Höhe:	600 € jährlich automatisch bei Pensionen oder gleichwertigen Bezügen, 964 € jährlich, wenn der Steuerpflichtige nicht mehr als 19.930 € Pensionseinkünfte bezieht und sein (Ehe-)Partner nicht mehr als 2.200 € jährlich verdient und kein Anspruch auf den Alleinverdienerabsetzbetrag besteht. Der Pensionistenabsetzbetrag vermindert sich zwischen 17.000 € und 25.000 € einschleifend bis auf 0 €, der erhöhte Pensionistenabsetzbetrag zwischen 19.930 € und 25.000 €. Die Erstattung einer Negativsteuer (SV-Rückerstattung) ist möglich.
Berücksichtigung:	Automatisch bei jedem Pensionisten
Kindermehrbetrag (ab 2019)	
Höhe:	Differenz zwischen 250 € (je Kind) und der errechneten Steuer als Erstattungsbetrag Indexierung für Kinder in der EU, dem EWR und der Schweiz
Voraussetzungen:	Alleinverdiener- oder Alleinerzieherabsetzbetrag muss zustehen Negative Steuer, keine Steuer oder maximale Steuer von 250 € je Kind Keine steuerfreien Leistungen wie Arbeitslosengeld, Notstandshilfe, Kinderbetreuungsgeld oder Leistungen aus der Grundversorgung oder Mindestsicherung für mindestens 330 Tage
Pendlereuro	
Höhe:	2 € pro Kilometer der einfachen Wegstrecke zwischen Wohnung und Arbeitsstätte
Voraussetzungen:	Anspruch auf Pendlerpauschale

A.1.2.1. Alleinverdienerabsetzbetrag, Alleinerzieherabsetzbetrag

Einem Alleinverdiener steht ein Alleinverdienerabsetzbetrag von 364 € jährlich zu, einem Alleinerzieher ein Alleinerzieherabsetzbetrag von 364 € jährlich.

Zum Alleinverdienerabsetzbetrag mit Kindern sowie zum Alleinerzieherabsetzbetrag werden Kinderzuschläge gewährt. Der Alleinverdienerabsetzbetrag bzw Alleinerzieherabsetzbetrag steht daher in folgender Höhe zu:

- 494 € jährlich mit einem Kind
- 669 € jährlich mit zwei Kindern
- ab dem 3. Kind gibt es zusätzlich 220 € jährlich je Kind (das sind 669 € plus 220 € pro weiteres Kind)

Achtung ab 2019:

Für Kinder in Mitgliedstaaten der EU, des EWR sowie der Schweiz wird der Alleinverdienerabsetzbetrag bzw. Alleinerzieherabsetzbetrag seit 2019 anhand der tatsächlichen Lebenshaltungskosten für Kinder von der Finanz indexiert. Als Berechnungsgrundlage werden die „Vergleichenden Preisniveaus des Endverbrauchs der privaten Haushalte einschließlich indirekter Steuer“ herangezogen. Diese Beträge werden alle zwei Jahre angepasst und mit Verordnung des Finanzministers festgelegt.

Steht der Alleinverdienerabsetzbetrag bzw. Alleinerzieherabsetzbetrag für mehrere Kinder zu und halten sich diese Kinder in unterschiedlichen Ländern auf, sind sie nach ihrem Alter zu reihen und zuerst das älteste anspruchsberechtigte Kind zu berücksichtigen.

Für Kinder außerhalb dieser Staaten steht kein Alleinverdienerabsetzbetrag bzw. Alleinerzieherabsetzbetrag zu!

Die Absetzbeträge mindern direkt die Steuer. Wird keine Steuer gezahlt, wirken die Absetzbeträge dennoch als **„Negativsteuer“** (SV-Rückerstattung), die bei der Veranlagung ausbezahlt wird. Voraussetzung dafür ist allerdings, dass mindestens ein Kind vorhanden ist, für das man den Kinderabsetzbetrag erhält. Diese Negativsteuer können auch jene beantragen, die nicht zur Einkommensteuer veranlagt werden (zB pauschalierte Landwirte; für Personen ohne steuerpflichtige Einkünfte gibt es ein eigenes Erstattungsformular E 5). Zusätzlich erhält man noch als aktiver Arbeitnehmer 50 % der vom Lohn einbehaltenen Sozialversicherungsbeiträge, maximal aber 400 € jährlich. Wenn Anspruch auf ein Pendlerpauschale besteht, beträgt die Negativsteuer 50 % und maximal 500 €. Für Bezieher geringer Einkommen erhöht sich die maximale SV-Rückerstattung um 400 €.

Pensionisten erhalten ab 2020 eine Rückerstattung von 75 % der Sozialversicherungsbeiträge, höchstens jedoch 300 € (statt bisher 110 €).

Ergibt sich eine Steuer unter 250 € und steht der Alleinverdienerabsetzbetrag oder der Alleinerzieherabsetzbetrag zu, gilt bei Vorhandensein eines Kindes Folgendes:

- ➜ Die Differenz zwischen 250 € und der berechneten Steuer ist als Kindermehrbetrag zu erstatten.
- ➜ Hält sich das Kind ständig in einem anderen Mitgliedstaat der EU oder des EWR oder der Schweiz auf, tritt an die Stelle des Betrages von 250 € der indexierte Betrag.
- ➜ Ein Kindermehrbetrag steht nicht zu, wenn für mindestens 330 Tage im Kalenderjahr steuerfreie Leistungen wie Arbeitslosengeld, Notstandshilfe, Kinderbetreuungsgeld oder Leistungen aus der Grundversorgung oder Mindestsicherung bezogen wurden.

Dieser Betrag erhöht sich für jedes weitere Kind um den Betrag von 250 € oder den an seine Stelle tretenden Betrag.

Der Alleinverdiener- bzw Alleinerzieherabsetzbetrag kann direkt beim Arbeitgeber mit dem Formular E 30 (erhältlich bei den Finanzämtern, Gemeindeämtern und in den meisten Lohnbüros) beantragt werden. Unabhängig davon besteht aber noch die Möglichkeit, die Absetzbeträge bei der Veranlagung geltend zu machen.

Wem steht der Alleinverdienerabsetzbetrag zu?

Alleinverdiener ist

- wer mindestens ein Kind hat und mehr als sechs Monate im Kalenderjahr verheiratet oder eingetragener Partner ist und von seinem unbeschränkt steuerpflichtigen Ehegatten oder eingetragenen Partner nicht dauernd getrennt lebt oder
- mehr als sechs Monate im Kalenderjahr mit einem Partner in einer eheähnlichen Lebensgemeinschaft lebt und mindestens ein Kind, für das einer der Partner Familienbeihilfe bezieht, vorhanden ist.

Voraussetzung ist, dass der (Ehe-)Partner

Einkünfte von höchstens erzielt.	6.000 € jährlich

Für bestimmte EU-Bürger ist die unbeschränkte Steuerpflicht des Ehegatten bzw Partners nicht erforderlich (siehe Einleitung, Punkt 2).

Ohne Kind steht Erwerbstätigen kein Alleinverdienerabsetzbetrag zu. Für allein verdienende Pensionisten ohne Kinder gibt es unter bestimmten Voraussetzungen einen erhöhten Pensionistenabsetzbetrag.

Wem steht der Alleinerzieherabsetzbetrag zu?

Alleinerzieher ist,

- wer mindestens ein Kind hat,
- mehr als sechs Monate im Kalenderjahr nicht in einer Gemeinschaft mit einem (Ehe-) Partner lebt und
- mehr als sechs Monate im Kalenderjahr Familienbeihilfe bezieht.

Die maßgebenden Voraussetzungen müssen mehr als sechs Monate (= überwiegend) im Kalenderjahr vorliegen. Damit ist gewährleistet, dass immer nur einer der beiden Absetzbeträge zustehen kann und zwar jener, für den die Voraussetzungen früher erfüllt waren.

Wichtig: Der Alleinverdiener-/Alleinerzieherabsetzbetrag muss – auch wenn er bereits bei der Lohnverrechnung berücksichtigt wurde – in der Steuererklärung durch Ankreuzen beantragt werden.

Wie errechnet sich die Einkommensgrenze für den (Ehe-)Partner?

Bei den einzelnen Einkunftsarten ist für den Grenzbetrag der Gewinn bzw der Überschuss der Einnahmen über die Werbungskosten maßgebend. Bei Lohneinkünften des Partners kann man das maßgebende Einkommen nach folgendem Schema – am besten anhand eines Jahreslohnzettels – errechnen:

Bruttojahresbezug (inklusive sonstige Bezüge)	....
- steuerfreie sonstige Bezüge (brutto)	....
- steuerfreie Zulagen und Zuschläge	....
- Sozialversicherungsbeiträge der laufenden Bezüge	....
- einbehaltene Gewerkschaftsbeiträge	....

- Pendlerpauschale	....
- Werbungskostenpauschale (132 €; nur bei laufenden Aktivbezügen)	....
- weitere nachgewiesene Werbungskosten (über Pauschale)	....
= für den Alleinverdienerabsetzbetrag maßgebende Einkünfte	....

Den Alleinverdienerabsetzbetrag gibt es auch dann nur für einen (Ehe-)Partner, wenn beide unter den Einkommensgrenzen bleiben (vorrangig dem, der die höheren Einkünfte erzielt; haben beide Partner keine oder gleich hohe Einkünfte, steht der Absetzbetrag dem haushaltsführenden [Ehe-]Partner zu). Einkünfte, die man für eine begünstigte Auslandstätigkeit bezieht, sowie Einkünfte von Entwicklungshelfern sind für den Alleinverdienerabsetzbetrag ebenso schädlich wie Einkünfte, die auf Grund zwischenstaatlicher Vereinbarungen steuerfrei gestellt werden. Weiters schädlich sind steuerpflichtige Einkünfte aus privaten Grundstücksveräußerungen sowie aus Kapitalvermögen (zB Zinsen, Aktiendividenden), auch wenn sie endbesteuert sind.

ACHTUNG

Auch das steuerfreie Wochengeld ist für den Alleinverdienerabsetzbetrag mitzurechnen. Andere von der Einkommensteuer befreite Einkünfte (zB Karenzurlaubsgeld, Familienbeihilfe, Kinderbetreuungsgeld, Arbeitslosengeld, Notstandshilfe) sind für die Gewährung des Alleinverdienerabsetzbetrages nicht schädlich. Bei Ermittlung des Grenzbetrages sind immer die **Jahreseinkünfte maßgeblich,** auch wenn erst im Laufe eines Kalenderjahres die Verehelichung erfolgt und der Ehepartner vor bzw nach der Verehelichung Einkünfte bezogen hat.

Beispiel:

Ein Steuerpflichtiger mit Kind hat im abgelaufenen Kalenderjahr neben pauschalierten Einkünften aus Land- und Forstwirtschaft in Höhe von 600 € Lohnbezüge in Höhe von 5.000 € brutto erhalten. Die steuerfreien sonstigen Bezüge betragen 620 €, die steuerfreien Erschwerniszulagen 200 €. Einbehalten wurden Sozialversicherungsbeiträge in Höhe von 800 € und der Gewerkschaftsbeitrag von 50 €.

Die Einkünfte aus nichtselbständiger Arbeit betragen:

Brutto	5.000 €
- steuerfreie sonstige Bezüge	620 €
- steuerfreie Erschwerniszulagen	200 €
- Sozialversicherungsbeiträge	800 €
- Gewerkschaftsbeitrag	50 €
- Werbungskostenpauschale	132 €
= Lohneinkünfte	3.198 €
Die Einkünfte aus Land- und Forstwirtschaft betragen	600 €
Einkünfte insgesamt	3.798 €

Der Alleinverdienerabsetzbetrag steht dem Ehegatten somit zu. Wäre im gegenständlichen Fall noch eine Abfertigung im Ausmaß von zB 3.000 € ausbezahlt worden, wäre die maßgebliche Einkunftsgrenze überschritten und der Anspruch auf den Alleinverdienerabsetzbetrag verloren.

A.1.2.2. Kinderabsetzbetrag/Unterhaltsabsetzbetrag/Mehrkindzuschlag, Familienbonus Plus, Kindermehrbetrag

Wann erhält man den Kinderabsetzbetrag?

Jeder, der für Kinder Familienbeihilfe bezieht, erhält zusätzlich den Kinderabsetzbetrag ausbezahlt. Für Kinder, die sich ständig im Ausland (außerhalb der EU, des EWR sowie der Schweiz) aufhalten, steht kein Kinderabsetzbetrag zu. Die Auszahlung erfolgt automatisch gemeinsam mit der Familienbeihilfe (siehe dazu Kapitel C.2.). In der Steuererklärung ist der Kinderabsetzbetrag daher nicht geltend zu machen.

Für Kinder in Mitgliedstaaten der EU, des EWR sowie der Schweiz wird der Kinderabsetzbetrag anhand der tatsächlichen Lebenshaltungskosten von der Finanz indexiert. Als Berechnungsgrundlage werden die „Vergleichenden Preisniveaus des Endverbrauchs der privaten Haushalte einschließlich indirekter Steuer“ herangezogen. Diese Beträge werden alle zwei Jahre angepasst und mit Verordnung festgelegt.

Wann erhält man den Mehrkindzuschlag?

Ein Mehrkindzuschlag steht zu (Formular E4), wenn man

- im Vorjahr für mindestens drei Kinder die Familienbeihilfe bezogen hat und
- das Familieneinkommen im Vorjahr 55.000 € nicht übersteigt.

Den Mehrkindzuschlag für 2022 erhält man auf Basis der Veranlagung für das Jahr 2021. Er beträgt 20 € monatlich für das dritte und jedes weitere Kind (siehe auch Kapitel C.2.).

Wann erhält man den Unterhaltsabsetzbetrag?

Den Unterhaltsabsetzbetrag erhält derjenige,

- der für ein Kind, das nicht seinem Haushalt angehört und
- für das weder ihm noch seinem nicht dauernd getrennt lebenden (Ehe-)Partner Familienbeihilfe gewährt wird,
- das sich in einem Mitgliedstaat der EU, des EWR oder der Schweiz aufhält,
- den gesetzlichen Unterhalt leistet.

Der Unterhaltsabsetzbetrag kann erst im Nachhinein im Zuge der Veranlagung beantragt werden. Die Unterhaltspflicht muss dem Finanzamt nachgewiesen werden (Unterhaltsvergleich bzw richterlich festgesetztes Unterhaltsausmaß, Zahlungsbestätigungen). Hat man die Alimente nicht zur Gänze bezahlt, steht auch der Unterhaltsabsetzbetrag nur im aliquoten Ausmaß zu. Wurde die Höhe der Unterhaltsleistung gerichtlich oder behördlich festgelegt (Urteil, Vergleich), dann ist der dort festgesetzte Betrag maßgebend. Liegt keine behördliche Festsetzung der Unterhaltsleistung und auch kein schriftlicher Vertrag vor, dann dürfen die von den Gerichten angewendeten Regelbedarfsätze nicht unterschritten werden:

Altersgruppe Kind	Regelbedarfsatz 2022	Regelbedarfsatz 2021
0 bis 3 Jahre	219 €	213 €
bis 6 Jahre	282 €	274 €
bis 10 Jahre	362 €	352 €
bis 15 Jahre	414 €	402 €
bis 19 Jahre	488 €	474 €
bis 28 Jahre	611 €	594 €

Der Unterhaltsabsetzbetrag beläuft sich auf

29,20 €	monatlich für das erste Kind
43,80 €	monatlich für das zweite Kind
58,40 €	monatlich für das dritte und jedes weitere Kind

TIPP

Ist man für ein behindertes Kind unterhaltspflichtig (also für ein uneheliches Kind oder ein Kind aus geschiedener Ehe) und dienen Unterhaltszahlungen nachweislich und unmittelbar der Bestreitung der aus der Behinderung des Kindes erwachsenden Mehraufwendungen, kann man diese Aufwendungen anstelle des Unterhaltsabsetzbetrages als außergewöhnliche Belastungen (ohne Selbstbehalt) absetzen.

Achtung:

Für Kinder in Mitgliedstaaten der EU, des EWR sowie der Schweiz wird der Unterhaltsabsetzbetrag anhand der tatsächlichen Lebenshaltungskosten von der Finanz indexiert. Als Berechnungsgrundlage werden die „Vergleichenden Preisniveaus des Endverbrauchs der privaten Haushalte einschließlich indirekter Steuer" herangezogen. Diese Beträge werden alle zwei Jahre angepasst und mit Verordnung des Finanzministers festgelegt.

Steht der Unterhaltsabsetzbetrag für mehrere Kinder zu und halten sich diese Kinder in unterschiedlichen Ländern auf, sind sie nach ihrem Alter zu reihen und zuerst das älteste anspruchsberechtigte Kind zu berücksichtigen.

Keine Angst: Der Unterhaltsabsetzbetrag ändert nichts daran, dass der familienbeihilfenberechtigte andere Elternteil Anspruch auf den Kinderabsetzbetrag hat.

Beispiel:

Jemand bezahlt für zwei Kinder aus geschiedener Ehe (oder außereheliche Kinder), die nicht in seinem Haushalt wohnen, den gesetzlichen Unterhalt (Alimente). Daneben erhält er noch für ein Kind aus der jetzigen Ehe Familienbeihilfe.

Anspruch besteht hier auf 58,40 € monatlich Kinderabsetzbetrag (Auszahlung mit der Familienbeihilfe) und 73,00 € (29,20 € + 43,80 €) Unterhaltsabsetzbetrag (Berücksichtigung bei der Veranlagung).

Für die beiden Kinder aus geschiedener Ehe erhält zusätzlich noch derjenige, der für sie die Familienbeihilfe bezieht, den Kinderabsetzbetrag.

Wann erhält man den Familienbonus Plus?

Seit 1.1.2019 gilt die Regelung des „Familienbonus Plus". Der Familienbonus Plus vermindert nicht bloß die Steuerbemessungsgrundlage, sondern direkt die Einkommensteuer- bzw Lohnsteuer.

Der Anspruch auf Familienbonus besteht für jedes Kind im Inland, für das Familienbeihilfe bezogen wird und beträgt

- ➜ jährlich 1.500 € (bzw 125 € monatlich) bis zum 18. Geburtstag,
- ➜ nach dem 18. Geburtstag jährlich 500 € (bzw. 41,68 € monatlich).

Der Familienbonus steht in voller Höhe nur für Kinder im Inland zu. Für Kinder innerhalb der EU bzw des EWR und der Schweiz wird der Familienbonus an das Preisniveau des Wohnsitzstaates angepasst (indexiert). Für Kinder in Drittstaaten erhält man keinen Familienbonus.

Wann erhält man den Kindermehrbetrag?

Ergibt sich eine Einkommensteuer unter 250 €, dann erhalten Alleinverdiener und Alleinerzieher mit einem Kind die Differenz zwischen 250 € jährlich und der (niedrigeren Steuer) als Kindermehrbetrag erstattet. Für jedes weitere Kind erhöht sich dieser Betrag um 250 €.

Für Kinder in Mitgliedstaaten der EU, des EWR sowie der Schweiz wird der erstattungsfähige Kindermehrbetrag anhand der tatsächlichen Lebenshaltungskosten für Kinder von der Finanz indexiert.

Wenn für mindestens 330 Tage im Kalenderjahr steuerfrei Arbeitslosengeld, Notstandshilfe, Grundversorgung oder Mindestsicherung bezogen wurde, steht kein Kindermehrbetrag zu.

Wer kann den Familienbonus Plus beantragen?

Der Familienbonus kann entweder allein von einem Elternteil in voller Höhe oder zu gleichen Teilen aufgeteilt von beiden geltend gemacht werden. Diese Aufteilung kann auch von getrennt lebenden oder geschiedenen Eltern einvernehmlich so vorgenommen werden.

Das Wahlrecht für eine der beiden Varianten wird durch die Antragstellung in der Steuererklärung ausgeübt. Die Entscheidung, ob einer der beiden den ganzen Familienbonus oder beide jeweils die Hälfte in Anspruch nehmen, kann aber nur für das ganze Jahr einheitlich getroffen werden. Ein unterjähriger monatsbezogener Wechsel der Aufteilung ist bei gleichbleibenden Verhältnissen daher nicht möglich. Gleichbleibende Verhältnisse liegen insbesondere dann vor, wenn sich während des Jahres an der familiären Situation nichts ändert (zB ganzjährig aufrechte Ehe bzw Lebensgemeinschaft). Das Aufteilungswahlrecht kann für jedes Kind eigenständig ausgeübt werden. Daher können etwa für das Kind A Vater und Mutter jeweils die Hälfte beantragen, während für das Kind B der Vater den gesamten Familienbonus Plus beantragt. Der Familienbonus Plus ist im Rahmen der Veranlagung entsprechend der Antragstellung zu berücksichtigen. Werden Anträge gestellt, die über das zustehende Ausmaß des Familienbonus Plus hinausgehen, kommt es zu einer zwingenden Hälfteaufteilung.

Für den Unterhaltsverpflichteten ist die Höhe des Familienbonus Plus von der Leistung des gesetzlichen Unterhalts abhängig. Der Familienbonus Plus ist mit dem Unterhaltsabsetzbetrag verknüpft, sodass für die Anzahl der Monate, für die dem Unterhaltsverpflichteten ein Unterhaltsabsetzbetrag zusteht, auch Anspruch auf den Familienbonus Plus besteht. Die Regelungen über die einheitliche Inanspruchnahme während des Jahres und die verpflichtende Hälfteaufteilung (wenn einer von beiden 100 % beantragt) gelten auch für Unterhaltsverpflichtete. Ebenso kann das Wahlrecht für jedes Kind eigenständig ausgeübt werden.

Übergangsbestimmung für 2019 bis 2021: Wird von einem Elternteil der Großteil der Kinderbetreuungskosten, mindestens 1.000 € übernommen, stehen diesem 90 % des Familienbonus zu, dem anderen 10 %. Zahlt ein getrennt lebender, unterhaltsverpflichteter Elternteil keinen Unterhalt, steht diesem gar kein Familienbonus zu, der andere erhält 100 %.

Wie kommt man zum Familienbonus Plus?

Bei Lohnsteuerzahlern kann der Familienbonus entweder

- in der monatlichen Lohnverrechnung durch den Arbeitgeber im Vorhinein berücksichtigt (Antragsformular E 30 ausfüllen und beim Arbeitgeber abgeben) oder
- in der Arbeitnehmerveranlagung im Nachhinein (Formular L1k beim Finanzamt) beantragt werden.

Bei allen anderen Einkunftsarten erfolgt die Beantragung in der Einkommensteuererklärung (Formular L1k).

Der Familienbonus Plus ersetzt ab 2019 die bisherigen Kinderbegünstigungen in der Einkommensteuer, also insbesondere den Kinderfreibetrag und die Absetzbarkeit von Kinderbetreuungskosten.

Wer kann den Kindermehrbetrag wie beantragen?

Der Kindermehrbetrag steht gering verdienenden Alleinverdienern bzw Alleinerziehern zu, die keine oder weniger als 250 € je Kind Steuer zahlen. Sie erhalten den Differenzbetrag ihrer Steuer auf 250 € je Kind im Rahmen der Veranlagung vom Finanzamt erstattet.

Rückwirkend ab Veranlagung 2019: Es besteht erstmalig die Möglichkeit, den Antrag auf Familienbonus Plus zurückzuziehen, wenn sich nachträglich herausstellt, dass sich der beantragte Familienbonus Plus beim Antragsteller aufgrund seines geringen Einkommens steuerlich nicht auswirkt und sich beim zweiten Antragsberechtigten steuerlich zur Gänze auswirken würde. Der Antrag kann formlos gestellt werden und ermöglicht nachträglich die Geltendmachung des gesamten Familienbonus Plus durch den anderen Antragsteller.

A.1.2.3. Welche weiteren Absetzbeträge gibt es noch?

Allen lohnsteuerpflichtigen Arbeitnehmern steht auf Grund eines bestehenden Dienstverhältnisses ein **Verkehrsabsetzbetrag** von 400 € jährlich zu, der automatisch bei der Lohnverrechnung berücksichtigt wird. Hat man Anspruch auf ein Pendlerpauschale, erhöht sich der Verkehrsabsetzbetrag auf 690 €, wenn das Einkommen 12.200 € jährlich nicht übersteigt. Zwischen 12.200 € und 13.000 € gibt es eine Einschleifregelung (der Verkehrsabsetzbetrag vermindert sich gleichmäßig auf 400 €).

Ab 2020 gilt: Wird ein Einkommen von 15.500 € nicht überschritten, erhöht sich der Verkehrsabsetzbetrag um 400 € auf 800 € bzw bei Anspruch auf das Pendlerpauschale auf 1.090 €). Zwischen 15.500 € und 21.500 € vermindert sich dieser Zuschlag gleichmäßig einschleifend auf null.

Interessant dabei: Wenn sich der Verkehrsabsetzbetrag nicht auswirkt, weil die Einkünfte aus nichtselbständiger Arbeit so niedrig sind, dass keine Lohnsteuer anfällt, dann werden 50 % der geleisteten Sozialversicherungsbeiträge, maximal 400 €, als **Negativsteuer** (SV-Rückerstattung) bei der Veranlagung erstattet. Hat sich der Verkehrsabsetzbetrag nur zum Teil ausgewirkt, wird nur der restliche Teil erstattet. Wenn ein Pendlerpauschale zusteht, dann erhöht sich die Negativsteuer auf maximal 500 €.

Ab 2020 gilt: Wenn der erhöhte Verkehrsabsetzbetrag (für Einkommen bis 15.500 € bzw 21.500 €) zusteht, dann erhöht sich die SV-Rückerstattung (SV-Bonus als Negativsteuer) um 400 €, dh auf maximal 800 € bzw bei Anspruch auf das Pendlerpauschale auf maximal 900 €.

Beispiel:

Eine Angestellte ist Teilzeit beschäftigt und verdient monatlich brutto 500 €. Die Sozialversicherungsbeiträge betragen rund 1.100 € jährlich. Steuer fällt bei diesem Bezug keine an. Bei der Arbeitnehmerveranlagung werden 550 € vom Finanzamt überwiesen (50 % von 1.100 € SV-Beiträgen sind 550 €, der Höchstbetrag von 800 €, ds 400 € plus 400 € aufgrund des niedrigen jährlichen Einkommens unter 15.500 €, wird nicht überschritten).

Für Pensionisten tritt an die Stelle des Verkehrsabsetzbetrags der **Pensionistenabsetzbetrag** von 600 € (bis 2019: 400 €) (mit Einschleifbestimmung zwischen 17.000 € und 25.000 € Pensionsbezug). Bei den Einkünften mit Anspruch auf den Pensionistenabsetzbetrag steht der Werbungskostenpauschbetrag nicht zu. Für allein verdienende Pensionisten gibt es einen erhöhten Pensionistenabsetzbetrag von 964 € (bis 2019: 764 €), wenn mindestens sechs Monate im Kalenderjahr eine Ehe bzw Partnerschaft aufrecht ist, die eigenen Pensionseinkünfte nicht mehr als 19.930 € im Kalenderjahr betragen, der (Ehe-)Partner Einkünfte von höchstens 2.200 € jährlich erzielt und kein Anspruch auf den Alleinverdienerabsetzbetrag besteht (mit Einschleifbestimmung zwischen 19.930 € und 25.000 € Pensionsbezug).

Weisen Pensionisten im Einzelfall Werbungskosten nach, werden diese in der nachgewiesenen Höhe ohne Kürzung um das Werbungskostenpauschale berücksichtigt.

Pensionisten erhalten ebenfalls eine Negativsteuer (SV-Rückerstattung), und zwar werden 75 % der Sozialversicherungsbeiträge, höchstens aber 300 € rückerstattet.

Achtung:

Durch den Familienbonus Plus bzw den **Kindermehrbetrag** ist die Berechnung der (Negativ-)Steuer wie folgt vorzunehmen: Der Familienbonus Plus ist als erster Absetzbetrag von der auf Grund des Einkommensteuertarifs errechneten Steuer abzuziehen. Er kann jedoch maximal bis zum Betrag der tarifmäßigen Steuer in Ansatz gebracht werden. Durch den Familienbonus Plus kann somit kein Steuerbetrag unter null zustande kommen. Durch andere Absetzbeträge – etwa den Verkehrsabsetzbetrag oder den Alleinverdiener- oder Alleinerzieherabsetzbetrag – kann es weiterhin zu einer Einkommensteuer unter null und zu einer SV-Rückerstattung oder einer Erstattung des Alleinverdiener- oder Alleinerzieherabsetzbetrages kommen.

Der **Grenzgängerabsetzbetrag** und der **Arbeitnehmerabsetzbetrag** sind ab 2016 entfallen, weil diese in den erhöhten Verkehrsabsetzbetrag integriert wurden (siehe oben).

A.1.3. Sonderausgaben

A.1.3.1. Allgemeines

Das Wichtigste im Überblick	
Als Sonderausgaben sind die im § 18 EStG taxativ aufgezählten Ausgaben bei der Ermittlung des Einkommens abzuziehen, soweit sie nicht Betriebsausgaben oder Werbungskosten darstellen.	
Art der Sonderausgaben	**Höchstbetrag**
Renten und dauernde Lasten	unbegrenzt
Beiträge für eine freiwillige Weiterversicherung, Nachkauf von Versicherungszeiten in der gesetzlichen Pensionsversicherung	unbegrenzt
Kirchenbeiträge	400 €
Steuerberatungskosten	unbegrenzt

Spenden • für Forschungsaufgaben und an begünstigte Einrichtungen wie Museen, Behindertensport-Dachverbände usw • für mildtätige und humanitäre Zwecke • an Umwelt-, Natur- und Artenschutzorganisationen, Tierheime und freiwillige Feuerwehren • für geförderte Kunst- und Kultureinrichtungen	10 % der Einkünfte des laufenden Jahres

Was sind Sonderausgaben?

Sonderausgaben sind grundsätzlich der privaten Sphäre zuzurechnen. Steuerlich berücksichtigt werden können daher nur die im Einkommensteuergesetz erschöpfend aufgezählten Aufwendungen, die der Staat ausdrücklich steuerlich fördern will. Fallen Sonderausgaben in Zusammenhang mit dem Beruf an, geht die Begünstigung als Werbungskosten (oder Betriebsausgaben) vor.

ACHTUNG

Welche Sonderausgaben sind weggefallen?

Die sog Topf-Sonderausgaben (Versicherungen, Wohnraumschaffung, Wohnraumsanierung) wurden ab 2016 abgeschafft. Bis 2020 gab es allerdings Übergangsbestimmungen: Bestehende Versicherungsverträge, die vor dem 1.1.2016 abgeschlossen wurden, Bauausführungen und Sanierungsmaßnahmen, die vor dem 1.1.2016 begonnen wurden und Darlehen dafür, die vor dem 1.1.2016 aufgenommen wurden, sind noch 5 Jahre, dh bis inklusive 2020, absetzbar. Für Neuverträge gibt es also bereits ab der Veranlagung 2016 keine Absetzmöglichkeit mehr. Dementsprechend können auch Ausgaben für Wohnraumschaffung und Wohnraumsanierung für die Veranlagungsjahre 2016 bis 2020 nur dann geltend gemacht werden, wenn mit der tatsächlichen Bauausführung (Spatenstich) oder Sanierung vor dem 1.1.2016 begonnen worden ist. Mit dem Wegfall der Topf-Sonderausgaben ist ab 2021 auch das Sonderausgabenpauschale von 60 € weggefallen.

Welche Sonderausgaben werden automatisch (ohne Antrag) in der Steuererklärung berücksichtigt?

Sonderausgaben wurden früher ausschließlich auf Grundlage der Eintragung in der Steuererklärung berücksichtigt. Für bestimmte Sonderausgaben, nämlich Spenden, Kirchenbeiträge, Beiträge für die freiwillige Weiterversicherung und den Nachkauf von Versicherungszeiten in der gesetzlichen Pensionsversicherung wird für Zahlungen ab dem Jahr 2017 ein verpflichtender **automatischer Datenaustausch** zwischen der empfangenden Organisation und der Finanzverwaltung eingeführt.

Betroffen sind (wenn die Organisation im Inland eine feste örtliche Einrichtung hat):

- Verpflichtend zu leistende Beiträge an Kirchen und Religionsgesellschaften,
- Spenden an begünstigte Spendenempfänger sowie

- Beiträge für eine freiwillige Weiterversicherung einschließlich des Nachkaufs von Versicherungszeiten in der gesetzlichen Pensionsversicherung und vergleichbare Beiträge der selbständig Erwerbstätigen.

Ab 2017 werden derartige Zahlungen automatisch von der Finanz bei der Veranlagung berücksichtigt und man muss sie in der Steuererklärung weder ausfüllen noch Nachweise vorlegen bzw. aufbewahren. In folgenden Fällen müssen Sie aber zusätzlich zum Formular L 1 die Beilage L 1d zur besonderen Berücksichtigung von Sonderausgaben ausfüllen:

- bei der Berücksichtigung eines Beitrages an eine inländische Kirche oder Religionsgesellschaft, wenn die Datenübermittlung abweicht,
- bei ausländischen Spenden/ausländischen Kirchenbeiträgen.

Sollte auf Grund der Inanspruchnahme der Zehnjahresverteilung ein anderer als der in der Bekanntgabe durch die übermittlungspflichtige Organisation ausgewiesene Betrag maßgeblich sein, ist dies auf Antrag in der Veranlagung zu berücksichtigen. Gleiches gilt, wenn Zahlungen von Kirchenbeiträgen im Rahmen des „erweiterten Personenkreises" bei einem anderen Begünstigten (zB Angehörigen) berücksichtigt werden sollen.

Gibt man der jeweiligen Organisation seinen Namen und seine Sozialversicherungsnummer nicht bekannt, können keine Daten übermittelt und keine Sonderausgaben abgesetzt werden.

Voraussetzung ist in allen Fällen, dass die Organisation eine feste örtliche Einrichtung im Inland hat. Somit sind zB Beiträge an ausländische Kirchen und Religionsgesellschaften ohne feste örtliche Einrichtung im Inland oder abzugsfähige Spenden an eine entsprechende ausländische Organisation nicht erfasst. Sie bleiben selbstverständlich unverändert entsprechend der bisherigen Rechtslage als Sonderausgaben abzugsfähig und müssen weiterhin in der Steuererklärung geltend gemacht werden. Die Belegnachweispflicht wird nur auf diese Fälle eingeschränkt.

Nicht betroffen sind:

- betriebliche Spenden, die als Betriebsausgabe zu berücksichtigen sind,
- Nachkauf von Versicherungszeiten und bei freiwilliger Weiterversicherung,
- Rentenzahlungen,
- Steuerberatungskosten,
- Zahlungen an Organisationen, die über keine feste örtliche Einrichtung in Österreich verfügen (zB Spende an eine Universität in Deutschland).

Alle derartigen Zahlungen werden (weiterhin) ausschließlich im Wege der Steuererklärung berücksichtigt.

In welcher Höhe können Sonderausgaben abgesetzt werden?

Uneingeschränkter Sonderausgabenabzug (keine betragliche Begrenzung) besteht für

- Renten und dauernde Lasten,

- Beiträge für eine freiwillige Weiterversicherung und den Nachkauf von Versicherungszeiten,
- Steuerberatungskosten.

Kirchenbeiträge können nur bis zu **400 €** jährlich als Sonderausgaben berücksichtigt werden. Auch für Alleinverdiener oder Alleinerzieher ist kein zusätzlicher Höchstbetrag vorgesehen.

Begünstigte **Spenden** und bestimmte begünstigte Zuwendungen sind insoweit als Sonderausgaben abzugsfähig, als sie **10 %** des sich nach Verlustausgleich ergebenden Gesamtbetrages der Einkünfte des laufenden Jahres nicht übersteigen.

Corona: Begünstigung siehe Kapitel A.1.3.8.

CORONA

Für wen kann man die Sonderausgaben absetzen?

Grundsätzlich können nur jene Aufwendungen als Sonderausgaben geltend gemacht werden, die man selbst bezahlt. Leistet man die Ausgaben für seinen nicht dauernd getrennt lebenden (Ehe-)Partner bzw für seine Kinder (für die Familienbeihilfe gewährt wird), kann der Sonderausgabenabzug nur in folgenden Fällen erfolgen:

- Beiträge für freiwillige Weiterversicherung und Nachkauf von Versicherungszeiten
- Kirchenbeiträge.

Die Sonderausgaben stehen dann unabhängig davon zu, ob man Anspruch auf den Alleinverdiener- bzw Alleinerzieherabsetzbetrag hat oder nicht. Leisten die Kinder entsprechende Ausgaben für ihre Eltern, so steht den Kindern der Sonderausgabenabzug nicht zu. Die Kinder gehören zum begünstigten Personenkreis der Eltern, die Eltern jedoch nicht zu jenem der Kinder.

In welchen Fällen kann es zu einer Nachversteuerung von Sonderausgaben kommen?

Das Finanzamt holt sich einmal gewährte Steuerbegünstigungen in folgenden Fällen zurück:

- Wenn Ansprüche aus einer Kapitalversicherung innerhalb der Mindestbindungsfrist (in der Regel 20 Jahre) abgetreten oder rückgekauft werden,
- wenn innerhalb von zehn Jahren seit Vertragsabschluss eine Vorauszahlung oder Verpfändung der Kapitalversicherung erfolgt (nicht schädlich ist aber eine bloße Vinkulierung!),
- wenn achtjährig gebundene Beiträge vor Ablauf von acht Jahren zurückbezahlt werden,
- wenn innerhalb von fünf Jahren nach Erwerb eines Bauplatzes keine Baumaßnahmen gesetzt werden (es müsste zumindest mit dem Erdaushub begonnen werden),

- wenn Genussscheine und junge Aktien vor Ablauf von zehn Jahren seit ihrer Hinterlegung aus dem Depot entnommen, übertragen oder einem Betriebsvermögen zugeführt werden.

Der Nachversteuerung unterliegen nur jene Beträge, die der Steuerpflichtige tatsächlich als Sonderausgaben abgesetzt hat. Hat sich die Geltendmachung von Sonderausgaben steuerlich nicht ausgewirkt, ist nicht nachzuversteuern.

Wann kommt es zu keiner Nachversteuerung?

Keine Nachversteuerung darf das Finanzamt vornehmen, wenn

- die Ansprüche aus einer kurzen Ablebensversicherung (zB reine Risikoversicherung zwecks Absicherung einer Darlehensverbindlichkeit) abgetreten oder verpfändet werden,
- die Nachversteuerung bei den Erben vorzunehmen wäre,
- man nachweisen kann, dass die angeführten Tatsachen durch wirtschaftliche Notlage (zwangsweise Abdeckung von außergewöhnlichen Belastungen etc durch den Rückkauf) verursacht sind oder
- rückgezahlte achtjährig gebundene Beträge wieder zur Wohnraumschaffung oder zur Wohnraumsanierung verwendet werden.

In welcher Höhe ist die Steuer nachzuzahlen?

Die Nachversteuerung erfolgt einheitlich mit einem **Steuersatz von 30 %** der seinerzeit abgesetzten Beträge.

A.1.3.2. Renten und dauernde Lasten

Was sind Renten und dauernde Lasten?

Renten sind wiederkehrende Bezüge, deren Dauer von einem ungewissen Ereignis (nämlich dem Tod einer Person) abhängig ist. Dauernde Lasten sind Verpflichtungen, die dauernd mit einem Grundstück verbunden sind oder dauernd einer Person anhaften.

Für die steuerliche Beurteilung benötigt man zwei Werte: einerseits den Wert des hingegebenen Gutes bzw Betriebes und andererseits den nach den Regeln der Versicherungsmathematik ermittelten Wert der Rente. Vom Verhältnis dieser beiden Werte zueinander hängen dann die steuerlichen Konsequenzen ab. Liegen Sonderausgaben vor, so werden diese ohne Höchstbetrag berücksichtigt.

Renten aus Anlass der Übertragung einzelner Wirtschaftsgüter, die nicht in Geld bestehen			
	Kaufpreisrente	**gemischte Rente**	**Unterhaltsrente**
Kriterium (Verhältnis versicherungsmathematischer Rentenwert zu Wert des Wirtschaftsgutes)	mehr als 50 % bis 125 %	mehr als 125 %, aber weniger als 200 %	bis 50 % oder mehr als 200 %

Renten aus Anlass der Übertragung einzelner Wirtschaftsgüter, die nicht in Geld bestehen			
	Kaufpreisrente	**gemischte Rente**	**Unterhaltsrente**
Folgen für Rentenzahler (Behandlung der Renten beim Erwerber)	Sonderausgaben, soweit Renten den Wert der Gegenleistung übersteigen	100 % als Kaufpreisrente (Sonderausgaben, soweit Renten den kapitalisierten Rentenbarwert bzw seit 2004 den Wert der Gegenleistung übersteigen) 100 % übersteigender Teil als Unterhaltsrente (nicht abzugsfähig)	Renten nicht abzugsfähig
Folgen für Rentenempfänger (Erfassung der Renten beim Verkäufer)	sonstige Einkünfte, soweit Renten den Wert der Gegenleistung übersteigen	100 % als Kaufpreisrente (sonstige Einkünfte, soweit Renten den kapitalisierten Rentenbarwert bzw seit 2004 den Wert der Gegenleistung übersteigen) 100 % übersteigender Teil als Unterhaltsrente (nicht zu erfassen)	Renten nicht zu erfassen

Zur Bewertung von Renten stellt das Finanzministerium auf seiner Homepage (www.bmf.gv.at/steuern) ein Berechnungsprogramm zur Verfügung.

Wie sind sonstige Renten zu behandeln?

Renten, die in keinem Zusammenhang mit der Übertragung von Wirtschaftsgütern stehen, sind beim Rentenzahler als Sonderausgaben abzugsfähig und beim Rentenempfänger als sonstige Einkünfte steuerpflichtig. Es handelt sich dabei beispielsweise um ohne Gegenleistung gezahlte bzw erhaltene

- Schadensrenten,
- Unfallrenten oder
- Berufsunfähigkeitsrenten.

Unfallrenten oder Berufsunfähigkeitsrenten, die man auf Grund von Prämienzahlungen an Versicherungsgesellschaften selbst „finanziert" hat, stellen dagegen Kaufpreisrenten dar.

A.1.3.3. Beiträge und Versicherungsprämien

Welche Beiträge und Versicherungsprämien sind begünstigt?

Freiwillige Personenversicherungen, also grundsätzlich

- freiwillige Kranken-, Unfall-, Pensions- und Lebensversicherungen sowie Zahlungen an
- freiwillige Witwen-, Waisen-, Versorgungs- und Sterbekassen und Pensionskassen.

sind seit 1.1.2021 nicht mehr als Sonderausgaben abzugsfähig.

Welche Begünstigung gibt es für die freiwillige Weiterversicherung und Höherversicherung?

Aufwendungen für den Einkauf von Versicherungsjahren zählen so wie der **Nachkauf von Versicherungszeiten** als freiwillige **Weiterversicherung** zu den Sonderausgaben. Interessant dabei: Sie sind ohne Begrenzung (dh ohne Höchstbetrag) abzugsfähig. Und seit 2017 werden die Daten für den Steuerabzug automatisch vom Sozialversicherungsträger an das Finanzamt übermittelt.

Die Höherversicherung kann eine interessante Möglichkeit sein, die Pension aufzubessern. Der steuerliche Anreiz ist allerdings beschränkt: Beiträge aus einer freiwilligen **Höherversicherung** stellen zwar ebenfalls Sonderausgaben dar, wirken sich jedoch nur im Rahmen des Höchstbetrages aus.

TIPP

Eine Alternative ist die prämienbegünstigte Zukunftsvorsorge. Die Begünstigung besteht in einer Prämie bis zu einer Beitragshöhe von 1,53 % des Sechsunddreißigfachen der Höchstbeitragsgrundlage zur Sozialversicherung (2021: 4,25 % von 3.056,94 €, das sind 129,92 €; 2022: 4,25 % von 3.123,04 €, das sind 132,73 €).

Darüber hinausgehende Einzahlungen sind möglich, für die übersteigenden Beiträge wird aber keine Prämie gewährt. Sämtliche Erträge und Prämien werden über die gesamte Laufzeit dem Kapital zugerechnet. Die Auszahlung als Zusatzpension kann frühestens ab Erreichen des gesetzlichen Pensionsalters und nach mindestens zehnjähriger Anspardauer erfolgen. Nach Ablauf der Zehnjahresfrist kann der Anleger auch über sein Kapital verfügen, muss aber in diesem Fall die halbe Prämie zurückzahlen und die Kapitalerträge nachversteuern (mit 25 % der Kapitalerträge).

A.1.3.4. Wohnraumschaffung und Wohnraumsanierung

Ausgaben für Wohnraumschaffung und Wohnraumsanierung, das sind

- mindestens achtjährig gebundene Beträge zur Schaffung von Wohnraum,
- Beträge zur Errichtung von Eigenheimen oder Eigentumswohnungen,
- Ausgaben zur Sanierung von Wohnraum,
- Rückzahlungen von Darlehen, die für die Schaffung oder für die Sanierung von Wohnraum aufgenommen wurden, sowie Zinsen für solche Darlehen.

sind seit 1.1.2021 nicht mehr als Sonderausgaben abzugsfähig.

A.1.3.5. Genussscheine und junge Aktien

Ausgaben für die Anschaffung von **Genussscheinen** oder jungen Aktien sind seit 2011 nicht mehr begünstigt.

A.1.3.6. Kirchenbeiträge

Als Sonderausgaben können Beiträge **bis zu 400 € jährlich** an nach österreichischen Gesetzen anerkannte Kirchen und Religionsgemeinschaften (bzw an entsprechende Kirchen- und Religionsgemeinschaften in einem EU- oder EWR-Mitgliedstaat) abgezogen werden. Absetzbar sind nur Zahlungen, die auf Grund der Beitragspflicht nach der jeweiligen Kirchenbeitragsordnung geleistet werden. Die Daten für die Steuerabsetzbarkeit werden seit 2017 automatisch von der Kirche bzw Religionsgemeinschaft an das Finanzamt übermittelt. Beiträge an Sekten und gemeinnützige Vereine mit religiösen Zielsetzungen sind nicht absetzbar.

A.1.3.7. Steuerberatungskosten

Steuerberatungskosten sind dann Sonderausgaben, wenn sie

- ➜ weder Betriebsausgaben noch Werbungskosten darstellen und
- ➜ an berufsrechtlich befugte Personen (zB Wirtschaftsprüfer und Steuerberater nach dem Wirtschaftstreuhandberufsgesetz, [Bilanz-]Buchhalter und Personalverrechner im Berechtigungsumfang nach dem Bilanzbuchhaltungsgesetz) geleistet werden.

Beispiel:

Als Arbeitnehmer zahlt man an einen Wirtschaftstreuhänder das Honorar für die Erstellung der Arbeitnehmerveranlagung.

Bei selbständig Erwerbstätigen sind die Steuerberatungskosten nicht in einen betrieblichen Teil, der auf die Gewinnermittlung entfällt, und in einen außerbetrieblichen Teil, der auf die Abfassung der Einkommensteuererklärung entfällt, aufzuteilen. Das heißt mit anderen Worten: Die Aufwendungen sind zur Gänze Betriebsausgaben, sobald man einen (Neben-)Job als selbständiger Unternehmer hat. Sie sind allerdings nicht mit dem Betriebsausgabenpauschale abgegolten, sondern können diesfalls als Sonderausgaben berücksichtigt werden.

Kosten an steuerliche Vertreter, die nicht auf Grund berufsrechtlicher Vorschriften zur Vertretung zugelassen werden („Winkelschreiber"), sowie Kosten der Anlage- und Vermögensberatung sind nicht als Sonderausgaben abzugsfähig.

A.1.3.8. Spendenbegünstigung

Spenden lohnt sich. Als Sonderausgaben sind nämlich folgende privat bezahlte Spenden absetzbar:

1. Spenden an Einrichtungen, die im Gesetz aufgezählt sind:
   - Zuwendungen zur Forschung und Erwachsenenbildung zu begünstigten Zwecken an Universitäten, gesetzlich eingerichtete Fonds, die Akademie der

  Wissenschaften, Einrichtungen von Gebietskörperschaften und bestimmte juristische Personen
  - Zuwendungen an bestimmte Einrichtungen wie insbesondere die Nationalbibliothek, die Diplomatische Akademie, das Archäologische Institut, das Institut für Geschichtsforschung, Museen, das Bundesdenkmalamt, bestimmte Dachverbände im Behindertensport, die Internationale Anti-Korruptions-Akademie, die Innovationsstiftung für Bildung und deren Substiftungen sowie Freiwillige Feuerwehren und Landesfeuerwehrverbände
  - Einrichtungen, die in den oben angeführten Punkten vergleichbar sind und ihren Sitz in einem Mitgliedstaat der EU oder Staat mit umfassender Amtshilfe haben (Voraussetzung ist, dass die Spende die österreichische Wissenschaft, Erwachsenenbildung, Kunst und Kultur oder den österreichischen Behindertensport fördert)
2. Spenden an Einrichtungen, die über einen gültigen Spendenbegünstigungsbescheid verfügen und damit in der Liste der spendenbegünstigten Einrichtungen auf der Website des Bundesministeriums für Finanzen (www.bmf.gv.at) aufscheinen müssen:
  - Zuwendungen zur Durchführung von Forschungsaufgaben oder der Erwachsenenbildung dienenden Lehraufgaben sowie damit verbundenen wissenschaftlichen Publikationen und Dokumentationen an begünstigte Einrichtungen (von Gebietskörperschaften, vergleichbare Einrichtungen in der EU, gemeinnützige juristische Personen)
  - Zuwendungen an mildtätige Einrichtungen sowie Einrichtungen, die Entwicklungs- und/oder Katastrophenhilfe betreiben (zB Caritas, Rotes Kreuz) oder für solche Zwecke Spenden sammeln (zB Licht ins Dunkel)
  - Zuwendungen an Einrichtungen, die Umwelt-, Natur- oder Artenschutz betreiben oder Tierheime führen oder für solche Zwecke Spenden sammeln
  - Geförderte Kunst- und Kultureinrichtungen

Die Liste mit allen begünstigten Spendenempfängern findet man unter www.bmf.gv.at.

Auf Verlangen müssen die Spendenorganisationen eine entsprechende Bestätigung, die sie als spendenbegünstigte Einrichtung ausweist, ausstellen.

Die Höhe der abzugsfähigen Spenden ist mit 10 % der Einkünfte des laufenden Jahres begrenzt. Diese Obergrenze umfasst auch allfällige Spenden, die als Betriebsausgaben abgesetzt werden. Die Daten für die Steuerabsetzbarkeit werden seit 2017 automatisch vom (inländischen) Spendenempfänger an das Finanzamt übermittelt.

CORONA

Corona: Veranlagung 2020 und 2021: Berechnung der 10%-Grenze stellt auf die höhere Einkommensgrenze aus 2019 ab.

A.1.3.9. Verlustabzug

Ein Trost für mutige Jungunternehmer: Verluste sind zuerst mit anderen Einkünften des entsprechenden Jahres auszugleichen. Wenn trotzdem noch Verluste übrigbleiben, kommt ein Sonderausgabenabzug in Betracht:

- ➜ Wenn die Verluste durch ordnungsgemäße Buchführung ermittelt worden sind oder
- ➜ wenn die Verluste durch ordnungsgemäße Einnahmen-Ausgaben-Rechnung ermittelt worden sind.

Insoweit die Verluste im laufenden Jahr nicht abgezogen werden können, sind sie in den folgenden Jahren abzuziehen.

A.1.4. Werbungskosten

A.1.4.1. Allgemeines

Das Wichtigste im Überblick

Werbungskosten (§ 16 EStG) sind die Aufwendungen oder Ausgaben zur Erwerbung, Sicherung oder Erhaltung der Einnahmen. Das Werbungskostenpauschale beträgt 132 € jährlich.

ABC der Werbungskosten (Beispiele):

☐ Arbeitsessen	☐ Kraftfahrzeug
☐ Arbeitskleidung	☐ Krankheitskosten
☐ Arbeitsmittel	☐ Lehrer
☐ Arbeitszimmer	☐ Managerversicherung
☐ Artisten	☐ Mobiltelefon
☐ Aus- und Fortbildungskosten	☐ Musiker
☐ Autotelefon	☐ Musikinstrumente
☐ Berufsförderungsbeiträge	☐ Parkpickerl
☐ Betriebsratsumlage	☐ Pendlerpauschale
☐ Bewirtungsspesen	☐ Pflichtversicherungsbeiträge
☐ Bühnenangehörige	☐ Politiker
☐ Computer	☐ Provisionen und Löhne
☐ Doppelte Haushaltsführung	☐ Prozesskosten
☐ Expatriates	☐ Reisekosten
☐ Fachliteratur	☐ Rückzahlung von Aus-/Fortbildungskosten
☐ Fahrrad	☐ Rückzahlung von Einnahmen
☐ Familienheimfahrten	☐ Schauspieler
☐ Fehlgelder	☐ Sozialversicherungsbeiträge
☐ Fernsehschaffende	☐ Sportgeräte
☐ Filmschauspieler	☐ Strafen
☐ Forstarbeiter, Jäger	☐ Studienreisen
☐ Fortbildungskosten	☐ Studienbeiträge
☐ Führerschein	☐ Telefonkosten
☐ Garagierungskosten	☐ Umzugskosten
☐ Gewerkschaftsbeiträge	☐ Unfallkosten
☐ Handy	☐ Versicherungen

☐ Homeoffice-Pauschale	☐ Vertreter
☐ Internet	☐ Visitenkarten
☐ Heimarbeiter	☐ Vorstellungsgespräch
☐ Journalisten	☐ Zeitungen und Zeitschriften
☐ Kilometergeld	☐ Zweitwohnung
☐ Kontoführungskosten, Kreditkarten	

CORONA

Corona: Homeoffice-Paket

Was sind Werbungskosten?

Werbungskosten eines Arbeitnehmers sind alle Aufwendungen oder Ausgaben, die durch den Beruf veranlasst sind. Das ist dann gegeben, wenn die Aufwendungen oder Ausgaben

- ➜ objektiv im Zusammenhang mit der beruflichen Tätigkeit stehen und
- ➜ subjektiv zur Erwerbung, Sicherung oder Erhaltung der Einnahmen geleistet werden oder jemanden unfreiwillig treffen und
- ➜ nicht die private Lebensführung betreffen.

Die Aufwendungen müssen der Finanz gegenüber mit Rechnungen, Zahlungsbelegen oÄ nachgewiesen werden. Nur für jene Kosten, für die man üblicherweise keine Belege erhält, kann man sich einen Eigenbeleg schreiben (zB Trinkgeld bei Arbeitsessen) oder die Höhe schätzen (zB Telefonkosten).

Für Werbungskosten wird beim Steuerabzug vom Arbeitslohn automatisch (ohne weiteren Nachweis) ein **Pauschbetrag von 132 €** jährlich berücksichtigt. Da die meisten beim Finanzamt zu beantragenden Werbungskosten auf dieses Pauschale angerechnet werden, müssen sie in Summe die 132 € übersteigen bzw wirken sich nur mit dem übersteigenden Betrag steuermildernd aus. Sinn der Bestimmung: Die Finanz will sich nicht mit Bagatellbeträgen herumschlagen.

Gibt es auch pauschalierte Werbungskosten für bestimmte Berufsgruppen?

Für bestimmte Berufsgruppen hat das Finanzministerium nach den Erfahrungen der Praxis Pauschalbeträge festgelegt, die – ohne weiteren Nachweis – anstelle der tatsächlichen Werbungskosten geltend gemacht werden können. Folgende Sätze werden für die Dauer des aktiven Dienstverhältnisses gewährt (in Prozent der Bemessungsgrundlage, die sich aus den Bruttobezügen abzüglich der steuerfreien und der sonstigen Bezüge ergibt):

Artisten	5 %	höchstens 2.628 € jährlich
Bühnenangehörige und Filmschauspieler	5 %	höchstens 2.628 € jährlich

Expatriates (ab der Veranlagung 2016!)	20 %	höchstens 10.000 € jährlich
Fernsehschaffende	7,5 %	höchstens 3.942 € jährlich
Journalisten	7,5 %	höchstens 3.942 € jährlich
Musiker	5 %	höchstens 2.628 € jährlich
Forstarbeiter ohne Motorsäge, Förster und Berufsjäger im Revierdienst	5 %	höchstens 1.752 € jährlich
Forstarbeiter mit Motorsäge	10 %	höchstens 2.628 € jährlich
Hausbesorger	15 %	höchstens 3.504 € jährlich
Heimarbeiter	10 %	höchstens 2.628 € jährlich
Vertreter	5 %	höchstens 2.190 € jährlich
Mitglieder einer Stadt-, Gemeinde- oder Ortsvertretung	15 %	mindestens 438 € jährlich höchstens 2.628 € jährlich

Die oben angeführten Werbungskosten-Pauschbeträge muss man im Wege der Veranlagung beantragen. (lediglich Expatriates können die Abzugsposten bereits bei der Lohnverrechnung erhalten). Bei nicht ganzjähriger Tätigkeit kommt es zur Aliquotierung. Steuerfreie Kostenersätze des Arbeitgebers kürzen grundsätzlich die jeweiligen Pauschbeträge. Nur für Vertreter gibt es – allerdings nur mehr bis inklusive Veranlagung 2017 – eine Ausnahme: Ihr Freibetrag wird nicht um die Ersätze des Arbeitgebers vermindert.

Details siehe unter den jeweiligen Berufsgruppen im folgenden ABC.

ACHTUNG

Eines sollte man bedenken: Werden die Pauschbeträge in Anspruch genommen, dann können daneben keine anderen Werbungskosten aus dieser Tätigkeit geltend gemacht werden.

Um die Pauschbeträge zu erhalten, muss man sich eine Bestätigung des Arbeitgebers besorgen (siehe die folgende Kopiervorlage).

Die Angaben auf diesem Musterblatt entsprechen genau den Anforderungen Ihres Finanzamtes (ein eigenes Formblatt dafür gibt es nicht). Verwenden Sie daher am besten eine Kopie dieses Musterblattes - mit den entsprechenden Angaben versehen - als Vorlage. Sämtliche Vorlagen in diesem Buch finden Sie unter www.steuersparbuch.at/vorlagen2021 zum Download.

BESTÄTIGUNG DES ARBEITGEBERS FÜR PAUSCHALIERTE WERBUNGSKOSTEN

zur Vorlage beim Finanzamt ....
für das Jahr ....

Herr/Frau*
SV-Nr: ....

ist bei uns ausschließlich
als ....
(Berufsgruppe) tätig.

Die Tätigkeit umfasste im Kalenderjahr ....
folgende Zeiträume: ....
....
....

Unterbrechung dabei: ....
....
....

(Der Erholungsurlaub unterbricht die Tätigkeit nicht. Hier sind daher nur Karenzurlaub, Krankenstand, Waffenübungen beim Bundesheer, Sonderurlaube, Dienstzuteilungen, Dienstfreistellungen und alle anderen zusammenhängenden Unterbrechungen von mehr als einem Monat zu berücksichtigen.)

Nur bei Fernsehschaffenden:*
Anzahl der Auftritte jährlich/monatlich* ....

Für die oben angeführte Tätigkeit wurden im Kalenderjahr .... folgende Kostenersätze steuerfrei gewährt (bei Vertretern nicht auszufüllen!*):

Tages- und Nächtigungsgelder	....
Kilometergelder	....
Arbeitskleidung	....
Auslagenersätze	....
Fortbildungskosten	....
Sonstiges	....
Summe der steuerfreien Ersätze	....

(Nicht als Kostenersätze gelten: Zurverfügungstellung eines Firmenautos für Dienstreisen, Bereitstellung von sonstigen Transportmöglichkeiten bei Dienstreisen, Bereitstellung von Unterkünften, durchlaufende Gelder)

Datum:

Firmenstempel:

Unterschrift:

* Nichtzutreffendes streichen

TIPP

Mit den Pauschalbeträgen sollte man sich nur zufriedengeben, wenn man zu bequem ist, Belege zu sammeln und seine Ausgaben aufzustellen. Gerade bei den betroffenen Berufsgruppen sind die tatsächlichen Werbungskosten (siehe dazu jeweils im ABC der Werbungskosten) meist wesentlich höher. Jedenfalls kann es sich lohnen, zumindest für ein Jahr eine Vergleichsrechnung anzustellen!

Für folgende Berufsgruppen ist im ABC der Werbungskosten unter dem jeweiligen Stichwort eine Aufstellung der gängigsten Werbungskosten als **Kopiervorlage** enthalten:

- Artisten, Bühnenangehörige, Filmschauspieler, Fernsehschaffende, Journalisten und Musiker (für alle unter dem Stichwort „Journalisten"),
- Lehrer,
- politische Funktionäre und
- Vertreter.

Wie werden Werbungskosten steuerlich berücksichtigt?

Bei Lohneinkünften gibt es zwei Arten von Werbungskosten:

1. Werbungskosten, die direkt vom Arbeitgeber im Zuge der Lohnverrechnung in voller Höhe berücksichtigt werden.
2. Werbungskosten, die bei der Veranlagung beantragt werden müssen (dabei wird in der Regel das Werbungskostenpauschale abgezogen) und dann in den Freibetragsbescheid aufgenommen werden.

Im Folgenden werden in einem „ABC der Werbungskosten" alle gängigen Werbungskosten in alphabetischer Reihenfolge eingehend erläutert.

A.1.4.2. ABC der Werbungskosten

• Arbeitsessen, Bewirtungsspesen

Die Bewirtung von Geschäftspartnern ist nur dann abzugsfähig, wenn mit der Bewirtung ein **konkreter Werbezweck** verfolgt wird. Den glaubhaft zu machen, sollte keine Schwierigkeiten bereiten. Im Berufsalltag wird selten etwas aus purer Freundschaft hergeschenkt. Arbeitsessen, bei denen Besprechungen, Vertragsabschlüsse uÄ im Mittelpunkt stehen, können daher abgesetzt werden. Lediglich bloße Repräsentationskosten – auch wenn sie zur Förderung des Berufes dienen – sind von der Begünstigung zur Gänze ausgeschlossen, ebenso eine Bewirtung im privaten Haushalt. Auch anerkannte Werbeessen können nur zur Hälfte abgezogen werden. Die andere – steuerlich nicht abzugsfähige – Hälfte ist nach Ansicht der Finanz immer private Repräsentationslust. Außerdem müssen geltend gemachte Tagesgelder pro Mahlzeit (Mittag- bzw Abendessen) um je 13,20 € gekürzt werden (siehe unter „Reisekosten").

TIPP

Da die Finanz bei der Anerkennung einen strengen Maßstab anlegt, sollte man auf den Belegen (Gasthausrechnungen) händisch den Namen der eingeladenen Personen und den beruflichen Zusammenhang (zB „Bewirtung Dr. Maier, Wien 10, Vertragsabschluss XY") vermerken. Für die Steuererklärung ist folgender Text zu empfehlen: „Überwiegend beruflich veranlasste Bewirtungsspesen ... €, davon als Werbungskosten absetzbar (50 %) ... €."

• Arbeitskleidung

Der Bekleidungsaufwand kann nur dann als Werbungskosten berücksichtigt werden, wenn es sich um typische Berufskleidung oder um bloße Arbeitsschutzkleidung handelt. Bekleidung, die üblicherweise auch außerhalb der beruflichen Tätigkeit getragen werden kann, führt nicht zu Werbungskosten. Da nützt es auch nichts, im Hinblick auf den Mehraufwand mit dem beruflichen Verschleiß der Kleidung zu argumentieren. Wird die Kleidung als Arbeitskleidung anerkannt, können auch die Reinigungskosten (laut Beleg) abgesetzt werden.

Beispiele	Werbungskosten
Arbeitsmäntel, Monteuranzüge, Schutzhelme, Uniformen	ja
Weißer Mantel eines Arztes	ja
Stützschuhe und -strümpfe bei stehenden Berufen	ja
Turnschuhe, Trainingsanzüge uÄ eines Turnprofessors	nein
Schwarzer Anzug von Mitgliedern eines Orchesters	nein
Trachtenanzüge oder Dirndl in Gastronomiebetrieben	nein
Trachtenanzüge als Einheitskleidung von Unternehmen mit Aufschrift	ja
Straßenanzug eines Vertreters	nein
Sonstige „bürgerliche" Kleidung, auch wenn sie vorgeschrieben wird	nein

• Arbeitsmittel

Als Arbeitsmittel gilt alles, was zur Ausübung des Berufes verwendet wird. Auch hier muss aber wieder eine einwandfreie Trennung von der Privatsphäre möglich sein.

Beispiele	Werbungskosten
Aktenkoffer	ja
Büromaterialien	ja
Fachliteratur	ja
Rechenmaschine, Schreibmaschine	ja

Armbanduhr	nein
Autoradio	nein
Lexikon	nein
Videorecorder eines Lehrers	nein
Sportgeräte (Schi, Schlittschuhe, Expander, Tennisschläger und -bälle) grundsätzlich	nein
Sportgeräte bei (fast) ausschließlicher beruflicher Nutzung (zB durch Berufssportler oder Sportlehrer)	ja

• Arbeitszimmer

Aufwendungen für ein im Wohnungsverband gelegenes Arbeitszimmer und dessen Einrichtung sind steuerlich nicht abzugsfähig. Ausnahme: Das Arbeitszimmer bildet den Mittelpunkt der gesamten betrieblichen und beruflichen Tätigkeit des Steuerpflichtigen. Für reine Lohnsteuerzahler bedeutet das: Sie können nur in Ausnahmefällen ein Arbeitszimmer absetzen (zB als Teleworker oder Heimbuchhalter). Lohnsteuerzahlern mit einem selbständigen Nebenjob hingegen steht in der Regel unabhängig von der Höhe der Nebeneinkünfte ein Arbeitszimmer steuerlich zu, wenn sie diesen Nebenjob im Arbeitszimmer ausüben.

Was fällt nicht unter den Begriff „Arbeitszimmer"?

Nicht unter den Begriff „Arbeitszimmer" fallen im Wohnungsverband gelegene Räume, die auf Grund der Ausstattung von vornherein der Betriebs- bzw Berufssphäre des Steuerpflichtigen zuzuordnen sind, wie zB

- ➔ Ordinations- und Therapieräumlichkeiten,
- ➔ Labors mit entsprechender Einrichtung,
- ➔ Fotostudios,
- ➔ Film- und Tonaufnahmestudios,
- ➔ Kanzleiräumlichkeiten, in denen familienfremde Personen beschäftigt werden oder die für Kundenverkehr genutzt werden,
- ➔ Lagerräume,
- ➔ schallgeschützte Musikproberäume.

Für derartige Räume kommen die im Folgenden beschriebenen Einschränkungen nicht zum Tragen, sie sind also nach den allgemeinen Regeln absetzbar. Ebenfalls nicht betroffen von den Einschränkungen sind typische Arbeitsmittel wie zB Computer einschließlich von Computertischen, Kopier- und Faxgeräten, Druckern, EDV-Ausstattungen. Sie bleiben bei beruflicher Veranlassung selbst dann abzugsfähig, wenn sie in einem steuerlich nicht anerkannten Arbeitszimmer stehen.

Wie sieht die Regelung für Arbeitszimmer aus?

Die Einschränkungen für Arbeitszimmer betreffen also beruflich genutzte Räume im privaten Wohnungsverband einschließlich ihrer Einrichtung (zB Schreibtisch, Bücherregale, Stühle, Lampen). Und so regelt der Arbeitszimmererlass die Abzugsfähigkeit im Detail:

1. In einem ersten Schritt wird untersucht, ob das Arbeitszimmer für die Tätigkeit unbedingt **notwendig** ist und auch tatsächlich ausschließlich oder nahezu ausschließlich beruflich genutzt wird.
2. Im zweiten Schritt wird festgestellt, ob der **Mittelpunkt der jeweiligen Tätigkeit(en)** im Arbeitszimmer oder außerhalb des Arbeitszimmers liegt. Dabei ist nach dem typischen Berufsbild wie folgt zu unterscheiden:
   - Tätigkeiten, deren Mittelpunkt jedenfalls außerhalb eines Arbeitszimmers liegt (zB Lehrer, Richter, Politiker, Dirigent, darstellender Künstler, Vortragender, Vertreter, Freiberufler mit auswärtiger Betriebsstätte).
   - Tätigkeiten, deren Mittelpunkt in einem Arbeitszimmer liegt (zB Gutachter, Schriftsteller, Dichter, Maler, Komponist, Bildhauer, Heimarbeiter, Heimbuchhalter, Teleworker).
3. Wird nur **eine einzige Tätigkeit** ausgeübt, ist damit bereits die Frage der Abzugsfähigkeit gelöst: Handelt es sich um eine Tätigkeit, deren Mittelpunkt typischerweise außerhalb des Arbeitszimmers liegt, ist das Arbeitszimmer nicht absetzbar. Handelt es sich um eine Tätigkeit, deren Mittelpunkt typischerweise im Arbeitszimmer liegt, dann ist das Arbeitszimmer absetzbar.
   Beispiele:
   A nutzt ein Arbeitszimmer ausschließlich als Teleworker. B nutzt ein Arbeitszimmer ausschließlich als Vortragender bzw Lehrer.
   Für einen Teleworker liegt der Tätigkeitsmittelpunkt berufsbildbezogen im Arbeitszimmer. A kann die Aufwendungen für das Arbeitszimmer absetzen.
   Für eine vortragende Tätigkeit liegt der Tätigkeitsmittelpunkt berufsbildbezogen außerhalb des Arbeitszimmers. B kann das Arbeitszimmer daher nicht absetzen.
4. Werden **mehrere Tätigkeiten** ausgeübt, ist festzustellen, ob diese Tätigkeiten insgesamt als **eine (einzige) Einkunftsquelle** oder aber jeweils als eigenständige Einkunftsquellen anzusehen sind:
   Eine (einzige) Einkunftsquelle umfasst alle derselben Einkunftsart zuzuordnenden Tätigkeiten, die in einem engen sachlichen Zusammenhang stehen (zB schriftstellerische und vortragende Tätigkeit auf einem bestimmten Fachgebiet). Das Arbeitszimmer ist absetzbar, wenn aus jener Tätigkeit, die typischerweise im Arbeitszimmer ihren Mittelpunkt hat (zB schriftstellerische Tätigkeit), nachhaltig mehr als 50 % der Einnahmen aus der Einkunftsquelle bezogen werden.
   Beispiele:
   C erzielt Einkünfte als (Fach-)Schriftsteller und Vortragender auf dem Gebiet des Arbeitsrechtes und nutzt ein Arbeitszimmer für beide Tätigkeiten. Er erzielt aus der schriftstellerischen Tätigkeit Einnahmen iHv 3.000 € und aus der Vortragstätigkeit Einnahmen iHv 7.000 €.
   Die Tätigkeit als (Fach-)Schriftsteller und Vortragender ist auf Grund ihres engen Zusammenhanges als eine einzige Einkunftsquelle zu betrachten. Nach dem Einnahmenschlüssel entfallen 30 % der Einnahmen auf die schriftstellerische Tätigkeit

und 70 % auf die Vortragstätigkeit. Da innerhalb der Einkunftsquelle die Tätigkeit überwiegt, für die berufsbildbezogen das Arbeitszimmer keinen Tätigkeitsmittelpunkt darstellt (Vortragstätigkeit), ist das Arbeitszimmer nicht absetzbar.
Ist eine Vortragstätigkeit hingegen bloß unmittelbarer Ausfluss einer Tätigkeit als Fachschriftsteller, kann nicht von zwei unterschiedlichen Berufsbildern gesprochen werden. Ein Arbeitszimmer aufgrund der schriftstellerischen Tätigkeit steht daher auch dann zu, wenn die Einnahmen aus Vortragstätigkeit jene aus der Schriftstellerei überwiegen.
D erzielt selbständige Einkünfte als Steuerberater mit eigener, von der Wohnung getrennter Kanzlei und ist überdies als Gutachter auf dem Gebiet des Rechnungswesens tätig. Er nutzt einen Raum im Wohnungsverband für die Gutachtertätigkeit, gelegentlich auch für seine selbständige Tätigkeit als Steuerberater, die jedoch grundsätzlich in der Kanzlei ausgeübt wird. Er erzielt aus der gutachterlichen Tätigkeit Einnahmen iHv 10.000 € und aus der Tätigkeit als selbständiger Steuerberater Einnahmen iHv 90.000 €. Die Tätigkeit als Steuerberater und Gutachter auf dem Gebiet des Rechnungswesens ist auf Grund ihres engen Zusammenhanges als eine einzige Einkunftsquelle zu betrachten. Nach dem Einnahmenschlüssel entfallen 10 % der Einnahmen auf die gutachterliche Tätigkeit und 90 % auf die Tätigkeit als selbständiger Steuerberater. Da innerhalb der Einkunftsquelle die Tätigkeit überwiegt, für die das Arbeitszimmer keinen Tätigkeitsmittelpunkt darstellt (Tätigkeit als selbständiger Steuerberater), ist das Arbeitszimmer nicht absetzbar.

5. Stehen verschiedene Tätigkeiten in keinem Zusammenhang zueinander, sind sie als **verschiedene Einkunftsquellen** anzusehen. Dabei sind folgende Konstellationen denkbar:
   - Bei allen Einkunftsquellen liegt der Mittelpunkt typischerweise außerhalb des Arbeitszimmers: Das Arbeitszimmer ist nicht absetzbar.
     Beispiel:
     E nutzt ein Arbeitszimmer im Rahmen seiner Tätigkeit als Lehrer sowie seiner Tätigkeit als Gemeinderat (Politiker). Das Arbeitszimmer ist nicht absetzbar.
   - Bei allen Einkunftsquellen liegt der Mittelpunkt typischerweise im Arbeitszimmer: Das Arbeitszimmer ist absetzbar. Der Aufwand ist nach dem Verhältnis der Einnahmen auf die jeweiligen Einkunftsquellen aufzuteilen.
     Beispiel:
     H nutzt ein Arbeitszimmer im Rahmen seiner Tätigkeit als Schriftsteller sowie seiner Tätigkeit als Gutachter. Die Aufwendungen sind (im Verhältnis des Einnahmenschlüssels) bei den verschiedenen Einkunftsquellen abzugsfähig.
   - Nur bei einer von mehreren Einkunftsquellen liegt der Mittelpunkt typischerweise im Arbeitszimmer: Das Arbeitszimmer ist bei dieser Einkunftsquelle ab-

setzbar. Tätigkeiten, für die ein Arbeitszimmer nicht notwendig ist, sind für die Beurteilung der Abzugsfähigkeit unbeachtlich.

Beispiele:

F nutzt ein Arbeitszimmer als Richter sowie Fachautor. Das Arbeitszimmer stellt für die Tätigkeit (Einkunftsquelle) als Fachautor den Mittelpunkt dar und ist daher bei Ermittlung der selbständigen Einkünfte abzugsfähig.

G erzielt nichtselbständige Einkünfte als Steuerberater und ist überdies als Gutachter auf dem Gebiet des Rechnungswesens tätig. Er nutzt ein Arbeitszimmer für die Gutachtertätigkeit, gelegentlich auch für seine nichtselbständige Tätigkeit als Steuerberater, für die ihm ein Arbeitsplatz in der Kanzlei des Arbeitgebers zur Verfügung steht. Für die selbständige Tätigkeit als Gutachter stellt das Arbeitszimmer den Mittelpunkt dar und ist daher bei Ermittlung der aus der gutachterlichen Tätigkeit erzielten selbständigen Einkünfte abzugsfähig.

Welche Aufwendungen können abgesetzt werden?

Ist das Arbeitszimmer dem Grunde nach abzugsfähig, ermittelt man zuerst das Verhältnis von Gesamtnutzfläche zur Nutzfläche des Arbeitszimmers. Abgesetzt werden können dann (siehe Mustervorlage):

- ➜ bei einer Mietwohnung die (anteiligen) Mietkosten, bei Eigenheimen und Eigentumswohnungen 1/67 der (anteiligen) Anschaffungskosten als Absetzung für Abnutzung, bei Dienstwohnungen der anteilige Sachbezugswert.
- ➜ (Anteilige) Betriebskosten wie Strom, Müll, Beheizung, Beleuchtung uÄm
- ➜ Einrichtungsgegenstände (zB Schreibtisch, Drehsessel, Regale) sind auf die Nutzungsdauer (in der Regel 10 Jahre) zu verteilen.

Wird ein Arbeitszimmer dem Grunde nach nicht anerkannt, können die oa Aufwendungen nicht abgesetzt werden (auch nicht die Einrichtung). Eine Ausnahme besteht auf Grund von Corona für die Jahre 2020 bis 2023 im Rahmen des Homeoffice-Pakets (siehe dort).

Nicht abzugsfähig	Abzugsfähig
• Anteilige Mietkosten bzw anteilige AfA, anteilige Betriebskosten und Heizkosten bzw sonstige Kosten für Arbeitszimmer im Wohnungsverband • Einrichtung des Arbeitszimmers (auch wenn typischerweise beruflich genutzt, wie zB Schreibtisch oder Bücherregal) • Einrichtungsgegenstände der Wohnung, auch wenn sie betrieblich bzw beruflich genutzt werden und als Arbeitsmittel anzusehen wären (zB Schreibtisch und Bürosessel im Wohnzimmer)	• Mietkosten bzw AfA, Betriebskosten, Heizkosten und sonstige Aufwendungen sowie Einrichtung für externes Arbeitszimmer • Aufwendungen für Arbeitszimmer (einschl Einrichtung), das den Mittelpunkt der gesamten betrieblichen und beruflichen Tätigkeit bildet • Aufwendungen für typische Betriebs- bzw Berufsräumlichkeiten (Ordination, Labor, Fotostudio) • Typische Arbeitsmittel, die keine Einrichtungsgegenstände darstellen (Computer, Computertisch, Schreibmaschine, Kopiergerät, Fax etc) • Beruflich bzw betrieblich veranlasste Telefonkosten

TIPP

Aus steuerlichen Gründen kann die Miete oder der Kauf eines externen Arbeitszimmers zu empfehlen sein. Aber auch dabei sollte man beachten, dass gute Gründe die berufliche Veranlassung dokumentieren, damit die Finanz nicht die private Vermögensanlage (zB bei kleinen Eigentumswohnungen) vermuten kann. Voraussetzung für den Steuerabzug ist jedenfalls, dass das Arbeitszimmer nicht nur sporadisch, sondern regelmäßig und in einem größeren zeitlichen Umfang notwendigerweise genutzt wird.

Die Angaben auf diesem Musterblatt entsprechen genau den Anforderungen Ihres Finanzamtes (ein eigenes Formblatt dafür gibt es nicht). Verwenden Sie daher am besten eine Kopie dieses Musterblattes – mit den entsprechenden Angaben versehen – als Vorlage. Sämtliche Vorlagen in diesem Buch finden Sie unter www.steuersparbuch.at/vorlagen2021 zum Download.

Download 07

ARBEITSZIMMER

Beilage zum Werbungskostenantrag für das Jahr . . . .
zur Vorlage beim Finanzamt ....

Name: ....
SV-Nr: ....

Das Arbeitszimmer ist:
☐ im Wohnungsverband und bildet den Mittelpunkt der gesamten betrieblichen und beruflichen Tätigkeit
☐ extern angemietet / gekauft*

Art der beruflichen Nutzung
....

Größe: .... m², das sind .... % der gesamten Wohnnutzfläche von .... m²

1. a) Anteilige Anschaffungs- oder Herstellungskosten (laut Aufstellung/geschätzt)*:
insgesamt € .... (ohne Grund und Boden), dividiert durch
67 Jahre Nutzungsdauer = ... davon .... % Arbeitszimmer = ...
b) oder: Anteilige Mietkosten*: insgesamt .... davon .... % Arbeitszimmer ....
(+ gegebenenfalls Baukostenzuschuss: .. Jahre x .... % Arbeitszimmer =)* ....
c) oder: Anteiliger Sachbezugswert (bei Arbeitszimmer in Dienstwohnung)* ....

2. Betriebskosten anteilig:
.... % von insgesamt .... = ...

3. Beheizung, Beleuchtung, Versicherung, Strom, ... (anteilig)
.... % von insgesamt .... = ...

4. Telefonkosten (anteilige Grundgebühren und Gesprächsgebühren)
gegebenenfalls geschätzt)* und **Internetkosten** ....

5. Einrichtungsgegenstände (bis zu einem Anschaffungswert von 800 € (bis 2019: 400 €)
sofort abzugsfähig; höhere Anschaffungskosten müssen auf eine in der Regel
10-jährige Nutzungsdauer verteilt werden [Absetzung für Abnutzung = „AfA“],
bei Anschaffung in der zweiten Hälfte des Jahres steht nur die halbe AfA zu)

Schreibtisch	.... davon 1/10 Afa/sofort absetzbar*	....
Bürosessel	.... – " –	....
Regale	.... – " –	....
....	.... – " –	....
....	.... – " –	....

6. Sonstiges (Computer, Faxgerät usw): ....
Anschaffungskosten .... davon AfA/sofort absetzbar* ....

Gesamtsumme der Werbungskosten ....
(in Steuererklärung übertragen)

Beilage: Skizze des Arbeitszimmers*

* Nichtzutreffendes streichen

- **Artisten**

Artisten, das sind Auftretende bei Zirkusveranstaltungen und auf Showbühnen, können wählen: Entweder werden die einzelnen Werbungskosten nach den allgemeinen Grundsätzen geltend gemacht oder es wird stattdessen ein Pauschbetrag in Höhe von 5 % der Bemessungsgrundlage (Bruttobezüge abzüglich der steuerfreien und der sonstigen Bezüge), maximal 2.628 € jährlich, beantragt. Steuerfreie Ersätze des Arbeitgebers kürzen den Pauschbetrag. Wird der Pauschbetrag in Anspruch genommen, muss der Steuererklärung eine Bestätigung des Arbeitgebers über Art und Dauer der Tätigkeit sowie Höhe der gewährten Ersätze beigelegt werden.

Eine Kopiervorlage für die Bestätigung des Arbeitgebers bei pauschalierten Werbungskosten findet sich in Kapitel A.1.4.1. Ein Muster für die Auflistung der tatsächlichen Werbungskosten ist unter dem Stichwort „Journalisten" abgedruckt.

- **Aus- und Fortbildungskosten**

Steuerlich absetzbar sind beruflich veranlasste Ausbildungskosten, Fortbildungskosten sowie Kosten für Umschulungsmaßnahmen.

Ausbildungskosten liegen vor, wenn die Bildungsmaßnahmen zur Erlangung von Kenntnissen dienen, die eine künftige Berufsausübung ermöglichen. Sie sind absetzbar, wenn sie im Zusammenhang mit einer zum aktuell ausgeübten Beruf verwandten Tätigkeit stehen. Verwandte Tätigkeiten sind zB Friseur und Fußpfleger, Fleischhauer und Koch, Elektrotechniker und EDV-Techniker.

Fortbildungskosten liegen vor, wenn bereits eine berufliche Tätigkeit ausgeübt wird und die Bildungsmaßnahmen (zB berufsbezogene Kurse, Seminare) der Verbesserung von Kenntnissen und Fähigkeiten in Ausübung dieser Tätigkeit dienen. Auch kaufmännische oder bürotechnische Grundausbildungen sind ohne Prüfung einer konkreten Verwertbarkeit im jeweiligen Beruf abzugsfähig (zB EDV-Kurse, Buchhaltungskurse).

Umschulungskosten sind dann begünstigt, wenn durch die Maßnahmen der Einstieg in eine neue berufliche Tätigkeit ermöglicht und eine tatsächliche Ausübung eines anderen Berufes angestrebt wird, der mit der bisherigen Tätigkeit nicht verwandt ist. Vorausgesetzt, eine Tätigkeit wird oder wurde ausgeübt. Die Geltendmachung von Umschulungskosten ist für Pensionsbezieher daher nicht möglich. Die Abzugsfähigkeit ist zB für Aufwendungen im Zusammenhang mit umfassenden Umschulungsmaßnahmen gegeben, die aus öffentlichen Mitteln (Arbeitsmarktservice) oder von Arbeitsstiftungen gefördert werden. Aufwendungen für einzelne Kurse für eine nicht verwandte berufliche Tätigkeit sind nicht abzugsfähig, weil dadurch idR kein Berufsumstieg sichergestellt werden kann.

Grundsätzlich sind Aus- und Fortbildungskosten nur dann abzugsfähig, wenn man schon einen Beruf ausübt. Fortbildungskosten für eine künftige Tätigkeit können bei nachweislicher Jobzusage aber bereits abgesetzt werden.

ABC der Aus- und Fortbildungskosten

- **Betriebsrat**, Personalvertreter - Aufwendungen für die Fortbildung in der Funktion als Betriebsrat oder Personalvertreter sind nicht beruflich veranlasst, dh keine Werbungskosten
- **Coaching-Ausbildung** - im Zusammenhang mit einer oder mehreren bestimmten in Aussicht genommenen Einkunftsquelle(n) als Führungskraft abzugsfähig; ebenso ist eine berufsbezogene Coaching-Ausbildung für Lehrer abzugsfähig
- **Computerführerschein** - abzugsfähig
- **Dienstprüfungsvorbereitungslehrgänge** - als Fortbildungskosten abzugsfähig (zB berufspädagogische Akademie für Berufsschullehrer, Polizeischule)
- **EDV-Kurse, Internetkurse** - abzugsfähig
- **Fachakademie** des WIFI - abzugsfähig, wenn im Einzelfall konkret beruflich veranlasst
- **Fachhochschule** - siehe Studium
- **Fachliteratur** - siehe dort
- **Flugschein** - Erwerb der Instrumentenflugberechtigung durch Berufspiloten begünstigt, Berufspilotenschein als Umschulung begünstigt
- **Führerschein** - grundsätzlich nicht abzugsfähig, außer C-Führerschein eines Kraftwagenlenkers oder Fahrlehrers oder ähnliche Fortbildung
- **Karriereberatungsprogramm** - ohne Bezug zu konkret angestrebter Tätigkeit nicht abzugsfähig
- **Kaufmännische** oder bürotechnische Grundausbildung (zB EDV-Kurse,Internet-Kurse, Maschinschreibkurse, Einführungskurse in Buchhaltung, Kostenrechnung, Lohnverrechnung oder Steuerlehre) - grundsätzlich abzugsfähig
- **Matura** - BHS-Matura (HAK, HTL usw), AHS-Matura und Beamtenmatura abzugsfähig, wenn im Zusammenhang mit ausgeübter oder verwandter Tätigkeit oder Umschulung für anderen Beruf
- **Meisterprüfung** - grundsätzlich abzugsfähig
- **Musikschule** - Konservatoriumsbesuch eines Musiklehrers abzugsfähig
- **Psychologische Seminare** - abzugsfähig bei jenen Berufsgruppen, die eine unterrichtende oder/und erzieherische Tätigkeit ausüben
- **Rechtsanwaltsprüfung** - eines Rechtsanwaltsanwärters ist abzugsfähig
- **Schule** - Die Kosten für allgemein bildende Schulen (zB Hauptschule, allgemein bildende höhere Schule) sind abzugsfähig, wenn die Bildungsmaßnahme im Zusammenhang mit der vom Steuerpflichtigen ausgeübten oder einer damit verwandten beruflichen Tätigkeit steht oder als Umschulungsmaßnahme auf die tatsächliche Ausübung eines anderen Berufes abzielt.
- **Sozial- und Methodenkompetenz** - Bildungsmaßnahmen zum Erwerb oder zur Verbesserung von bestimmten Schlüsselqualifikationen wie Sozialkompetenz (zB Konfliktfähigkeit, Kundenorientierung, Teamfähigkeit, Diskussionsfähigkeit und zielorientierte Kommunikation) und Methodenkompetenz (zB schriftliche und mündliche Ausdrucksfähigkeit, Präsentationstechniken, Fähigkeit zur Auswahl geeigneter Medien und Materialien) sind ein Element für die langfristige berufliche Beschäftigung und daher abzugsfähig. Kurse zur Steigerung der Selbstkompetenz (zB Stress- und Belastungsbewältigung, Zeitmanagement) sind es dagegen nicht.
- **Sprachkurse** - Abzugsfähige Sprachkurse liegen vor, wenn ein konkreter Nutzen für den Beruf vorliegt. Das ist der Fall bei Vermittlung von berufsspezifischen Sprachkenntnissen (zB auf dem Gebiet Recht, Wirtschaft oder Technik) sowie bei Vermittlung von Sprachkenntnissen allgemeiner Natur, wenn sie im ausgeübten oder verwandten Beruf erforderlich sind (zB Grundkenntnisse für eine Tätigkeit als Kellnerin, Telefonistin). Bei Sprachkursen im Ausland sind idR nur die Kurskosten, nicht aber die Reise- und Aufenthaltskosten absetzbar.
- **Steuerberaterprüfung** - eines Berufsanwärters ist abzugsfähig
- **Studienreisen** - siehe dort

- **Studium** - Die Kosten für ein Universitätsstudium oder Fachhochschulstudium sind absetzbar, wenn das Studium im Zusammenhang mit einer ausgeübten oder einer damit verwandten beruflichen Tätigkeit steht (zB Betriebswirtschaftsstudium eines Industriekaufmannes). Absetzbar sind auch Kosten für ein Studium als umfassende Umschulungsmaßnahme, das auf eine tatsächliche Ausübung eines anderen Berufes abzielt (zB Pharmaziestudium eines Bibliothekars). Von einer umfassenden Umschulung ist auch dann auszugehen, wenn ein Student zur Finanzierung seines Studiums Einkünfte aus Hilfstätigkeiten oder aus fallweisen Beschäftigungen erzielt. Nicht nur Studienbeiträge für ein „ordentliches" Universitätsstudium, sondern sämtliche mit der Bildungsmaßnahme zusammenhängende Kosten (zB Fachliteratur und Fahrtkosten) sind abzugsfähig. Vorausgesetzt, der Studierende übt eine aktive berufliche Tätigkeit aus.
- **Umschulung** - Begünstigt sind die Umschulung in einen verwandten Beruf (zB von Friseur auf Kosmetiker) sowie umfassende Umschulungsmaßnahmen, die auf die tatsächliche Ausübung eines anderen Berufes abzielen.

Welche Aufwendungen können steuerlich abgesetzt werden?

Werbungskosten sind:

1. Unmittelbare Kosten der Aus- oder Fortbildungsmaßnahmen: Kursgebühren, Kosten von Skripten etc.
2. Die tatsächlichen Fahrtkosten (Kilometergelder, öffentliche Verkehrsmittel), sofern diese nicht bereits durch den Verkehrsabsetzbetrag bzw das Pendlerpauschale abgegolten sind.
3. Tagesgelder, sofern eine „Reise“ vorliegt (mind 25 km; siehe auch unter „Reisekosten“).
4. Die Kosten auswärtiger Nächtigungen in tatsächlicher Höhe bzw, sofern eine „Reise“ vorliegt, auch in pauschalierter Höhe. Die absetzbaren Nächtigungskosten sind mit den Beamten-Höchstsätzen limitiert.

Die Angaben auf diesem Musterblatt entsprechen genau den Anforderungen Ihres Finanzamtes (ein eigenes Formblatt dafür gibt es nicht). Verwenden Sie daher am besten eine Kopie dieses Musterblattes - mit den entsprechenden Angaben versehen - als Vorlage. Sämtliche Vorlagen in diesem Buch finden Sie unter www.steuersparbuch.at/vorlagen2021 zum Download.

Aus- und Fortbildungskosten

Beilage zum Werbungskostenantrag für das Jahr .....
zur Vorlage beim Finanzamt

Name: ....
SV-Nr: ....
Beruf: ....

Art der Aus- oder Fortbildungsmaßnahme: ....
....

Datum/Dauer der Aus- oder Fortbildungsmaßnahme: ....

Begründung der beruflichen Veranlassung: Vom Arbeitgeber vorgeschrieben/dient zur Erwerbung, Sicherung und Erhaltung der Einnahmen, weil* ....
....
....

1. Unmittelbare Kosten

Kurskosten, Seminarbeiträge, Teilnahmegebühren, ... * ....
Fachunterlagen, Skripten, ... * ....

2. Reisekosten

a) Fahrtkosten für folgende Fahrten: ....

Kilometergelder: PKW Kennzeichen ....
.... km × 0,42 € = ... × .... Fahrten =
Bus/Bahn/Flugzeug/......................*: .... × .... Fahrten ....

b) Tagesgelder (ab einer Entfernung von 25 km)
..... Tage/..... Stunden zu 26,40 €/2,20 €: ....
..... Tage/..... Stunden zu 26,40 €/2,20 €: ....

c) Nächtigungsgelder
Pauschal: ..... Nächte zu 15 € zu ....*
Tatsächliche Kosten laut Beleg*: ....

3. Sonstige Kosten (zusätzliche Fachliteratur, Schreibmaterialien uÄm)

....
....

Aufwendungen insgesamt ....
abzüglich steuerfreie Ersätze des Arbeitgebers ....

Abzugsfähige Werbungskosten ....
(in Steuererklärung übertragen) ....

Bestätigung des Arbeitgebers (nicht unbedingt erforderlich, im Zweifelsfalle aber ein wichtiges Indiz):*

Die angeführten Aus- bzw Fortbildungsmaßnahmen sind beruflich veranlasst. Die Ersätze wurden in der in der Aufstellung enthaltenen Höhe getätigt.

Datum:

Firmenstempel/Unterschrift:

* Nichtzutreffendes streichen

- **Autotelefon**

Aufwendungen für ein Autotelefon oder eine Funkanlage sind mit dem Kilometergeld nicht abgegolten und können bei beruflicher Veranlassung zusätzlich als Werbungskosten berücksichtigt werden. Bei Anschaffungskosten von mehr als 800 € (bis 2019: 400 €) hat allerdings wieder eine Verteilung auf die Nutzungsdauer zu erfolgen (zB jährlich 1/5).

- **Berufsförderungsbeiträge**

Gewerkschaftsbeiträge und vergleichbare Beiträge, die der Arbeitgeber einbehält, werden bereits bei der Lohnverrechnung automatisch berücksichtigt. Nur bei Selbstzahlung muss man sie bei der Veranlagung beantragen, wobei das Werbungskostenpauschale nicht abgezogen wird. Nicht so **Betriebsratsumlagen:** Diese sind stets bei der Veranlagung geltend zu machen und werden auf das Werbungskostenpauschale angerechnet.

- **Betriebsratsumlagen**

Betriebsratsumlagen stellen Werbungskosten dar, die im Wege der Veranlagung geltend zu machen sind.

- **Bewirtungsspesen**

Siehe „Arbeitsessen".

- **Bühnenangehörige**

Siehe „Schauspieler".

- **Computer**

Aufwendungen im Zusammenhang mit der Anschaffung eines Computers einschließlich des Zubehörs (USB-Stick, Drucker usw) sind Werbungskosten, soweit eine berufliche Verwendung eindeutig feststeht. Keine Probleme gibt es in den Fällen, wo das Gerät auf dem Arbeitsplatz des Dienstnehmers ortsfest eingesetzt wird. Bei Computern, die in der Wohnung aufgestellt sind, sowie bei tragbaren Computern oder Tablet-PCs sollte man den beruflichen Zusammenhang begründen und das Ausmaß der beruflichen Nutzung nachweisen oder zumindest schätzen. Ohne besonderen Nachweis wird – wenn eine wesentliche Nutzung als Arbeitsmittel dem Grunde nach glaubhaft gemacht wird – ein Privatanteil von 40 % angenommen.

Weiters zu beachten: Sämtliche mit dem Betrieb des Computers verbundenen Aufwendungen, wie zB Zusatzgeräte, USB-Stick, Handbücher, Software, Wartungskosten, Strom oder Papier, zählen ebenfalls zu den Werbungskosten. Übersteigen die Anschaffungskosten jeweils 800 € (bis 2019: 400 €), so sind sie nur auf die Nutzungsdauer verteilt im Wege der Absetzung für Abnutzung (AfA) steuerlich wirksam.

Für PC-Anschaffungen wird grundsätzlich eine Nutzungsdauer von mindestens drei Jahren angenommen. Die Nutzungsdauer für Software und Computerzubehör (Drucker, Scanner usw) wird idR mit drei bis fünf Jahren angenommen.

Beispiel
Anschaffung eines zu Hause aufgestellten, beruflich genutzten PC einschließlich Bildschirm und Tastatur um insgesamt 1.200 € am 11. August 2021. Die Werbungskosten betragen ohne Nachweis der Privatnutzung bei einer dreijährigen Nutzungsdauer:

Jahr	insgesamt	40 % Privatanteil	Abzugsfähige Werbungskosten
AfA 2021	200 €*	80 €	120 €
AfA 2022	400 €	160 €	240 €
AfA 2023	400 €	160 €	240 €
AfA 2024	200 €*	80 €	120 €

Corona: Wird der Computer für die Zeit des Homeoffice verwendet, sind die anteiligen Kosten absetzbar. Die Höhe ist allenfalls zu schätzen. **Achtung:** Pauschale Spesenersätze des Arbeitgebers für die berufliche Nutzung von privaten Computern sind steuerpflichtiger Arbeitslohn. Der Arbeitnehmer kann jedoch seine Ausgaben als Werbungskosten geltend machen.

Die Angaben auf diesem Musterblatt entsprechen genau den Anforderungen Ihres Finanzamtes (ein eigenes Formblatt dafür gibt es nicht). Verwenden Sie daher am besten eine Kopie dieses Musterblattes – mit den entsprechenden Angaben versehen – als Vorlage. Sämtliche Vorlagen in diesem Buch finden Sie unter www.steuersparbuch.at/vorlagen2021 zum Download.

COMPUTER

Beilage zum Werbungskostenantrag für das Jahr . . . .
zur Vorlage beim Finanzamt ....

Name: ....
SV-Nr: ....
Beruf: ....

Die Anschaffung des Computers ist beruflich veranlasst, weil (Zutreffendes ankreuzen)

- ❑ der Computer Fortbildungszwecken dient
- ❑ der (tragbare) Computer im Außendienst verwendet wird
- ❑ der Computer am Arbeitsplatz aufgestellt ist
- ❑ Programme für den Beruf entwickelt werden
- ❑ mit berufsspezifischen Programmen gearbeitet wird
- ❑ ....

1. Anschaffungskosten Computer:

Marke: ...., gekauft am: ....
Anschaffungskosten: , zu .... % beruflich genutzt
davon 1/3 AfA jährlich (bei Kauf in der zweiten Jahreshälfte nur die halbe AfA);
bei einem Preis bis 800 € (bis 2019: 400 €) ist der gesamte Betrag sofort absetzbar; ....

2. Zusatzgeräte:

zB Drucker, (zusätzlicher) Bildschirm, Maus, Modem
.... Preis: .... davon 1/3 AfA/sofort absetzbar* ....
.... Preis: .... davon 1/3 AfA/sofort absetzbar* ....

3. Software:

Titel: .... Preis: .... davon 1/3 AfA/sofort absetzbar* ....
Titel: .... Preis: .... davon 1/3 AfA/sofort absetzbar* ....
Titel: .... Preis: .... davon 1/3 AfA/sofort absetzbar* ....

4. Sonstiges

Wartungskosten ....
Disketten ....
Handbücher ....
Sonstige Fachbücher und Fachzeitschriften: ....
Papier ....
Stromkosten ....
....

Gesamtbetrag der Werbungskosten ....
(in Steuererklärung übertragen)

Bestätigung des Arbeitgebers (nicht unbedingt erforderlich, im Zweifelsfalle aber ein wichtiges Indiz):*

Die Anschaffung eines eigenen Computers ist aufgrund der beruflichen Tätigkeit unseres Mitarbeiters notwendig bzw sinnvoll.

Datum:

Firmenstempel/Unterschrift:

* Nichtzutreffendes streichen

• Doppelte Haushaltsführung, Familienheimfahrten

Wann führt eine doppelte Haushaltsführung zu einem Steuerabzugsposten?

Für all jene, die aus beruflichen Gründen nicht dauernd bei ihrer Familie wohnen können, hält die Steuer ein Trostpflaster bereit: Wer so weit weg von seinem Familienwohnsitz arbeitet, dass er nicht täglich heimfahren kann, darf die Aufwendungen für eine doppelte Haushaltsführung und für die Familienheimfahrten als Werbungskosten absetzen. Ein Familienwohnsitz liegt dort, wo ein in (Ehe)Partnerschaft oder in Lebensgemeinschaft lebender Steuerpflichtiger oder ein alleinstehender Steuerpflichtiger seine engsten persönlichen Beziehungen (zB Familie, Freundeskreis) und einen eigenen Hausstand hat. Ein eigener Hausstand liegt nicht vor, wenn man Räumlichkeiten innerhalb eines Wohnverbandes einer oder mehrerer Person(en), die nicht (Ehe)Partner sind oder mit denen keine Lebensgemeinschaft besteht, mitbewohnt.

Begründet ein alleinstehender Steuerpflichtiger am Beschäftigungsort einen Wohnsitz, ist zu prüfen, ob nicht entweder von einer erstmaligen Hausstandsgründung oder von einer Wohnsitzverlegung auszugehen ist. In diesen Fällen stehen ab der Wohnsitzbegründung bzw -verlegung keine Aufwendungen für die doppelte Haushaltsführung zu.

Die steuerliche Begünstigung hängt davon ab, ob folgende Voraussetzungen erfüllt sind:

1. Der Beschäftigungsort ist vom Familienwohnsitz so weit entfernt, dass eine tägliche Rückkehr nicht zugemutet werden kann (mindestens 80 km Entfernung und über eine Stunde Fahrtzeit).
2. Die Verlegung des Familienwohnsitzes in die Nähe des Beschäftigungsortes muss zB aus einem der folgenden Gründe unzumutbar sein:
   - ➜ Der (Ehe-)Partner ist am Familienwohnsitz berufstätig und erzielt eigene Einkünfte.
   - ➜ Man übt selbst eine zweite Berufstätigkeit in der Nähe des Familienwohnsitzes aus.
   - ➜ Bei ständig wechselnder Arbeitsstätte (zB bei einem Bauarbeiter oder bei Vorliegen einer Arbeitskräfteüberlassung).
   - ➜ Wenn von vornherein mit Gewissheit anzunehmen ist, dass die auswärtige Tätigkeit mit vier bis fünf Jahren befristet ist.
   - ➜ Bei Unzumutbarkeit der (Mit-)Übersiedlung von pflegebedürftigen Angehörigen.
   - ➜ Solange aufgrund fremdenrechtlicher Bestimmungen ein Familiennachzug nicht möglich ist.
   - ➜ Wenn im gemeinsamen Haushalt am Familienwohnsitz unterhaltsberechtigte und betreuungsbedürftige Kinder wohnen.
   - ➜ Wenn die (Mit-)Übersiedlung der gesamten Familie aus wirtschaftlichen Gründen nicht zumutbar ist.

- Wenn man am Beschäftigungsort über keine Wohnung, sondern nur eine Schlafstelle verfügt.
- Wenn aus sonstigen wirtschaftlichen Gründen die Verlegung unzumutbar ist. Darunter fällt, wenn der Verkauf des Einfamilienhauses bzw der Wohnung am Familienwohnsitz aufgrund der Lage in einem strukturschwachen Gebiet zu erheblichen Vermögenseinbußen führen würde bzw die Anschaffung einer adäquaten Wohnung am Beschäftigungsort aus dem Erlös nicht möglich wäre.

Bei ausländischem Familienwohnsitz gelten für die Frage der Anerkennung von Kosten der doppelten Haushaltsführung als Werbungskosten grundsätzlich dieselben Kriterien wie bei inländischem Familienwohnsitz.

Der Familienwohnsitz liegt dort, wo man die engsten persönlichen Beziehungen (zB Familie, Freundeskreis) und einen eigenen Hausstand hat.

Wie lange wird eine doppelte Haushaltsführung steuerlich anerkannt?

Auf Dauer akzeptiert die Finanz die Beibehaltung des Familienwohnsitzes außerhalb des Beschäftigungsortes dann, wenn die Verlegung aus einem der obigen Gründe unzumutbar ist.

Liegen diese Voraussetzungen nicht vor (zB bei einem Alleinstehenden oder einem Steuerpflichtigen, dessen Ehegatte oder Lebensgefährte nicht mehr als 6.000 € jährlich verdient), so können die Kosten für eine beruflich veranlasste Begründung eines zweiten Haushalts am Beschäftigungsort **vorübergehend** als Werbungskosten geltend gemacht werden. Im Allgemeinen wird für Verheiratete und Lebensgemeinschaften ein Zeitraum von zwei Jahren, für alleinstehende Arbeitnehmer nur ein Zeitraum von sechs Monaten anerkannt. Mit folgenden guten Argumenten lässt sich jedoch auch ein längerer Zeitraum herausholen:

- Der Familienwohnsitz wurde nur verlassen, weil man anderswo eine Tätigkeit im Zusammenhang mit einem Berufsabschluss ausübt (zB Praxis für Steuerberaterprüfungen, Lehrlingsausbildung) und danach wieder am Familienwohnsitz arbeiten will.
- Am Arbeitsort lässt sich trotz nachweislicher intensiver Bemühungen kein geeigneter (Familien-)Wohnsitz auftreiben.
- Man ist in einem Berufszweig mit typischerweise hoher Fluktuation (zB im Baugewerbe) tätig und muss mit Abberufungen an andere Arbeitsstellen rechnen.

Welche Aufwendungen können abgesetzt werden?

Als Absetzposten werden anerkannt:

1. Aufwendungen für eine zweckentsprechende **Wohnung** (Hotelzimmer) am Dienstort: Mietkosten oder Absetzung für Abnutzung (bei einem Eigenheim), Betriebskosten, Heizkosten usw und auch die erforderlichen Einrichtungsgegenstände sind absetzbar.

Bei einer Wohnung werden alle Kosten nur bis zum Aufwand einer Kleinwohnung von ca 55 m² anerkannt. Bei einem Hotelzimmer sind die abzugsfähigen monatlichen Kosten mit 2.200 € limitiert.

2. Kosten für Familienheimfahrten: Für Verheiratete (in eheähnlicher Gemeinschaft Lebende) werden grundsätzlich wöchentliche **Heimfahrten** anerkannt. Bei Alleinstehenden wird hingegen eine monatliche Heimfahrt als ausreichend angesehen. Als Fahrtkosten kommen jene Aufwendungen in Betracht, die tatsächlich entstehen (Kfz-Kosten zB in Höhe des Kilometergeldes [Höhe siehe dort] bei Verwendung des eigenen Kraftfahrzeuges, anteiliger PKW-Sachbezug bei Verwendung eines Dienstwagens, Bahn- oder Buskarte, Flugkosten). Man ist also nicht verhalten, das billigste Verkehrsmittel zu wählen. Die Fahrtkosten für die Familienheimfahrten sind aber nur im Ausmaß des höchsten Pendlerpauschales, wobei ein voller Monatsbetrag auch für angefangene Monate der auswärtigen Berufstätigkeit zusteht) absetzbar (306 € monatlich). Von der Abzugsbeschränkung nicht betroffen sind Fahrten zwischen zwei Tätigkeitsmittelpunkten sowie beruflich veranlasste Reisen.

Vom Arbeitgeber steuerfrei ausbezahlte Ersätze sind abzuziehen.

Worauf müssen Wochenpendler beim Pendlerpauschale achten?

Wochenpendler, die die Voraussetzungen der doppelten Haushaltsführung erfüllen und die die tatsächlichen Kosten der Fahrten zum Familienwohnsitz beantragen, erhalten dann aber für diese Wegstrecke natürlich kein Pendlerpauschale. Alternativ können sie aber anstatt der Familienheimfahrten ein aliquotes Pendlerpauschale für die Wegstrecke vom Familienwohnsitz zur Arbeitsstätte geltend machen. Neben dem Pendlerpauschale können für die Wegstrecke, die über die 120 km hinausgeht, die tatsächlichen Fahrtkosten geltend gemacht werden, insgesamt aber maximal das höchste Pendlerpauschale.

Wird ungeachtet der weiten Entfernung dennoch die Wegstrecke zum Familienwohnsitz zwischen vier und zehn Tagen im Kalendermonat zurückgelegt, können anstatt des aliquoten Pendlerpauschales für Wegstrecken über 60 km (ein Drittel bzw zwei Drittel des Freibetrages) die tatsächlichen Kosten im Rahmen der Familienheimfahrten beantragt werden. Neben dem Pendlerpauschale können für die Wegstrecke, die über die 120 km hinausgeht, die tatsächlichen Fahrtkosten geltend gemacht werden. Der Gesamtbetrag (jeweiliges Pendlerpauschale und tatsächliche Fahrtkosten für die über 120 km hinausgehende Strecke) ist jedoch immer mit dem höchsten Pendlerpauschale begrenzt.

Wird ungeachtet der weiten Entfernung dennoch die Wegstrecke zum Familienwohnsitz zumindest an elf Tagen im Kalendermonat zurückgelegt, steht das Pendlerpauschale für Wegstrecken über 60 km zu. Daneben können für die Wegstrecke, die über die 120 km hinausgeht, die tatsächlichen Fahrtkosten geltend gemacht werden. Maximal steht aber das höchste Pendlerpauschale zu.

Die Angaben auf diesem Musterblatt entsprechen genau den Anforderungen Ihres Finanzamtes (ein eigenes Formblatt dafür gibt es nicht). Verwenden Sie daher am besten eine Kopie dieses Musterblattes – mit den entsprechenden Angaben versehen – als Vorlage. Sämtliche Vorlagen in diesem Buch finden Sie unter www.steuersparbuch.at/vorlagen2021 zum Download.

FAMILIENHEIMFAHRTEN/DOPPELTE HAUSHALTSFÜHRUNG

Beilage zum Werbungskostenantrag für das Jahr . . . .
zur Vorlage beim Finanzamt ....

Name: ....
SV-Nr: ....
Beruf: ....

Familienwohnsitz in: ....
Beschäftigungsort: ....
Die Begründung eines eigenen Haushalts am Beschäftigungsort sowie die Familienheimfahrten sind beruflich veranlasst, weil (Zutreffendes ankreuzen)

- ❑ der (Ehe-)Partner am Familienwohnsitz berufstätig ist
- ❑ eine eigene zweite Berufstätigkeit in der Nähe des Familienwohnsitzes ausgeübt wird
- ❑ am Dienstort trotz Bemühungen keine geeignete Familienwohnung gefunden werden konnte
- ❑ jederzeit eine berufliche Versetzung an einen anderen Ort möglich ist
- ❑ die Übersiedlung der gesamten Familie aus wirtschaftlichen Gründen nicht zumutbar ist
- ❑ folgende sonstige Gründe vorliegen:
  ....

1. Aufwendungen für Familienheimfahrten:

a) Kilometergelder Pkw, Kennzeichen ....
km x 0,42 € = ...

b) Sonstige Fahrtkosten Bus/Bahn/Flugzeug*
Kosten lt Beleg bzw Pendlerpauschale ....

c) Steuerfreie Ersätze des Arbeitgebers –.................................

Gesamtbetrag der Fahrtkosten ....

(in die Steuererklärung den vollen Betrag übertragen, auch wenn maximal das höchste Pendlerpauschale absetzbar ist; Begrenzung erfolgt automatisch) ....

2. Aufwendungen für doppelte Haushaltsführung

a) Kosten Wohnung/Hotelzimmer/Haus/.........* ....
(Mietkosten/Hotelkosten/1/67 AfA Haus/...........* ....

b) Betriebskosten ....

c) Einrichtungskosten bis 800 € (bis 2019: 400 €) sofort absetzbar, darüber jährlich 1/10 als AfA):
Gegenstand: ...., Kosten: ...., sofort absetzbar/AfA* ....
Gegenstand: ...., Kosten: ...., sofort absetzbar/AfA* ....
Gegenstand: ...., Kosten: ...., sofort absetzbar/AfA* ....
Gegenstand: ...., Kosten: ...., sofort absetzbar/AfA* ....

d) Verpflegungsmehraufwand (im Allgemeinen nur bei doppelter Haushaltsführung im Ausland):
Differenztagesgeld: .... € x .... Tage ....

e) Steuerfreie Ersätze des Arbeitgebers –.................................

Gesamtbetrag der doppelten Haushaltsführung ....
(in die Steuererklärung übertragen)

Bestätigung des Arbeitgebers):*

Herr/Frau* .... war bei uns von .... bis .... beschäftigt. Unterbrechungen dabei (Urlaub, Krankenstand ua von mehr als einer Woche): .... Wochen.
Im Zusammenhang mit der Beschäftigung außerhalb des Familienwohnsitzes wurden folgende Ersätze steuerfrei gewährt (Tages- und Nächtigungsgelder, Fahrtkostenersätze, freie Unterkunft): .... €

Datum/Firmenstempel/Unterschrift

* Nichtzutreffendes streichen

- **Expatriates**

Expatriates sind Arbeitnehmer,

- die im Auftrag eines ausländischen Arbeitgebers in Österreich im Rahmen eines Dienstverhältnisses zu einem österreichischen Arbeitgeber (Konzerngesellschaft oder inländische Betriebsstätte) für höchstens fünf Jahre beschäftigt werden,
- die während der letzten zehn Jahre keinen Wohnsitz im Inland hatten,
- die ihren bisherigen Wohnsitz im Ausland beibehalten und
- für deren Einkünfte Österreich das Besteuerungsrecht zukommt.

Sie können wählen, ob sie ihre Werbungskosten

- pauschal mit 20 % der Bemessungsgrundlage (Bruttobezüge abzüglich steuerfreie Bezüge und abzüglich begünstigte sonstige Bezüge/Sonderzahlungen), höchstens 10.000 € jährlich oder
- nach den tatsächlichen Kosten

geltend machen. Das Zuckerl dabei: Steuerfreie Kostenersätze des Arbeitgebers kürzen die pauschalen Werbungskosten nicht! Wenn man sich für die pauschalen 20 % entscheidet, können daneben allerdings keine weiteren Werbungskosten berücksichtigt werden.

Der Pauschbetrag für Expatriates kann entweder schon vom Arbeitgeber bei der Lohnverrechnung berücksichtigt oder in der (Arbeitnehmer)Veranlagung beantragt werden.

- **Fahrrad**

Auch ein Fahrrad kann – wenn es beruflich verwendet wird – ein Steuerabzugsposten sein. Der Abzug erfolgt bei Anschaffungskosten unter 800 € (bis 2019: 400 €) sofort im Jahr der Bezahlung, andernfalls verteilt auf die Nutzungsdauer. Anstelle der tatsächlichen Kosten kann man für berufliche Fahrten mit dem Fahrrad Kilometergelder beantragen.

Das Kilometergeld beträgt	0,38 € je km

ACHTUNG

Notbremse für allzu eifrige Pedaltreter:

Das Kilometergeld ist mit 570 € jährlich limitiert (das entspricht 1.500 km). Anstelle des Kilometergeldes können die tatsächlichen Werbungskosten nachgewiesen werden.

- **Fachliteratur**

Steuerlich abgesetzt werden kann nur jene Fachliteratur, die mit der beruflichen Sphäre in Zusammenhang steht. Literatur, die auch für nicht in der jeweiligen Berufssparte tätige Personen von allgemeinem Interesse ist, stellt keine Werbungskosten dar. Die Beurteilung erfolgt nicht nur nach dem Titel, sondern auch nach dem Inhalt des Buches bzw der Zeitschrift. Siehe weiters auch Stichwort „Zeitungen“.

Beispiele	Werbungskosten
EDV-Zeitschriften und -Bücher bei einem Programmierer	ja
Steuer- und WirtschaftsKartei und ähnliche Fachzeitschriften bei einem Finanzbeamten	ja
Gesetzeskommentar eines Richters	ja
Fachbücher über Personalwirtschaft oder Lohnverrechnung bei einem Personalchef	ja
Medizinische Fachbücher bei einem Arzt	ja
Allgemein bildende Nachschlagewerke oder Lexika bei Lehrern	nein
Werke der Belletristik bei AHS-Lehrern für Deutsch	nein
Wanderkarten und Reiseführer für Geographieprofessor	nein
Wirtschaftsmagazine und politische Magazine	nein
Tageszeitungen und Zeitschriften	nein

• Familienheimfahrten

Siehe „Doppelte Haushaltsführung".

• Fehlgelder

Kassenfehlbeträge, die man dem Arbeitgeber ersetzen muss, sind Werbungskosten.

Beispiel:

Ein Bankbeamter am Schalter stellt bei der Kassenabrechnung einen Fehlbetrag von 500 € fest, den er aus eigener Tasche der Bank ersetzen muss. Diese 500 € wirken als Steuerabzugsposten, der bei aufrechtem Dienstverhältnis automatisch vom Arbeitgeber bei der Lohnverrechnung berücksichtigt werden kann (als „Rückzahlung von Einnahmen") bzw in allen anderen Fällen im Wege der Veranlagung zu beantragen ist.

• Fernsehschaffende

Fernsehschaffende, das sind Kommentatoren, Moderatoren, Diskussionsleiter, Fernsehsprecher oder Programmansager, wenn sie durchschnittlich zwei Fernsehauftritte pro Monat (24 pro Jahr) haben, können wählen: Entweder werden die einzelnen Werbungskosten nach den allgemeinen Grundsätzen geltend gemacht oder es wird statt dessen ein Pauschbetrag in Höhe von 7,5 % der Bemessungsgrundlage (Bruttobezüge abzüglich der steuerfreien und der sonstigen Bezüge), maximal 3.942 € jährlich, beantragt. Steuerfreie Ersätze des Arbeitgebers kürzen den Pauschbetrag. Wird der Pauschbetrag in Anspruch genommen, muss der Steuererklärung eine Bestätigung des Arbeitgebers über Art und Dauer der Tätigkeit sowie Höhe der gewährten Ersätze beigelegt werden.

Eine Kopiervorlage für die Bestätigung des Arbeitgebers bei pauschalierten Werbungskosten findet sich in Kapitel A.1.4.1. Ein Muster für die Auflistung der tatsächlichen Werbungskosten ist unter dem Stichwort „Journalisten" abgedruckt.

• Filmschauspieler

Siehe „Schauspieler".

• Forstarbeiter, Förster und Berufsjäger

Forstarbeiter (das sind Personen, die bei Schlägerungsarbeiten oder bei Aufforstungs- und Kulturpflegearbeiten mitwirken) sowie Förster und Berufsjäger im Revierdienst (mehr als die Hälfte der Gesamtarbeitszeit im Revier) können wählen: Entweder werden die einzelnen Werbungskosten nach den allgemeinen Grundsätzen geltend gemacht oder es wird statt dessen ein Pauschbetrag in Höhe von 5 % der Bemessungsgrundlage (Bruttobezüge abzüglich der steuerfreien und der sonstigen Bezüge), maximal 1.752 € jährlich, beantragt (bei Forstarbeitern mit Motorsäge betragen die Sätze 10 %, höchstens 2.628 €). Steuerfreie Ersätze des Arbeitgebers kürzen den Pauschbetrag. Wird der Pauschbetrag in Anspruch genommen, muss der Steuererklärung eine Bestätigung des Arbeitgebers über Art und Dauer der Tätigkeit sowie Höhe der gewährten Ersätze beigelegt werden.

- **Fortbildungskosten**

Siehe „Aus- und Fortbildungskosten".

- **Führerschein**

Aufwendungen für den erstmaligen Erwerb eines Führerscheins sind als Ausbildungskosten nicht abziehbar. Werbungskosten liegen nur dann vor, wenn derartige Aufwendungen den Charakter von Fortbildungskosten haben (zB C-Führerschein für einen Kraftwagenlenker).

- **Garagierungskosten**

Garagierungskosten für den PKW am Wohnort oder in der Nähe des Wohnortes oder des Arbeitsortes sind grundsätzliche keine Werbungskosten, uzw auch dann nicht, wenn der PKW für Dienstreisen benötigt wird.

- **Gewerkschaftsbeiträge**

Siehe Stichwort „Berufsförderungsbeiträge".

- **Handy**

Siehe „Mobiltelefon".

- **Hausbesorger**

Hausbesorger, das sind Personen, die dem Hausbesorgergesetz unterliegen, können wählen: Entweder werden die einzelnen Werbungskosten nach den allgemeinen Grundsätzen geltend gemacht oder es wird stattdessen ein Pauschbetrag in Höhe von 15 % der Bemessungsgrundlage (Bruttobezüge abzüglich der steuerfreien und der sonstigen Bezüge), maximal 3.504 € jährlich, beantragt. Steuerfreie Ersätze des Arbeitgebers kürzen den Pauschbetrag. Wird der Pauschbetrag in Anspruch genommen, muss der Steuererklärung eine Bestätigung des Arbeitgebers über Art und Dauer der Tätigkeit sowie Höhe der gewährten Ersätze beigelegt werden. Die Pauschalierung gilt nur für Dienstverhältnisse, die bis 30.6.2000 begründet wurden.

- **Heimarbeiter**

Heimarbeiter, das sind Personen, die dem Heimarbeitsgesetz unterliegen, können wählen: Entweder werden die einzelnen Werbungskosten nach den allgemeinen Grundsätzen geltend gemacht oder es wird stattdessen ein Pauschbetrag in Höhe von

10 % der Bemessungsgrundlage (Bruttobezüge abzüglich der steuerfreien und der sonstigen Bezüge), maximal 2.628 € jährlich, beantragt. Steuerfreie Ersätze des Arbeitgebers kürzen den Pauschbetrag. Wird der Pauschbetrag in Anspruch genommen, muss der Steuererklärung eine Bestätigung des Arbeitgebers über Art und Dauer der Tätigkeit sowie Höhe der gewährten Ersätze beigelegt werden.

Corona:

- **Homeoffice-Paket mit Homeoffice-Pauschale**

Grundsätzlich kann der Arbeitgeber ein sog **Homeoffice-Pauschale** bis zu 3 € pro Tag für maximal 100 Tage, maximal also 300 € pro Jahr, steuerfrei auszahlen. Tut er das nicht oder liegt das gezahlte tägliche Homoffice-Pauschale unter 3 € pro Tag, kann man die 300 € bzw die Differenz auf 3 € pro Homeoffice-Tag als Werbungskosten (sog **Differenz-Werbungskosten**) geltend machen (gilt für die Jahre 2021 bis 2023). Ausgaben für **digitale Arbeitsmittel** können ebenfalls geltend gemacht werden. Diese sind um ein erhaltenes Homeoffice-Pauschale des Arbeitgebers und/oder um die Differenzwerbungskosten zu kürzen.

Zusätzlich können Kosten für **ergonomisch geeignetes Mobiliar** (insbesondere Schreibtisch, Drehstuhl, Beleuchtung) bis zu (weiteren) 300 € pro Jahr geltend gemacht werden (Übergangsregelung 2020 und 2021: Höchstbetrag von 300 € gilt für beide Jahre in Summe). Voraussetzung ist, dass der Arbeitnehmer zumindest 26 Homeoffice-Tage im Kalenderjahr geleistet hat.

- **Internet**

Kosten für eine beruflich veranlasste Verwendung eines Internetanschlusses sind abzugsfähig (Provider-Gebühr, anteilige Telefon- bzw sonstige Leitungskosten, Kosten für spezielle Anwendungsbereiche wie zB Rechtsinformationssysteme). Sofern eine genaue Abgrenzung der Kosten zwischen beruflichem und privatem Teil nicht möglich ist, kann man die Aufteilung auch schätzungsweise vornehmen.

Corona: Die Kosten für eine beruflich veranlasste Verwendung eines privaten Internetanschlusses sind entsprechend der beruflichen Nutzung absetzbar. Anteilige Internetkosten (Providergebühr, Online-Gebühr oder Kosten für Pauschalpakete für Internetzugang) für die Zeit des Homeoffice sind absetzbar. Die Höhe ist allenfalls zu schätzen.

Achtung: Pauschale Spesenersätze des Arbeitgebers für die berufliche Nutzung von Internet sind steuerpflichtiger Arbeitslohn. Der Arbeitnehmer kann jedoch seine Ausgaben als Werbungskosten geltend machen.

• Journalisten

Journalisten, das sind alle mit der Verfassung von Texten betrauten Mitarbeiter einer Zeitung, Zeitschrift oder eines Nachrichtendienstes, die mit festen Bezügen angestellt sind (Chefredakteure, andere Schriftleiter, Redakteure, andere ausschließlich journalistisch tätige Mitarbeiter), können wählen: Entweder werden die einzelnen Werbungskosten nach den allgemeinen Grundsätzen geltend gemacht oder es wird statt dessen ein Pauschbetrag in Höhe von 7,5 % der Bemessungsgrundlage (Bruttobezüge abzüglich der steuerfreien und der sonstigen Bezüge), maximal 3.942 € jährlich, beantragt. Steuerfreie Ersätze des Arbeitgebers kürzen den Pauschbetrag. Wird der Pauschbetrag in Anspruch genommen, muss der Steuererklärung eine Bestätigung des Arbeitgebers über Art und Dauer der Tätigkeit sowie Höhe der gewährten Ersätze beigelegt werden.

Die Angaben auf diesem Musterblatt entsprechen genau den Anforderungen Ihres Finanzamtes (ein eigenes Formblatt dafür gibt es nicht). Verwenden Sie daher am besten eine Kopie dieses Musterblattes – mit den entsprechenden Angaben versehen – als Vorlage. Sämtliche Vorlagen in diesem Buch finden Sie unter www.steuersparbuch.at/vorlagen2021 zum Download.

Download 11

Beilage zum Werbungskostenantrag für . . . . zur Vorlage beim Finanzamt .... Name: .... SV-Nr: .... Beruf:			
Art der Aufwendungen (Nichtzutreffendes streichen)	**Höhe jährlich**	**Ersätze vom Arbeitgeber**	**Werbungskosten**
Agentenprovisionen **Arbeitsmittel** Computer, Drucker, Software .... **Arbeitszimmer (nur in Ausnahmefällen!)** Anteilige Mietkosten/Gebäude-AfA* Einrichtung (AfA) Betriebskosten Telefongebühren .... **Aus- und Fortbildungskosten** (Kurse, Seminare, Studienreisen, ...) **Beiträge zu Interessenvertretungen** **Bewirtungsspesen (50 %)** **Doppelte Haushaltsführung** **und Familienheimfahrten** **Entlohnung für Hilfsdienste** (Telefondienst, Schreibarbeiten, ...) **Informationskosten** **Internet** **Rechts- und Beratungskosten** **(berufsbedingt)** **Reisekosten** Fahrtkosten: Tatsächliche Kfz-Kosten/Kilometergelder* Sonstige Fahrtkosten Tagesgelder Nächtigungsgelder **Veranstaltungsgebühren** **Sonstige Werbungskosten**			
Gesamtbetrag der Werbungskosten			

• Kilometergeld

Als Kilometergeld können bei beruflich veranlassten Reisen (siehe unter „Reisekosten“) folgende Beträge berücksichtigt werden:

	seit 1.1.2011
• für Motorfahrräder und Motorräder	0,24 € je km
• für Personen- und Kombinationskraftwagen	0,42 € je km
• für jede mitbeförderte Person	0,05 € je km

Mit dem Kilometergeld sind alle Aufwendungen abgegolten. Die Kosten für Autobahnvignette, Maut, Parkgebühren, Navigationsgerät oÄ können daher nicht zusätzlich abgesetzt werden.

Kilometergelder werden nur bis zu 30.000 beruflich gefahrenen Kilometern als Werbungskosten anerkannt. Hat man eine höhere berufliche Jahreskilometerleistung, so kann man wählen: Entweder gibt man sich mit dem Kilometergeld für die Obergrenze von 30.000 km zufrieden, oder man weist die tatsächlichen Kosten nach und macht sie für die gesamten beruflichen Kilometer (also auch für mehr als 30.000 km) als Werbungskosten geltend (siehe „Kraftfahrzeug“).

• Kontoführungskosten

Kontoführungskosten (einschließlich Kosten für Scheck- bzw Bankomatkarte), die das Gehaltskonto betreffen, sind keine Werbungskosten. Dies gilt auch, wenn der Arbeitgeber die Einrichtung eines Gehaltskontos verlangt. **Ausnahme:** Kontoführungskosten, die ein nahezu ausschließlich für berufliche Geschäftsvorfälle eingerichtetes Konto betreffen (zB Konto zur Abbuchung der Leasingraten für ein als Arbeitsmittel verwendetes Kraftfahrzeug).

Die gleichen Grundsätze gelten für Kosten von **Kreditkarten** (zB VISA-Card, Diners Club, Euro-Card).

• Kraftfahrzeug

Kraftfahrzeuge können Arbeitsmittel darstellen. Dabei muss beachtet werden, dass Fahrten zwischen Wohnungen und Arbeitsstätte steuerlich mit dem Pendlerpauschale abgegolten sind (siehe dort).

Die absetzbaren Aufwendungen für ein Kraftfahrzeug ergeben sich, indem man die Gesamtkosten nach dem Verhältnis der Privat-Kilometer (inklusive der Fahrten Wohnung–Arbeitsstätte) zu den beruflich gefahrenen Kilometern aufteilt und eventuelle Fahrtersätze des Arbeitgebers abzieht.

Welche Aufwendungen für ein Kfz können steuerlich geltend gemacht werden?

Voraussetzung für die Geltendmachung von Aufwendungen ist die ordnungsgemäße Führung eines Fahrtenbuches, das im Folgenden als Kopiervorlage abgedruckt ist und die dort angeführten Angaben enthalten muss.

Achtung: Ein Fahrtenbuch kann auch elektronisch geführt werden, aber nur dann, wenn die inhaltsgleiche und vollständige Wiedergabe sichergestellt ist. Bloße Excel- oder Word-Dateien, die jederzeit geändert werden können, erfüllen diese Voraussetzung nicht.

Die Angaben auf diesem Musterblatt entsprechen genau den Anforderungen Ihres Finanzamtes (ein eigenes Formblatt dafür gibt es nicht). Verwenden Sie daher am besten eine Kopie dieses Musterblattes – mit den entsprechenden Angaben versehen – als Vorlage. Sämtliche Vorlagen in diesem Buch finden Sie unter www.steuersparbuch.at/vorlagen2021 zum Download.

FAHRTENBUCH

Name: ....
Fahrzeug: ....
Zeitraum: ....

Datum	Kilometerstand	Ausgangs- und Zielpunkt	Zweck der Reise	Berufliche Kilometer	Private Kilometer	Sonstige Vermerke
Summe/Übertrag			Gesamt-Kilometer	Beruflich	Privat	Sonstiges

Kraftfahrzeugkosten können entweder

- in Höhe der Kilometergelder (bis 30.000 km pro Jahr) oder
- im tatsächlich nachgewiesenen Umfang (siehe Kopiervorlage)

als Werbungskosten geltend gemacht werden.

Das amtliche **Kilometergeld** beträgt	
	seit 1.1.2011
für Motorfahrräder und Motorräder	0,24 € je km
für Personen- und Kombinationskraftwagen	0,42 € je km
für jede mitbeförderte Person	0,05 € je km

Hinsichtlich des Kfz-Leasings siehe Kapitel B.4.3. (das dortige Musterblatt kann sinngemäß auch für die Ermittlung der Werbungskosten herangezogen werden).

TIPP

Die Beantragung der tatsächlichen Kosten ist tendenziell umso günstiger, je höher die Anschaffungs- und Betriebskosten des Fahrzeuges liegen. Die pauschalen Kilometergelder sind hingegen unabhängig vom Preis und von den laufenden Kosten des Fahrzeuges und damit bei preiswerteren Typen sowie bei hoher Kilometerleistung steuerlich günstiger.

Die Angaben auf diesem Musterblatt entsprechen genau den Anforderungen Ihres Finanzamtes (ein eigenes Formblatt dafür gibt es nicht). Verwenden Sie daher am besten eine Kopie dieses Musterblattes – mit den entsprechenden Angaben versehen – als Vorlage. Sämtliche Vorlagen in diesem Buch finden Sie unter www.steuersparbuch.at/vorlagen2021 zum Download.

AUFSTELLUNG ÜBER TATSÄCHLICHE KOSTEN FÜR EIN BERUFLICH VERWENDETES KRAFTFAHRZEUG

Beilage zum Werbungskostenantrag für . . . .
zur Vorlage beim Finanzamt ....

Name: ....
SV-Nr: ....
Beruf: ....

Kraftfahrzeug: ....
Datum der Anschaffung: ....

Absetzung für Abnutzung:
1/8 (= 12,5 %) der Anschaffungskosten von ....
(Anschaffungskosten inkl Sonderausstattungen bis zu einer Obergrenze von 40.000 €, verteilt auf die Nutzungsdauer)
oder
Finanzierungskosten (Zinsen bei Anschaffung mit Fremdkapital)* ....
Benzin, Öl ....

Servicekosten und Reparaturkosten auf Grund des laufenden
Betriebes (zB Motor- oder Kupplungsschaden) ....
Zusatzausrüstungen (Winterreifen etc) ....
Steuern, Gebühren, Autobahnvignette, Maut, Parkgebühren ....
Versicherungen (Haftpflicht, Kasko, Insassenunfall usw) ....
Mitgliedsbeiträge bei Autofahrerklubs (zB ÖAMTC, ARBÖ) ....
Sonstiges (Reparaturen, Unfallkosten, ...) ....

Summe der Aufwendungen

Laut Fahrtenbuch insgesamt gefahrene Kilometer: .... km
davon privat (inklusive Fahrten Wohnung – Arbeitsstätte) .... km
davon beruflich .... km
das sind .... %

Werbungskosten daher: Summe der Aufwendungen × .... % = ...

abzüglich steuerfreie Fahrtkostenersätze durch Arbeitgeber ....

Abzugsfähige Werbungskosten
(in Steuererklärung übertragen)

Bestätigung des Arbeitgebers:*

Für die beruflichen Fahrten des Arbeitnehmers wurden Fahrtkosten in der Höhe von .... steuerfrei ersetzt.

Datum/Firmenstempel/Unterschrift:

* Nichtzutreffendes streichen

Garagierungskosten für den PKW des Arbeitnehmers am oder in der Nähe des Wohnsitzes oder des Arbeitsortes sind grundsätzlich keine Werbungskosten.

Bei der Berücksichtigung der Werbungskosten ist noch zu beachten: Fährt man regelmäßig zuerst von der Wohnung zur Arbeitsstätte und beginnt seine Dienstreisen dort, so steht dafür nur das Pendlerpauschale zu (im Fahrtenbuch daher entweder getrennt oder gleich als Privatfahrten ausweisen!). Werden unterwegs Kunden besucht, liegen berufliche Kilometer nur im Ausmaß des Umweges zu. Starten die Dienstreisen hingegen regelmäßig von der Wohnung aus, sind die Kosten bereits ab Wohnung abzugsfähig. Das Pendlerpauschale gibt es dann aber im Allgemeinen nicht zusätzlich. Soweit Kraftfahrzeugkosten nicht oder nicht ordnungsgemäß nachgewiesen werden (zB kein entsprechendes Fahrtenbuch), sind die Werbungskosten zu schätzen.

Wann sind Unfallkosten steuerlich abzugsfähig?

Steuerlich abzugsfähige Unfallkosten liegen vor, wenn der Unfall

- ➜ bei beruflich veranlassten Reisen oder
- ➜ bei Familienheimfahrten oder
- ➜ bei Fahrten zwischen Wohnung und Arbeitsstätte

passiert. Wichtig: Der Unfall darf natürlich auch nicht aus einem entscheidenden persönlichen Fehlverhalten (zB übermäßiger Alkoholgenuss) resultieren. Die Berechnung der Unfallkosten ist nach folgendem Schema vorzunehmen (hat ein gebrauchtes Fahrzeug durch einen Unfall einen Totalschaden, dann ist die Restnutzungsdauer zu schätzen):

Neuwert (Anschaffungskosten)	
- bisherige Absetzung für Abnutzung	- ....
- Wrackwert (Verkaufserlös	- ....
- Versicherungsersätze	- ....
= Wert des eingetretenen Schadens	....

• Krankheitskosten

Krankheitskosten sind grundsätzlich Kosten der Lebensführung. Aufwendungen im Zusammenhang mit Krankheiten kommen nur dann als Werbungskosten in Betracht, wenn es sich um typische Krankheiten handelt (zB Staublunge eines Bergarbeiters, Asbestose) oder ein unmittelbarer Zusammenhang zwischen Beruf und Krankheit besteht (zB nach einem Arbeitsunfall im Betrieb).

Andere Krankheitskosten sind als außergewöhnliche Belastung abzugsfähig (siehe Kapitel B.5.).

• Lehrer

Für Lehrer gelten die grundsätzlichen Bestimmungen zu den Werbungskosten. Die nachstehende Kopiervorlage bietet lediglich eine Anregung bzw Hilfestellung für die

Antragstellung. Die Restriktionen für die einzelnen Abzugsposten sind dem ABC der Werbungskosten zu entnehmen.

Die Angaben auf diesem Musterblatt entsprechen genau den Anforderungen Ihres Finanzamtes (ein eigenes Formblatt dafür gibt es nicht). Verwenden Sie daher am besten eine Kopie dieses Musterblattes – mit den entsprechenden Angaben versehen – als Vorlage. Sämtliche Vorlagen in diesem Buch finden Sie unter www.steuersparbuch.at/vorlagen2021 zum Download.

BEILAGE ZUM WERBUNGSKOSTENANTRAG FÜR LEHRPERSONAL ....

Zur Vorlage an das Finanzamt ....
Name, SV-Nr: ....
Lehrfächer: ....

Arbeitsmittel (zB Aktenkoffer, Schreibmaterialien uÄ)
Art: ....
Art: ....

Arbeitszimmer (nur in Ausnahmefällen!):
Begründung: ....
Größe: .... m² ds .... % der Gesamtfläche von .... m²
Anteilige Gebäudekosten (1/67 AfA) oder anteilige
Mietkosten (+ 1/.. eines Baukostenzuschusses) ....
Anteilige Betriebskosten ....
Beheizung, Beleuchtung, Versicherung, Strom (anteilig) ....
Einrichtung (bis 800 € [bis 2019: 400 €] sofort, darüber 1/10 AfA)
Gegenstand ....
Gegenstand ....

Aus- und Fortbildungskosten (soweit nicht vom Arbeitgeber ersetzt):
Art der Fortbildung: ....
Seminarkosten oÄ: ....
Fahrtkosten: ....
Nächtigungskosten: ....
Tagesgelder: ....

Berufsförderungsbeiträge (zB Mitgliedbeitrag an Verband der Leibeserzieher oÄ)
Art: ....

Computer:
Anschaffungskosten (bis 800 € [bis 2019: 400 €] sofort, darüber 1/3 AfA;
idR 40 % Privatanteil) ....
Zusatzgeräte (Maus, Modem, Drucker, ...) – " – ....
Software – " – – " – ....

Fachliteratur (nur spezifische Literatur, nicht Atlanten, Lexika, Belletristik oÄ)
Titel: .... Preis: ....
Titel: .... Preis: ....
Titel: .... Preis: ....
Titel: .... Preis: ....

Gewerkschaftsbeiträge (sofern nicht vom Arbeitgeber berücksichtig) ....

Internet (einmalige Kosten, Providerkosten; Ausmaß der beruflichen Nutzung ... %) ....

Musikinstrumente für Musiklehrer
Instrument: .... bis 800 € (bis 2019: 400 €) sofort, sonst 1/10 AfA ....

Pendlerpauschale (soweit nicht vom Arbeitgeber berücksichtigt) ....

Sonstiges: ....
Art: ....
Art: ....

Webungskosten insgesamt
(In die Steuererklärung übernehmen) ....

- **Managerversicherung, D&O-Versicherung**

Managerversicherungen (sog „D&O“-Versicherungen – Directors and Officers) beinhalten idR einen Rechtsschutz samt Übernahme von Entschädigungsleistungen für Leitungsorgane. Abhängig davon, wer die Prämie zahlt, sieht die Steuerbegünstigung wie folgt aus:

➔ Zahlt der Manager als Versicherungsnehmer die Prämien, sind sie bei ihm in voller Höhe als Werbungskosten absetzbar.
➔ Zahlt diese der Arbeitgeber als Versicherungsnehmer und Begünstigter, dann sind sie als Betriebsausgaben absetzbar und wirken sich beim Manager nicht aus.

- **Mobiltelefon, Smartphone**

Ein Handy führt nur dann zu Werbungskosten, wenn die Anschaffung durch die Art der beruflichen Tätigkeit veranlasst ist (bis zu Anschaffungskosten von 800 € (bis 2019: 400 €) sofort absetzbar, darüber hinaus als Absetzung für Abnutzung mit einer Nutzungsdauer von drei bis fünf Jahren): Diesfalls können auch die Gesprächsgebühren abgesetzt werden. Ein allenfalls im Schätzungsweg ermittelter Privatanteil ist auszuscheiden.

Corona: Die Kosten für beruflich veranlasste Telefonate mit dem privaten Telefon sind absetzbar. Anteilige Aufwendungen für die Zeit des Homeoffice sind absetzbar. Die Höhe ist allenfalls zu schätzen.

CORONA

Achtung: Pauschale Spesenersätze des Arbeitgebers für die berufliche Nutzung von einem Telefon sind steuerpflichtiger Arbeitslohn. Der Arbeitnehmer kann jedoch seine Ausgaben als Werbungskosten geltend machen.

- **Musiker**

Musiker, das sind Angehörige von Orchestern und Kapellen, weiters Dirigenten und Kapellmeister, Solisten und Barpianisten, können wählen: Entweder werden die einzelnen Werbungskosten nach den allgemeinen Grundsätzen geltend gemacht oder es wird statt dessen ein Pauschbetrag in Höhe von 5 % der Bemessungsgrundlage (Bruttobezüge abzüglich der steuerfreien und der sonstigen Bezüge), maximal 2.628 € jährlich beantragt. Steuerfreie Ersätze des Arbeitgebers kürzen den Pauschbetrag. Wird der Pauschbetrag in Anspruch genommen, muss der Steuererklärung eine Bestätigung des Arbeitgebers über Art und Dauer der Tätigkeit sowie Höhe der gewährten Ersätze beigelegt werden.

Eine Kopiervorlage für die Bestätigung des Arbeitgebers bei pauschalierten Werbungskosten findet sich in Kapitel A.1.4.1. Ein Muster für die Auflistung der tatsächlichen Werbungskosten ist unter dem Stichwort „Journalisten“ abgedruckt.

- **Musikinstrumente**

Aufwendungen für Musikinstrumente eines Musikers (zB Orchestermitglied) oder eines Lehrers für Musikerziehung können selbstverständlich Werbungskosten sein. Kostet das Instrument mehr als 800 € (bis 2019: 400 €), kann aber wieder nur die jährliche Absetzung für Abnutzung beantragt werden. Die voraussichtliche Nutzungsdauer muss man meist schätzen (bei 10 Jahren kann zB jährlich 1/10 der Anschaffungskosten abgeschrieben werden). Instrumente unter 800 € (bis 2019: 400 €) führen im vollen Umfang bereits im Jahr der Bezahlung zu einem Steuerabzug.

- **Öffi-Ticket**

Ab 1.7.2021 kann der Arbeitgeber dem Arbeitnehmer eine Wochen-, Monats- oder Jahreskarte nicht steuerbar zur Verfügung stellen oder die entsprechenden Kosten nicht steuerbar ersetzen. Die Begünstigung gilt unabhängig von der Ticketart (Netzkarte, Streckenkarte, ÖsterreichCard der ÖBB etc), das Öffi-Ticket muss den Arbeitnehmer jedenfalls zu Fahrten entweder am Wohnort oder am Arbeitsort berechtigen. Die Begünstigung des Tickets ist also nicht auf die Strecke zwischen Wohnung und Arbeitsstätte eingeschränkt. Die Kehrseite ist aber, dass allfällige Kostenbeiträge des Arbeitnehmers zum Öffi-Ticket grundsätzlich dem Anteil der Privatnutzung des Öffi-Tickets zugeordnet werden und daher nicht absetzbar sind. Einzige Ausnahme: Das Öffi-Ticket ist eine reine Streckenkarte zwischen Wohnung und Arbeitsstätte oder die Netzkarte entspricht höchstens den Kosten einer Streckenkarte. In diesem Fall ist ein Kostenbeitrag bis maximal zur Höhe des in Frage kommenden Pendlerpauschales als Werbungskosten abzugsfähig. Der Pendlereuro steht nicht zu.

Zahlt man das Öffi-Ticket aus der eigenen Tasche, kann man nur ggf das Pendlerpauschale absetzen (siehe unten).

- **Parkpickerl**

Aufwendungen für das so genannte „Parkpickerl" sind in der Regel keine Werbungskosten, und zwar auch dann nicht, wenn man täglich mit dem Auto zur Arbeitsstätte fährt (Abgeltung automatisch durch Verkehrsabsetzbetrag) oder/und regelmäßig mit dem eigenen Kfz für den Arbeitgeber unterwegs ist (Abgeltung im Kilometergeld enthalten). Ausnahme: Es wurden steuerlich die (anteiligen) tatsächlichen Kosten anstelle der Kilometergelder beantragt (siehe Stichwort „Kraftfahrzeug").

- **Pendlerpauschale und Pendlereuro**

Welche Begünstigungen gibt es für den Arbeitsweg?

Für die Fahrten zwischen Wohnung und Arbeitsstätte (Arbeitsweg) gibt es folgende Begünstigungen:

➔ Verkehrsabsetzbetrag: Dieser wird bei allen Arbeitnehmern automatisch bereits im Zuge der Lohnverrechnung berücksichtigt.

- Pendlerpauschale: Das Pendlerpauschale muss entweder im Vorhinein beim Arbeitgeber oder im Nachhinein beim Finanzamt beantragt werden und mindert die Steuerbemessungsgrundlage. Es setzt voraus, dass der Arbeitsweg mindestens 2 km (wenn kein Massenbeförderungsmittel möglich oder zumutbar ist) oder mindestens 20 km (in allen anderen Fällen) lang ist.
- Pendlereuro: Der Pendlereuro ist gemeinsam mit dem Pendlerpauschale zu beantragen und mindert direkt die Lohnsteuer.
- Jobticket bzw ab 1.7.2021 Öffi-Ticket: Der Arbeitgeber kann Arbeitnehmern die Kosten für das öffentliche Verkehrsmittel steuerfrei ersetzen, diese erhalten dann aber kein Pendlerpauschale und keinen Pendlereuro. Ab 1.7.2021 kann der Arbeitgeber dem Arbeitnehmer eine Wochen-, Monats- oder Jahreskarte steuerfrei zur Verfügung stellen oder die entsprechenden Kosten steuerfrei ersetzen, auch wenn damit nicht nur die Strecke Wohnung–Arbeitsstätte abgedeckt ist.
- Familienheimfahrten: Wochenpendler, die die Voraussetzungen der doppelten Haushaltsführung erfüllen, können die tatsächlichen Kosten der Fahrten zum Familienwohnsitz absetzen (siehe Stichwort „Doppelte Haushaltsführung").

Was sind die grundsätzlichen Voraussetzungen für das Pendlerpauschale und den Pendlereuro?

Das Pendlerpauschale und der Pendlereuro stehen zu, wenn

- entweder der Arbeitsweg (einfache Fahrtstrecke) eine Entfernung von mindestens 20 km umfasst („kleines Pendlerpauschale")

oder

- die Benützung eines Massenbeförderungsmittels zumindest hinsichtlich des halben Arbeitsweges nicht möglich oder nicht zumutbar ist und der Arbeitsweg mindestens 2 km beträgt („großes Pendlerpauschale").

Wie werden das Pendlerpauschale und der Pendlereuro berücksichtigt?

Das Pendlerpauschale und der Pendlereuro können bereits bei der laufenden Lohnverrechnung berücksichtigt werden, wenn man beim Arbeitgeber den Antrag L34 EDV abgibt. Das Formular L34 EDV ist online beim **Pendlerrechner** des Bundesministeriums für Finanzen unter www.bmf.gv.at erhältlich. Die Kriterien für das Pendlerpauschale (Entfernung, Zumutbarkeit des Massenbeförderungsmittels) werden vom Pendlerrechner automatisch berücksichtigt. Das Ergebnis des Pendlerrechners ist bindend, der Ausdruck des ermittelten Ergebnisses des Pendlerrechners ist beim Arbeitgeber abzugeben. Das Ergebnis des Pendlerrechners kann elektronisch signiert an den Arbeitgeber übermittelt werden, da es als amtliches Formular gilt. Liefert der Pendlerrechner dauerhaft kein Ergebnis, ist dies durch einen entsprechenden Ausdruck oder durch ein PDF-Dokument des Pendlerrechners nachzuweisen. Liefert der Pendlerrechner ein falsches Ergebnis, kann man bei der Veranlagung dem Finanzamt gegenüber den Gegenbeweis erbringen. Der Pendlerrechner rechnet nur die Wegstrecken im Inland, allfällige Wegstrecken im Ausland müssen „händisch" ergänzt werden. Innerhalb des Kalenderjahres kann es der Arbeitgeber sogar für Zeiträume vor der Antragstellung nachverrechnen.

Auch nach Jahresende ist noch nichts verloren: Wurde das Pendlerpauschale bzw der Pendlereuro beim laufenden Lohnsteuerabzug nicht oder nicht in voller Höhe berücksichtigt, kann es auch im Rahmen des Veranlagungsverfahrens beantragt werden (auch für Grenzgänger).

Wie hoch sind das Pendlerpauschale bzw der Pendlereuro?

„Kleines Pendlerpauschale" (Massenbeförderungsmittel zumutbar)

Entfernung	Betrag/Monat	Betrag/Jahr
bei mindestens 20 km	58,00 Euro	696,00 Euro
bei mehr als 40 km	113,00 Euro	1.356,00 Euro
bei mehr als 60 km	168,00 Euro	2.016,00 Euro

„Großes Pendlerpauschale" (Massenbeförderungsmittel nicht zumutbar)

Entfernung	Betrag/Monat	Betrag/Jahr
bei mindestens 2 km	31,00 Euro	372,00 Euro
bei mehr als 20 km	123,00 Euro	1.476,00 Euro
bei mehr als 40 km	214,00 Euro	2.568,00 Euro
bei mehr als 60 km	306,00 Euro	3.672,00 Euro

Das Pendlerpauschale wird aber abhängig von der Anzahl der Tage im Kalendermonat, an denen die Entfernung Wohnung–Arbeitsstätte zurückgelegt wird, aliquotiert. Das Gleiche gilt auch für den Pendlereuro, wodurch auch Teilzeitbeschäftigte in den Genuss dieser Pendlerförderung kommen.

Fahrten Wohnung - Arbeitsstätte	Ausmaß des Pendlerpauschales bzw Pendlereuros
• an mindestens vier Tagen, aber nicht mehr als sieben Tagen	1/3
• an mindestens acht Tagen, aber nicht mehr als zehn Tagen	2/3
• an mindestens elf Tagen	Volle Höhe

Das Pendlerpauschale mindert die Lohnsteuerbemessungsgrundlage.

Es ist auch für Feiertage, für Krankenstandstage und für Urlaubstage zu berücksichtigen.

Der Pendlereuro in Höhe von jährlich 2 € pro Kilometer der einfachen Fahrtstrecke zwischen Wohnung und Arbeitsstätte steht zu, wenn Anspruch auf ein Pendlerpauschale besteht. Der Pendlereuro mindert direkt die Lohnsteuer, ist also bares Geld. Wie das Pendlerpauschale wird auch der Pendlereuro je nach Anzahl der Tage, an denen die Entfernung zurückgelegt wird, aliquotiert.

Beispiel:

Die Wegstrecke Wohnung–Arbeitsstätte beträgt 20 km (kleines Pendlerpauschale). Der Arbeitnehmer A fährt diese Wegstrecke vier Mal monatlich. Es steht daher das aliquote kleine Pendlerpauschale (ein Drittel des Freibetrages) für eine Wegstrecke von 20 bis 40 km zu. Weiters steht ein aliquoter Pendlereuro (ein Drittel des Absetzbetrages) zu.

Pendlerpauschale (monatlicher Freibetrag): 696 € / 12 / 3 = 19,33 €
Pendlereuro (monatlicher Absetzbetrag): (20 x 2 €) / 12 / 3 = 1,11 €

Corona: Wird die Fahrtstrecke nur aufgrund der COVID-19 Krise nicht mehr so oft wie bisher zurückgelegt, steht das Pendlerpauschale bis 30. Juni 2021 dennoch unverändert zu. Ab 1.7.2021 wird für den Anspruch auf das Pendlerpauschale und den Pendlereuro (wie vor der COVID-19-Pandemie) wieder auf die Anzahl der tatsächlichen Pendlertage abgestellt.

Wo wirkt sich das Pendlerpauschale noch aus?

Bei Anspruch auf ein Pendlerpauschale erhöht sich der Verkehrsabsetzbetrag auf 690 €, wenn das Einkommen 12.200 € jährlich nicht übersteigt (mit Einschleifbestimmung bis 13.000 € Einkommen).

Auch für Personen, die nur geringe Einkünfte haben und bei denen sich das Pendlerpauschale nicht oder nur teilweise auswirkt, gibt es eine Regelung: Wenn Anspruch auf ein Pendlerpauschale besteht, beträgt die Negativsteuer 50 % und maximal 500 € (ohne Pendlerpauschale ist die Negativsteuer (SV-Rückerstattung) mit 400 € limitiert). Ab 2020 wird diese SV-Rückerstattung (SV-Bonus) bei Beziehern geringer Einkommen um 400 € erhöht.

Wann ist die Benutzung eines Massenverkehrsmittels unzumutbar?

Ein Massenverkehrsmittel ist in folgenden Fällen unzumutbar (dh das große Pendlerpauschale steht zu):

- Wenn zumindest auf der Hälfte der Fahrtstrecke kein Massenbeförderungsmittel verkehrt;
- Bei Vorliegen eines Ausweises gemäß § 29b Straßenverkehrsordnung;
- Bei Eintragung der Unzumutbarkeit der Benützung öffentlicher Verkehrsmittel wegen dauernder Gesundheitsschädigung oder der Blindheit oder einer dauernden Mobilitätseinschränkung im Behindertenpass;
- Bei Befreiung von der Kraftfahrzeugsteuer wegen Behinderung;
- Wenn die Wegzeit hinsichtlich der Dauer nicht zumutbar ist, dh (seit 2014)
  - bis 60 Minuten Zeitdauer ist die Benützung eines Massenbeförderungsmittels stets zumutbar,
  - bei mehr als 120 Minuten Zeitdauer ist die Benützung eines Massenbeförderungsmittels stets unzumutbar,
  - übersteigt die Zeitdauer 60 Minuten, nicht aber 120 Minuten, ist auf die entfernungsabhängige Höchstdauer abzustellen. Diese beträgt 60 Minuten zuzüglich einer Minute pro Kilometer der Entfernung, jedoch maximal 120 Minuten. Angefangene Kilometer sind dabei auf volle Kilometer aufzurunden. Übersteigt die kürzeste mögliche Zeitdauer die entfernungsabhängige Höchstdauer, ist die Benützung eines Massenbeförderungsmittels unzumutbar.

Ist die **Wegzeit** bei der Hinfahrt oder Rückfahrt unterschiedlich lang, dann gilt die längere Wegzeit. Die Wegzeit (Zeitdauer) umfasst die Zeit vom Verlassen der Wohnung bis zum Arbeitsbeginn oder vom Verlassen der Arbeitsstätte bis zur Ankunft in der Wohnung, also Gehzeit oder Anfahrtszeit zur Haltestelle, Fahrzeit mit dem öffentlichen Verkehrsmittel, Wartezeiten usw. Wenn verschiedene öffentliche Verkehrsmittel zur Verfügung stehen, muss man immer von der Benützung des schnellsten öffentlichen Verkehrsmittels ausgehen. Darüber hinaus wird eine optimale Kombination zwischen Massenbeförderungs- und Individualverkehrsmittel unterstellt. Dies gilt auch, wenn dadurch die Fahrtstrecke länger wird. Bei gleitender Arbeitszeit berechnet sich die Wegstrecke nach der optimalen Anpassung von Arbeitsbeginn und Arbeitsende an das Verkehrsmittel.

Die **Wegstrecke** bemisst sich bei zumutbarem Massenbeförderungsmittel nach den Tarifkilometern zuzüglich Anfahrts- oder Gehweg. Im Falle der Unzumutbarkeit wird die schnellste Straßenverbindung herangezogen. Bei mehreren Wohnsitzen ist entweder der zur Arbeitsstätte nächstgelegene Wohnsitz oder der Familienwohnsitz für die Berechnung des Pendlerpauschales maßgeblich.

TIPP

Wird vom Arbeitgeber ein Fahrrad oder Elektrofahrrad zur Verfügung gestellt, steht dennoch das Pendlerpauschale zu.

Welche Sonderfälle können vorkommen?

Wird vom Arbeitgeber ein Öffi-Ticket bezahlt, steht idR kein Pendlerpauschale bzw. Pendlereuro zu (betr allfälligen Kostenbeitrag siehe unter „Öffi-Ticket“).

Wird dem Arbeitnehmer ein **Dienstwagen** für Fahrten zwischen Wohnung und Arbeitsstätte zur Verfügung gestellt, steht kein Pendlerpauschale zu.

Bei **mehreren Dienstverhältnissen** steht nur dann ein zusätzliches Pendlerpauschale zu, wenn dadurch im Lohnzahlungszeitraum überwiegend das Zurücklegen zusätzlicher Wegstrecken verursacht wird. Sind diese zusätzlichen Wegstrecken noch nicht abpauschaliert, kann grundsätzlich das aliquote Pendlerpauschale zusätzlich zum vollen Pendlerpauschale berücksichtigt werden. Allerdings ist im Wege der Veranlagung zu beachten, dass der gesamte Pendlerpauschalefreibetrag mit dem vollen Pendlerpauschale für die gesamte (fiktive) Wegstrecke (aus beiden Dienstverhältnissen) begrenzt ist.

Wochenpendler, die die Voraussetzungen der doppelten Haushaltsführung erfüllen, können für die tatsächlichen Kosten der Fahrten zum Familienwohnsitz als sog. Familienheimfahrten berücksichtigen. Alternativ kann, bei Zurücklegen der entsprechenden Wegstrecke, anstatt der Familienheimfahrten ein aliquotes Pendlerpauschale für die Wegstrecke vom Familienwohnsitz zur Arbeitsstätte berücksichtigt werden.

TIPP

Wenn bei der laufenden Lohnverrechnung kein Pendlerpauschale berücksichtigt wurde, dann sollten Sie den Pendlereuro bzw das Pendlerpauschale jedenfalls bei der Arbeitnehmerveranlagung beantragen.

- **Pflichtversicherungsbeiträge**

Zu den Werbungskosten gehören:

➔ Pflichtbeiträge an gesetzliche Sozialversicherungsträger bzw gleichgestellte Einrichtungen (freiwillige Beiträge können Sonderausgaben darstellen; siehe dort),
➔ Beiträge zu einer inländischen gesetzlichen Krankenversicherung oder Krankenversorgungseinrichtung (soweit sie Pflichtbeiträgen entsprechen),
➔ Arbeitnehmerbeiträge von gemäß § 5 ASVG aus der Vollversicherung ausgenommenen Dienstnehmern,
➔ Sozialversicherungsbeiträge aufgrund einer geringfügigen Beschäftigung (auch wenn man freiwillig in die Sozialversicherung optiert),
➔ Dienstnehmer-Beiträge an das Pensionsinstitut für Verkehr und öffentliche Einrichtungen.

Versicherungsbeiträge werden ohne höhenmäßige Begrenzung und ohne Anrechnung auf das Werbungskostenpauschale idR im Zuge der Lohnverrechnung berücksichtigt. Beiträge aufgrund einer geringfügigen Beschäftigung, die vom Arbeitgeber nicht berücksichtigt wurden, sind bei der Veranlagung zu beantragen.

- **Politische Funktionäre**

Mitglieder einer Stadt-, Gemeinde- oder Ortsvertretung (Bürgermeister, Gemeinderäte, Bezirksvorsteher usw) können wählen: Entweder werden die einzelnen Werbungskosten nach den allgemeinen Grundsätzen geltend gemacht oder es wird stattdessen ein Pauschbetrag in Höhe von 15 % der Bemessungsgrundlage (Bruttobezüge abzüglich der steuerfreien und der sonstigen Bezüge), mindestens 438 €, höchstens 2.628 € jährlich beantragt. Steuerfreie Ersätze des Arbeitgebers kürzen den Pauschbetrag. Wird der Pauschbetrag in Anspruch genommen, muss der Steuererklärung eine Bestätigung des Arbeitgebers über Art und Dauer der Tätigkeit sowie Höhe der gewährten Ersätze beigelegt werden.

Für alle anderen politischen Funktionäre (zB Abgeordnete) gelten die allgemeinen Bestimmungen. In der nachfolgenden Aufstellung finden Sie daher die gängigsten Werbungskosten dieses Personenkreises zusammengestellt. Die Restriktionen bei der Abzugsfähigkeit sowie zusätzliche Hinweise sind dem jeweiligen Stichwort im ABC der Werbungskosten zu entnehmen. Es empfiehlt sich, ein Heft bzw einen Ordner anzulegen, in dem gegliedert nach verschiedenen Gruppen (analog zur folgenden Kopiervorlage) die Aufwendungen fortlaufend datumsweise eingetragen werden.

Die Angaben auf diesem Musterblatt entsprechen genau den Anforderungen Ihres Finanzamtes (ein eigenes Formblatt dafür gibt es nicht). Verwenden Sie daher am besten eine Kopie dieses Musterblattes – mit den entsprechenden Angaben versehen – als Vorlage. Sämtliche Vorlagen in diesem Buch finden Sie unter www.steuersparbuch.at/vorlagen2021 zum Download.

Beilage zum Werbungskostenantrag für politische Funktionäre

Zur Vorlage an das Finanzamt ....

Name: ....

SV-Nr: ....

Politische Funktion: ....

Jahr: ....

Partei- und Klubbeiträge
(Beiträge, die aufgrund der politischen Funktion geleistet werden müssen; nicht hingegen Mitgliedsbeiträge, die auch von Nicht-Funktionären bezahlt werden) ....

Werbeaufwendungen:
Geld- oder Sachspenden (Pokale, Tombolaspenden, Ballspenden usw; nicht hingegen Spenden für soziale, mildtätige oder ähnliche Zwecke) ....

Bewirtungsspesen (50 % der tatsächlichen Aufwendungen)
(nur im Rahmen politischer Veranstaltungen, zur Informationsbeschaffung oA im Wahlsprengel) ....

Reisekosten (soweit von der bezugsauszahlenden Stelle nicht ersetzt)

Kfz-Kosten/Kilometergelder PKW ...., ... km x 0,42 € Kilometergelder sind für Fahrten zu politischen Veranstaltungen und auch „Human-relations"-Veranstaltungen bis insgesamt 30.000 km jährlich absetzbar	....	
Bus/Bahn/Flug/Taxi*	....	
Tagesgelder (Inland: 2,20 €/Stunde, max 26,40 €/Tag, ab 25 km)	....	
Nächtigungsgelder (pauschal Inland 15 €/laut Beleg*)	....	....

Arbeitszimmer (nur in Ausnahmefällen!)

Anteilige Mietkosten/Gebäude-AfA*	....	
Einrichtung bis 800 € [bis 2019: 400 €] sofort, darüber 1/10 AfA*)	....	
Betriebskosten	....	
Telefongebühren		
....	....	....

Arbeitsmittel

Computer	....	
Drucker	....	
Software	....	
Büromaterialien	....	
Visitenkarten	....	
....	....	....
Internet (einmalige Kosten, Providerkosten; Ausmaß der beruflichen Nutzung ...%)	....	....

Aus- und Fortbildungskosten (soweit selbst bezahlt)

....

....

Fachliteratur (spezifische Fachliteratur; Tageszeitungen und politische Magazine erst ab dem jeweils dritten Abonnement): ....

Sonstiges:

....	....	
....	....	....

Summe der Werbungskosten
abzüglich steuerfreie Ersätze der bezugsauszahlenden Stelle ....

Abzugsfähige Werbungskosten
(in Steuererklärung übernehmen) ....

* Nichtzutreffendes streichen

- **Provisionen, Löhne**

Lässt man als Arbeitnehmer einen Teil seiner Arbeit von Dritten gegen Bezahlung erledigen, so liegen nur in Ausnahmefällen Werbungskosten vor. Bejaht wird das zB bei Vertretern und Hausbesorgern, abgelehnt dagegen hat der Verwaltungsgerichtshof beispielsweise Zahlungen eines Bezirkshauptmanns oder eines Schulleiters an die Ehegattin für die Übernahme von Schreibarbeiten.

- **Prozesskosten**

Für Prozesskosten (Gerichts- und Anwaltskosten, Stempelgebühren usw) gilt Folgendes:

➜ Kosten eines berufsbedingten Zivilprozesses (zB über die Höhe des Arbeitslohnes, über Schadenersatzforderungen aus dem Dienstverhältnis) sind Werbungskosten.

➜ Kosten eines gerichtlichen oder verwaltungsbehördlichen Strafverfahrens, das in engem Zusammenhang mit der beruflichen Tätigkeit steht, sind dann Werbungskosten, wenn es nicht zu einem rechtskräftigen Schuldspruch des Arbeitnehmers kommt oder wenn nur ein geringes Verschulden des Steuerpflichtigen vorliegt.

➜ Verfahrenskosten im Zusammenhang mit dem Rücktritt von der Verfolgung einer strafbaren Handlung (Diversion) sind ebenso wie eine Diversionszahlung nicht abzugsfähig.

Wird man zum Teil freigesprochen und zum Teil schuldig gesprochen, dann sind die Prozesskosten anteilig (im Schätzungswege) abzugsfähig.

- **Reisekosten**

Wann liegt eine beruflich veranlasste Reise vor?

Beruflich veranlasst sind Reisen

- über Auftrag des Dienstgebers,
- im Zusammenhang mit Berufsfortbildung aus eigener Initiative oder
- zur Erlangung eines neuen Arbeitsplatzes.

Keine berufliche Veranlassung liegt vor, wenn die Reise mit privaten Erholungs- und Bildungsinteressen untrennbar vermengt ist (zB im Zuge einer Urlaubsreise wird nebenbei auch ein beruflicher Termin wahrgenommen). Lassen sich hingegen bei gemischt veranlassten Reisen die beruflichen Reiseabschnitte klar von privaten Reiseabschnitten trennen, ist eine Aufteilung bzw Zuordnung von Fahrtkosten (im Verhältnis der beruflichen zur privaten Aufenthaltsdauer) sowie der Verpflegungsmehraufwendungen und Nächtigungsgelder (nach der jeweiligen Zuordnung beruflich oder privat) vorzunehmen.

Fahrtkosten können für jede beruflich veranlasste Reise abgesetzt werden. Bei den Diäten hingegen muss das Reiseziel mindestens 25 Kilometer vom Dienstort entfernt sein und die Reise länger als drei Stunden (im Ausland länger als fünf Stunden) dauern.

Keine Reise im obigen Sinn liegt vor, wenn die Fahrt lediglich zum **Mittelpunkt der Tätigkeit** führt. Folgende Fälle unterscheidet die Finanz dabei:

1. Reisen zum normalen Dienstort: Hier stehen weder Diäten noch Fahrtkosten zu (sondern gegebenenfalls lediglich das Pendlerpauschale).
2. Reisen eines Außendienstmitarbeiters in den Betrieb, um Innendienst zu verrichten: ebenfalls weder Diäten noch Fahrtkosten.
3. Reisen eines Außendienstmitarbeiters in den Betrieb, um Unterlagen zu holen, das Fahrzeug zu wechseln oÄ: Es liegt kein Innendienst vor, daher können die anfallenden Reisekosten geltend gemacht werden.

Ebenfalls keine Reise liegt dann vor, wenn neben dem eigentlichen Mittelpunkt (Dienstort, an dem „Innendienst" verrichtet wird) noch ein **weiterer Mittelpunkt der Tätigkeit** begründet wird. Das passiert in folgenden Fällen:

1. Man ist länger als fünf Tage durchgehend an ein und demselben Einsatzort tätig oder
2. man ist regelmäßig wiederkehrend (zB wöchentlich an einem Tag) an einem Einsatzort tätig und überschreitet die Anfangsphase von fünf Tagen oder
3. man ist wiederkehrend, aber nicht regelmäßig an einem Einsatzort tätig und überschreitet eine Anfangsphase von 15 Tagen oder
4. man fährt im Zuge von regelmäßigen Reisen, etwa als Vertreter, mehrere Orte eines bestimmten Zielgebietes (zB Bezirk) an.

Wenn ein Ort auf Grund eines durchgehenden oder wiederkehrenden Einsatzes zu einem Mittelpunkt der Tätigkeit wird, können Tagesgelder nur für die ersten fünf Tage (bzw 15 Tage) abgesetzt werden. Und diese auch nur dann, wenn man erstmals oder zuletzt vor mehr als sechs Monaten an diesem Ort tätig war. Fahrtkosten und Nächtigungsaufwendungen bleiben aber auch in diesen Fällen abzugsfähig, wenn der eigentliche Dienstort beibehalten wird. **Hinweis:** Die obige Einschränkung für die Tagesgelder gilt ebenfalls bei Fortbildungsveranstaltungen (Kurse, Seminare).

ACHTUNG

Auch eine **Fahrtätigkeit** begründet hinsichtlich des Fahrzeuges (Kfz, Bus, Bahn) dann einen Mittelpunkt der Tätigkeit, wenn sie

1. regelmäßig in einem lokal eingegrenzten Bereich (zB ständige Fahrten für Bezirksauslieferungslager, Patrouillentätigkeit von Gendarmerie oder Straßendiensten) oder
2. auf (nahezu) gleich bleibenden Routen (zB Zustelldienst, bei dem wiederkehrend dieselben Zielorte angefahren werden) oder

3. innerhalb des vom Arbeitgeber ständig befahrenen Linien- oder Schienennetzes (zB Zugbegleiter der ÖBB, Kraftfahrer einer Autobuslinie, und zwar hinsichtlich des gesamten Netzes, das vom jeweiligen Verkehrsunternehmen als Arbeitgeber betrieben wird!)

erfolgt.

Die Konsequenz wiederum: Tagesgelder nur für die ersten fünf Tage („Anfangsphase"), und zwar auch nur dann, wenn man diese Fahrtätigkeit erstmals oder zuletzt vor mehr als sechs Monaten ausgeführt hat.

TIPP

Für Belegschaftsvertreter: Eine berufliche Veranlassung durch das Dienstverhältnis ist bei Reisekosten oder sonstigen Aufwendungen (Ausgaben), die im Zusammenhang mit einer Funktion als Personalvertreter, als Gewerkschafter, als Betriebsrat oder als Funktionär der Richtervereinigung stehen, nicht gegeben. Erhält man aber vom Dienstgeber für seine Tätigkeit als Personalvertreter, Betriebsrat oder Gewerkschafter lohnsteuerpflichtige Ersätze, so sind Reisekosten im Rahmen der gesetzlichen Sätze steuerfrei.

Welche Reisekosten können geltend gemacht werden?

Liegt nun eine steuerliche Reise vor, können dafür folgende Aufwendungen beantragt werden:

- Fahrtkosten,
- Verpflegungsmehraufwand („Tagesgeld") und
- Nächtigungsaufwand

Die Werbungskosten berechnet man so, dass zuerst die maximal zustehenden Reisekosten ermittelt und davon dann die steuerfreien Ersätze des Arbeitgebers abgezogen werden. Dazu verwendet man am besten die nachstehende Kopiervorlage.

Fahrtkosten anlässlich einer beruflich veranlassten Reise stellen im tatsächlich angefallenen Umfang Werbungskosten dar (Bus, Bahn, Flug, Taxi, Kfz). Benützt man dabei sein eigenes Kraftfahrzeug, können die tatsächlichen Kosten oder Kilometergelder angesetzt werden (Höhe siehe „Kilometergeld"). Für die Fahrtkosten müssen selbstverständlich weder die Mindestentfernung von 25 km noch eine Mindestdauer erfüllt sein. Als Nachweis bei Fahrtkosten mit einem Kfz verlangt die Finanz im Allgemeinen ein Fahrtenbuch (Muster siehe Stichwort „Kraftfahrzeug") oder zumindest Reisekostenrechnungen. Werbungskosten gibt es zB dann, wenn man auf der Dienstreise mit dem eigenen PKW fährt, der Arbeitgeber aber weniger als das amtliche Kilometergeld oder überhaupt nur ein öffentliches Verkehrsmittel bezahlt.

Verpflegungsmehraufwand (Tagesgeld) gibt es nur, wenn eine Reise (dh eine Entfernung von mindestens 25 km) vorliegt. Und auch dann nicht unbegrenzt: Die Berücksichtigung ist mit den pauschalen Tagesgeldern limitiert. Höhere Beträge sind auch im Falle des Nachweises tatsächlicher Kosten nicht zu berücksichtigen.

Bei **Inlandsreisen** beträgt der Werbungskostenabzug für den Verpflegungsmehraufwand **26,40 €** für 24 Stunden und so wird gerechnet:

- Dauert die Reise bis zu drei Stunden, steht kein Tagesgeld zu.
- Bei länger dauernden Reisen gibt es für jede angefangene Stunde 2,20 € (= 1/12 von 26,40 €).
- Dauert eine Reise mehr als 11 Stunden, so steht der volle Satz zu (gilt aber für 24 Stunden).
- Jede Reise ist für sich zu rechnen.

Beispiel:

Beginn der Reise:	Montag, 10.00 h	
Ende:	Dienstag, 15.00 h	
Tagesgeld:		
Montag, 10.00 h, bis Dienstag, 10.00 h: 1 × 26,40 € =		26,40 €
Dienstag, 10.00 h bis 15.00 h: 5 × 2,20 € =		11,00 €
		37,40 €
Nächtigungsgeld pauschal		15,00 €
Abzugsfähige Reisekosten insgesamt		52,40 €

Bei **Auslandsreisen** ist für den Verpflegungsmehraufwand der vom jeweiligen Land abhängige Höchstsatz laut Reisegebührenvorschrift der Bundesbediensteten heranzuziehen (die aktuellen Auslandsreisesätze siehe auf den folgenden Seiten).

Die Berechnung ist analog wie bei den Inlandsreisen (für jede angefangene Stunde ein Zwölftel). Bei Auslandstätigkeiten, bei denen ein Mittelpunkt der Tätigkeit begründet wird, kann dennoch ein Mehraufwand für die höheren Lebenshaltungskosten abgesetzt werden, und zwar in Höhe der Differenz des Auslandstagesgeldes zu dem um 50 % erhöhten Inlandstagesgeld (39,60 €).

Für die Frage, ob neben den Auslandsreisesätzen zusätzlich anteilige Inlandsreisesätze zum Zuge kommen, ist von einer einheitlichen Reise auszugehen. Ab dem Grenzübertritt (bei Flugreisen ab dem Abflug bzw bis zur Ankunft im Inland) kommen die Sätze für das jeweilige Land zur Anwendung. Sodann sind von der in Tagen bzw in Zwölfteln ausgedrückten Gesamtreisezeit die durch die Auslandsreisesätze erfassten Tage bzw Zwölftel abzuziehen; für die verbleibenden Reisezeiten steht das Inlandstagesgeld zu.

Beispiel:

Die Reise Wien-Frankfurt erfolgt mit dem PKW bzw mit der Bahn.

Beginn der Reise:	07.00 h
Grenzübertritt Salzburg:	11.15 h
Grenzübertritt bei Rückfahrt:	15.00 h nächster Tag
Ende der Reise:	18.10 h

Es gebührt für den BRD-Aufenthalt (27 3/4 Stunden) ein voller Tagessatz (= 12/12) plus 4/12. Da die Reise insgesamt 35 Stunden 10 Minuten dauert, stehen insgesamt aber zwei Tagessätze (= 24/12) zu. Das Inlandstagesgeld errechnet sich aus dem Gesamtanspruch (24/12) abzüglich des Auslandsanteils (16/12) und beträgt daher 17,60 € (= 8/12).

Wird im Rahmen der Auslandstätigkeit ein Mittelpunkt der Tätigkeit im Ausland begründet (zB bei Entsendung des Dienstnehmers zu Fortbildungszwecken), kann auf Grund des Kaufkraftunterschiedes auch ohne Vorliegen einer „Reise" ein beruflich bedingter Verpflegungsmehraufwand anfallen (wenn die inländischen Lebenshaltungskosten um mehr als die Hälfte überschritten werden; das ist dann der Fall, wenn das jeweilige Auslandstagesgeld das um 50 % erhöhte Inlandstagesgeld iHv 39,60 € übersteigt).

Der **Nächtigungsaufwand** ist alternativ in Höhe der nachgewiesenen tatsächlichen Kosten oder – ohne Nachweis – in pauschaler Höhe (Inland: 15 €, Ausland: laut Liste) absetzbar. Der Nächtigungsaufwand umfasst sowohl die Kosten der Nächtigung selbst als auch die Kosten des Frühstücks. Diese können daher zusätzlich zu tatsächlich nachgewiesenen Übernachtungskosten oder bei Beistellung der Unterkunft durch den Arbeitgeber abgesetzt werden, nicht aber neben dem Pauschalbetrag. Stellt der Arbeitgeber Nächtigungsquartiere kostenlos zur Verfügung, so entstehen keine Werbungskosten. Lediglich bei Fernfahrern, die in der Schlafkabine ihres Fahrzeuges übernachten, steht im Hinblick auf die Frühstückskosten ein Nächtigungspauschale von 4,40 € im Inland bzw 5,85 € im Ausland zu.

ACHTUNG

Die Aufwendungen für **„Arbeitsessen"** mit ausschließlichem oder weitaus überwiegendem Werbecharakter sind grundsätzlich sowohl hinsichtlich der Bewirteten als auch hinsichtlich der eigenen Konsumationen zur Hälfte absetzbar (siehe Stichwort „Arbeitsessen"). Aber: Die zu berücksichtigenden Tagesdiäten werden dabei bei Inlandsreisen **um je 13,20 € pro Mahlzeit** (Mittag- bzw Abendessen) **gekürzt.** Bei Auslandsreisen erfolgt bei einem Geschäftsessen pro Tag keine Kürzung, bei zwei Geschäftsessen steht nur ein Drittel des jeweiligen Höchstsatzes zu.

Beispiel:

Reisebeginn 8 Uhr, mittags vom Arbeitnehmer bezahltes Arbeitsessen mit einem Geschäftsfreund, Reiseende 17 Uhr.

Tagesgeld für Stunden (9/12 von 26,40 €)	19,80 €
abzüglich 13,20 € für Mittagessen	13,20 €
verbleibt abzugsfähiges Tagesgeld	6,60 €
sowie abzugsfähiger Aufwand für Arbeitsessen	30,00 €
Werbungskosten insgesamt	36,60 €

Die Angaben auf diesem Musterblatt entsprechen genau den Anforderungen Ihres Finanzamtes (ein eigenes Formblatt dafür gibt es nicht). Verwenden Sie daher am besten eine Kopie dieses Musterblattes – mit den entsprechenden Angaben versehen – als Vorlage. Sämtliche Vorlagen in diesem Buch finden Sie unter www.steuersparbuch.at/vorlagen2021 zum Download.

Download 16

Reisekosten für das Jahr . . . .

Zur Vorlage beim Finanzamt ....

für das Jahr: ....

Name: ....

SV-Nr: ....

Beruf: ....

Seite: ....

Datum	Beginn/Ende der Reise	Reiseziel/-zweck	Reisekosten FK TG NG	Ersätze des Arbeitgebers FK TG NG	Differenz-Webungskosten FK TG NG
Summe/Übertrag:					

Bestätigung des Arbeitgebers:

Für die beruflich veranlassten Reisen wurden steuerfreie Ersätze in der oben angeführten Höhe getätigt.

Datum:

Firmenstempel/Unterschrift:

FK = Fahrtkosten, TG = Tagesgelder, NG = Nächtigungsgelder/-kosten

Auslandsreisesätze

Land	Tagesgebühr	Nächtigungsgebühr
	Euro	
I. Europa		
Albanien	27,9	20,9
Belarus	36,8	31,0
Belgien	35,3	22,7
Brüssel	41,4	32,0
Bosnien-Herzegowina	31,0	23,3
Bulgarien	31,0	22,7
Dänemark	41,4	41,4
Deutschland und österreichische Zollausschlussgebiete	35,3	27,9
Grenzorte	30,7	18,1
Estland	36,8	31,0
Finnland	41,4	41,4
Frankreich	32,7	24,0
Paris und Straßburg	35,8	32,7
Griechenland	28,6	23,3
Großbritannien und Nordirland	36,8	36,4
London	41,4	41,4
Irland	36,8	33,1
Island	37,9	31,4
Italien	35,8	27,9
Rom und Mailand	40,6	36,4
Grenzorte	30,7	18,1
Jugoslawien	31,0	23,3
Kroatien	31,0	23,3
Lettland	36,8	31,0
Liechtenstein	30,7	18,1
Litauen	36,8	31,0
Luxemburg	35,3	22,7
Malta	30,1	30,1
Moldau	36,8	31,0
Niederlande	35,3	27,9
Norwegen	42,9	41,4
Polen	32,7	25,1
Portugal	27,9	22,7
Rumänien	36,8	27,3
Russische Föderation	36,8	31,0
Moskau	40,6	31,0
Schweden	42,9	41,4
Schweiz	36,8	32,7
Grenzorte	30,7	18,1
Slowakei	27,9	15,9
Pressburg	31,0	24,4
Slowenien	31,0	23,3
Grenzorte	27,9	15,9
Spanien	34,2	30,5
Tschechien	31,0	24,4
Grenzorte	27,9	15,9
Türkei	31,0	36,4
Ukraine	36,8	31,0
Ungarn	26,6	26,6
Budapest	31,0	26,6
Grenzorte	26,6	18,1
Zypern	28,6	30,5
II. AFRIKA		
Ägypten	37,9	41,4
Algerien	41,4	27,0
Angola	43,6	41,4
Äthiopien	37,9	41,4
Benin	36,2	26,6
Burkina Faso	39,2	21,1
Burundi	37,9	37,9
Côte d'Ivoire	39,2	32,0
Demokrat. Republik Kongo	47,3	33,1
Dschibuti	45,8	47,3
Gabun	45,8	39,9
Gambia	43,6	30,1
Ghana	43,6	30,1
Guinea	43,6	30,1

Auslandsreisesätze

Land	Tagesgebühr	Nächtigungsgebühr
	Euro	Euro
Kamerun	45,8	25,3
Kap Verde	27,9	19,6
Kenia	34,9	32,0
Liberia	39,2	41,4
Libyen	43,6	36,4
Madagaskar	36,4	36,4
Malawi	32,7	32,7
Mali	39,2	31,2
Marokko	32,7	21,8
Mauretanien	33,8	31,2
Mauritius	36,4	36,4
Mosambik	43,6	41,4
Namibia	34,9	34,0
Niger	39,2	21,1
Nigeria	39,2	34,2
Republik Kongo	39,2	26,8
Ruanda	37,9	37,9
Sambia	37,1	34,0
Senegal	49,3	31,2
Seychellen	36,4	36,4
Sierra Leone	43,6	34,2
Simbabwe	37,1	34,0
Somalia	32,7	29,0
Südafrika	34,9	34,0
Sudan	43,6	41,4
Tansania	43,6	32,0
Togo	36,2	26,6
Tschad	36,2	26,6
Tunesien	36,2	29,2
Uganda	41,4	32,0
Zentralafrikanische Republik	39,2	29,0
III. AMERIKA		
Argentinien	33,1	47,3
Bahamas	48,0	30,5
Barbados	51,0	43,6
Bolivien	26,6	25,1
Brasilien	33,1	36,4
Chile	37,5	36,4
Costa Rica	31,8	31,8
Dominikanische Republik	39,2	43,6
Ecuador	26,6	21,6
El Salvador	31,8	26,2
Guatemala	31,8	31,8
Guyana	39,2	34,2
Haiti	39,2	27,7
Honduras	31,8	27,0
Jamaika	47,1	47,1
Kanada	41,0	34,2
Kolumbien	33,1	35,1
Kuba	54,1	27,7
Mexiko	41,0	36,4
Nicaragua	31,8	36,4
Niederländische Antillen	43,6	27,7
Panama	43,6	36,4
Paraguay	33,1	25,1
Peru	33,1	25,1
Suriname	39,2	25,1
Trinidad und Tobago	51,0	43,6
Uruguay	33,1	25,1
USA	52,3	42,9
New York und Washington	65,4	51,0
Venezuela	39,2	35,1
IV. ASIEN		
Afghanistan	31,8	27,7
Armenien	36,8	31,0
Aserbaidschan	36,8	31,0
Bahrain	54,1	37,5
Bangladesch	31,8	34,2
Brunei	33,1	42,1
China	35,1	30,5

Auslandsreisesätze

Land	Tagesgebühr	Nächtigungsgebühr	Land	Tagesgebühr	Nächtigungsgebühr
	Euro			Euro	
Georgien	36,8	31,0	Mongolei	29,4	29,4
Hongkong	46,4	37,9	Myanmar	29,4	29,4
Indien	31,8	39,9	Nepal	31,8	34,2
Indonesien	39,2	32,0	Oman	54,1	37,5
Irak	54,1	36,4	Pakistan	27,7	25,1
Iran	37,1	29,0	Philippinen	32,5	32,5
Israel	37,1	32,5	Saudi-Arabien	54,1	37,5
Japan	65,6	42,9	Singapur	43,6	44,7
Jemen	54,1	37,5	Sri Lanka	31,8	32,7
Jordanien	37,1	32,5	Syrien	32,7	29,0
Kambodscha	31,4	31,4	Tadschikistan	36,8	31,0
Kasachstan	36,8	31,0	Taiwan	39,2	37,5
Katar	54,1	37,5	Thailand	39,2	42,1
Kirgisistan	36,8	31,0	Turkmenistan	36,8	31,0
Korea, Demokratische Volksrepublik	32,5	32,5	Usbekistan	36,8	31,0
Korea, Republik	45,3	32,5	Vereinigte Arabische Emirate	54,1	37,5
Kuwait	54,1	37,5	Vietnam	31,4	31,4
Laos	31,4	31,4	**V. AUSTRALIEN**		
Libanon	31,8	35,1	Australien	47,3	39,9
Malaysia	43,6	45,1	Neuseeland	32,5	36,4

• Rückzahlung von Aus-/Fortbildungskosten

In Dienstverträgen oder Betriebsvereinbarungen findet sich häufig die Klausel, dass die Kosten für die firmeninterne Aus- und Fortbildung bei Beendigung des Dienstverhältnisses zurückgezahlt werden müssen. Und weil man damit – nachträglich – für den Erwerb von berufsspezifischem Wissen zahlt, kann der Aufwand als Werbungskosten abgesetzt werden (Bestätigung des Arbeitgebers über Art und Höhe der Rückzahlung).

• Rückzahlung von Einnahmen

Sollte es einmal wirklich vorkommen, dass man zu viel Lohn erhalten hat und diesen nun zurückzahlen muss, führt das zu einem Steuerabzugsposten: Zu den Werbungskosten zählt nämlich auch die Erstattung (Rückzahlung) von Einnahmen, sofern weder der Zeitpunkt des Zufließens noch der Zeitpunkt der Erstattung willkürlich festgesetzt wurde. Die Rückzahlung von steuerfreien Einnahmen ist nicht abzugsfähig.

Erfolgt die Rückzahlung im Rahmen eines aufrechten Dienstverhältnisses, so muss der Arbeitgeber die rückerstatteten Beträge bereits bei der Lohnverrechnung als Steuerfreibetrag berücksichtigen. Zahlt man erst nach Beendigung des Dienstverhältnisses an einen früheren Arbeitgeber, so kann die Berücksichtigung nur im Rahmen der Veranlagung durch das Finanzamt erfolgen.

- **Schauspieler**

Bühnenangehörige und Filmschauspieler, das sind zB Schauspieler, Komiker, Conférenciers, Sänger, Tänzer, Statisten, Darsteller in Werbesendungen sowie sonstige Personen, die in Filmen oder auf Bühnen auftreten, können wählen: Entweder werden die einzelnen Werbungskosten nach den allgemeinen Grundsätzen geltend gemacht oder es wird stattdessen ein Pauschbetrag in Höhe von 5 % der Bemessungsgrundlage (Bruttobezüge abzüglich der steuerfreien und der sonstigen Bezüge), maximal 2.628 € jährlich, beantragt. Steuerfreie Ersätze des Arbeitgebers kürzen den Pauschbetrag. Wird der Pauschbetrag in Anspruch genommen, muss der Steuererklärung eine Bestätigung des Arbeitgebers über Art und Dauer der Tätigkeit sowie Höhe der gewährten Ersätze beigelegt werden.

Eine Kopiervorlage für die Bestätigung des Arbeitgebers bei pauschalierten Werbungskosten findet sich in Kapitel A.1.4.1. Ein Muster für die Auflistung der tatsächlichen Werbungskosten ist unter dem Stichwort „Journalisten" abgedruckt.

- **Sozialversicherungsbeiträge**

Siehe Stichwort „Pflichtbeiträge".

- **Sportgeräte**

Nachgewiesene Aufwendungen eines Schi- oder Snowboardlehrers für Sportgeräte und -ausrüstung sind nach Maßgabe folgender Bestimmungen abzugsfähig:

➔ Abzugsfähig sind berufsbezogene Aufwendungen, die keine Lebensführungsaufwendungen sind. Dementsprechend sind Aufwendungen für Sportgeräte und -ausrüstung (Schi, Stöcke, Schischuhe, Snowboard, Snowboardschuhe, Helm, Schioberbekleidung, die nicht zur Verfügung gestellt werden) dem Grunde nach abzugsfähig. Aufwendungen für andere Kleidungsstücke als Schioberbekleidung sind dem Grunde nach nicht abzugsfähig.

➔ Nur der der Berufsausübung zuzuordnende Anteil der Aufwendungen ist abzugsfähig. Im Schätzungsweg können für jeden vollen Monat der ausgeübten Tätigkeit 20 % der angefallenen Aufwendungen abgezogen werden.

Bei Berufssportlern kann eine ausschließlich berufliche Veranlassung und damit die steuerliche Begünstigung vorliegen.

- **Strafen**

Strafen und Geldbußen von Gerichten oder Verwaltungsbehörden, Verbandsgeldbußen, Abgabenerhöhungen nach dem Finanzstrafgesetz sowie Leistungen aus Anlass einer Diversion sind nicht abzugsfähig. Dies gilt auch dann, wenn eine Straftat in Ausübung des Berufes begangen wurde und private Interessen nicht berührt wurden.

Vertragsstrafen (Konventionalstrafen) wie zB wegen des Verstoßes gegen eine Konkurrenzklausel sind dagegen als Werbungskosten abzugsfähig.

• Studienbeiträge

Siehe „Aus- und Fortbildungskosten".

• Studienreisen

Bei Studienreisen vermutet die Finanz meist Urlaub und Erholung und legt daher einen strengen Maßstab an. Die Kosten für so genannte Studienreisen werden aber dann als Werbungskosten anerkannt, wenn sie ausschließlich beruflich veranlasst sind und folgende **Voraussetzungen** erfüllen:

- Planung und Durchführung der Reise erfolgen entweder im Rahmen einer lehrgangsmäßigen Organisation oder in einer anderen Weise, die den beruflichen Anlass einwandfrei erkennen lässt.
- Erworbene Kenntnisse müssen im Beruf verwertbar sein.
- Das Programm muss einseitig und nahezu ausschließlich auf die Berufsgruppe zugeschnitten sein.
- Das Programm muss – orientiert an der Normalarbeitszeit – durchschnittlich acht Stunden täglich betragen.

Treffen diese Voraussetzungen zu, sind alle damit im Zusammenhang stehenden Aufwendungen (zB Fahrtkosten, Aufenthaltskosten, Teilnahmegebühren, Kongressunterlagen) als Werbungskosten absetzbar. Lässt sich bei Studienreisen der beruflich veranlasste Reiseabschnitt klar vom privaten Reiseabschnitt trennen, sind die beruflich veranlassten Aufwendungen (zB anteilige Hotel- und Flugkosten, Teilnahmegebühren, Kongressgebühren) abzugsfähig. Ist die Reise hingegen durch ein Programm geprägt, das private Erholungs- und Bildungsinteressen mit beruflichen Interessen untrennbar vermengt (Mischprogramm), liegt keine berufliche Veranlassung vor.

Hinsichtlich der absetzbaren Aufwendungen siehe auch Stichwort „Fortbildung" und „Reisekosten".

Beispiele aus Entscheidungen des Verwaltungsgerichtshofes	Werbungskosten
Fachkongresse, die einseitig auf bestimmte Berufsgruppen ausgerichtet sind und bei denen allgemein interessierende Programmpunkte nicht mehr Zeit einnehmen als die normale Freizeit während der Berufstätigkeit	ja
Sprachaufenthalt eines Verwaltungsjuristen in England, wobei der dort besuchte Sprachkurs keinen Einfluss auf die Einnahmen als Beamter hat	nein
Studienreise eines Geschichte- und Lateinprofessors nach Ägypten, wenn das Programm für alle Kulturbewussten interessant ist	nein
Studienreise eines Architekten zur Besichtigung von Städten und Baulichkeiten	nein
Kosten einer Volksschullehrerin im Rahmen einer fremdsprachlichen Vorschulung (Schulversuch) zum Erlernen der englischen Sprache im Ausland	nein

• Telefon

Kosten für beruflich veranlasste Telefonate mit dem privaten Telefon (zB Terminvereinbarungen durch Vertreter) sind im tatsächlichen Umfang als Werbungskosten absetzbar. Dabei können sowohl Gesprächsgebühren als auch die Grundgebühr im Verhältnis des beruflich veranlassten Teiles berücksichtigt werden. Fehlt Ihnen mangels getrennter Abrechnung der genaue Nachweis, dann können Sie den beruflichen Anteil schätzen.

Corona: Die Kosten für beruflich veranlasste Telefonate mit dem privaten Telefon sind absetzbar. Anteilige Aufwendungen für die Zeit des Homeoffice sind absetzbar. Die Höhe ist allenfalls zu schätzen.

Achtung: Pauschale Spesenersätze des Arbeitgebers für die berufliche Nutzung von Telefon sind steuerpflichtiger Arbeitslohn. Der Arbeitnehmer kann jedoch seine Ausgaben als Werbungskosten geltend machen.

• Umzugskosten

Umzugskosten sind Werbungskosten, wenn der Umzug beruflich veranlasst ist. Folgende Fälle akzeptiert die Finanz:

1. Umzug beim erstmaligen Antritt eines Dienstverhältnisses,
2. Umzug beim Wechsel des Dienstgebers,
3. Umzug im Falle einer dauernden Versetzung durch den gegenwärtigen Dienstgeber oder
4. Umzug zur Vermeidung eines unzumutbar langen Arbeitsweges.

Umzugskosten ohne Wechsel des Dienstortes und ohne Verpflichtung, eine Dienstwohnung zu beziehen, sind nicht absetzbar. Liegt ein beruflich veranlasster Umzug vor, so kann man insbesondere folgende Ausgaben als Werbungskosten absetzen:

➔ Ausgaben für die Erlangung der Wohnung am Dienstort (Inserate, Vermittlungsprovisionen etc.; nicht aber Wohnungsablösen oder die Anschaffungskosten für Hausrat),

➔ Kosten für den Transport des Hausrates.

• Unfallkosten

Siehe Stichwort „Kraftfahrzeug“.

• Vertreter

Vertreter, das sind Personen, die im Außendienst zum Zweck der Anbahnung und des Abschlusses von Geschäften und zur Kundenbetreuung tätig sind, können wählen: Entweder werden die einzelnen Werbungskosten nach den allgemeinen Grundsätzen geltend gemacht oder es wird stattdessen ein Pauschbetrag in Höhe von 5 % der Bemessungsgrundlage (Bruttobezüge abzüglich der steuerfreien und der sonstigen Bezüge), maximal 2.190 € jährlich, beantragt. Wird der Pauschbetrag in Anspruch genommen, muss der Steuererklärung eine Bestätigung des Arbeitgebers über Art und Dauer der Tätigkeit beigelegt werden.

Die Angaben auf diesem Musterblatt entsprechen genau den Anforderungen Ihres Finanzamtes (ein eigenes Formblatt dafür gibt es nicht). Verwenden Sie daher am besten eine Kopie dieses Musterblattes – mit den entsprechenden Angaben versehen – als Vorlage. Sämtliche Vorlagen in diesem Buch finden Sie unter www.steuersparbuch.at/vorlagen2021 zum Download.

Download 17

BEILAGE ZUM WERBUNGSKOSTENANTRAG FÜR DAS JAHR . . . . FÜR VERTRETER

Zur Vorlage beim Finanzamt ....

Name: ....

SV-Nr: ....

Beruf: ....

Art der Aufwendungen (*Nichtzutreffendes streichen)	**Höhe jährlich**	**Ersätze vom Arbeitgeber**	**Werbungskosten**
Reisekosten Fahrtkosten: Tatsächliche Kfz-Kosten laut Aufstellung* Kilometergelder: ....km x.....km-Geld* Bus/Bahn/Flug/Taxi*/ .... Tagesgelder (nur außerhalb des regelmäßigen Zielgebietes) Nächtigungsgelder **Arbeitszimmer (nur in Ausnahmefällen!)** Anteilige Mietkosten/Gebäude-AfA* Einrichtung (über 800 € [bisher 400 €] 1/10 AfA) Betriebskosten Telefongebühren .... **Arbeitsmittel** Computer Drucker Software Büromaterialien Visitenkarten .... **Aus- und Fortbildungskosten** Fachliteratur Messebesuche, Seminare .... **Entlohnung für Hilfsdienste** (Telefondienst, Schreibarbeiten, ...) **Subprovisionen** **Anbahnungsspesen** Bewirtungsspesen Werbegeschenke Sonstige Werbemaßnahmen **Internet** (einmalige Kosten, Providerkosten: Ausmaß der beruflichen Nutzung …%) **Sonstige Werbungskosten** …………………………… …………………………… ……………………………			
Werbungskosten insgesamt			

Bestätigung des Arbeitgebers:*

Die steuerfreien Ersätze wurden im Ausmaß der in der Aufstellung angeführten Beträge getätigt.

Datum:

Firmenstempel/Unterschrift:

- **Versicherungen**

Prämien für eine Haftpflichtversicherung zur Abdeckung eventueller Vermögensschäden infolge Fehlhandelns als Führungskraft (Vermögensschadenversicherungen) sind als Werbungskosten abzugsfähig.

Siehe unter dem Stichwort „Managerversicherungen, D&O-Versicherung"

- **Visitenkarten**

Visitenkarten können zu Werbungskosten führen, wenn nach Art der Tätigkeit und Gestaltung der Visitenkarten die berufliche Veranlassung im Vordergrund steht.

- **Vorstellungsgespräch**

Wer sich um einen neuen Job bewirbt, kann dafür einen Steuerabzugsposten beantragen. Die Reisekosten (zB Kilometergeld) zu einem Vorstellungstermin stellen nämlich Werbungskosten dar. Welche Aufwendungen geltend gemacht werden können, finden Sie unter dem Stichwort „Reisekosten".

- **Zeitungen, Zeitschriften**

Leider: Die Eignung einer Tageszeitung, fallweise auch berufliche Informationen zu bieten, ändert nichts daran, dass dafür getätigte Aufwendungen grundsätzlich den Kosten der Lebensführung zuzurechnen sind. Bei Wirtschaftsmagazinen („Trend", „Gewinn", „Format" etc.) handelt es sich ebenfalls nicht um typische Fachliteratur. Das gilt auch beim Bezug mehrerer Tageszeitungen oder Wochen-(Monats-)Magazine. Ausnahme: Besonderen Berufsgruppen, wie zB Journalisten oder Politikern, billigt man zu, dass ab der dritten abonnierten Tageszeitung bzw dem dritten Magazin berufliche Gründe für die Lesefreudigkeit ausschlaggebend sind und damit Werbungskosten vorliegen. Im Übrigen siehe auch Stichwort „Fachliteratur".

- **Zweitwohnung**

Aufwendungen für eine Zweitwohnung am Betriebs- bzw Dienstort sind nur in folgenden Fällen unter die Werbungskosten zu subsumieren:

1. Die Erstwohnung in großer Entfernung wird aus beruflichen Gründen beibehalten (siehe Stichwort „Doppelte Haushaltsführung").
2. Die Wohnung dient ausschließlich oder fast ausschließlich als Unterkunft bei beruflich veranlassten Reisen (siehe Stichwort „Reisekosten").
3. Die Wohnung dient als Büro (siehe Stichwort „Arbeitszimmer").

A.1.5. Außergewöhnliche Belastungen

Das Wichtigste im Überblick

Die Belastung muss außergewöhnlich sein, zwangsläufig erwachsen und die wirtschaftliche Leistungsfähigkeit wesentlich beeinträchtigen.

1) Außergewöhnliche Belastungen ohne Selbstbehalt (taxativ)

☐ Katastrophenschäden
☐ Auswärtige Berufsausbildung von Kindern
☐ Mehraufwendungen für erheblich behinderte Kinder
☐ Aufwendungen für eigene Behinderung
☐ Kinderbetreuungskosten für Kinder bis zehn Jahre bzw behinderte Kinder bis 16 Jahre (bis 2018)

2) ABC der außergewöhnlichen Belastungen mit Selbstbehalt (Beispiele)

☐ Adoption
☐ AIDS
☐ Alimente
☐ Allergien
☐ Alters- und Pflegeheim
☐ Ambulanzgebühren
☐ Anwaltskosten
☐ Begräbniskosten
☐ Behandlungsbeiträge
☐ Berufsausbildung
☐ Blutdruckmesser
☐ Bürgschaft
☐ Geburt
☐ Haarbehandlung
☐ Hausgehilfin
☐ Heirat
☐ Internatskosten
☐ Kosmetische Operationen
☐ Krankheitskosten
☐ Krankendiätverpflegung
☐ Künstliche Befruchtung
☐ Kurkosten
☐ Medikamente
☐ Pflegekosten, Hausbetreuung
☐ Nachhilfestunden
☐ Opferausweise
☐ Prozesskosten
☐ Psychologisch-therapeutische Behandlung
☐ Scheidungskosten
☐ Schwangerschaftsabbruch
☐ Schulgelder
☐ Unterhaltskosten
☐ Wohnkosten
☐ Zahnbehandlungskosten

Folgende Aufwendungen stellen keine außergewöhnlichen Belastungen dar:

Unterhaltsleistungen an den geschiedenen Ehegatten,

Unterhaltsleistungen an Kinder aus geschiedenen Ehen oder an uneheliche Kinder (siehe dazu aber den Unterhaltsabsetzbetrag, Kapitel A.1.2.2. sowie den Kinderfreibetrag unter A.1.6.),

Unterhaltsleistungen an mittellose Angehörige, Heiratsausstattungen,

Unterhaltsleistungen an volljährige Kinder ohne Familienbeihilfe.

A.1.5.1 Allgemeines

Auch bei den außergewöhnlichen Belastungen unterstützt der Staat Zahlungen, die eigentlich unter die Privatausgaben fallen. Im Gegensatz zu den Sonderausgaben – dort steht die Absicht zur Förderung bestimmter Investitionen dahinter – soll diese Begünstigung außergewöhnliche Belastungen lindern helfen. Damit ein Steuerabzugsposten vorliegt, muss die Belastung

➜ außergewöhnlich sein, dh dass höhere Aufwendungen vorliegen müssen, als der Mehrzahl der Steuerpflichtigen vergleichbaren Einkommens erwachsen,

- zwangsläufig sein, dh dass man sich ihr aus tatsächlichen, rechtlichen oder sittlichen Gründen nicht entziehen kann, und
- die wirtschaftliche Leistungsfähigkeit wesentlich beeinträchtigen, dh einen gewissen Selbstbehalt übersteigen.

Eine „Belastung" setzt grundsätzlich Geldausgaben voraus. Daher müssen auch Ersatzleistungen von dritter Seite (zB Ersätze aus einer Versicherung) abgezogen werden, auch wenn sie erst in einem späteren Jahr zufließen.

Wann und in welcher Höhe kommt der Selbstbehalt zum Ansatz?

Grundsätzlich kommen außergewöhnliche Belastungen nur insoweit steuerlich zum Ansatz, als sie die wirtschaftliche Leistungsfähigkeit beeinträchtigen, das heißt einen gewissen Selbstbehalt übersteigen. Aber es gibt auch Aufwendungen, die ohne diesen Selbstbehalt berücksichtigt werden:

- Katastrophenschäden,
- auswärtige Berufsausbildung von Kindern,
- Mehraufwendungen für behinderte Kinder,
- Aufwendungen für eigene Behinderung und
- Kinderbetreuungskosten für Kinder bis zehn Jahre bzw behinderte Kinder bis 16 Jahre (bis 2018; ab 2019 sind Kinderbetreuungskosten nicht mehr absetzbar, stattdessen wurden der Familienbonus plus sowie der Kindermehrbetrag eingeführt; siehe Kapitel A.1.2.2).

Für alle übrigen außergewöhnlichen Belastungen beträgt der Selbstbehalt bei einem Einkommen von	
höchstens 7.300 €	6 %
mehr als 7.300 € bis 14.600 €	8 %
mehr als 14.600 € bis 36.400 €	10 %
mehr als 36.400 €	12 %

Der Selbstbehalt vermindert sich um je einen Prozentpunkt für:

- den Alleinverdiener- oder Alleinerzieherabsetzbetrag
- jedes Kind sowie
- für Steuerpflichtige, deren (Ehe-)Partner höchstens 6.000 € jährlich verdient.

Mit folgendem Schema kann man ermitteln, ob bzw in welchem Ausmaß sich eine außergewöhnliche Belastung steuerlich auswirkt:

Laufende steuerpflichtige Jahreseinkünfte (Kennzahl 245 laut Jahreslohnzettel)	....
+ Sonderzahlungen gem § 67 Abs 1 und 2 EStG (13. und 14. Monatsbezug)	....
- Werbungskosten (bei Aktiven mindestens das Pauschale von 132 €)	....
= Grundlage für die Ermittlung des Selbstbehaltes	....
× jeweiligen Prozentsatz	
= Selbstbehalt	....
Außergewöhnliche Belastungen mit Selbstbehalt	....
- oa Selbstbehalt	....
Steuerlich wirksam	....
+ außergewöhnliche Belastungen ohne Selbstbehalt	....
Steuerlich wirksame außergewöhnliche Belastungen insgesamt	....

A.1.5.2. ABC der außergewöhnlichen Belastungen

• Adoption

Kosten für die Adoption eines Kindes sind im Hinblick auf das Interesse der Gesellschaft an Kindern als außergewöhnliche Belastung mit Selbstbehalt abzugsfähig.

• AIDS

Kosten zur Bekämpfung von AIDS sowie zur Linderung von AIDS-Folgen sind Krankheitskosten und damit abzugsfähig. Hinsichtlich einer mit AIDS verbundenen Krankendiätverpflegung siehe dort.

• Alimente

Siehe Stichwort „Unterhaltszahlungen".

• Allergien

Behandlungskosten bei Allergien sind unter dem Titel Krankheitskosten (siehe dort) absetzbar. Zu keinem Steuerabzugsposten führt dagegen der aufgrund einer Allergie empfohlene Austausch von Teppichböden oÄ.

• Alters- und Pflegeheim, Betreuungskosten

Die Kosten der Unterbringung sind keine außergewöhnlichen Belastungen, wenn die Unterbringung lediglich aus Altersgründen erfolgt. Außergewöhnliche Belastungen können aber gegeben sein, wenn **Krankheit, Pflegebedürftigkeit** oder besondere Betreuungsbedürftigkeit Aufwendungen verursachen (Nachweis durch Bezug von Pflegegeld ab Stufe 1 oder ärztliches Gutachten). Erfolgt aus einem dieser Gründe die Unterbringung in einem Alters- oder Pflegeheim, kann Folgendes steuerlich abgesetzt werden:

- ➜ Die Kosten der Unterbringung inklusive Verpflegung (Heimkosten),
- ➜ abzüglich einer vom Finanzamt geschätzten Haushaltsersparnis für Verpflegungskosten in Höhe von 156,96 € pro Monat,
- ➜ abzüglich öffentlicher Zuschüsse für Pflege- und Hilfsbedürftigkeit (zB Pflegegeld, Blindenzulage).

Liegt eine Behinderung vor, so können die Aufwendungen nicht neben, sondern nur anstelle der pauschalen Behindertenfreibeträge (siehe Stichwort „Behinderung") geltend gemacht werden. Beantragt man die tatsächlichen Aufwendungen, wird kein Selbstbehalt abgezogen. Übernimmt ein Alleinverdiener oder **(Ehe)Partner** (falls die Einkünfte der betreuten Person nicht mehr als 6.000 € jährlich betragen) die Kosten des Pflege- oder Altersheimes für seinen behinderten (Ehe-)Partner, so wird dies ebenfalls ohne Selbstbehalt berücksichtigt.
Bei einer **Betreuung zu Hause** sind die damit verbundenen Aufwendungen (Pflegepersonal, Pflegehilfsmittel) wie bei einer Heimbetreuung absetzbar, wenn ein behinderter Steuerpflichtiger nicht mehr fähig ist, den Haushalt selbst zu führen. Der besondere Pflege- oder Betreuungsbedarf ist durch ein ärztliches Gutachten oder durch Bezug von Pflegegeld nachzuweisen. Diese Aufwendungen sind um die erhaltenen steuerfreien Zuschüsse (zB Pflegegeld, Zuschuss zu den Betreuungskosten) zu kürzen.
Soweit die Übernahme von Pflegekosten für andere Personen nicht eine Gegenleistung darstellt (für überschriebene Vermögenswerte), ist eine **Kostenübernahme durch Angehörige** (zB Kinder) dann möglich, wenn das Einkommen der im Pflegeheim betreuten Person nicht ausreicht. Dabei wird so gerechnet, dass von den Pflegekosten die pflegebedingten Geldleistungen und die Haushaltsersparnis abgezogen werden. Dem wird das Einkommen des Pflegebedürftigen abzüglich eines „Taschengeldes" für sonstige Ausgaben in Höhe von 20 % des Ausgleichszulagenrichtsatzes gegenübergestellt. Ist der Pflegebedürftige verheiratet oder in einer Partnerschaft, muss als nächster der (Ehe-)Partner die restlichen Kosten tragen, wobei dem (Ehe-) Partner vom eigenen Einkommen der volle Ausgleichszulagenrichtsatz (bei Pflege im Heim) bzw das steuerliche Existenzminimum von 11.000 € (bei Pflege des [Ehe-] Partners zu Hause) verbleiben muss. Nur der Überhang der Pflegekosten über das Einkommen des Pflegebedürftigen und ggf des (Ehe-)Partners kann dann von anderen Angehörigen als außergewöhnliche Belastung mit Selbstbehalt abgezogen werden. Bei Betreuung zu Hause ist keine Haushaltsersparnis abzusetzen und dem Pflegebedürftigen muss der volle Ausgleichszulagenrichtsatz als „Taschengeld" übrig bleiben.

- **Ambulanzgebühren**

Ambulanzgebühren sind als Krankheitskosten abzugsfähig.

- **Anwaltskosten**

Siehe Stichwort „Prozesskosten".

- **Begräbniskosten**

Begräbniskosten sind nur dann und insoweit außergewöhnliche Belastungen, wenn der Aufwand nicht im Nachlassvermögen (ergibt sich aus der Verlassenschaftsabhandlung) bzw in einer vor dem Tod übertragenen Liegenschaft gedeckt ist. In diesem Fall können

- → Kosten für ein würdiges Begräbnis inkl Blumen und Kränze inklusive
- → Kosten für ein einfaches Grabmal bis insgesamt 10.000 € geltend gemacht werden (Erhöhung auf 15.000 € geplant).

Die Kosten für Blumen und Kränze, für ein schlichtes, dem Ortsgebrauch entsprechendes Totenmahl sowie von Beileiddanksagungen sind Teil der Begräbniskosten, nicht absetzbar sind hingegen Kosten der Trauerkleidung und der Grabpflege. Besondere Exhumierungs- oder Überführungskosten können zusätzlich zur Obergrenze geltend gemacht werden. Zuschüsse (Versicherungsleistungen) müssen von den tatsächlich angefallenen Begräbniskosten abgezogen werden.

• Behandlungsbeiträge

Der Eigenanteil des Patienten zählt zu den abzugsfähigen Krankheitskosten (siehe dort).

• Behinderte Kinder

Bei behinderten Kindern hängt das Ausmaß des Steuerfreibetrages vom Grad der Behinderung ab, der von der zuständigen Stelle (idR das Bundesamt für Soziales und Behindertenwesen – Sozialministeriumservice; die Daten werden mit Zustimmung des Betroffenen elektronisch vom Bundesamt für Soziales und Behindertenwesen dem Finanzamt übermittelt, frühere Bescheinigungen bleiben aber gültig) bescheinigt wird:

Bis 24 % Behinderung:

Beträgt der Grad der Behinderung weniger als 25 %, so können nur die tatsächlichen behinderungsbedingten Aufwendungen abzüglich erhaltener Pflegegelder berücksichtigt werden (Belege für Arzt- oder Spitalkosten, Medikamente usw). Muss das Kind aufgrund ärztlicher Verordnung Diät halten, können je nach Art der Diät hiefür auch folgende Pauschsätze abgesetzt werden: Tuberkulose, Zucker, Zöliakie, AIDS: 70 €, Gallen-, Leber-, Nierenleiden: 51 €, Magen-, andere innere Krankheit: 42 € monatlich. Alle Aufwendungen wirken sich aber nur insoweit steuerlich aus, als sie den allgemeinen Selbstbehalt für außergewöhnliche Belastungen übersteigen.

25 % bis 49 % Behinderung:

Beträgt der Grad der Behinderung mindestens 25 %, aber weniger als 50 %, ist zu unterscheiden:

- → Erhält man für das Kind kein Pflegegeld, so können entweder die tatsächlichen Kosten oder die vom Grad der Behinderung abhängigen Pauschsätze (25 % bis 34 %: 124 €, 35 % bis 44 %: 164 €, ab 45 %: 401 € jährlich) sowie zusätzlich gegebenenfalls die oa Diätsätze und nicht regelmäßig anfallende Hilfsmittel (zB Rollstuhl, Blindenhilfsmittel) sowie Kosten der Heilbehandlung (Arztkosten, Spitalskosten, Kurkosten, Therapiekosten, Medikamente, durch Heilbehandlung verursachte Fahrtkosten) beantragt werden.

- Wird Pflegegeld gewährt, können nur die tatsächlichen Kosten insoweit berücksichtigt werden, als sie die Pflegegelder übersteigen. Zusätzlich stehen aber ohne Kürzung von Pflegegeldern die Kosten für Diätverpflegung, Hilfsmittel und Heilbehandlung sowie Behindertenschule bzw -werkstätte zu. Der Selbstbehalt kommt bei einer Behinderung von mindestens 25 % generell nicht zum Ansatz.

Ab 50 % Behinderung:

Beträgt der Grad der Behinderung mindestens 50 %, so besteht zum einen Anspruch auf die erhöhte Familienbeihilfe (siehe C.2.). Hinsichtlich der Steuerfreibeträge hat man zwei Möglichkeiten:

- Entweder weist man sämtliche aus der Behinderung resultierenden Aufwendungen nach und kürzt diese Summe um die erhaltenen Pflegegelder, oder
- man beantragt den Pauschbetrag von 262 € monatlich/3.144 € jährlich (von dem wiederum die erhaltenen Pflegegelder abgezogen werden müssen) und kann daneben nur mehr Aufwendungen für Hilfsmittel (zB Rollstuhl, Blindenhilfsmittel), für Heilbehandlungen (Arztkosten, Spitalskosten, Kurkosten, Therapiekosten, Medikamente, durch Heilbehandlung verursachte Fahrtkosten) sowie eine Sonder- oder Pflegeschule oder eine Behindertenwerkstätte (wird das Kind dort in einem Vollinternat untergebracht, muss der Freibetrag von 262 € pro Internatstag um 1/30 vermindert werden) geltend machen. Der Selbstbehalt kommt in beiden Fällen nicht zum Ansatz.

Hinweis 1: Haben mehrere Personen Anspruch auf einen Pauschbetrag (zB beide Elternteile sind erwerbstätig), dann ist dieser im Verhältnis der Kostentragung aufzuteilen.

Hinweis 2: Ist man für ein behindertes Kind unterhaltspflichtig (also für ein uneheliches Kind oder ein Kind aus geschiedener Ehe) und dienen Unterhaltszahlungen nachweislich und unmittelbar der Bestreitung der aus der Behinderung des Kindes erwachsenden Mehraufwendungen, kann man diese Aufwendungen anstelle des Unterhaltsabsetzbetrages als außergewöhnliche Belastungen (ohne Selbstbehalt) absetzen.

Die Angaben auf diesem Musterblatt entsprechen genau den Anforderungen Ihres Finanzamtes (ein eigenes Formblatt dafür gibt es nicht). Verwenden Sie daher am besten eine Kopie dieses Musterblattes – mit den entsprechenden Angaben versehen – als Vorlage. Sämtliche Vorlagen in diesem Buch finden Sie unter www.steuersparbuch.at/vorlagen2021 zum Download.

BEHINDERUNG DES KINDES
(Grad der Behinderung 25 % bis 49 %)

Grundlage zum Antrag auf Berücksichtigung außergewöhnlicher Belastungen für . . . .
Name, SV-Nr: ....
Name des Kindes: ....
Grad der Behinderung: ....
Bescheinigung der Behinderung: ....
Pflegebedingte Geldleistung: Bezogen von ....bis ....

Das Pauschale wegen Behinderung wird beansprucht **ja** **nein**
(Bei Bezug von pflegebedingten Geldleistungen steht das Pauschale nicht zu.)

Das Pauschale wegen Diätverpflegung wird beansprucht wegen ....
(Angabe der Art der Erkrankung)

Nicht regelmäßige Ausgaben für **Hilfsmittel**
(zB Badelift, Blindenhilfsmittel, Blindenhund, Bruchband, Hörgerät, Krankenfahrstuhl, Krücken, orthopädische Behelfe, Prothesen, Rollstuhl, Stützapparat)
Hilfsmittel ....
Abzüglich allfälliger Kostenersätze ....
Zu berücksichtigende Kosten für Hilfsmittel ....

Kosten für **Heilbehandlung**
(zB Arztkosten, Spitalskosten, Kurkosten, Therapiekosten, Medikamente, durch Heilbehandlung verursachte Fahrtkosten)
Heilbehandlung ....
Abzüglich allfälliger Kostenersätze ....
Zu berücksichtigende Kosten für Heilbehandlung ....

Anstelle der vorgenannten (Pausch-)Beträge werden folgende **tatsächliche Kosten** geltend gemacht (die Aufwendungen müssen in ursächlichem Zusammenhang mit der Behinderung stehen und sind mit Belegen nachzuweisen. Ersätze aus der gesetzlichen Sozialversicherung sowie aus privaten Versicherungen sind abzuziehen):

Arztkosten ....
Behandlungsbeiträge, Krankenscheingebühren, Ambulanzgebühren ....
Behindertenwerkstätte ....
Diätverpflegung ....
Fahrtkosten ....
Heilbehandlung (Beispiele siehe oben) ....
Hilfsmittel (Beispiele siehe oben) ....
Kindergartenkosten für sonderpädagogische Betreuungsstunden ....
Krankenhauskosten ....
Kurkosten ....
Medikamente, Rezeptgebühren ....
Pflegeheim, Internat ....
Pflegekosten ....
Schulgeld für Sonder- oder Pflegeschule ....
Telefonkosten ....
Therapiekosten ....
Wohnraumadaptierung aufgrund der Behinderung ....
Zahnarzt-, Zahnersatzkosten ....
Sonstiges: ....
Summe der tatsächlichen Kosten ....
Abzüglich allfälliger pflegebedingter Geldleistungen ....
Zu berücksichtigende Kosten ....

* Grundsätzlich stehen entweder die vom Grad der Behinderung abhängigen Pauschbeträge (allerdings nicht bei Bezug von pflegebedingten Geldleistungen) und bestimmte zusätzliche Aufwendungen zu, oder es müssen sämtliche tatsächlichen Kosten nachgewiesen werden. Im Zweifelsfall sollten Sie beide Varianten ausfüllen, da das Finanzamt dann von sich aus die günstigere Variante übernimmt. Die fett gedruckten Teile sind in die Steuererklärung zu übertragen. Zur Vorausermittlung des Freibetrages bzw zum Vergleich der beiden Varianten können ebenfalls die Summen bei den fett gedruckten Teilen herangezogen werden.

Behinderung des Kindes
(Grad der Behinderung mindestens 50 %)

Grundlage zum Antrag auf Berücksichtigung außergewöhnlicher Belastungen für . . . .
Name, SV-Nr: ....
Name des Kindes: ....
Grad der Behinderung: ....
Bescheinigung der Behinderung: ....
Pflegebedingte Geldleistung: Bezogen von .... bis ....

Erhöhte Familienbeihilfe wird bezogen von (Monat) ... bis (Monat) ....
von (nur auszufüllen, wenn die erhöhte FB von einer anderen Person bezogen wird): Name: ....
Das Pauschale von 262 € monatlich wird beansprucht ❍ **ja** ❍ **nein**
Kostentragung in %: ....
Eine pflegebedingte Geldleistung wird monatlich bezogen in Höhe von ....
von ....bis

Schulgeld für eine Sonder(Pflege)Schule bzw Behindertenwerkstätte
(Schulgeld insgesamt ....abzüglich Vollinternat (....... Tage * 8,73 €)
Nicht regelmäßige Ausgaben für **Hilfsmittel**
(zB Badelift, Blindenhilfsmittel, Blindenhund, Bruchband, Hörgerät, Krankenfahrstuhl, Krücken, orthopädische Behelfe, Prothesen, Rollstuhl, Stützapparat)
Hilfsmittel ....
Abzüglich allfälliger Kostenersätze ....
Zu berücksichtigende Kosten für Hilfsmittel ....
Kosten für **Heilbehandlung**
(zB Arztkosten, Spitalskosten, Kurkosten, Therapiekosten, Medikamente, durch Heilbehandlung verursachte Fahrtkosten)
Heilbehandlung ....
Abzüglich allfälliger Kostenersätze ....
Zu berücksichtigende Kosten für Heilbehandlung ....

Freibetrag: 262 € * Monate * Kostentragung – pflegebedingte Geldleistung + Schulgeld (abzüglich Vollinternat und Pflegegeld) + Hilfsmittel (abzüglich Kostenersätze) + Heilbehandlung (abzüglich Kostenersätze) + Kinderbetreuung

Anstelle der vorgenannten (Pausch-)Beträge werden folgende **tatsächliche Kosten** geltend gemacht (die Aufwendungen müssen in ursächlichem Zusammenhang mit der Behinderung stehen und sind mit Belegen nachzuweisen. Ersätze aus der gesetzlichen Sozialversicherung sowie aus privaten Versicherungen sind abzuziehen):
Arztkosten ....
Behandlungsbeiträge, Krankenscheingebühren, Ambulanzgebühren ....
Behindertenwerkstätte ....
Diätverpflegung ....
Fahrtkosten ....
Heilbehandlung (Beispiele siehe oben) ....
Hilfsmittel (Beispiele siehe oben) ....
Kindergartenkosten für sonderpädagogische Betreuungsstunden ....
Krankenhauskosten ....
Kurkosten ....
Medikamente, Rezeptgebühren ....
Pflegeheim, Internat ....
Pflegekosten ....
Schulgeld für Sonder- oder Pflegeschule ....
Telefonkosten ....
Therapiekosten ....
Wohnraumadaptierung aufgrund der Behinderung ....
Zahnarzt-, Zahnersatzkosten ....
Sonstiges: ....
Summe der tatsächlichen Kosten ....
Abzüglich allfälliger pflegebedingter Geldleistungen ....
Zu berücksichtigende Kosten ....

* Grundsätzlich stehen entweder die Pauschbeträge und bestimmte zusätzliche Aufwendungen zu, oder es müssen sämtliche tatsächlichen Kosten nachgewiesen werden. Im Zweifelsfall sollten Sie beide Varianten ausfüllen, da das Finanzamt dann von sich aus die günstigere Variante übernimmt. Die fett gedruckten Teile sind in die Steuererklärung zu übertragen. Zur Vorausermittlung des Freibetrages bzw zum Vergleich der beiden Varianten können ebenfalls die Summen bei den fett gedruckten Teilen herangezogen werden.

- **Behinderung des Steuerpflichtigen (des einkommenslosen Ehegatten)**

Mehraufwendungen infolge einer eigenen körperlichen oder geistigen Behinderung oder – bei Alleinverdienern bzw Steuerpflichtigen, deren (Ehe)Partner nicht mehr als 6.000 € jährlich verdient ev zusätzlich – einer Behinderung des (Ehe)Partners sind als außergewöhnliche Belastung absetzbar. Die Höhe des Freibetrages bestimmt sich in erster Linie nach dem Ausmaß der Erwerbsminderung. Die Tatsache der Behinderung und das Ausmaß der Minderung der Erwerbsfähigkeit weist man durch eine amtliche Bestätigung der für diese Feststellungen zuständigen Stelle (Bundesamt für Soziales und Behindertenwesen – Sozialministeriumservice; bei Opferrenten: Landeshauptmann; bei Berufskrankheiten und Berufsunfällen: Sozialversicherungsträger; bestehende Bescheinigungen bleiben gültig, sofern sie nicht abgelaufen sind) nach. Pensionisten müssen diese Bescheinigung bei der pensionsauszahlenden Stelle vorlegen, weil die Behinderten-Freibeträge bei ihnen nicht vom Finanzamt, sondern gleich bei der Pensionsauszahlung berücksichtigt werden.

Hinweis: Mit Zustimmung des betroffenen Behinderten hat das Bundesamt für Soziales und Behindertenwesen dem Finanzamt bzw der pensionsauszahlenden Stelle die für die Steuerfreibeträge relevanten Daten elektronisch zu übermitteln, die Vorlage einer amtlichen Bescheinigung kann daher entfallen.

Bei der Beantragung des Freibetrages sind zwei Fälle zu unterscheiden:

➜ 1. Werden aufgrund der Behinderung pflegebedingte Geldleistungen von der öffentlichen Hand (**Pflegegeld**, Pflegezulage, Blindenzulage, Blindengeld) ausbezahlt, können folgende Freibeträge geltend gemacht werden:
   - Sämtliche aus der Behinderung resultierenden tatsächlichen Aufwendungen abzüglich der erhaltenen Pflegegelder
   - Mehraufwendungen wegen Krankendiätverpflegung (ohne Kürzung um Pflegegelder): Tuberkulose, Zucker, Zöliakie, AIDS: 70 €, Gallen-, Leber-, Nierenkrankheit: 51 €, Magen-, andere innere Krankheit: 42 € monatlich.
   - Aufwendungen für Fahrtkosten (ohne Kürzung um Pflegegelder): Körperbehinderten, die zur Fortbewegung ein eigenes Kfz benützen, stehen pauschal 190 € monatlich zu. Voraussetzung ist eine Bescheinigung gem. § 29b der Straßenverkehrsordnung, eine entsprechende Feststellung iSd Bundesbehindertengesetzes, eine entsprechende Eintragung im Behindertenpass oder eine Kfz-Versicherungssteuerbefreiung. Gehbehinderte, die kein eigenes Kfz besitzen, erhalten Aufwendungen für Taxifahrten bis zu 153 € monatlich als Freibetrag, wenn sie eine mindestens 50%ige Erwerbsminderung aufweisen.
   - Nicht regelmäßig anfallende Hilfsmittel (zB Rollstuhl, Hörgerät, Blindenhilfsmittel, Elektromobile) im nachgewiesenen Ausmaß.
   - Kosten der Heilbehandlung (zB Arztkosten, Spitalskosten, Kurkosten, Therapiekosten, Medikamente, durch Heilbehandlung verursachte Fahrtkosten).

→ 2. Werden **keine Pflegegelder** bezogen, stehen folgende Freibeträge zu (gilt auch, wenn Pflegegelder nicht ganzjährig zufließen, weil der Pflegegeldanspruch erst im Laufe eines Jahres entsteht):

- Die tatsächlich anfallenden Aufwendungen oder vom Grad der Behinderung abhängige Pauschbeträge

Erwerbsminderung	Bis 2018	Ab 2019
25 % bis 34 %:	75 € jährlich	124 € jährlich
35 % bis 44 %:	99 € jährlich	164 € jährlich
45 % bis 54 %:	243 € jährlich	401 € jährlich
55 % bis 64 %:	294 € jährlich	486 € jährlich
65 % bis 74 %:	363 € jährlich	599 € jährlich
75 % bis 84 %:	435 € jährlich	718 € jährlich
85 % bis 94 %:	507 € jährlich	837 € jährlich
ab 95 %:	726 € jährlich	1.198 € jährlich

- Mehraufwendungen wegen Krankendiätverpflegung: Tuberkulose, Zucker, Zöliakie, AIDS: 70 €, Gallen-, Leber-, Nierenkrankheit: 51 €, Magen-, andere innere Krankheit: 42 € monatlich.
- Aufwendungen für Fahrtkosten: Körperbehinderten, die zur Fortbewegung ein eigenes Kfz benützen, stehen pauschal 190 € monatlich zu. Voraussetzung ist eine Bescheinigung gem. § 29b der Straßenverkehrsordnung, eine entsprechende Feststellung iSd Bundesbehindertengesetzes, eine entsprechende Eintragung im Behindertenpass oder eine Kfz-Versicherungssteuerbefreiung. Gehbehinderte, die kein eigenes Kfz besitzen, erhalten Aufwendungen für Taxifahrten bis zu 153 € monatlich als Freibetrag, wenn sie eine mindestens 50%ige Erwerbsminderung aufweisen.
- Nicht regelmäßig anfallende Hilfsmittel (zB Rollstuhl, Hörgerät, Blindenhilfsmittel) im nachgewiesenen Ausmaß.
- Kosten der Heilbehandlung (zB Arztkosten, Spitalskosten, Kurkosten, Therapiekosten, Medikamente, durch Heilbehandlung verursachte Fahrtkosten).
- Krankheitskosten, die mit der Behinderung nicht in ursächlichem Zusammenhang stehen (zB Augenoperation bei einem Gehbehinderten): Tatsächliche Aufwendungen unter Berücksichtigung des Selbstbehaltes.

TIPP

Da ab einer 25%igen Erwerbsminderung die Kosten aus dem Titel der Behinderung ohne Selbstbehalt berücksichtigt werden, kann es sich in jedem Fall lohnen, sämtliche Aufwendungen eines Jahres penibel aufzulisten. Für die Zusammenstellung für das Finanzamt verwendet man am besten das hier abgedruckte Musterblatt.

Die Angaben auf diesem Musterblatt entsprechen genau den Anforderungen Ihres Finanzamtes (ein eigenes Formblatt dafür gibt es nicht). Verwenden Sie daher am besten eine Kopie dieses Musterblattes – mit den entsprechenden Angaben versehen – als Vorlage. Sämtliche Vorlagen in diesem Buch finden Sie unter www.steuersparbuch.at/vorlagen2021 zum Download.

Behinderung des Steuerpflichtigen

Grundlage zum Antrag auf Berücksichtigung außergewöhnlicher Belastungen für ....
Name, SV-Nr: ....
Grad der Behinderung: ....
Bescheinigung der Behinderung: ....
Pflegebedingte Geldleistung: Bezogen von .... bis ....

Das Pauschale wegen Behinderung wird beansprucht: ❍ ja ❍ nein
(Bei Bezug von pflegebedingten Geldleistungen steht das Pauschale nicht zu.)

Das Pauschale wegen Diätverpflegung wird beansprucht wegen ....
(Angabe der Art der Erkrankung)

Das Pauschale für ein Kfz wegen Behinderung wird beansprucht ....
(Angabe der Bescheinigung als Nachweis)
oder
Nachgewiesene Taxikosten bei einer mindestens 50%igen Gehbehinderung ....
(Summe laut Belegen)

Nicht regelmäßige Ausgaben für **Hilfsmittel**
(zB Badelift, Blindenhilfsmittel, Blindenhund, Bruchband, Hörgerät, Krankenfahrstuhl, Krücken, orthopädische Behelfe, Prothesen, Rollstuhl, Stützapparat, Elektromobil)
Hilfsmittel ....
Abzüglich allfälliger Kostenersätze ....
Zu berücksichtigende Kosten für Hilfsmittel ....

Kosten für **Heilbehandlung**
(zB Arztkosten, Spitalskosten, Kurkosten, Therapiekosten, Medikamente, durch Heilbehandlung verursachte Fahrtkosten [soweit nicht bereits abgegolten: Kilometergeld, Taxi, öffentliches Verkehrsmittel])
Heilbehandlung ....
Abzüglich allfälliger Kostenersätze ....
Zu berücksichtigende Kosten für Heilbehandlung ....

Anstelle der vorgenannten (Pausch-)Beträge werden folgende **tatsächliche Kosten** geltend gemacht (die Aufwendungen müssen in ursächlichem Zusammenhang mit der Behinderung stehen und sind mit Belegen nachzuweisen. Ersätze aus der gesetzlichen Sozialversicherung sowie aus privaten Versicherungen sind abzuziehen):
Arztkosten ....
Behandlungsbeiträge, Krankenscheingebühren, Ambulanzgebühren ....
Diätverpflegung ....
Fahrtkosten ....
Hausgehilfin ....
Heilbehandlung (Beispiele siehe oben) ....
Hilfsmittel (Beispiele siehe oben) ....
Krankenhauskosten: Kosten .... abz. .... Haushaltsersparnis (5,23 € pro Tag)
Kurkosten ....
Medikamente ....
Pflegeheim: Kosten ..... abz. .... Haushaltsersparnis (6,54 € pro Tag)
Pflegekosten ....
Rezeptgebühren ....
Telefonkosten ....
Therapiekosten ....
Wohnraumadaptierung aufgrund der Behinderung ....
Zahnarzt-, Zahnersatzkosten aufgrund der Behinderung ....
Sonstiges: ....
Summe der tatsächlichen Kosten ....
Abzüglich allfälliger pflegebedingter Geldleistungen ....
Zu berücksichtigende Kosten ....

* Grundsätzlich stehen entweder die vom Grad der Behinderung abhängigen Pauschbeträge (allerdings nicht bei Bezug von pflegebedingten Geldleistungen) und bestimmte zusätzliche Aufwendungen zu, oder es müssen sämtliche tatsächlichen Kosten nachgewiesen werden. Im Zweifelsfall sollten Sie beide Varianten ausfüllen, da das Finanzamt dann von sich aus die günstigere Variante übernimmt. Die fett gedruckten Teile sind in die Steuererklärung zu übertragen. Zur Vorausermittlung des Freibetrages bzw zum Vergleich der beiden Varianten können ebenfalls die Summen bei den fett gedruckten Teilen herangezogen werden.

- **Berufsausbildung der Kinder**

Man finanziert seinem Kind die Ausbildung (Schule, Studium, Lehre). Das allein ist noch nicht außergewöhnlich. Wenn nun aber im Einzugsbereich des Wohnortes keine entsprechende Ausbildungsmöglichkeit besteht und der Nachwuchs eine **auswärtige Schule, Universität oder Lehrstelle** besuchen muss, dann resultiert daraus zweifellos ein Mehraufwand. Dafür gibt es einen Steuerfreibetrag, der pauschal mit 110 € monatlich (pro angefangenem Kalendermonat) festgelegt ist. Dauert die Ausbildung das ganze Jahr, so erhält man den Freibetrag auch für die Ferienzeit (insgesamt daher 1.320 € jährlich). Dieser Betrag steht immer zu, egal ob die tatsächlichen Kosten weitaus höher liegen oder niedriger sind. Der Pauschalbetrag von 110 € ist bei mehreren Unterhaltspflichtigen gegebenenfalls im Verhältnis der Kostentragung für die Berufsausbildung aufzuteilen.

Bei der Beurteilung des Einzugsbereiches zählen natürlich das Alter des Kindes sowie die zur Verfügung stehenden Verkehrsmöglichkeiten. Um nicht in jedem Fall streiten zu müssen, hat das Finanzministerium mit Verordnung die näheren Details geregelt:

➜ Die Ausbildungsstätte ist vom Wohnort mehr als 80 km entfernt – der Freibetrag steht in jedem Fall zu.

➜ Die Ausbildungsstätte liegt innerhalb einer Entfernung von 80 km zum Wohnort – der Freibetrag steht nur in folgenden Fällen zu:
  - Die Fahrzeit mit dem schnellsten öffentlichen Verkehrsmittel beträgt mehr als eine Stunde (exklusive Wartezeiten, Fußwegen sowie Fahrten im Heimatort oder im Studienort) und
  - die tägliche Hin- und Rückfahrt ist nach dem Studienförderungsgesetz nicht zumutbar (im Studienförderungsgesetz sind für alle österreichischen Studienorte die Gemeinden angeführt, die täglich erreichbar sind; bei einer nachgewiesenen Fahrzeit von mehr als einer Stunde ist die tägliche Hin- und Rückfahrt trotz Nennung des Ortes in der Verordnung unzumutbar), oder
  - für Schüler oder Lehrlinge besteht innerhalb von 25 km keine adäquate Ausbildungsmöglichkeit, und am Ausbildungsort wird eine Zweitunterkunft bewohnt.

TIPP

Wird eine Ausbildungsmöglichkeit außerhalb des Einzugsbereichs an einer Bildungseinrichtung im Ausland in Anspruch genommen, geht die Finanz nunmehr angesichts des Umstandes der damit verbundenen interkulturellen Bildung ebenfalls von einer abzugsfähigen auswärtigen Ausbildung aus.

Schulgelder sind grundsätzlich nicht abzugsfähig. Lediglich Schulgelder an eine Sonder- oder Pflegeschule stellen eine außergewöhnliche Belastung dar (siehe Stichwort „Behinderte Kinder"). Hinsichtlich der Kosten für einen Hort oÄ siehe Stichwort „Kinderbetreuung".

- **Berufsausbildung des Steuerpflichtigen**

Die Kosten der eigenen Berufsausbildung sind grundsätzlich keine außergewöhnliche Belastung. Ausnahmsweise können außergewöhnliche Belastungen vorliegen, wenn

➜ jemandem ohne eigenes Verschulden die Existenzgrundlage entzogen wird und die Berufsausbildung zur Sicherung seiner Existenz erforderlich wird oder

➜ die Berufsausbildung durch Krankheit, Verletzung oder Ähnliches erforderlich wird.

Allerdings ist Aus- und Fortbildung ohnedies in vielen Fällen als Werbungskosten absetzbar (siehe Kapitel B.3.).

- **Blutdruckmesser**

Ein Blutdruckmesser wird vom Finanzamt als außergewöhnliche Belastung toleriert, wenn die Anschaffung aus triftigen medizinischen Gründen erforderlich ist.

- **Bürgschaft**

Hat man eine Bürgschaft **zugunsten eines nahen Angehörigen** übernommen und wird man nun dafür zur Kasse gebeten, stellt das unter folgenden Voraussetzungen eine außergewöhnliche Belastung dar:

➜ Mit der Bürgschaft wird versucht, eine existenzbedrohende Notlage des Angehörigen abzuwenden.

➜ Das Eingehen von Schulden muss für den Angehörigen eine Notwendigkeit sein (also nicht zB zur Betriebserweiterung).

➜ Die Übernahme der Bürgschaft muss aus sittlichen Gründen zwangsläufig sein.

Die Bürgschaftszahlung kann man aber erst dann – im wahrsten Sinne des Wortes – abschreiben, wenn man sie vom eigentlichen Schuldner nicht mehr zurückerhalten wird.

Ist jemand **für den Arbeitgeber als Bürge** eingesprungen und wird er nun daraus in Anspruch genommen, stellt das keine außergewöhnliche Belastung dar. Gleiches gilt für eine Bürgschaft, die der Gesellschafter (Geschäftsführer) einer GmbH zugunsten der GmbH eingeht, um deren wirtschaftlichen Untergang abzuwenden. Allenfalls können Werbungskosten vorliegen.

- **Geburt**

Aufwendungen für eine Geburt in der Sonderklasse sind dann außergewöhnliche Belastungen, wenn triftige medizinische Gründe (konkrete Gefahr von Komplikationen medizinischer Art) eine Betreuung durch den eigenen Arzt erfordern. Wünsche, Vorstellungen und Befürchtungen allgemeiner Art reichen hingegen nicht aus.

Fazit: Eine ärztliche Bestätigung über zusätzliche Aufwendungen infolge möglicher Komplikationen bei der Geburt verhindert lästige Fragen.

• Haarbehandlung

Probleme mit dem Haarwuchs zählen für den Fiskus nicht zu den außergewöhnlichen Belastungen. Eine Ausnahme wird nur bei Kindern gemacht, weil eine Haarbehandlung schwere psychische Störungen vermeiden kann.

• Hausgehilfin, Kindermädchen

Die Beschäftigung einer Hausgehilfin (Kindermädchen) kann nur in folgenden Fällen steuerlich abgesetzt werden:

- ➜ In einer Ehe (Lebensgemeinschaft), in der beide (Ehe-)Partner deshalb berufstätig sein müssen, weil sonst der Unterhalt der Familie gefährdet wäre, und sich daher beide nicht um den Haushalt bzw die Kinder kümmern können.
- ➜ In einer Ehe (Lebensgemeinschaft), in der jener (Ehe-)Partner, der nicht berufstätig ist, aus gesundheitlichen Gründen den Haushalt nicht führen bzw die Kinder nicht betreuen kann.
- ➜ Bei einer allein stehenden Person, wenn sie wegen Krankheit oder Pflegebedürftigkeit einer ständigen Betreuung bedarf (jedenfalls ab Pflegegeld Stufe 1). Die Aufwendungen sind aber um öffentliche Zuschüsse zu kürzen. Bei einer Behinderung können solche Aufwendungen außerdem nur anstelle und nicht neben den pauschalen Behindertenfreibeträgen geltend gemacht werden.
- ➜ Bei einer allein stehenden Person mit Kind, die einer Berufstätigkeit nachgehen muss, weil die Unterhaltsleistungen, die sie erhält, nicht ausreichen.

Die Finanz prüft aber zusätzlich, ob bei der jeweiligen Einkommenssituation nicht ohnedies die Beschäftigung einer Hausgehilfin üblich ist, und sagt dann in jedem Fall nein. Ausnahme: Bei kranken oder pflegebedürftigen Personen liegt auch in solchen Fällen eine außergewöhnliche Belastung vor.

Zur Betreuung von Kindern bis zehn Jahre bzw behinderten Kindern bis 16 Jahre, sind Kosten für ein Kindermädchen jedenfalls und zwar sogar ohne Selbstbehalt abzugsfähig, wenn das Kindermädchen pädagogisch qualifiziert ist (siehe Stichwort „Kinderbetreuung").

• Heirat

Für die Finanz ist eine Heirat weder außergewöhnlich noch eine Belastung. Daher bringen Aufwendungen für die Hochzeit (Festessen, Eheringe usw) oder die von den Eltern gezahlte Heiratsausstattung keinen Steuervorteil.

• Internatskosten

Die Kosten eines Internatsbesuchs der Kinder können als außergewöhnliche Belastung angesehen werden,

- ➜ wenn es sich um Kosten im Rahmen einer auswärtigen Berufsausbildung handelt (siehe Stichwort „Berufsausbildung") oder

- ➔ wenn allgemein die Voraussetzungen für eine als außergewöhnliche Belastung anzuerkennende Kinderbetreuung (siehe Stichwort „Hausgehilfin“ und „Kinderbetreuung“) gegeben sind.

Von den entstandenen Kosten ist eine Haushaltsersparnis (wird geschätzt) abzuziehen. Dies gilt auch für Kosten von Tagesheimschulen.

• Katastrophenschäden

Welche Grundsätze gelten für Katastrophenschäden?

Hochwasser, Erdrutsche, Vermurungen, Lawinen, Schneekatastrophen, Stürme und andere Katastrophen richten immer wieder schwere Schäden an. Die Kosten der Aufräumungsarbeiten und die Wiederbeschaffungskosten der zerstörten Wirtschaftsgüter sind als außergewöhnliche Belastung absetzbar, und das sogar ohne Selbstbehalt.

Grundsätzlich ist festzuhalten, dass nicht schon der bloße Schaden, sondern erst die Kosten zur Beseitigung des Schadens steuerlich abgesetzt werden können. Der Freibetrag steht dabei dem zu, der im Zeitpunkt des Schadensfalles Eigentümer des beschädigten Wirtschaftsgutes war, bzw dem Ehegatten im Falle von Alleinverdienern bzw den Eltern bei Kindern.

Für die steuerliche Berücksichtigung der Aufwendungen für Hochwasserschäden ist es erforderlich, dass dem zuständigen Finanzamt die von den Gemeindekommissionen über die Schadenserhebung aufgenommenen Niederschriften vorgelegt werden. Wurde eine solche Niederschrift ausnahmsweise nicht aufgenommen, ist stattdessen eine entsprechende Selbsterklärung zu erstellen. Überdies sind die Kosten selbst durch Rechnungen zu belegen.

Grundsätzlich sind die Kosten im Jahr der Bezahlung abzusetzen. Wird zur Finanzierung der Kosten ein Darlehen aufgenommen, so sind die Darlehensrückzahlungen samt Zinsen abzugsfähig.

Wie werden Ersätze behandelt?

Sämtliche Ersätze aus Anlass der Katastrophenschäden kürzen die absetzbaren Kosten:

- ➔ Subventionen (Katastrophenfonds, sonstige öffentliche Mittel wie zB Wohnbauförderungsbeiträge)
- ➔ steuerfreie Spenden oder steuerfreie Bezüge
- ➔ Erlöse aus der Veräußerung ersatzbeschaffter Wirtschaftsgüter
- ➔ Ersätze von Versicherungen

Welche Kosten sind abzugsfähig?

Im Wesentlichen gibt es drei Arten von Kosten im Zusammenhang mit Katastrophenschäden, die im Folgenden kurz erläutert werden:

- ➔ Kosten für die Beseitigung von unmittelbaren Katastrophenschäden
- ➔ Kosten für die Reparatur und Sanierung beschädigter Gegenstände
- ➔ Kosten für die Ersatzbeschaffung zerstörter Gegenstände

Die Erbringung eigener Arbeitsleistung ist mangels eines Kostenaufwandes steuerlich nicht zu berücksichtigen.

Kosten für die Beseitigung von unmittelbaren Katastrophenschäden

Kostenart	Kostenumfang
Beseitigung von Wasser- und Schlammresten, von Schnee auf einsturzgefährdeten Dächern	Sämtliche Kosten sind in vollem Umfang absetzbar. Dies gilt sowohl für den Erstwohnsitz als auch für weitere Wohnsitze. Auch Kosten im Zusammenhang mit „Luxusgütern" sind absetzbar.
Beseitigung von Sperrmüll	
Raumtrocknung, Mauerentfeuchtung	
Anschaffung/Miete von Trocknungs- und Reinigungsgeräten	

Kosten für die Reparatur und Sanierung beschädigter Gegenstände

Kostenart	Kostenumfang
Reparatur und Sanierung von Wohnhäusern und Wohnungen	Absetzbar in dem Umfang, in dem diese Gegenstände für die „übliche Lebensführung" benötigt werden. Nicht absetzbar sind daher zB Kosten im Zusammenhang mit einem Zweiwohnsitz oder Sanierungskosten an einem Schwimmbad.
Ersatz des Fußbodens	
Erneuerung des Verputzes	
Ausmalen	
Sanierung der Kanalisation bzw Senkgruben	
Reparatur von Zäunen und sonstigen Umfriedungen sowie Hochwasserschutzbauten	
Sanierung von Gehsteigen und Hofpflasterungen	
Reparatur beschädigter PKW	

Kosten für die Ersatzbeschaffung zerstörter Gegenstände

Kostenart	Kostenumfang
Wohnhäuser, Wohnungen	Absetzbar sind die Ersatzbeschaffungskosten für den Hauptwohnsitz mit vergleichbarer Nutzungsmöglichkeit, nicht aber für weitere Wohnsitze, Gartenhäuschen, Wohnmobile usw. Bei Neuerrichtung ist der von der Schadenskommission festgestellte Betrag abzüglich darauf entfallender Ersätze abzugsfähig. Mietkosten für ein Überbrückungsquartier sind ebenfalls abzugsfähig.
Einrichtungsgegenstände (zB Möbel, Teppiche, Vorhänge, Wäsche, Beleuchtungskörper, Geschirr, Elektro-, Haushalts- und Küchengeräte wie Waschmaschine, Kühlschrank, E-Herd, Sanitär- und Heizungsanlagen)	Absetzbar sind die vollen Kosten für die Ersatzbeschaffung (ausgenommen: handgeknüpfte Teppiche nur bis 730 € je Quadratmeter und Antiquitäten nur bis 7.300 €).
Unterhaltungselektronik (Radio, Fernseher, Satellitenanlagen, CD-, DVD-, Videoplayer, PC)	In voller Höhe absetzbar, sofern sie dem üblichen Standard entsprechen.
Spielwaren, Schulbedarf	In voller Höhe absetzbar.
Werkzeuge, Vorräte	In voller Höhe absetzbar.

Kostenart	Kostenumfang
Bekleidung	Bis 2.000 € pro im Haushalt lebende Person absetzbar.
Gräberrenovierung	In voller Höhe absetzbar.
PKW	Absetzbar mit dem Zeitwert im Zeitpunkt der Beschädigung (achtjährige Nutzungsdauer).
Foto- und Film-(Video-)ausrüstungen	Nicht absetzbar.
Zier- und Dekorationsgegenstände und Zimmerpflanzen	Nicht absetzbar.
Luxusgüter, Sportgeräte	Nicht absetzbar.
Sammlungen aller Art (zB Bücher, Münzen, Weine, CDs)	Nicht absetzbar.
Gartengestaltung, Gartengeräte, Biotope, Grillplätze, Gartenhütten	Nicht absetzbar.

• Kinderbetreuung bis 2018

Kinderbetreuungskosten sind letztmalig für die Veranlagung 2018 als außergewöhnliche Belastungen ohne Selbstbehalt abzugsfähig.

Ab 2019 wurde die abzugsfähige Kinderbetreuung durch den Familienbonus Plus ersetzt (siehe Kapitel A.1.2.2.).

• Kosmetische Operationen

Aufwendungen dafür werden steuerlich nur anerkannt, wenn sie zur Wiederherstellung nach Verletzungen oder bei Verunstaltungen und Gefahr psychischer Schäden anfallen. Schönheitsoperationen sind nicht absetzbar!

• Krankheitskosten

Krankheitskosten zählen grundsätzlich zu den außergewöhnlichen Belastungen. Nicht abzugsfähig sind aber Aufwendungen für die Vorbeugung von Krankheiten sowie für die Erhaltung der Gesundheit, weiters Verhütungsmittel, Kosten für eine Verjüngungskur, für eine Frischzellenbehandlung sowie für Schönheitsoperationen.

Liegt eine Krankheit vor, so sind **folgende Aufwendungen abzugsfähig:**

- ➔ Arzt- und Krankenhaushonorare,
- ➔ Aufwendungen für Medikamente (einschließlich medizinisch verordneter homöopathischer Präparate), Rezeptgebühren, Ambulanzgebühren und Behandlungsbeiträge (einschließlich Akupunktur und Psychotherapie), soweit sie der Steuerpflichtige selbst zu tragen hat,
- ➔ Aufwendungen für Heilbehelfe (Zahnersatz, Sehbehelfe, einschließlich Laserbehandlung zur Verbesserung der Sehfähigkeit, Hörgeräte, Prothesen, Gehbehelfe, Bruchbänder),
- ➔ Fahrtkosten für Fahrten zum Arzt bzw ins Spital, weiters Fahrtkosten der Angehörigen anlässlich des Besuchs der erkrankten Person,
- ➔ Kosten für die im Spital untergebrachte Begleitperson bei Spitalsaufenthalt eines Kindes,

- ➜ Aufwendungen für Ferngespräche mit der Familie bei längerem Krankenhausaufenthalt, soweit sie das übliche Ausmaß nicht überschreiten.

Außergewöhnliche Belastungen liegen auch dann vor, wenn die Aufwendungen höher sind als von der gesetzlichen Krankenversicherung übernommen, sofern medizinische Umstände den Mehraufwand begründen (zB erwartete medizinische Komplikationen, paradontale Gründe bei Zahnersatz, Gold statt Amalgam).

Von den angefallenen Aufwendungen müssen folgende **Ersätze** von dritter Seite abgezogen werden:

- ➜ Kostenersätze, die aus der gesetzlichen Krankenversicherung geleistet werden,
- ➜ Kostenersätze, die aus einer freiwilligen Krankenzusatzversicherung oder Unfallversicherung geleistet werden,
- ➜ bei einem Krankenhausaufenthalt eine Haushaltsersparnis (5,23 € pro Tag).

Die Krankheitskosten abzüglich allfälliger Ersätze müssen aber den Selbstbehalt übersteigen, damit sie sich steuerlich auswirken.

Grundsätzlich sind die Krankheitskosten nur bei der erkrankten Person ein Steuerabsetzposten. Als (Ehe)Partner einer erkrankten Person kann man deren Krankheitskosten aber dann absetzen, wenn die Aufwendungen das Einkommen des (Ehe)Partners so belasten, dass das steuerfreie Existenzminimum von 11.000 € unterschritten werden würde.

Hinsichtlich der Krankheitskosten von behinderten Personen siehe Stichwort „Behinderung“.

• Krankendiätverpflegung

Mehraufwendungen wegen Krankendiätverpflegung können mit folgenden Pauschsätzen als außergewöhnliche Belastung beantragt werden:

Diät	monatlich
• Tuberkulose, Zuckerkrankheit, Zöliakie, AIDS	70 €
• Gallen-, Leber- oder Nierenkrankheit	51 €
• Andere vom Arzt verordnete Diäten wegen innerer Krankheiten (zB Magen, Herz)	42 €

Ein Nachweis der tatsächlichen Kosten ist nicht erforderlich, es reicht eine ärztliche Bestätigung über die Notwendigkeit der Diät. Bei Zusammentreffen mehrerer Krankheiten ist der höhere Pauschbetrag zu berücksichtigen.

Zu beachten: Der Selbstbehalt kommt zum Ansatz, es sei denn, dass eine mindestens 25%ige Behinderung vorliegt und der Anteil des „Diät-Leidens“ mindestens 20 % beträgt.

• Künstliche Befruchtung

Kosten der künstlichen Befruchtung (In-vitro-Fertilisation) sind als außergewöhnliche Belastung mit Selbstbehalt abzugsfähig.

- **Kurkosten**

Kurkosten können nur dann zu einer außergewöhnlichen Belastung führen, wenn der Kuraufenthalt

➔ im Zusammenhang mit einer Krankheit anfällt und
➔ aus medizinischen Gründen erforderlich ist.

Diese Voraussetzungen können durch eine ärztliche Bestätigung oder durch den Umstand eines Kostenersatzes durch die Sozialversicherung nachgewiesen werden. Sind die Voraussetzungen gegeben, so können abgezogen werden:

➔ Aufenthaltskosten (abzüglich einer Haushaltsersparnis von 156,96 € monatlich, ds 5,23 € täglich),
➔ Kosten für die medizinische Betreuung und Kurmittel,
➔ Fahrtkosten zum und vom Kurort,
➔ bei pflege- und hilfsbedürftigen Personen sowie Kindern die Aufwendungen für eine Begleitperson, nicht hingegen Aufwendungen für Begleitpersonen in anderen Fällen bzw Aufwendungen für Besuchsfahrten des Ehegatten.

Die Angaben auf diesem Musterblatt entsprechen genau den Anforderungen Ihres Finanzamtes (ein eigenes Formblatt dafür gibt es nicht). Verwenden Sie daher am besten eine Kopie dieses Musterblattes – mit den entsprechenden Angaben versehen – als Vorlage. Sämtliche Vorlagen in diesem Buch finden Sie unter www.steuersparbuch.at/vorlagen2021 zum Download.

KRANKHEITSKOSTEN/KURKOSTEN/DIÄTKOSTEN*

Grundlage zum Antrag auf Berücksichtigung außergewöhnlicher Belastungen

zur Vorlage beim Finanzamt ....

Name: ....

SV-Nr: ....

Art der außergewöhnlichen Belastung(en): ....

....

....

....

Arzthonorare ....

Krankenhaus: Kosten .... abz .... Haushaltsersparnis (5,23 € pro Tag) ....

Medikamente ....

Rezeptgebühren ....

Behandlungsbeiträge, Krankenscheingebühren, Ambulanzgebühren ....

Heilbehelfe (zB Zahnersatz, Brillen, Hörgeräte, Prothesen, ...) ....

....

....

Fahrtkosten (Arzt/Spital/Besuche/ ....)
Fahrten: ....
PKW-Kennzeichen ...., ... km x km-Geld ....
Öffentliche Verkehrsmittel ....

Unterbringungs- und Fahrtkosten für Begleitpersonen
(bei Kindern bzw pflege- und hilfsbedürftigen Personen) ....

Telefonkosten mit der Familie bei längeren Krankenhausaufenthalten ....

Krankendiät wegen ....

Summe der Aufwendungen ....

abzüglich Ersätze aus der gesetzlichen Krankenversicherung ....
abzüglich Ersätze aus einer privaten Kranken- oder Unfallversicherung ....
abzüglich Haushaltsersparnis bei stationären Aufenthalten (geschätzt) ....

Summe der außergewöhnlichen Belastungen ....

Diese Summe ist in die Spalte „Weitere außergewöhnliche Belastungen (mit Selbstbehalt)" der Steuererklärung zu übertragen.

* Nichtzutreffendes streichen

Nicht abzugsfähig sind Aufwendungen, denen schwerpunktmäßig der Charakter einer Erholungsreise zukommt. Besonders streng sind die Beamten natürlich dann, wenn es sich um einen Auslandsaufenthalt handelt bzw wenn man am Aufenthaltsort keiner ärztlichen Kontrolle unterstellt ist. Hinsichtlich der Verrechnung von Kostenersätzen und Haushaltsersparnis sowie der Behindertenfreibeträge gelten die bei den Krankheitskosten getroffenen Feststellungen sinngemäß.

• Medikamente

Siehe „Krankheitskosten".

• Pflegekosten, Hausbetreuung

Bei einer Betreuung Pflegebedürftiger zu Hause sind die damit verbundenen Aufwendungen wie bei einer Heimbetreuung bei Bezug von Pflegegeld oder bei Vorliegen eines ärztlichen Gutachtens als außergewöhnliche Belastung abzugsfähig. Dabei können alle im Zusammenhang mit der Betreuung und Pflege anfallenden Aufwendungen wie zB

- ➜ Kosten für das Pflegepersonal,
- ➜ Pflegehilfsmittel sowie
- ➜ Aufwendungen für eine Vermittlungsorganisation

geltend gemacht werden. Eine Kürzung um Kostenersätze hat zu erfolgen.

Der Steuerabzug kommt grundsätzlich beim Pflegebedürftigen zum Ansatz. Reicht das Einkommen inkl Pflegegeld für die Kostentragung nicht aus, können die unterhaltsverpflichteten Personen (zB Ehepartner, Kinder) ihre Aufwendungen als außergewöhnliche Belastung geltend machen.

Hinweis: Liegt eine Behinderung von mindestens 25 % vor, werden die Aufwendungen der oder des Pflegebedürftigen ohne Selbstbehalt berücksichtigt. Bei Zuerkennung von Pflegegeld ist jedenfalls (ohne Nachweis) von einem mindestens 25%igen Grad der Behinderung auszugehen.

Werden die Kosten von unterhaltsverpflichteten Angehörigen getragen, ist hingegen grundsätzlich ein Selbstbehalt abzuziehen.

Siehe weiters „Alters- und Pflegeheim".

• Nachhilfestunden

Ein schwacher Trost: Kosten für Nach- und Lernhilfen von Kindern erwachsen bei einer Vielzahl von Steuerpflichtigen und sind damit nicht außergewöhnlich. Folge: Es liegt auch kein Steuerabzugsposten vor.

• Opferausweise

Ehemals politisch Verfolgte oder sonstige Opfer aus der Zeit des Nationalsozialismus erhalten so genannte Amtsbescheinigungen und Opferausweise. Ihnen steht ein gesonderter **Freibetrag von 801 € pro Jahr** zu, der von der pensionsauszahlenden Stelle zu berücksichtigen ist.

- **Prozesskosten**

Prozesskosten sind nur absetzbar, wenn man den Prozess weder ausgelöst hat noch letztendlich schuldig gesprochen wird. Prozesskosten in einem Zivilrechtsstreit sind daher nicht als außergewöhnliche Belastung abzugsfähig, wenn

➜ man selbst klagt oder
➜ geklagt wird, den Prozess aber verliert.

Beispiele	außergewöhnliche Belastung
Es wird einem ein Zivilprozess aufgezwungen (zB von einem streitsüchtigen Nachbarn), den man gewinnt	ja
Scheidungsverfahren bei einvernehmlicher Scheidung bzw bei Verschulden	nein
Scheidungsverfahren, bei dem die Ehe aus überwiegendem Verschulden des Ehepartners wegen Misshandlungen geschieden wird	ja
Mietrechtsstreitigkeiten	nein
Erbrechtsstreitigkeiten	nein
Prozess über Schadenersatzansprüche, wenn man den Prozess gewinnt	ja
Strafprozesskosten, wenn man freigesprochen wird	ja
Kosten für aufgezwungenen Vaterschaftsprozess, wenn man den Prozess gewinnt	ja

Sind Prozesskosten dem Grunde nach absetzbar, so sind davon Prozesskostenersätze, Leistungen aus der Rechtsschutzversicherung sowie der Selbstbehalt abzuziehen. Als Steuerfreibetrag verbleiben damit die selbst zu bezahlenden Kosten, soweit sie den Selbstbehalt übersteigen. Zur Behandlung von Prozesskosten in Zusammenhang mit der beruflichen Tätigkeit siehe „ABC der Werbungskosten", Kapitel A.1.4.2.

- **Psychologisch-therapeutische Behandlung**

Die Aufwendungen für eine psychologisch-therapeutische Behandlung sind als Krankheitskosten (siehe auch dort) abzugsfähig. Es genügt, wenn man als Nachweis die Honorarnote des Therapeuten hat.

- **Scheidungskosten**

Siehe Stichwort „Prozesskosten".

- **Schulgelder**

Siehe Stichwort „Berufsausbildung der Kinder".

- **Schwangerschaftsabbruch**

Kosten für einen Schwangerschaftsabbruch sind nur dann steuerlich absetzbar, wenn sie zwangsläufig (dh in der Regel nur bei medizinischen Indikationen) erwachsen.

- **Unterhaltskosten**

Grundsätzlich **keine außergewöhnliche Belastung** sind Unterhaltsleistungen an folgende Personen:

➜ Uneheliche Kinder oder Kinder aus geschiedener Ehe (dafür gibt es aber den Unterhaltsabsetzbetrag: siehe dazu Kapitel A.1.2.2.),

- volljährige Kinder ohne Familienbeihilfe,
- nicht haushaltszugehörige Kinder ohne Familienbeihilfe, die sich im Inland, in der EU bzw im EWR oder der Schweiz aufhalten (dafür gibt es den Unterhaltsabsetzbetrag)
- den geschiedenen Ehegatten (auch bei Wiederverehelichung),
- mittellose Angehörige sowie
- die Leistung eines Heiratsgutes bzw einer Heiratsausstattung.

Unterhaltsleistungen an haushaltszugehörige sowie nicht haushaltszugehörige ausländische Kinder, die in einem Land außerhalb des EWR bzw der Schweiz leben und für die weder ein Kinder- noch ein Unterhaltsabsetzbetrag zusteht, sind hingegen abzugsfähig. Grundsätzlich kann der halbe Unterhalt ohne Abzug eines Selbstbehaltes als außergewöhnliche Belastung geltend gemacht werden. Die Finanz schätzt diese außergewöhnliche Belastung mit 50 € pro Monat und Kind (ohne Abzug eines Selbstbehaltes). Die Existenz des Kindes (der Kinder) ist anhand der Geburtsurkunde und einer Bestätigung der jeweiligen Wohnortgemeinde des Kindes (der Kinder) nachzuweisen. Die Unterhaltsleistungen sind bis zum vollendeten 15. Lebensjahr des Kindes (der Kinder) zu berücksichtigen, darüber hinaus ist ein entsprechender Nachweis über die fehlende Selbsterhaltungsfähigkeit (Schulbescheinigung usw) zu erbringen. Ab der Volljährigkeit des Kindes (der Kinder) kann keine außergewöhnliche Belastung berücksichtigt werden.

Beispiel:
Zwei Kinder eines in Österreich nichtselbständig Tätigen leben in der Türkei im Haushalt des Steuerpflichtigen. Es stehen weder Kinder- noch Unterhaltsabsetzbeträge zu. Die Unterhaltslasten sind als außergewöhnliche Belastung zu berücksichtigen; die Höhe ist mit 1.200 € (50 € x 2 x 12) pro Kalenderjahr zu schätzen.

Es bleibt den Betroffenen allerdings unbenommen nachzuweisen, dass die Hälfte des tatsächlich geleisteten Unterhaltes den Betrag von 50 € übersteigt und daher (ohne Selbstbehalt) als außergewöhnliche Belastung zu berücksichtigen ist (**Achtung:** Hier hat man dann aber eine erhöhte Mitwirkungspflicht, die Zahlungen sind genau nachzuweisen).

Hinweis: Unterhaltsleistungen an nicht haushaltszugehörige Kinder, für die kein Familienbeihilfenanspruch besteht und die sich im Inland oder einem EU- oder EWR-Staat aufhalten, sind mit dem Unterhaltsabsetzbetrag abgegolten (siehe A.1.2.2).

Greift man einem Unterhaltsberechtigten finanziell unter die Arme, weil dieser eine **außergewöhnliche Belastung** erlitten hat, kann die Unterhaltszahlung begünstigt sein.

Beispiel:
Ein Angehöriger ohne Einkommen oder mit geringem Einkommen hat höhere Krankheitskosten oder Aufwendungen zur Beseitigung von Katastrophenschäden. Trägt man hierzu seinen Teil bei, liegt ein Steuerabzugsposten vor.

Auf Grund ausdrücklicher gesetzlicher Regelung gelten ferner Mehraufwendungen für behinderte Kinder sowie die Kosten der Berufsausbildung von Kindern (siehe jeweils dort) als außergewöhnliche Belastung.

• **Wohnkosten**

Wohnkosten können in der Regel nur Sonderausgaben darstellen (siehe dort), nicht jedoch außergewöhnliche Belastungen. Ausnahme: Maßnahmen zur behindertengerechten Adaptierung des Wohnraumes (zB Einbau eines Behindertenaufzuges) sind außergewöhnliche Belastungen aus dem Titel der Behinderung.

• **Zahnbehandlungskosten**

Kosten für Zahnbehandlung, Zahnersatz und Zahnregulierung stellen grundsätzlich Krankheitskosten und damit außergewöhnliche Belastungen dar (Erläuterungen dazu siehe Stichwort „Krankheitskosten").

A.1.6. Kinderfreibetrag bis 2018

Für Kinder, für die mehr als sechs Monate im Kalenderjahr ein Kinderabsetzbetrag zustand, gab es bis inkl 2018 einen so genannten Kinderfreibetrag. Der Kinderfreibetrag steht letztmalig für das Jahr 2018 zu. Ab 2019 wurde er durch den Familienbonus Plus ersetzt (siehe Kapitel A.1.2.2.).

A.2. Begünstigungen im Zuge der Lohnverrechnung

A.2.1. Berechnung der Lohnabgaben und des Nettolohnes

Welche Besonderheiten hat der Lohnsteuerabzug?

Die Lohnsteuer – das wurde schon in der Einleitung zu diesem Buch erwähnt – ist nichts anderes als eine besondere Erhebungsform der Einkommensteuer für Arbeitnehmer. Merkmal: Die Lohnsteuer wird bereits bei der Auszahlung des Lohnes vom Arbeitgeber einbehalten und von diesem auch an das Finanzamt abgeführt. Die Anmeldung zur Sozialversicherung hat bereits vor Arbeitsantritt zu erfolgen, das gilt dann auch als Anmeldung zur Lohnsteuer. Charakteristisch für die Lohnsteuer ist auch die Tatsache, dass es bei der Lohnverrechnung zahlreiche Begünstigungen gibt, die der Arbeitgeber bei der Berechnung der Steuer berücksichtigen muss. Damit man sich auf seinem Lohnzettel auch auskennt, sind bei den einzelnen Begünstigungen die Paragraphen des Einkommensteuergesetzes angeführt.

Steuerbefreiungen nach § 3 EStG:	**Sonstige Bezüge nach § 67 EStG:**
• Bestimmte Auslandstätigkeiten, • Benützung von Einrichtungen und Anlagen des Arbeitgebers, • Betriebsveranstaltungen und dabei gewährte Sachzuwendungen, • Aufwendungen für die Zukunftssicherung, • soziale Zuwendungen, • freie Mahlzeiten und Getränke uÄm **Steuerfreie Ersätze nach § 26 EStG:** • Arbeitskleidung, • Auslagenersätze und durchlaufende Gelder, • Aus- und Fortbildungskosten, • Jobticket (bis 30.6.2021), • Öffi-Ticket (ab 1.7.2021), • Reisekosten, • Werkverkehr, Beförderung mit Massenverkehrsmitteln	• Umzugskostenvergütungen, • Pensionskassenbeiträge, • 13. und 14. Bezug (Urlaubs- und Weihnachtsgeld), • gesetzliche Abfertigungen, • freiwillige Abfertigungen, • Ersatzleistungen für nicht verbrauchten Urlaub, • Kündigungsentschädigungen, • Lohnnachzahlungen, • Vergleichszahlungen, • Pensionsabfindungen, • Sozialplanzahlungen. **Zulagen und Zuschläge nach § 68 EStG:** • Überstundenzuschläge, • Zuschläge für Sonn-, Feiertags- und Nachtarbeit, • Schmutz-, Erschwernis- und Gefahrenzulagen.

Art und Ausmaß der Begünstigung sind im folgenden Kapitel A.2.2. „ABC der Lohnarten" alphabetisch geordnet und unter dem Stichwort der jeweiligen Lohnart genauer erläutert. Der Lohnsteuerabzug stellt allerdings nur eine vorläufige Maßnahme dar. Das endgültige Ausmaß der Steuer wird nämlich erst im Zuge der Veranlagung ermittelt.

TIPP

Sollte man Zweifel an den Lohnverrechnungskünsten seines Arbeitgebers haben, kann man entdeckte oder vermutete Fehler vom Finanzamt korrigieren lassen. Dazu stellt man einen Antrag auf

Lohnsteuererstattung, der vom Arbeitgeber bestätigt und schließlich beim Wohnsitzfinanzamt eingebracht werden muss. Die Frist für die Antragstellung beträgt 5 Jahre. Soweit aber eine Veranlagung durchgeführt wurde oder werden könnte, hat die Berichtigung im Zuge der Veranlagung zu erfolgen.

Beispiele:

Man erhält vom Arbeitgeber eine Schmutzzulage ausbezahlt, die jedoch versteuert wird. Wenn die Voraussetzungen für die Steuerfreiheit vorliegen, kann die zuviel bezahlte Lohnsteuer im Erstattungsweg zurückverlangt werden.

Die Lohnverrechnung versteuert den Zuschlag für Arbeiten an Sonn- und Feiertagen. Auch hier kann eine Erstattung beantragt werden.

Wie berechnet der Arbeitgeber den Nettolohn?

Als Arbeitnehmer hat man ein Recht darauf, von seinem Arbeitgeber monatlich eine schriftliche Gehaltsabrechnung zu erhalten, aus der das Bruttogehalt bzw der Bruttolohn, die gewährten Zulagen und Zuschläge und die einbehaltenen Abzüge ersichtlich sind. Ein solcher Lohn- oder Gehaltszettel bildet auch die Voraussetzung, um feststellen zu können, ob sämtliche Bezüge, auf die man Anspruch hat, gewährt und die darauf entfallenden Abzüge richtig berechnet werden.

Gehalts- und Lohnabrechnungen sind in der Regel nach dem unten stehenden Schema aufgebaut bzw können damit kontrolliert werden.

Download 22

Grundgehalt/Grundlohn	....
+ Zulagen, Zuschläge, Prämien u.Ä.m.	....
+ Sachbezüge	....
= Bruttobezug	....
- Sozialversicherung - Dienstnehmeranteil	....
- Lohnsteuer	....
- Gewerkschaftsbeitrag	....
- Betriebsratsumlage	....
- Akontozahlungen	....
- Exekutionen	....
- Sachbezüge	....
- andere Abzüge	....
= Nettobezug	....

Wie wird der Abzug an Sozialversicherungsbeiträgen richtig ermittelt?

Die Anmeldung zur Sozialversicherung hat bereits vor Arbeitsantritt zu erfolgen (zuerst erfolgt die elektronische Erstattung der reduzierten Anmeldung vor Arbeitsbeginn, die vollständige Meldung erfolgt seit 1.1.2019 mit der monatlichen Beitragsgrundlagenmeldung).

Von der Summe der Bruttobezüge wird zunächst die **Sozialversicherung** berechnet, und zwar der Dienstnehmeranteil. Der Arbeitgeber muss zusätzlich für die Sozialversicherung seiner Arbeitnehmer einen Dienstgeberanteil selbst bezahlen, der etwas höher ist als der Dienstnehmeranteil.

Der Dienstnehmeranteil an der Sozialversicherung setzt sich zusammen aus Beiträgen zur Arbeitslosenversicherung, zur Krankenversicherung, zur Pensionsversicherung und wird noch ergänzt um die Kammerumlage und den Wohnbauförderungsbeitrag. Die Gesamtbeiträge betragen:

von den **laufenden Bezügen**		von den **Sonderzahlungen**	
• bei Arbeitern	18,12 %	• bei Arbeitern	17,12 %
• bei Angestellten	18,12 %	• bei Angestellten	17,12 %

Anlässlich der ökosozialen Steuerreform sollen die Krankenversicherungsbeiträge für Dienstnehmer mit geringeren Einkommen ab 1. Juli 2022 um bis zu 1,7 Prozentpunkte reduziert werden. Bei einem Monatsentgelt bis zu 1.100 € ist eine Reduktion des Beitrags um 1,7 Prozentpunkte auf 2,17 % vorgesehen. Mit steigendem Monatsentgelt bis 2.500 € sinken diese 1,7 Prozentpunkte schrittweise um 0,2 Prozentpunkte. Bei einem Monatsentgelt über 2.500 € beträgt der Beitragssatz wieder 3,87 %. Für den Dienstgeberanteil wird sich nichts ändern. Die Gesetzwerdung bleibt abzuwarten.

Achtung: Für Bezieher niedriger Einkommen wurde der Arbeitslosenversicherungsbeitrag gesenkt bzw entfällt er mitunter zur Gänze. Die oa Beitragssätze verringern sich daher bei einem monatlichen Bruttolohn bis 1.828 € um 3 %, bis 1.994 € um 2 % und bis 2.161 € um 1 % (Werte 2022; 2021: 1.790 €, 1.953 €, 2.117 €).

Wichtig: Die Sozialversicherungsbeiträge werden allerdings nur bis zur so genannten Höchstbeitragsgrundlage erhoben. Im Jahr 2021 macht das bei den laufenden Bezügen 5.550 € monatlich, bei den Sonderzahlungen 11.100 € jährlich aus (2022: 5.670 € bzw 11.340 €).

Sind die Bruttobezüge höher, wird von den übersteigenden Beträgen also keine Sozialversicherung mehr abgezogen.

Wie wird der Abzug an Lohnsteuer errechnet?

Als weiteren gesetzlichen Abzug ermittelt man sodann die **Lohnsteuer**. Dazu wird zunächst für die laufenden Bezüge die Lohnsteuer-Bemessungsgrundlage nach folgender Aufstellung festgestellt:

Bruttobezug	....
- steuerfreie Bezugsteile	....
- Sozialversicherung - Dienstnehmeranteil	....
- Gewerkschaftsbeitrag	....
- Pendlerpauschale	....
- Freibetrag auf Grund einer Mitteilung	....
+ eventuelle Hinzurechnungsbeträge	....
= Bemessungsgrundlage	....

Für die laufenden Bezüge wird die Lohnsteuer nach dem Tarif ermittelt. Direkt beim Arbeitgeber können der Alleinverdiener- bzw Alleinerzieherabsetzbetrag (Formular E 30; siehe dazu Kapitel A.1.2.1.), der Familienbonus Plus (Formular E 30; siehe dazu Kapitel A.1.2.2.) und das Pendlerpauschale (Formular L34 EDV; siehe dazu Kapitel A.1.4.2) beantragt werden. Der Lohnzahlungszeitraum, für den die Lohnsteuer und Sozialversicherung ermittelt werden, ist – ausgenommen bei Ein- und Austritt – immer ein Kalendermonat (30 Tage).

Seit 2019 steht der sogenannte Familienbonus Plus zu. Der Familienbonus Plus ist als erster Absetzbetrag von der Steuer abzuziehen und führt zu keiner Negativsteuer. Er beträgt (für Kinder im Inland)

- ➜ 125 € monatlich je Kind bis zum 18. Lebensjahr,
- ➜ 41,68 € monatlich je Kind nach Ablauf des Monats, in dem das Kind das 18. Lebensjahr vollendet hat.

Damit der Familienbonus Plus bereits im Zuge der Lohnverrechnung vom Arbeitgeber berücksichtigt werden kann, ist das Formular E 30 auszufüllen und beim Arbeitgeber abzugeben oder elektronisch zu übermitteln (das Formular ist unter www.bmf.gv.at erhältlich). Dabei müssen sich die Eltern (Ehepartner bzw Partner bzw Unterhaltsverpflichtete) entscheiden, ob einer von beiden den vollen Betrag beansprucht oder ob der Betrag zwischen beiden Elternteilen je zur Hälfte aufgeteilt werden soll. Dem Antrag ist die Bestätigung über den Familienbeihilfenanspruch beizulegen (erhältlich über FINANZOnline oder beim Finanzamt).

Es ist aber nichts verloren, wenn bei der Lohnverrechnung noch kein Familienbonus Plus berücksichtigt wird: Nach Ablauf des Jahres erhält man den Familienbonus Plus dann jedenfalls vom Finanzamt im Zuge der Veranlagung.

Für die sonstigen Bezüge (zB Urlaubs- und Weihnachtsgeld) wird die Lohnsteuer mit einem festen Steuersatz (seit 2013 abhängig vom Betrag 6 %, 27 % oder 35,75 %) angesetzt. Bemessungsgrundlage ist der Bruttobetrag abzüglich der darauf entfallenden Sozialversicherung. Übersteigen jedoch die Sonderzahlungen zwei (durchschnittliche) Bruttogehälter, wird der Überhang ebenfalls mit den vollen Tarifsätzen versteuert.

Welche Steuervorteile können bereits beim Arbeitgeber für die Lohnverrechnung geltend gemacht werden?

Bereits im Zuge der Lohnverrechnung kann man gewisse Steuervorteile geltend machen, dh man kann damit schon den monatlichen Lohnsteuerabzug vermindern und erhält einen höheren Nettobezug und muss nicht auf die Veranlagung nach Jahresablauf warten.

Mit dem Formular E 30, das es im Finanzamt, auf www.bmf.gv.at (unter Formulare) und auch in den Lohnbüros gibt, kann man den

- ➔ Alleinverdienerabsetzbetrag, den
- ➔ Alleinerzieherabsetzbetrag und den
- ➔ Familienbonus Plus

beantragen. Dazu ist nur die entsprechende Erklärung im Formular E 30 auszufüllen und zu unterschreiben bzw. für den Familienbonus Plus die Bescheinigung über den Bezug von Familienbeihilfe beizulegen (erhältlich in FINANZOnline oder im Finanzamt).

Allein verdienende Pensionisten können weiters mit dem Formular E 30 bei der pensionsauszahlenden Stelle auch noch

- ➔ behinderungsbedingte Freibeträge für außergewöhnliche Belastungen für den (Ehe)Partner (wenn der [Ehe]Partner nicht mehr als 6.000 € im Jahr verdient) und den
- ➔ erhöhten Pensionistenabsetzbetrag (wenn der [Ehe]Partner nicht mehr als 2.200 € im Jahr verdient)

geltend machen.

Wie ist bei Arbeitslohn von dritter Seite vorzugehen?

Wenn der Arbeitgeber weiß oder wissen muss, dass seinem Arbeitnehmer für eine Tätigkeit im Rahmen seines Dienstverhältnisses von Seiten eines Dritten Zahlungen gewährt wurden (zB bei Provisionen an Bankmitarbeiter, die Bausparkassengeschäfte für eine Bausparkasse vermitteln), hat er diese Zahlungen in der Lohnverrechnung zu berücksichtigen. Andernfalls muss es der Arbeitnehmer selbst im Zuge der Steuererklärung versteuern.

A.2.2. ABC der Lohnarten

Im Folgenden sollen die wichtigsten Lohnarten in alphabetischer Reihenfolge erläutert werden. Um damit eine brauchbare Information zu bieten, sind Hinweise auf das Arbeitsrecht (wann hat man worauf Anspruch?) sowie auf die steuerliche Behandlung und die Beitragspflicht bei der Sozialversicherung enthalten.

• Abfertigung, gesetzliche

Was steckt hinter der „betrieblichen Mitarbeitervorsorge" (geregelt im Betrieblichen Mitarbeiter- und Selbständigenvorsorgegesetz, BMSVG)?

Unter dem Titel „Betriebliche Mitarbeitervorsorge" wurde für Dienstverhältnisse seit 1.1.2003 ein komplett neues Abfertigungssystem eingeführt. Dabei zahlt der Arbeitgeber für seine Arbeitnehmer einen monatlichen Beitrag an eine so genannte **betriebliche Vorsorgekasse (BV-Kasse)**. Dort werden die Beiträge angespart und je nach von der betrieblichen Vorsorgekasse erwirtschafteter Rendite bei Beendigung des Dienstverhältnisses ausgezahlt oder in ein neues Dienstverhältnis (eine neue BV-Kasse) übertragen. Die Eckpunkte sind:

- Das neue Abfertigungssystem gilt automatisch für alle Dienstverhältnisse, die seit dem 1.1.2003 neu begonnen haben. Für damals bestehende Dienstverhältnisse bleibt man grundsätzlich im alten Abfertigungsrecht, kann aber einen Übergang in das neue System vereinbaren (siehe unten).
- Zur Finanzierung des neuen Systems zahlt der Arbeitgeber monatlich den Mitarbeitervorsorgebeitrag in Höhe von 1,53 % des Entgelts (sofern das Dienstverhältnis mehr als einen Monat dauert) an den Krankenversicherungsträger. Dieser leitet die Beträge an die ausgewählte betriebliche Vorsorgekasse weiter.
- Als Arbeitnehmer hat man bei jeder Art der Beendigung des Dienstverhältnisses Anspruch auf eine Abfertigung. Die Höhe der Abfertigung ergibt sich aus der Summe der vom Arbeitgeber eingezahlten Beträge zuzüglich der von der BV-Kasse erzielten Rendite und abzüglich der Verwaltungskosten.
- Der Anspruch auf Abfertigung entsteht nach Beendigung des Dienstverhältnisses. Mittels einer Erklärung kann man mit dem erworbenen Abfertigungsanspruch zwischen folgenden Möglichkeiten wählen:
  - Direkte Auszahlung: Grundsätzlich besteht Anspruch auf Auszahlung. Kein Anspruch auf Auszahlung besteht allerdings bei Selbstkündigung, Entlassung, unberechtigtem vorzeitigem Austritt und bei weniger als 3 Einzahlungsjahren. Jedenfalls kann die Auszahlung aber verlangt werden, wenn man eine Eigenpension bezieht oder das Anfallsalter für eine vorzeitige Alterspension erfüllt oder seit mindestens 5 Jahren in keinem Dienstverhältnis mehr steht.
  - Weiterveranlagung des Abfertigungsbetrages in der BV-Kasse (bei grundsätzlichem Auszahlungsanspruch).
  - Übertragung des Abfertigungsbetrages in die BV-Kasse des neuen Arbeitgebers (bei grundsätzlichem Auszahlungsanspruch).
  - Überweisung der Abfertigung (bei grundsätzlichem Auszahlungsanspruch) an ein Versicherungsunternehmen, bei dem der Arbeitnehmer bereits Versicherter im Rahmen einer betrieblichen Kollektivversicherung ist oder an ein Versicherungsunternehmen als Einmalprämie für eine nachweislich abgeschlossene Pensionszusatzversicherung, oder an eine Pensionskasse.
  - Besteht kein Anspruch auf direkte Auszahlung, dann bleibt der Abfertigungsbetrag in der jeweiligen BV-Kasse.

→ Seit 1.1.2008 gelten die Bestimmungen des BMSVG auch für freie Dienstverhältnisse, für im freien Dienstverhältnis beschäftigte Vorstandsmitglieder und Selbständige (für gewerblich Selbständige verpflichtend, für Bauern und Freiberufler optional).

Welche Möglichkeiten gibt es bei bestehenden Dienstverhältnissen?

War man zum 1.1.2003 in einem aufrechten Dienstverhältnis, so hat man grundsätzlich folgende Möglichkeiten in Bezug auf die Abfertigung:

1. Man bleibt im alten Abfertigungsrecht. Dann gilt das bestehende Abfertigungsrecht mit allen Konsequenzen. Das heißt, der Abfertigungsanspruch nach dem Angestelltengesetz, dem Arbeiterabfertigungsgesetz oder ein allenfalls höherer Anspruch nach einem Kollektivvertrag bleibt bestehen. Die Abfertigung beträgt im Allgemeinen für Angestellte und Arbeiter:
   - nach 3 Dienstjahren das 2-fache monatliche Entgelt
   - nach 5 Dienstjahren das 3-fache monatliche Entgelt
   - nach 10 Dienstjahren das 4-fache monatliche Entgelt
   - nach 15 Dienstjahren das 6-fache monatliche Entgelt
   - nach 20 Dienstjahren das 9-fache monatliche Entgelt
   - nach 25 Dienstjahren das 12-fache monatliche Entgelt

   Der Anspruch auf eine „Abfertigung alt“ entsteht nicht
   - bei Kündigung durch den Arbeitnehmer (bei anschließender Pensionierung nach mindestens zehnjähriger Dienstzeit bzw bei Pensionierung aus gesundheitlichen Gründen nach mindestens dreijähriger Dienstzeit bleibt der Anspruch bestehen),
   - bei vorzeitigem Austritt ohne wichtigen Grund,
   - bei vom Arbeitnehmer selbst verschuldeter Entlassung.

   In allen anderen Fällen steht die Abfertigung zu.
2. Man vereinbart schriftlich mit dem Arbeitgeber, dass die bisherigen Ansprüche (Anwartschaften) eingefroren werden und ab dem Übertrittsstichtag das neue Abfertigungsrecht gilt. Der Übertrittsstichtag kann frei vereinbart werden. Der Abfertigungsanspruch bis zum Übertrittsstichtag richtet sich gegen den Arbeitgeber. Ab dem Übertrittsstichtag gilt das neue Abfertigungssystem.
3. Man vereinbart schriftlich mit dem Arbeitgeber (Einzelvereinbarung), dass die bisherigen Ansprüche betragsmäßig in eine Mitarbeitervorsorgekasse übertragen werden.

Welche Abzüge fallen bei Abfertigungen an?

Der **Beitrag des Arbeitgebers** zur Finanzierung der Abfertigung (1,53 %) ist nicht steuerpflichtig. Die Besteuerung von ausbezahlten Abfertigungen erfolgt mit 6 % **Lohnsteuer**. Das gilt sowohl für gesetzliche Abfertigungen nach altem Recht als auch für Abfertigungen aus Mitarbeitervorsorgekassen. Wird der Abfertigungsbetrag an ein Versicherungsunternehmen zur Rentenauszahlung oder an eine Pensionskasse übertragen, fällt überhaupt keine Lohnsteuer an.

Sozialversicherungsbeiträge sind von Abfertigungen nicht zu entrichten.

• Abfertigung, freiwillige

Vereinbart man im Dienstvertrag eine freiwillige Abfertigung oder wird sie sonst freiwillig gegeben, kann dafür eine zusätzliche Steuerbegünstigung lukriert werden. Mit dem festen Steuersatz von 6 % sind nämlich folgende Beträge begünstigt:

- ➜ Ein Viertel der laufenden Bezüge der letzten zwölf Monate, das sind also drei Durchschnittsgehälter, maximal die neunfache ASVG-Höchstbeitragsgrundlage (gilt aber für alle durch die Beendigung des Dienstverhältnisses ausgelösten sonstigen Bezüge);
- ➜ zusätzlich nur für freiwillige Abfertigungen die nachstehenden dienstzeitabhängigen Beträge (maximal die dreifache ASVG-Höchstbeitragsgrundlage):

3 Jahre	2/12	der laufenden Bezüge der letzten zwölf Monate
5 Jahre	3/12	der laufenden Bezüge der letzten zwölf Monate
10 Jahre	4/12	der laufenden Bezüge der letzten zwölf Monate
15 Jahre	6/12	der laufenden Bezüge der letzten zwölf Monate
20 Jahre	9/12	der laufenden Bezüge der letzten zwölf Monate
25 Jahre	12/12	der laufenden Bezüge der letzten zwölf Monate

Während der Dienstzeit bereits erhaltene begünstigte freiwillige Abfertigungen oder gesetzliche Abfertigungen kürzen das begünstige Ausmaß. Wenn die obigen Grenzen überschritten werden, wird es teuer: Bei einem Überhang schlägt die Steuer voll zu (Versteuerung wie ein laufender Bezug nach der Monatstabelle).

Die oa Bestimmungen gelten dann nicht, wenn auf die volle Dauer des Dienstverhältnisses bereits das neue Abfertigungssystem angewendet wird. Wird das alte Abfertigungssystem bis zu einem Übertrittsstichtag weitergeführt, gelten die Begünstigungen nur insoweit, als sich die freiwilligen Abfertigungen auf die alten Anwartschaftszeiträume beziehen.

TIPP

Vordienstzeiten können in den Dienstzeiten mitberücksichtigt werden. Daher sollte man Bestätigungen über Vordienstzeiten (Dienstzettel, -zeugnisse oÄ) und dabei erhaltene Abfertigungen aufheben und spätestens vor der Auszahlung einer freiwilligen Abfertigung beim Arbeitgeber abliefern.

Hinweis: Freiwillige Abfertigungen sind ebenso wie gesetzliche sozialversicherungsfrei.

- **Arbeitskleidung**

Lohnsteuer- und sozialversicherungsfrei sind der Wert der unentgeltlich überlassenen Arbeitskleidung und die Reinigung, wenn es sich um typische Berufskleidung handelt. Der von der Firma bezahlte Maßanzug fällt also nicht darunter. Vorsicht: Auch Barersätze sind steuer- bzw beitragspflichtig, können aber gegebenenfalls zu Werbungskosten führen.

- **Aufwandsentschädigung**

Nebenberufliche Schauspieler und Musiker, nebenberufliche Trainer im Rahmen eines gemeinnützig bundesweit wirkenden Gesundheitsvereines sowie nebenberuflich Lehrende an Erwachsenenbildungseinrichtungen oder nebenberuflich Lehrende, die vom AMS dazu beauftragt wurden, können zusätzlich zu den Reisekosten bis zu 537,78 € monatlich sozialversicherungsfrei erhalten. Diese so genannte pauschalierte Aufwandsentschädigung ist allerdings steuerpflichtig nach den allgemeinen Regeln.

Pauschale Fahrt- und Reiseaufwandsentschädigungen, die Sportvereine (Sportverbände) an nebenberufliche SportlerInnen oder Schieds(wettkampf)richterInnen oder SportbetreuerInnen (zB TrainerInnen, Masseure und Masseurinnen) leisten, sind bis zu 60 € pro Einsatztag, höchstens aber bis zu 540 € pro Kalendermonat beitragsfrei, sofern Steuerfreiheit zusteht.

Corona: siehe unter Stichwort „Sportler" im Kapitel B.1.4.

CORONA

- **Aushilfsarbeiten**

Aushilfsarbeiten sind wie folgt zu besteuern:

➔ Bei der **Lohnsteuer** gibt es für vorübergehend, dh ununterbrochen nicht länger als eine Woche beschäftigte und ausschließlich körperlich tätige, Arbeitnehmer eine vereinfachte Besteuerung, nämlich 2 % des Bruttolohnes als Pauschalsteuer. Diese Bestimmung ist nicht anzuwenden, wenn der Taglohn 55 € oder der Wochenlohn 220 € übersteigt. Die Besteuerung mit der Pauschalsteuer ist endgültig, dh man wird damit nicht noch einmal im Zuge der Veranlagung zur Nachzahlung herangezogen.

➔ Bei der **Sozialversicherung** erspart man sich bei fallweiser bzw geringfügiger Beschäftigung ebenfalls die vollen Beiträge, wenn das Entgelt unter der Geringfügigkeitsgrenze liegt (2022: 485,85 €, 2021: 475,86 € monatlich).

ACHTUNG

Aber **Achtung:** Diese Regelung gilt nur, wenn man insgesamt (dh aus allen Beschäftigungen) nicht mehr als 485,85 € (2021: 475,86 €) im

Monat verdient hat. Überschreitet man diesen Betrag, weil man zB noch eine zweite Beschäftigung ausübt und die Summe beider Bezüge über dem Grenzbetrag liegt, werden nach Jahresende von der Österreichischen Gesundheitskasse (ÖGK) die Kranken- und Pensionsversicherungsbeiträge direkt vorgeschrieben. Man ist dann natürlich krankenversichert und erwirbt Pensionszeiten. Übrigens: Bleibt man unter der Geringfügigkeitsgrenze, kann man sich relativ günstig freiwillig versichern lassen.

• Auslandstätigkeit

Welche Lohnsteuerbegünstigungen gibt es bei Arbeiten im Ausland?

Für vorübergehend ins Ausland entsendete Arbeitnehmer bleiben 60 % der steuerpflichtigen Einkünfte aus dem laufenden Arbeitslohn (bis maximal zur Höchstbeitragsgrundlage in der Sozialversicherung) steuerfrei. Folgende Voraussetzungen müssen erfüllt sein:

- ➜ Die Entsendung erfolgt von einem Betrieb bzw einer Betriebsstätte eines in der EU bzw im EWR bzw in der Schweiz ansässigen Arbeitgebers oder eines in einem Drittland ansässigen Arbeitgebers, wenn die Betriebsstätte in einem der oa Staaten liegt.
- ➜ Die Entsendung erfolgt an einen Einsatzort, der mehr als 400 km Luftlinie von der österreichischen Staatsgrenze entfernt ist.
- ➜ Die Entsendung erfolgt nicht in eine Betriebsstätte des Arbeitgebers oder Beschäftigers.
- ➜ Die Tätigkeit ist nicht auf Dauer angelegt.
- ➜ Die Entsendung erfolgt ununterbrochen für einen Zeitraum von mindestens einen Monat.
- ➜ Die im Ausland zu leistenden Arbeiten sind überwiegend unter erschwerenden Umständen zu leisten.

Die Steuerfreiheit besteht nicht, wenn der Arbeitgeber die Kosten für mehr als eine Familienheimfahrt im Kalendermonat trägt oder Zulagen und Zuschläge steuerfrei gewährt werden.

Bleibt man trotz Auslandstätigkeit in Österreich sozialversichert?

Nach dem ASVG bleibt man pflichtversichert, wenn man von einem Dienstgeber, der in Österreich seinen Sitz hat, ins Ausland entsendet wird. Die Beschäftigung im Ausland darf allerdings 5 Jahre nicht übersteigen. Zu beachten sind auch die geltenden zwischenstaatlichen Sozialversicherungsabkommen, die zumeist kürzere Fristen vorsehen.

• Bauzulagen

Bau- und Montagezulagen sind in verschiedenen Kollektivverträgen für spezielle Außen- oder Montagearbeiten vorgesehen. Solche Zulagen können steuerlich unter verschiedene Begünstigungen subsumiert werden:

- ➔ Erhält man sie aus Anlass von Dienstreisen, so können sie als Reisekosten lohnsteuer- und sozialversicherungsfrei sein.
- ➔ Werden sie auch an nicht im Außendienst Tätige ausbezahlt, dann bleibt eventuell noch die Begünstigung als Schmutz-, Erschwernis- oder Gefahrenzulage. Voraussetzung dafür ist allerdings, dass man in seiner Tätigkeit im Vergleich zu ähnlichen Berufen einer außerordentlichen(!) Verschmutzung, Erschwernis oder Gefahr ausgesetzt ist (siehe dazu auch unter „Schmutz-, Erschwernis- und Gefahrenzulagen").

Treffen die Bedingungen für beide Begünstigungen nicht zu, zahlt man die volle Lohnsteuer und Sozialversicherung.

Corona: siehe Stichwort „Schmutz-, Erschwernis- und Gefahrenzulage" im Kapitel A.2.2.

• Bereitschaftsdienstentschädigungen

Entschädigungen für Bereitschaftsdienste (**Arbeitsbereitschaft**) können in der Form von Überstundenzuschlägen oder Zuschlägen für Sonntags-, Feiertags- und Nachtarbeit (siehe dort) eine steuerfreie Komponente enthalten.

Entschädigungen für **Rufbereitschaft** (dh man muss sich an einem selbst gewählten Platz zur Verfügung halten) sind dagegen voll steuerpflichtig. Trotzdem kann auch daraus eine Steuerersparnis resultieren. Und zwar dann, wenn es zu einem tatsächlichen Arbeitseinsatz kommt. In diesem Fall können nämlich steuerfreie Überstundenzuschläge lukriert werden.

• Bildschirmzulagen

In den Augen der Finanz sind Bildschirmzulagen keine Abgeltung einer außerordentlichen Erschwernis, sondern ein normal steuerpflichtiger und sozialversicherungspflichtiger Bestandteil des Gehalts.

• Diensterfindungen, Vergütungen für

Prämien für Diensterfindungen und betriebliche Verbesserungsvorschläge sind seit 1.1.2016 nicht mehr steuer- und sozialversicherungsbegünstigt.

• Dienstkraftfahrzeug, Dienstwagen

Hat man die Möglichkeit, ein firmeneigenes Kraftfahrzeug für Privatfahrten (das sind auch Fahrten zwischen Wohnung und Arbeitsstätte!) zu benützen, dann muss leider auch dafür Steuer und Sozialversicherung gezahlt werden. Die Berechnung des steuer- und sozialversicherungspflichtigen Vorteils ist wie folgt geregelt:

Normalfall:	2 % der Anschaffungskosten , maximal 960 € monatlich
Umweltfreundliche Autos:	1,5 % der Anschaffungskosten, maximal 720 € monatlich
Elektroautos	kein Sachbezugswert (Vorteil bleibt steuerfrei)
Privatnutzung weniger als 500 km monatlich	halber Sachbezug (1 %, max 480 € bzw 0,75 % max 360 €)

Die Anschaffungskosten sind brutto (einschließlich Umsatzsteuer und Normverbrauchsabgabe) zu verstehen und schließen auch allfällige Sonderausstattungen mit ein. Ein 30.000 €-Auto führt zB zu einer Hinzurechnung von 600 € monatlich (30.000 × 2 %). Von diesem Betrag zahlt man die Sozialversicherung und – je nach Progression – die Lohnsteuer. Ein Pendlerpauschale bzw Pendlereuro stehen nicht zu, wenn man einen Dienstwagen für Fahrten zwischen Wohnung und Arbeitsstätte hat.

Bei Gebrauchtwagen ist auf den Listenpreis im Zeitpunkt der erstmaligen Zulassung abzustellen. Bei geleasten Kraftfahrzeugen ist der Sachbezugswert von den Anschaffungskosten zu berechnen, die der Ermittlung der Leasingrate zugrunde gelegt wurden.

Umweltfreundlich sind Autos mit einem CO_2-Ausstoß von höchstens 141 g/km (für erstmalig nach dem 31.3.2020 zugelassene Kraftfahrzeuge). Für die Jahre 2021 bis 2025 vermindert sich der maßgebliche Grenzwert um jährlich 3 g/km (im Jahr 2021 daher dann 138 g/km, 2022 135 g/km, …). Bei Gebrauchtwagen kommt es auf das Jahr der Anschaffung an.

Eine Möglichkeit gibt es, damit das Ganze noch billiger wird: Wenn man das Firmenauto nachweislich im Jahresdurchschnitt für Privatfahrten nicht mehr als 500 km monatlich benützt, so wird nur der halbe Wert angesetzt (1 % bzw 0,75 %).

CORONA

Corona: Für Kraftfahrzeuge, für die vor dem 1.4.2020 ein gültiger Kauf- oder Leasingvertrag abgeschlossen wurde, die nachweislich aufgrund der COVID-19-Krise nicht vor dem 1.4.2020 erstmalig zugelassen werden konnten und es deshalb zu einem höheren Sachbezugswert kommt, kann die alte **Sachbezugsberechnung** herangezogen werden.

Sollten die Privatfahren (einschließlich Fahrten Wohnung–Arbeitsstätte) zB auf Grund von Corona im Jahresschnitt unter 500 km monatlich bleiben, muss nur der halbe Sachbezugswert angesetzt werden.

ACHTUNG

Aber Vorsicht: Die Finanz akzeptiert diese günstige Variante nur dann, wenn man sämtliche Fahrten in einem Fahrtenbuch feinsäuberlich aufnotiert. Wenn der Arbeitgeber nicht ganz so spendabel ist und einen **Kostenbeitrag** für die Privatnutzung des Firmenwagens verlangt, wird der Hinzurechnungsbetrag selbstverständlich um diesen Beitrag gekürzt.

TIPP

Tipp Nr. 1: Da der Sachbezugswert unabhängig davon ist, wie viel man mit dem Dienstwagen privat fährt (sofern es über 500 km monatlich sind), rechnet er sich vor allem dann, wenn der Arbeitgeber unbegrenzte Privatfahrten erlaubt und das auch reichlich ausgenutzt wird.

Tipp Nr. 2: Der Umstieg auf ein Elektroauto kann sich lohnen – als Arbeitnehmer zahlt man keinen Sachbezugswert, als Arbeitgeber kann man sich die Vorsteuer vom Finanzamt zurückholen (bis zur Angemessenheitsgrenze von 40.000 €).

Besteht für den Arbeitnehmer die Möglichkeit, ein arbeitgebereigenes Fahrrad oder Kraftrad mit einem CO_2-Emissionswert von 0 Gramm pro Kilometer für private Fahrten zu benützen, ist ebenfalls kein Sachbezugswert anzusetzen. Für andere Krafträder gilt der Sachbezug mit 2 % bzw 1,5 % der Anschaffungskosten.

- **Dienstwohnung**

Eine Dienstwohnung kann eine angenehme Sache sein, vor allem, wenn man dafür keine oder nur geringe Miete zahlt. Dennoch sollte man bedenken, dass in solchen Fällen die Steuer und die Sozialversicherung ihren Teil haben wollen.

Die zur Verfügung gestellte Firmenwohnung ist ein geldwerter Vorteil aus dem Dienstverhältnis, das heißt ein Sachbezug, von dem wie vom normalen Gehalt die Abgaben zu entrichten sind.

Stellt der Arbeitgeber seinem Arbeitnehmer Wohnraum kostenlos oder verbilligt zur Verfügung, ist als monatlicher Quadratmeterwert der jeweils am 31. Oktober des Vorjahres geltende Richtwert gemäß Richtwertgesetz anzusetzen. Kostenbeiträge des Arbeitnehmers vermindern den Sachbezugswert.

Die Sachbezugswerte pro Quadratmeter Wohnfläche betragen:

Bundesland	Richtwerte 2018, 2019	Richtwerte ab 2020
Burgenland	5,09 €	5,30 €
Kärnten	6,53 €	6,80 €
Niederösterreich	5,72 €	5,96 €
Oberösterreich	6,05 €	6,29 €
Salzburg	7,71 €	8,03 €
Steiermark	7,70 €	8,02 €
Tirol	6,81 €	7,09 €
Vorarlberg	8,57 €	8,92 €
Wien	5,58 €	5,81 €

Folgende Punkte dazu sind zu beachten:

- ➔ Für Wohnraum mit einem niedrigeren Ausstattungsstandard als dem der „Normwohnung“ ist ein pauschaler Abschlag von 30 % vorzunehmen.
- ➔ Für Wohnungen von Hausbesorgern, Hausbetreuern und Portieren ist ein berufsspezifischer Abschlag von 35 % vorzunehmen.
- ➔ Bei extremen Abweichungen der Richtwerte vom tatsächlichen Marktpreis ist der fremdübliche Mietwert abzüglich eines Abschlages von 25 % anzusetzen.

- Bei angemieteten Wohnungen sind die pauschalen Quadratmeterwerte der tatsächlichen Miete abzüglich 25 % gegenüberzustellen; der höhere Wert bildet den maßgeblichen Sachbezug.
- Die Quadratmeterwerte beinhalten auch die Betriebskosten. Werden diese vom Arbeitnehmer getragen, ist von den Quadratmeterwerten ein Abschlag von 25 % vorzunehmen.
- Trägt der Arbeitgeber die Heizkosten, ist ganzjährig ein Heizkostenzuschlag von 0,58 € pro m² anzusetzen.
- Es ist unbeachtlich, ob der Wohnraum möbliert oder unmöbliert ist. Es ist demnach weder ein Zuschlag noch ein Abschlag vorzunehmen.
- Bei einer arbeitsplatznahen Unterkunft im Zusammenhang mit der beruflichen Tätigkeit bis zu einer Größe von 30 m² (sog Burschenzimmer) ist kein Sachbezug anzusetzen, zwischen 30 und 40 m² ein um 35 % verminderter Wert.

TIPP

Das BMF hat auf seiner Homepage (bmf.gv.at) unter „Berechnungsprogramme" „Sachbezug Dienstwohnung" ein Programm zur einfachen Berechnung veröffentlicht.

• Elektrofahrrad

siehe Stichwort „Dienstkraftfahrzeug, Dienstwagen" im Kapitel A.2.2.

• Entfernungszulagen

Soweit Entfernungszulagen als Ersätze bei Dienstreisen bezahlt werden, sind sie steuer- bzw beitragsfrei (siehe Stichwort „Reisekosten").

• Entgeltfortzahlung

Eines ist schon selbstverständlich geworden: Es besteht Anspruch auf Entgeltfortzahlung, wenn man aus folgenden Gründen an der Arbeitsleistung verhindert ist:

- Krankheits- oder Unglücksfall,
- Arbeitsunfall oder Berufskrankheit.

Wie lange erhält ein Angestellter das Gehalt vom Arbeitgeber weiterbezahlt?

Wie lange man welche Bezüge vom Arbeitgeber erhält, hängt einerseits von der Dauer des Dienstverhältnisses ab, andererseits davon, ob die Arbeitsverhinderung durch Krankheit (Unglücksfall) oder Arbeitsunfall (Berufskrankheit) verursacht wurde. Die Lohnsteuer von weiterbezahlten Bezügen wird jedenfalls im vollen Umfang abgezogen.

Bei Krankheit, Unglücksfall, Kur- und Erholungs- sowie Pflegeaufenthalt wird das Gehalt weiterbezahlt:

im 1. Dienstjahr	6 Wochen voll, 4 Wochen halb
nach dem 1. bis zum 15. Dienstjahr	8 Wochen voll, 4 Wochen halb
nach dem 15. bis zum 25. Dienstjahr	10 Wochen voll, 4 Wochen halb
nach dem 25. Dienstjahr	12 Wochen voll, 4 Wochen halb

Die Entgeltfortzahlung für Angestellte wurde für Arbeitsjahre, die ab 1.7.2018 begonnen haben, auf das System der Arbeiter umgestellt. Die Umstellung erfolgte also zwischen 1.7.2018 und 30.6.2019 je nach Beginn des Arbeitsjahres jedes einzelnen Angestellten.

Das System von Erst- und Wiedererkrankung und der Hälfteanspruch sind daher mittlerweile für Angestellte Geschichte. Beginnend ab 1.7.2018 gilt auch für Angestellte – wie für Arbeiter – die Entgeltfortzahlung pro Arbeits- oder Kalenderjahr (Umstellung durch Kollektivvertrag oder Betriebsvereinbarung möglich). Auch die Entgeltfortzahlung bei Arbeitsunfällen wurde an das System der Arbeiter angeglichen. Bei einem Arbeitsunfall beträgt der Anspruch 8 Wochen voll, nach 15 Dienstjahren 10 Wochen voll (gilt für Arbeitsjahre ab 1.7.2018).

Wie lange erhalten Arbeiter ihren Lohn weiterbezahlt?

Arbeiter erhalten bei Krankheit oder Unglücksfall im Arbeitsjahr (Kalenderjahr, bei Umstellung aufgrund Kollektivvertrags oder Betriebsvereinbarung) den Lohn für Krankenstände im selben Ausmaß wie Angestellte, also 6 Wochen voll, 4 Wochen halb usw. Ein zweiter Anspruch auf die halben Werte bestand für Arbeiter jedoch nicht. Bei Arbeitsunfall beträgt der Anspruch 8 Wochen voll, nach 15 Dienstjahren 10 Wochen voll. Ab Juli 2018 erfolgte durch die oa Änderung die Gleichstellung mit den Angestellten.

• Entgeltfortzahlung für freiwillige Helfer im Katastropheneinsatz

Arbeitgeber, die bei Großschadensereignissen einen Arbeitnehmer vom Dienst freistellen (als freiwilliges Mitglied einer Katastrophenhilfsorganisation, eines Rettungsdienstes oder der Freiwilligen Feuerwehr) und das Entgelt fortzahlen, erhalten eine Einsatzprämie in Höhe von 200 € am Tag. Ein Großschadensereignis ist ein Einsatz mit mehr als hundert Freiwilligen, der länger als acht Stunden dauert. Die Freistellung muss im Einvernehmen mit dem Arbeitgeber stattfinden. Ausgezahlt wird die Ersatzprämie vom Katastrophenfonds des Bundes, die Abwicklung erfolgt über die Länder. Der Arbeitgeber muss den Ersatz der Kosten beantragen.

• Ersatzleistungen für nicht verbrauchten Urlaub

Bei Beendigung des Arbeitsverhältnisses gebührt eine Ersatzleistung als Abgeltung für den der Dauer der Dienstzeit in diesem Urlaubsjahr im Verhältnis zum gesamten Urlaubsjahr entsprechenden Urlaub (aliquote Urlaubsabgeltung bei Beendigung des Dienstverhältnisses).

Die zu entrichtenden Sozialversicherungsbeiträge (die Pflichtversicherung verlängert sich um die der Berechnung zugrundeliegenden Urlaubstage) sind vor Anwendung des festen Steuersatzes abzuziehen.

Steuerlich ist wie folgt vorzugehen: Soweit die Ersatzleistung laufenden Bezug darstellt, ist sie nach dem Tarif zu versteuern, soweit sie sonstigen Bezug darstellt, ist sie mit dem festen Steuersatz von 6 % begünstigt.

- **Fahrtvergütungen für Fahrten zwischen Wohnung und Arbeitsstätte (Jobticket, Öffi-Ticket)**

Aufwendungen für Fahrten des Dienstnehmers zwischen Wohnung und Arbeitsstätte sind mit dem bereits in der Lohnsteuertabelle eingebauten Verkehrsabsetzbetrag und dem gegebenenfalls zu beantragenden Pendlerpauschale abgegolten. Steuerfrei bleibt zusätzlich die Beförderung von Arbeitnehmern im Werkverkehr sowie die Beförderung mit Massenbeförderungsmitteln (auch dann, wenn kein grundsätzlicher Anspruch auf ein Pendlerpauschale besteht). Wenn die Kosten des Massenbeförderungsmittels oder Werkverkehrs ersetzt werden, stehen (für diese Strecke) Pendlerpauschale und Pendlereuro nicht zu. Gleiches gilt, wenn der Arbeitgeber das Öffi-Ticket ersetzt, also eine Wochen-, Monats- oder Jahreskarte zur Verfügung stellt. Das Öffi-Ticket bleibt steuerfrei, wenn es zu Fahrten entweder am Wohnort oder am Arbeitsort berechtigt. Die Begünstigung des Tickets ist also nicht auf die Strecke zwischen Wohnung und Arbeitsstätte eingeschränkt. Die Befreiung gilt auch in der Sozialversicherung.

Corona: siehe Corona-Guide unter Arbeitnehmer und Pensionsten und Kapitel A.1.4.2. unter „Pendlerpauschale“

In der Sozialversicherung bleibt der Ersatz der tatsächlichen Kosten für Fahrten des Dienstnehmers zwischen Wohnung und Arbeitsstätte mit Massenbeförderungsmitteln beitragsfrei auch wenn man tatsächlich mit dem PKW fährt.

- **Fehlgeldentschädigung**

Fehlgeldentschädigungen sind steuerlich nicht mehr begünstigt. Muss man jedoch Kassenfehlbeträge an den Arbeitgeber retournieren, liegen Werbungskosten vor (siehe Stichwort „Fehlgelder“ im Kapitel A.1.4.2.).

Auch bei der Sozialversicherung sind Fehlgeldentschädigungen (Zählgelder, Mankogelder) seit 1.1.2016 nicht mehr beitragsfrei.

- **Ferialpraktikanten**

Ferialpraktikanten stehen arbeitsrechtlich dann in einem Dienstverhältnis, wenn sie unter Leitung und Führung des Betriebsinhabers im Betrieb integriert sind und zB eine Arbeitskraft ersetzen. Sie unterliegen damit den allgemeinen arbeitsrechtlichen Vorschriften. Das heißt, sie haben Anspruch auf angemessenes Entgelt (in der Regel Einstufung laut Kollektivvertrag, aliquote Sonderzahlungen und die anteilige Urlaubsersatzleistung).

Echte Ferialpraktikanten, die für die Schule ein Pflichtpraktikum absolvieren müssen, bei denen die Ausbildung im Vordergrund steht und nicht die Arbeitskraft, können hingegen in vielen Branchen nach freier Vereinbarung entlohnt werden, sonst ist der Kollektivvertrag zu beachten.

Hinsichtlich der Lohnsteuer geht man bei Ferialpraktikanten ebenfalls von einem Dienstverhältnis aus. Folge: Dem Praktikanten wird von seiner Entschädigung Lohnsteuer abgezogen.

TIPP

Ferialpraktikanten sollten in jedem Fall eine Veranlagung beim Finanzamt beantragen, weil dort die Einkünfte auf das ganze Jahr verteilt werden und es damit in der Regel zur Rückzahlung der gesamten einbehaltenen Lohnsteuer sowie zur Erstattung einer Negativsteuer (SV-Rückerstattung) kommt (Formular L 1).

In der Sozialversicherung sind echte Ferialpraktikanten, wenn sie kein Entgelt erhalten, von der Vollversicherung befreit. Eine Anmeldung zur Sozialversicherung ist nicht erforderlich, der Unfallversicherungsschutz besteht trotzdem. „Unechte" Ferialpraktikanten werden dagegen idR als Dienstnehmer oder eventuell freie Dienstnehmer vollversichert sein.

• Freie und verbilligte Mahlzeiten

Freie und verbilligte Mahlzeiten, die der Arbeitgeber an seine Arbeitnehmer zur Verköstigung am Arbeitsplatz freiwillig gewährt, unterliegen nicht der Lohnsteuer und der Sozialversicherung:

→ Die Essensabgabe am Arbeitsplatz ist in jedem Fall steuerfrei.

→ Essensbons, die zur Bezahlung von Lebensmitteln, die nach Hause mitgenommen werden können, verwendet werden, sind nur dann steuerfrei, wenn ihr Wert 2 € pro Tag nicht übersteigt.

→ Essensbons zur Einlösung in Gaststätten oder Kantinen bleiben bis zu einem Wert von 8 € pro Tag steuerfrei, wenn die Speisen nicht nach Hause mitgenommen werden können.

• Gefahrenzulagen

Siehe unter „Schmutz-, Erschwernis- und Gefahrenzulagen".

Corona: siehe Corona-Guide für Arbeitnehmer und Pensionisten unter „Zulagen und Zuschläge"

• Geldstrafen, Ersatz von

Auch wenn es sonderbar klingt: Ersetzt einem der Arbeitgeber Geldstrafen über im Dienst begangene Verwaltungsübertretungen (zB Überladung von Kraftfahrzeugen, Schnellfahren), so liegt ein ganz normaler (?!) Lohnbestandteil vor, den die Firma auch versteuern muss. Vielleicht ist es ein Trost zu wissen, dass viele Betriebe von ihren Dienstnehmern diese Lohnsteuer nicht kassieren, sondern – oft erst bei Steuerprüfungen – aus der Firmenkasse zahlen.

• Geringfügige Beschäftigung

Siehe „Aushilfsarbeiten".

• Gesundheitsförderung

Maßnahmen zur Gesundheitsvorsorge und Prävention sowie Impfungen sind steuer- und sozialversicherungsfrei.

• Heirats- und Geburtsbeihilfen

Zuwendungen an individuell bezeichnete Arbeitnehmer wie zB Heirats- und Geburtsbeihilfen sind steuerpflichtig und seit 2016 auch sozialversicherungspflichtig.

• Jobticket (bis 30.6.201)

Siehe „Fahrtvergütungen zwischen Wohnung und Arbeitsstätte".

Corona:

• Homeoffice und Homeoffice-Pauschale

Vom Arbeitgeber unentgeltlich zur Verfügung gestellte digitale Arbeitsmittel (Computer, Bildschirm, Tastatur, Drucker, Handy, Datenanbindung) bleiben steuer- und sozialversicherungsfrei, ebenso wie ein Homeoffice-Pauschale von 3 € pro Tag, höchstens jedoch für 100 Tage, dh maximal 300 € pro Jahr.

• Jubiläumsgelder

Jubiläumsgelder sind steuerlich und seit 2016 auch in der Sozialversicherung nicht mehr begünstigt.

• Kilometergeld

Verwendet man für Dienstreisen ein eigenes Fahrzeug, können dafür folgende Beträge steuer- und beitragsfrei ersetzt werden:

Fahrzeug	seit 1.1.2011
• für Motorfahrräder und Motorräder	0,24 € je km
• Personen- und Kombinationskraftwagen	0,42 € je km
• für jede mitbeförderte Person	0,05 € je km

- **Kinderbetreuung**

Zuschüsse oder Gutscheine des Arbeitgebers für die Betreuung von Kindern, die zu Beginn des Kalenderjahres das 10. Lebensjahr noch nicht vollendet haben, sind bis zu höchstens 1.000 € pro Kind und Kalenderjahr steuerfrei und sozialversicherungsfrei. Die Betreuung muss durch eine institutionelle Kinderbetreuungseinrichtung oder durch eine pädagogisch qualifizierte Person erfolgen (Formular L 35).

- **Krankenentgeld**

Siehe „Entgeltfortzahlung“.

- **Kündigungsentschädigung**

Im Falle einer ungerechtfertigten Entlassung bzw frist- oder terminwidrigen Kündigung hat man als Trostpflaster Anspruch auf eine so genannte Kündigungsentschädigung. Diese beinhaltet das Entgelt für den Zeitraum, der bis zur regulären Beendigung des Arbeitsverhältnisses (bei Einhaltung der Vertragszeit bzw der Kündigungsfristen und -termine) hätte verstreichen müssen.

Das Entgelt für drei Monate ist sofort bei Beendigung des Dienstverhältnisses fällig. Von der darüber hinausgehenden Entschädigung kann aber der Betrag abgezogen werden, den man anderweitig mittlerweile verdient oder verdienen könnte.

Eine Sonderbehandlung für die Kündigungsentschädigung gibt es nur bei der Lohnsteuer: Die Kündigungsentschädigung ist im Monat der Zahlung nach dem Tarif zu versteuern, wobei aber 1/5 (höchstens jedoch 1/5 der Neunfachen Höchstbeitragsgrundlage in der Sozialversicherung) steuerfrei bleibt.

- **Kurzarbeitsunterstützung**

Die Kurzarbeitsunterstützung ist steuerlich nicht begünstigt. Bei der Sozialversicherung gilt es zu beachten, dass während des Bezuges von Kurzarbeitsunterstützung die Höhe der Beiträge (ohne Rücksicht auf Zufälligkeiten) nach der letzten Beitragsgrundlage vor dem Beginn der Kurzarbeit bemessen wird. Allerdings ist auch ein Günstigkeitsvergleich durchzuführen zwischen der Beitragsgrundlage vor Kurzarbeit und jener Beitragsgrundlage, die der Mitarbeiter hätte, würde keine Kurzarbeit vorliegen.

Corona: Das Entgelt für die erbrachte Arbeitsleistung sowie die vom Arbeitgeber übernommenen Dienstnehmerbeiträge zur Sozialversicherung sind als Vorteil aus dem Dienstverhältnis in die Beitragsgrundlage zum Dienstgeberbeitrag (DB) und Zuschlag zum Dienstgeberbeitrag (DZ) einzubeziehen.

• **Mitarbeiterbeteiligungen**

Der Vorteil aus der unentgeltlichen oder verbilligten Abgabe von Beteiligungen am Unternehmen des Arbeitgebers oder an verbundenen Konzernunternehmen ist bis zu einem Betrag von 3.000 € jährlich steuerfrei. Voraussetzungen: Der Vorteil muss allen Arbeitnehmern oder bestimmten Gruppen gewährt werden, und die Beteiligung darf vom Arbeitnehmer innerhalb von fünf Jahren nicht übertragen werden. Zu den begünstigten Beteiligungsformen zählen ua Aktien, Partizipationsscheine, GmbH-Anteile und echte stille Beteiligungen.

Ab 2018 ist der Vorteil aus der unentgeltlichen oder verbilligten Abgabe von Aktien an Arbeitgebergesellschaften direkt oder durch Mitarbeiterbeteiligungsstiftungen bis zu einem Betrag von 4.500 € jährlich steuer- und sozialversicherungsfrei, wenn ua die Aktien samt Stimmrechten mindestens bis zur Beendigung des Dienstverhältnisses an eine Mitarbeiterbeteiligungsstiftung übertragen werden.

• **Mitarbeiterrabatt**

Geldwerte Vorteile sind mit dem um übliche Preisnachlässe verminderten Endpreis des Abgabeortes anzusetzen. Für Mitarbeiterrabatte (kostenloser oder verbilligter Bezug von Waren oder Dienstleistungen des Arbeitgebers oder im Konzern) gilt eine Steuer- und Sozialversicherungsbefreiung unter folgenden Voraussetzungen:

➔ Der Mitarbeiterrabatt wird allen oder bestimmten Gruppen von Arbeitnehmern gewährt.
➔ Das Ausmaß ist auf handelsübliche Mengen begrenzt.
➔ Der Mitarbeiterrabatt übersteigt im Einzelfall nicht 20 %.

Übersteigt der Mitarbeiterrabatt 20 %, bleibt er dennoch bis zu einem Gesamtbetrag von 1.000 € im Kalenderjahr steuerfrei.

• **Mitarbeitervorsorgekassen**

Siehe „Abfertigung, gesetzliche“.

• **Montagezulagen**

Siehe „Bauzulagen“.

• **Nächtigungsgelder**

Siehe unter „Reisekostenersätze“.

• **Nachzahlungen von Lohn für abgelaufene Jahre**

Nachzahlungen für abgelaufene Kalenderjahre sind im Kalendermonat der Zahlung nach dem Tarif zu versteuern. Lediglich nachgezahlte Abfertigungen bleiben mit 6 % begünstigt. Von den nach dem Tarif zu versteuernden Nachzahlungen bleibt nach Abzug der Sozialversicherungsbeiträge 1/5 steuerfrei.

- **Öffi-Ticket (ab 1.7.2021)**

Siehe „Fahrtvergütungen zwischen Wohnung und Arbeitsstätte".

- **Parkplatz**

Hat man die Möglichkeit, sein Fahrzeug auf einem Abstell- oder Garagenplatz des Arbeitgebers zu parken, so kann ein monatlicher Sachbezug von 14,53 € zum Ansatz kommen. Und zwar dann, wenn der Parkplatz in einem parkraumbewirtschafteten Gebiet liegt, also wenn es in diesem Bereich entweder ein Parkpickerl (zB in Wien) oder eine gebührenpflichtige Kurzparkzone (muss aber „flächendeckend" sein) gibt.

- **Pensionsabfindungen**

Folgende Fälle sind bei Pensionsabfindungen zu unterscheiden:

- ➜ Der Barwert der Pensionsabfindung (2021: 12.900 €) übersteigt den nach dem Pensionskassengesetz abfindbaren Grenzbetrag nicht: Die Pensionsabfindung ist mit der Hälfte des Steuersatzes zu versteuern, der sich bei gleichmäßiger Verteilung der Abfindung auf ein Kalenderjahr ergibt.
- ➜ Der Barwert übersteigt den oa Grenzbetrag: Die Pensionsabfindung ist zur Gänze nach dem Tarif zu versteuern.

- **Pensionskassenbeiträge**

Beiträge, die der Arbeitgeber für seine Arbeitnehmer an Pensionskassen leistet, sind steuer- und sozialversicherungsfrei. Arbeitnehmerbeiträge stellen Sonderausgaben dar.

Bei der Auszahlung derartiger Pensionen sind die auf die Arbeitgeberanteile entfallenden Beträge voll, die auf die Arbeitnehmeranteile entfallenden Beträge nur zu 25 % steuerpflichtig. Bis 30.10.2012 konnte in eine Vorwegbesteuerung der arbeitgeberfinanzierten Pension optiert werden.

- **Provisionen**

Werden Provisionen vom Arbeitgeber ausbezahlt oder verrechnet, werden Lohnsteuer und Sozialversicherung bereits bei der Lohnverrechnung einbehalten. Erhält man dagegen Provisionen von dritter Seite (ohne dass ein Zusammenhang zum Dienstverhältnis besteht), müssen diese mit einer Einkommensteuererklärung dem Finanzamt gemeldet werden (siehe dazu Kapitel B.1.).

- **Reisekosten**

Welche Reisekosten muss der Arbeitgeber zahlen?

Nicht nur alle Außendienstmitarbeiter wissen: Reisen kosten Geld. Auch bei Dienstreisen entsteht ein Mehraufwand, den der Arbeitgeber seinen Mitarbeitern daher steuer- und sozialversicherungsfrei abgelten kann. Dass bei Dienstreisen der Arbeitgeber den Mehraufwand ersetzen muss, ist unbestritten. Wie hoch jedoch das Ausmaß dieses

„Mehraufwandes" ist, wird im Allgemeinen in Kollektivverträgen oder sonstigen lohngestaltenden Vorschriften geregelt. Den Anspruch auf Reisekosten kann man aber auch mit Betriebsvereinbarung oder im Dienstvertrag festlegen. Die Steuer setzt lediglich Obergrenzen fest, wann und wie viel bei Dienstreisen unversteuert zufließen darf. Soweit die Ersätze steuerfrei sind, bleiben sie übrigens auch von der Sozialversicherung verschont. Die Geltendmachung der Reisekosten beim Arbeitgeber sollte am besten mit einer Reiserechnung erfolgen, wie sie im Folgenden als Kopiervorlage angeboten wird.

TIPP

Viele Kollektivverträge sehen niedrigere Reisekosten als die steuerlich möglichen vor. In bestimmten Fällen kann die Differenz auf die steuerlichen Maximalbeträge als Werbungskosten beantragt werden (siehe dazu im ABC der Werbungskosten, Kapitel A.1.4.2.).

Wann können Tagesgelder steuerfrei gewährt werden?

Für die Tagesgelder, also die Abgeltung des Verpflegungsmehraufwandes, gelten folgende Regeln:

- Tagesgelder für Außendiensttätigkeit, Fahrtätigkeit, Baustellen- und Montagetätigkeit, Arbeitskräfteüberlassung und vorübergehende Tätigkeit an einem Einsatzort, zu deren Zahlung der Arbeitgeber auf Grund lohngestaltender Vorschriften (zB Kollektivverträge) verpflichtet ist, bleiben ohne zeitliche Begrenzung steuerfrei.
- Tagesgelder bei sonstigen Dienstreisen im Nahebereich (tägliche Rückkehr): Tagesgelder bleiben nur so lange steuerfrei, bis der Ort zu einem weiteren Mittelpunkt der Tätigkeit wird (5 Tage durchgehende Tätigkeit, 5 Tage regelmäßig wiederkehrende Tätigkeit, 15 Tage unregelmäßig wiederkehrende Tätigkeit, Tätigkeit in einem Einsatzgebiet, Fahrtätigkeit in eingegrenztem Bereich, auf wiederkehrenden Routen oder im Liniennetz).
- Tagesgelder bei sonstigen Dienstreisen außerhalb des Nahebereichs (unzumutbare tägliche Rückkehr zum Familienwohnsitz): Tagesgelder bleiben nur so lange steuerfrei, bis der Ort zu einem weiteren Mittelpunkt der Tätigkeit wird (nach 6 Monaten bzw 183 Tagen).

Das Tagesgeld beginnt, wenn die Dienstreise länger als drei Stunden dauert, und beträgt dann für jede angefangene Stunde ein Zwölftel des gesamten Tagesgeldes von 26,40 € (ds also 2,20 € je Stunde; der maximale Satz von 26,40 € täglich steht daher bereits bei mehr als 11 Stunden zu). Der Höchstsatz von 26,40 € je (Kalender-)Tag darf aber auch dann nicht überschritten werden, wenn die tatsächlichen Essenskosten höher sind. Die 26,40 € können unabhängig vom Kollektivvertrag für 24 Stunden oder je Kalendertag (in der Regel günstiger) gerechnet werden. Zahlt der Arbeitgeber ein Arbeitsessen, so ist das Tagesgeld je bezahltem Essen um 13,20 € zu kürzen.

Bei Auslandsdienstreisen beträgt das Tagesgeld für jede angefangene Stunde ein Zwölftel des jeweiligen Ländersatzes und beginnt bei mehr als 3 Stunden (Ländersätze siehe Kapitel A.1.4.2.).

Welche Nächtigungsgelder können steuerfrei gewährt werden?

Muss man bei einer Dienstreise auswärts nächtigen, gibt es zwei Möglichkeiten:

Entweder es werden die tatsächlichen Kosten inklusive Frühstück steuerfrei ersetzt oder es wird – ohne weiteren Nachweis – ein pauschales Nächtigungsgeld gewährt. Dieses Nächtigungsgeld beträgt im Inland 15 €, im Ausland differiert der Betrag je nach Land (Liste siehe Kapitel A.1.4.2.).

Welche Fahrtkosten können steuerfrei gewährt werden?

Fahrtkosten können in dem Ausmaß steuerfrei refundiert werden, in dem sie anfallen. Die Kosten für Bus, Bahn, Flug, Taxi usw müssen dabei lediglich mit Beleg beim Arbeitgeber abgerechnet werden. Fährt man auf Dienstreise mit dem eigenen Fahrzeug, kann dafür das Kilometergeld steuerfrei ersetzt werden (Höhe siehe Stichwort „Kilometergeld"). Voraussetzung: ein ordnungsgemäßes Fahrtenbuch (Muster siehe in Kapitel A.1.4.2. Stichwort „Kraftfahrzeug") oder zumindest eine Reiserechnung, aus der Zweck und Ziel der Dienstreise sowie die Entfernung erkennbar sind.

Beispiel Inlandsdienstreise:

Beginn der Dienstreise: Montag 10.00 h	
Ende der Dienstreise: Dienstag 15.00 h	
Fahrt mit dem eigenen PKW (820 km)	
Fahrtkosten: 820 × 0,42 €	344,40 €

Tagesgeld:

Montag 10.00 h bis Dienstag 10.00 h: 1 × 26,40 €	26,40 €
Dienstag 10.00 h bis 15.00 h: 5 × 2,20 €	11,00 €
Nächtigungsgeld pauschal	15,00 €
Steuerfreie Reisekosten insgesamt	396,80 €

Erfolgt die Abrechnung nach Kalendertagen, dann stehen für Montag 26,40 € und für Dienstag ebenfalls 26,40 €, insgesamt also 52,80 € Tagesgeld zu.

Welche Reisekostenersätze können Sportler erhalten?

Sportvereine können an Sportler, Schiedsrichter und Betreuer anstelle der Reise-, Tages- und Nächtigungsgelder pauschale Fahrt- und Reiseaufwandsentschädigungen im

Ausmaß von 60 € je Einsatztag, höchstens aber 540 € im Kalendermonat, steuerfrei (und sozialversicherungsfrei) bezahlen.

CORONA

Corona: siehe dazu Stichwort „Sportler“ im Kapitel B.1.4.

Die Angaben auf diesem Musterblatt entsprechen genau den Anforderungen Ihres Finanzamtes (ein eigenes Formblatt dafür gibt es nicht). Verwenden Sie daher am besten eine Kopie dieses Musterblattes – mit den entsprechenden Angaben versehen – als Vorlage. Sämtliche Vorlagen in diesem Buch finden Sie unter www.steuersparbuch.at/vorlagen2021 zum Download.

Reisekostenrechnung

Seite ....

Monat/Jahr: ....

Name: ....
Beruf: ....
PKW: ....

Datum	Beginn/Ende der Reise	Reiseziel/-zweck	Kilometerstand/Kilometer Verkehrsmittel	Reisekosten		
				Fahrtkosten	Tagesgelder	Nächtigung

Summe/Übertrag

Vom Arbeitgeber auszufüllen:

Summe der Reisekosten für	Brutto	Vorsteuer	Netto
1. Fahrtkosten	....	....	....
2. Tagesgelder	....	....	....
3. Nächtigungsgelder	....	....	....
4. Sonstige Spesen (...)	....	....	....
Gesamtsumme	....	....	....

Gebucht: Datum/Unterschrift:

• **Sachbezüge**

Grundsätzlich sind Sachbezüge mit dem ortsüblichen Mittelpreis anzusetzen und zu versteuern. Hinsichtlich der Bewertung der einzelnen Sachbezugsarten siehe jeweils unter „Dienstwagen", „Dienstwohnung", „Parkplatz" und „Zinsersparnisse". Beruflich erworbene und privat genutzte Flugmeilen sind keine Sachbezüge bei der Lohnverrechnung, sondern bei der Einlösung als Arbeitslohn von dritter Seite im Rahmen der Veranlagung dem Finanzamt bekannt zu geben.

• **Sachzuwendungen**

Die gesellschaftliche Ader bei Steuer und Sozialversicherung: Betriebsveranstaltungen des Arbeitgebers (zB Betriebsausflüge, kulturelle Veranstaltungen, Betriebsfeiern) und die dabei empfangenen üblichen Sachzuwendungen bleiben insoweit steuer- bzw beitragsfrei, als deren Kosten das herkömmliche Ausmaß (186 € pro Jahr und Arbeitnehmer) nicht übersteigen. Zusätzlich ist noch der geldwerte Vorteil aus einer Betriebsveranstaltung (zB Betriebsreise) bis zu einem Betrag von 365 € steuerfrei.

TIPP

Als Sachzuwendungen werden nicht nur Waren, sondern auch Warengutscheine, Geschenkmünzen und Golddukaten sowie die Autobahnvignette anerkannt.

• **Schichtzulage**

Schichtzulagen haben nur eine steuerliche Begünstigung, soweit sie auf die Nachtarbeitszeiten entfallen (siehe „Zuschläge für Sonntags-, Feiertags- und Nachtarbeit"). Die auf die normale Arbeitszeit entfallenden Schichtzulagen sind hingegen steuerpflichtiger laufender Arbeitslohn. In der Sozialversicherung gibt es keine Begünstigung.

• **Schlechtwetterentschädigung**

Für den sogenannten „Sechziger" gibt es keine Begünstigung von der Steuer. Bei der Sozialversicherung ist zu beachten: In der durch Schlechtwetter ausfallenden Arbeitszeit sind Arbeiter des Bau- und Baunebengewerbes in der Krankenversicherung mit dem Entgelt versichert, das ihnen bei Vollarbeit gebührt hätte, in den übrigen Zweigen der Sozialversicherung nur mit dem tatsächlich erzielten Entgelt (Lohn zuzüglich Schlechtwetterentschädigung). Den Krankenversicherungsbeitrag für den Differenzbetrag zwischen dem bei Vollarbeit gebührenden Arbeitsentgelt und dem tatsächlich erzielten Entgelt trägt der Dienstgeber allein.

• **Schmutz-, Erschwernis- und Gefahrenzulagen**

Für Schmutz-, Erschwernis- und Gefahrenzulagen ist im Steuerrecht zusammen mit verschiedenen Zuschlägen (siehe unter „Zuschläge für Sonntags-, Feiertags- und

Nachtarbeit") ein Freibetrag von 360 € monatlich (bei überwiegender Nachtarbeit 540 €) vorgesehen. Als Voraussetzung für begünstigte Zulagen verlangt der Fiskus, dass Arbeiten überwiegend

a) in erheblichem Maße zu einer Verschmutzung des Arbeitnehmers bzw seiner Kleidung führen oder
b) im Vergleich zu den allgemein üblichen Arbeitsbedingungen eine außerordentliche Erschwernis darstellen oder
c) infolge der schädlichen Einwirkungen von bestimmten Stoffen usw zwangsläufig eine Gefährdung von Leben, Gesundheit oder körperlicher Sicherheit des Arbeitnehmers mit sich bringen.

Interessant dabei: Nicht nur Zulagen, die nach dem Kollektivvertrag bezahlt werden, sind begünstigt. Auch innerbetrieblich vereinbarte freiwillige Zulagen können steuerbefreit sein.

Beispiele	**Begünstigt**
Erschwerniszulagen an Sozialhelferinnen, die alte und kranke Menschen betreuen	ja
Schmutzzulagen an Bademeister, die mit Heilschlamm und Moorbädern arbeiten	nein
Bildschirmzulagen	nein
Gefahrenzulagen an Bankkassiere wegen eventueller Raubüberfälle	nein
Zulagen an Bedienstete einer Rechtsanwaltskanzlei während vorübergehender Umbauarbeiten (Staubbelästigung usw)	nein
Strahlenzulagen an Ordinationshilfen	ja
Zulagen an Gerüster und Dachdecker	ja

Die Sozialversicherung differenziert: Schmutzzulagen, sofern steuerfrei, zählen nicht zum beitragspflichtigen Entgelt. Erschwernis- und Gefahrenzulagen hingegen sind voll beitragspflichtig.

Corona: Werden während des Zeitraumes der Telearbeit, Quarantäne oder Kurzarbeit Schmutz-, Erschwernis- und Gefahrenzulagen ausbezahlt, bleiben diese im bisherigen Ausmaß (bis 30.6.2021) steuerfrei.

CORONA

• Sonderzahlungen, sonstige Bezüge

Was sollte man arbeitsrechtlich über Sonderzahlungen wissen?

Ob und in welchem Ausmaß Anspruch auf eine Sonderzahlung besteht, ist nach arbeitsrechtlichen Grundsätzen zu beurteilen. Die Berechnungsart richtet sich ausschließlich nach dem Wortlaut des jeweils in Frage kommenden Kollektivvertrages oder – sofern günstiger – Dienstvertrages. Wichtig dabei: Wird in einem Kollektivvertrag allgemein von „Entgelt" oder „Bezügen" als Berechnungsgrundlage gesprochen, dann erhält man auch als Urlaubs- und Weihnachtszuschuss alle Gehaltsbestandteile, also zB auch Überstunden sowie Zulagen und Zuschläge. Heißt es dagegen „Monatslohn“ oder „Monatsgehalt“, wird nur vom bloßen Salär ohne Zulagen uÄ gerechnet. Basis bildet – in der Mehrzahl der Fälle – die Entlohnung des letzten Monats, bevor die Sonderzahlung fällig ist. Das heißt, dass bei Gehaltserhöhungen im Laufe des Jahres nicht aliquotiert wird (es sei denn, der Kollektivvertrag sieht das vor), sondern der höhere Bezug zur Gänze als Sonderzahlung zu geben ist. Bei einer unterjährigen Änderung des Beschäftigungsausmaßes ist eine Mischberechnung vorzunehmen, wenn der Kollektivvertrag nichts anderes vorsieht. Sehr wohl nur aliquot stehen Sonderzahlungen dann zu, wenn man im Laufe des Jahres eintritt oder austritt, sowie bei Karenzurlaub, Präsenz- und Zivildienst. Sofern der Kollektivvertrag nichts anderes vorsieht, stehen die Sonderzahlungen auch für entgeltfreie Zeiten zB im Rahmen eines langen Krankenstandes nicht zu.

Welche Begünstigungen gibt es bei der Lohnsteuer für sonstige Bezüge?

Sonstige Bezüge – so nennt das Steuerrecht einmalige Zuwendungen, wie zB 13. und 14. Monatsbezug, Belohnungen, Bilanzgelder, Umsatz- und Gewinnbeteiligungen uÄm – genießen einen begünstigten Steuersatz. Die Begünstigung für die Sonderzahlungen im Detail:

• Für die ersten 620 €	• 0 %
• Für die nächsten 24.380 €	• 6 %
• Für die nächsten 25.000 €	• 27 %
• Für die nächsten 33.333 €	• 35,75 %
• Über 83.333 €	• Versteuerung nach dem Steuertarif

Für alle mit geringem Einkommen können Sonderzahlungen sogar unversteuert bleiben: Wenn nämlich die sonstigen Bezüge weniger als 2.100 € betragen (Freigrenze im Rahmen des Jahressechstels), fällt überhaupt keine Lohnsteuer an. Darüber hinaus gibt es eine Einschleifregelung: Die Lohnsteuer darf höchstens 30 % des 2.000 € übersteigenden Betrages ausmachen.

Die Begünstigung für die Sonderzahlungen hat allerdings einen Haken. Sie ist beschränkt auf ein Sechstel der laufenden Bezüge. Mit anderen Worten: Nur zwei durchschnittliche Brutto-Monatsgehälter (zB Urlaubszuschuss und Weihnachtsremuneration, wenn sie genau zwei Monatsgehältern entsprechen) können als Sonderzahlungen versteuert werden.

CORONA

Wenn man 2020 oder 2021 in Covid-19-Kurzarbeit war, erhöht sich das Jahressechstel pauschal um 15 %. Wurde mehr als ein Sechstel begünstigt versteuert (zB wegen späterer Absenkung der Bezugshöhe; gilt aber nicht bei Elternkarenz), muss der Arbeitgeber bei einer Aufrollung die übersteigenden Beträge nachversteuern. Alles, was über das Sechstel hinausgeht (zB Bilanzgeld), fällt wieder unter den normalen Progressionssteuersatz, weil es in dem Monat, in dem die Sonderzahlung ausbezahlt wird, nach dem Tarif mitversteuert werden muss. Das begünstigte sogenannte Jahressechstel kann man mit folgender Formel auch selbst nachrechnen:

zugeflossene laufende Bruttobezüge (inklusive aller Zulagen und Sachbezüge) : Anzahl der Kalendermonate = durchschnittlicher Monatsbezug × 2

Sämtliche laufenden Bezüge erhöhen das Jahressechstel, egal ob steuerpflichtig oder steuerfrei (Überstundenentlohnungen, Sachbezüge, Schmutz-, Erschwernis- und Gefahrenzulagen, sonstige Zuschläge). Nicht sechstelerhöhend wirken hingegen die Familienbeihilfe, die Sechstelüberschreitung und Auslagenersätze.

Die Sozialversicherungsbeiträge sind direkt bei den Sonderzahlungen abzuziehen. Vom verbleibenden Betrag ist dann die Lohnsteuer mit 6 % (bzw 27 % oder 35,75 %) zu errechnen.

Beispiel (Sechstelüberschreitung):

Laufende Bezüge Jänner bis Oktober 2021: 2.000 € monatlich

November bis Dezember: 2.550 € monatlich

Sonstige Bezüge: Urlaubszuschuss 2.000 € (30.6.), Weihnachtsgeld 2.550 € (30.11.)

1.	Sechstelberechnung		
	Juni:		4.000,00 €
	November: 22.550 € (10 × 2.000 € + 1 × 2.550 €): 11 Monate × 2 =		4.100,00 €
2.	Lohnsteuer Urlaubszuschuss	Brutto	2.000,00 €
		- SV (17,12 %)	342,40 €
		Zwischensumme	1.657,60 €
		- Freibetrag	620,00 €
		Bemessung 6 %	1.037,60 €
		davon 6 % Lohnsteuer	62,26 €
	Lohnsteuer Weihnachtsgeld	Brutto	2.550,00 €
		davon im Sechstel	
		(Sechstel im November iHv 4.100 abzüglich Urlaubszuschuss iHv 2.000)	2.100,00 €
		- darauf entfallende SV (17,12 %)	359,52 €
		Bemessung 6 %	1.740,48 €
		davon 6 % Lohnsteuer	104,43 €
	Lohnsteuer Sechstelüberschreitung und laufender Bezug November		
		Brutto Novemberbezug	2.550,00 €
		- SV Novemberbezug (18,12 %)	462,06 €

Zwischensumme	2.087,94 €
+ Sechstelüberschreitung (2.550 - 2.100)	450,00 €
- SV Sechstelüberschr. (17,12 % von 450)	77,04 €
Bemessung für Lohnsteuertabelle	2.460,90 €

3. Die Einschleifbestimmung kommt nicht zur Anwendung, weil 30 % von 1.398,08 € (4.100 € abzüglich 701,92 SV abzüglich 2.000 €) höher als die mit 6 % einbehaltene Lohnsteuer ist.

TIPP

Da steuerlich nur zwei Monatsgehälter als Sonderzahlungen begünstigt sind, wird diese Begünstigung dann optimal ausgenutzt, wenn man den Jahresverdienst auf 14 Gehälter aufteilt. Dabei muss sich die Sonderzahlung sowohl vom Vertraglichen her als auch von der tatsächlichen Auszahlung her von den laufenden Bezügen unterscheiden.

Wie werden Sonderzahlungen bei der Sozialversicherung behandelt?

Für Sonderzahlungen, wie insbesondere Weihnachts- und Urlaubsgeld, Gewinnanteile, Bilanzgeld usw, gibt es eine Höchstbeitragsgrundlage. Bis zu diesem jährlichen Betrag von voraussichtlich 11.340 € (2021: 11.100 €) werden für Angestellte und Arbeiter einheitlich 17,12 % einbehalten. Das ist im Vergleich zu den laufenden Bezügen um 1 % günstiger, weil von Sonderzahlungen kein Wohnbauförderungsbeitrag und keine Arbeiterkammerumlage anfallen.

CORONA

Corona: Zulagen und Bonuszahlungen, die aufgrund der Covid-19 Krise bezahlt werden, bleiben im Jahr 2020 bis 3.000 € steuer- und sozialversicherungsfrei.

• Soziale Zuwendungen

Freiwillige soziale Zuwendungen des Arbeitgebers an alle Arbeitnehmer oder bestimmte Gruppen seiner Arbeitnehmer oder an den Betriebsratsfonds sind steuerfrei. Aber Vorsicht: Sobald sich die Zuwendungen von vornherein individuellen Arbeitnehmern zuordnen lassen, liegt normaler Lohn vor. Freiwillige soziale Zuwendungen werden seit 1.1.2016 in der Steuer und der Sozialversicherung gleich behandelt. Steuer- und sozialversicherungsfrei bleiben Zuwendungen an den Betriebsratsfonds, Zuwendungen bei Katastrophenschäden, zur Gesundheitsförderung (allerdings an alle Dienstnehmer oder bestimmte Gruppen) und bei Begräbnissen.

• Tagesgelder

Siehe unter „Reisekostenersätze“.

- **Trennungsgelder**

Trennungsgelder können als Tagesgelder zu den steuer- bzw beitragsfreien Reisekostenersätzen gehören (siehe dort).

- **Trinkgelder**

Ortsübliche Trinkgelder, die dem Arbeitnehmer von dritter Seite freiwillig ohne Rechtsanspruch bezahlt werden, sind steuerfrei. Diese Steuerfreiheit gilt nur dann nicht, wenn auf Grund gesetzlicher oder kollektivvertraglicher Bestimmungen Arbeitnehmern die direkte Annahme von Trinkgeldern untersagt ist (zB bei Casino-Angestellten).

Zur Unterscheidung: Vom Arbeitgeber ausbezahlte Bedienungsgelder hingegen zählen zum normalen Arbeitslohn und sind daher nach dem Tarif zu versteuern. Für Zwecke der Sozialversicherung hingegen werden Trinkgelder der Beitragspflicht unterzogen: aber meist nur mit pauschalen, von der jeweiligen Branche abhängigen Beträgen.

- **Überstunden**

Wie viel man für geleistete Überstunden vom Arbeitgeber zu erhalten hat, regelt das Arbeitszeitgesetz oder der Kollektivvertrag. Generell muss bei Überstunden zuerst einmal der Überstundengrundlohn abgegolten werden. Zusätzlich dazu gibt es dann den so genannten Überstundenzuschlag. Die Höhe dieses Zuschlages hängt davon ab, wann die Überstunden geleistet wurden. Im Allgemeinen betragen die Überstundenzuschläge an Wochentagen 50 %, an Sonn- und Feiertagen und während der Nachtzeit 100 %. Anmerkung: Der Stundenlohn für Überstunden ist meist höher als der normale Stundenlohn, weil viele Kollektivverträge einen günstigeren Stundenteiler dafür vorsehen. Wichtig: Die Anzahl und die zeitliche Lagerung von Überstunden müssen aufgezeichnet werden.

Während es bei der Sozialversicherung keine Begünstigung für Überstunden gibt, ist bei der Lohnsteuer Folgendes zu beachten: Der Überstundengrundlohn ist zur Gänze steuerpflichtig. Für den Überstundenzuschlag existieren zwei Begünstigungen, abhängig davon, wann die Überstunden geleistet werden:

1. Zuschläge für **Überstunden an Werktagen** und Samstagen außerhalb der Nachtzeit
   Steuerfrei sind die Zuschläge für die ersten 10 Überstunden zu 50 % im Monat, höchstens aber 86 € monatlich. Die darüber hinausgehenden Zuschläge müssen voll versteuert werden. Bei Teilzeitbeschäftigung liegen Überstunden bereits dann vor, wenn die tägliche Normalarbeitszeit der Vollzeitbeschäftigten überschritten wird.
2. Überstundenzuschläge für **Sonntags-, Feiertags- und Nachtarbeit**
   Bei derartigen Zuschlägen ist die Steuer großzügiger: Sie bleiben bis zu einem Freibetrag von 360 € monatlich bzw bei überwiegender Nachtarbeit sogar bis 540 € monatlich steuerfrei. Dieser Freibetrag gilt allerdings gemeinsam für:
   – Schmutz-, Erschwernis- und Gefahrenzulagen,

   – Zuschläge für Sonntags-, Feiertags- und Nachtarbeit und eben
   – Überstundenzuschläge für Sonntags-, Feiertags- und Nachtarbeit.
3. Mehrarbeitszuschläge iZm einer **Teilzeitbeschäftigung** sind steuerpflichtig.

Wird der Freibetrag überschritten und ist die Begünstigung für 10 Werktagsüberstunden zur Tageszeit nicht ausgeschöpft, so sind Zuschläge (maximal 50 %) für (restliche) max 10 Überstunden steuerfrei. Bei mehreren Dienstverhältnissen steht der Freibetrag pro Dienstverhältnis zu.

• Überstundenpauschale

Hat man mit dem Arbeitgeber eine Pauschalierung von Überstunden vereinbart, entfällt die detaillierte Nachweispflicht, sofern die Anzahl der laut Vereinbarung abgegoltenen Überstunden in diesem Ausmaß herausgerechnet und nur 10 Überstunden von der herausgerechneten Überstundenanzahl mit einem 50%igen Zuschlag steuerbegünstigt (bis 86 € monatlich) behandelt werden. Zuschläge für Sonntags-, Feiertags- und Nachtarbeit können hingegen nicht steuerfrei pauschaliert werden. Solche Überstunden müssen einzeln abgerechnet und konkret nachgewiesen werden.

Corona: Werden während des Zeitraumes der Telearbeit, Quarantäne oder Kurzarbeit Überstunden ausbezahlt, bleiben diese im bisherigen Ausmaß steuerfrei.

• Umzugskostenvergütungen

Wird man aus betrieblichen Gründen an einen anderen Dienstort versetzt oder dazu verpflichtet, am bisherigen Dienstort eine Dienstwohnung zu beziehen, kann der Arbeitgeber (bzw nach vielen Kollektivverträgen muss er sogar) folgende Vergütungen steuer- und beitragsfrei auszahlen:

1. Ersatz der tatsächlichen Reisekosten (Massenbeförderungsmittel) vom bisherigen zum neuen Wohnort (auch für die Familie),
2. Ersatz der Frachtkosten für das Übersiedlungsgut,
3. pauschale Umzugsvergütung im Ausmaß von höchstens 1/15 des Bruttojahresarbeitslohnes,
4. Ersatz des Mietzinses, den man von der Aufgabe seiner bisherigen Wohnung an bis zum nächstmöglichen Kündigungstermin noch zahlen muss.

Übrigens: Die Begünstigung gilt auch für Versetzungen innerhalb von Konzernen.

- **Unfallrenten**

Die Besteuerung der gesetzlichen Unfallrenten wurde vom Verfassungsgerichtshof aufgehoben, sodass die Unfallrenten seit 2004 wieder komplett steuerfrei sind.

- **Urlaubsablösen**

Bei aufrechtem Urlaub sind Barablösen des gesetzlichen Urlaubsanspruches verboten. Aber nach dem Motto „Wo kein Kläger, da kein Richter“ werden sie oft trotzdem im Einvernehmen bezahlt. Begünstigung gibt es allerdings keine dafür. Bei der Lohnsteuer liegt zwar ein sonstiger Bezug vor, der wegen der Sechstelbestimmung aber in den meisten Fällen zur vollen Versteuerung führt. Bei der Sozialversicherung müssen die normalen Beiträge wie für das laufende Entgelt abgeliefert werden.

- **Urlaubszuschuss**

Siehe „Sonderzahlungen, sonstige Bezüge“.

- **Verbesserungsvorschläge, Prämien für**

Prämien, die ein Arbeitgeber an seine Mitarbeiter für innerbetriebliche Verbesserungsvorschläge bezahlt, sind ab 2016 steuer- und sozialversicherungspflichtig.

- **Vergleichszahlungen**

Bereinigt man Differenzen zwischen Arbeitgeber und Arbeitnehmer durch einen – gerichtlichen oder außergerichtlichen – Vergleich, sieht die Steuer dafür einen eigenen Modus vor: Die Versteuerung hat grundsätzlich nach dem Tarif zu erfolgen, wobei aber nach Abzug der Sozialversicherungsbeiträge 1/5 (höchstens jedoch 1/5 der Neunfachen Höchstbeitragsgrundlage in der Sozialversicherung) steuerfrei bleibt. Vergleichssummen bei oder nach Beendigung des Dienstverhältnisses, die für Zeiträume bezahlt werden, für die eine Anwartschaft gegenüber einer Mitarbeitervorsorgekasse besteht, sind bis zu einem Betrag von 7.500 € mit 6 % zu versteuern. Hier gilt die „Fünftelregelung“ nur für den 7.500 € übersteigenden Betrag. Beim Aushandeln des Vergleiches sollte daher nicht nur der Bruttobetrag, sondern auch gleich der Nettobetrag festgelegt werden.

- **Weihnachtsgeld**

Siehe „Sonderzahlungen, sonstige Bezüge“.

- **Weihnachtsgeschenke**

Siehe unter „Sachzuwendungen bei Betriebsveranstaltungen“.

- **Werkverkehr**

Lässt man sich von der Wohnung zur Arbeitsstätte vom Arbeitgeber im Rahmen eines Werkverkehrs chauffieren, ohne dass dafür bezahlt werden muss, braucht kein Sachbezug angesetzt zu werden, aber es steht auch kein Pendlerpauschale zu. Muss man für den Werkverkehr einen Kostenbeitrag leisten, kann dieser – maximal bis zur Höhe des Pendlerpauschales – von der Lohnverrechnung als Steuerabzugsposten (Werbungskosten) berücksichtigt werden. Werkverkehr liegt auch vor, wenn man mit Transport- oder Einsatzfahrzeugen nach Hause fährt. Steuerfrei ist weiters auch die Beförderung mit Massenbeförderungsmitteln (Jobticket). Wird die Streckenkarte oder Netzkarte für eine Fahrt Wohnung–Arbeitsstätte steuerfrei ersetzt, stehen Pendlerpauschale und Pendlereuro für diese Strecken aber nicht zu.

- **Zinsersparnisse**

Ein spendabler Arbeitgeber versucht, seine Mitarbeiter bei der Stange zu halten. Er gewährt ihnen zinsenfrei oder -begünstigt ein Darlehen oder einen Vorschuss. Folge: Die Zinsersparnis stellt einen Vorteil aus dem Dienstverhältnis dar. Um Bagatellbeträge auszuschließen, gibt es für Gehaltsvorschüsse und Arbeitgeberdarlehen bei der Steuer und bei der Sozialversicherung einen Freibetrag von 7.300 €. Darüber hinaus müssen die fiktiven Zinsen des aushaftenden Kapitals als steuerpflichtiger Vorteil der Lohnsteuer unterzogen werden. Der Zinssatz wird auf Basis des durchschnittlichen Euribor ermittelt und von der Finanz für jeweils ein Jahr veröffentlicht (2021: 0,5%, 2020: 0,5%).

TIPP

Wenn Ihnen Ihr Arbeitgeber ein zinsenfreies Darlehen anbietet, sollten Sie es annehmen. Zum einen werden für einen Freibetrag von 7.300 € überhaupt keine Zinsen berechnet, zum anderen ist der Zinssatz für den übersteigenden Betrag noch immer konkurrenzlos: Denn selbst wenn Sie Spitzenverdiener sind, kostet Sie das Darlehen nur maximal die Hälfte des Zinssatzes.

- **Zukunftssicherung, Aufwendungen für die**

Zuwendungen des Arbeitgebers für die Zukunftssicherung seiner Arbeitnehmer sind steuer- und beitragsfrei, soweit diese Zuwendungen an alle Arbeitnehmer oder bestimmte Gruppen seiner Arbeitnehmer geleistet werden oder dem Betriebsratsfonds zufließen und für den einzelnen Arbeitnehmer 300 € jährlich nicht übersteigen.

Beispiel:

Die Firma bezahlt für die Mitarbeiter eine freiwillige Lebensversicherung (Krankenversicherung, Unfallversicherung).

Die Steuerbefreiung kommt auch dann zum Tragen, wenn vom Arbeitgeber bestehende Bezugsansprüche des Arbeitnehmers durch Maßnahmen zur Zukunftssicherung abgegolten werden. Voraussetzung ist, dass der Arbeitgeber diese Zukunftssicherung allen Arbeitnehmern oder Gruppen von Arbeitnehmern anbietet. Vereinbaren Sie daher mit dem Arbeitgeber, dass ein bestimmter Betrag des Gehaltes nicht bar ausbezahlt, sondern für eine Zukunftssicherungsmaßnahme verwendet wird, und Sie sparen sich von diesem Geld die Lohnsteuer.

Da der Arbeitgeber jene Beträge, die über 300 € jährlich hinausgehen, versteuern muss, kann man sich diesen versteuerten Betrag als Sonderausgabe zurückholen. Voraussetzung: Die grundsätzliche Begünstigung als Sonderausgabe und eine Bestätigung des Arbeitgebers über die versteuerte Prämie.

Zuschläge für Sonntags-, Feiertags- und Nachtarbeit

Das gehört wohl nicht zu den angenehmen Seiten eines Berufes: Arbeiten an Sonn- und Feiertagen oder während der Nacht. Daher sehen die Kollektivverträge, wenn zu solchen Zeiten gearbeitet wird, auch ansprechende Zuschläge vor. In den meisten Fällen muss – zusätzlich zum Grundlohn – ein Zuschlag von 100 % bezahlt werden, bei Überstunden an Sonn- oder Feiertagen oder in der Nacht je nach Kollektivvertrag sogar von 150 % oder 200 %. Und damit von der Entlohnung auch netto genug überbleibt, sieht die Steuer für Zuschläge für Sonntags-, Feiertags- und Nachtarbeit und damit zusammenhängende Überstundenzuschläge einen monatlichen Freibetrag von 360 € vor. Dieser Freibetrag erhöht sich sogar auf 540 € monatlich, wenn überwiegende Nachtarbeit geleistet wird (zB Bäcker, Personal bei Tageszeitungen, Personal in Spielbanken, Verkehrsdienste, Bewachungsdienste, Nachtportiere, Nachtschwestern, teilweise auch Bedienstete des Gastgewerbes).

Überwiegende Nachtarbeit liegt aber nur dann vor, wenn von der Gesamtarbeitszeit mehr als die Hälfte zwischen 19.00 Uhr und 7.00 Uhr liegt. Während es mit der Sonntags- und Feiertagsarbeit keine steuerlichen Probleme gibt, heißt es bei der Nachtarbeit aufpassen: Nachtarbeitszuschläge sind nämlich nur dann begünstigt, wenn

- die Nachtarbeit zwischen 19.00 Uhr und 7.00 Uhr liegt
- und in der einzelnen Nacht zusammenhängend mindestens drei Stunden dauert (Blockzeit).

Beispiel:

Normalarbeitszeit endet um 16.00 h, anschließend 7 Überstunden von 16.00 h bis 23.00 h; für ab 20.00 h geleistete Überstunden steht ein Nachtarbeitszuschlag zu; es fallen

- die Zuschläge für die drei Überstunden von 16.00 h bis 19.00 h unter die begünstigten 10 „normalen“ Überstunden pro Monat,
- die Überstundenzuschläge für die ab 19.00 h geleisteten Überstunden und die ab 20.00 h gezahlten Nachtarbeitszuschläge unter den Freibetrag von 360 €.

A.2.3. Der optimale Dienstvertrag

Die Bedeutung eines Dienstvertrages kann nicht genug betont werden: Auch wenn ein schriftlicher Dienstvertrag rechtlich ja nicht grundsätzlich erforderlich ist, hat er sich in der Praxis – vor allem ab der mittleren Führungsebene – doch durchgesetzt. Er beinhaltet klar abgrenzbare Rechte und Pflichten, die auch im Falle von Auseinandersetzungen hieb- und stichfest halten. Hinweis: Der Arbeitgeber muss für den Dienstnehmer zumindest einen **Dienstzettel** über die wesentlichen Rechte und Pflichten aus dem Arbeitsverhältnis ausstellen. Im Folgenden soll gezeigt werden,

- was in einem Dienstvertrag geregelt werden sollte und
- wie man Vereinbarungen möglichst steuerschonend trifft.

Was in einem Dienstvertrag geregelt werden sollte

1. Tätigkeitsbereich, Funktion
2. Dienstort, Dienstzeit
3. Vollmachten (zB Prokura, Handlungsvollmacht)
4. Entgelt (Gehalt, Tantiemen, Überstundenabgeltung usw)
5. Sachbezüge (Dienstwagen, -wohnung uÄ)
6. Reisekostenabrechnung
7. Urlaub
8. Wettbewerbsverbot, Konkurrenzklausel
9. Beendigung des Dienstverhältnisses (Kündigungsfristen, Abfertigung, Pensionsregelung)

Die optimale Aufteilung von Gehalt und Sonderzahlungen

Das österreichische Gehaltsjahr kennt eine angenehme Eigenheit: Es besteht bekanntlich aus 14 Monatsgehältern. Zwei Monatsgehälter, die so genannten sonstigen Bezüge (in der Regel Urlaubs- und Weihnachtsgeld), sind extrem begünstigt. Exakt formuliert: Von den sonstigen Bezügen ist ein Sechstel der zugeflossenen auf das Kalenderjahr umgerechneten laufenden Bezüge, soweit ein Freibetrag von 620 € jährlich überschritten wird, mit dem festen Steuersatz von 6 % (bzw 27 % oder 35,75 %) zu versteuern. Betragen die sonstigen Bezüge mehr als dieses Jahressechstel, fällt der Überhang unter die volle Progression. Unter die Begünstigung fallen also nur zwei durchschnittliche Monatsgehälter.

TIPP

Beim Ausverhandeln des Dienstvertrages sollte man darauf achten, dass zusätzliche Sonderzahlungen wie Bilanzgelder, Prämien oder Belohnungen steuerlich nur dann mit dem niedrigen Lohnsteuersatz versüßt werden, wenn auch der laufende Bezug entsprechend höher ist. Daher sollte man beim Ausverhandeln derartiger Zahlungen versuchen, auch den laufenden Bezug aliquot nachzuziehen und natürlich alles im Dienstvertrag festzuhalten. **Achtung:** Bei der Sozialversicherung führt der obige Modus allerdings dann zu höheren Beiträgen, wenn die laufenden Bezüge unter der Höchstbeitragsgrundlage bleiben und die Sonderzahlungen darüber liegen. Per Saldo bleibt aber im Allgemeinen bei hohen Gehältern trotzdem ein Gewinn. Bei niedrigen Gehältern ist im Hinblick auf den Umstand, dass die Sozialversicherung von Sonderzahlungen nur bis zur Höchstbeitragsgrundlage anfällt, die umgekehrte Strategie zu empfehlen: Niedriger laufender Bezug, hohe Sonderzahlungen.

Was es bringen kann, zeigt folgendes **Beispiel** (die Sozialversicherung wird der Einfachheit halber außer Acht gelassen):

Ein Vertreter erhält neben seinem monatlichen Fixum von 6.000 € (14-mal) halbjährlich seine Provision ausgezahlt. In einem Dienstvertrag vereinbart man nun, dass die Provisionen auf Basis des Vorjahres (oder des geschätzten laufenden Geschäftsganges) monatlich den Lohn erhöht und (halb)jährlich der Überhang (die so genannte Provisionsspitze) errechnet und ausbezahlt wird.

Macht das Akonto 3.000 € monatlich aus, erhöht sich das Jahressechstel um 6.000 € (= 2 × 3.000 €). Beträgt die Provision nun zB insgesamt 42.000 € für das ganze Jahr, verbleibt nach Abzug des Akontos eine Provisionsspitze von 6.000 €. Und für diese Sonderzahlung müssen 6 % Lohnsteuer bezahlt werden. Hätte man die gesamte Provision auf ein oder zweimal erhalten, würde die Progression wegen der Sechstelüberschreitung mit 50 % voll zum Tragen kommen.

Steuerersparnis daher: 2.640 € (6.000 € × 44 %).

Regelung von Überstunden

Steuerfrei können 10 Überstundenzuschläge (maximal 86 €) lukriert werden. Mit der Pauschalierung dieser Überstunden ist die Finanz relativ großzügig: Wurden bisher bereits 10 oder mehr Überstunden monatlich geleistet, so sind keine Aufzeichnungen mehr erforderlich. Die Anzahl der mit einem Pauschale bzw einem Gesamtgehalt abgegoltenen Überstunden sollte jedoch im Dienstvertrag geregelt sein und dem tatsächlichen Durchschnitt entsprechen.

TIPP

Je weniger Überstunden pauschaliert sind, desto höher ist der steuerfreie Anteil. Denn wenn mit einem Gehalt weniger Stunden abgegolten werden, ist der Stundenlohn und damit der steuerfreie Überstundenzuschlag höher. Fazit: Weniger ist mehr!

Eine Option sollte man sich im Dienstvertrag jedenfalls offen lassen: Vereinbart man, die Arbeitszeit an Sonn- und Feiertagen sowie in der Nachtzeit (mindestens drei Stunden Blockzeit zwischen 19.00 und 7.00 Uhr) zusätzlich abzugelten, gibt es für solche Zuschläge einen Freibetrag von 360 € monatlich. Die Arbeitsleistung während dieser begünstigten Zeit muss penibel notiert werden. Ein Pauschale akzeptiert die Finanz hierfür nicht.

Dienstwagen oder höheres Gehalt?

Die Entscheidung zwischen den Alternativen „höheres Gehalt versus Dienstwagen" sollte nüchtern kalkuliert werden. Ein Firmenauto, das auch privat genutzt werden kann, erhöht die Steuerbemessung monatlich um 2 % der Anschaffungskosten, maximal jedoch 960 € (umweltschonende Autos: 1,5 % bzw maximal 720 €). Davon zahlt man auch noch – sofern nicht bereits über der Höchstbeitragsgrundlage – die Sozialversicherung. Billiger gehts nur ab, wenn die Privatfahrten unter 500 km monatlich bleiben: Dann kostet das Ganze die Hälfte (1 %, höchstens 480 € bzw 0,75 %, höchstens 360 €). Voraussetzung dabei: Ein ordnungsgemäßes Fahrtenbuch muss belegen, dass die Privatfahrten (einschließlich der Fahrten zwischen Wohnung und Arbeitsstätte) tatsächlich unter 500 km monatlich liegen.

Eine Okkasion ist dieser Preis vor allem dann, wenn die Privatfahrten recht üppig ausfallen. Denn ob man im Monat 600 km oder 3.000 km mit dem Firmenwagen privat fährt, ist für die Steuer egal. Rechnet man ein umweltschonendes 30.000-€-Auto (CO_2-Ausstoß unter Grenzwert), kostet die Steuer bei einer Progression von zB 50 % im Monat 225 € (30.000 × 1,5 % = 450 €, davon 50 % Lohnsteuer = 225 €). Ein unschlagbarer Preis, um den sonst kein Auto (samt Betriebskosten!) zu haben ist. Einziger Wermutstropfen: Pendlerpauschale und Pendlereuro stehen nicht zu.

Aber wirklich zu empfehlen ist seit 2016 ein Elektroauto: Hier fällt überhaupt kein Sachbezug an, das heißt die Privatnutzung bleibt steuer- und sozialversicherungsfrei und für die Firma gibt es noch den Vorsteuerabzug.

Was geschieht, wenn der Arbeitgeber für Privatfahrten eine Zuzahlung verlangt? Dann mindert dieser Kostenbeitrag die Steuerhinzurechnung.

TIPP

Fährt man mit einem Dienstauto wirklich nur für die Firma und nicht privat (auch nicht zwischen Wohnung und Arbeitsstätte), empfiehlt es sich, in den Dienstvertrag ein Verbot der Privatnutzung ausdrücklich hineinzunehmen. Damit kann man Diskussionen über die Privatnutzung bei einer Steuerprüfung vermeiden.

Wann ein Firmenwagen vorteilhaft ist

Für den Arbeitgeber	Für den Arbeitnehmer
• Wenn ein Kleinbus oder ein Klein-LKW angeschafft wird (Vorsteuerabzug und Investitionsfreibetrag stehen zu), • wenn der Arbeitnehmer, wie zB ein Außendienst-mitarbeiter, extrem viel für den Betrieb fährt (Ersparnis an Kilometern, der private Zusatznutzen kostet die Firma relativ wenig), • wenn die Entlohnung des Dienstnehmers über der Höchstbeitragsgrundlage bei der Sozialversicherung liegt (Sozialversicherungsbeiträge entfallen!), • wenn die Anschaffungskosten des Fahrzeuges nicht mehr als 40.000 € betragen (Obergrenze, bis zu der Betriebsausgaben anerkannt werden).	• Wenn man mit dem Firmenwagen unbegrenzt privat fahren kann und das auch kräftig ausnützt, • wenn das Gehalt über der Höchstbeitragsgrundlage bei der Sozialversicherung liegt, • wenn für Privatfahrten kein Kostenbeitrag bezahlt werden muss, • wenn durch den Firmenwagen auf ein eigenes Auto verzichtet werden kann, • wenn ein Elektroauto als Dienstwagen genutzt wird.

Dienstwohnung

Die Alternative „Dienstwohnung statt Gehaltserhöhung“ kann bereits für mittlere Gehaltsebenen überlegenswert sein. Da die Lohnsteuer und Sozialversicherung bei diesem Privileg mitkassieren, sollte der Vorteil gut durchgerechnet werden. Die Bewertung des Sachbezuges erfolgt mit den Richtwerten für Dienstwohnungen im öffentlichen Dienst, die mit Quadratmeterpreisen je Bundesland festgesetzt sind.

Was beim Dienstvertrag hinsichtlich der Dienstwohnung beachtet werden sollte

Damit man bei Beendigung des Dienstverhältnisses nicht ohne Dach über dem Kopf dasteht, kann es nicht schaden, ein Weiterbenutzungsrecht – wenigstens für eine gewisse Übergangsfrist – oder gar ein Rückkaufsrecht zu vereinbaren.

TIPP

Aus steuerlicher Sicht ist es unbeachtlich, ob eine Dienstwohnung mit oder ohne Möbel dasteht. Selbst wenn die Wohnung erlesen möbliert ist – egal, ob Barock oder vom Designer –, ändert sich an dem

Zurechnungsfaktor nichts. Eine exzellente Lage der Firmenwohnung oder ein inkludierter großer Garten bzw sogar Park erhöhen den Sachbezugswert nur bei extremer Abweichung von den Richtwerten.

Freiwillige Abfertigungen

Wie bereits im ABC der Lohnarten erläutert, gibt es neben der Begünstigung für gesetzliche Abfertigungen (grundsätzlich 6 % Lohnsteuer) zusätzlich noch für freiwillige Abfertigungen die Möglichkeit, der vollen Steuerprogression zu entkommen. Mit 6 % Lohnsteuer werden nämlich in jedem Fall neben der gesetzlichen Abfertigung alle jene Bezüge behandelt, die aus Anlass der Beendigung des Dienstverhältnisses anfallen (wie zB eben eine freiwillige Abfertigung). Einschränkung: Die Begünstigung gilt nur bis zur Obergrenze von einem Viertel der laufenden Bezüge der letzten zwölf Monate (= drei Durchschnittsgehälter). Für die freiwillige Abfertigung gibt es darüber hinaus noch weitere begünstigte Beträge, die von der Dienstzeit abhängig sind. Nachgewiesene Dienstzeiten bei anderen Firmen zählen für die freiwillige Abfertigung mit.

Hinweis: Kommt bereits zur Gänze das neue Abfertigungssystem zum Tragen, gibt es die oa Begünstigung nicht mehr.

TIPP

Der Dienstvertrag sollte daher neben der Höhe der freiwilligen Abfertigung auch das Ausmaß der anzurechnenden Vordienstzeiten enthalten. Damit ist sichergestellt, dass der Arbeitgeber bei der Abrechnung der freiwilligen Abfertigung auch die maximale Steuerbegünstigung anwenden kann.

Pensionsregelungen

Für eine zusätzliche Pension stellen sich zwei Alternativen: die direkte Leistungszusage, bei der der Arbeitgeber selber zahlt, und die indirekte, wenn die Zuwendungen über eine Pensionskasse oder ein Versicherungsunternehmen laufen. Beiträge des Arbeitgebers an Pensionskassen stellen für die Arbeitnehmer keinen Lohnvorteil dar, bleiben also vorerst unversteuert (Lohnsteuer fällt erst von den ausbezahlten Pensionen an). Der Anteil des Arbeitnehmers gehört zu den Sonderausgaben. Das bedeutet zwar, dass der Steuervorteil momentan durch die Höchstbeträge eingeschränkt ist (siehe Kapitel A.1.3.1.), bei Auszahlung der Pensionen bleiben dann aber 75 % der auf den Arbeitnehmerbeiträgen beruhenden Bezüge steuerfrei.

Was in einem Dienstvertrag nicht drinnen sein sollte

Ein gut ausgeklügelter Dienstvertrag ist unschätzbar. Aber Vorsicht: Zu viele ausdrücklich geregelte Rechte und Pflichten können steuerliche Nachteile nach sich ziehen. Im § 3 des Einkommensteuergesetzes sind nämlich diverse Befreiungen aufgelistet, die meist zweierlei voraussetzen: Zum einen muss die Begünstigung allen Arbeitnehmern oder bestimmten Gruppen von Arbeitnehmern gewährt werden, und zum anderen müssen die Leistungen freiwillig sein. Also kein Wort in den Dienstvertrag davon, dass man Essensbons erhält, Sport- und Erholungsanlagen gratis benutzen kann oder der Betrieb eine private Personenversicherung (bis zu 300 € Jahresprämie) zahlt. Man hängt sich damit einfach an die allgemeinen Betriebsvereinbarungen an.

B. SteuerSparBuch für Selbständige

Im Kapitel B finden Sie alle relevanten Informationen
- zu den steuerlichen Konsequenzen für die gängigsten Berufsgruppen,
- zur Einkommensteuer (Steuererklärung, Steuerberechnung, Begünstigungen, Einkunftsarten),
- zur Umsatzsteuer (Steuererklärung, Bemessungsgrundlagen),
- zur Gewinnermittlung und zu den Einnahmen und Ausgaben sowie
- zur Sozialversicherung (Freie Dienstnehmer, Gewerbetreibende, Freiberufler, Bauern).

Steuer-Checkliste für Selbständige

Art der Tätigkeit	
• Meldung über Beginn oder Aufgabe einer Tätigkeit	
• Formloses Schreiben an Finanzamt (Anzeige der Betriebseröffnung)	
• Ausfüllen des Fragebogens über die Betriebseröffnung	
• Zuteilung einer Steuernummer bzw ev einer Umsatzsteuer-Identifikationsnummer	
• Führung von Aufschreibungen	
• Bücher	
• Aufzeichnungen	
• Begünstigungen für die Neugründung eines Betriebes	
• Gewinnermittlung (Land- und Forstwirte, Freiberufler, Gewerbetreibende)	
• Pauschalierung	
• Einnahmen-Ausgaben-Rechnung	
• Bilanzierung	
• Überschussermittlung (Kapitaleinkünfte, Vermietung und Verpachtung, Sonstige Einkünfte)	
• Laufende Steuerleistungen	
• Vorauszahlungen an Einkommensteuer	
• Lohnsteuer	

Einkommensteuer	
• Steuererklärung	
• Veranlagung	
• Absetzbeträge	
• Alleinverdienerabsetzbetrag	
• Alleinerzieherabsetzbetrag	
• Unterhaltsabsetzbetrag	
• Einkunftsart	
• Land- und Forstwirtschaft	
• Selbständige Arbeit	
• Gewerbebetrieb	
• Nichtselbständige Arbeit	
• Kapitalvermögen	
• Vermietung und Verpachtung	
• Sonstige Einkünfte	

• Tarifbegünstigungen	
• Freibeträge	
• Sonderausgaben	
• Außergewöhnliche Belastungen	
• Steuerberechnung	

Umsatzsteuer	
• Steuererklärung	
• Veranlagung	
• Unternehmer	
• Kleinunternehmer	
• Laufende Verpflichtungen	
• Rechnungsausstellung	
• Umsatzsteuervoranmeldung	
• Abfuhr der Umsatzsteuer	
• Bemessungsgrundlage	
• Soll-Versteuerung oder	
• Ist-Versteuerung	
• Lieferungen	
• Sonstige Leistungen	
• Eigenverbrauch	
• Sonstige Umsatzsteuerschuld	
• Steuerfreie Umsätze	
• Steuersatz	
• Umsatzsteuer in der EU	
• Vorsteuerabzug	

B.1. Art der Tätigkeit und steuerliche Konsequenzen

B.1.1. Steuerliche Verpflichtungen

Worauf müssen Selbständige achten?

Als Selbständige sollen hier alle Personen bezeichnet werden, die ihre Tätigkeit nicht im Rahmen eines Dienstverhältnisses ausüben. Dazu zählen sowohl Tätigkeiten im Rahmen der so genannten

- ➔ betrieblichen Einkunftsarten (Einkünfte aus Land- und Forstwirtschaft, freiberuflicher und sonstiger selbständiger Tätigkeit, Gewerbebetrieb)
- ➔ als auch der außerbetrieblichen Einkunftsarten (Einkünfte aus Kapitalvermögen, Vermietung und Verpachtung, Sonstige Einkünfte).

Der wesentliche Unterschied zu Lohnsteuerzahlern: Während beim Lohnsteuerzahler ein Großteil der steuerlichen Konsequenzen – insbesondere was die Berechnung und Einbehaltung der Steuer betrifft – vom Arbeitgeber wahrgenommen wird, treffen den Selbständigen weitgehende Verpflichtungen steuerlicher Natur:

- ➔ Anzeigepflicht
- ➔ Führung von Büchern und Aufzeichnungen
- ➔ Vorschriften zur Gewinnermittlung
- ➔ Einkommensteuerpflicht
- ➔ Umsatzsteuerpflicht

Im Folgenden werden kurz die wichtigsten Bestimmungen über die Anzeigepflicht, die Führung von Büchern und Aufzeichnungen sowie die Gewinnermittlung dargestellt. Anschließend werden die wichtigsten Unterschiede zwischen Dienstverträgen und Werkverträgen gegenübergestellt. Den Hauptteil bildet dann ein ABC der Tätigkeiten und Berufsgruppen, das als kurzer Wegweiser für die jeweils relevanten steuerlichen Bestimmungen dienen soll.

Die weiteren Kapitel beschäftigen sich eingehend mit der Einkommensteuer und der Umsatzsteuer. Inhaltlich werden diese beiden Kapitel analog zum Aufbau der Steuererklärung aufbereitet, sodass sie sich nicht nur als grundsätzliche Informationsquelle zu den beiden Steuern eignen, sondern gleichzeitig auch als eine Art „Ausfüllhilfe" bei Erstellung der Steuererklärungen verwendet werden können.

Im daran anschließenden Kapitel wird ausführlich die Einnahmen-Ausgaben-Rechnung behandelt, die vor allem von Freiberuflern, kleineren Unternehmern und Vermietern zur Ermittlung des Gewinnes bzw Überschusses eingesetzt werden kann. Dabei gewährleistet in erster Linie die alphabetische Behandlung aller gängigen Einnahmen und Ausgaben (übrigens auch für Bilanzierer interessant!) eine umfassende und gleichzeitig praxisnahe und leicht verständliche Darstellung.

Im letzten Kapitel finden sich nunmehr die wichtigsten Informationen über die Sozialversicherung, und zwar über Arten der Pflichtversicherung, über Beitragsgrundlagen und Beitragssätze sowie über die Erstattung bei Mehrfachversicherung.

Welche Anzeigepflichten bestehen gegenüber dem Finanzamt?

Binnen eines Monats ist dem Finanzamt die Gründung oder Aufgabe eines Betriebes bzw einer selbständigen Erwerbstätigkeit zu melden (formloses Schreiben oder den entsprechenden Fragebogen, zB Verf24, an das zuständige Finanzamt oder über FINANZOnline, zB „Erklärungswechsel"). Bei Betriebsgründungen wird dann, sofern nur ein formloses Schreiben eingelangt ist, aufgrund dieser Meldung vom Finanzamt ein Fragebogen zugesandt, in dem nähere Angaben zu Art und Umfang der Tätigkeit sowie in weiterer Folge ein Identitätsnachweis verlangt werden. In diesem Zusammenhang ist es auch möglich, dass sich das Finanzamt in einem „Antrittsbesuch" vor Ort über die Umstände der Erwerbstätigkeit ein Bild verschafft. Anschließend vergibt das Finanzamt eine Steuernummer, die bei allen Eingaben und Einzahlungen an das Finanzamt zu verwenden ist. Im oa Fragebogen ist auch die Vergabe der Umsatzsteuer-Identifikationsnummer zu beantragen, die man braucht, wenn man Leistungen an andere Unternehmer erbringt bzw Geschäftsbeziehungen mit EU-Staaten hat. Weiters sind auch sonstige abgabenrelevante Umstände anzuzeigen. Der Fragebogen ist auch unter www.bmf.gv.at (unter Formulare) downloadbar.

Welche Begünstigungen gibt es für die Neugründung eines Betriebes?

Für Neugründungen von Betrieben finden sich verschiedene Abgabenbefreiungen im Neugründungs-Förderungsgesetz (für Neugründungen und für Betriebsübertragungen).

Folgende **Befreiungen** von Gebühren, Beiträgen und Steuern sind vorgesehen:

1. Stempelgebühren und Bundesverwaltungsabgaben für die durch eine Neugründung/Betriebsübertragung unmittelbar veranlassten Schriften und Amtshandlungen (zB Konzessionserteilungen, Eingaben, Beilagen).
2. Grunderwerbsteuer für die Einbringung von Grundstücken auf gesellschaftsvertraglicher Grundlage unmittelbar im Zusammenhang mit der Neugründung der Gesellschaft, soweit Gesellschaftsrechte oder Anteile am Vermögen der Gesellschaft als Gegenleistung gewährt werden. Bei Betriebsübertragungen besteht Grunderwerbsteuerfreiheit nur insoweit, als der für die Berechnung der Steuer maßgebende Wert 75.000 € nicht übersteigt.
3. Gerichtsgebühren für die Eintragungen in das Firmenbuch unmittelbar im Zusammenhang mit der Neugründung/Übertragung des Betriebes.
4. Gerichtsgebühren für die Eintragungen in das Grundbuch zum Erwerb des Eigentums für die Einbringung von Grundstücken auf gesellschaftsvertraglicher Grundlage unmittelbar im Zusammenhang mit der Neugründung/Übertragung der Gesellschaft.

5. Bestimmte Lohnabgaben, die im Kalendermonat der Neugründung sowie in den darauf folgenden 35 Kalendermonaten für beschäftigte Arbeitnehmer (Dienstnehmer) anfallen (jedoch maximal für 12 Monate ab Beschäftigung des ersten Arbeitnehmers; ab dem zweiten Jahr ist die Begünstigung nur noch für die ersten drei Arbeitnehmer anzuwenden), und zwar
   - ➔ Dienstgeberbeiträge zum Familienlastenausgleichsfonds,
   - ➔ Wohnbauförderungsbeiträge des Dienstgebers bzw Auftraggebers,
   - ➔ Beiträge zur gesetzlichen Unfallversicherung,
   - ➔ Kammerumlage 2 (Zuschlag zum Dienstgeberbeitrag).

Die Befreiung von den Lohnabgaben gilt nicht für Betriebsübertragungen!

Eine begünstigte **Neugründung** liegt unter folgenden Voraussetzungen vor:

1. Durch Schaffung einer bisher nicht vorhandenen Struktur muss ein Betrieb neu eröffnet werden.
2. Der Betriebsinhaber darf sich bisher nicht in vergleichbarer Art betrieblich beherrschend betätigt haben (gilt auch für einen Wechsel des Betriebsinhabers innerhalb von zwei Jahren).
3. Die Neugründung darf nicht bloß eine neue Rechtsform für einen bereits existierenden Betrieb sein.
4. Es darf sich nicht um einen bloßen Inhaberwechsel bei einem bestehenden Betrieb handeln.
5. Es erfolgt kein Missbrauch durch Erweiterungen um bestehende (Teil-)Betriebe im Gründungsjahr.

Eine begünstigte **Betriebsübertragung** liegt vor, wenn

1. bloß ein Wechsel in der Person des Betriebsinhabers in Bezug auf einen vorhandenen (Teil-)Betrieb durch entgeltliche oder unentgeltliche Übertragung erfolgt und
2. der neue Betriebsinhaber sich bisher nicht in vergleichbarer Art betrieblich beherrschend betätigt hat (gilt auch für einen Wechsel des Betriebsinhabers innerhalb von zwei Jahren).

Wird bei Betriebsübertragungen innerhalb von fünf Jahren der Betrieb weiterübertragen oder aufgegeben, entfällt die Begünstigung.

Damit man als Gründer/Übernehmer eines neuen Betriebes auch tatsächlich in den Genuss der diversen Befreiungen kommt, muss man auf einem amtlichen **Formular** (NeuFö2) durch seine Unterschrift erklären, dass die Voraussetzungen für die Neugründung/Übertragung eines Betriebes erfüllt sind. Überdies muss die gesetzliche Berufsvertretung (Kammer) auf dem Formular bestätigen, dass eine Beratung über die Neugründung durchgeführt wurde. Gehört man keiner Berufsvertretung an, erfolgt die Beratung durch die Sozialversicherungsanstalt der gewerblichen Wirtschaft (hier ist aber eine Beratung dann nicht erforderlich, wenn man lediglich die Befreiung von

Stempelgebühren und Bundesverwaltungsabgaben will). Das Formular ist bei den Kammern, bei den Finanzämtern sowie im Internet (www.bmf.gv.at unter Formulare) erhältlich. Auch eine elektronische Datenübermittlung ist vorgesehen. Bei der elektronischen Gründung kann auch die Beratung elektronisch erfolgen und muss nur mehr vom Gründer selbst bestätigt werden.

Neugründungen von Einzelunternehmen können über das **Unternehmensserviceportal (USP)** eingebracht werden.

Folgende Schritte sind vorgesehen:

- ➔ Mit Handysignatur einsteigen
- ➔ Gründungskonto anlegen
- ➔ Optional: Neugründungsförderung erklären
- ➔ Gewerbeanmeldung vornehmen
- ➔ Anmeldung zur Kranken- und Sozialversicherung vornehmen
- ➔ Anmeldung beim Finanzamt vornehmen
- ➔ Anmeldung zur elektronischen Zustellung vornehmen

Seit 1.1.2018 besteht auch die Möglichkeit der **vereinfachten GmbH-Gründung** ohne Notar über das Unternehmerserviceportal (USP).

Voraussetzungen für die eGründung:

- ➔ Die Gesellschaft hat nur einen einzigen Geschäftsführer, der eine natürliche Person ist.
- ➔ Der Geschäftsführer hat eine Handysignatur.
- ➔ Die Gesellschaft hat nur einen Gesellschafter, der ident mit dem Geschäftsführer ist.
- ➔ Standardisierte Errichtungserklärung über das USP (Firmenbuchauszug als Anhang).

Durch diese eGründung entfallen der Notariatsakt und die Beglaubigung der Musterzeichnung. Im USP ist eine entsprechende Formularsammlung verfügbar.

Sollte für die Gesellschaftsgründung ein zusätzlicher Eignungsnachweise an das Firmenbuch übermittelt werden müssen, so ist diese vereinfachte Gründung nicht möglich (zB Ziviltechniker-GmbH).

Welche Bücher und Aufzeichnungen sind zu führen?

Zu den für das Steuerrecht wesentlichen Pflichten eines Selbständigen gehört die Führung von Büchern und Aufzeichnungen. Als Bücher werden Aufschreibungen bezeichnet, die der Gewinnermittlung durch Betriebsvermögensvergleich, also der Bilanzierung dienen (Aufschreibungen für die Vermögensaufstellung und die Gewinn- und Verlustrechnung). Unter Aufzeichnungen versteht man anderen Zwecken dienende oder aus anderen Gründen abgabenrechtlich gebotene Aufschreibungen, wie zB die Einnahmen-Ausgaben-Rechnung, das Wareneingangsbuch oder die Lohnkonten.

Die Bundesabgabenordnung (BAO) übernimmt einerseits Buchführungsverpflichtungen aus anderen gesetzlichen Bestimmungen (insbesondere Unternehmensgesetzbuch), normiert aber auch zusätzliche Verpflichtungen nach ausschließlich steuerlichen Kriterien. Unberührt von den Vorschriften der BAO bleiben die in anderen Steuergesetzen (Einkommensteuergesetz, Umsatzsteuergesetz usw) vorgesehenen Aufzeichnungsverpflichtungen.

Nach dem Unternehmensgesetzbuch (UGB) müssen folgende Unternehmen Bücher, dh Aufschreibungen für eine Bilanzierung (= Führung einer doppelten Buchführung, Erstellung eines Jahresabschlusses mit Bilanz und Gewinn- und Verlustrechnung), führen:

- ➜ Kapitalgesellschaften und unternehmerisch tätige Personengesellschaften, bei denen kein unbeschränkt haftender Gesellschafter eine natürliche Person ist (also insbesondere die GmbH & Co KG), sind immer rechnungslegungspflichtig.
- ➜ Alle anderen Unternehmer sind buchführungspflichtig, wenn sie Umsatzerlöse von mehr als 700.000 € im Jahr erzielen (ausgenommen sind Freiberufler, Land- und Forstwirte und Unternehmer mit Überschusseinkünften wie zB Vermieter).

Wird die Buchführungsgrenze von 700.000 € um mehr als 300.000 € überschritten (dh Jahresumsatz von mehr als 1 Million Euro), tritt die Buchführungspflicht bereits ab dem nächsten Jahr ein.

Beispiel

Der Umsatz beträgt im Jahr 2021 1.150.000 €. Die Buchführungspflicht beginnt mit dem 1.1.2022.

Die Buchführungspflicht tritt erst ab dem übernächsten Jahr ein, wenn die Grenze von 700.000 € in zwei aufeinander folgenden Jahren um nicht mehr als 300.000 € überschritten wird.

Beispiel

Der Umsatz beträgt im Jahr 2019 und 2020 jeweils 850.000 €. Die Buchführungspflicht beginnt mit dem 1.1.2022.

Wird der Schwellenwert von 700.000 € in zwei aufeinander folgenden Geschäftsjahren unterschritten, so entfällt die Buchführungspflicht ab dem folgenden Geschäftsjahr.

Unternehmer, die nach UGB rechnungslegungspflichtig sind und Einkünfte aus Gewerbebetrieb erzielen, müssen ihren Gewinn auf Basis des so genannten „uneingeschränkten" Betriebsvermögensvergleiches ermitteln. Bei dieser Gewinnermittlungsart, für die zwingend die Grundsätze ordnungsmäßiger Bilanzierung zu beachten sind, kann gewillkürtes Betriebsvermögen in die Bilanz aufgenommen und ein vom Kalenderjahr abweichendes Wirtschaftsjahr gewählt werden.

Die Führung und Aufbewahrung von Buchnachweisen ist auch im Ausland zulässig.

Nach der Bundesabgabenordnung müssen überdies Unternehmer für einen land- und forstwirtschaftlichen Betrieb oder wirtschaftlichen Geschäftsbetrieb Bücher führen,

- wenn der Umsatz in zwei aufeinander folgenden Kalenderjahren jeweils 700.000 € (seit 1.1.2020; davor 550.000 €) überstiegen hat.

Aufzeichnungen für steuerliche Zwecke sind zB:

- Einnahmen-Ausgaben-Rechnung zur Ermittlung des Gewinnes bzw Überschusses von all jenen, die nicht zur Buchführung (Bilanzierung) verpflichtet sind (Freiberufler; Unternehmer, die unter den oa Grenzen bleiben),
- Wareneingangsbuch für alle gewerblichen Unternehmer, die nicht Bücher führen.

Wie wird der Gewinn bzw Überschuss ermittelt?

Das Um und Auf jedweder beruflichen Tätigkeit ist die Frage, was übrig bleibt. Und auch für die Steuer stellt der Gewinn (so lautet die Bezeichnung bei den Einkünften aus Land- und Forstwirtschaft, aus selbständiger Arbeit und aus Gewerbebetrieb) bzw der Überschuss (das ist der im Einkommensteuergesetz für die restlichen Einkunftsarten verwendete Terminus) den zentralen Begriff dar. Das Steuerrecht sieht verschiedene Möglichkeiten der Gewinnermittlung vor, regelt, wann diese angewendet werden können oder müssen, und legt formale Vorschriften über die Führung von Büchern und anderen Aufzeichnungen fest. Grundsätzlich gibt es für die Steuer drei Möglichkeiten, wie der Gewinn ermittelt werden kann:

- **Betriebsvermögensvergleich:** Der Gewinn muss bei Einkünften aus Land- und Forstwirtschaft, selbständiger Arbeit (ausgenommen Freiberufler) und Gewerbebetrieb durch Betriebsvermögensvergleich (Bilanzierung) nach den Vorschriften der doppelten Buchführung ermittelt werden, wenn Buchführungspflicht besteht (siehe oben) oder Bücher freiwillig geführt werden. Der Gewinn wird hier also aufgrund der Vermögensänderungen ermittelt (uneingeschränkter Betriebsvermögensvergleich mit der Möglichkeit von gewillkürtem Betriebsvermögen für Unternehmer nach dem UGB oder eingeschränkter Betriebsvermögensvergleich zB für freiwillig Buchführende).
- **Einnahmen-Ausgaben-Rechnung:** Besteht keine Buchführungspflicht und werden Bücher auch nicht freiwillig geführt, kann der Gewinn durch eine Einnahmen-Ausgaben-Rechnung ermittelt werden. Die Einnahmen-Ausgaben-Rechnung wird daher vor allem von Freiberuflern (unabhängig vom Umfang ihrer Tätigkeit) und von Unternehmen, die unter den Buchführungsgrenzen bleiben, geführt. Übrigens wird auch bei den außerbetrieblichen Einkunftsarten, insbesondere bei Vermietung und Verpachtung, der Überschuss der Einnahmen über die Werbungskosten nach den gleichen Grundsätzen errechnet. Der Gewinn wird hier

also weitgehend nach Maßgabe der Zahlungseingänge und -ausgänge ermittelt. Die Einnahmen-Ausgaben-Rechnung wird ausführlich in Kapitel B.4. behandelt.

- **Pauschalierung:** Der Finanzminister kann mit Verordnung für die Ermittlung des Gewinnes Durchschnittssätze für Gruppen von Steuerpflichtigen aufstellen. Soweit derartige Pauschalsätze für den Gewinn existieren (zB bei Land- und Forstwirten), wird gesondert darauf hingewiesen. Neben der pauschalierten Gewinnermittlung gibt es auch noch die Möglichkeit, Betriebsausgaben pauschal zu ermitteln. Diese Betriebsausgabenpauschalen sind im Rahmen der Einnahmen-Ausgaben-Rechnung anzusetzen und werden daher unter Kapitel B.1.2. im Folgenden eingehend erörtert.

ACHTUNG

Bei Wechsel der Gewinnermittlungsart ist ein so genannter Übergangsgewinn zu berechnen. Mit diesem Übergangsgewinn sollen all jene Beträge steuerlich erfasst werden, die sonst durch den Wechsel aufgrund der unterschiedlichen zeitlichen Erfassung innerhalb der verschiedenen Gewinnermittlungsarten unter den Tisch fallen oder doppelt besteuert würden (siehe Kapitel B.4.1.).

B.1.2. Pauschalierungen

Welche Pauschalierungen gibt es bei der Gewinnermittlung und bei der Vorsteuer?

Die Gewinnermittlung nach Durchschnittssätzen ist ausschließlich für Einnahmen-Ausgaben-Rechner zulässig. Pauschalierungen kommen bei der Gewinnermittlung in unterschiedlicher Form vor. Entweder kann direkt der Gewinn oder ein Teil des Gewinnes in pauschaler Form errechnet werden oder es können Betriebsausgaben oder Teile von Betriebsausgaben pauschal ermittelt werden. Folgende Pauschalierungen gibt es:

- Gesetzliche Basispauschalierung (bis 220.000 € Umsatz)
- Kleinunternehmerpauschalierung (bis 35.000 € Umsatz)
- Branchenpauschalierungen für bestimmte Branchen (mit unterschiedlichen Betragsgrenzen)

TIPP

Ob die gesetzliche Basispauschalierung, die Kleinunternehmer-Pauschalierung, eine allfällige Branchenpauschalierung oder überhaupt die vollständige Einnahmen-Ausgaben-Rechnung steuerlich vorteilhafter ist, ist immer im Einzelfall zu beurteilen. Eine Vergleichsrechnung kann sich jedenfalls lohnen!

Gesetzliche Basispauschalierung

Bei selbständigen oder gewerblichen Einkünften können die Betriebsausgaben im Rahmen der Einnahmen-Ausgaben-Rechnung mit einem Pauschsatz ermittelt werden. Folgende Voraussetzungen müssen erfüllt sein:

- Der Gewinn wird durch Einnahmen-Ausgaben-Rechnung ermittelt.
- Es handelt sich um Einkünfte aus selbständiger Arbeit oder aus Gewerbebetrieb.
- Die Umsätze des vorangegangenen Wirtschaftsjahres haben nicht mehr als 220.000 € betragen.

Das **gesetzliche Betriebsausgabenpauschale** beträgt

- **6 % des Umsatzes,** maximal 13.200 € jährlich für Einkünfte aus einer kaufmännischen oder technischen Beratung, für wesentlich Beteiligte (zB Gesellschafter-Geschäftsführer), für Aufsichtsräte sowie für Einkünfte aus einer schriftstellerischen, vortragenden, wissenschaftlichen, unterrichtenden oder erzieherischen Tätigkeit.
- **12 % des Umsatzes,** maximal 26.400 € jährlich in allen anderen Fällen.

Die Betriebseinnahmen sind in der tatsächlichen Höhe anzusetzen.

Neben dem 12%igen bzw 6%igen Betriebsausgabenpauschale dürfen allerdings bestimmte Ausgaben zusätzlich abgesetzt werden:

- Ausgaben für Waren, Rohstoffe, Halberzeugnisse, Hilfsstoffe und Zutaten (Umlaufvermögen),
- Ausgaben für Löhne einschließlich Lohnnebenkosten,
- Fremdlöhne, soweit sie unmittelbar in Leistungen des Betriebsgegenstandes eingehen,
- Pflichtbeiträge zur Kranken-, Unfall- und Pensionsversicherung sowie in der Selbständigenvorsorge nach dem BMSVG und vergleichbare Beiträge,
- Gewinnfreibetrag (Grundbetrag von 13 % des Gewinns von max 30.000 €).

Mit dem Pauschale sind – so die Vermutung des Gesetzes – alle anderen Ausgaben abgegolten. Die Einnahmen (Umsätze) sind in tatsächlicher Höhe anzusetzen. Lediglich durchlaufende Posten (dazu zählen zB auch eindeutig abgrenzbare Reisekostenersätze) gehören nicht zu den Umsätzen.

Die Inanspruchnahme der Pauschalierung ist in der Steuererklärung bekannt zu geben. **Vorsicht:** Der Fiskus will verhindern, dass man jeweils nach Steueroptimierungsüberlegungen zwischen tatsächlichen Ausgaben und Pauschale wechselt. Daher darf in jenen Fällen, in denen man von der Pauschalierung auf die tatsächlichen Ausgaben übergeht, frühestens nach Ablauf von fünf Jahren wieder zur Pauschalierung zurückgekehrt werden. Das Pauschale kann übrigens sowohl bei der Netto- als auch der Bruttomethode angewendet werden.

TIPP

Bevor Sie sich für die Pauschalierung entscheiden, sollten Sie in jedem Fall eine Vergleichsrechnung für das abgelaufene Jahr und eine Prognose für die Folgejahre erstellen und die beiden Varianten (tatsächliche Ausgaben versus Pauschale) einander gegenüberstellen. Die einkommensteuerliche Pauschalierung ist übrigens unabhängig von der umsatzsteuerlichen Pauschalierung. Die Pauschalierungen können daher ohne jegliche wechselseitige Bindungen gesondert gewährt werden. Die Betriebseinnahmen sowie die zusätzlich zum Pauschale absetzbaren Betriebsausgaben sind aufzuzeichnen und die Belege 7 Jahre aufzubewahren. Allerdings ist kein Anlagenverzeichnis notwendig, da die AfA vom Pauschale erfasst wird.

Bei Vorliegen der oa Voraussetzungen kann auch die abziehbare Vorsteuer pauschal ermittelt werden (die Vorsteuerpauschalierung und die Betriebsausgabenpauschalierung können aber unabhängig voneinander in Anspruch genommen werden). Und zwar beträgt die **pauschale Vorsteuer 1,8 % des Gesamtumsatzes** (mit Ausnahme der Umsätze aus Hilfsgeschäften; maximal 3.960 € jährlich). Neben dem Vorsteuerpauschale von 1,8 % dürfen folgende Vorsteuerbeträge zusätzlich abgezogen werden:

- Vorsteuer für Lieferungen von abnutzbaren Anlagevermögen mit Anschaffungskosten von mehr als 1.100 €.
- Vorsteuer für sonstige Leistungen zur Herstellung von abnutzbarem Anlagevermögen mit Herstellungskosten von mehr als 1.100 €.
- Vorsteuer für Lieferungen von Waren, Rohstoffen, Halberzeugnisse, Hilfsstoffen und Zutaten (Umlaufvermögen),
- Vorsteuer für Fremdlöhne, soweit sie unmittelbar in Leistungen des Betriebsgegenstandes eingehen.

Kleinunternehmerpauschalierung

Für Kleinunternehmer bis 35.000 € Jahresumsatz (netto) gibt es eine einfache Betriebsausgaben-Pauschalierung (ab 2020). Die Pauschalierung gilt für selbständige und gewerbliche Einkünfte (Ausnahmen: Gesellschafter-Geschäftsführer, Aufsichtsräte und Stiftungsvorstände). Die Grenze für die Kleinunternehmer-Pauschalierung ist analog zur Umsatzsteuerbefreiung für Kleinunternehmer konzipiert, kann aber unabhängig davon in Anspruch genommen werden (also auch, wenn auf die Umsatzsteuerbefreiung verzichtet wird). Ab 2021 ist ein einmaliges Überschreiten der Umsatzgrenze um nicht mehr als 15 % innerhalb von 5 Kalenderjahren unschädlich. In die Umsatzberechnung sind Auslandsumsätze und Umsätze aus Vermietung und Verpachtung nicht einzubeziehen.

Der Gewinn errechnet sich aus dem Unterschiedsbetrag der Betriebseinnahmen (ohne USt) und den pauschalen Betriebsausgaben.

Die pauschalen Betriebsausgaben betragen ab 2021:

- grundsätzlich 45 % der Betriebseinnahmen (exklusive Fahrt- und Reisekostenersätze), maximal 18.900 €,
- bei einem Dienstleistungsbetrieb 20 % der Betriebseinnahmen (exklusive Fahrt- und Reisekostenersätze), maximal 8.400 €,
- Sozialversicherungsbeiträge und der Grundfreibetrag des Gewinnfreibetrages können zusätzlich abgezogen werden,
- Reisekosten, denen ein Kostenersatz in gleicher Höhe gegenübersteht, werden als Durchläufer behandelt.

Was als Dienstleistungsbetrieb gilt, ist in der Dienstleistungsbetriebe-Verordnung nach der Branchenkennzahl ÖNACE aufgelistet:

- Dienstleistungen im Bereich freiberuflicher und wissenschaftlicher Tätigkeiten (zB Steuerberater, Rechtsberater, Buchhalter, Ärzte, Architekten, Fotografen, Werber, Dolmetscher
- Dienstleistungen in Kunst, Unterhaltung, Sport und Erholung (also zB Künstler, Sportler, Entertainer)
- Dienstleistungen im Bereich der gewerblichen Vermietung, Beherbergung und Verpflegung
- Dienstleistungen im Bereich der Informationstechnologie und Technik
- Dienstleistungen im Bereich des Tourismus und Veranstaltungswesens
- Dienstleistung in der Vermittlung und Arbeitskräfteüberlassung
- Dienstleistungen im Bereich der Beaufsichtigung, Reinigung, für private Haushalte und Ähnliches
- Dienstleistungen im Bereich des Unterrichts, Vortragstätigkeit
- Dienstleistungen im sozialen Bereich

- ➜ Dienstleistungen im Bereich der Installation, für die Landwirtschaft, den Bergbau und die Gewinnung von Steinen und Erden

Bei einer Mitunternehmerschaft ist der pauschal ermittelte Gewinn auf die Beteiligten aufzuteilen. Außerhalb der Mitunternehmerschaft darf kein Mitunternehmer die Pauschalierung anwenden.

Es besteht keine Verpflichtung zur Führung eines Wareneingangsbuches und einer Anlagenkartei, jedoch eine Verpflichtung zur Aufzeichnung der Betriebseinnahmen. In der Steuererklärung muss man nur die Branche, den Umsatz und die Sozialversicherungsbeiträge angeben.

Die Bindungsfrist beträgt nach Übergang von der Pauschalierung auf eine andere Form der Gewinnermittlung 3 Jahre.

Für das Jahr 2020 war die Regelung ähnlich, allerdings gab es die betragsmäßigen Obergrenzen von 18.900 € bzw 8.400 € nicht.

Gaststättengewerbe

Seit 1.1.2020 wurde die Pauschalierung für das Gaststättengewerbe ausgeweitet. Zulässig ist eine Pauschalierung bei nicht buchführungspflichtigen Betrieben des Gaststättengewerbes mit einem Jahresumsatz bis zu 400.000 € (davor 255.000 €).

- ➜ Die Pauschalierung besteht aus einem Grundpauschale, einem Mobilitätspauschale und einem Energie- und Raumpauschale.
- ➜ Das Grundpauschale beträgt 15 % des Umsatzes, mindestens 6.000 € und höchstens 25.500 € (wobei aber bei einem Umsatz unter 40.000 € durch das Mindestpauschale von 6.000 € kein Verlust entstehen darf).
- ➜ Neben dem Grundpauschale dürfen nur folgende Ausgaben berücksichtigt werden:
  - Ausgaben für Waren, Rohstoffe, Halberzeugnisse, Hilfsstoffe, Zutaten
  - Ausgaben für Löhne, Lohnnebenkosten und Fremdlöhne
  - Sozialversicherungsbeiträge uä Beiträge
  - Aus- und Fortbildungskosten für Arbeitnehmer
  - Absetzung für Abnutzung sowie ein allfälliger Restbuchwert
  - Ausgaben für die Instandsetzung und Instandhaltung
  - Ausgaben für Miete und Pacht
  - Fremdmittelkosten
  - Grundfreibetrag des Gewinnfreibetrages (3.900 €)
  - Mobilitätspauschale
  - Energie- und Raumpauschale
- ➜ Das Mobilitätspauschale beträgt in einer Gemeinde mit höchstens 5.000 Einwohnern 6 % des Umsatzes, höchstens 24.000 €, in einer Gemeinde von mehr als 5.000, aber höchstens 10.000 Einwohnern 4 % des Umsatzes und in einer Gemeinde mit mehr als 10.000 Einwohnern 2 % des Umsatzes. Es umfasst die Ausgaben für die betriebliche Nutzung von KFZ, Taxi, öffentliche Verkehrsmittel

sowie Tages- und Nächtigungsgelder. Wird das Mobilitätspauschale nicht in Anspruch genommen, sind diese Aufwendungen gesondert zu berücksichtigen.

- Das Energie- und Raumpauschale beträgt 8 % des Umsatzes, höchstens aber 32.000 €. Es umfasst sämtliche Aufwendungen für die betriebliche Nutzung von Räumlichkeiten. Nicht darunter fallen Afa, Instandsetzung, Instandhaltung, Miete und Pacht. Wird das Energie- und Raumpauschale nicht in Anspruch genommen, sind diese Aufwendungen gesondert zu berücksichtigen.

Wird die Pauschalierung in Anspruch genommen, ist man die folgenden zwei Jahre daran gebunden. Wechselt man von der Pauschalierung in die normale Gewinnermittlung, kann man erst wieder nach Ablauf von drei Jahren in die Pauschalierung zurückkehren.

Lebensmitteleinzel- und Gemischtwarenhandel

- Zulässig ist eine Pauschalierung bei nicht buchführungspflichtigen Betrieben mit einem Jahresumsatz bis zu 700.000 € (Buchführungsgrenze).
- Der Gewinn wird folgendermaßen ermittelt: Zu einem Sockelbetrag von 3.630 € werden 2 % der Einnahmen (inkl USt) hinzugerechnet.
- Die Vorsteuern werden mit 7 % der Einnahmen (inkl USt) – ausgenommen die Einnahmen aus Getränkeverkäufen – pauschaliert, dazu kommen die tatsächlichen Vorsteuern aus Getränkeeinkäufen und Investitionen.
- Bei den Aufzeichnungspflichten wird ebenfalls vereinfacht, und zwar durch eine erleichterte Führung des Wareneingangsbuchs, durch Wegfall der Betriebsausgabenaufzeichnungen sowie den Wegfall der Vorsteueraufzeichnungen, soweit die Vorsteuern abpauschaliert sind.

Drogisten

- Zulässig ist eine Pauschalierung bei nicht buchführungspflichtigen Betrieben mit einem Jahresumsatz bis zu 700.000 € (Buchführungsgrenze).
- Der Gewinn errechnet sich aus den tatsächlichen Einnahmen abzüglich der tatsächlichen Ausgaben für Löhne, Wareneinsatz und Sozialversicherungsbeiträge; für die restlichen Ausgaben gilt ein Pauschale von 12 % der Einnahmen, höchstens 26.400 €.
- Bei den Vorsteuern wird die tatsächliche Vorsteuer für den Wareneinsatz und Investitionen abgezogen, für die restlichen Vorsteuern gilt ein Pauschale von 1,8 % der Umsätze.

Handelsvertreter

- Ein Betriebsausgabenpauschale gibt es für Tagesgelder bei Reisen, Kanzlei- und Lagerräumlichkeiten, Bewirtungsspesen sowie ähnliche nicht belegbare Betriebsausgaben (zB Trinkgelder). Hierfür können pauschal 12 % der Umsätze, höchstens jedoch 5.825 € als pauschale Betriebsausgaben angesetzt werden.

- Andere Betriebsausgaben können zusätzlich in der tatsächlichen Höhe abgesetzt werden.
- Die Vorsteuer kann pauschal mit 12 % des obigen Betriebsausgabenpauschales, höchstens jedoch 699 €, angesetzt werden. Vorsteuern für andere Ausgaben können zusätzlich in tatsächlicher Höhe geltend gemacht werden.

Künstler und Schriftsteller

Für selbständige Künstler und Schriftsteller (auch Fachautoren) ist folgende Pauschalierung vorgesehen:

- 12 % der Umsätze, höchstens 8.725 € jährlich, sollen pauschal Ausgaben wie zB Arbeitszimmer, Hilfsmittel, Fachliteratur, Tagesgelder und Bewirtungsspesen abgelten. Andere Aufwendungen können zusätzlich geltend gemacht werden.
- 12 % vom oa Betriebsausgabenpauschale, höchstens 1.047 € jährlich, stehen als pauschale Vorsteuer zu.
- Auf Antrag können sie bei der erstmaligen Veranlagung den Gewinn auf 3 Jahre verteilt versteuern (laufendes Jahr plus die beiden Vorjahre).

Land- und Forstwirtschaft

Für Einkünfte aus Land- und Forstwirtschaft gibt es abhängig vom Einheitswert folgende Möglichkeiten:

- Einheitswert bis 75.000 €: Vollpauschalierung des Gewinns (je nach Bewirtschaftung)
- Einheitswert mehr als 75.000 € bis 130.000 €: Teilpauschalierung (pauschale Betriebsausgaben für bestimmte Bewirtschaftungen)

Details siehe Kapitel B.2.2.1.

Sportler

Selbständige Sportler, die überwiegend bei Sportveranstaltungen im Ausland auftreten, können den in Österreich steuerpflichtigen Anteil ihrer Einkünfte pauschal ermitteln. Voraussetzung für eine Sportlerpauschalierung ist ein organisierter Leistungsvergleich, der öffentlich auf Grundlage eines genau definierten Regelwerks erfolgt (organisierter sportlicher Wettkampf):

- 33 % der insgesamt erzielten Einkünfte als Sportler und aus Werbetätigkeit sind in Österreich zu versteuern (keine Anrechnung der ausländischen Steuern; die ausländischen Einkünfte sind für den Progressionsvorbehalt zu berücksichtigen).

Gewerbetreibende

Für mehr als 50 Branchen von Gewerbetreibenden sind weitere Pauschalierungen vorgesehen, wenn sie nicht buchführungspflichtig sind:

- Je nach Branche sind bestimmte Prozentsätze der Einnahmen als pauschale Betriebsausgaben abzugsfähig (zB Bandagisten 9,5 %, Fotografen 14,4 %, Kosmetiker 14,3 %, Optiker 10,8 %, Zahntechniker 11 %).

→ Neben diesen pauschalen Betriebsausgaben können insbesondere noch die Wareneingangskosten, der Lohnaufwand, die Fremdlöhne, die Absetzung für Abnutzung von Wirtschaftsgütern, geringwertige Wirtschaftsgüter und Mieten abgesetzt werden.

B.1.3. Werkverträge - Dienstverträge

Worin liegt die Bedeutung von Werkverträgen und Dienstverträgen?

Die Frage, ob eine Tätigkeit im Rahmen eines Werkvertrages oder im Rahmen eines Dienstvertrages ausgeübt wird, gehörte immer schon zu den bestimmenden Themen im Steuerrecht. An diese Frage knüpfen nämlich weitreichende steuerliche Konsequenzen an, wie zB die Umsatzsteuerpflicht oder die Lohnsteuerpflicht. Bei jeder Art von selbständiger Tätigkeit – sei es im Rahmen eines freien Dienstvertrages oder eines Werkvertrages – treffen steuerliche Verpflichtungen den Auftragnehmer selbst (siehe Kapitel B.1.1.). Lediglich Lohnnebenabgaben (Dienstgeberbeitrag und Zuschlag dazu sowie Kommunalsteuer) sind vom Dienstgeber abzuführen.

In der Sozialversicherung hingegen sind sowohl bei echten als auch bei freien Dienstverträgen Sozialversicherungsbeiträge vom Arbeitgeber einzubehalten. Bei der Sozialversicherung der Selbständigen, die früher nur bestimmte Berufsgruppen umfasst hat, erfolgte eine Ausdehnung der Pflichtversicherung auf alle Erwerbstätigen (siehe Kapitel B.5.).

TIPP

Ob eine Beschäftigung auf selbständiger Basis (GSVG-Pflichtversicherung) oder als unselbständige Erwerbstätigkeit (ASVG-Pflichtversicherung) ausgeübt wird, kann seit 1.7.2017 in neuen Verfahren geklärt werden (Sozialversicherungs-Zuordnungsgesetz):

- Vorabprüfung: Bei neuen Selbständigen, bestimmten freien Gewerben und land-(forst-)wirtschaftlichen Nebentätigkeiten wird bereits bei Aufnahme der Erwerbstätigkeit geprüft, ob eine Pflichtversicherung nach dem ASVG oder nach dem GSVG bzw dem BSVG vorliegt.
- Neuzuordnung: Weiters hat auf Antrag des Auftraggebers/Versicherten eine Überprüfung der Versicherungszuordnung zu erfolgen. Grundlage dafür ist ein entsprechender Fragebogen. Wie bisher kann aber auch aufgrund einer Prüfung lohnabhängiger Abgaben und Beiträge eine Neuzuordnung der Versicherungszuständigkeit eintreten.

Bei Vorliegen einer selbständigen Erwerbstätigkeit erlässt die SVA einen diesbezüglichen Bescheid. Bei unselbständiger Tätigkeit wird ein Bescheid durch die GKK nur auf Verlangen der versicherten Person oder des Dienstgebers erlassen oder wenn zwischen GKK und SVA keine Einigkeit besteht. An den Bescheid ist neben den Sozialversicherungsanstalten auch das Finanzamt gebunden.

Wie unterscheiden sich Dienstverträge von Werkverträgen?

Die Umgangssprache ist hier leider nicht ganz korrekt: Aus steuerlicher Sicht muss man nämlich unterscheiden, ob

- Nichtselbständigkeit (dh ein Dienstverhältnis) vorliegt – diesfalls besteht Lohnsteuerpflicht, oder
- Selbständigkeit (zB im Rahmen eines freien Dienstvertrages oder eines Werkvertrages) anzunehmen ist – hier besteht Einkommensteuerpflicht sowie gegebenenfalls Umsatzsteuerpflicht.

Ein nichtselbständiges Dienstverhältnis erkennt man im Wesentlichen an folgenden Indizien:

- Schulden der Arbeitskraft
- Weisungsgebundenheit
- persönliche Arbeitsverpflichtung
- Eingliederung in den Betrieb des Arbeitgebers (Arbeitszeit und -ort)
- Arbeitsmittel werden vom Arbeitgeber bereitgestellt
- Auslagenersätze durch Arbeitgeber
- weitgehend erfolgsunabhängige Entlohnung

Eine selbständige Tätigkeit dagegen zeichnet sich durch folgende Punkte aus:

- Schulden eines Werkes (Werkvertrag) oder einer freien Dienstleistung (freier Dienstvertrag)
- Weisungsfreiheit
- erlaubte Beiziehung von Hilfskräften sowie Vertretungsmöglichkeit
- selbständige Gestaltung von Arbeitszeit und -ort
- Unternehmerwagnis (Auftragnehmer kann sowohl Ausgaben als auch Einnahmen beeinflussen)

Welche Vor- bzw Nachteile hat die Nichtselbständigkeit bzw Selbständigkeit?

Hat man bei Aufnahme einer Tätigkeit einen Gestaltungsspielraum, die Arbeit im Rahmen eines Dienstverhältnisses oder als Selbständiger auszuführen, so sollte man sich der im Folgenden kurz zusammengestellten Vor- und Nachteile der beiden Varianten bewusst sein. Die jeweils als Vorteile angeführten Punkte sind bei der anderen Variante als Nachteil anzusehen, weil sie dort nicht in Anspruch genommen werden können. Die näheren Details zu den einzelnen Punkten finden sich in den folgenden bzw vorangegangenen Kapiteln. Festzuhalten ist aber, dass für die steuerliche Beurteilung nicht die bloße Bezeichnung eines Vertrages ausschlaggebend ist, sondern von der Finanz immer der wahre wirtschaftliche Gehalt geprüft wird.

Vorteile Selbständigkeit

- Betriebsausgabenbegriff: Die Betriebsausgaben von Selbständigen werden von der Finanz tendenziell großzügiger beurteilt als die Werbungskosten von Nichtselbständigen. Selbständige können auch Fahrten zum Betriebsort im tatsächlichen Ausmaß absetzen, während Arbeitnehmer mit dem Pendlerpauschale abgespeist werden. Weiters haben Sie Anspruch auf einen pauschalen Gewinnfreibetrag.
- Investitionsbegünstigungen: Selbständige haben unter bestimmten Voraussetzungen Anspruch auf Investitionsbegünstigungen wie zB die Übertragungsrücklage.
- Tarifbegünstigungen: Bestimmte Einkünfte von Selbständigen unterliegen Begünstigungen (zB Hälftesteuersatz für Erfinderlizenzen, Verteilung der Einkünfte bei Veräußerungsgewinnen und bei bestimmten Einkommensentschädigungen).
- Vorsteuerabzug: Wenn für den Selbständigen Umsatzsteuerpflicht besteht, dann steht idR auch der Vorsteuerabzug zu. Das heißt, man kann sich die Umsatzsteuer von allen Anschaffungen vom Finanzamt zurückholen. Die Umsatzsteuer selbst ist nur dann ein Nachteil, wenn die Geschäftspartner nicht vorsteuerabzugsberechtigt sind (also zB Endverbraucher oder unecht befreite Unternehmer).
- Keine Lohnabgaben für Auftraggeber: Für den Auftraggeber hat ein selbständiger Auftragnehmer den Vorteil, dass keine Lohnnebenabgaben anfallen (ausgenommen die freien Dienstverträge). Ist der Auftragnehmer hingegen nichtselbständiger Arbeitnehmer, so hat der Arbeitgeber ua die Sozialversicherung, den Dienstgeberbeitrag samt Zuschlag sowie die Kommunalsteuer zu tragen.

Vorteile Nichtselbständigkeit

- Steuerliche Verpflichtungen: Bei Arbeitnehmern wird die Steuerberechnung und Abfuhr durch den Arbeitgeber vorgenommen. Der Arbeitnehmer selbst wird nur in Ausnahmefällen von der Finanz herangezogen. Selbständige dagegen treffen weitgehende steuerliche Verpflichtungen, die bereits im vorigen Abschnitt behandelt wurden.
- Steuerabsetzbeträge: Arbeitnehmer erhalten automatisch den Verkehrsabsetzbetrag als Steuerabzugsposten.
- Sonstige Bezüge: Bestimmte Bezüge von Arbeitnehmern (zB Urlaubs- und Weihnachtsgelder) werden mit einem günstigen Steuersatz (idR 6 %) versteuert.
- Steuerfreiheit von Reisekosten: Der Arbeitgeber kann Reisekosten (Tagesgelder, Nächtigungsgelder, Fahrtkosten) an seine Arbeitnehmer steuer- und sozialversicherungsfrei auszahlen.
- Steuerbefreiungen: Verschiedene Steuerbefreiungen sind ebenfalls nur für Arbeitnehmer vorgesehen (zB Sachzuwendungen bei Betriebsveranstaltungen, Versicherungsleistungen als Zukunftsvorsorge, Essensbons).

ACHTUNG

Unternehmen müssen für Leistungen von folgenden bei ihnen beschäftigten Personen eine **Mitteilung an das Finanzamt** übermitteln:

➔ Aufsichtsräte
➔ Bausparkassen- und Versicherungsvertreter
➔ Stiftungsvorstände
➔ Selbständige Vortragende, Lehrende und Unterrichtende
➔ Kolporteure und Zeitungszusteller
➔ Privatgeschäftsvermittler
➔ Funktionäre von öffentlich-rechtlichen Körperschaften

- Freie Dienstnehmer.

Für Bagatellfälle (Fälle, bei denen das Honorar im Einzelfall nicht mehr als 450 € bzw für ein Kalenderjahr nicht mehr als 900 € beträgt) kann die Mitteilung entfallen.

Weiters besteht eine Mitteilungspflicht für folgende Auslandszahlungen:

- Selbständige Tätigkeiten, die im Inland ausgeübt werden.
- Vermittlungsleistungen, die von unbeschränkt Steuerpflichtigen erbracht werden oder sich aufs Inland beziehen.
- Kaufmännische oder technische Beratung im Inland.

Die Mitteilung an das Finanzamt hat zu erfolgen, wenn die Zahlungen ins Ausland erfolgen, je Leistungsempfänger im Kalenderjahr 100.000 € überschreiten, kein pauschaler Steuerabzug wegen beschränkter Steuerpflicht erfolgt und die Zahlungen auch nicht an eine Körperschaft im Ausland mit vergleichbarer Steuerbelastung (max 10 % niedrigerer Steuersatz) getätigt wird.

Weiters besteht eine Meldepflicht für

- Leistungen als Dolmetscher, Übersetzer oder Sachverständiger gegenüber einer Körperschaft öffentlichen Rechts (an das Finanzamt durch die Buchhaltungsagentur zu melden erstmals für 2019) sowie
- für die „Unterstützung" von Lieferungen und sonstige Leistungen im Inland an Nichtunternehmer durch Plattformen, Portale, Marktplätze uÄ („sharing economy"), wenn der Gesamtwert der Umsätze 1 Mio € jährlich übersteigt. Bei Umsätzen unter 1 Mio € sind die entsprechenden Daten nur aufzuzeichnen und nur auf Verlangen dem Finanzamt zu übermitteln (gilt ab 2020). Die Plattformen uä Unternehmen haften im Übrigen auch für die anfallenden Steuern ihrer Kunden.

Seit 1.7.2021 sind diese Unternehmen (Plattformen usw) selbst Steuerschuldner.

TIPP

Gehört man zum oa Personenkreis, muss man in der Beilage zur Einkommensteuererklärung (Gewinn- und Verlust-Rechnung, Einnahmen-Ausgaben-Rechnung oder Überschussrechnung) diese Einnahmen, für die Mitteilungen ausgestellt wurden, gesondert ausweisen. Es empfiehlt sich daher, mit dem Auftraggeber zu klären, ob er für das ausbezahlte Honorar eine entsprechende Mitteilung an das Finanzamt erstellt, und gegebenenfalls für solche Honorare bei der Einnahmen-Ausgaben-Rechnung eine eigene Einnahmenspalte vorzusehen. Damit erspart man sich nachträglich ein mühsames Herausrechnen aus den Gesamteinnahmen.

B.1.4. ABC der Tätigkeiten und Berufsgruppen

Das nachstehende ABC soll als kurzer **Wegweiser** über die bei den verschiedenen Tätigkeiten und Berufsgruppen anfallenden steuerlichen und sozialversicherungsrechtlichen Konsequenzen dienen. Die Einbeziehung sämtlicher Berufe bzw Tätigkeiten in eine derartige Aufzählung ist naturgemäß bei Weitem nicht möglich. Die zu den einzelnen Berufen getroffenen Aussagen beziehen sich auf jene Fälle, in denen kein echtes Dienstverhältnis vorliegt (zu Tätigkeiten im Rahmen eines lohnsteuerpflichtigen Dienstverhältnisses siehe Kapitel A.2.).

• Anlageberater

Anlageberater erzielen gewerbliche Einkünfte (siehe Kapitel B.2.2.3.) und unterliegen der Umsatzsteuer nach den allgemeinen Bestimmungen (siehe Kapitel B.3.). In der Sozialversicherung sind sie als Gewerbetreibende zu behandeln (siehe Kapitel B.5.3.).

• Apotheker

Die selbständige Führung einer Apotheke führt zu Einkünften aus Gewerbebetrieb (siehe Kapitel B.2.2.3.). Hinsichtlich der Umsatzsteuer gelten die allgemeinen Bestimmungen (siehe Kapitel B.3.). In der Sozialversicherung besteht eine Pensionsversicherung nach dem FSVG und die ASVG-Unfallversicherung (siehe Kapitel B.5.4. und B.5.5.). In der Krankenversicherung gibt es keine Pflichtversicherung, es kann jedoch ein Antrag auf Selbstversicherung nach dem GSVG oder ASVG gestellt oder die Gruppenversicherung der Kammer gewählt werden.

• Ärzte

Soweit Ärzte (auch Vertretungsärzte) nicht in einem echten Dienstverhältnis stehen (zB Primarärzte, Assistenzärzte, Amtsärzte, Gemeindeärzte, ev Betriebsärzte), beziehen sie Einkünfte aus selbständiger Arbeit (siehe Kapitel B.2.2.2.). Das gilt sowohl für praktische Ärzte als auch für Fachärzte und Zahnärzte. Ihren Gewinn können sie mittels Einnahmen-Ausgaben-Rechnung ermitteln (siehe Kapitel B.4.). Zu den steuerpflichtigen Einnahmen zählt weiters auch die Erstellung medizinischer Gutachten oder die Abhaltung von Vorträgen. Bei den sog Klasse- und Sondergebühren von Spitalsärzten ist zu unterscheiden: Werden die Entgelte von der Krankenanstalt im eigenen Namen vereinnahmt und dann an die Ärzte weitergegeben, liegen (idR lohnsteuerpflichtige) Vorteile aus dem Dienstverhältnis vor. Wird die Rechnung über die zustehende Gebühr hingegen direkt vom Arzt gelegt oder von der Krankenanstalt im Namen des Arztes, so liegen selbständige Einkünfte vor, die einkommenpflichtig sind. **Hinweis:** Diese Regelung gilt nur für ärztliches Personal. Das nicht ärztliche Personal muss die erhaltenen Entgelte – soweit davon keine Lohnsteuer einbehalten wurde – als nichtselbständige Einkünfte im Veranlagungsweg versteuern (siehe Kapitel B.2.2.4.).

Umsätze aus der Tätigkeit als Arzt sind von der Umsatzsteuer unecht befreit, dh dass Ärzte keine Umsatzsteuer bezahlen müssen, sich aber gleichzeitig auch keine Vorsteuer mehr abziehen dürfen.

Unter die umsatzsteuerfreie Tätigkeit als Arzt fällt aber nur die Ausübung der Heilkunde. Die Ausstellung von ärztlichen Gutachten und Zeugnissen gehört grundsätzlich auch dazu, nicht umsatzsteuerfrei ist aber ua die Erstellung von Gutachten in laufenden Gerichtsverfahren. Umsatzsteuerpflichtig nach den allgemeinen Bestimmungen sind daher sonstige Tätigkeiten wie zB Vortragstätigkeit, Lehrtätigkeit, schriftstellerische Tätigkeit, Konsulententätigkeit, Lieferung von Medikamenten oder Hilfsmitteln. Tierärzte fallen ebenfalls nicht unter die Umsatzsteuerfreiheit. In der Sozialversicherung fallen Ärzte unter das FSVG (Pensions- und Unfallversicherung; siehe Kapitel B.5.5.).

Hinsichtlich der Krankenversicherung wurde ein Ausnahmeantrag gestellt. Die von der Kammer angebotene Gruppenversicherung ist für die Mitglieder verpflichtend, daneben besteht die Möglichkeit einer ASVG- oder GSVG-Selbstversicherung.

Wohnsitzärzte (ohne Ordination und Anstellungsverhältnis) sind nach § 2 Abs 1 Z 4 GSVG als neue Selbständige in der Pensionsversicherung und nach dem ASVG in der Unfallversicherung pflichtversichert. Hinsichtlich der Krankenversicherung wurde ein Ausnahmeantrag gestellt, es gilt das zu den Ärzten Gesagte. Die am 31.12.1999 eingetragenen Wohnsitzärzte bleiben weiterhin nach dem ASVG kranken- und unfallversichert (siehe Kapitel B.5.4.).

CORONA

Corona: Bei Wiederaufnahme der Tätigkeit während der Covid-19-Krise kann der Hälftesteuersatz für den Veräußerungs- bzw Aufgabegewinn beibehalten werden. Auch die anlässlich der Betriebsaufgabe aufgedeckten stillen Reserven von einem ins Privatvermögen übernommenen Gebäude bleiben in diesem Fall steuerfrei.

- **Architekten**

Freiberufliche Architekten erzielen selbständige Einkünfte (siehe Kapitel B.2.2.2.) und unterliegen der Umsatzsteuer nach den allgemeinen Bestimmungen (idR 20 %, in Ausnahmefällen bei künstlerischer Tätigkeit 13 %; siehe Kapitel B.3.). Der Gewinn kann mittels Einnahmen-Ausgaben-Rechnung ermittelt werden (siehe Kapitel B.4.). Hinsichtlich der Sozialversicherung siehe „Ziviltechniker“.

- **Aufsichtsräte**

Vergütungen jeder Art an Mitglieder des Aufsichtsrates, Verwaltungsrates oder andere mit der Überwachung der Geschäftsführung beauftragte Personen zählen zu den Einkünften aus sonstiger selbständiger Tätigkeit (siehe Kapitel B.2.2.3.). Von der Umsatzsteuer sind die Vergütungen eines Aufsichtsrates befreit. In der Sozialversicherung gelten Aufsichtsräte als neue Selbständige.

- **Autoren**

Siehe „Schriftsteller“ und „Journalisten“.

- **Betriebsberater**

Siehe „Unternehmensberater“.

- **Blogger, Influencer, YouTuber**

Internet und soziale Medien haben neue Berufsgruppen entstehen lassen, bei denen man ebenfalls nicht auf die abgabenrechtlichen Konsequenzen vergessen sollte.

Blogger, auch Webblogger sind Herausgeber oder Verfasser von Texten auf einer Webseite oder bei einem sozialen Netzwerk.

Einnahmen aus derartigen Tätigkeiten sind grundsätzlich steuerpflichtig, sobald diese Tätigkeiten selbständig, nachhaltig, mit Gewinnabsicht und mit Beteiligung am allgemeinen wirtschaftlichen Verkehr erfolgen. Steuerpflichtig sind Vergütungen (Honorare) für die Behandlung von Themen, Einnahmen aus Werbung, Verkaufsprovisionen oder Provisionen für Zugriffe von Followern. Zu den Einnahmen zählen auch Sach- und Dienstleistungszuwendungen, zB Produktproben, Warengutscheine für Bezug von Waren oder Dienstleistungen, Einladungen verschiedenster Art (zB Events, Sportereignisse). Anzusetzen sind diese Einnahmen mit den üblichen Endpreisen des Abgabeortes. Bloße Aufmerksamkeiten führen nicht zu Einnahmen. Die Einkünfte sind entweder als gewerbliche Einkünfte (zB Werbung, Marketing, Public Relation, Herausgeber, Model), als Einkünfte aus selbständiger Tätigkeit (zB Schriftsteller, Journalist, Vortragender) oder als sonstige Einkünfte (zB für eine gelegentliche Werbetätigkeit, mit einer Freigrenze von 220 €) zu versteuern.

- **Buchhalter**

Mit dem Bilanzbuchhaltungsgesetz wurden die früher getrennten Berufe Bilanzbuchhalter, Buchhalter und Personalverrechner umfassend in einem Gesetz geregelt. Die Rechte und Pflichten wurden laufend angepasst (zB je nach Beruf Angelegenheiten der Arbeitnehmerveranlagung, Bilanzierung für kleine Kapitalgesellschaften, unterjährige Umsatzsteuervoranmeldung, Botenfunktion in FINANZOnline, Angelegenheiten der An- und Abmeldung von Registrierkassen).

Bilanzbuchhalter, die ihre Tätigkeit selbständig ausüben, erzielen Einkünfte aus Gewerbebetrieb. Hinsichtlich der Umsatzsteuer gelten die allgemeinen Bestimmungen.

Sofern nicht ein echtes Dienstverhältnis vorliegt (ein freier Dienstvertrag ist nicht möglich), unterliegen Buchhalter dem GSVG je nach Kammerzugehörigkeit als Gewerbetreibende (siehe Kapitel B.5.3.).

- **Designer**

Soweit man nicht künstlerisch tätig ist (siehe „Künstler“), liegen gewerbliche Einkünfte vor (siehe Kapitel B.2.2.3.), die auch der 20%igen Umsatzsteuer zu unterziehen sind (siehe Kapitel B.3.). Sozialversicherungspflicht besteht nach dem GSVG (siehe Kapitel B.5.3. und B.5.4.).

- **Detektiv**

Als selbständiger Detektiv bezieht man gewerbliche Einkünfte (siehe Kapitel B.2.2.3.) und unterliegt der Umsatzsteuer nach den allgemeinen Bestimmungen (siehe Kapitel B.3.). Sozialversicherungspflicht besteht nach dem GSVG (siehe Kapitel B.5.3.).

- **Dolmetscher, Übersetzer**

Steuerlich erhalten freiberufliche Dolmetscher Einkünfte aus selbständiger Arbeit, die der Einkommensteuer (siehe Kapitel B.2.2.2.) und der 20%igen Umsatzsteuer (siehe Kapitel B.3.) zu unterziehen sind. Ihren Gewinn können sie mittels Einnahmen-Ausgaben-Rechnung ermitteln (siehe Kapitel B.4.). Entgelte für Dolmetschleistungen öffentlich-rechtlicher Körperschaften werden ab 2019 dem Finanzamt von der Buchhaltungsagentur gemeldet. Sozialversicherungspflicht besteht im Hinblick auf die erforderliche Gewerbeberechtigung nach dem GSVG (siehe Kapitel B.5.3.).

- **Drogisten**

Drogisten beziehen Einkünfte aus Gewerbebetrieb (siehe Kapitel B.2.2.3.) und unterliegen dem GSVG (siehe Kapitel B.5.3.). Bis zu 700.000 € Jahresumsatz gibt es die Möglichkeit, die Betriebsausgaben und die Vorsteuer pauschal zu ermitteln (siehe Kapitel B.1.2.).

- **EDV-Berater**

Ein EDV-Berater oder Programmierer bezieht Einkünfte aus Gewerbebetrieb (siehe Kapitel B.2.2.3.) und unterliegt der Umsatzsteuer nach den allgemeinen Bestimmungen (siehe Kapitel B.3.). In der Sozialversicherung kann ASVG-Pflicht (wenn im freien Dienstvertrag tätig; siehe Kapitel B.5.2.) oder GSVG-Pflicht bestehen (mit Gewerbeschein siehe Kapitel B.5.3., ohne Gewerbeschein Kapitel B.5.4.).

- **Erfinder**

Soweit Erfinder wissenschaftlich tätig sind, erzielen sie selbständige Einkünfte (siehe Kapitel B.2.3.2.). Produzieren sie ihre Erfindungen dagegen selbst, wird idR ein Gewerbebetrieb anzunehmen sein (siehe Kapitel B.2.2.3.). Für Lizenzzahlungen aus der Verwertung von Patenten gibt es bei der Einkommensteuer als Begünstigung den sog Hälftesteuersatz (siehe Kapitel B.2.4.), wenn der aufrechte Patentschutz nachgewiesen wird. Umsatzsteuerpflicht besteht nach den allgemeinen Bestimmungen. Sozialversicherungsrechtlich wird meist das GSVG zum Tragen kommen (siehe Kapitel B.5.3. und B.5.4.).

- **Erzieher**

Wird ein Erzieher nicht im Rahmen eines Dienstverhältnisses tätig, so liegen selbständige Einkünfte vor (siehe Kapitel B.2.2.2.). Hinsichtlich der Umsatzsteuer gelten die allgemeinen Bestimmungen (siehe Kapitel B.3.). In der Sozialversicherung besteht

Versicherungspflicht nach dem GSVG als neuer Selbständiger (siehe Kapitel B.5.4.). Die am 31.12.1999 im ASVG versicherten Erzieher bleiben im ASVG kranken- und unfallversichert, so lange sich der Sachverhalt nicht ändert.

• Ferialpraktikanten

Steuerlich stehen Praktikanten, die ein Pflichtpraktikum absolvieren, idR in einem Dienstverhältnis (siehe Kapitel A.2.) In der Sozialversicherung sind echte Ferialpraktikanten ohne Entgelt von der Vollversicherung befreit. „Unechte" Ferialpraktikanten sind dagegen idR als Dienstnehmer oder freie Dienstnehmer nach dem ASVG versicherungspflichtig. Ferialjobs ohne Eingliederung in einen Betrieb (zB Projektarbeiten) unterliegen nach den allgemeinen Bestimmungen der Einkommensteuer (siehe Kapitel B.2.) und der Umsatzsteuer (siehe Kapitel B.3.). In der Sozialversicherung kommt bei derartigen Werkverträgen die neue Selbständigkeit zum Tragen (siehe Kapitel B.5.4.).

• Fotomodelle, Mannequins

Die Tätigkeit eines Mannequins oder Models für eine größere Zahl von Auftraggebern und ohne feste Zeiteinteilung führt zu Einkünften aus Gewerbebetrieb (siehe Kapitel B.2.2.3.) und zur Umsatzsteuerpflicht mit 20 % (siehe Kapitel B.3.). In der Sozialversicherung wird entweder ein freier Dienstvertrag (siehe Kapitel B.5.2.) oder neue Selbständigkeit vorliegen (siehe Kapitel B.5.4.).

• Fremdenführer

Selbständige Fremdenführer beziehen Einkünfte aus Gewerbebetrieb (siehe Kapitel B.2.2.3.), die der 20%igen Umsatzsteuer unterliegen (siehe Kapitel B.3.). In der Sozialversicherung fallen sie unter das GSVG (siehe Kapitel B.5.4.). Die am 31.12.1999 im ASVG versicherten Fremdenführer bleiben im ASVG kranken- und unfallversichert, so lange sich der Sachverhalt nicht ändert.

• Funktionäre

Die Funktionärsgebühren der im Folgenden beispielsweise aufgezählten Funktionäre stellen sonstige Einkünfte dar (siehe Kapitel B.2.2.7.):

Nebenberufliche Standesbeamte, Kammerfunktionäre, Funktionäre des ÖGB, Funktionäre der ÖHS, Vortragende und Prüfungskommissäre für Dienstprüfungen, Staats- und Aufsichtskommissäre, Funktionäre von politischen Parteien, Mitglieder der Datenschutzkommission. Handelt es sich dabei um die Nebentätigkeit eines Beamten, unterliegen diese Bezüge der Lohnsteuer.

Feuerwehrfunktionäre können 30 % der Einnahmen (mindestens 3.000 €, höchstens 6.000 €) als Werbungskosten berücksichtigen.

Umsatzsteuerpflicht besteht nicht, da Funktionäre nicht als Unternehmer angesehen werden. Sozialversicherungspflicht besteht nur, wenn die Funktionärstätigkeit als Nebentätigkeit einer Haupttätigkeit zugeordnet wird.

- **Gastwirte**

Gastwirte beziehen Einkünfte aus Gewerbebetrieb (siehe Kapitel B.2.2.3.) und unterliegen dem GSVG (siehe Kapitel B.5.3.). Bis zu 400.000 € Jahresumsatz gibt es für das Gaststättengewerbe die Möglichkeit, den Gewinn und die Vorsteuer pauschal zu ermitteln (siehe Pauschalierungen in Kapitel B.1.2.).

Corona: Senkung der Umsatzsteuer siehe Kapitel B.3.3., Änderungen bei der Pauschalierung siehe Kapitel B.1.2. unter Gaststättengewerbe.

- **Geistliche**

Katholische Priester, die Pfründe haben, sind mit den entsprechenden Erträgen einkommensteuerpflichtig (zB Einkünfte aus Land- und Forstwirtschaft siehe Kapitel B.2.2.1; aus Kapitalvermögen siehe Kapitel B.2.2.5.). Einkünfte zur Bestreitung des Lebensunterhaltes sowie Bezüge für den Religionsunterricht unterliegen der Lohnsteuer (siehe Kapitel A.2.; B.2.3.4.). Manual-Messstipendien (freiwillige Gaben der Gläubigen mit Almosencharakter) sind nicht einkommensteuer-, sondern nur schenkungssteuerpflichtig. Stiftungs-Messstipendien dagegen unterliegen sehr wohl der Einkommensteuer.

Evangelische Priester stehen idR in einem lohnsteuerpflichtigen Dienstverhältnis (siehe Kapitel A.2.).

Ordensangehörige erzielen aus dem Orden idR keinerlei steuerlich relevante Einnahmen, denn die Gewährung des Lebensunterhaltes durch den Orden gehört zu keiner Einkunftsart. Eine Ausnahme besteht nur bei Einkünften aus unterrichtender Tätigkeit, die selbst dann lohnsteuerpflichtig sind, wenn sie an den Orden abgeliefert werden müssen.

- **Gemischtwarenhändler, Lebensmitteleinzelhändler**

Gemischtwarenhändler und Lebensmitteleinzelhändler beziehen Einkünfte aus Gewerbebetrieb (siehe Kapitel B.2.2.3.) und unterliegen dem GSVG (siehe Kapitel B.5.3). Bis zu 700.000 € Jahresumsatz gibt es die Möglichkeit, den Gewinn und die Vorsteuer pauschal zu ermitteln (siehe Pauschalierungen in Kapitel B.1.2.).

- **Geschäftsführer**

Der Geschäftsführer einer GmbH bezieht lohnsteuerpflichtige Einkünfte aus einem Dienstverhältnis (siehe Kapitel B.2.2.4.), wenn er

➔ nicht mehr als 25 % Beteiligung hält und

➔ die Merkmale eines Dienstverhältnisses vorliegen (Schulden der Arbeitskraft, kein Unternehmerrisiko, Eingliederung in den betrieblichen Organismus; die Weisungsgebundenheit kann fehlen!).

Selbständige Einkünfte (siehe Kapitel B.2.2.2.) liegen vor, wenn

- die Beteiligung mehr als 25 % beträgt und
- alle Merkmale eines Dienstverhältnisses mit Ausnahme der Weisungsgebundenheit gegeben sind.

Gewerbliche Einkünfte (siehe Kapitel B.2.2.3.) sind dann anzunehmen, wenn die Tätigkeit ohne organisatorische Eingliederung und ohne Schulden der Arbeitskraft zB im Rahmen eines Werkvertrages erfolgt.

Ihren Gewinn können selbständige Geschäftsführer mittels Einnahmen-Ausgaben-Rechnung ermitteln (siehe Kapitel B.4.). Liegen selbständige oder gewerbliche Einkünfte vor, kann die Geltendmachung des Betriebsausgabenpauschales anstelle der tatsächlichen Ausgaben eine interessante Alternative sein (siehe Kapitel B.4.3.).

Hinsichtlich der Umsatzsteuer geht die Finanz davon aus, dass idR keine Umsatzsteuerpflicht besteht, weil ein Geschäftsführer kein Unternehmer ist. Lediglich Geschäftsführer mit gewerblichen Einkünften (zB der sog gewerberechtliche Geschäftsführer) unterliegen der Umsatzsteuer nach den allgemeinen Bestimmungen (siehe Kapitel B.3.).

Seit 1.1.1999 sind lohnsteuerpflichtige Gesellschafter-Geschäftsführer auch in der Sozialversicherung als ASVG-Versicherte anzusehen. Selbständige Gesellschafter-Geschäftsführer (mehr als 25 % Beteiligung) unterliegen grundsätzlich dem GSVG (mit Gewerbeberechtigung der Gesellschaft siehe Kapitel B.5.3., ohne Gewerbeberechtigung siehe Kapitel B.5.4., neue Selbständigkeit). Gesellschafter-Geschäftsführer, die 1998 bereits nach dem GSVG pflichtversichert waren, bleiben in ihrer bisherigen Pflichtversicherung, solange sich die Tätigkeit nicht ändert. In die GSVG-Beitragsgrundlage sind nicht nur die Bezüge als Geschäftsführer, sondern auch jene als Gesellschafter (Ausschüttungen) einzubeziehen.

• Gesellschafter

Ist man Gesellschafter einer **Kapitalgesellschaft** (GmbH, AG) und erhält man aus seinen Aktien bzw Anteilen Dividenden, Zinsen oder sonstige Bezüge, so fallen diese unter die Einkünfte aus Kapitalvermögen, sind aber idR mit der Kapitalertragsteuer endbesteuert (siehe Kapitel B.2.2.5.). Die Kapitalgesellschaft selbst unterliegt mit ihrem Gewinn bzw Einkommen der Körperschaftsteuer (siehe Kapitel C.1.).

Anders liegt der Fall bei **Personengesellschaften** (Gesellschafter einer OG, KG, GesBR, unechte stille Gesellschaft): Hier ist nicht die Gesellschaft das Steuersubjekt für die Einkommensteuer, sondern die Einkünfte werden den einzelnen Gesellschaftern zugerechnet. Das funktioniert im Rahmen der so genannten Feststellung. Dabei wird zuerst einheitlich für alle Beteiligten der Gewinn ermittelt und dann auf die einzelnen Gesellschafter aufgeteilt. Die Versteuerung des Gewinnes erfolgt anschließend in einem gesonderten Verfahren bei den einzelnen Gesellschaftern. Zur

Erklärung der Einkünfte von Personengesellschaften gibt es eigene Formulare: Für die Ermittlung des Gesamtgewinnes der Gesellschaft/Gemeinschaft ist das Formular E6 (Erklärung der Einkünfte von Personengesellschaften/Gemeinschaften) abzugeben. Ist man an einer Personengesellschaft als Mitunternehmer beteiligt, so zählen aber nicht nur die Gewinnanteile, sondern auch die sonstigen Vergütungen von der Gesellschaft (zB Zahlungen an einen Gesellschafter für die Geschäftsführung oder für sonstige Tätigkeiten) zu den jeweiligen betrieblichen Einkünften. Die als „Anteile an den Einkünften" festgestellten Beträge sind dann je nach Art der Tätigkeit der Gesellschaft bei den Gesellschaftern Einkünfte aus Land- und Forstwirtschaft (siehe Kapitel B.2.2.1.), aus selbständiger Arbeit (siehe Kapitel B.2.2.2.) oder aus Gewerbebetrieb (siehe Kapitel B.2.2.3.) zu versteuern. Ähnlich ist auch vorzugehen, wenn eine Liegenschaft vermietet wird, an der man nur Miteigentümer ist (siehe Kapitel B.2.2.6.).

Hinsichtlich der Umsatzsteuer ist festzuhalten, dass sowohl Kapitalgesellschaften als auch Personengesellschaften (und zwar die Gesellschaft und nicht die Gesellschafter) nach den allgemeinen Bestimmungen der Umsatzsteuer unterliegen (siehe Kapitel B.3.). Erbringt man als Gesellschafter Leistungen an die Gesellschaft, dann besteht Umsatzsteuerpflicht, wenn damit ein Leistungsaustausch verbunden ist (zB ein Gesellschafter, der ein Wirtschaftsgut an die Gesellschaft vermietet).

In der Sozialversicherung sind bloße Gesellschafter einer Kapitalgesellschaft mangels Erwerbstätigkeit nicht pflichtversichert. Wird allerdings eine Erwerbstätigkeit erbracht, kann die neue Selbständigkeit zum Tragen kommen. Gesellschafter einer OG unterliegen der Sozialversicherung als Gewerbetreibende (wenn die Gesellschaft Mitglied einer Wirtschaftskammer ist) oder als neue Selbständige (siehe Kapitel B.5.3. bzw B.5.4.). Dasselbe gilt auch für Komplementäre einer KG. Seit dem Jahr 2000 sind auch Kommanditisten als neue Selbständige nach den allgemeinen Bestimmungen pflichtversichert, sofern sie unternehmerisch tätig werden und das Gesellschaftsverhältnis nach dem 30.6.1998 begründet wurde. Gesellschafter einer GesBR und unechte stille Gesellschafter können ebenfalls als Gewerbetreibende oder neue Selbständige versicherungspflichtig sein.

- **Gutachter**

Als Gutachter erzielt man idR gewerbliche Einkünfte (siehe Kapitel B.2.2.3.). Wird aber die Tätigkeit im Rahmen einer freiberuflichen Tätigkeit als Wissenschaftler, Künstler, Ziviltechniker, Arzt, Rechtsanwalt, Wirtschaftstreuhänder usw ausgeübt, gehört auch die Erstellung von Gutachten zur jeweiligen selbständigen Tätigkeit (siehe Kapitel B.2.2.2.). Siehe auch „Sachverständige".

Umsatzsteuerpflicht besteht nach den allgemeinen Bestimmungen (siehe Kapitel B.3.) ebenso wie Sozialversicherungspflicht (siehe Kapitel B.5.).

- **Handelsvertreter**

Siehe „Vertreter".

- **Hausverwalter**

Hausverwalter erzielen Einkünfte aus sonstiger selbständiger Arbeit (siehe Kapitel B.2.2.2.). Lediglich dann, wenn die Realitätenvermittlung überwiegt, liegen Einkünfte aus Gewerbebetrieb vor (siehe Kapitel B.2.2.3.). Umsatzsteuerpflicht besteht nach den allgemeinen Bestimmungen (siehe Kapitel B.2.3.), ebenso die Sozialversicherungspflicht (siehe Kapitel B.5.).

- **Hebammen**

Bei Spitälern und ähnlichen Institutionen fest angestellte Hebammen sind idR echte Dienstnehmer. Freiberuflich tätige Hebammen erzielen Einkünfte aus selbständiger Arbeit (siehe Kapitel B.2.2.2.) und sind von der Umsatzsteuer befreit. In der Sozialversicherung unterliegen Hebammen als neue Selbständige dem GSVG (siehe Kapitel B.5.4.). Aufgrund einer Übergangsbestimmung bleiben die am 31.12.1999 bereits tätigen Hebammen nach ASVG kranken- und unfallversichert, solange sich der Sachverhalt nicht ändert.

- **Homöopathen**

Ein Homöopath ohne medizinische Ausbildung bezieht gewerbliche Einkünfte (siehe Kapitel B.2.2.3.) und unterliegt der Umsatzsteuer (siehe Kapitel B.3.). Die von einem Arzt praktizierte Homöopathie ist Teil seiner ärztlichen Tätigkeit (siehe „Ärzte"). In der Sozialversicherung kommt ohne medizinische Ausbildung die neue Selbständigkeit zum Tragen (siehe Kapitel B.5.4.).

- **Influencer**

Influencer sind Meinungsführer in einem Themengebiet mit starker Präsenz in sozialen Medien (zB Key Influencer als Experten zu bestimmten Themen, Social Influencer als Meinungsmacher in Bezug auf Marken, Produkte oder Unternehmen).
Siehe „Blogger".

- **Journalisten**

Journalisten erzielen selbständige Einkünfte, die der Einkommensteuer (siehe Kapitel B.2.) zu unterziehen sind, soweit die Tätigkeit nicht im Rahmen eines echten Dienstverhältnisses erfolgt. Weiters besteht Umsatzsteuerpflicht zum Normalsteuersatz von 20 % (siehe Kapitel B.3.). Ihren Gewinn können Journalisten mittels Einnahmen-Ausgaben-Rechnung ermitteln (siehe Kapitel B.4.). In der Sozialversicherung können Journalisten in einem echten Dienstverhältnis, in einem freien Dienstvertrag oder in einem Werkvertrag beschäftigt werden. In letzterem Fall kommt die GSVG-Pflichtversicherung zum Tragen (Vollversicherung als neue Selbständige; siehe Kapitel B.5.4.).
Siehe auch „Schriftsteller".

- **Kolporteure**

Kolporteure sind sehr oft echte Dienstnehmer. Einkünfte aus Gewerbebetrieb werden bei Vorliegen eines Unternehmerwagnisses anzunehmen sein (siehe Kapitel B.2.2.3.). Diesfalls besteht auch Umsatzsteuerpflicht (siehe Kapitel B.3.) und Sozialversicherungspflicht nach dem GSVG.

- **Kommanditisten**

Siehe „Gesellschafter".

- **Komponisten**

Siehe „Künstler".

- **Konsulenten**

Wird man selbständig in allgemein beratender Funktion tätig, so handelt es sich dabei um Einkünfte aus Gewerbebetrieb (siehe Kapitel B.2.2.3.), die auch der Umsatzsteuer unterliegen (siehe Kapitel B.3.). In der Sozialversicherung wird entweder von einem freien Dienstvertrag (Kapitel B.5.2.) oder von neuer Selbständigkeit (Kapitel B.5.4.) auszugehen sein.

- **Konzertveranstalter**

Ein Konzertveranstalter wird als Gewerbebetrieb angesehen (siehe Kapitel B.2.2.3.) und unterliegt auch der Umsatzsteuer, wobei für Veranstaltungen von Musik- und Gesangsaufführungen der ermäßigte Steuersatz von 13 % (bis 31.12.2015: 10 %) zur Anwendung kommen kann (siehe Kapitel B.3.4.). Musik- und Gesangsaufführungen, die von Gebietskörperschaften oder von gemeinnützigen, mildtätigen oder kirchlichen Organisationen veranstaltet werden, sind umsatzsteuerfrei. Sozialversicherungspflicht besteht nach dem GSVG.

- **Künstler, Kunstschaffende**

Steuerlich beziehen Künstler Einkünfte aus selbständiger Arbeit (siehe Kapitel B.2.2.2.). Ihren Gewinn können sie mittels Einnahmen-Ausgaben-Rechnung ermitteln (siehe Kapitel B.4.). Auf Antrag können sie den Gewinn auf 3 Jahre verteilt versteuern (laufendes Jahr plus die beiden Vorjahre). Hinsichtlich einer möglichen Pauschalierung siehe Kapitel B.1.2. Was fällt nun unter den Begriff Künstler? Jede persönliche eigenschöpferische Tätigkeit in einem umfassenden Kunstfach aufgrund künstlerischer Begabung oder einer abgeschlossenen künstlerischen Hochschulausbildung. Künstler unterliegen mit ihren Umsätzen auch der Umsatzsteuer, allerdings zum ermäßigten Satz von 13 % (**Corona:** nach 1.7.2020 bis 31.12.2021: 5 %) (siehe Kapitel B.3.4.).

Für in einem Dienstverhältnis stehende nebenberufliche Musiker, Filmschauspieler, Schauspiellehrer und Mitglieder eines Theaterunternehmens bleiben Aufwandsentschädigungen bis 537,78 € monatlich (exklusive Reisekosten) beitragsfrei. Freiberufliche Künstler fallen unter die neue Selbständigkeit (siehe Kapitel B.5.4.). Dabei gibt es nach dem Künstler-Sozialversicherungsfondsgesetz Zuschüsse zur Sozialversicherung für einkommensschwache Künstler. Ein freier Dienstvertrag ist für Künstler nicht möglich.

Corona: siehe im Corona-Guide unter Selbständige und Unternehmen: ermäßigter Steuersatz unter „Umsatzsteuer", steuerliche Erleichterungen unter „Allgemeine Erleichterungen aufgrund der Covid-19-Krise in der Steuer", sozialversicherungsrechtliche Erleichterungen unter „Allgemeine Erleichterungen aufgrund der Covid-19-Krise in der Sozialversicherung", und finanzielle Hilfen unter „Überbrückungsfinanzierung für selbständige Künstler".

- **Land- und Forstwirte**

Alle Erträge aus der Erzeugung pflanzlicher oder tierischer Produkte, die man mit Hilfe von Naturkräften erzielt, zählen zu den Einkünften aus Land- und Forstwirtschaft (zB Land- und Forstwirtschaft sowie damit zusammenhängende Jagd, Gartenbau, Weinbau inkl Buschenschank, Obstbau, Nutztierzucht, aber auch Hunde- oder Pferdezucht). Ebenfalls zu den Einkünften aus Land- und Forstwirtschaft gehören die Einnahmen aus einem land- bzw forstwirtschaftlichen Nebenbetrieb (zB Brennerei, Molkerei, Sägewerk) und aus einer untergeordneten Nebentätigkeit (zB Privatzimmervermietung bis 10 Betten, Lohndrusch, Tätigkeit für Maschinenring, Schneeräumung für Gemeinde).

Beim Verkauf von land- und forstwirtschaftlichen Produkten darf der Einkaufswert der zugekauften Erzeugnisse nicht mehr als 25 % des Umsatzes betragen (siehe Kapitel B.2.2.1.).

Bleibt der Einheitswert unter 130.000 € bzw der Umsatz unter 400.000 €, kann der Gewinn in den meisten Fällen nach Pauschalsätzen ermittelt werden. Es können aber auch freiwillig Bücher oder die Einnahmen-Ausgaben-Rechnung geführt werden. Bei einem Einheitswert von mehr als 75.000 € bis 130.000 € ist der Gewinn durch Einnahmen-Ausgaben-Rechnung zu ermitteln, wobei aber 70 % (bei Tierhaltung 80 %) der tatsächlichen Einnahmen als pauschale Ausgaben angesetzt werden können. Bis 75.000 € Einheitswert kann eine Vollpauschalierung erfolgen, bei der idR 42 % des Einheitswertes als Gewinn gelten. Details siehe Kapitel B.2.2.1.

Bei der Umsatzsteuer gibt es für Land- und Forstwirte eine theoretisch komplizierte Regelung mit einer einfachen praktischen Konsequenz: Bei nicht buchführungspflichtigen Unternehmern beträgt die Umsatzsteuer 13 % der Umsätze, wobei dem jedoch eine Vorsteuer in gleicher Höhe gegenübersteht. Soweit die Umsätze an einen Unternehmer für dessen Unternehmen erbracht werden, beträgt die Umsatzsteuer/

Vorsteuer 13 % (zB an Genossenschaften). Folge: Den Land- und Forstwirt treffen idR keine umsatzsteuerlichen Verpflichtungen (er muss keine Aufzeichnungen führen, keine Umsatzsteuererklärung abgeben usw). In seinen Rechnungen kann, muss er aber nicht die Umsatzsteuer ausweisen. Die an das Finanzamt zu entrichtende Zusatzsteuer bei Verkäufen an Unternehmer beträgt 7 % (zB Schnapsverkauf an Gastwirte). Bei Veräußerungen umsatzsteuerpauschalierter Landwirte an Nichtunternehmer (zB im Buschenschank) bleibt es bei einer Zusatzsteuer für die Getränke von 10 % (siehe Kapitel B.3.4.).

Hinsichtlich der Sozialversicherung nach dem BSVG siehe Kapitel B.5.6.

Corona: Gewinnverteilung und Verlustrücktrag siehe Kapitel B.2.2.1. (Einkünfte aus Land- und Forstwirtschaft).

- **Lehrbeauftragte**

Bezüge aus der Tätigkeit als Lehrbeauftragter an Universitäten, Hochschulen, Fachhochschulen, pädagogischen Akademien oder ähnlichen Bildungseinrichtungen sind grundsätzlich unabhängig vom zeitlichen Ausmaß lohnsteuerlicher Arbeitslohn aus einem Dienstverhältnis.

In der Sozialversicherung sind nebenberufliche Vortragende und Lehrende an Erwachsenenbildungseinrichtungen, sofern sie nicht im Rahmen einer Gewerbeberechtigung oder als Künstler tätig werden, als freie Dienstnehmer versichert. Das Feststellen einer Versicherungspflicht als freier Dienstnehmer erfolgt durch eine Ex-post-Prüfung. Details siehe unter „Vortragende“.

- **Lehrende**

Siehe „Unterrichtende Tätigkeit“.

- **Makler**

Makler beziehen gewerbliche Einkünfte (siehe Kapitel B.2.2.3.) und unterliegen der Umsatzsteuer nach den allgemeinen Bestimmungen (siehe Kapitel B.3.3.). Sozialversicherungspflicht besteht nach dem GSVG.

- **Mannequins, Models**

Siehe „Fotomodelle“.

- **Masseur**

Als Masseur erhält man Einkünfte aus Gewerbebetrieb (siehe Kapitel B.2.2.3.) und unterliegt der Umsatzsteuer nach den allgemeinen Bestimmungen, Heilmasseure sind allerdings unecht von der Umsatzsteuer befreit (siehe Kapitel B.3.3.). Sozialversicherungspflicht besteht nach dem GSVG.

- **Musiker, Sänger**

Sind Musiker als Künstler anzusehen (siehe Stichwort Künstler), ist von selbständigen Einkünften (siehe Kapitel B.2.2.2.) auszugehen, andernfalls handelt es sich um gewerbliche Einkünfte (siehe Kapitel B.2.2.3.). Bei der Umsatzsteuer unterliegen Künstler mit sämtlichen Umsätzen, andere Musiker seit 1.5.2016 nur mit solchen aus Musik- und Gesangsaufführungen dem ermäßigten Satz von 13 % (**Corona:** vom 1.7.2020 bis 31.12.2021: 5 %; siehe auch Kapitel B.3.4.).

Hinsichtlich der Mitglieder einer Musikband siehe unter „Gesellschafter".

In Bezug auf die Sozialversicherung siehe Stichwort „Künstler".

Corona: siehe „Künstler".

- **Nachhilfelehrer**

Gibt man Nachhilfestunden, so gehört die Entlohnung zu den selbständigen Einkünften (siehe Kapitel B.2.2.2.) und kann auch der Umsatzsteuer nach den allgemeinen Bestimmungen unterliegen (siehe Kapitel B.3.). Hinsichtlich der Sozialversicherung gilt die neue Selbständigkeit (siehe Kapitel B.5.4.).

- **Obmann/-frau**

Bezieht man als Obmann/-frau eines Vereines oder einer Genossenschaft ein Salär, so werden idR sonstige Einkünfte vorliegen (siehe Kapitel B.2.2.7.). Sozialversicherungspflicht besteht diesfalls nicht. Bei Erwerbstätigkeit kann allerdings die Pflichtversicherung nach dem GSVG eintreten.

- **Pflegetätigkeit**

Bei der Alten- und Behindertenbetreuung müssen folgende Fälle unterschieden werden:

➜ Die Pflegetätigkeit erfolgt im Familienverband durch Familienangehörige: Hier nimmt die Finanzverwaltung an, dass durch die persönliche Nahebeziehung und die erheblichen Aufwendungen eine Betätigung im Sinne der Liebhabereiverordnung vorliegt (siehe Kapitel B.2.2.8.). Daher sind die Pflegegelder, die man von nahen Angehörigen für deren Betreuung erhält, überhaupt nicht steuerpflichtig.

➜ Die Pflegetätigkeit erfolgt selbständig durch Fremde: Wird die Pflegetätigkeit bei Personen geleistet, die nicht zum Familienverband gehören, so zählt die Entlohnung – wenn kein Dienstverhältnis vorliegt – zu den gewerblichen Einkünften (insbesondere bei wechselnden so genannten „Poolschwestern", die direkt bezahlt werden; siehe Kapitel B.2.2.3.). Dabei kann man pauschal ohne weiteren Nachweis 70 % der Einnahmen, höchstens aber 650 € für jeden angefangenen Kalendermonat der Pflegetätigkeit als Betriebsausgaben absetzen. Voraussetzung für die pauschalen Ausgaben ist, dass die Pflegetätigkeit im Haushalt des Pflegenden erfolgt. Erfolgt die Betreuung im Haushalt der Gepflegten, sind nur die tatsächlichen Ausgaben oder die Basispauschalierung mit 12% zu berücksichtigen. Die selbständige Betreuung ist nach dem Hausbetreuungsgesetz mit Gewerbeberechtigung möglich. Die Betreuungsperson ist in diesem Fall nach dem GSVG in der Kranken-, Unfall- und Pensionsversicherung pflichtversichert.

➔ Die Pflegetätigkeit erfolgt durch Fremde in einem Dienstverhältnis: Wird über die Betreuungstätigkeit mit der pflegebedürftigen Person ein Dienstvertrag abgeschlossen, so liegen lohnsteuerpflichtige nichtselbständige Einkünfte vor (siehe Kapitel B.2.2.4.). Diesfalls können keine pauschalen Ausgaben, sondern nur die tatsächlich anfallenden Werbungskosten (Sozialversicherung, Pendlerpauschale, Reisekosten usw) abgezogen werden.

➔ Ersätze an Pflegemütter werden steuerlich nicht erfasst (nicht steuerbare Auslagenersätze).

Von der Umsatzsteuer sind sowohl die Umsätze von Pflegeeltern als auch die Betreuung, Beherbergung und Verköstigung von pflegebedingten Personen, die im Rahmen der Sozialhilfe bei Pflegefamilien untergebracht sind, befreit.

Sozialversicherung kann nach den allgemeinen Bestimmungen anfallen (siehe Kapitel B.5.).

- **Priester**

Siehe „Geistliche“.

- **Programmierer**

Ein selbständiger Programmierer bezieht Einkünfte aus Gewerbebetrieb (siehe Kapitel B.2.2.3.) und unterliegt mit seinen Leistungen der Umsatzsteuer nach den allgemeinen Bestimmungen (siehe Kapitel B.3.).

In der Sozialversicherung unterliegt er dem GSVG, und zwar mit Gewerbeschein als Gewerbetreibender (siehe Kapitel B.5.3.), ohne Gewerbeschein als neuer Selbständiger (siehe Kapitel B.5.4.).

- **Psychologen**

Siehe „Therapeuten“.

- **Rechtsanwälte**

Rechtsanwälte erzielen Einkünfte aus selbständiger Arbeit (siehe Kapitel B.2.2.2.) und unterliegen der Umsatzsteuer nach den allgemeinen Bestimmungen (siehe Kapitel B.3.). Ihren Gewinn können sie mittels Einnahmen-Ausgaben-Rechnung ermitteln (siehe Kapitel B.4.). Aufgrund eines Antrags der Rechtsanwaltskammer sind Rechtsanwälte von der Kranken-, Unfall- und Pensionsversicherung ausgenommen.

- **Redakteure**

Redakteure, die Themen und Autoren für Zeitungen bzw Zeitschriften auswählen, stehen in einem echten Dienstverhältnis, wenn sie kein Unternehmerrisiko tragen (siehe Kapitel B.2.2.4.). Liegt hingegen Unternehmerrisiko vor, wird von einer gewerblichen Tätigkeit (siehe Kapitel B.2.2.3.) im Rahmen eines freien Dienstvertrages auszugehen sein. Diesfalls besteht auch Umsatzsteuerpflicht (siehe Kapitel B.3.). Die Sozialversicherungspflicht knüpft an die steuerliche Behandlung an (siehe Kapitel B.5.).

• Reinigungspersonal

Regelmäßige Tätigkeiten im Reinigungsdienst werden im Rahmen eines lohnsteuerpflichtigen Dienstverhältnisses durchgeführt (siehe Kapitel B.2.2.4.). Bei selbständiger Tätigkeit für mehrere Auftraggeber mit eigenen Arbeitsmitteln und daher mit Unternehmerwagnis liegen gewerbliche Einkünfte vor (siehe Kapitel B.2.2.3.), die auch der Umsatzsteuer unterliegen (siehe Kapitel B.3.). Soweit kein ASVG-Dienstverhältnis besteht, kommt in der Sozialversicherung die GSVG-Versicherung zum Tragen (siehe Kapitel B.5.3.).

• Reiseleiter

Reiseleiter sind idR angestellte Arbeitnehmer (siehe Kapitel B.2.2.4.). Werden sie ausnahmsweise selbständig tätig, handelt es sich um Einkünfte aus Gewerbebetrieb (siehe Kapitel B.2.2.3.), die auch der Umsatzsteuer zu unterziehen sind (siehe Kapitel B.3.). Sozialversicherungspflicht entsteht nach den allgemeinen Bestimmungen (siehe Kapitel B.5.).

• Restaurator

Ein selbständiger Restaurator ist grundsätzlich gewerblich tätig (siehe Kapitel B.2.2.3.) und normal umsatzsteuerpflichtig (siehe Kapitel B.3.). Sozialversicherungspflicht besteht nach dem GSVG (siehe Kapitel B.5.3. und B.5.4.).

• Sachverständiger

Als Sachverständiger erzielt man idR gewerbliche Einkünfte (siehe Kapitel B.2.2.3.). Wird aber die Tätigkeit im Rahmen einer freiberuflichen Tätigkeit als Wissenschaftler, Künstler, Ziviltechniker, Arzt, Rechtsanwalt, Wirtschaftstreuhänder usw ausgeübt, gehört auch die Erstellung von Gutachten zur jeweiligen selbständigen Tätigkeit (siehe Kapitel B.2.2.2.). Entgelte an Sachverständige von öffentlich-rechtlichen Körperschaften werden ab 2019 dem Finanzamt von der Buchhaltungsagentur gemeldet.

Umsatzsteuerpflicht besteht nach den allgemeinen Bestimmungen (siehe Kapitel B.3.), ebenso die Sozialversicherungspflicht (siehe Kapitel B.5.).

• Sänger

Siehe „Musiker".

Corona: siehe „Künstler".

• Schauspieler

Sowohl Schauspieler mit festem Engagement als auch solche, die bei Spielfilmen oder Festspielen tätig sind, stehen idR in einem echten Dienstverhältnis (siehe Kapitel B.2.2.4.). Andere Auftritte als Künstler oder Auftritte ohne Eingliederung sowie

Einkünfte aus der urheberrechtlichen Verwertung in Rundfunk oder Fernsehen führen zu selbständigen Einkünften (siehe Kapitel B.2.2.2.). Einnahmen aus der Werbetätigkeit (Werbung mit Foto eines Schauspielers, Sprechen eines Werbetextes) sind idR gewerblich (siehe Kapitel B.2.2.3.), es sei denn, es wird auch dabei eine schauspielerische Leistung erbracht. Für die Gewinnermittlung kann die Einnahmen-Ausgaben-Rechnung herangezogen werden (siehe Kapitel B.4.).

Bei der Umsatzsteuer fällt die Tätigkeit als selbständiger Künstler unter den ermäßigten Steuersatz von 13 % (**Corona:** vom 1.7.2020 bis 31.12.2021: 5 %), die anderen Umsätze (zB Werbeeinnahmen) unterliegen dem Normalsteuersatz (siehe Kapitel B.3.4.).

Die Sozialversicherungspflicht knüpft an die steuerliche Behandlung an (siehe Kapitel B.5.). Für nebenberufliche Schauspieler im (freien) Dienstverhältnis gibt es zusätzlich zu Reisespesen ein sozialversicherungsfreies Aufwandspauschale in Höhe von 537,78 € monatlich.

Corona: siehe „Künstler".

- **Schiedsrichter**

Steuerlich erhalten Schiedsrichter bei sportlichen Veranstaltungen Einkünfte aus Gewerbebetrieb (siehe Kapitel B.2.2.3.), für die auch Umsatzsteuerpflicht nach den allgemeinen Bestimmungen bestehen kann (siehe Kapitel B.3.). Werden Schiedsrichter von Vereinen beschäftigt, liegt ein Dienstverhältnis vor, wobei 60 € pro Einsatztag, höchsten 540 € monatlich, steuerfrei als pauschale Reiseaufwandsentschädigung gewährt werden können.

In der Sozialversicherung gibt es für nebenberufliche Schiedsrichter im (freien) Dienstvertrag bis zu 60 € pro Einsatztag, höchstens 540 € monatlich sozialversicherungsfrei als pauschale Reise- und Aufwandsentschädigungen (siehe „Sportler").

- **Schriftsteller**

Schriftsteller – und zwar sowohl Künstler als auch andere wie zB Fachautoren – erzielen selbständige Einkünfte, die der Einkommensteuer (siehe Kapitel B.2.) zu unterziehen sind. Ihren Gewinn können sie mittels Einnahmen-Ausgaben-Rechnung ermitteln (siehe Kapitel B.4.). Auf Antrag können sie den Gewinn auf 3 Jahre verteilt versteuern (laufendes Jahr plus die beiden Vorjahre). Hinsichtlich der Pauschalierungsmöglichkeit siehe Kapitel B.1.2. Weiters besteht Umsatzsteuerpflicht nach den allgemeinen Bestimmungen (siehe Kapitel B.3.). Künstler haben dabei allerdings den ermäßigten Steuersatz von 13 % (**Corona:** von 1.7.2020 bis 31.12.2021: 5 %). Andere Schriftsteller (zB Fachautoren) unterliegen dem Normalsteuersatz von 20 %. Hinsichtlich der Sozialversicherung von Künstlern siehe Stichwort „Künstler". Andere Schriftsteller (zB Fachautoren) sind als neue Selbständige versicherungspflichtig (siehe Kapitel B.5.4.).

Corona: siehe „Künstler".

- **Sportlehrer**

Nicht angestellte Sportlehrer (zB Schilehrer, Tennistrainer, Tanzlehrer) erzielen selbständige Einkünfte (siehe Kapitel B.2.2.2.) und unterliegen der Umsatzsteuer nach den allgemeinen Bestimmungen (siehe Kapitel B.3.). Bei Trainern von Sportvereinen gelten die Ausführungen unter dem Stichwort „Sportler" sinngemäß (ua Steuerfreiheit der Reisekostenersätze und unter dem Stichwort „Corona" bei Sportler).

Hinsichtlich der Sozialversicherung von Trainern von Sportvereinen siehe Stichwort „Sportler". Andere Sportlehrer, die selbständig Stunden geben, fallen unter die neue Selbständigkeit (siehe Kapitel B.5.4.).

- **Sportler**

Bei Sportlern sind folgende Fälle zu unterscheiden:

➔ Der Sportler verpflichtet sich in einem Vertrag gegen Entgelt für einen Verein oÄ tätig zu werden. Hier liegt ein lohnsteuerpflichtiges Dienstverhältnis vor (siehe Kapitel B.2.2.4.).

➔ Steht die sportliche Betätigung im Vordergrund und wird dafür ein geringfügiges Entgelt bezahlt (2020 max 460,66 € im Monat plus Reisespesen; 2021 voraussichtlich 475,86 €), so handelt es sich um sonstige Einkünfte (siehe Kapitel B.2.2.7.).

➔ Verpflichtet sich der Sportler lediglich zur Bestreitung einer bestimmten Anzahl von Wettkämpfen und steht dabei die Erbringung eines Leistungserfolges im Vordergrund, liegen Einkünfte aus Gewerbebetrieb vor. Das gilt auch für Einnahmen aus Werbe- und Sponsorverträgen (siehe Kapitel B.2.2.3.).

Hinweis: Erhalten Sportler – unabhängig von der Qualifikation der erzielten Einkünfte – von Vereinen zur Abgeltung ihrer Reisekosten Beträge nach den Richtlinien des Sporttotobeirates, dann liegen insoweit keine Einkünfte vor.

Anstelle dieser Reisekosten können an Sportler, Schiedsrichter und Betreuer auch pauschale Fahrt- und Reiseaufwandsentschädigungen im Ausmaß von 60 € je Einsatztag, höchstens aber 540 € im Kalendermonat, steuerfrei bezahlt werden.

Analog dazu gehören auch in der Sozialversicherung pauschale Fahrt- und Reiseaufwandsentschädigungen an diesen Personenkreis im Ausmaß von 60 € je Einsatztag, höchstens aber 540 € im Kalendermonat, nicht zum sozialversicherungspflichtigen Entgelt. Diese Bestimmung gilt aber nur, wenn die Tätigkeit nicht den Hauptberuf und die Hauptquelle der Einnahmen bildet und die Ersätze auch steuerfrei sind. Andere Sportler unterliegen entweder dem ASVG (zB hauptberuflich beschäftigte Vereinssportler) oder als neue Selbständige dem GSVG (zB Einzelsportler).

Soweit Sportler nicht als Dienstnehmer anzusehen sind, unterliegen sie auch der Umsatzsteuer nach den allgemeinen Bestimmungen (siehe Kapitel B.3.). Hinsichtlich der Pauschalierungsmöglichkeit siehe Kapitel B.1.2.

Corona: Für Einsatztage, die aufgrund der Covid-19-Pandemie bis 30.6.2021 nicht stattfinden können, bleiben die pauschalen Reiseaufwandsentschädigungen (max 60 € pro Tag und max 540 € pro Monat) steuerfrei.

- **Staats- und Aufsichtskommissäre**

Die Einkünfte von Staats- und Aufsichtskommissären sind als Funktionsgebühren unter den sonstigen Einkünften zu erfassen (siehe Kapitel B.2.2.7.). Ist die Tätigkeit als Nebentätigkeit eines Beamten oder Vertragsbediensteten anzusehen, besteht Lohnsteuerpflicht. Umsatzsteuerpflicht besteht nicht.

- **Tagesmütter**

Tagesmütter erzielen gewerbliche Einkünfte (siehe Kapitel B.2.2.3.). Interessant dabei: Ausgebildete Tagesmütter können sich anstelle der tatsächlichen Ausgaben pauschal 70 % ihrer Einnahmen (maximal 650 € pro Monat) als Betriebsausgaben abziehen und brauchen daher nur den Differenzbetrag von 30 % als Gewinn zu versteuern. Voraussetzung dafür ist die Betreuung in der Wohnung der Tagesmutter. Ersätze als Pflegemutter werden steuerfrei behandelt. Weiters sind die Umsätze aus der Betreuung, Erziehung, Beherbergung und Verköstigung von Pflegekindern auch umsatzsteuerfrei.

In der Sozialversicherung gelten Tagesmütter – soweit sie nicht im Rahmen eines (freien) Dienstvertrages beschäftigt sind – als neue Selbständige (siehe Kapitel B.5.4.).

- **Taxilenker**

Taxifahrer sind idR angestellte Dienstnehmer. Tragen sie ein Risiko als Unternehmer, so liegt ein Gewerbebetrieb vor (siehe Kapitel B.2.2.3.). Hinsichtlich der Umsatzsteuer gelten die allgemeinen Bestimmungen, wobei für die Personenbeförderung der ermäßigte Steuersatz von 10 % zum Tragen kommt (siehe Kapitel B.3.).

In der Sozialversicherung gelten analog zur steuerlichen Behandlung die allgemeinen Bestimmungen (siehe Kapitel B.5.).

- **Telearbeiter**

Wer sich entschließt, im Rahmen einer Telearbeit von zu Hause über Bildschirm und Telefon für einen Auftraggeber zu arbeiten, wird idR gewerbliche (siehe Kapitel B.2.2.3.) oder – wenn es sich um eine freiberufliche Tätigkeit handelt – selbständige Einkünfte (siehe Kapitel B.2.2.2.) erzielen. Lediglich dann, wenn trotz Telearbeit eine gewisse persönliche Abhängigkeit und Eingliederung gegeben ist (zB Auftragnehmer erhält vom Auftraggeber den PC und wird über eine Datenleitung in der Arbeitsausführung kontrolliert), kann auch ein lohnsteuerpflichtiges Dienstverhältnis vorliegen (siehe Kapitel B.2.2.4.).

Umsatzsteuerpflicht besteht nach den allgemeinen Bestimmungen (siehe Kapitel B.3.).

In der Sozialversicherung gelten analog zur steuerlichen Behandlung die allgemeinen Bestimmungen (siehe Kapitel B.5.).

• **Therapeuten**

Die selbständige Tätigkeit eines Therapeuten oder Psychologen gehört dann zu den selbständigen Einkünften, wenn ein entsprechendes Universitätsstudium abgeschlossen wurde oder eine Tätigkeit im medizinischen Dienst (Physiotherapie, Logopädie uÄ) ausgeübt wird (siehe Kapitel B.2.2.2.). Andernfalls handelt es sich um Einkünfte aus Gewerbebetrieb (siehe Kapitel B.2.2.3.).

Von der Umsatzsteuer sind die Umsätze aus der Tätigkeit als Psychotherapeut befreit. Nicht zur Tätigkeit als Psychotherapeut gehören aber zB Vorträge, Wirtschaftsberatung, Forschungstätigkeit, schriftstellerische Tätigkeit und Supervision, wofür die Umsatzsteuer nach den allgemeinen Bestimmungen zu entrichten ist.

In der Sozialversicherung kommt die neue Selbständigkeit zum Tragen (siehe Kapitel B.5.4.).

• **Tierärzte**

Tierärzte sind Freiberufler mit selbständigen Einkünften (siehe Kapitel B.2.2.2.) und unterliegen der Umsatzsteuer nach den allgemeinen Bestimmungen (siehe Kapitel B.3.), wobei für bestimmte Tätigkeiten (zB Tierbesamung) der ermäßigte Steuersatz von 10 % zur Anwendung kommt (siehe Kapitel B.3.4.).

In der Sozialversicherung sind freiberufliche Tierärzte im GSVG pensionsversichert und im ASVG unfallversichert. In der Krankenversicherung wurde von der Kammer ein Ausnahmeantrag gestellt. Eine Wahl zwischen ASVG- und GSVG-Selbstversicherung oder Gruppenversicherung der Kammer ist möglich.

Wohnsitztierärzte sind im GSVG pensions- und im ASVG unfallversichert. In der Krankenversicherung sind auch sie auf Grund des Ausnahmeantrages der Kammer ausgenommen. Wohnsitztierärzte, die am 31.12.1999 im ASVG pflichtversichert waren, bleiben, solange sich der maßgebliche Sachverhalt nicht ändert, in der Kranken- und Unfallversicherung nach ASVG versichert.

• **Trainer**

Siehe „Sportlehrer“.

• **Übersetzer**

Siehe „Dolmetscher“.

• **Universitätslektoren**

Siehe „Lehrbeauftragte“.

• **Unternehmensberater**

Unternehmensberater erzielen Einkünfte aus selbständiger Arbeit (siehe Kapitel B.2.2.2.). Weiters besteht Umsatzsteuerpflicht zum Normalsteuersatz von 20 %

(siehe Kapitel B.3.). Ihren Gewinn können sie mittels Einnahmen-Ausgaben-Rechnung ermitteln (siehe Kapitel B.4.).

In der Sozialversicherung besteht die Versicherungspflicht aufgrund der erforderlichen Gewerbeberechtigung nach dem GSVG (siehe Kapitel B.5.3.).

• Unterrichtende Tätigkeit

Soweit nicht aufgrund der Eingliederung in die Organisation des Auftraggebers ein Dienstverhältnis vorliegt, gehört die unterrichtende Tätigkeit – sowohl von geistigen als auch von praktischen oder sportlichen Fähigkeiten – zu den selbständigen Einkünften (siehe Kapitel B.2.2.2.). Der Gewinn kann mit Einnahmen-Ausgaben-Rechnung ermittelt werden (siehe Kapitel B.4.). Für Unterrichtende, die diese Tätigkeit im Rahmen eines von der Bildungseinrichtung vorgegebenen Studien-, Lehr- oder Stundenplanes ausüben, besteht Lohnsteuerpflicht.

Umsatzsteuerpflicht besteht grundsätzlich nach den allgemeinen Bestimmungen (siehe Kapitel B.3.). Privatlehrer an öffentlichen Schulen sowie vergleichbaren privaten Schulen bzw Bildungseinrichtungen (dazu zählen auch VHS, WIFI und BFI!) sind allerdings von der Umsatzsteuer befreit (siehe Kapitel B.3.2.4.).

In der Sozialversicherung kann nach den allgemeinen Bestimmungen ein (freier) Dienstvertrag oder neue Selbständigkeit vorliegen (siehe Kapitel B.5.). Für nebenberufliche Lehrende an Erwachsenenbildungseinrichtungen im (freien) Dienstvertrag gibt es zusätzlich zu Reisespesen ein sozialversicherungsfreies Aufwandspauschale in Höhe von 537,78 € monatlich. Nebenberufliche Vortragende und Lehrende an Erwachsenenbildungseinrichtungen sind, sofern sie nicht im Rahmen einer Gewerbeberechtigung oder als Künstler tätig werden, als (freie) Dienstnehmer versichert. Das Feststellen einer Versicherungspflicht als freier (Dienstnehmer) erfolgt durch eine Ex-post-Prüfung. Details siehe unter „Vortragende".

Siehe auch „Lehrbeauftragte", „Sportlehrer", „Vortragende".

• Vereinsfunktionäre

Nach den Vereinsrichtlinien begründet die Übernahme ehrenamtlicher Vereinsfunktionen kein Dienstverhältnis, auch wenn laufende Aufwandsentschädigungen gezahlt werden. Die Aufwandsentschädigungen sind als sonstige Einkünfte zu erfassen (siehe Kapitel B.2.2.8.). Dabei kann man pauschal 75 € monatlich als Werbungskosten abziehen und nur der verbleibende Betrag ist steuerpflichtig. Ein Dienstverhältnis wird bei einem Funktionär nur bei Vorliegen einer Leistungsverpflichtung und Vereinbarung einer festen Arbeitszeit gegeben sein.

Stehen Gewerbetreibende oder Freiberufler (zB Masseure, Ärzte) im Rahmen ihres Betriebes auch einem Verein zur Verfügung, dann sind die Vergütungen Teil ihrer betrieblichen Einnahmen (siehe Kapitel B.2.2.2.; B.2.2.3.; B.2.3.).

Der Sozialversicherung unterliegen ehrenamtliche Funktionäre nicht. Für nicht ehrenamtliche Funktionäre gelten die allgemeinen Bestimmungen (siehe Kapitel B.5.).

- **Vermieter, Verpächter**

Für die Vermietung und Verpachtung von unbeweglichem Vermögen (Grundstücken, Gebäuden, Gebäudeteilen), von Rechten, von Sachinbegriffen uÄm gibt es mit den Einkünften aus Vermietung und Verpachtung eine eigene Einkunftsart mit einigen Spezialbestimmungen (siehe Kapitel B.2.2.6.). Die Gewinnermittlung erfolgt nach den Grundsätzen der Einnahmen-Ausgaben-Rechnung (siehe Kapitel B.4.).

Nach den Einkommensteuerrichtlinien gibt es folgende Vereinfachungen:

- ➔ Bei einer Vermietung von nicht mehr als fünf Appartements ohne Erbringung von Nebenleistungen können die Werbungskosten geschätzt werden (10 % der Einnahmen ohne USt und Kurtaxe bzw 30 %, wenn Vermieter selber auch nur Mietvertrag hat und nicht Eigentümer ist).
- ➔ Bei einer Vermietung von Zimmern oder Appartements mit Frühstück, bei der die Bettenzahl insgesamt nicht mehr als zehn Fremdenbetten umfasst, können die Werbungskosten geschätzt werden (30 % der Einnahmen ohne USt und Kurtaxe bzw 50 %, wenn Vermieter selber auch nur Mietvertrag hat und nicht Eigentümer ist).

Auch hinsichtlich der Umsatzsteuer sind einige Besonderheiten zu beachten (siehe Kapitel B.3.): Die Vermietung zu Wohnzwecken ist mit 10 % Umsatzsteuer ermäßigt (gilt allerdings nur für Miete und Betriebskosten, nicht aber zB für die weiterverrechneten Heizkosten und Garagierungskosten, für die der 20%ige Satz gilt). Der ermäßigte Steuersatz für die Beherbergung in eingerichteten Wohn- und Schlafräumen beträgt 13 % (seit 1.5.2016, ab 1.11.2018 wurde der Umsatzsteuersatz wieder von 13 % auf 10 % gesenkt; **Corona:** vom 1.7.2020 bis 31.12.2021: 5 %). Wird vom Unternehmer zusammen mit der Beherbergung auch Verpflegung (10 % USt) verabreicht, ist aufzuteilen (siehe dazu Kapitel B.3.3.). Die Vermietung für Geschäftszwecke (als Büro, Ordination usw) ist dagegen unecht steuerbefreit (dh keine Umsatzsteuer, aber auch keine Vorsteuer für Investitionen; seit 1.1.2017 ist die kurzfristige Vermietung von Grundstücken in bestimmten Fällen zwingend steuerpflichtig). In diesen Fällen besteht aber die Möglichkeit, auf die Versteuerung zum Normalsteuersatz zu optieren, wenn der Mieter zum Vorsteuerabzug für das Gebäude berechtigt ist. Die Option ist vor allem dann zu empfehlen bzw möglich, wenn entsprechende Investitionen zu Vorsteuerguthaben führen und die Umsatzsteuer wegen des Vorsteuerabzuges beim Mieter ein Durchlaufposten ist. Die Option auf Versteuerung kann übrigens für jeden einzelnen vermieteten (baulich abgeschlossenen selbständigen) Grundstücks- oder Gebäudeteil beantragt werden, ist an keine Frist geknüpft (bis zur Rechtskraft des Bescheides möglich) und entfaltet keine Bindungswirkung. Ändern sich die Verhältnisse, die für den Vorsteuerabzug maßgebend waren, innerhalb der folgenden 19 Jahre, muss für jedes Jahr der Änderung die Vorsteuer in Höhe von 1/20 nachträglich korrigiert werden (vor dem 1.4.2012: neun Jahre und je 1/10).

Sozialversicherungspflicht besteht für Einkünfte aus Vermietung und Verpachtung nicht.

• Vermittler

Gelegentliche (fallweise oder zufällige) Vermittlungen fallen unter die sonstigen Einkünfte (siehe Kapitel B.2.2.7.). Die regelmäßige Tätigkeit als Vermittler dagegen gehört zu den Einkünften aus Gewerbetrieb (siehe Kapitel B.2.2.3.) und unterliegt der Umsatzsteuer nach den allgemeinen Bestimmungen (siehe Kapitel B.3.).

In der Sozialversicherung kommt die neue Selbständigkeit zum Tragen, soweit steuerlich Einkünfte aus Gewerbebetrieb vorliegen (siehe Kapitel B.5.4.).

• Vertreter

Ein Vertreter, der selbständig, dh mit Unternehmerwagnis (erfolgsabhängige Entlohnung, eigene Arbeitsmittel), weisungsfrei und ohne Eingliederung in den Betrieb des Auftraggebers, tätig ist, erzielt Einkünfte aus Gewerbebetrieb (siehe Kapitel B.2.2.3.). Hinsichtlich der Umsatzsteuer gelten die allgemeinen Bestimmungen (siehe Kapitel B.3.). Von der Umsatzsteuer allerdings befreit sind die Umsätze aus der Tätigkeit als Bausparkassen- und Versicherungsvertreter. Zur Pauschalierung der Betriebsausgaben und der Vorsteuer von Handelsvertretern siehe Kapitel B.1.2.

In der Sozialversicherung sind Vertreter mit Gewerbeschein als Gewerbetreibende (siehe Kapitel B.5.3.) und ohne Gewerbeschein als neue Selbständige (siehe Kapitel B.5.4.) versichert.

• Verwaltungsräte

Siehe „Aufsichtsräte".

• Vorstandsmitglieder

Der Vorstand einer AG bezieht lohnsteuerpflichtige Einkünfte aus einem Dienstverhältnis (siehe Kapitel B.2.2.3.), wenn er

➜ nicht mehr als 25 % Beteiligung hält und
➜ die Merkmale eines Dienstverhältnisses vorliegen (Schulden der Arbeitskraft, kein Unternehmerrisiko, Eingliederung in den betrieblichen Organismus; die Weisungsgebundenheit kann fehlen!).

Selbständige Einkünfte (siehe Kapitel B.2.2.2.) liegen vor, wenn

➜ die Beteiligung mehr als 25 % beträgt und
➜ alle Merkmale eines Dienstverhältnisses mit Ausnahme der Weisungsgebundenheit gegeben sind.

In diesem Fall kann bei der Gewinnermittlung das Betriebsausgabenpauschale anstelle der tatsächlichen Ausgaben eine interessante Alternative sein (siehe Kapitel B.4.3.).

Umsatzsteuerpflicht besteht mangels Unternehmereigenschaft idR nicht.

Sozialversicherungspflicht besteht nach dem ASVG.

• Vortragende

Die Tätigkeit eines Vortragenden gehört – soweit nicht ein Dienstverhältnis vorliegt – idR zu den selbständigen Einkünften (siehe Kapitel B.2.2.2.). Der Gewinn kann mittels Einnahmen-Ausgaben-Rechnung ermittelt werden (siehe Kapitel B.4.). Vortragende, die diese Tätigkeit im Rahmen eines von der Bildungseinrichtung vorgegebenen Lehr- oder Stundenplanes ausüben, unterliegen grundsätzlich der Lohnsteuerpflicht.

Umsatzsteuerpflicht besteht nach den allgemeinen Bestimmungen (siehe Kapitel B.3.). Privatlehrer an öffentlichen Schulen sowie vergleichbaren privaten Schulen bzw Bildungseinrichtungen (dazu zählen auch WIFI- und BFI-Vortragende!) sind allerdings von der Umsatzsteuer befreit (siehe Kapitel B.3.2.4.).

In der Sozialversicherung kommt – wenn nicht aufgrund der organisatorischen Eingliederung von einem echten oder freien Dienstverhältnis auszugehen ist – die neue Selbständigkeit zum Tragen (siehe Kapitel B.5.4.).

Nebenberufliche Vortragende und Lehrende an Erwachsenenbildungseinrichtungen sind, sofern sie nicht im Rahmen einer Gewerbeberechtigung oder als Künstler tätig werden, als freie Dienstnehmer versichert. Das Feststellen einer Versicherungspflicht als freier Dienstnehmer erfolgt durch eine Ex-post-Prüfung. Dabei werden die durchschnittlichen Einkünfte der Bildungshalbjahre (Jänner bis Juni und Juli bis Dezember) unter Anrechnung des Aufwandspauschales (537,78 € pro Monat bleiben beitragsfrei) beim selben Dienstgeber überprüft. Bleibt die Entlohnung unter dem Aufwandspauschale, tritt keine Versicherung ein, bei Einkünften über dem Aufwandspauschale bis zur Geringfügigkeitsgrenze Teilversicherung in der Unfallversicherung, darüber Vollversicherung. Damit die pauschalierte Aufwandsentschädigung angewendet werden kann, muss ein Aufwand glaubhaft gemacht werden.

Vortragende in Vorbereitungskursen für Dienstprüfungen im öffentlichen Dienst (und übrigens auch Mitglieder der Prüfungskommissionen) beziehen sonstige Einkünfte (bzw lohnsteuerpflichtige Einkünfte, wenn es sich dabei um eine Nebentätigkeit eines Beamten handelt; siehe Kapitel B.2.2.7.) und unterliegen mangels Unternehmereigenschaft auch nicht der Umsatzsteuer.

In der Sozialversicherung werden derartige Vortragstätigkeiten von Beamten als Nebentätigkeiten in das B-KUVG einbezogen.

Siehe auch „Unterrichtende Tätigkeit".

• Werbeberater, -texter

Die Tätigkeit als Werbeberater oder Werbetexter führt idR zu Einkünften aus Gewerbebetrieb (siehe Kapitel B.2.2.3.). Nur dann, wenn die künstlerische oder schriftstellerische Tätigkeit im Vordergrund steht, liegen selbständige Einkünfte vor (siehe Kapitel B.2.2.2.). Umsatzsteuerpflicht besteht nach den allgemeinen Bestimmungen (siehe Kapitel B.3.).

Hinsichtlich der Sozialversicherung gelten ebenfalls die allgemeinen Bestimmungen (siehe Kapitel B.5.).

• Wirtschaftstreuhänder

Wirtschaftstreuhänder (Steuerberater, Wirtschaftsprüfer) erzielen selbständige Einkünfte (siehe Kapitel B.2.2.2.) und unterliegen der Umsatzsteuer nach den allgemeinen Bestimmungen (siehe Kapitel B.3.).

In der Sozialversicherung sind Wirtschaftstreuhänder im GSVG pensions- und im ASVG unfallversichert. Hinsichtlich der Krankenversicherung wurde ein Ausnahmeantrag gestellt. Die Wahl zwischen der Selbstversicherung nach ASVG oder GSVG und der Gruppenversicherung der Kammer ist möglich.

• YouTuber

YouTuber sind Personen, die auf Videoportalen Videos veröffentlichen und damit als Webvideoproduzenten auftreten.

Siehe „Blogger“

• Zahntechniker

Ein Zahntechniker erzielt Einkünfte aus Gewerbebetrieb (siehe Kapitel B.2.2.3.). Die Leistungen als Zahntechniker sind von der Umsatzsteuer unecht befreit, dh, dass keine Umsatzsteuer bezahlt werden muss, dass aber gleichzeitig auch keine Vorsteuer mehr abgezogen werden darf.

In der Sozialversicherung gelten die allgemeinen Bestimmungen (siehe Kapitel B.5.).

• Zeitschriftenwerber

Soweit nicht ein echtes Dienstverhältnis vorliegt, beziehen Zeitschriftenwerber Einkünfte aus Gewerbebetrieb (siehe Kapitel B.2.2.3.) und unterliegen der Umsatzsteuer nach den allgemeinen Bestimmungen (siehe Kapitel B.3.).

In der Sozialversicherung gelten die allgemeinen Bestimmungen (siehe Kapitel B.5.).

• Ziviltechniker

Ziviltechniker (Architekten, Ingenieurkonsulenten, Zivilingenieure) erzielen selbständige Einkünfte (siehe Kapitel B.2.2.2.) und unterliegen der Umsatzsteuer nach den allgemeinen Bestimmungen (siehe Kapitel B.3.). Ihren Gewinn können sie mittels Einnahmen-Ausgaben-Rechnung ermitteln (siehe Kapitel B.4.).

In der Sozialversicherung waren Ziviltechniker, die Mitglieder der Ingenieurskammer sind, aufgrund eines Ausnahmeantrages nicht pflichtversichert. Seit 1.1.2013 unterliegen die Angehörigen der Architekten- und Ingenieurkonsulentenkammern in der Pensionsversicherung dem FSVG. Angestellte Geschäftsführer von Ziviltechnikergesellschaften sind nur in der Kranken- und Unfallversicherung im ASVG pflichtversichert. Berufsanwärter unterliegen mangels Kammermitgliedschaft als Dienstnehmer dem ASVG.

B.2. Einkommensteuer

B.2.1. Einkommensteuererklärung und Veranlagung

Die folgenden Kapitel sind so aufgebaut, dass sie einerseits grundlegende Informationen zur Einkommensteuer bieten und andererseits als Ausfüllhilfe beim Erstellen der Steuererklärung verwendet werden können. Hinsichtlich der ebenfalls in der Einkommensteuererklärung zu beantragenden Absetzbeträge (Alleinverdienerabsetzbetrag, Alleinerzieherabsetzbetrag, Mehrkindzuschlag, Unterhaltsabsetzbetrag, ab 2019 Familienbonus Plus) und Freibeträge (Werbungskosten, Sonderausgaben, außergewöhnliche Belastungen) wird darauf verwiesen, dass die entsprechenden Ausführungen aus Kapitel A.1. zu entnehmen sind.

HINWEIS

B.2.1.1. Einkommen und Steuersätze

Wer unterliegt der Einkommen- und Lohnsteuer?

Das österreichische Steuersystem besteht aus einer Vielzahl von Einzelsteuern. Im Mittelpunkt dabei: die Einkommensteuer einschließlich der Lohnsteuer. Letztere stellt lediglich eine besondere Erhebungsform der Einkommensteuer dar.

Die Einkommensteuer (Lohnsteuer) ist eine direkte Personensteuer. Das heißt, dass nicht nur mit der Erwerbstätigkeit zusammenhängende Ausgaben, sondern auch persönliche Verhältnisse, wie zB Familienstand, Kinder, Einfluss auf die Höhe der Steuerbelastung haben.

Unbeschränkt steuerpflichtig – das heißt mit den gesamten in- und ausländischen Einkünften – ist jeder, der im Inland einen Wohnsitz oder seinen gewöhnlichen Aufenthalt hat. Auf Antrag werden auch EU-Staatsbürger und EWR-Staatsbürger sowie Staatsbürger von Staaten mit Diskriminierungsverbot im Doppelbesteuerungsabkommen ohne inländischen Wohnsitz oder Aufenthalt unter bestimmten Voraussetzungen als unbeschränkt steuerpflichtig behandelt (wenn die Einkünfte zu mindestens 90 % der österreichischen Einkommensteuer unterliegen oder die nicht der österreichischen Einkommensteuer unterliegenden Einkünfte maximal 11.000 € betragen).

Zwischen den Steuerbehörden der EU besteht in verschiedenen Belangen eine enge Zusammenarbeit, um die Steuererhebung auch für ausländische Einkünfte zu sichern (Richtlinie 2011/16/EU des Rates in Bezug auf die Zusammenarbeit der Verwaltungsbehörden im Bereich der Besteuerung). Seit 2015 sieht diese Richtlinie den automatischen Austausch von Informationen über folgende Kategorien von Einkünften und Kapital vor:

- Einkünfte aus unselbständiger Arbeit,
- Aufsichts- oder Verwaltungsratsvergütungen,
- Lebensversicherungsprodukte, die nicht durch andere Richtlinien abgedeckt sind,

- ➔ Ruhegehälter und Pensionen,
- ➔ das Eigentum an unbeweglichem Vermögen und Einkünfte daraus.

Dazu kommen Meldungen von Personen- und Kontodaten sowie Erträgen von im Ausland gehaltenen Konten (Konten, Wertpapierdepots etc.) seitens des Finanzinstituts. Demnach sind der österreichischen Finanzverwaltung diese ausländischen Einkünfte bekannt. Verwenden Sie bitte die Steuererklärungsformulare E1 und L1i zur genauen Angabe der Einkünfte und allfälliger damit im Zusammenhang stehenden Werbungskosten.

Für den automatischen Informationsaustausch über Finanzkonten in Steuersachen sind die Details im Gemeinsamen Meldestandard-Gesetz geregelt, für den automatischen Austausch der länderbezogenen Berichte im Verrechnungspreisdokumentationsgesetz.

Beschränkt steuerpflichtig sind jene Personen, die im Inland weder einen Wohnsitz noch ihren persönlichen Aufenthalt haben. Darunter fallen all jene, die in Österreich keine Wohnung haben und sich hier auch nicht länger als sechs Monate aufhalten. Ihre Steuerpflicht beschränkt sich nur auf bestimmte Einkünfte. Im Wesentlichen fallen darunter Einkünfte aus Tätigkeiten, die im Inland ausgeübt oder verwertet werden. Unter bestimmten Voraussetzungen werden auch beschränkt Steuerpflichtige zur Einkommensteuer veranlagt.

Grenzgänger, die täglich zu ihrem ausländischen Wohnort heimfahren, unterliegen nur der beschränkten Steuerpflicht. Übernachten sie hingegen an den Arbeitstagen am Arbeitsort, dann sind sie unbeschränkt steuerpflichtig. Mit vielen Staaten (zB Deutschland, Liechtenstein oder Italien) gibt es allerdings in den Doppelbesteuerungsabkommen eine Regelung, wonach für Grenzgänger (Wohnsitz und Arbeitsort jeweils in Grenznähe) die Besteuerung im Wohnsitzstaat verbleibt.

Gastarbeiter, die einen zumindest sechsmonatige Arbeitserlaubnis oder einen zumindest sechsmonatigen Arbeitsvertrag haben, sind bereits ab dem ersten Tag unbeschränkt steuerpflichtige Arbeitnehmer. Saisonarbeiter, die unter sechs Monate in Österreich tätig sind, unterliegen idR der beschränkten Steuerpflicht.

Die Abzugsteuer bei beschränkt Steuerpflichtigen beträgt grundsätzlich 20 % vom vollen Betrag der Einnahmen (Bruttobesteuerung). Bei einem EU/EWR-Bürger, der allfällige Betriebsausgaben oder Werbungskosten mitteilt, beträgt die Abzugsteuer ab 2016 25 % (bis 2015 35 %) vom Nettobetrag (Einnahmen minus Betriebsausgaben bzw Werbungskosten).

Bei der Veranlagung von beschränkt steuerpflichtigen Arbeitnehmern wird ein Betrag von 9.000 € zur Bemessungsgrundlage hinzugerechnet. Werbungskosten und inlandsbezogene Sonderausgaben können bei der Veranlagung aber geltend gemacht werden.

Ab 1.1.2020 unterliegen beschränkt steuerpflichtige Arbeitnehmer, die neben ihren lohnsteuerpflichtigen Einkünften andere Einkünfte über 730 € beziehen oder zwei oder mehrere Dienstverhältnisse in Österreich haben, der Pflichtveranlagung.

Was unterliegt der Einkommen- und Lohnsteuer?

Der Steuer wird das gesamte Einkommen zugrunde gelegt, das man innerhalb eines Kalenderjahres bezieht. Das Einkommen, das dem Steuertarif unterworfen wird, errechnet sich als Gesamtbetrag aus den folgenden möglichen Einkunftsarten:

1. Einkünfte aus Land- und Forstwirtschaft,
2. Einkünfte aus selbständiger Arbeit (zB bei freiberuflicher oder vermögensverwaltender Tätigkeit),
3. Einkünfte aus Gewerbebetrieb (als Einzelunternehmer oder Mitunternehmer),
4. Einkünfte aus nichtselbständiger Arbeit (Löhne, Gehälter, Pensionen, Politikerbezüge usw),
5. Einkünfte aus Kapitalvermögen,
6. Einkünfte aus Vermietung und Verpachtung,
7. Sonstige Einkünfte.

Die Berechnung der Steuer erfolgt bei den Nichtselbständigen vorläufig durch den Arbeitgeber bzw die pensionsauszahlende Stelle im Abzugswege (siehe Kapitel A.2.) und endgültig im Veranlagungsverfahren. Bei den anderen Einkunftsarten muss unter gewissen Voraussetzungen (siehe Kapitel B.) eine Steuererklärung abgegeben werden.

Wie hoch ist die Einkommensteuer?

Seit 2020 geltende Tarifstufen und Steuersätze:

Jahreseinkommen in €[1]	Einkommensteuer in €	Grenzsteuersatz[2]
bis 11.000 €	0	0 %
> 11.000 € bis 18.000 €	(Einkommen - 11.000) × 20 %	20 %
> 18.000 € bis 31.000 €	(Einkommen - 18.000) × 35 % + 1.400	35 %
> 31.000 € bis 60.000 €	(Einkommen - 31.000) × 42 % + 5.950	42 %
> 60.000 € bis 90.000 €	(Einkommen - 60.000) × 48 % + 18.130	48 %
> 90.000 € bis 1 Mio €	(Einkommen - 90.000) × 50 % + 32.530	50 %
> 1 Mio € (befristet 2016 bis 2025)	(Einkommen - 1.000.000) × 55 % + 487.530	55 %

[1] Einkommen ist der Gesamtbetrag der Einkünfte nach Ausgleich mit Verlusten und nach Abzug der diversen Freibeträge.

[2] Der Grenzsteuersatz drückt aus, wie viel die Steuer von jedem zusätzlich verdienten Euro ausmacht.

B.2.1.2. Steuererklärungspflicht

Wer muss eine Einkommensteuererklärung abgeben?

Als Selbständiger muss man bei seinem Wohnsitzfinanzamt eine Einkommensteuererklärung in folgenden Fällen abgeben:

- ➔ Wenn man vom Finanzamt dazu aufgefordert wird. Das Finanzamt hat jederzeit die Möglichkeit, die Abgabe einer Steuererklärung zu verlangen. Sobald man einmal steuerlich erfasst ist, wird die Einkommensteuererklärung automatisch nach Jahresende zugesandt. Wird daher vom Finanzamt eine Steuererklärung zugesandt, so gilt dies als Aufforderung und die Erklärung ist in jedem Fall abzugeben, und zwar auch dann, wenn die Besteuerungsgrenzen nicht überschritten werden.
- ➔ Wenn der Gewinn aus einer betrieblichen Tätigkeit (Land- und Forstwirtschaft, selbständige Arbeit, Gewerbebetrieb) aufgrund eines Betriebsvermögensvergleiches ermittelt wird bzw zu ermitteln ist (unabhängig von der Höhe des Einkommens!).
- ➔ Wenn im Einkommen keine lohnsteuerpflichtigen Einkünfte enthalten sind und das Einkommen mehr als 11.000 € beträgt (dh, wenn der Gewinn aus einer betrieblichen Tätigkeit mittels Einnahmen-Ausgaben-Rechnung ermittelt wird oder außerbetriebliche Einkünfte wie etwa solche aus Vermietung und Verpachtung vorliegen, besteht Erklärungspflicht erst ab einem Jahreseinkommen von 11.000 €).
- ➔ Wenn im Einkommen lohnsteuerpflichtige Einkünfte enthalten sind und das Einkommen mehr als 12.000 € beträgt sowie die nichtlohnsteuerpflichtigen Einkünfte 730 € übersteigen (der höhere Grenzbetrag ist in den zusätzlichen Steuerabsetzbeträgen für Lohnsteuerpflichtige begründet, Nebeneinkünfte bis 730 € jährlich bleiben steuerfrei).
- ➔ Wenn Einkünfte aus Kapitalvermögen oder entsprechende betriebliche Einkünfte ohne Kapitalabzugsbesteuerung vorliegen, es sei denn, eine Regelbesteuerung ergibt keine Steuerpflicht.
- ➔ Wenn Einkünfte aus privaten Grundstücksveräußerungen erzielt wurden, für die keine Immobilienertragsteuer entrichtet oder abgegolten wurde.
- ➔ Wenn man beschränkt steuerpflichtig ist (keinen Wohnsitz oder gewöhnlichen Aufenthalt im Inland hat) und die inländischen Einkünfte mehr als 2.000 € betragen. Für beschränkt Steuerpflichtige gibt es ein eigenes Steuererklärungsformular.

WICHTIG

Wann muss die Einkommensteuererklärung abgegeben werden?

Die Einkommensteuererklärung ist grundsätzlich bis **Ende April** des Folgejahres beim zuständigen Finanzamt (Wohnsitzfinanzamt) abzugeben.

Bei der (grundsätzlich verpflichtenden) elektronischen Übermittlung der Abgabenerklärung läuft die **Frist** bis **Ende Juni** des Folgejahres. Für jene, die von Wirtschaftstreuhändern vertreten werden, gibt es darüber hinaus noch quotenmäßig vereinbarte Fristen. Die jeweiligen Fristen können auf Antrag auch verlängert werden (formloses Schreiben an das Finanzamt oder über FINANZOnline vor Ablauf der Frist mit kurzer Begründung).

Nachforderungen und Guthaben von Einkommensteuer (inklusive Lohnsteuer) und Körperschaftsteuer werden beim Finanzamt verzinst (so genannte Anspruchszinsen). Konkret heißt das: Ergibt sich bei der Veranlagung gegenüber den Vorauszahlungen eine Nachforderung oder eine Gutschrift, dann berechnet die Finanz davon einen Zinssatz von 2 % über dem Basiszinssatz und schreibt die Zinsen vor oder gut. Die Zinsen werden aber nur dann festgesetzt, wenn

- die Steuerfestsetzung nach dem 1.10. des Folgejahres erfolgt und
- die berechneten Anspruchszinsen 50 € übersteigen.

Die Verzinsung beginnt also ab 1.10. des Folgejahres und wird für maximal 48 Monate berechnet. Entgehen kann man der Verzinsung dadurch, dass man

- entweder die Steuererklärung so rechtzeitig abgibt, dass die Festsetzung noch vor dem 1.10. erfolgt,
- oder die voraussichtliche Nachzahlung selbst errechnet und dem Finanzamt den entsprechenden Betrag spätestens Ende September anzahlt.

CORONA

Corona: Aus der Veranlagung 2019 und 2020 werden **keine Anspruchszinsen** für Einkommen- und Körperschaftsteuernachzahlungen sowie **keine Säumniszuschläge** für Abgaben mit Fälligkeit zwischen 15.3.2020 und 31.10.2020 verrechnet, **Stundungen**, die nach dem 15.3.2020 und 30.6.2021 aufgrund von Covid-19-Betroffenheit bewilligt und zwischen 1.10.2020 und 31.5.2021 beantragt wurden, wurden automatisch bis 30.6.2021 verlängert, **Nichtfestsetzung von Stundungszinsen** für den Zeitraum 15.3.2020 bis 30.6.2021, ab 1.7.2021 bis 30.6.2024 betragen die Stundungszinsen 2 % über dem Basiszinssatz (das sind derzeit 1,38 %), Stornierung von festgesetzten Säumniszuschlägen im Zeitraum zwischen 15.3.2020 und 31.10.2020 und **keine Verspätungszuschläge**, wenn Fristversäumnis vor dem 1.9.2020 eintrat, für etwaige Liquiditätsengpässe wurde ein **Ratenzahlungsmodell** eingeführt (siehe Corona-Guide für Selbständige und Unternehmen unter „Allgemeine Erleichterungen auf Grund der Covid-19-Krise in der Steuer“).

TIPP

Der ideale Abgabetermin für die Steuererklärung hängt davon ab, ob Sie eine Gutschrift oder eine Nachzahlung zu erwarten haben, und davon, ob Sie das Geld flüssig haben oder nicht. Unter Außerachtlassung der Verzinsung sollte man bei einem erwarteten Guthaben möglichst schnell die Steuererklärung abgeben, bei einer erwarteten Nachzahlung ist ein Zuwarten sinnvoll. Wann das Finanzamt die Veranlagung dann tatsächlich durchführt, kann man allerdings nicht beeinflussen.

Wie erfolgt die elektronische Übermittlung?

Die Übermittlung der Steuererklärung hat grundsätzlich verpflichtend elektronisch zu erfolgen, es sei denn, die elektronische Übermittlung ist mangels technischer Voraussetzungen unzumutbar. Die Verpflichtung zur elektronischen Übermittlung trifft jedenfalls Fälle mit einem Vorjahrsumsatz von mehr als 30.000 €, ab 2020: 35.000 € (Grenze für die elektronische Einreichung der Umsatzsteuervoranmeldung) sowie von Wirtschaftstreuhändern vertretene Selbständige. Das Medium dazu ist FINANZOnline, das elektronische Datenübertragungsverfahren der Finanzverwaltung auf Internet-Basis. Näheres dazu unter www.bmf.gv.at sowie unter Punkt 2 der Einleitung.

Für Spenden (soweit sie Sonderausgaben sind, nicht aber, wenn sie Betriebsausgaben darstellen), Kirchenbeiträge und die freiwillige Weiterversicherung in der gesetzlichen Pensionsversicherung (einschließlich des Nachkaufs von Versicherungszeiten) wird seit 2017 ein automatischer Datenaustausch zwischen der empfangenden Organisation und der Finanzverwaltung eingerichtet. Diese Zahlungen werden dann automatisch in der Einkommensteuerveranlagung berücksichtigt.

Welche Formulare sind zu verwenden und welche Unterlagen sind beizulegen?

Die angenehme Nachricht zuerst: Alle gängigen Formulare bietet das Finanzministerium auf seiner Homepage (www.bmf.gv.at unter Formulare) zum Download an.

Für die Einkommensteuererklärung ist grundsätzlich das amtliche Formular

- E 1: Einkommensteuererklärung (bzw die Beilage E 1a oder E 1a-K)

oder ein vom Finanzministerium genehmigter Nachdruck zu verwenden.

Bei betrieblichen Einkünften (Land- und Forstwirtschaft – sofern nicht pauschaliert, selbständige Arbeit, Gewerbebetrieb) ist zur Aufgliederung der Einnahmen und Ausgaben zusätzlich das Formular

- E 1a: Beilage zur Einkommensteuererklärung für Einzelunternehmer bzw
- E 1a-K: Beilage zur Einkommensteuererklärung für Kleinunternehmer bis 35.000 € (ab 2020, bis 2019: 30.000 €) Umsatz (mit weniger Kennzahlen zum Ausfüllen als die normale Beilage zur Einkommensteuererklärung E 1a)

zu verwenden.

Bei Einkünften aus Vermietung und Verpachtung von Grundstücken und Gebäuden ist zusätzlich das Formular

- E 1b: Beilage zur Einkommensteuererklärung für Einkünfte aus Vermietung und Verpachtung

zu verwenden.

Bei Einkünften aus Land- und Forstwirtschaft ist zusätzlich das Formular

- E 1c: Beilage für Einzelunternehmen mit pauschalierten Einkünften aus Land- und Forstwirtschaft

zu verwenden.

Bei Einkünften aus Kapitalvermögen ist zusätzlich das Formular

- E 1kv: Beilage zur Einkommensteuererklärung für Einkünfte aus Kapitalvermögen

zu verwenden.

Für Personengesellschaften/Gemeinschaften gelten die Formulare:

- E 11 – Beilage für Beteiligte an Personengesellschaften
- E 6 – Feststellungserklärung
- E 6a – Beilage zur Feststellungserklärung für betriebliche Einkünfte
- E 6b – Beilage zur Feststellungserklärung für Einkünfte aus Vermietung und Verpachtung
- E 6c – Beilage zur Feststellungserklärung für pauschalierte Einkünfte aus Land- und Forstwirtschaft
- E 61 – Beilage zur Feststellungserklärung bei Beteiligung an einer weiteren Gemeinschaft

Bei Land- und Forstwirten gibt es neben dem Formular E1c auch für Beilagen Formulare des Finanzamtes, wie zB:

- Komb 24: Einkünfte aus Weinbau und Mostbuschenschank
- Komb 25: Erklärung für nichtbuchführende Garten- und Baumschulbetriebe
- Komb 26: Land- und forstwirtschaftlicher Nebenerwerb, Be- und Verarbeitung

Folgende weitere Unterlagen müssen dem Finanzamt vorgelegt werden:

- Buchführende müssen eine Abschrift der Vermögensübersicht (Jahresabschluss, Bilanz) und der Gewinn- und Verlustrechnung vorlegen. Dies kann auch elektronisch erfolgen („E-Bilanz“).
- Einnahmen-Ausgaben-Rechner müssen nur mehr die Beilage E 1a bzw E 1a-K zur gruppenweisen Aufgliederung der Einnahmen und Ausgaben beilegen, also keine eigene Einnahmen-Ausgaben-Rechnung mehr (es ist daher sinnvoll, den Aufbau der eigenen Einnahmen-Ausgaben-Rechnung dem amtlichen Formular anzupassen).
- Vermieter müssen die Beilage E 1b zur gruppenweisen Aufgliederung der Einnahmen und Ausgaben beilegen, also keine eigene Überschussrechnung mehr (es ist daher sinnvoll, den Aufbau der eigenen Überschussrechnung dem amtlichen Formular anzupassen).
- Bezieher von sonstigen Einkünften müssen weiterhin eine eigene Aufstellung der Einnahmen und Werbungskosten vorlegen.

B.2.1.3. Veranlagung

Unter Veranlagung versteht man das Verfahren, bei dem

- zuerst die Besteuerungsgrundlage ermittelt und
- anschließend die darauf entfallende Steuer

mit Bescheid festgesetzt wird.

Grundsätzlich erfolgt die Veranlagung des Einkommens aufgrund der abgegebenen Einkommensteuererklärung. Einkommen ist der Gesamtbetrag der Einkünfte aus den einzelnen Einkunftsarten (dabei werden Verluste mit positiven Einkünften ausgeglichen) und nach Abzug der Sonderausgaben und der außergewöhnlichen Belastungen. Wenn man lohnsteuerpflichtige Einkünfte hat, wird man nur dann aufgrund einer Einkommensteuererklärung veranlagt, wenn die anderen Einkünfte mehr als 730 € im Jahr betragen. In allen anderen Fällen wird bei Lohnsteuerzahlern die Veranlagung aufgrund der Erklärung zur Durchführung der Arbeitnehmerveranlagung vorgenommen (siehe Kapitel A.1.).

TIPP

In vielen Fällen kann es in Ihrem Interesse sein, eine Veranlagung zu beantragen, obwohl keine Steuererklärungspflicht besteht. Zum Beispiel, wenn Sie die Gutschrift von Kapitalertragsteuer oder eine Negativsteuer erwarten, aber auch, wenn Sie eine Verlustveranlagung wollen. In diesen Fällen füllen Sie ganz einfach eine Einkommensteuererklärung aus und reichen diese beim zuständigen Finanzamt ein.

B.2.2. Einkunftsarten

B.2.2.1. Land- und Forstwirtschaft

Was gehört zu den Einkünften aus Land- und Forstwirtschaft?

Zu den Einkünften aus Land- und Forstwirtschaft gehören alle Erträge aus der Erzeugung pflanzlicher oder tierischer Produkte, die man mit Hilfe von Naturkräften erzielt. Dazu zählen ua:

- Land- und Forstwirtschaft, Gartenbau, Weinbau inkl Buschenschank, Obstbau, Gemüsebau.
- Tierzucht und Tierhaltung (Nutztierzucht, aber auch Hunde- oder Pferdezucht).
- Binnenfischerei, Fischzucht und Teichwirtschaft sowie Bienenzucht.
- Jagd, wenn diese mit einer Land- und Forstwirtschaft in Zusammenhang steht.
- Einkünfte aus übrigem land- und forstwirtschaftlichen Vermögen (der Fischzucht und der Teichwirtschaft gewidmete Vermögen, das Fischereirecht und das übrige der Fischerei gewidmete Vermögen, das der Bienenzucht gewidmete Vermögen).
- Einnahmen aus einem land- bzw forstwirtschaftlichen Nebenbetrieb (zB Brennerei, Molkerei, Sägewerk) und aus einer untergeordneten Nebentätigkeit (zB Privatzimmervermietung bis 10 Betten, Gerätevermietung, Lohndrusch, Tätigkeit für Maschinenring, Schneeräumung für Gemeinde, Holzakkordantenarbeit). **Achtung:**

Beim Verkauf von land- und forstwirtschaftlichen Produkten darf der Einkaufswert der zugekauften Erzeugnisse nicht mehr als 25 % des Umsatzes betragen.

- Gewinnanteile und Tätigkeitsvergütungen als Gesellschafter einer Land- und Forstwirtschaft.
- Veräußerungsgewinn aus dem Verkauf oder der Aufgabe einer Land- und Forstwirtschaft.

Werden im Erzeugungsprozess Naturkräfte unter labormäßigen Bedingungen wirksam, stellt die Erzeugung keine den Einkünften aus Land- und Forstwirtschaft zuzuordnende Produktionsform dar. Die Produktion entspricht einem technisch standardisierten Prozess und stellt daher eine gewerbliche Tätigkeit dar.

Die **Buchführungsgrenzen** betragen ab 2020 700.000 € (bisher 550.000 €), die Einheitswertgrenze entfällt. Die Umsatzgrenze für landwirtschaftliche Nebentätigkeiten (zB Direktvermarktung, Almausschank oder Kommunaldienstleistungen) wird von 33.000 € auf 40.000 € erhöht. Ebenso werden die Pauschalierungsgrenzen bei gleichzeitiger Beibehaltung der Obergrenze für die die Vollpauschalierung von 75.000 € Einheitswert angepasst. Bei Teilpauschalierung werden die Betriebsausgaben bei Kalamitätsnutzung erhöht.

Ab Veranlagung 2020 können die **Gewinne aus Land- und Forstwirtschaft** (Land- und Forstwirtschaft, Gartenbau, Weinbau, Obstbau, Gemüsebau und aus allen Betrieben, die Pflanzen und Pflanzenteile mit Hilfe der Naturkräfte gewinnen; Tierzucht und Tierhaltungsbetriebe; Binnenfischerei, Fischzucht und Teichwirtschaft sowie Bienenzucht; Einkünfte aus übrigem land- und forstwirtschaftlichen Vermögen [der Fischzucht und der Teichwirtschaft gewidmete Vermögen, das Fischereirecht und das übrige der Fischerei gewidmete Vermögen, das der Bienenzucht gewidmete Vermögen], soweit diese durch Teilpauschalierung, Einnahmen-Ausgaben-Rechnung oder Buchführung ermittelt wurden) **auf Antrag auf 3 Jahre verteilt werden**. Nicht einzubeziehen sind Einkünfte aus Nebenerwerb und Nebentätigkeiten, aus be- und/verarbeiteten eigenen oder zugekauften Urprodukten, aus dem Wein- und Mostbuschenschank und dem Almausschank; Einkünfte aus Kapitalvermögen, Einkünfte aus der Veräußerung von Grundstücken und Einkünfte aus der Einräumung von Rechten, Einkünfte aus besonderen Waldnutzungen, wenn der Hälftesteuersatz beantragt wurde, Übergangsgewinne und Übergangsverluste und Veräußerungsgewinne. Die Einkünfte sind im Veranlagungsjahr und den beiden Folgejahren jeweils zu einem Drittel zu berücksichtigen.

Ab 2020: 70 % der Einkünfte aus Waldnutzung infolge höherer Gewalt (Kalamitätsnutzung) können als stille Reserven übertragen werden.

CORONA

Corona: Um die wirtschaftlichen Auswirkungen der Covid-19-Krise steuerlich abzufedern, wurde – zeitlich befristet – die Möglichkeit vorgesehen, betriebliche Verluste aus 2020 in das Jahr 2019 rückzutragen.

Zunächst kann auf Antrag der Gewinn im Jahr 2019 um den Verlust 2020 durch die sogenannte **Covid-19-Rücklage**, die den Gesamtbetrag der betrieblichen Einkünfte reduziert, vermindert werden. Zwei Varianten zur Ermittlung der Höhe: Einerseits kann eine pauschale Rücklage iHv 30 % des positiven Gesamtbetrags der betrieblichen Einkünfte 2019 beansprucht werden, wenn die Vorauszahlungen für 2020 null betragen bzw in Höhe der Mindestkörperschaftsteuer festgesetzt wurden. Andererseits kann eine höhere Rücklage (bis zu 60 % des Gesamtbetrags der Einkünfte 2019) angesetzt werden, wenn ein dementsprechender voraussichtlich negativer Gesamtbetrag der betrieblichen Einkünfte 2020 glaubhaft gemacht wird. Die Höhe ist mit 5 Mio € gedeckelt. Diese Covid-19-Rücklage wird im Jahr 2020 wieder hinzugerechnet (Verlust 2020, Covid-19-Rücklage 2019 und Hinzurechnung 2020).

Verbleibt nach der Hinzurechnung der Covid-19-Rücklage ein weiterer Verlust, kann dieser in das Jahr 2019 (maximal 5 Mio €) rückgetragen werden. Unter bestimmten Voraussetzungen ist auch ein Rücktrag von Verlusten in die Veranlagung 2018 (Deckelung mit maximal 2 Mio €) möglich. Die Berücksichtigung des **Verlustrücktrags** erfolgt im Wege eines gesonderten Antrags im Rahmen der Veranlagung 2019 (bzw 2018).

Die Berücksichtigung des Verlustrücktrags im Jahr 2019 oder 2018 kann grundsätzlich erst mit Feststellung des Verlustes im Rahmen der Veranlagung des Jahres 2020 vorgenommen werden.

Sollte ein weiterer Verlust verbleiben, ist dieser vortragsfähig und kann ab 2021 abgezogen werden (**Verlustabzug**).

An den Verlustrücktrag sind dieselben Voraussetzungen geknüpft wie an den Verlustvortrag.

Wann kann der Gewinn pauschal ermittelt werden?

Nicht buchführende pauschalierte Land- und Forstwirte können ihren Gewinn pauschal ermitteln. Sie müssen der Einkommensteuererklärung das Formular E 1c (im Falle einer Beteiligung an pauschalierten Einkünften: E 25) beilegen, in dem die pauschalierten Einkünfte berechnet werden. Für die einzelnen Teilsparten der Land- und Forstwirtschaft gibt es überdies zusätzliche Formulare, die die Berechnung der jeweiligen Teileinkünfte erleichtern. Abhängig vom Einheitswert (Eigenbesitz plus Zupachtungen minus Verpachtungen) sind (gemäß Pauschalierungsverordnung) folgende Regeln zu beachten:

Vollpauschalierung (Gewinn 42 % vom Einheitswert), wenn

➜ der land- und forstwirtschaftliche Einheitswert max 75.000 € beträgt.

Vollpauschalierung iHv 42 % besteht auch

➜ bei einer Forstwirtschaft bis zu einem Einheitswert von 11.000 €.

Teilpauschalierung im Rahmen einer Einnahmen-Ausgaben-Rechnung (70 % der Einnahmen als pauschale Ausgaben; 80 % für Veredelung in Form von Tierhaltung), wenn

- ➜ der land- und forstwirtschaftliche Einheitswert mehr als 75.000 € bis max 130.000 € beträgt,
- ➜ eine selbst bewirtschaftete reduzierte landwirtschaftliche Nutzfläche von mehr als 60 ha vorliegt,
- ➜ mehr als 120 Vieheinheiten vorliegen,
- ➜ die Antragsoption bei einem Einheitswert bis 75.000 € oder
- ➜ die sozialversicherungsrechtliche Beitragsgrundlagenoption in Anspruch genommen wird.

Teilpauschalierung mit einem Betriebsausgabenpauschale, das abhängig von Minderungszahl (MZ) oder Bringungslage ist, besteht auch

- ➜ bei einer Fortwirtschaft mit einem Einheitswert über 11.000 €.

Von der Summe der im obigen Sinne ermittelten Einkünfte aus den einzelnen Sparten können noch folgende Beträge abgezogen werden:

- ➜ bezahlte Pachtzinsen (maximal 25 % des Einheitswertes der Pachtflächen)
- ➜ Schuldzinsen
- ➜ Ausgedingelasten (tatsächliche Kosten oder pauschal 700 € je Person)
- ➜ Sozialversicherungsbeiträge des Steuerpflichtigen

Zur Einnahmen-Ausgaben-Rechnung kann auch freiwillig optiert werden (bindet aber für fünf Jahre), und zwar sowohl bei der Steuer als auch bei der Sozialversicherung.

Wann muss eine vollständige Einnahmen-Ausgaben-Rechnung geführt werden und wann besteht Buchführungspflicht?

Über den oa Pauschalierungsgrenzen (130.000 € Einheitswert, 400.000 € Umsatz) müssen die Einnahmen und auch die Ausgaben zur Gänze erfasst werden.

Rückwirkend ab 1.1.2020: Übersteigt der Umsatz in zwei aufeinander folgenden Kalenderjahren die Grenze von 700.000 € (statt wie bisher 550.000 €), so besteht die Verpflichtung, Bücher zu führen. Für den Beginn der Buchführungspflicht wird die Umsatzgrenze von 700.000 € bereits für die Jahre 2018 und 2019 herangezogen.

Hinsichtlich der Steuerbegünstigung für außerordentliche Waldnutzungen siehe Kapitel B.2.3.

TIPP

Auch wenn die Pauschalierung die einfachere Form der Gewinnermittlung ist, so kann es doch zielführend sein, Bücher oder eine Einnahmen-Ausgaben-Rechnung freiwillig zu führen. Gerade eine

Einnahmen-Ausgaben-Rechnung liefert Ihnen ohne allzu viel Aufwand einen Überblick über den Erfolg Ihrer Tätigkeit und bietet gleichzeitig die Möglichkeit, festzustellen, ob nicht der tatsächlich ermittelte Gewinn steuerlich günstiger (dh niedriger) als der pauschalierte ist. Daher kann vor allem in Zeiten des Ankaufs von Maschinen und Anlagen die Versteuerung nach dem tatsächlichen Gewinn ein ziemlicher Steuervorteil sein. Achten Sie dabei aber auf die Frist von fünf Jahren, nach denen Sie frühestens wieder zurück in die Pauschalierung können.

B.2.2.2. Selbständige Arbeit

Was gehört zu den Einkünften aus selbständiger Arbeit?

Unter die selbständige Arbeit fallen vor allem freiberufliche und ähnliche Tätigkeiten. Wichtig ist dabei die Abgrenzung zu den Einkünften aus Gewerbebetrieb, weil für die selbständige Tätigkeit andere Gewinnermittlungsvorschriften gelten. Daher sind im Folgenden auch die wichtigsten Einkünfte aus selbständiger Tätigkeit aufgezählt. Die ersten drei Gruppen werden dabei als „freiberufliche Tätigkeiten", die folgenden drei Gruppen als „sonstige selbständige Tätigkeiten" bezeichnet.

- Einkünfte aus einer wissenschaftlichen, künstlerischen, schriftstellerischen, unterrichtenden oder erzieherischen Tätigkeit,
- Einkünfte als Ziviltechniker, Arzt (inklusive der Sondergebühren eines angestellten Arztes), Vertretungsarzt, Tierarzt, Dentist, Rechtsanwalt, Notar, Steuerberater und Wirtschaftsprüfer, Unternehmensberater, Versicherungsmathematiker, Bildberichterstatter, Journalist, Dolmetscher und Übersetzer,
- Einkünfte aus der therapeutischen psychologischen Tätigkeit (soweit entsprechendes Universitätsstudium vorhanden), als Hebamme, im medizinischen Dienst,
- Einkünfte aus einer vermögensverwaltenden Tätigkeit (zB Hausverwalter, Aufsichtsratsmitglied) und die Gehälter als wesentlich Beteiligter (= mehr als 25 %) einer Kapitalgesellschaft,
- Gewinnanteile und Vergütungen als Gesellschafter einer ausschließlich selbständig tätigen Gesellschaft,
- Bezüge und Vorteile aus Versorgungs- und Unterstützungseinrichtungen der Kammern der selbständig Erwerbstätigen soweit sie nicht lohnsteuerpflichtig sind,
- Veräußerungsgewinne.

ACHTUNG

Einkünfte aus einer Tätigkeit als organschaftlicher Vertreter einer Körperschaft sowie aus einer höchstpersönlichen Tätigkeit (Künstler, Schriftsteller, Wissenschaftler, Sportler und Vortragender) sind auch bei Zwischenschaltung einer Kapitalgesellschaft der leistungserbringenden natürlichen Person zuzurechnen.

Wie wird der Gewinn ermittelt?

Bei den Freiberuflern und den sonstigen selbständig Tätigen kann der Gewinn in der Regel durch eine sogenannte Einnahmen-Ausgaben-Rechnung ermittelt werden. Es besteht aber auch die Möglichkeit, freiwillig Bücher zu führen und damit den Gewinn durch Betriebsvermögensvergleich zu errechnen. Hinsichtlich der Einnahmen und Ausgaben siehe B.4.

TIPP

Gerade bei einigen Gruppen von selbständig Tätigen kann es sich lohnen, anstelle der tatsächlichen Betriebsausgaben das Betriebsausgabenpauschale geltend zu machen. Ein Vergleich lohnt sich vor allem bei Gesellschafter-Geschäftsführern, Künstlern, Vortragenden und ähnlichen Personen, bei denen verhältnismäßig wenige Aufwendungen anfallen (siehe Kapitel B.1.2.).

CORONA

Corona: Um die wirtschaftlichen Auswirkungen der Covid-19-Krise steuerlich abzufedern, wurde – zeitlich befristet – die Möglichkeit vorgesehen, betriebliche Verluste aus 2020 in das Jahr 2019 rückzutragen. Zunächst kann auf Antrag der Gewinn im Jahr 2019 um den Verlust 2020 durch die sogenannte **Covid-19-Rücklage**, die den Gesamtbetrag der betrieblichen Einkünfte reduziert, vermindert werden. Zwei Varianten zur Ermittlung der Höhe: Einerseits kann eine pauschale Rücklage iHv 30 % des positiven Gesamtbetrags der betrieblichen Einkünfte 2019 beansprucht werden, wenn die Vorauszahlungen für 2020 null betragen bzw in Höhe der Mindestkörperschaftsteuer festgesetzt wurden. Andererseits kann eine höhere Rücklage (bis zu 60 % des Gesamtbetrags der Einkünfte 2019) angesetzt werden, wenn ein dementsprechender voraussichtlich negativer Gesamtbetrag der betrieblichen Einkünfte 2020 glaubhaft gemacht wird. Die Höhe ist mit 5 Mio € gedeckelt. Diese Covid-19-Rücklage wird im Jahr 2020 wieder hinzugerechnet (Verlust 2020, Covid-19-Rücklage 2019 und Hinzurechnung 2020). Verbleibt nach der Hinzurechnung der Covid-19-Rücklage ein weiterer Verlust, kann dieser in das Jahr 2019 (maximal 5 Mio €) rückgetragen werden. Unter bestimmten Voraussetzungen ist auch ein Rücktrag von Verlusten in die Veranlagung 2018 (Deckelung mit maximal 2 Mio €) möglich. Die Berücksichtigung des **Verlustrücktrags** erfolgt im Wege eines gesonderten Antrags im Rahmen der Veranlagung 2019 (bzw 2018).

Die Berücksichtigung des Verlustrücktrags im Jahr 2019 oder 2018 kann grundsätzlich erst mit Feststellung des Verlustes im Rahmen der Veranlagung des Jahres 2020 vorgenommen werden.

Sollte ein weiterer Verlust verbleiben, ist dieser vortragsfähig und kann ab 2021 abgezogen werden (**Verlustabzug**).

An den Verlustrücktrag sind dieselben Voraussetzungen geknüpft wie an den Verlustvortrag.

B.2.2.3. Gewerbebetrieb

Was gehört zu den Einkünften aus Gewerbebetrieb?

Unter die Einkünfte aus Gewerbebetrieb fallen all jene Tätigkeiten, die

- ➜ selbständig, nachhaltig und mit Gewinnabsicht ausgeübt werden, wenn sie weder der Land- und Forstwirtschaft noch den vorhin erläuterten selbständigen Einkünften zugeordnet werden können, sowie
- ➜ Gewinnanteile und Vergütungen von Gesellschaftern (zB OHG, KG) und
- ➜ Veräußerungsgewinne.

Bezieht man betriebliche Einkünfte, sollte zuerst geprüft werden, ob diese nicht der Land- und Forstwirtschaft oder den selbständigen Einkünften zugeordnet werden können oder im Rahmen eines Dienstverhältnisses erbracht werden. Ist all das nicht der Fall, dann liegen gewerbliche Einkünfte vor. Die Palette der Einkünfte aus Gewerbebetrieb umfasst daher alle verbleibenden Tätigkeiten und reicht vom Apotheker über Einzel- und Großhändler, Produktionsbetriebe, Programmierer, Schiedsrichter bis hin zum Zeitschriftenhändler.

Wie wird der Gewinn ermittelt?

Bei gewerblichen Einkünften wird der Gewinn meist durch einen Betriebsvermögensvergleich im Rahmen der doppelten Buchhaltung ermittelt. Kleinere Unternehmer mit nicht mehr als 700.000 € Jahresumsatz können sich aber ebenfalls der (einfacheren) Einnahmen-Ausgaben-Rechnung bedienen. Hinsichtlich der wichtigsten Einnahmen und Ausgaben siehe B.4.

Die Einkünfte als Gesellschafter einer Personengesellschaft sind in die Einkommensteuererklärung zu übernehmen. Dabei können nicht nur Gewinnanteile, sondern auch Verlustzuweisungen von Mitunternehmerschaften ohne betragliche Beschränkung angesetzt werden. Vom entsprechenden Anteil sind gegebenenfalls noch Sonderbetriebsausgaben für Agio, Vermittlungsprovisionen, Finanzierungskosten usw abzuziehen (muss bereits in der Steuererklärung der Personengesellschaft erfolgen!), und erst der verbleibende Betrag ist in die Einkommensteuererklärung zu übernehmen.

TIPP

Auch als Gewerbetreibender sollten Sie an die Möglichkeit denken, das Betriebsausgabenpauschale anstelle der tatsächlichen Ausgaben in Anspruch zu nehmen (siehe Kapitel B.1.2.). Vor allem dann, wenn wenig laufende Aufwendungen anfallen (zB bei Händlern, gewerberechtlichen Geschäftsführern, Unternehmern ohne betriebliche Struktur), kann sich der Vergleich lohnen.

Was ist bei Verlusten zu beachten?

Das steuerpflichtige Einkommen ergibt sich als Gesamtbetrag der Einkünfte nach Ausgleich mit Verlusten (und nach Abzug von Sonderausgaben und außergewöhnlichen Belastungen uÄ). Grundsätzlich können daher Verluste mit Gewinnen desselben Jahres ausgeglichen werden oder – wenn dies nicht möglich ist – unter bestimmten Voraussetzungen in die Folgejahre vorgetragen und dort dann ausgeglichen werden (**Verlustvortrag**).

Bestimmte Verluste sind überhaupt nicht ausgleichsfähig oder vortragsfähig, und zwar solche

- aus so genannten **Verlustbeteiligungsmodellen**, deren Rendite nach Steuern doppelt so hoch ist wie vor Steuern, und
- aus Betrieben mit Schwerpunkt Verwaltung unkörperlicher Wirtschaftsgüter oder gewerblicher Vermietung von Wirtschaftsgütern.

Solche Verluste gehen auf Wartetaste und sind frühestmöglich mit Gewinnen aus diesen Tätigkeiten oder Betrieben zu verrechnen.

Ab 2016 können auch **Einnahmen-Ausgaben-Rechner** Verluste zeitlich unbefristet vortragen. Dies gilt erstmals für Verluste, die im Jahr 2013 entstanden sind.

Für den Ausgleich von Verlusten aus **Kapitalanlagen** (Fixsatz-Einkünfte aus Aktien, GmbH-Anteilen, Anleihen usw) im Betriebsvermögen kann ab 2016 ein etwaiger Verlustüberhang jeweils bis zu 55 % (bis 2015 nur zur Hälfte) berücksichtigt werden. Für den Ausgleich von Verlusten aus Kapitalanlagen siehe Kapitel B.2.2.5.

Im betrieblichen Bereich können Verluste aus der Veräußerung von Grundstücken vorrangig mit positiven Einkünften aus der Veräußerung solcher **Grundstücke** desselben Betriebes verrechnet werden. Ein verbleibender negativer Überhang kann ab 2016 zu 60 % und nicht mehr nur zu 50 % ausgeglichen werden.

Im außerbetrieblichen Bereich kann ein im Kalenderjahr insgesamt entstehender Verlust aus privaten Grundstücksveräußerungen ab 2016 im Ausmaß von 60 % auf 15 Jahre verteilt mit Einkünften aus Vermietung und Verpachtung ausgeglichen werden (dh 15 Jahre 4 % jährlich). Alternativ kann ein Antrag gestellt werden, dass der

Verlust im Ausmaß von 60 % mit Einkünften aus Vermietung und Verpachtung, die mit einem Grundstück zusammenhängen, sofort ausgeglichen werden soll. Siehe auch Kapitel B.2.2.7.

Für anteilige Verluste aus **beschränkt haftenden Mitunternehmern** (Kommanditisten, atypisch stillen Gesellschaftern) gibt es ab 2016 eine Wartetastenregelung, soweit sie zu einem negativen steuerlichen Kapitalkonto führen oder ein solches erhöhen. Diese Maßnahme ist gegen Verlustbeteiligungsmodelle gerichtet. In der Einkünftefeststellungserklärung ist für jeden kapitalistischen Mitunternehmer die Entwicklung des steuerlichen Kapitalkontos und der Wartetastenverluste darzustellen.

Für die Berücksichtigung ausländischer Einkünfte gibt es Spezialbestimmungen (Gewinnermittlung nach österreichischem Einkommensteuergesetz, als wäre der Betrieb im Inland, Ausgleich ausländischer Betriebsstättenverluste im Inland, Deckelung des Verlustes mit Wert laut ausländischem Steuerrecht, Nachversteuerung).

Corona: Um die wirtschaftlichen Auswirkungen der Covid-19-Krise steuerlich abzufedern, wurde – zeitlich befristet – die Möglichkeit vorgesehen, betriebliche Verluste aus 2020 in das Jahr 2019 rückzutragen. Zunächst kann auf Antrag der Gewinn im Jahr 2019 um den Verlust 2020 durch die sogenannte **Covid-19-Rücklage**, die den Gesamtbetrag der betrieblichen Einkünfte reduziert, vermindert werden. Zwei Varianten zur Ermittlung der Höhe: Einerseits kann eine pauschale Rücklage iHv 30 % des positiven Gesamtbetrags der betrieblichen Einkünfte 2019 beansprucht werden, wenn die Vorauszahlungen für 2020 null betragen bzw in Höhe der Mindestkörperschaftsteuer festgesetzt wurden. Andererseits kann eine höhere Rücklage (bis zu 60 % des Gesamtbetrags der Einkünfte 2019) angesetzt werden, wenn ein dementsprechender voraussichtlich negativer Gesamtbetrag der betrieblichen Einkünfte 2020 glaubhaft gemacht wird. Die Höhe ist mit 5 Mio € gedeckelt. Diese Covid-19-Rücklage wird im Jahr 2020 wieder hinzugerechnet. Für den Fall, dass im Kalenderjahr 2020 ein abweichendes Wirtschaftsjahr endet, besteht das Wahlrecht, die Covid-19-Rücklage vom voraussichtlichen negativen Gesamtbetrag der betrieblichen Einkünfte 2020 (Verlust 2020, Covid-19-Rücklage 2019 und Hinzurechnung 2020) oder vom voraussichtlichen negativen Gesamtbetrag der betrieblichen Einkünfte 2021 (Verlust 2021, Covid-19-Rücklage 2020 und Hinzurechnung 2021) zu bemessen.

Verbleibt nach der Hinzurechnung der Covid-19-Rücklage ein weiterer Verlust, kann dieser in das Jahr 2019 (maximal 5 Mio €) rückgetragen werden. Unter bestimmten Voraussetzungen ist auch ein Rücktrag von Verlusten in die Veranlagung 2018 (Deckelung mit maximal 2 Mio €) möglich. Die Berücksichtigung des **Verlustrücktrags** erfolgt im Wege eines gesonderten Antrags im Rahmen der Veranlagung 2019 (bzw. 2018). Für den Fall, dass im Kalenderjahr 2020 ein abweichendes Wirtschaftsjahr endet, besteht das Wahlrecht, entweder den betrieblichen Verlust aus der Veranlagung 2020 in die Jahre 2019 und 2018 oder den betrieblichen Verlust aus der Veranlagung 2021 in die Jahre 2020 und 2019 rückzutragen.

Die Berücksichtigung des Verlustrücktrags im Jahr 2019 oder 2018 kann grundsätzlich erst mit Feststellung des Verlustes im Rahmen der Veranlagung des Jahres 2020 vorgenommen werden.

Sollte ein weiterer Verlust verbleiben, ist dieser vortragsfähig und kann ab 2021 abgezogen werden (**Verlustabzug**).

An den Verlustrücktrag sind dieselben Voraussetzungen geknüpft wie an den Verlustvortrag.

B.2.2.4. Nichtselbständige Arbeit

Was ist bei lohnsteuerpflichtigen Einkünften zu beachten?

Bezieht man Einkünfte aus nichtselbständiger Tätigkeit, so wird davon idR bereits vom Arbeitgeber laufend die Lohnsteuer abgezogen. Im Zuge der Veranlagung erfolgt dann allerdings die endgültige Versteuerung unter Berücksichtigung des Gesamteinkommens dieses Jahres, wobei die einbehaltene Lohnsteuer auf die Steuerschuld angerechnet wird. Ein Lohnzettel muss der Steuererklärung nicht mehr beigelegt werden, weil der Arbeitgeber verpflichtet ist, die entsprechenden Daten automatisch an das Finanzamt zu übermitteln. Um jedoch sein voraussichtliches Steuerergebnis selbst berechnen zu können, sollte man für eigene Zwecke vom Arbeitgeber einen Lohnzettel verlangen bzw die Berechnungsmöglichkeit in FINANZOnline nutzen.

Von den lohnsteuerpflichtigen Einkünften (Kennzahl 245 des Lohnzettels) sind folgende Werbungskosten abzuziehen, aber nur, sofern sie nicht bereits vom Arbeitgeber berücksichtigt wurden:

- ➜ Gewerkschaftsbeiträge, sonstige Beiträge zu Berufsverbänden und Interessensvertretungen, ausgenommen Betriebsratsumlage (diese zählt zu den sonstigen Werbungskosten; siehe unten)
- ➜ Pendlerpauschale
- ➜ Pflichtbeiträge auf Grund einer geringfügigen Beschäftigung sowie Pflichtbeiträge für mitversicherte Angehörige

Die weiteren Werbungskosten, soweit sie in Summe das Werbungskostenpauschale von 132 € jährlich übersteigen (siehe zu den Werbungskosten Kapitel A.1.4.), sind in der Steuererklärung wie folgt auszuweisen:

- ➜ Arbeitsmittel
- ➜ Fachliteratur
- ➜ Reisekosten
- ➜ Fortbildungs- und Ausbildungskosten

- Kosten für doppelte Haushaltsführung und Familienheimfahrten
- Sonstige Werbungskosten
- Berufsgruppenpauschalien

Welche weiteren nichtselbständigen Bezüge gibt es?

Ebenfalls steuerpflichtig sind vorübergehende Bezüge aus einer gesetzlichen Krankenversicherung, vom Sozialversicherungsträger erstattete Kranken- bzw Pensionsversicherungsbeiträge, Entschädigungen für Truppen-, Waffen- oder Kaderübungen sowie Insolvenzentgelte, wobei auch hier die entsprechenden Daten direkt von der auszahlenden Stelle an die Finanz übermittelt werden.

Welche nichtselbständigen Einkünfte unterliegen nicht der Lohnsteuer, sondern der Einkommensteuer?

Im Zuge der Steuererklärung sind folgende Bezüge zu versteuern (dafür gibt es ein eigenes Formular L 1i – Beilage zur Arbeitnehmerveranlagung bzw Einkommensteuererklärung), wenn der Wohnsitz oder gewöhnliche Aufenthalt in Österreich war:

- Bezüge als im Ausland beschäftigter Grenzgänger (hierfür gibt es eigene Bestätigungen, die beizulegen sind, für Grenzgänger das Formular E 16 bzw E 17)
- Bezüge von ausländischen Arbeitgebern, von denen keine Lohnsteuer einbehalten werden kann, ausgenommen Grenzgänger (zB Bezüge von Arbeitgebern ohne inländischer Betriebsstätte)
- Bezüge der Arbeitnehmer von völkerrechtlich privilegierten Arbeitgebern (zB UNIDO, Botschaften), die nicht zum Lohnsteuerabzug verhalten werden können (sur-place-Personal)
- Ausländische Pensionen.

Bei der Versteuerung im Rahmen der Veranlagung können sämtliche Begünstigungen für Lohnsteuerzahler in Anspruch genommen (Steuerfreiheit für Zulagen und Zuschläge, fester Steuersatz für sonstige Bezüge; siehe Kapitel A.2.) und die Werbungskosten (A.1.4.) abgezogen werden. Der Differenzbetrag ist in die Steuererklärung zu übernehmen.

Bezüge, für die das Besteuerungsrecht einem anderen Staat zustehen (zB ausländische Pensionen, die im Kassenstaat versteuert werden), werden nicht besteuert, aber allenfalls in den Progressionsvorbehalt einbezogen und sind daher in der Steuererklärung unter einem eigenen Punkt anzuführen.

Was passiert mit Arbeitslosengeld?

Hat man in einem Jahr Arbeitslosenunterstützung, Notstandshilfe oder eine ähnliche Zuwendung erhalten, so werden diese Bezüge ebenfalls von den auszahlenden Stellen direkt dem Finanzamt gemeldet. Im Zuge der Veranlagung kommt es zwar nicht zur Versteuerung dieser Beträge, sondern zu einer Umrechnung der für den restlichen Zeitraum bezogenen Einkünfte auf einen Jahresbetrag.

Hinweis: Die Einkommensteuer schlägt bei Lohnsteuerzahlern nicht gleich voll zu: Beträgt die Summe der Nebeneinkünfte insgesamt zwischen 730 € und 1.460 €, dann steht die Differenz zwischen den Einkünften und dem Betrag von 1.460 € als Veranlagungsfreibetrag zu. Dieser **Veranlagungsfreibetrag** wird von den Einkünften abgezogen. Zum selben Ergebnis kommt man, wenn man den über 730 € hinausgehenden Betrag verdoppelt. Ab Nebeneinkünften von 1.460 € ist kein Veranlagungsfreibetrag mehr vorgesehen.

Beispiele:

Nebeneinkünfte 700 € jährlich: keine Pflichtveranlagung
Nebeneinkünfte 1.000 € jährlich: Pflichtveranlagung mit 540 €
Nebeneinkünfte 2.000 € jährlich: Pflichtveranlagung mit den vollen 2.000 €

TIPP

Vergessen Sie auch dann nicht, Ihre Freibeträge geltend zu machen, wenn Sie als Lohnsteuerzahler eine Einkommensteuererklärung abgeben müssen. Die entsprechenden Informationen finden Sie in Kapitel A. Es enthält nicht nur Tipps zu den einzelnen Frei- und Absetzbeträgen, sondern auch Hinweise, wie man einen Dienstvertrag steuerlich optimal gestalten kann.

B.2.2.5. Kapitalvermögen

Zu den Einkünften aus Kapitalvermögen gehören

- Einkünfte aus der Überlassung von Kapital,
- Einkünfte aus realisierten Wertsteigerungen von Kapitalvermögen und
- Einkünfte aus Derivaten.

Die Besteuerung erfolgt idR durch den Abzug von Kapitalertragsteuer, für Substanzverluste wird ein automatischer Verlustausgleich bei der Bank vorgesehen.

Was zählt zu den Einkünften aus der Überlassung von Kapital?

Zu den Einkünften aus der Überlassung von Kapital gehören ua

- Gewinnanteile (Dividenden) und sonstige Bezüge aus Aktien oder GmbH-Anteilen, Bezüge und Rückvergütungen aus Anteilen an Erwerbs- und Wirtschaftsgenossenschaften, Bezüge aus Genussrechten und Partizipationskapital, Bezüge aus Agrargemeinschaften
- Zinsen und andere Erträgnisse aus Kapitalforderungen jeder Art (zB Darlehen, Anleihen, Bankguthaben usw)
- Diskontbeträge von Wechseln und Anweisungen
- Gewinnanteile als (echter) stiller Gesellschafter

- sonstige Vorteile wie zB Sachleistungen für die Überlassung von Kapital, die vom Abzugsverpflichteten übernommene Kapitalertragsteuer oder Unterschiedsbeträge zwischen eingezahlter Versicherungsprämie und Versicherungsleistung bei bestimmten Lebensversicherungen

Von welchen Einkünften wird Kapitalertragsteuer einbehalten und wie erfolgt die Besteuerung insgesamt?

Von folgenden inländischen Kapitaleinkünften wird die KESt einbehalten:

- Zinserträgen aus Bankeinlagen und Forderungswertpapieren – 25 % KESt
- Gewinnanteilen (Dividenden) aus Aktien und aus GmbH-Beteiligungen – 27,5 % KESt
- Veräußerungen von Aktien – 27,5 % KESt
- Veräußerungen von Anteilen an Investmentfonds – 27,5 % KESt
- Einkünften aus verbrieften Derivaten – 27,5 % KESt

Die nicht der KESt unterliegenden steuerpflichtigen Kapitaleinkünfte wie zB aus ausländischen Kapitalerträgen oder aus Privatdarlehen sind in der Steuererklärung auszuweisen und zu versteuern.

Welche Wertsteigerungen (Veräußerungsgewinne aus Finanzvermögen) und welche Einkünfte aus Derivaten sind steuerpflichtig?

Veräußerungsgewinne aus Finanzvermögen sind seit April 2012 generell steuerpflichtig. Der Veräußerungsgewinn ist der Unterschiedsbetrag zwischen dem Veräußerungserlös und den Anschaffungskosten des Steuerpflichtigen. Die Einlösung eines Wertpapiers wird genauso wie die Veräußerung behandelt. Zu beachten ist, dass Aufwendungen im Zusammenhang mit dem Finanzvermögen (zB Depotgebühren) nicht abgezogen werden dürfen und, außer im betrieblichen Bereich, Nebenkosten auch nicht aktiviert werden dürfen (zB trading fees, Beratungskosten).

Auch Einkünfte aus Derivaten werden von der neuen Kapitalertragsteuer erfasst. Wichtige Beispiele sind Optionsprämien, der Differenzausgleich sowie die Veräußerung des Derivats selbst.

Wie erfolgt die Besteuerung durch Kapitalertragsteuerabzug?

Zinsen und Dividenden, dh die Früchte aus dem Finanzvermögen, werden durch den Kapitalertragsteuerabzug besteuert. Weiters unterliegen auch Veräußerungsgewinne wie die laufenden Früchte des Finanzvermögens einem KESt-Abzug. Voraussetzung dafür ist grundsätzlich, dass das Finanzvermögen auf einem inländischen Depot gehalten wird.

Die Kapitalertragsteuer auf Veräußerungsgewinne soll grundsätzlich nur für „Neuanschaffungen“ gelten. Dabei ist zu unterscheiden:

- Anteile an Körperschaften – also Aktien und GmbH-Anteile – und Fondsanteile unterliegen der neuen Kapitalertragsteuer, wenn sie nach dem 31.12.2010 entgeltlich erworben werden.
- Beteiligungen, die vorher angeschafft wurden, werden nur dann generell steuerpflichtig, wenn sie zum 31.3.2012 noch mindestens 1 % betragen.
- Anderes Finanzvermögen – wie insbesondere Anleihen, Derivate – wird nur von der neuen Kapitalertragsteuer erfasst, wenn es nach dem 31.3.2012 entgeltlich erworben wurde.

Für vor den jeweiligen Zeitpunkten angeschafftes Finanzvermögen laufen die Spekulationsbesteuerung und die maßgeblichen Fristen weiter. Sonstiges Finanzvermögen, das zwischen dem 1.10.2011 und dem 31.3.2012 entgeltlich erworben wurde, ist „ewig" spekulationsverfangen, bei Veräußerungen nach dem 31.3.2012 allerdings immer nur mit dem festen Steuersatz.

Ausnahme: Substanzgewinne aus Kapitalvermögen (bzw Derivaten) bleiben steuerfrei, wenn dieses im Rahmen eines vor dem 1.11.2010 abgeschlossenen Tilgungsplanes erworben wurde. Der Tilgungsplan muss nachweislich in Zusammenhang mit einem Darlehen stehen, das dem Erwerb eines Eigenheimes, der Wohnraumschaffung oder Wohnraumsanierung dient. Die Befreiung gilt nur, soweit die Darlehensvaluta den Betrag von 200.000 € nicht übersteigt.

Schenkungen führen nicht zu einer Veräußerungsbesteuerung.

Wie erfolgt der Verlustausgleich?

Sind einzelne Kapitaleinkünfte negativ (zB Verluste aus der Veräußerung von Wertpapieren), können diese Verluste nach bestimmten Vorschriften verwertet werden. Als ersten Schritt gibt es den so genannten Verlustausgleich:

- Dieser wird in Form des automatischen Verlustausgleichs bereits durch Banken durchgeführt. Bei KESt-pflichtigen Kapitaleinkünften von Privatanlegern sind die depotführenden Stellen verpflichtet, für alle Depots, die man bei derselben Bank hat, den Verlustausgleich automatisch durchzuführen. Im Wesentlichen erfolgt dadurch eine KESt-Gutschrift durch die Bank für Veräußerungsverluste, soweit durch Gewinnausschüttungen oder Veräußerungsgewinne KESt einbehalten wurde. Bei Gemeinschaftsdepots kann der automatische Verlustausgleich allerdings nicht durchgeführt werden.
- Den Verlustausgleich kann man allerdings auch selbst in der Steuererklärung durchführen. Dabei werden nur bestimmte Kapitaleinkünfte in die Steuererklärung aufgenommen und zur Verlustverrechnung herangezogen. Relevant ist diese Variante insbesondere dann, wenn kein automatischer Verlustausgleich durch die Bank vorgenommen werden kann. So können beispielsweise Verluste aus einem Wertpapierdepot bei einer Bank mit Gewinnen aus einem Wertpapierdepot bei

einer anderen Bank verrechnet werden. Ebenso können über die Verlustausgleichsoption Verluste aus Gemeinschaftsdepots verwertet werden. Die Besteuerung erfolgt dabei weiterhin mit einem Sondersteuersatz.

Alternativ zum Verlustausgleich können Verluste aus Kapitaleinkünften auch verwertet werden, wenn die Regelbesteuerungsoption ausgeübt wurde oder ausländische Kapitaleinkünfte vorliegen. In beiden Fällen sind die Einkünfte aus Kapitalvermögen in die Steuererklärung aufzunehmen, wobei die Verluste in der Veranlagung verwertet werden.

In beiden Fällen gelten wiederum die folgenden Einschränkungen:

- ➜ Sind die gesamten Einkünfte aus Kapitalvermögen negativ, können diese Verluste nicht mit anderen Einkunftsarten ausgeglichen werden.
- ➜ Zwischen den beiden „Töpfen“ Kapitaleinkünfte mit Sondersteuersatz (Aktien, GmbH-Anteile, Derivate) und den Kapitaleinkünften mit Tarifsteuer (Lebensversicherungen, stille Beteiligungen, nicht verbriefte Derivate) ist keine Verlustverrechnung möglich.
- ➜ Verluste aus stillen Gesellschaften dürfen weder mit anderen Kapitaleinkünften noch mit positiven Einkünften anderer Einkunftsarten verrechnet werden. Sie können nur innerhalb der Kapitaleinkünfte vorgetragen und in den Folgejahren dann mit positiven Einkünften aus derselben stillen Beteiligung verrechnet werden.

Ein Verlustausgleich zwischen den Einkünften mit 27,5 % und jenen mit 25 % ist nicht möglich.

Eine Verrechnung von inländischen Veräußerungsverlusten mit ausländischen Kapitaleinkünften ist möglich, wenn die ausländischen Kapitaleinkünfte in Österreich steuerpflichtig sind.

Wie werden Umgehungen der KESt auf Wertsteigerungen (Veräußerungen) verhindert?

Um Umgehungen der Kapitalertragsteuer auf Veräußerungsgewinne zu verhindern, sollen Depotentnahmen grundsätzlich zu einem KESt-Abzug führen. Unentgeltliche Übertragungen – wie insbesondere Schenkungen und Erbschaften – sind davon aber ausgenommen. Dass eine unentgeltliche Übertragung stattgefunden hat, kann dem Abzugsverpflichteten (idR Bank) anhand geeigneter Unterlagen, wie zB Notariatsakt, Einantwortungsbeschluss, Schenkungsmeldung) nachgewiesen werden. Alternativ kann der Abzugsverpflichtete ermächtigt werden, dem Finanzamt die unentgeltliche Übertragung anzuzeigen. In beiden Fällen unterbleibt ein KESt-Abzug. Selbstverständlich kann die unentgeltliche Übertragung aber auch noch im Wege der Veranlagung nachgewiesen werden. Auch führen unentgeltliche Übertragungen nicht dazu, dass Alt-Anschaffungen plötzlich zu Neuanschaffungen werden und der neuen Kapitalertragsteuer unterliegen.

Wie sind die Einkünfte aus Kapitalvermögen in der Steuererklärung anzugeben?

Für Einkünfte aus Kapitalvermögen gibt es eine eigene Beilage E 1kv zur Einkommensteuererklärung. Dabei sind insbesondere folgende Einkünfte zu deklarieren (Einkünfte aus Kapitalvermögen, die ab 1.4.2012 zugeflossen sind):

1. Einkünfte, auf die der besondere Steuersatz von 27,5 % nicht anwendbar ist (Erklärungspflicht):

- Einkünfte aus der Beteiligung als stiller Gesellschafter oder aus der Beteiligung nach Art eines stillen Gesellschafters, einschließlich Überschüsse aus der Abschichtung.
- Sonstige Einkünfte aus Kapitalvermögen, die nicht dem besonderen Steuersatz von 25 % unterliegen (insbesondere Zinsen aus Privatdarlehen, Einkünfte aus nicht öffentlich begebenen Forderungswertpapieren, Einkünfte aus nicht verbrieften Derivaten).

2. Einkünfte, auf die der besondere Steuersatz von 27,5 % anwendbar ist und die für einen Verlustausgleich nicht in Betracht kommen (aufgeteilt in inländische und ausländische Kapitaleinkünfte):

- Zuwendungen von Privatstiftungen.
- Zinsen aus Geldeinlagen und sonstigen Forderungen bei Kreditinstituten.

3. Einkünfte, auf die der besondere Steuersatz von 27,5 % anwendbar ist und bei denen ein Verlustausgleich zulässig ist (aufgeteilt in inländische und ausländische Kapitaleinkünfte):

- Einkünfte aus der Überlassung von Kapital (insbesondere Dividenden, Zinserträge aus Wertpapieren).
- Einkünfte aus realisierten Wertsteigerungen von Kapitalvermögen (insbesondere Veräußerungsgewinne aus Aktien, Forderungswertpapieren und Fondsanteilen).
- Einkünfte aus verbrieften Derivaten (insbesondere Zertifikate, Optionsscheine).
- Einkünfte aus Investmentfonds und Immobilieninvestmentfonds.

Weiters sind zwecks allfälliger **Anrechnung** noch die einbehaltene Kapitalertragsteuer bzw ausländische Quellensteuern anzugeben. Optiert man anstelle des 27,5%igen Steuersatzes auf die Besteuerung nach dem allgemeinen Tarif (weil man damit auf Grund geringer Gesamteinkünfte günstiger fährt) ist noch zu beachten: Eine Anrechnung von Kapitalertragsteuer ist bei Ausübung der Regelbesteuerungsoption insoweit ausgeschlossen, als man einen Anspruch auf einen Alleinverdienerabsetzbetrag oder Kinderabsetzbetrag vermittelt.

Wie ist die Besteuerung von Zinsen in Europa generell geregelt?

Die Besteuerung von grenzüberschreitenden Zinszahlungen ist durch die Zins-Richtlinie der Europäischen Union wie folgt geregelt:

- Von Zinsen, die in einem anderen europäischen Staat bezogen wurden, der hinsichtlich dieser Erträge nicht zum Informationsaustausch verpflichtet ist, wird eine EU-Quellensteuer einbehalten. Betroffen sind Zinsen auf Girokonten, Sparbucheinlagen, Anleihen und Investmentfonds. Die EU-Quellensteuer ist auf die Einkommensteuer der in Österreich steuerpflichtigen (Kapital)Einkünfte in voller Höhe anrechenbar.
- Zinsen aus anderen EU-Staaten werden der Finanz des jeweiligen Wohnsitzstaates zu Kontrollzwecken mitgeteilt, dh die Erfassung in der Steuererklärung kann damit vom Finanzamt überprüft werden.

Was ist bei den Steuerabkommen mit der Schweiz und mit Liechtenstein zu beachten?

Das Steuerabkommen zwischen der Schweizerischen Eidgenossenschaft und der Republik Österreich über die Zusammenarbeit in den Bereichen Steuern und Finanzmarkt betrifft alle natürlichen Personen, die einen Wohnsitz in Österreich haben und ein Konto oder Depot bei einer Schweizer Bank besitzen. Schweizer Banken heben für diese unversteuerten Beträge für die Vergangenheit eine Abgeltungssteuer ein. Das heißt, sie ziehen von österreichischen Kunden einen pauschalen Steuerbetrag auf bereits bestehende Vermögen bzw. Kapitalerträge und -gewinne ab und leiten diese an die österreichischen Steuerbehörden weiter. Mit dieser Überweisung gilt die Steuerpflicht der Vergangenheit als abgegolten. Für den Anleger bestand allerdings ein Wahlrecht. Man konnte sich entweder für diese Nachversteuerung in Form einer anonymen Einmalzahlung oder einer Offenlegung seiner Vermögenswerte gegenüber der österreichischen Finanzverwaltung entscheiden. Laufende Kapitalerträge österreichischer Guthaben in der Schweiz werden im Rahmen des Abkommens durch eine jährliche Abzugssteuer mit Kapitalerträgen in Österreich gleichgestellt.

Das Steuerabkommen zwischen Österreich und dem Fürstentum Liechtenstein betrifft alle natürlichen Personen, die in Österreich einen Wohnsitz haben und die ein Konto oder Depot bei einer liechtensteinischen Bank besitzen oder an Vermögenswerten einer transparenten Vermögensstruktur (zB transparente Stiftung, Trust oder Anstalt) nutzungsberechtigt sind. Zusätzlich sind natürliche und juristische Personen, die Zuwendungen an eine intransparente Vermögensstruktur (zB intransparente Stiftung, Trust oder Anstalt) tätigen, und natürliche Personen, die Zuwendungen von einer intransparenten Vermögensstruktur erhalten, betroffen. Liechtensteinische Banken und Treuhänder heben für diese Personen eine Abgeltungssteuer für die Vergangenheit ein, besteuern die zukünftigen Kapitalerträge laufend und führen bei Zuwendungen an Stiftungen die Eingangsbesteuerung und bei Zuwendungen von Stiftungen an Begünstigte die Zuwendungsbesteuerung durch.

Nähere Information zu beiden Abkommen findet man unter www.bmf.gv.at/steuern/int-steuerrecht.

Die Banken wurden verpflichtet, Kapitalzuflüsse über 50.000 € aus der Schweiz zwischen 1.7.2011 und 31.12.2012 bzw aus Liechtenstein zwischen 1.1.2012 und 31.12.2013 dem Finanzamt zu melden. Die Finanz prüft auf Grund dieser Meldungen, ob alles ordnungsgemäß versteuert wurde oder ob abgabenrechtlich bzw finanzstrafrechtlich Verfahren einzuleiten sind.

Welche Informationen hat die Finanz über Konten im Allgemeinen?

Über Kapitalflüsse und Kontenbewegungen hat das Finanzamt mittlerweile umfassende Informationen:

- Im **Kontenregister- und Konteneinschaugesetz** wird geregelt, dass über alle österreichischen Konten und Depots ein zentrales Kontenregister geführt wird, in welchem neben den personenbezogenen Daten der Konto- und Depotinhaber das jeweilige Kreditinstitut, die Konto- und Depotnummern sowie Tag der Eröffnung und Auflösung des Kontos/Depots enthalten sein werden. Die Übermittlung dieser Daten an das BMF erfolgt durch die Banken. Auf das Kontenregister können Staatsanwaltschaften, Strafgerichte, Finanzstrafbehörden, das Bundesfinanzgericht und Abgabenbehörden des Bundes (Finanz- und Zollämter) zugreifen. Auskünfte aus dem Kontenregister für die Veranlagung sind nur zulässig, wenn das Finanzamt Bedenken gegen die Richtigkeit der Abgabenerklärung hat, ein Ermittlungsverfahren einleitet und der Abgabepflichtige vorher Gelegenheit zur Stellungnahme hat. Jeder Abgabepflichtige hat die Möglichkeit, die über ihn gespeicherten Kontodaten via FINANZOnline anzusehen. Er wird auch über FINANZOnline verständigt, wenn das Finanzamt Einsicht genommen hat. Im Abgabenverfahren muss zum Rechtsschutz das Auskunftsverlangen vorab von einem Einzelrichter des Bundesfinanzgerichts genehmigt werden, im verwaltungsbehördlichen Verfahren durch den Spruchsenatsvorsitzenden. Die Einsichtnahme in das Kontenregister wird generell durch einen unabhängigen Rechtsschutzbeauftragten überprüft. Dessen ungeachtet wird die Finanz bei Prüfungen jedenfalls die vorhandenen Konten ansprechen.
- Das **Kapitalabfluss-Meldegesetz** regelt zur Vermeidung ungewollter Kapitalabflüsse, dass Kreditinstitute, Zahlungsinstitute und die Österreichische Bundesfinanzierungsagentur die Verpflichtung haben, Abflüsse und sonstige Übertragungen ab 50.000 € ab dem 1.3.2015 (rückwirkend!) an das BMF zu melden.
- Um den internationalen Steuerbetrug zu bekämpfen, setzt Österreich mit dem **Gemeinsamen Meldestandard-Gesetz** die Erweiterung der EU-Amtshilferichtlinie um, welche beginnend mit dem Jahr 2016/2017 einen internationalen Informationsaustausch über Finanzdaten von ausländischen Kapitalvermögen vorsieht. Die Finanzinstitute haben jährlich die Daten ihrer ausländischen Kunden sowie Konto- und Depotinformationen an das österreichische BMF zu melden, welches

die Daten an die jeweiligen Ansässigkeitsstaaten weiterleitet. Da dieser Informationsaustausch auf Gegenseitigkeit beruht, übermittelt auch Österreich Informationen über ausländische Konten und Depots österreichischer Steuerpflichtiger. International haben sich bereits über 100 Staaten zur Umsetzung des von der OECD entwickelten **multinationalen automatischen Informationsaustausches** verpflichtet. Fünf Jahre nach Ablauf des Meldezeitraums hat das meldepflichtige Finanzinstitut die übermittelten Daten zu löschen.

B.2.2.6. Vermietung und Verpachtung

Was gehört zu den Einkünften aus Vermietung und Verpachtung?

Zu den Einkünften aus Vermietung und Verpachtung zählen:

- Einkünfte aus der Vermietung und Verpachtung von unbeweglichem Vermögen (zB Hausvermietung, Wohnungsvermietung, Gebäudevermietung),
- Einkünfte aus der Vermietung und Verpachtung von Sachinbegriffen (vermietet man aber bloß einzelne bewegliche Güter des Privatvermögens, so liegen keine Einkünfte aus Vermietung und Verpachtung, sondern Einkünfte aus Leistungen im Rahmen der sonstigen Einkünfte vor),
- Einkünfte aus der Überlassung von Rechten (zB Einkünfte nach einem verstorbenen Schriftsteller; urheberrechtliche Einkünfte eines Schriftstellers selber zählen hingegen zu den selbständigen Einkünften),
- Einkünfte aus der Veräußerung von Miet- und Pachtzinsforderungen.

ACHTUNG

Wird ein Gebäude entgeltlich (zB Verkauf) übertragen und wurden innerhalb von 15 Jahren vor der Übertragung Herstellungsaufwendungen in Teilbeträgen abgesetzt, sind im Jahr der Übertragung zusätzlich „besondere Einkünfte aus Vermietung und Verpachtung" anzusetzen. Die Hälfte der kumulierten Abschreibungen ist bei Anwendung der pauschalen Gewinnermittlung (bei Altvermögen) beim Verkäufer einkünfteerhöhend anzusetzen. Für Neuvermögen (das Grundstück wurde ab 1.4.2002 angeschafft) entfällt die Nachversteuerung.

Wie werden die Einkünfte aus Vermietung und Verpachtung ermittelt?

Für die Ermittlung des Überschusses der Einnahmen über die Werbungskosten (bzw bei Verlusten umgekehrt) gelten zwar grundsätzlich die allgemeinen Bestimmungen über die Führung von Aufzeichnungen sowie die Einnahmen und Ausgaben (siehe Kapitel B.4.), doch sind einige Besonderheiten zu beachten, die im Folgenden kurz erläutert werden.

Pauschalierung bis fünf bzw zehn Fremdbetten:

- Bei einer Vermietung von nicht mehr als fünf Appartements ohne Erbringung von Nebenleistungen können die Werbungskosten mit 10 % der Einnahmen (ohne USt und Kurtaxe) geschätzt werden. Erfolgt die Zimmervermietung auf Grundlage eines fremdüblichen Mietvertrages, den der Zimmervermieter mit dem Eigentümer abgeschlossen hat, können 30 % angesetzt werden. Bei Anwendung der Bruttomethode sind die bezahlte USt und die Vorsteuer aus Anlageninvestitionen gesondert absetzbar. Die Kurtaxe kann als Durchlaufer sowohl bei den Einnahmen als auch bei den Werbungskosten außer Ansatz bleiben.
- Bei einer Vermietung von Zimmern oder Appartements mit Frühstück, bei der die Bettenzahl insgesamt nicht mehr als zehn Fremdenbetten umfasst, können die Werbungskosten mit 30 % der Einnahmen (ohne USt und Kurtaxe) geschätzt werden. Erfolgt die Zimmervermietung auf Grundlage eines fremdüblichen Mietvertrages, den der Zimmervermieter mit dem Eigentümer abgeschlossen hat, können 50 % angesetzt werden. Bei Anwendung der Bruttomethode sind die bezahlte USt und die Vorsteuer aus Anlageninvestitionen gesondert absetzbar. Die Kurtaxe kann als Durchlaufer sowohl bei den Einnahmen als auch bei den Werbungskosten außer Ansatz bleiben.

Absetzung für Abnutzung (AfA): Der AfA sind die tatsächlichen Anschaffungs- oder Herstellungskosten abzüglich des auf Grund und Boden entfallenden Anteiles zugrunde zu legen. Der **AfA-Satz beträgt grundsätzlich** 1,5 % (das entspricht einer Nutzungsdauer von 67 Jahren). Ein höherer Satz (= kürzere Nutzungsdauer) kommt nur bei Vorliegen eines entsprechenden Gutachtens über den Bauzustand in Betracht. Lediglich bei einem Zinshaus, das vor 1915 erbaut wurde, kann auch ohne Gutachten ein vor 1989 verwendeter AfA-Satz bis höchstens 2 % anerkannt werden.

CORONA

Corona: Für nach dem 30.6.2020 angeschaffte oder hergestellte Gebäude gibt es eine **beschleunigte lineare AfA**. Diese beträgt im Anschaffungs- bzw Herstellungsjahr höchstens das 3-Fache des normalen Afa-Satzes von 1,5 % (dh max 4,5 %), im Folgejahr höchstens das 2-Fache (dh max 3 %) und danach dann 1,5 %. Die Halbjahresregelung ist nicht anzuwenden, sodass auch bei Anschaffung, Herstellung oder Einlage im zweiten Halbjahr die volle Jahres-AfA aufwandswirksam ist.

Wird ein Gebäude nur zum Teil vermietet, so bemisst sich die AfA lediglich von den anteiligen Anschaffungs- und Herstellungskosten. Bemessungsgrundlage (höhere Bemessung = höhere Ausgaben!) für die AfA sind:

- Grundsätzlich die tatsächlichen Anschaffungs- oder Herstellungskosten (inklusive der Nebenkosten wie zB Grunderwerbsteuer, Notarkosten, Vermittlungsprovisionen);
- bei unentgeltlich erworbenen Gebäuden entweder der Einheitswert oder – auf Antrag – die fiktiven Anschaffungskosten im Zeitpunkt des unentgeltlichen Erwerbs;
- bei Gebäuden, die vor länger als 10 Jahren angeschafft oder hergestellt wurden und nun erstmalig vermietet werden, kann wahlweise anstelle der tatsächlichen Anschaffungs- oder Herstellungskosten der (im Normalfall höhere) gemeine Wert im Zeitpunkt des Beginns der Vermietung angesetzt werden.

Bei erstmaliger Verwendung zur Erzielung von Einkünften für ein früher angeschafftes Wirtschaftsgut sind die fiktiven Anschaffungs- oder Herstellungskosten zum Zeitpunkt der erstmaligen Nutzung als AfA-Basis zugrunde zu legen. Für Gebäude, die ab 1.4.2012 angeschafft oder hergestellt wurden und die **ab 1.1.2013** erstmals vermietet werden, sind **die tatsächlichen historischen Anschaffungs- oder Herstellungskosten als Bemessungsgrundlage** für die Absetzung für Abnutzung anzusetzen (und nicht mehr die fiktiven Anschaffungskosten). Bei Gebäuden des Altvermögens (in der Regel Anschaffung bzw Herstellung vor dem 31.3.2002) bleibt es dagegen bei einem Ansatz der fiktiven Anschaffungskosten für die Absetzung für Abnutzung des Gebäudes. Allerdings ist im Falle einer späteren Veräußerung der Veräußerungsgewinn – wie bei mit dem Teilwert in Betriebsvermögen eingelegten Altgebäuden – „gespalten" zu ermitteln. Die Wertsteigerung vor Beginn der Vermietung kann pauschal mit 14 % oder bei Umwidmungen mit 60 % der fiktiven Anschaffungskosten angesetzt werden. Die Wertsteigerung nach Beginn der Vermietung ist in voller Höhe mit 30 % zu versteuern.

Seit 1.1.2016 sind bei Vermietungen von den Anschaffungskosten eines bebauten Grundstücks **grundsätzlich 40 % als Anteil des Grund und Bodens** auszuscheiden (pauschales Aufteilungsverhältnis). Demnach entfallen 60 % der Anschaffungskosten grundsätzlich auf das Gebäude und stellen damit die AfA-Bemessungsgrundlage dar.

Abweichend vom gesetzlich vorgegebenen Ausmaß von 40 % wird mit der sogenannten Grundanteil-Verordnung der Anteil des nicht abschreibbaren Grund und Bodens für drei verschiedene Kategorien von Grundstücken pauschal vorgegeben:

- 20 % in Gemeinden mit weniger als 100.000 Einwohnern, wenn der durchschnittliche Quadratmeterpreis für baureifes Land weniger als 400 € beträgt;
- in Gemeinden mit mindestens 100.000 Einwohnern und in Gemeinden, in denen der durchschnittliche Quadratmeterpreis für baureifes Land mindestens 400 € beträgt:
  - 30 %, wenn das Gebäude mehr als 10 Wohn- oder Geschäftseinheiten umfasst,
  - 40 %, wenn das Gebäude bis zu 10 Wohn- oder Geschäftseinheiten umfasst.

Nach wie vor besteht die Möglichkeit, ein anderes Aufteilungsverhältnis anzusetzen, sofern dieses nachgewiesen wird (Gutachten, welches jedoch der freien Beweiswürdigung unterliegt).

Der Anteil des Grund und Bodens ist aber dann nicht pauschal auszuscheiden, wenn die tatsächlichen Verhältnisse offenkundig erheblich davon abweichen (wenn der tatsächliche Anteil des Grund und Bodens um zumindest 50 % abweicht).

Ein davon abweichendes Aufteilungsverhältnis kann weiterhin im Einzelfall, insbesondere durch ein entsprechendes Sachverständigengutachten, nachgewiesen werden.

ACHTUNG

Die Neuregelung gilt generell ab 2016. Wurde daher vor 2016 ohne Nachweis eines anderen Aufteilungsverhältnisses von Grund und Boden und Gebäude eine abweichende pauschale Aufteilung vorgenommen, sind die fortgeschriebenen Anschaffungskosten des Gebäudes seit 1.1.2016 anzupassen (Änderung auf das Verhältnis 60:40 bzw das Verhältnis laut Grundanteil-Verordnung oder Nachweis) und **die AfA ist entsprechend zu ändern**.

Herstellungsaufwendungen: Herstellungsaufwand liegt bei jeder Änderung der Wesensart des Gebäudes vor (zB Aufstocken, Zusammenlegen von Wohnungen, erstmaliger Einbau von Zentralheizungen oder Aufzügen, Bad- und WC-Einbau, Versetzen von Zwischenwänden, Türen oder Fenstern). Wie wird dieser Aufwand steuerlich behandelt? Grundsätzlich muss der Aufwand auf die Restnutzungsdauer des Altgebäudes verteilt werden. Die folgenden Herstellungsaufwendungen können jedoch über Antrag auf 15 Jahre verteilt werden:

- Aufwendungen nach §§ 3 bis 5 MRG, wenn das Gebäude dem Mietrechtsgesetz unterliegt,
- Sanierungsmaßnahmen bei Zusage einer Förderung nach dem Wohnhaussanierungsgesetz, dem Startwohnungsgesetz oder Landesgesetzen über Wohnhaussanierung,
- Sanierungsaufwendungen nach dem Denkmalschutzgesetz (Bescheinigung erforderlich!).

Bei erhöhten Zwangsmieten kann der Aufwand auf die Laufzeit der erhöhten Mieten mindestens auf 10 Jahre verteilt werden.

Erhaltungsaufwendungen: Beim Erhaltungsaufwand kann wieder unterschieden werden zwischen Instandsetzungs- und Instandhaltungsaufwendungen:

- **Instandsetzungsaufwendungen** sind Aufwendungen, die nicht zu den Anschaffungs- oder Herstellungskosten gehören, die aber den Nutzwert des Gebäudes wesentlich erhöhen oder die Nutzungsdauer wesentlich verlängern. Beispiele: Austausch von Fenstern und Türen, Heizungen usw, Erneuerung des Außenverputzes, Energiesparmaßnahmen inkl Einbau von Wärmepumpen oder Solaranlagen. Instandsetzungsaufwendungen bei Wohngebäuden müssen zwingend auf 15 Jahre (bis inkl 2015: zehn Jahre) verteilt abgesetzt werden, sind aber vorher noch um etwaige Subventionen zu kürzen.

- **Instandhaltungsaufwendungen** dagegen sind nicht regelmäßig anfallende Arbeiten, wie Wartungsarbeiten, Reparaturen, Ausmalen, Ausbessern des Verputzes usw. Solche Aufwendungen können wahlweise entweder im Jahr der Verausgabung zur Gänze oder verteilt auf 15 Jahre (bis inkl 2015: zehn Jahre) als Ausgabe abgezogen werden. Andere Erhaltungsaufwendungen (zB Hausversicherung, Grundsteuer, Rauchfangkehrer) sind im Jahr der Bezahlung abzusetzen.
- **Laufende Erhaltungsaufwendungen** (zB Versicherung, Grundsteuer, Rauchfangkehrer) sind immer sofort im Zeitpunkt der Bezahlung abzusetzen.

Der Ersatz von **Aufwendungen gemäß § 10 des Mietrechtsgesetzes** (wesentliche Verbesserungen durch den Hauptmieter wie zB Fußböden, Heizungen) kann über Antrag gleichmäßig auf zehn Jahre verteilt werden.

Zuwendungen aus öffentlichen Mitteln: Steuerfreie Zuwendungen der öffentlichen Hand zählen nicht zu den Einnahmen aus Vermietung und Verpachtung. Im Gegenzug können aber Aufwendungen, die mit solchen Subventionen in unmittelbarem Zusammenhang stehen, nur insoweit abgesetzt werden, als sie die Subventionen übersteigen. Insoweit steht auch der Abgeltungsbetrag nicht zu.

TIPP

Nutzen Sie bei den Einkünften aus Vermietung und Verpachtung vor allem die zahlreichen Möglichkeiten für eine beschleunigte Abschreibung von Aufwendungen. Wenn Sie auf Dauer höhere Aufwendungen steuerlich absetzen wollen, können Sie versuchen, durch ein Gutachten eine kürzere Nutzungsdauer des Gebäudes nachzuweisen und damit jährlich eine höhere AfA lukrieren.

Was ist bei den sog Bauherrenmodellen zu beachten?

Bei einem Bauherrenmodell werden Gebäude errichtet bzw saniert und anschließend vermietet. Aufgrund verschiedener Nebenkosten (zB Projektkosten, Beratungskosten) entstehen hohe Anfangsverluste, die im Rahmen des Verlustausgleiches zu einer entsprechenden Steuerersparnis führen. Die Finanz verlangt für die Anerkennung derartiger Modelle nach der sog Bauherrenverordnung, dass man „Bauherr“ ist. Bauherr ist derjenige,

- dem gegenüber die Leistungen der die Herstellung oder Instandsetzung ausführenden Firmen aufgeschlüsselt werden,
- der das Preisrisiko trägt und
- der mit der Bauausführung erst nach Anschaffung des Grundstücks bzw Gebäudes beginnt.

Bevor derartige Modelle gezeichnet werden, sollte man aber einen Steuerberater beiziehen. Hinsichtlich der Umsatzsteuer siehe B.3.5.

Wie sind die Einkünfte aus Vermietung und Verpachtung in der Steuererklärung anzugeben?

Für Vermieter und Verpächter von Grundstücken und Gebäuden gibt es ein eigenes **Formular** (E 1b) als Beilage zur Einkommensteuererklärung, das eine Aufgliederung der Einnahmen und Ausgaben enthält.

Ist man Miteigentümer einer Hausgemeinschaft, dann ist in die Steuererklärung jener Betrag aufzunehmen, der aufgrund der Erklärung der Einkünfte von Gemeinschaften (Formular E 6) als Anteil am Überschuss oder Verlust festgestellt wurde.

Im Formular E 1b sind folgende Angaben zu machen:

Angaben zum Erwerb oder zur erstmaligen Nutzung der Einkunftsquelle

- Bei entgeltlichem Erwerb der Einkunftsquelle: Höhe der Anschaffungskosten des Gebäudes (ohne Grundanteil)
- Bei unentgeltlichem Erwerb: AfA-Fortsetzung, Übernahme der Zehntel- bzw Fünfzehntel-Absetzungen des Vorgängers
- Bei erstmaliger Vermietung im Erklärungsjahr: AfA-Bemessung

Übertragung der Einkunftsquelle oder Beendigung der Vermietung

- Verkaufspreis bei Veräußerung
- Einkunftsquelle wurde verschenkt
- Vermietung wurde aus sonstigen Gründen beendet

Verteilung von Aufwendungen

- Instandsetzungs- und Instandhaltungskosten (1/15)
- Herstellungskosten (10–15 Jahre)
- Aufwendungen nach § 10 MRG

Einnahmen

- Sämtliche Einnahmen aus Vermietung und Verpachtung (inkl Ablösen, Mietvorauszahlungen usw)

Werbungskosten

- Instandhaltungs- und Instandsetzungsaufwendungen (Fünfzehntelabsetzung ab 2016)

- Herstellungsaufwendungen (Zehntel-/Fünfzehntelabsetzungen)
- Ersatz von Aufwendungen für wesentliche Verbesserungen des Mieters (Zehntelabsetzungen)
- Absetzung für Abnutzung (AfA)
- Fremdfinanzierungskosten
- Sofort abgesetzte Instandhaltungs- und/oder Instandsetzungskosten
- Übrige Werbungskosten
- Zu- und Abschläge aus periodenübergreifenden Fehlerberichtigungen

B.2.2.7. Sonstige Einkünfte

Der Begriff „sonstige Einkünfte" täuscht: Nicht alle noch offenen Einnahmen zählen dazu, sondern nur jene, die ausdrücklich als sonstige Einkünfte aufgezählt werden. Wichtig dabei ist, dass diese Einkunftsart grundsätzlich subsidiär ist, das heißt, nur dann zum Tragen kommt, wenn die Einnahmen nicht bereits unter eine der anderen Einkunftsarten fallen. Als sonstige Einkünfte (Einnahmen abzüglich Ausgaben) gelten:

- Einkünfte aus privaten Grundstücksveräußerungen
- Wiederkehrende Bezüge
- Spekulationsgeschäfte
- Einkünfte aus Leistungen
- Funktionsgebühren

Wann liegen Einkünfte aus privaten Grundstücksveräußerungen vor?

Seit dem 1.4.2012 unterliegen Gewinne aus der Veräußerung von Grundstücken der Einkommensteuerpflicht. Als Grundstücke gelten

- Grund und Boden,
- Gebäude (inklusive Eigentumswohnungen) und
- grundstücksgleiche Rechte (zB Baurechte).

Von der Immobilienertragsteuer erfasst sind nur entgeltliche Erwerbs- bzw Veräußerungsvorgänge, das heißt bei Schenkungen und Erbschaften fällt grundsätzlich keine Immobilienertragsteuer an.

Die bisherige zehnjährige Spekulationsfrist hat aber noch insofern Bedeutung, als für „Alt-Grundstücke", das sind die meisten vor dem 31.3.2002 angeschafften Grundstücke, normalerweise nur eine moderate Einkommensteuer von 4,2 % (ab 2016; vorher 3,5 %) des Veräußerungserlöses anfällt.

Welche Grundstücksveräußerungen bleiben steuerfrei?

Folgende Grundstücksveräußerungen bleiben steuerfrei:

- Steuerfrei bleibt die Veräußerung von Eigenheimen und Eigentumswohnungen samt Grund und Boden, wenn es sich dabei um den Hauptwohnsitz handelt. Der

Hauptwohnsitz ist das Einfamilienhaus oder die Eigentumswohnung, in dem man seit der Anschaffung bis zur Veräußerung durchgehend für mindestens zwei Jahre gewohnt hat. Die Hauptwohnsitzbefreiung kommt auch dann zum Tragen, wenn man innerhalb der letzten zehn Jahre vor dem Verkauf mindestens fünf Jahre durchgehend dort seinen Hauptwohnsitz gehabt hat (dh in diesem Fall muss der Hauptwohnsitz im Zeitpunkt des Verkaufs nicht mehr bestehen). Wird ein geerbtes oder geschenktes Einfamilienhaus oder eine Eigentumswohnung verkauft, kommt es darauf an, ob man (auch als bloßer Mitbewohner der Person, die das Haus oder die Wohnung später vererbt oder verschenkt hat) dort fünf Jahre durchgehend den Hauptwohnsitz gehabt hat. Weiters ist Voraussetzung, dass man den Hauptwohnsitz aufgibt oder (bei der Fünfjahresfrist) bereits aufgegeben hat. Der Hauptwohnsitz muss mit der Veräußerung oder spätestens ein Jahr nach der Veräußerung aufgegeben werden, in Einzelfällen, die nicht im Einflussbereich des Veräußerers liegen, kann die einjährige Frist überschritten werden. Bei Mietkauf ist es nicht erforderlich, dass die Wohnung für den gesamten Hauptwohnsitzzeitraum eine Eigentumswohnung darstellte; es ist ausreichend, wenn dies zum Zeitpunkt der Aufgabe des Hauptwohnsitzes und der Veräußerung der Fall war.

➜ Steuerfrei sind auch Gewinne aus der Veräußerung eines selbst hergestellten Gebäudes. Der Grund und Boden ist hier jedoch steuerpflichtig, sofern nicht auch die Hauptwohnsitzbefreiung anwendbar ist. Ein selbst hergestelltes Gebäude liegt vor, wenn man das Gebäude von Grund auf neu errichtet und das (finanzielle) Baurisiko hinsichtlich der Errichtung trägt. Liegt eine teilweise Nutzung zur Erzielung von Einkünften vor (teilweise Vermietung des Hauses oder der Eigentumswohnung), kann nur der nicht vermietete Teil von der Besteuerung ausgenommen werden, während für den vermieteten Teil die Befreiung nicht greift. Treffen die Hauptwohnsitzbefreiung und die Herstellerbefreiung zu, hat die Hauptwohnsitzbefreiung Vorrang (ist günstiger, weil sie auch Grund und Boden umfasst!). Die Hauptwohnsitzbefreiung umfasst den Grund und Boden bis zu einem Ausmaß, das „üblicherweise als Bauplatz“ erforderlich ist. Die Beurteilung der Grundstücksfläche erfolgt nach der Verkehrsauffassung, kann jedoch bis zu einer Größe von 1.000 m^2 angenommen werden.

➜ Steuerfrei sind Veräußerungen im Zuge oder zur Vermeidung eines behördlichen Eingriffs (Enteignungen).

➜ Steuerfrei sind weiters Tauschvorgänge von Grundstücken im Rahmen eines Zusammenlegungs-, Flurbereinigungs- und Baulandumlegungsverfahrens.

Wie wird der steuerpflichtige Veräußerungsgewinn ermittelt?

Der Veräußerungsgewinn wird als Differenz zwischen Veräußerungserlös und Anschaffungskosten ermittelt. Der Veräußerungserlös ist dabei immer in tatsächlicher

Höhe anzusetzen. Die Anschaffungskosten sind um Herstellungs- und Instandsetzungsaufwendungen zu erhöhen, soweit diese bei Einkünften nicht berücksichtigt wurden, und um die AfA und steuerfreie Beträge, soweit diese bei Einkünften abgezogen wurden, zu vermindern. Für die abzuziehenden Anschaffungskosten ist weiters zu unterscheiden:

- „Neu-Grundstücke", die ab dem 31.3.2002 angeschafft worden sind und damit jedenfalls am 31.3.2012 steuerverfangen waren (das heißt, die frühere zehnjährige Spekulationsfrist war noch nicht abgelaufen) oder noch angeschafft werden: Die Bemessungsgrundlage (Veräußerungserlös abzüglich – gegebenenfalls adaptierter – tatsächlicher Anschaffungskosten) wird um die Kosten für die Mitteilung an das Finanzamt und für die Selbstberechnung der Immobilienertragsteuer sowie allenfalls um Minderbeträge aus Vorsteuerberichtigungen gekürzt. Der so ermittelte Betrag ist dann mit dem besonderen Steuersatz von 30 % zu versteuern.
- „Alt-Grundstücke", die vor dem 31.3.2002 angeschafft wurden und damit am 31.3.2012 grundsätzlich nicht steuerverfangen waren (das heißt, die frühere zehnjährige Spekulationsfrist war bereits abgelaufen): Für diese gilt folgende pauschale Anschaffungskostenermittlung:
  Im Normalfall werden die Anschaffungskosten pauschal mit 86 % des Veräußerungserlöses angesetzt. Der zu versteuernde Veräußerungsgewinn beträgt daher nur 14 % des Veräußerungserlöses. Dieser ist mit dem besonderen Steuersatz in Höhe von 30 % zu versteuern. Effektiv heißt das, dass die Steuerbelastung 4,2 % vom Veräußerungserlös beträgt.
  Erfolgte nach dem 31.12.1987 – und nach dem letzten entgeltlichen Erwerb – eine Änderung der Widmung von Grünland in Bauland, werden die Anschaffungskosten pauschal statt mit 86 % nur mit 40 % des Veräußerungserlöses angesetzt. Der zu versteuernde Veräußerungsgewinn beträgt damit 60 % des Erlöses. Dieser ist mit dem besonderen Steuersatz in Höhe von 30 % zu versteuern. Effektiv heißt das, dass die Steuerbelastung 18 % vom Veräußerungserlös beträgt.
- In beiden Fällen kann auf Antrag die Ermittlung des Veräußerungserlöses auch unter Zugrundelegung der tatsächlichen (und gegebenenfalls adaptierten) Anschaffungskosten für das Grundstück erfolgen („Regel-Einkünfteermittlung").

Neben der pauschalen Berechnungsmethode zum besonderen Steuersatz von 30 % ist die Ausübung der Regelbesteuerungsoption möglich. Dabei ist auch der Abzug von Betriebsausgaben oder Werbungskosten zulässig. Eine Adaptierung der Anschaffungskosten ist nur bei der Regeleinkünfteermittlung anhand der tatsächlichen Anschaffungskosten möglich. Dabei erhöht ein Herstellungs- oder Instandsetzungsaufwand die tatsächlichen Anschaffungskosten (und vermindert damit den steuerpflichtigen Veräußerungsgewinn), Instandhaltungskosten dagegen bleiben unberücksichtigt.

Was passiert mit Verlusten aus Grundstücksveräußerungen?

Im betrieblichen Bereich sind Abschreibungen auf den niedrigeren Teilwert und Verluste aus der Veräußerung von Grundstücken vorrangig mit positiven Einkünften aus der Veräußerung oder Zuschreibung solcher Grundstücke desselben Betriebes zu verrechnen. Ein verbleibender negativer Überhang darf zu 60 % ausgeglichen werden.

Im außerbetrieblichen Bereich können ab 2016 60 % der Verluste aus privaten Grundstücksveräußerungen entweder über 15 Jahre verteilt mit Überschüssen aus Vermietung und Verpachtung ausgeglichen oder auf Antrag im Jahr der Verlustentstehung zur Gänze mit Einkünften aus Vermietung und Verpachtung, die mit einem Grundstück zusammenhängen, ausgeglichen werden.

Wie hoch ist die Steuer von privaten Grundstücksveräußerungen und wie wird sie erhoben?

Einkünfte aus der Veräußerung von Grundstücken unterliegen einem besonderen Steuersatz von 30 % und wirken nicht progressionserhöhend für das Resteinkommen. Die im Wege der Selbstberechnung berechnete und abgeführte Einkommensteuer (Immobilienertragsteuer) entfaltet – wie die Kapitalertragsteuer – grundsätzlich Endbesteuerungswirkung, das heißt es besteht keine Verpflichtung mehr, die Einkünfte aus dem Veräußerungsgeschäft in die Einkommensteuererklärung aufzunehmen.

Es ist aber eine freiwillige Aufnahme in die Steuererklärung unter Beibehaltung des besonderen Steuersatzes von 30 % möglich (sogenannte „Veranlagungsoption"). Das ist zB dann vorteilhaft, wenn aus einer anderen Grundstücksveräußerung ein Verlust anfällt (und dieser mit dem Veräußerungsgewinn ausgeglichen werden soll) oder eine fehlerhafte Berechnung richtiggestellt werden soll (es wurden zB Instandsetzungskosten noch nicht berücksichtigt).

TIPP

Abgesehen von der Veranlagungsoption, bei der der besondere Steuersatz erhalten bleibt, ist aber auch eine Veranlagung zum regulären Steuertarif (sogenannte „Regelbesteuerungsoption") möglich. Eine solche kann dann sinnvoll sein, wenn die anzuwendende tarifmäßige Einkommensteuer auf den Veräußerungsgewinn (z.B. wegen Verlusten aus anderen Einkunftsquellen) weniger als 30 % beträgt.

Die Einhebung und Abfuhr der Einkommensteuer für Grundstücksveräußerungen im privaten Bereich erfolgt wie im Grunderwerbsteuergesetz grundsätzlich durch Parteienvertreter (Notare oder Rechtsanwälte). Zwingend ist dies in allen Fällen vorgesehen, in denen der Parteienvertreter auch die Grunderwerbsteuer selbst berechnet.

Wird keine Immobilienertragsteuer durch den Parteienvertreter entrichtet, besteht die Verpflichtung, eine besondere Vorauszahlung in Höhe von 30 % der jeweiligen Bemessungsgrundlage zu entrichten. Diese besondere Vorauszahlung entfaltet keine Abgeltungswirkung, sie wird dann auf die im Wege der Einkommensteuerveranlagung auf die aus dem Grundstücksgeschäft entfallende Einkommensteuer angerechnet.

Unabhängig davon, ob eine Selbstberechnung und Entrichtung der Immobilienertragsteuer durch den Parteienvertreter erfolgt oder nicht, muss dieser die relevanten Daten aus dem Grundstücksgeschäft dem Finanzamt mitteilen.

Was sind wiederkehrende Bezüge?

Wiederkehrende Bezüge sind Bezüge, die man über einen längeren Zeitraum aus einem einheitlichen Rechtsgrund erhält, wie zB Ausgedinge oder Renten. Private Gegenleistungsrenten (zB Kaufpreisrente aus dem Verkauf eines Gebäudes oder Grundstückes) führen erst dann zu steuerpflichtigen Einnahmen, wenn die Summe der Rentenzahlungen den kapitalisierten Wert der Rentenverpflichtung inklusive Abfindungen und Einmalzahlungen (vom Alter abhängiger Vervielfacher) übersteigt.

Versorgungsrenten, die keine adäquate Gegenleistung für das übertragene Wirtschaftsgut darstellen, sind von der ersten Rente an steuerpflichtig. Beträgt der Wert der Gegenleistung nicht einmal die Hälfte des Rentenbarwertes, dann liegt allerdings eine nicht steuerpflichtige Unterhaltsrente vor. Renten ohne Gegenleistung, wie zB Schadensrenten, können ebenfalls von der ersten Zahlung an zu den sonstigen Einkünften zählen. Nicht steuerpflichtig sind hingegen freiwillig gewährte Renten oder Unterhaltsrenten. Siehe dazu auch Kapitel A.1.3. (Sonderausgaben).

Wann liegen Spekulationsgeschäfte vor?

Spekulationsgeschäfte kann man auch unbeabsichtigt tätigen. Die Steuer versteht darunter Veräußerungsgeschäfte, bei denen der Zeitraum zwischen Anschaffung und Veräußerung von Wirtschaftsgütern nicht mehr als ein Jahr beträgt, und man daraus einen Gewinn erzielt hat. Private Grundstücksveräußerungen sind nach einem eigenen Tatbestand steuerpflichtig (siehe oben).

Erträge aus Transaktionen von Krypto-Assets (zB Krypto-Währungen wie Bitcoin oder Ethereum) im Privatvermögen können ebenfalls zu steuerpflichtigen Spekulationseinkünften führen:

Ohne zinstragende Veranlagung, dh mit Einnahmen nur aus dem Kursgewinn (Regelfall), liegen bei Veräußerungen innerhalb eines Jahres nach Anschaffung Spekulationseinkünfte vor (Veräußerungserlös abzüglich Anschaffungskosten und allfällige Werbungskosten wie zB Gebühren). Wird ein Krypto-Asset gehalten, das zu unterschiedlichen Zeitpunkten oder zu unterschiedlichen Kursen angeschafft wurde, ist beim Verkauf für die Höhe möglicher Spekulationseinkünfte entscheidend, welche Tranche verkauft wird. Können die veräußerten Krypto-Assets nicht zugeordnet werden, kommt die FIFO-Methode (First-in-First-out) zur Anwendung. Allfällige Spekulationsverluste sind innerhalb eines Jahres mit Spekulationsgewinnen ausgleichsfähig.

Mit zinstragender Veranlagung (Verleihung der Kryptowährung an andere Marktteilnehmer) unterliegen die Kursgewinne und die Zinsen der Kapitalertragsteuer von 27,5 % (endbesteuert, daher auch nicht in die Steuererklärung aufzunehmen).

Jede Transaktion ist mit dem Eurowert bei Kauf bzw Verkauf festzuhalten. Daher ist für die Dokumentation ein Steuer-Tool wie Blockpit (zB Bitpanda), Accointing oder Cointracing empfehlenswert. Dieses Tool zieht die Daten vom Account der Börse heran und berechnet anhand einer dahinterliegenden Kurstabelle die Steuerlast.

Betragen die Spekulationseinkünfte außerdem nicht mehr als 440 € pro Jahr (Freigrenze), bleiben sie steuerfrei. Eventuelle Verluste dürfen zwar mit Spekulationsgeschäften, nicht jedoch mit anderen Einkünften ausgeglichen werden.

Was sind Einkünfte aus Leistungen?

Einkünfte aus Leistungen sind zB gelegentliche Vermittlungen oder Einnahmen aus der fallweisen Vermietung einzelner beweglicher Privatgegenstände (zB des Segelbootes). Die Einkünfte bleiben aber steuerfrei, wenn sie im Jahr weniger als 220 € betragen (Freigrenze). Für Verluste besteht ein absolutes Ausgleichsverbot.

Wann liegen Funktionsgebühren vor?

Zu den Funktionsgebühren zählen die Bezüge der Funktionäre der öffentlich-rechtlichen Körperschaften (zB Kammerfunktionäre, Funktionäre des ÖGB, Funktionäre der Sozialversicherungsträger, Vortragende und Mitglieder der Prüfungskommission für Dienstprüfungen, Funktionäre der ÖH). Hier ist aber darauf zu achten, dass derartige Einkünfte nicht subsidiär sind. Das heißt zB, dass bei einem selbständigen Arzt, der Funktionär der Ärztekammer ist, die Funktionsgebühren immer zu den sonstigen und nicht zu den selbständigen Einkünften gehören. Wird die Tätigkeit als Nebentätigkeit eines Beamten oder Vertragsbediensteten ausgeübt, besteht Lohnsteuerpflicht.

B.2.2.8. Nicht steuerpflichtige Einkünfte (Liebhaberei)

Nicht alles, womit man sein Geld verdient oder ausgibt, unterliegt der Steuer. Dazu zählt in erster Linie die so genannte Liebhaberei, die als spezieller Fall von „steuerfreien“ Einkünften angesehen werden kann. Dabei geht es vor allem darum, dass Tätigkeiten, die auf Dauer gesehen keinen Gewinn versprechen, steuerlich unbeachtlich sind. Im Klartext: Verluste aus derartigen Tätigkeiten sollen nicht mit den anderen (positiven) Einkünften verrechnet werden und so die Steuer vermindern. Liegt steuerlich gesehen Liebhaberei vor, so sind die Einkünfte nicht in die Steuererklärung aufzunehmen.

Wann vermutet die Finanz von vornherein Liebhaberei?

Bei Tätigkeiten, die in der privaten Neigung begründet sind und zu Verlusten führen, wird vom Finanzamt grundsätzlich Liebhaberei angenommen. Diese Vermutung kann aber dadurch widerlegt werden, dass innerhalb eines überschaubaren Zeitraumes ein Gesamtgewinn erzielt wird. Typische Beispiele für die Liebhabereivermutung sind:

- ➜ Bewirtschaftung von Wirtschaftsgütern, die einer privaten Neigung entsprechen (zB Vermietung von Yachten oder Privatflugzeugen)
- ➜ Betätigungen iZm der Sport- und Freizeitausübung (zB Freizeittierzucht, Freizeitlandwirtschaft, Rennstall)
- ➜ Bewirtschaftung von Luxuswirtschaftsgütern in kleinerem Umfang bzw. als Ausfluss einer Sammelleidenschaft (zB Handel mit Kunstwerken, Handel mit Weinen, Bewirtschaftung eines Schlosses)
- ➜ Tätigkeiten, die auf eine in der Lebensführung begründete Neigung zurückzuführen sind (zB Filmer, nebenberuflicher Karatetrainer, nebenberuflicher Reiseschriftsteller)
- ➜ Vermietung der Eigentumswohnung oder des Eigenheimes (hier beträgt der „überschaubare Zeitraum" 20 Jahre ab dem Beginn der Vermietung, höchstens 23 Jahre ab dem erstmaligen Anfallen von Ausgaben; kann innerhalb des Zeitraumes von 20 bzw 23 Jahren ein Gesamtüberschuss erwirtschaftet werden – was im Zweifelsfall mittels Prognoserechnung zu dokumentieren ist –, liegt keine Liebhaberei vor).

Wann wird von vornherein eine Einkunftsquelle angenommen und kann erst später auf Liebhaberei entschieden werden?

Wenn eine Tätigkeit auf keinerlei Privatvergnügen schließen lässt, wird grundsätzlich angenommen, dass die Einkünfte je nach Einkunftsart zu versteuern sind. Damit können die Verluste für die ersten drei Jahre (plus eventuell zwei Jahre für die Vorbereitungszeit vor der Eröffnung) angesetzt werden. Danach wird geprüft, ob im Hinblick auf die Entwicklung der Verluste, das marktgerechte Verhalten uÄm nicht doch mangels Gewinnmöglichkeit Liebhaberei anzunehmen ist ist (sog Kriterienprüfung nach der Liebhaberei-Verordnung). Zinshäuser (ds Gebäude mit mindestens drei Wohneinheiten) sind insoferne ein Sonderfall, als hier ohne Anlaufzeitraum innerhalb von 25 Jahren ab Beginn der Vermietung bzw höchstens 28 Jahren ab dem erstmaligen Anfallen von Aufwendungen ein Gesamtüberschuss erzielbar sein muss (Nachweis im Zweifelsfall durch entsprechende Prognoserechnung).

B.2.3. Tarifbegünstigungen

Für bestimmte Fälle sind im Einkommensteuergesetz spezielle Begünstigungen vorgesehen. Diese Begünstigungen, die nur auf Antrag (Geltendmachung in der Einkommensteuererklärung) gewährt werden, bestehen in

- der Anwendung des Hälftesteuersatzes,
- der Verteilung der Einkünfte und
- der Begünstigung für Sanierungsgewinne.

Daneben gibt es

- für bestimmte Personen, die im öffentlichen Interesse nach Österreich kommen, eine Zuzugsbegünstigung,
- für Leitungsrechte (Entschädigungen für die Überlassung von Grund und Boden für die Verlegung von Leitungen für Elektrizität, Gas, Strom, Wärme usw) eine Abzugsteuer oder alternativ eine begünstigte Regelbesteuerung.

Für welche Einkünfte steht der Hälftesteuersatz zu?

Für folgende vom Gesetzgeber als förderungswürdig angesehene Einkünfte ist der Hälftesteuersatz vorgesehen:

- Veräußerungs- und Übergangsgewinne bei Betriebsveräußerung oder -aufgaben im Todesfall, bei Erwerbsunfähigkeit oder Pensionierung mit Einstellen der Erwerbstätigkeit (wenn seit der Eröffnung oder dem letzten entgeltlichen Erwerb mindestens sieben Jahre vergangen sind).

  Corona: Bei Wiederaufnahme der Tätigkeit von **Ärzten** während der Covid-19-Krise kann der Hälftesteuersatz für den Veräußerungs- bzw Aufgabegewinn beibehalten werden. Auch die anlässlich der Betriebsaufgabe aufgedeckten stillen Reserven von einem ins Privatvermögen übernommenen Gebäude bleiben in diesem Fall steuerfrei (siehe Kapitel B.1.4.).

  CORONA
- Einkünfte aus der Verwertung patentrechtlich geschützter **Erfindungen** (Lizenzgebühren des Erfinders)
- Einkünfte aus besonderen **Waldnutzungen** der Forstwirte (außerordentliche Waldnutzungen oder Waldnutzungen infolge höherer Gewalt)

  Ab 2020: Der Anteil der Einkünfte aus Waldnutzungen infolge höherer Gewalt, die als stille Reserven verwendet werden können, wird von 50 % auf 70 % erhöht.

Diese Einkünfte werden wie erwähnt mit dem halben Steuersatz versteuert. Auf die restlichen (nicht begünstigten) Einkünfte wird aber der volle (Durchschnitts-)Steuersatz angewendet, der unter Einbeziehung der begünstigten Einkünfte berechnet wird (der Steuervorteil wird damit teilweise vermindert).

Welche Einkünfte können auf mehrere Jahre verteilt werden?

Für folgende Einkünfte besteht die Möglichkeit, auf Antrag die Einkünfte auf **drei Jahre** zu verteilen:

- ➜ **Veräußerungsgewinne**, wenn seit der Eröffnung oder dem Erwerb des Betriebes, Teilbetriebes oder Mitunternehmeranteiles sieben Jahre verstrichen sind. Der Veräußerung gleichgestellt ist die Aufgabe eines Betriebes. Für den bei der Veräußerung oder Aufgabe eines land- und forstwirtschaftlichen Betriebes, einer selbständigen Tätigkeit oder eines Gewerbebetriebes zu berechnenden Veräußerungsgewinn gibt es daher nunmehr folgende Möglichkeiten: Ohne Antrag in der Steuererklärung kommt es zur Sofortversteuerung mit dem vollen Steuersatz, allerdings kommt ein Freibetrag von 7.300 € (bei Teilbetriebsveräußerung nur aliquot) zum Ansatz. Auf Antrag wird der Gewinn auf drei Jahre verteilt, allerdings ohne Freibetrag. Bei Betriebsaufgabe oder -verkauf eines Sechzigjährigen („Pensionsaufgabe" oä Zwangsbeendigung) kann weiterhin der Hälftesteuersatz angewendet werden. Bei Veräußerung gegen Renten wird nach Zufluss der Rente versteuert, Freibetrag steht aber keiner zu.
- ➜ **Ab 2020:** Verteilung der Gewinne der Land- und Forstwirte auf 3 Jahre siehe Kapitel B.2.2.1.
- ➜ **Corona:** Covid-19-Rücklage und **Verlustrücktrag** bei Einkünften aus Land- und Forstwirtschaft (siehe Kapitel B.2.2.1.) selbständiger Tätigkeit (siehe Kapitel B.2.2.2.) und Gewerbebetrieb (siehe Kapitel B.2.2.3.).

  Hinweis: Stille Reserven für ein Gebäude, das der Hauptwohnsitz gewesen ist, sind bei Betriebsaufgabe infolge von Tod, Erwerbsunfähigkeit oder Pensionierung mit 60 Jahren in bestimmten Fällen überhaupt nicht zu erfassen. Wird das Gebäude dann aber innerhalb von fünf Jahren veräußert, sind unter Umständen die nicht erfassten stillen Reserven auf **zehn Jahre** verteilt mit dem Hälftesteuersatz zu versteuern.
- ➜ Bestimmte **Einkommensentschädigungen**, soweit sie für mindestens sieben Jahre gewährt werden.

Durch den Antrag in der Steuererklärung wird ein Drittel dieser Einkünfte sofort im laufenden Jahr und je ein Drittel erst in den beiden Folgejahren versteuert. Der Effekt der Begünstigung: Es kommt zu einer Progressionsentlastung und einer Steuerstundung. Ohne Antrag bleiben die Einkünfte zum vollen Steuersatz im Einkommen enthalten.

Für **Enteignungsentschädigungen** besteht die Möglichkeit, diese auf Antrag auf einen Zeitraum von **fünf Jahren** zu verteilen.

Selbständige Künstler und Schriftsteller (inkl Fachautoren) können im Rahmen der Veranlagung beantragen, dass ihre positiven Einkünfte aus dieser Tätigkeit auf 3 Jahre verteilt werden (laufendes Jahr plus die beiden Vorjahre). Da gerade bei diesen Personen die Höhe der Einkünfte häufig stark schwankt, soll die Drei-Jahres-Verteilung vermeiden, dass in einem Jahr eine unverhältnismäßig hohe Steuerprogression zum Tragen kommt.

Der Antrag auf die Drei-Jahres-Verteilung ist unwiderruflich. Er ist in der jeweiligen Steuererklärung zu stellen. Allenfalls bereits veranlagte Jahre werden automatisch wiederaufgenommen.

ACHTUNG

Sanierungsgewinne, das sind Gewinne durch den Erlass von Schulden zum Zwecke der Sanierung, sind grundsätzlich steuerpflichtig. Soweit aber die Steuer durch Erfüllung eines Ausgleiches, eines Zwangsausgleiches oder eines Privatkonkurses entstanden ist und diesen Betrag übersteigt, wird dies wie folgt berücksichtigt: Die Steuer ist inklusive und exklusive Sanierungsgewinn zu rechnen. Der Differenzbetrag wird mit dem Prozentsatz des Forderungsnachlasses multipliziert und ist von der Steuer inklusive Sanierungsgewinn abzuziehen.

Für welche Personen gibt es eine Zuzugsbegünstigung?

Bei Personen, deren Zuzug aus dem Ausland der Förderung von Wissenschaft, Forschung, Kunst oder Sport dient und aus diesem Grunde im öffentlichen Interesse gelegen ist, kann der Bundesminister für Finanzen für die Dauer des im öffentlichen Interesse gelegenen Wirkens dieser Personen steuerliche Mehrbelastungen beseitigen, die durch die Begründung eines inländischen Wohnsitzes eintreten. Dazu wurde mit Verordnung festgelegt, dass ein Durchschnittssteuersatz zur Anwendung kommen kann, der sich aus der tatsächlichen Steuerbelastung vor dem Zuzug ergibt, aber nicht weniger als 15 % betragen darf. Um die Anreize für den Zuzug ausländischer Spitzenkräfte aus Wissenschaft und Forschung nach Österreich zu erhöhen, wurde für diese beiden Berufsgruppen ergänzend ein pauschaler Freibetrag in Höhe von 30 % der zum Tarif besteuerten Einkünfte eingeführt, durch den der Zuzugsmehraufwand und der auf die Inlandseinkünfte entfallende Steuernachteil fünf Jahre lang pauschal abgegolten wird. Wenn der Freibetrag gewährt wird, können daneben keine weiteren Betriebsausgaben, Werbungskosten oder außergewöhnliche Belastungen, die im Zusammenhang mit dem Zuzug stehen, geltend gemacht werden. Für „Rückkehrer“: Zwischen einem früheren Wegzug und dem Zuzug müssen mindestens fünf Jahre liegen.

Welche steuerlichen Sonderregelungen gibt es beim Wegzug aus Österreich?

Bei der Wegzugsbesteuerung im betrieblichen Bereich besteht seit 2016 die Möglichkeit, die Steuerschuld für Wirtschaftsgüter des Anlagevermögens gleichmäßig über einen Zeitraum von sieben Jahren (ab 1.1.2019 wird der Zeitraum auf fünf Jahre verkürzt, bereits bestehende Ratenzahlungkonzepte bleiben unberührt) und für Wirtschaftsgüter des Umlaufvermögens über einen Zeitraum von zwei Jahren zu entrichten.

Ab 1.1.2019 ist eine vorzeitige Fälligstellung der ausstehenden Raten für folgende Tatbestände vorgesehen:

- Sitzverlegung (oder Verlegung des Orts der Geschäftsleitung) in Staat außerhalb EU/EWR,
- Insolvenz oder Abwicklung des Steuerpflichtigen oder
- die Rate wurde binnen drei Monaten ab Fälligkeit nicht oder in nicht ausreichender Höhe entrichtet.

Im außerbetrieblichen Bereich bleibt das bisherige Nichtfestsetzungskonzept in Fällen des tatsächlichen Wegzugs einer natürlichen Person in EU-/EWR-Staaten mit umfassender Amts- und Vollstreckungshilfe sowie bei unentgeltlichen Übertragungen an andere natürliche Personen, die in EU-/EWR-Staaten mit umfassender Amts- und Vollstreckungshilfe ansässig sind, aufrecht. Wie im betrieblichen Bereich ist jedoch für den Fall, dass es zu einer Einschränkung des österreichischen Besteuerungsrechts im Verhältnis zu einem EU-/EWR-Staat mit umfassender Amts- und Vollstreckungshilfe kommt und eine Nichtfestsetzung nicht gestattet ist, ein Antrag auf Ratenzahlung möglich.

Wie werden Leitungsrechte besteuert?

Entschädigungen für die Inanspruchnahme von Grund und Boden für die Verlegung von Leitungen (ober- und unterirdisch) für Elektrizität, Gas, Strom, Öl, Wärme, (Ab) Wasser usw sind grundsätzlich sowohl im betrieblichen als auch im außerbetrieblichen Bereich steuerpflichtig. Seit 2019 unterliegen diese Einnahmen einer Abzugsteuer von 10 %, die vom Leistungsbetreiber einbehalten und an das Betriebsstättenfinanzamt abgeführt wird. Die Meldung erfolgt vom Abzugsverpflichteten über FINANZOnline, Empfänger und der jeweilige Steuerbetrag sind anzugeben.

Der Leitungsbetreiber behält die Abzugsteuer bei jeder Zahlung ein und führt alle einbehaltenen Steuerbeträge in einer Gesamtsumme bis 15.2. des Folgejahres an sein Betriebsstättenfinanzamt ab.

Zahlt der Empfänger keine Einkommensteuer oder ist diese niedriger als 30 %, kann eine Veranlagung zum Einkommensteuertarif beantragt werden (Regelbesteuerungsoption). Wird die Regelbesteuerung beantragt und werden Einkünfte nicht in der vom Steuerpflichtigen nachzuweisenden Höhe beantragt, betragen die Einkünfte pauschal 33 % der Bemessungsgrundlage der in diesem Jahr bezogenen Entschädigungen.

Die Abzugsteuer gilt auch für Kapitalgesellschaften und beträgt 8,25 %.

B.2.4. Steuerberechnung

Wie werden das Einkommen und die darauf entfallende Steuer ermittelt?

Die Ermittlung des Einkommens und der darauf entfallenden Steuer erfolgt in folgenden Schritten:

- Aus der Summe der einzelnen Einkunftsarten wird zunächst der Gesamtbetrag der Einkünfte ermittelt. Die Einkünfte ergeben sich grundsätzlich als Überschuss der Einnahmen über die Ausgaben (Werbungskosten) bzw als Gewinn oder Verlust (siehe dazu Kapitel B.1.). Bei Lohneinkünften ist von der Kennzahl 245 am Lohnzettel auszugehen und davon noch die Summe der Werbungskosten abzuziehen.
- Von der Summe der Einkünfte werden die Sonderausgaben und außergewöhnlichen Belastungen abgezogen.
- Als Ergebnis erhält man das Einkommen.
- Auf das Einkommen wird dann der Steuertarif angewendet.
- Anschließend werden die zustehenden Absetzbeträge abgezogen.
- Von der sich so ergebenden Einkommensteuer sind zum Schluss die bereits vom Arbeitgeber einbehaltene Lohnsteuer, eine anrechenbare Kapitalertragsteuer oder Immobilienertragsteuer sowie die für das jeweilige Jahr getätigten Einkommensteuervorauszahlungen in Abzug zu bringen.
- Als Ergebnis bleibt entweder eine Steuernachzahlung oder eine Gutschrift. Will man Letztere refundiert erhalten, muss ein eigener Rückzahlungsantrag gestellt werden (auch über FINANZOnline möglich).

Welche Vorauszahlungen sind auf die Einkommensteuer zu entrichten?

Auf Basis des letztveranlagten Kalenderjahres werden vom Finanzamt die Vorauszahlungen auf die künftige Einkommensteuer festgesetzt. Die Einkommensteuer wird dabei, wenn die Vorauszahlung für das folgende Jahr gilt, um 4 %, für jedes spätere Jahr um je 5 % erhöht.

Die Einkommensteuervorauszahlungen sind vierteljährlich am 15.2., 15.5., 15.8. und 15.11. fällig und werden dann bei der Veranlagung des betreffenden Jahres angerechnet. Vorauszahlungen, die nicht mehr als 300 € pro Jahr betragen würden, werden nicht vorgeschrieben.

TIPP

Wenn absehbar ist, dass Sie in einem Jahr nicht mehr so hohe Einkünfte erzielen werden wie in dem für die Vorauszahlung maßgeblichen Vorjahr (zB wegen Verkauf oder Aufgabe eines Betriebes oder Teilbetriebes, massiver Geschäftseinbrüche usw), dann stellen Sie umgehend beim Finanzamt einen Antrag auf Herabsetzung der Vorauszahlungen. Wenn der Antrag begründet ist (Begründung und Höhe des voraussichtlichen Jahreseinkommens), wird das Finanzamt die Vorauszahlungen anpassen. Damit müssen Sie nicht monatelang oder gar jahrelang auf die Rückzahlung der Steuer im Rahmen der Veranlagung warten.

Berechnungsblatt Einkommensteuer 2021

Einkünfte aus Land- und Forstwirtschaft	€ ....
Einkünfte aus selbständiger Tätigkeit	€ ....
Einkünfte aus Gewerbebetrieb	€ ....
Einkünfte aus nichtselbständiger Arbeit	
(Kennzahl 245 lt Lohnzettel abzüglich Werbungskosten	€ ....
Einkünfte aus Kapitalvermögen	€ ....
Einkünfte aus Vermietung und Verpachtung	€ ....
Sonstige Einkünfte	€ ....
Gesamtbetrag der **Einkünfte** (laut Einkommensteuererklärung Seite 5)	€ ....
abzüglich Sonderausgaben	€ ....
außergewöhnliche Belastungen (über Selbstbehalt)	€ ....
Freibetrag für Amtsbescheinigungen uÄ	€ ....
= Einkommen	€ ....

Berechnung der Steuer (Zuordnung des Einkommens in der linken Spalte, Anwendung der Formel laut rechter Spalte). € ....

Jahreseinkommen in €	Einkommensteuer in €
bis 11.000 €	0
> 11.000 € bis 18.000 €	(Einkommen – 11.000) x 20 %
> 18.000 € bis 31.000 €	(Einkommen – 18.000) x 35 % + 1.400
> 31.000 € bis 60.000 €	(Einkommen – 31.000) x 42 % + 5.950
> 60.000 € bis 90.000 €	(Einkommen – 60.000) x 48 % + 18.130
> 90.000 € bis 1 Mio €	(Einkommen – 90.000) x 50 % + 32.530
> 1 Mio € (befristet 2016 bis 2025)	(Einkommen – 1.000.000) x 55 % + 487.530

Abzug folgender **Absetzbeträge** (soweit diese jeweils zustehen):

- Familienbonus Plus je Kind: € ....
  Bis zum 18. Geburtstag reduziert sich die Steuerlast um 125 € monatlich (1.500 € pro Jahr), auch noch für jenen Monat, in dem das Kind 18 Jahre alt wird.
  Nach Ablauf des Monats, in dem das Kind 18 Jahre alt wird, reduziert sich die Steuerlast um 41,68 € monatlich (500 € pro Jahr).
  Der Betrag kann auf Antrag zwischen den (Ehe-)Partnern aufgeteilt (750/750 € bzw. 250/250 €) werden.
  Für Kinder, die sich im Ausland aufhalten, gelten die je nach Land an die Kaufkraft angepassten Werte.
  Alleinverdienerinnen und Alleinerzieher, die so wenig verdienen, dass sie kaum bzw gar keine Lohn- oder Einkommensteuer zahlen, erhalten statt dem Familienbonus Plus eine steuerliche Entlastung von jedenfalls 250 € pro Kind pro Jahr (Kindermehrbetrag).
- Verkehrsabsetzbetrag (für aktive Dienstnehmer) 400 € jährlich € ....
  Der Verkehrsabsetzbetrag (VAB) erhöht sich auf 690 €, wenn Anspruch auf das Pendlerpauschale besteht und das Einkommen pro Jahr 12.200 € nicht übersteigt. Der erhöhte VAB vermindert sich zwischen Einkommen von 12.200 € und 13.000 € gleichmäßig einschleifend auf 400 €.
- Pendlereuro: 2 € jährlich pro Kilometer der einfachen Fahrtstrecke zwischen Wohnung und Arbeitsstätte € ....
- Pendlerausgleichbetrag: 289 € bei einer Steuer von einem Euro (einschleifend) € ....

- Alleinverdiener- oder Alleinerzieherabsetzbetrag: 494 € jährlich mit einem Kind, 669 € jährlich mit zwei Kindern, 220 € jährlich zusätzlich je Kind ab drei Kindern (für Alleinverdiener oder Alleinerzieher) € ....
- Unterhaltsabsetzbetrag: 29,20 € monatlich für das erste Kind, 43,80 € für das zweite Kind, 58,40 € für jedes weitere Kind (für Unterhaltsleistungen an uneheliche Kinder oder Kinder aus geschiedenen Ehen). Für Kinder, die sich im Ausland aufhalten, gelten die je nach Land an die Kaufkraft angepassten Werte. € ....
- Verkehrsabsetzbetrag für aktive Arbeitnehmer:
  Ohne Anspruch auf Pendlerpauschale normaler Verkehrsabsetzbetrag:
  400 € jährlich bzw bei Einkommen bis 12.200 € jährlich 800 € (dh 400 € Zuschlag)
  Mit Anspruch auf Pendlerpauschale erhöhter Verkehrsabsetzbetrag:
  690 € jährlich bzw bei Einkommen bis 15.500 € jährlich 1.090 € (dh 400 € Zuschlag)
  Der erhöhte Verkehrsabsetzbetrag vermindert sich zwischen 12.200 € und 13.000 € Einkommen gleichmäßig auf null.
  Der Verkehrsabsetzbetrag für Einkommen zwischen 15.500 € und 21.500 € vermindert sich einschleifend um die 400 € Zuschlag.
- Pensionistenabsetzbetrag:
  600 € jährlich automatisch bei Pensionen oder gleichwertigen Bezügen,
  964 € jährlich, wenn der Steuerpflichtige nicht mehr als 19.930 € Pensionseinkünfte bezieht und sein (Ehe-)Partner nicht mehr als 2.200 € jährlich verdient und kein Anspruch auf den Alleinverdienerabsetzbetrag besteht.
  Der Pensionistenabsetzbetrag vermindert sich zwischen 17.000 € und 25.000 € einschleifend bis auf 0 €, der erhöhte Pensionistenabsetzbetrag zwischen 19.930 € und 25.000 €.

Unterliegen Sie aufgrund Ihres geringen Einkommens nicht der Steuerpflicht, erhalten Sie eine Gutschrift in Höhe von 50 % bestimmter Werbungskosten (insbesondere von Sozialversicherungsbeiträgen), maximal jedoch 400 € (Sozialversicherungserstattung).

Der Erstattungsbetrag erhöht sich von 400 € auf maximal 500 €, wenn Sie Anspruch auf ein Pendlerpauschale haben. Wenn wegen geringen Einkommens Anspruch auf den Zuschlag zum Verkehrsabsetzbetrag besteht, erhöhen sich diese Beträge um 400 €.

Die Erstattung der Sozialversicherungsbeiträge steht auch Pensionisten zu. Diese erhalten eine Gutschrift von 75 % der Sozialversicherungsbeiträge, jedoch maximal 300 € pro Jahr.

= **Einkommensteuer** lt Tarif € ....

+ 6 % der 620 übersteigenden sonstigen Bezüge (ev Einschleifbestimmung für niedrige bzw 27 % oder 35,75 % für höhere sonstige Bezüge!) (Kennzahl 220 lt Lohnzettel abzüglich Kennzahl 225 und abzüglich 620 mal 6 %; € ....

= Einkommensteuerschuld € ....

– anrechenbare Lohnsteuer (Kennzahl 260 lt Lohnzettel) € ....

– anrechenbare Kapitalertragsteuer € ....

– anrechenbare Immobilienertragsteuer € ....

= **Abgabenschuld/-guthaben** € ....

– Einkommensteuer-Vorauszahlung € ....

= **Rückstand/Guthaben** € ....

Die im Bescheid festgesetzte Einkommensteuer ist auf volle € zu runden (unter 0,50 € abzurunden, ab 0,50 € aufzurunden)

Hinweis: Mit diesem Berechnungsblatt kann die zu erwartende Einkommensteuerbelastung (in Normalfällen, also ohne Einschleifbestimmung und ohne Tarifbegünstigungen; siehe Kapitel B.2.3.) aufgrund der Veranlagung im Vorhinein berechnet bzw der Einkommensteuerbescheid nach erfolgter Veranlagung kontrolliert werden. Die sorgfältige Überprüfung dieses Bescheides ist deshalb zu empfehlen, weil Abweichungen von den Angaben in der Einkommensteuererklärung nur innerhalb eines Monats nach Zustellung des Bescheides im Beschwerdeweg (siehe Einleitung) bekämpft werden können.

Beispiel:
Steuerpflichtiger ohne Arbeitnehmer- oder Pensionistenabsetzbetrag und ohne Alleinverdienerabsetzbetrag mit einem Einkommen von 55.000 € jährlich (nach Ausgleich mit Verlusten und nach Abzug von Sonderausgaben und außergewöhnlichen Belastungen).
Steuerberechnung
(55.000 – 31.000 = 24.000) × 42 % = 10.080 € + 5.950 € = 16.030 €

B.3. Umsatzsteuer

B.3.1. Umsatzsteuererklärung und sonstige Verpflichtungen

B.3.1.1. Steuererklärungspflicht

Wer muss eine Umsatzsteuererklärung abgeben?
Zur Abgabe einer Umsatzsteuererklärung (Formular U 1) ist jeder verpflichtet, der

- Unternehmer ist und
- einen Jahresumsatz von mehr als 35.000 € (ab 1.1.2020, bis 2019: 30.000 €) erzielt.

Die Steuererklärungspflicht trifft jeden Unternehmer mit mehr als 35.000 € Jahresumsatz, auch dann, wenn seine Leistungen zur Gänze umsatzsteuerfrei sind!

Wann muss die Umsatzsteuererklärung abgegeben werden?
Die Umsatzsteuererklärung ist grundsätzlich bis **Ende April** des Folgejahres beim zuständigen Finanzamt (in der Regel das Wohnsitzfinanzamt) abzugeben. Bei der (grundsätzlich verpflichtenden) elektronischen Übermittlung der Abgabenerklärung läuft die Frist bis **Ende Juni** des Folgejahres.

Die **Frist** kann auf Antrag verlängert werden. Aufgrund der Steuererklärung erfolgt dann die Veranlagung, bei der die endgültige Umsatzsteuer laut Erklärung den aufgrund der Voranmeldungen gezahlten Beträgen gegenübergestellt wird. In der Regel darf es dabei keine Abweichungen geben. Kommt es trotzdem zu einer Nachforderung, so ist diese binnen einem Monat zu entrichten.

ACHTUNG

Bei Nachforderungen wird zusätzlich ein Säumniszuschlag verrechnet (erster Säumniszuschlag: 2 %, zweiter und dritter Säumniszuschlag je 1 % nach jeweils 3 Monaten).

Wird eine Selbstanzeige wegen falscher Umsatzsteuervoranmeldungen im Zuge der Jahreserklärung erstattet, müssen die Verkürzungsbeträge nicht mehr den einzelnen Voranmeldungszeiträumen zugeordnet werden.

Wer ist Unternehmer?

Unternehmer im Sinne der Umsatzsteuer ist, wer eine

- gewerbliche oder berufliche Tätigkeit (jede nachhaltige Tätigkeit zur Erzielung von Einnahmen)
- selbständig (das heißt nicht als Arbeitnehmer und nicht im Rahmen einer Organschaft) ausübt.

Man kann zwar mehrere Betriebe, aber nur ein Unternehmen haben. Mit anderen Worten: Übt man verschiedene Tätigkeiten selbständig aus (zB Führung mehrerer Betriebe), so sind all diese Betriebe und Tätigkeiten in einer Umsatzsteuererklärung zusammenzufassen. Die Umsätze zwischen den verschiedenen Betrieben eines Unternehmers unterliegen daher nicht der Umsatzsteuer (sog Innenumsätze).

Nicht als Unternehmer gilt laut ausdrücklicher gesetzlicher Bestimmung

- die Tätigkeit von Funktionären (siehe Kapitel B.2.2.7.) und
- eine Tätigkeit, die auf Dauer gesehen keinen Gewinn erwarten lässt (Liebhaberei; siehe Kapitel B.2.2.8.).

B.3.1.2. Verpflichtungen als Unternehmer

Wann und wie muss die Umsatzsteuer an das Finanzamt gemeldet und bezahlt werden?

Die Steuerschuld entsteht mit Ablauf des Kalendermonats, in dem die Lieferungen oder sonstige Leistungen ausgeführt (bei Soll-Besteuerung) oder vereinnahmt (bei Ist-Besteuerung sowie generell bei Anzahlungen) worden sind. Dieser Zeitpunkt verschiebt sich allerdings um einen Monat, wenn die Rechnung erst nach Monatsende ausgestellt wird. Die Umsatzsteuer (vermindert um die im selben Zeitraum anfallende Vorsteuer) muss dem Finanzamt monatlich vorangemeldet und vorausgezahlt werden, und zwar am **15. des zweitfolgenden Monats** (die Umsatzsteuer für März zB ist daher am 15.5. fällig).

Für Unternehmer mit einem Vorjahresumsatz von weniger als 100.000 € ist Voranmeldungs- und Zahlungstermin nicht der Monat, sondern das Vierteljahr (15.5. für das erste Quartal, 15.8. für das zweite, 15.11. für das dritte und 15.2. für das vierte Quartal).

Seit 2011 bestehen daher folgende Erklärungspflichten:

Unternehmen (Vorjahresumsatz)	Umsatzsteuervoranmeldung	Umsatzsteuerjahreserklärung
Bis 35.000 €	Nein (ausgenommen Verpflichtung durch Finanzamt)	Nein (ausgenommen Option auf Steuerpflicht)
Bis 100.000 €	Vierteljährlich, 15.5., 15.8., 15.11., 15.2. (verpflichtend elektronisch)	Ja, 30.6. des Folgejahres (verpflichtend elektronisch)

Unternehmen (Vorjahresumsatz)	Umsatzsteuervoranmeldung	Umsatzsteuerjahreserklärung
Über 100.000 €	Monatlich, 15. des zweitfolgenden Monats (verpflichtend elektronisch)	Ja, 30.6. des Folgejahres (verpflichtend elektronisch)

Die Übermittlung der Voranmeldungen hat elektronisch über FINANZOnline zu erfolgen, es sei denn, die elektronische Übermittlung ist mangels technischer Voraussetzungen unzumutbar (diesfalls Formular U 30).

Wie stellt man Rechnungen aus?

Führt man als Unternehmer eine steuerpflichtige Leistung aus, kann (auf Verlangen: muss) hierfür eine Rechnung ausgestellt werden (zB Rechnung über gelieferte Gegenstände, Honorarnote über geleistete Dienste, Quittung usw). Bei Leistungen an Unternehmer und juristische Personen sowie bei Werklieferungen oder Werkleistungen iZm einem Grundstück an Nichtunternehmer besteht eine generelle Verpflichtung zur Ausstellung einer Rechnung. Rechnungen müssen folgende Angaben enthalten:

- den eigenen Namen und Anschrift als leistender Unternehmer,
- Name und Anschrift des Empfängers,
- Menge und Bezeichnung der gelieferten Gegenstände bzw Art und Umfang der Leistung,
- Tag der Lieferung oder Leistung,
- Höhe des Entgelts bzw im Falle einer Steuerbefreiung den Hinweis darauf,
- den Steuersatz und auf das Entgelt entfallenden Steuerbetrag,
- das Ausstellungsdatum,
- eine fortlaufende Nummer, die zur Identifizierung der Rechnung einmalig vergeben wird, und
- die Umsatzsteuer-Identifikationsnummer (UID-Nummer) des leistenden Unternehmens, wenn der Empfänger vorsteuerabzugsberechtigt ist,
- die UID-Nummer des Leistungsempfängers bei Rechnungen mit einem Gesamtbetrag von mehr als 10.000 € (für Leistungen eines inländischen Unternehmens an andere Unternehmer).

Bei **Kleinbetragsrechnungen**, deren Gesamtbetrag 400 € nicht übersteigt, muss die Rechnung nur folgende Angaben erhalten:

- Ausstellungsdatum,
- Namen und Anschrift als leistender Unternehmer,
- Bezeichnung und Umfang des Gegenstandes bzw der Leistung,
- Tag der Lieferung oder Leistung,
- Höhe des Entgelts und den Steuerbetrag in einer Summe,
- Steuersatz.

Als Rechnung gilt auch eine elektronische Rechnung, sofern der Empfänger dieser Art der Rechnungsausstellung zustimmt. Unternehmer dürfen daher die Rechnung auch per E-Mail oder als E-Mail-Anhang, Web-Download oder als PDF oder Textdatei übermitteln. Voraussetzung ist, dass der Unternehmer ein innerbetriebliches Steuerungsverfahren hat. Dies bedeutet im Wesentlichen, dass der Unternehmer innerbetrieblich zu überprüfen hat, ob der Zahlungsanspruch zu Recht besteht. Dies kann zB durch Vergleich des Lieferscheins mit der Rechnung bzw Bestellung erfolgen. Die anderen Übermittlungswege – Papier mittels Signatur iSd Signaturgesetzes oder mittels Elektronischem Datenaustausch (EDI) – sind weiterhin möglich.

Rechnungen an Dienststellen der Bundesverwaltung müssen ausschließlich in strukturierter Form elektronisch eingebracht werden (siehe www.e-rechnung.gv.at), ua über das Unternehmensserviceportal (www.usp.gv.at).

Rechnungen dürfen auch dann nach österreichischen Rechnungsvorschriften ausgestellt werden, wenn der Leistungsort in einem anderen EU-Staat liegt. Die Frist für die Rechnungsausstellung bei bestimmten Leistungen ist der 15. des Folgemonats. Hinsichtlich der generellen Belegerteilungsverpflichtung siehe B.4.1.

Stellt man als Unternehmer Rechnungen aus, so muss man eine Abschrift davon sieben Jahre aufbewahren.

B.3.2. Bemessungsgrundlage und Versteuerung

B.3.2.1. Soll-Versteuerung oder Ist-Versteuerung

Was bedeutet Soll-Versteuerung?

Die Frage nach Soll- oder Ist-Versteuerer entscheidet darüber, wann die Steuerschuld für die Umsatzsteuer entsteht: im Zeitpunkt der Lieferung oder Leistung oder im Zeitpunkt der Bezahlung. Bei der Soll-Versteuerung entsteht die Steuerschuld mit Ablauf des Monats, in dem die Lieferungen oder sonstigen Leistungen ausgeführt worden sind. Dieser Zeitpunkt verschiebt sich um einen Monat, wenn die Rechnung erst nach Monatsende ausgestellt wird. Erhält man allerdings bereits vor Ausführung der Lieferung oder Leistung eine **Anzahlung** (Vorauszahlung), dann entsteht die Steuerschuld insoweit bereits mit Ablauf des Monats, in dem das Entgelt vereinnahmt wird, und zwar unabhängig davon, ob man die Rechnung bereits ausgestellt hat oder nicht. Die in der Bemessungsgrundlage enthaltenen Anzahlungen sind übrigens in der Steuererklärung anzuführen.

Die Soll-Versteuerung ist die grundsätzliche Art der Versteuerung, die all jene anzuwenden haben, die nicht Ist-Versteuerer sein können oder wollen.

Was bedeutet Ist-Versteuerung?

Bei der Ist-Versteuerung entsteht die Steuerschuld mit Ablauf des Monats, in dem die Entgelte vereinnahmt worden sind. Hier ist also maßgeblich, wann man sein Entgelt bezahlt erhält, und nicht, wann die Lieferung oder sonstige Leistung ausgeführt oder die Rechnung ausgestellt wird.

Die Ist-Versteuerung ist neben bestimmten Versorgungsunternehmen und Müllbeseitigungsanstalten in erster Linie für

- Freiberufler (Künstler, Wissenschaftler, Ärzte, Ziviltechniker, Rechtsanwälte usw inkl derartiger zugelassener Gesellschaften; siehe Kapitel B.2.2.2.; ohne Umsatzgrenzen); ab 2019 gilt die Istbesteuerung auch dann, wenn die freiberufliche Tätigkeit als Kapitalgesellschaft ausgeübt wird),
- Unternehmen, die Gas-, Wasser-, Elektrizitäts- oder Heizwerke oder Anstalten zur Müllbeseitigung uä betreiben (ohne Umsatzgrenzen)
- nicht buchführungspflichtige Land- und Forstwirte, Umsatz bis 700.000 € (ab 1.1.2020),
- nicht buchführungspflichtige Gewerbetreibende (Umsatz bis 700.000 €) sowie
- Vermieter und sonstige Selbständige (wenn sie in einem der beiden Vorjahre nicht mehr als 110.000 € Umsatz hatten)

vorgesehen. Hier gilt die Ist-Versteuerung automatisch. Auf Antrag können aber auch Freiberufler auf die Soll-Versteuerung wechseln. Dazu genügt in der Praxis die entsprechende Zahlung oder Voranmeldung sowie der Hinweis in der Umsatzsteuererklärung. Ab dem Jahr, ab dem Buchführungspflicht eintritt (bzw bei Vermietern der Umsatz in zwei aufeinander folgenden Jahren 110.000 € übersteigt), muss auf die Soll-Versteuerung übergegangen werden.

ACHTUNG

Der Vorsteuerabzug steht bei Ist-Besteuerung (bis zwei Millionen € Vorjahresumsatz) ebenfalls im Zeitpunkt der Zahlung zu. Das heißt auch schon vor Ausführung des Umsatzes, wenn neben der Zahlung auch die Rechnung vorliegt.

TIPP

Wenn Sie Einnahmen-Ausgaben-Rechner sind, dann sollten Sie nach Möglichkeit die Ist-Besteuerung in Anspruch nehmen. Damit können Sie die monatliche Umsatzsteuer bequem im Rahmen der Einnahmen-Ausgaben-Rechnung ermitteln und müssen keine eigenen Aufzeichnungen über ausgeführte, aber noch nicht bezahlte Leistungen führen. Obendrein haben Sie länger etwas von Ihrem Geld: Als Ist-Versteuerer liefern Sie die Umsatzsteuer nämlich nicht bereits eineinhalb Monate nach dem Liefer- bzw Leistungsmonat ab (und damit in vielen Fällen noch bevor Sie selbst die Zahlung von Ihrem Kunden erhalten haben), sondern zahlen erst eineinhalb Monate nach dem Monat Ihres Zahlungseinganges an das Finanzamt ein.

B.3.2.2. Lieferungen, sonstige Leistungen, Eigenverbrauch

Welche Umsätze unterliegen der Umsatzsteuer?

Der Umsatzsteuer sind

- Lieferungen,
- sonstige Leistungen und der
- Eigenverbrauch

zu unterziehen. In die **Bemessungsgrundlage** in der Steuererklärung sind die steuerbaren Umsätze vorerst in voller Höhe einzutragen, auch wenn sie unter eine Befreiungsbestimmung fallen. Als Bemessungsgrundlage (steuerpflichtiges Entgelt) ist grundsätzlich dabei alles anzusehen, was der Empfänger aufzuwenden hat, um die Lieferung oder sonstige Leistung zu erhalten. Die Umsatzsteuer selbst gehört nicht zum Entgelt. Wenn das Entgelt für Zwecke außerhalb des Unternehmens oder für den Bedarf des Personals (also aus außerbetrieblichen Motiven, wie zB familiäre oder freundschaftliche Nahebeziehungen) vom Normalwert abweicht, ist der Normalwert (das ist der Wert, der für eine vergleichbare Lieferung oder Leistung bezahlt würde) als Bemessungsgrundlage anzusetzen.

In zwei Sonderfällen ist die Bemessungsgrundlage nicht der Wert der Gegenleistung, sondern bloß die Differenz zwischen Einkaufspreis und Verkaufspreis:

- Bei **Reiseleistungen** ist Bemessungsgrundlage für die Umsatzsteuer die Differenz zwischen Reisepreis und Reisevorleistung, abzüglich der darin enthaltenen Umsatzsteuer. Auf der Rechnung ist der Hinweis auf die besondere Besteuerung anzubringen („Sonderregelung Reiseleistungen“ oder „Margenbesteuerung“).
  Beispiel:
  Reiseunternehmer organisiert Pauschalreise mit Reisepreis 500 € abzüglich Reisevorleistung (zB für Hotel und Bus) 260 € = Differenz 240 €.
  Brutto-Bemessungsgrundlage = 240 €; Netto-Bemessungsgrundlage bei 20 % USt = 200 €; USt = 40 €.
  Ab 1.1.2017 unterliegen auch Umsätze zwischen Unternehmern, wie zB Reiseveranstalter und Reisebüro, der Margenbesteuerung, wenn am Ende der Leistungskette der eigentliche Empfänger der Reise ein Nichtunternehmer ist. Leistungsort ist ab 2017 immer der Ort des Unternehmenssitzes oder der Betriebsstätte. Reiseleistungen im Rahmen des Unternehmens (zB Kongressreisen) fallen weiterhin nicht unter die Margenbesteuerung.
- Bei der Lieferung von **Gebrauchtwaren, Antiquitäten, Kunstgegenständen** durch gewerbsmäßige Händler oder Versteigerer gilt ebenfalls eine Differenzbesteuerung.
  Beispiel:
  Ein Antiquar kauft von einem Privaten die Erstausgabe eines Klassikers um 200 € und verkauft sie um 500 €
  Bemessungsgrundlage für die Umsatzsteuer ist die Differenz von 300 € brutto

Hinsichtlich der Umsatzsteuer für innergemeinschaftliche Erwerbe in der EU siehe Kapitel B.3.4.

Nicht steuerbar und damit nicht in die Steuererklärung aufzunehmen sind aber ua

- durchlaufende Posten (zB Gerichts- und Stempelgebühren bei einem Rechtsanwalt),
- echte Schadenersatzzahlungen (zB von Versicherungen) sowie
- echte Subventionen (insbesondere von Gebietskörperschaften).

Welche Lieferungen unterliegen der Umsatzsteuer?

Umsatzsteuerpflichtig sind Lieferungen von Gegenständen, die man als Unternehmer im Inland gegen Entgelt im Rahmen seines Unternehmens ausführt. Dazu zählen nicht nur die eigentlichen Umsätze, sondern auch Hilfsgeschäfte wie zB der Verkauf von Anlagevermögen.

Im Regelfall gilt die Lieferung dort als ausgeführt, wo sich der Gegenstand im Zeitpunkt der Verschaffung der Verfügungsmacht befindet. Wird der Gegenstand befördert oder versendet, gilt die Lieferung bereits mit dem Beginn der Beförderung bzw Versendung als ausgeführt.

Welche sonstigen Leistungen unterliegen der Umsatzsteuer?

Der Umsatzsteuer unterliegen auch sonstige Leistungen, die man als Unternehmer im Inland gegen Entgelt im Rahmen seines Unternehmens ausführt. Sonstige Leistungen – so heißt es im Gesetz – sind alle Leistungen, die nicht in einer Lieferung bestehen (positives Tun, Unterlassen, Dulden einer Handlung).

Gerade bei sonstigen Leistungen ist der Ort der Leistung von zentraler Bedeutung für die Steuerpflicht:

- Liegt der Ort der Leistung im Inland, so muss dem ausländischen Unternehmer im Regelfall Umsatzsteuer verrechnet werden und die Umsätze sind in der Umsatzsteuervoranmeldung und in der Jahresumsatzsteuererklärung zu melden.
- Liegt der Ort im Ausland, findet das österreichische Umsatzsteuergesetz keine Anwendung. Sind diese Umsätze in einem EU-Mitgliedsland steuerbar und steuerpflichtig, so ist auf der Rechnung ein Hinweis auf Reverse Charge anzubringen. Der ausländische Leistungsempfänger ist für die Versteuerung selbst zuständig, er hat auch den Vorsteuerabzug geltend zu machen. Zu beachten ist lediglich die Aufnahme in die Zusammenfassende Meldung. Im Drittland (außerhalb der EU) steuerpflichtige Umsätze richten sich nach den steuerrechtlichen Vorschriften des jeweiligen Landes.

Als Ort der sonstigen Leistung gilt (abhängig davon, ob der Empfänger der sonstigen Leistung Unternehmer ist oder nicht):

Art der sonstigen Leistung	Unternehmer	Nichtunternehmer
Generalklausel (Ort der sonstigen Leistung, wenn nichts anderes bestimmt)	Empfängerort	Unternehmerort
Grundstücksleistungen	Grundstücksort	
Personenbeförderung	Beförderungsort bzw -strecke	
Güterbeförderung (außer EU)	Empfängerort	Beförderungsstrecke
Güterbeförderung (innergemeinschaftlich)	Empfängerort	Abgangsort
Kunst, Sport, Wissenschaft, Unterhaltung usw	Empfängerort (ausgenommen iZm Eintrittsberechtigungen, wo immer der Tätigkeitsort gilt)	Tätigkeitsort
Nebentätigkeiten zur Beförderung	Empfängerort	Tätigkeitsort
Arbeiten an beweglichen körperlichen Gegenständen	Empfängerort	Tätigkeitsort
Restaurant- und Verpflegungsdienstleistungen	Tätigkeitsort	
Langfristige Vermietung von Beförderungsmitteln (idR länger als 30 Tage) wie zB PKW	Empfängerort	Empfängerort (ausgenommen Vermietung von Sportbooten - Ort der Zurverfügungstellung, wenn auch Unternehmerort)
Kurzfristige Vermietung von Beförderungsmitteln (idR max 30 Tage)	Ort der Zurverfügungstellung	
Restaurant- und Verpflegungsdienstleistungen bei ig Personenbeförderungen	Abgangsort	
Katalogleistungen (Urheberrechte, Werbung, Beratung, Datenverarbeitung, Rechtsanwälte, Steuerberater usw) an Drittlandskunden	Empfängerort	Empfängerort
Elektronisch erbrachte sonstige Leistungen (zB Bereitstellen digitaler Produkte wie Software-Updates, Websites, Datenbanken, Musik, Bildern; E-Books, Online-Zeitschriften usw) ab 2015*	Empfängerort	Empfängerort
Elektronisch erbrachte Leistungen sowie Telekommunikations-, Rundfunk- und Fernsehdienstleistungen ab 2015*	Empfängerort	Empfängerort
Elektronisch erbrachte Leistungen sowie Telekommunikations-, Rundfunk- und Fernsehdienstleistungen ab 2019**	Empfängerort	Unternehmensort

* Für Unternehmer, die die oben genannten elektronisch erbrachten sonstigen Leistungen, Telekommunikations-, Rundfunk- oder Fernsehdienstleistungen in Mitgliedstaaten erbringen, in denen sie nicht ansässig sind, gibt es eine zentrale Anlaufstelle für die Steuererklärungen und -zahlungen (Mini-One-Stop-Shop – MOSS). Der MOSS bietet die Möglichkeit, sich in einem EU-Mitgliedstaat zu registrieren und sämtliche unter die Sonderregelung fallende Umsätze im

Gemeinschaftsgebiet in diesem Staat über diesen zu erklären und die resultierende Umsatzsteuer zu bezahlen. Nützt ein Unternehmer den MOSS, entfällt die Verpflichtung, sich für die oa elektronischen Leistungen an Nichtunternehmer in der EU in jedem betroffenen Mitgliedstaat für umsatzsteuerliche Zwecke registrieren zu lassen und in der Folge dort Steuererklärungen einzureichen und dort Zahlungen zu tätigen. Der MOSS ist optional und muss rechtzeitig beantragt werden (siehe auch FINANZOnline). Vorsteuern können nicht über den MOSS geltend gemacht werden. Die Erstattung hat normalerweise über das Vorsteuererstattungsverfahren zu erfolgen. FINANZOnline ermöglicht es Unternehmen, in einem einzigen Mitgliedstaat (Ansässigkeitsstaat) ihre gesamte in der EU geschuldete Umsatzsteuer aus Telekommunikations-, Rundfunk- und Fernsehdienstleistungen oder elektronischen Dienstleistungen, die sie an Nichtsteuerpflichtige in anderen EU-Staaten erbringen, wo sie selbst nicht ansässig sind, elektronisch zu erklären und zu bezahlen.

** Voraussetzungen für die Leistungserbringung am Unternehmensort sind:

- der Unternehmer betreibt sein Unternehmen in einem Mitgliedstaat und hat außerhalb dieses Mitgliedstaates keine Betriebsstätte,
- die Leistung wird an einen Nichtunternehmer (B2C-Bereich) erbracht, der in einem anderen Mitgliedstaat seinen Wohnsitz, Sitz oder gewöhnlichen Aufenthalt hat, und
- der Gesamtbetrag der Entgelte hat für diese Leistungen den Betrag von 10.000 € (Kleinstunternehmer) im vorangegangenen Kalenderjahr nicht und im laufenden Kalenderjahr noch nicht überstiegen.

Der Unternehmer hat aber die Möglichkeit, sich für die Versteuerung am Empfängerort zu entscheiden. Dies bindet aber den Unternehmer für zwei Jahre.

Ab 1.7.2021 wird das System auf alle sonstigen Leistungen ausgeweitet. Aus dem MOSS (Mini-One-Stop-Shop) wird ein EU-OSS (EU-One-Stop-Shop) für alle sonstigen Leistungen an Nichtunternehmer von in der EU niedergelassenen Unternehmern und der Nicht-EU-OSS (Nicht-EU-One-Stop-Shop) für alle sonstigen Leistungen an Nichtunternehmer, innergemeinschaftliche Versandhandelslieferungen und innerstaatliche Lieferungen von Plattformen. Für den Einfuhr-Versandhandel gilt der IOSS (International-One-Stop-Shop) für Lieferungen vom Drittlandsgebiet an Nichtunternehmer in einen Mitgliedstaat.

Was unterliegt als Eigenverbrauch der Umsatzsteuer?

Der Umsatzsteuer unterliegen nicht nur Lieferungen und sonstige Leistungen, sondern auch der private Eigenverbrauch im Inland. Unter den Eigenverbrauch fallen Aufwendungen die zwar das Unternehmen betreffen, aber einkommensteuerlich nicht (voll) abzugsfähig sind (zB Anschaffung eines teuren Teppichs für das Büro, Repräsentationsaufwendungen; siehe dazu B.4.3.). Der Eigenverbrauch in Höhe der nicht abzugsfähigen Aufwendungen besteht aber nur dann, wenn man vorher hierfür vorsteuerabzugsberechtigt war.

Wie ist der Eigenverbrauch geregelt?

Folgende Eigenverbrauchs-Vorgänge werden einer Lieferung bzw sonstigen Leistung gegen Entgelt gleichgestellt:

→ Die Entnahmen von Gegenständen für Zwecke außerhalb des Unternehmens oder für den Bedarf des Personals oder für andere unentgeltliche Zuwendungen gelten als Lieferungen gegen Entgelt. Die Besteuerung erfolgt nur dann, wenn der

Gegenstand zum Vorsteuerabzug berechtigt hat. Werden Gegenstände aus außerbetrieblichen Motiven günstig verkauft (zB an Verwandte), dann muss jener Preis angesetzt werden, der jeder dritten Person auch gewährt wird.

➜ Die Verwendung von Gegenständen für Zwecke außerhalb des Unternehmens oder für den Bedarf des Personals sowie die unentgeltliche Erbringung von anderen sonstigen Leistungen durch den Unternehmer für Zwecke außerhalb des Unternehmens oder für den Bedarf des Personals gilt als sonstige Leistung gegen Entgelt.

Die Verwendung eines dem Unternehmen zugeordneten privaten Grundstücks für private Zwecke wird als nicht steuerbarer Vorgang von der Eigenverbrauchsbesteuerung ausgeschlossen. Damit ist auch der Vorsteuerabzug ausgeschlossen.

B.3.2.3. Kleinunternehmer

Wann bleibt man als Kleinunternehmer umsatzsteuerfrei?

Die Umsätze von Kleinunternehmern, das sind Unternehmer mit Umsätzen bis maximal **35.000 € (ab 2020, bis 2019: 30.000 €)** netto im Veranlagungsjahr, bleiben umsatzsteuerfrei. Gleichzeitig besteht aber auch keine Möglichkeit, Vorsteuern geltend zu machen. Innerhalb eines Zeitraumes von fünf Jahren kann man einmal die 35.000 €-Grenze um 15 % überschreiten (also Einnahmen bis zu 40.250 €, beziehen), ohne dass die Befreiung verloren geht. Hatte man zB 2020 Einnahmen von 40.000 €, blieben diese steuerfrei. In den Folgejahren müssen aber die Einnahmen unter 35.000 € bleiben, damit die Befreiung in den einzelnen Jahren weiter zusteht. Erst im Jahr 2025 kann die Toleranzgrenze (Einnahmen bis 40.250 €) wieder in Anspruch genommen werden. Wichtig: Bei der Ermittlung der Umsatzgrenze sind die gesamten Einnahmen (gleichgültig, ob steuerfrei oder -pflichtig) sowie der Eigenverbrauch anzusetzen. Lediglich Hilfsgeschäfte können außer Ansatz bleiben.

Ab 2017 bleiben bei der Umsatzgrenzenprüfung bestimmte taxativ aufgezählte steuerfreie Umsätze (zB Vortragende an Erwachsenenbildungseinrichtungen, Bausparkassen- und Versicherungsvertreter, Pflege- und Tagesmütter, Aufsichtsratsvergütungen, Zahntechniker) außer Ansatz.

Voraussetzung für die Befreiung ist auch, dass der Unternehmer sein Unternehmen vom Inland betreibt. Das bedeutet, dass der Sitz der wirtschaftlichen Tätigkeit maßgebend ist.

Die folgenden Beispiele (Gültigkeit ab 2020) sollen das dokumentieren:

Beispiel 1:

Ein angestellter Journalist erzielt im Jahr freiberuflich Vortragshonorare in Höhe von insgesamt brutto 39.600 €. Dieser Bruttoumsatz ist auf einen Nettobetrag umzurechnen (bei 20 % Umsatzsteuer ist der Bruttoumsatz durch 1,2 zu dividieren): 39.600 €: 1,2 = 33.000 €. Die Steuerbefreiung als Kleinunternehmer steht daher zu.

Beispiel 2:

Der obige Journalist hat in einem Jahr 41.400 € (das sind netto 34.500 €) an Honoraren erhalten. Gleichzeitig nutzt er seinen PC nicht nur für seine unternehmerische Tätigkeit, sondern zu 40 % auch privat, und tätigt damit einen Eigenverbrauch von 1.000 €. Unangenehme Folge: Die 35.000-€-Grenze ist überschritten, sodass von den insgesamt 34.500 € Umsatz die Umsatzsteuer zu entrichten ist.

Beispiel 3:

Der Journalist verdient in einem Jahr 41.400 € (das sind netto 34.500 €) mit Vortragshonoraren, verkauft aber in diesem Jahr seinen betrieblichen PC um 3.000 € (oder übernimmt ihn ins Privatvermögen). Die Umsätze insgesamt liegen zwar über der 35.000 €-Grenze, da aber (grundsätzlich steuerpflichtige) Hilfsgeschäfte bei Berechnung dieser Grenze außer Ansatz bleiben, ist der gesamte Umsatz in Höhe von 34.500 € steuerfrei.

Beispiel 4:

Ein selbständiger Versicherungsvertreter erhält in einem Jahr 25.000 € an Provisionen, die umsatzsteuerfrei sind. Für eine Vortragstätigkeit bei Kongressen bezieht er im selben Jahr 20.000 € an Honoraren. Folge: Die 35.000 €-Grenze wäre zwar überschritten, aber die steuerfreien Einnahmen als Versicherungsvertreter werden nicht in die Umsatzgrenze miteinbezogen (gilt ab 2017). Daher steht die Kleinunternehmerbefreiung zu.

ACHTUNG

Bei Gegenständen oder Leistungen (zB Großreparaturen bei Vermietung und Verpachtung), die über einen längeren Zeitraum abgeschrieben werden, kommt es zu einer Vorsteuerberichtigung für die Jahre, für die die Kleinunternehmer-Befreiung in Anspruch genommen wird. Allerdings gilt auch umgekehrt, dass bei Anschaffung in einem Jahr mit USt-Befreiung die anteilige Vorsteuer im Nachhinein für jene Jahre lukriert werden kann, in denen die Kleinunternehmer-Befreiung nicht bestand (siehe Kapitel B.3.5.).

Kann und soll man als Kleinunternehmer auf die Steuerfreiheit verzichten?

Man kann bis zur Rechtskraft des Umsatzsteuerbescheides – also im Grunde genommen bis zum letzten Augenblick – gegenüber dem Finanzamt auf die Anwendung der Steuerfreiheit (auch bei pauschaler Gewinnermittlung) verzichten. Dieser Verzicht erfolgt entweder durch ein formloses Schreiben oder das Formular U12 (Verzicht auf die Steuerbefreiung für Kleinunternehmer)an das Finanzamt („Antrag auf Regelbesteuerung“) und ist auch in der Steuererklärung entsprechend anzugeben. Nachteil: Verzichtet man auf die Steuerfreiheit, so bindet das mindestens für fünf Kalenderjahre. Frühestens danach kann dieser Verzicht widerrufen werden. Damit dann wieder die Steuerfreiheit zum Tragen kommt, muss dieser Umstand („Widerruf der Regelbesteuerung“) spätestens bis zum 31.1. des jeweiligen Kalenderjahres beim Finanzamt erklärt werden.

TIPP

Der Verzicht auf die Steuerfreiheit ist natürlich nur dann sinnvoll, wenn die Vorsteuer höher als die zu verrechnende Umsatzsteuer ist. Das wird ua dann der Fall sein, wenn Sie selbst hohe Vorsteuern haben und die Umsatzsteuer Ihrem Kunden weiterverrechnen können (zB weil der als Unternehmer ohnehin den Vorsteuerabzug hat). Auch dann, wenn Sie als Unternehmer in der Anfangsphase stecken und viel investiert haben (zB Betriebserrichtung, Bau eines Miethauses), kann es sinnvoller sein, auf die Steuerfreiheit zu verzichten, um Vorsteuerguthaben zu lukrieren. Ebenso natürlich, wenn Sie Leistungen idR an vorsteuerabzugsberechtigte Unternehmen erbringen. Sie sollten aber bedenken, dass Sie dann für mindestens fünf Jahre daran gebunden sind.

B.3.2.4. Steuerfreie Umsätze

Welche Umsätze sind steuerfrei, der Vorsteuerabzug bleibt aber erhalten?

Bei der Umsatzsteuer spricht man von der sog **echten Steuerbefreiung**, wenn die ausgeführten Umsätze steuerfrei sind, aber trotzdem der Vorsteuerabzug (siehe Kapitel B.3.5.) zusteht.

Nimmt der Unternehmer wissentlich an einem Umsatzsteuerbetrug teil, so sind keine Steuerbefreiung und kein Vorsteuerabzug möglich. Dies gilt auch dann, wenn dieser Unternehmer selbst nicht aktiv vom Mehrwertsteuerbetrug profitiert hat.

Das heißt, man zahlt keine Umsatzsteuer, kann sich aber die Vorsteuer für die Investitionen, laufende Aufwendungen usw vom Finanzamt holen. Zu dieser Art von steuerfreien Umsätzen gehören ua:

- Ausfuhrlieferungen: Steuerfreie Ausfuhrlieferungen liegen vor, wenn Geschäfte mit idR ausländischen Abnehmern (können sowohl Unternehmer als auch – wenn es sich um einen so genannten Touristenexport mit mehr als 75 € Rechnungsbetrag handelt – Private sein) abgeschlossen werden und die Gegenstände in ein Drittland (dh ein Land, das nicht der EU angehört) befördert oder versendet werden. Hinsichtlich der Ausfuhr in EU-Länder siehe unter „Innergemeinschaftliche Lieferungen“.

- Lohnveredelungen: Als Lohnveredelung ist im Wesentlichen die Be- und Verarbeitung von Waren zu verstehen. Die Lohnveredelung an Gegenständen der Ausfuhr (siehe oben) ist steuerfrei.
- Umsätze für die Seeschifffahrt und Luftfahrt
- Beförderung von Gegenständen im grenzüberschreitenden Verkehr und verschiedene andere Beförderungsleistungen
- Vermittlung der oa steuerfreien Umsätze
- Lieferung von eingeführten Gegenständen an ausländische Abnehmer
- Innergemeinschaftliche Lieferungen: Liefert man an einen Abnehmer aus einem EU-Staat, so bleiben diese Umsätze ebenfalls steuerfrei, wenn der Abnehmer den Gegenstand für sein Unternehmen erworben und seine UID-Nummer bekannt gegeben hat (zur Umsatzsteuer in der EU siehe Kapitel B.3.4.).

Welche Umsätze sind steuerfrei ohne Vorsteuerabzug?

Von der Umsatzsteuer befreit, aber auch ohne das Recht auf Vorsteuerabzug (sog **unechte Steuerbefreiung**) sind zB:

- Grundstücksumsätze (Verkauf, Entnahme und Eigenverbrauch von Grundstücken; passiert das innerhalb von 20 Jahren, kann es zu einer Vorsteuerberichtigung kommen; siehe Kapitel B.3.5.). Um eine Umsatzsteuerbelastung bei Grundstückslieferungen im Unternehmerbereich zu vermeiden, besteht die Möglichkeit der Option zur Steuerpflicht.
- Kleinunternehmer mit einem Jahresumsatz bis 35.000 € (bis 2019: 30.000 €) (siehe Kapitel B.3.2.3.)
- Umsätze in Zusammenhang mit Krediten, Wertpapieren, Gesellschaftsanteilen usw
- Vergütungen von Aufsichtsräten uÄ
- Umsätze der Blinden unter gewissen Voraussetzungen
- Umsätze von Privatlehrern an Schulen
- Umsätze aus der Tätigkeit als Bausparkassen- und Versicherungsvertreter
- Umsätze aus der Betreuung von Pflegekindern (zB Umsätze der Tagesmütter)
- Vermietung und Verpachtung von Grundstücken inkl Gebäude uÄ. Nicht befreit ist die Vermietung für Wohnzwecke – hierfür beträgt die USt 10 %; bei anderen Vermietungen kann statt der Befreiung auf Versteuerung zu 20 % optiert werden, aber nur dann, wenn der Mieter für das Grundstück zum Vorsteuerabzug berechtigt ist. Die Vermietung von Grundstücken während eines ununterbrochenen Zeitraums von max 14 Tagen (kurzfristige Vermietung) ist seit 2017 zwingend umsatzsteuerpflichtig, wenn der Unternehmer das Grundstück sonst nur für steuerpflichtige oder echte steuerfreie Umsätze, für kurzfristige Vermietungen oder zur Befriedigung eines Wohnbedürfnisses verwendet.

- Bestimmte Umsätze von Gebietskörperschaften und von gemeinnützigen, mildtätigen oder kirchlichen Vereinigungen
- Umsätze von Kranken- und Pflegeanstalten, Altersheimen, Kuranstalten usw
- Umsätze als Arzt, Dentist, Vertretungsarzt, Psychotherapeut, Hebamme, Zahntechniker
- Krankenbeförderungen.

B.3.2.5. Besondere Fälle der Steuerschuld

Weist man eine Umsatzsteuer in einer **Rechnung** aus, obwohl gar keine Umsatzsteuerpflicht besteht, so schuldet man diese Umsatzsteuer dennoch aufgrund der Rechnung. Dem kann man allerdings entgehen, indem man die Rechnung gegenüber dem Abnehmer berichtigt. Weiters schuldet man auch die entgangene Steuer, wenn man bei steuerfreien innergemeinschaftlichen Lieferungen dem Lieferanten gegenüber falsche Angaben macht.

Bei **sonstigen Leistungen** und bei **Werklieferungen** wird die Umsatzsteuer vom Leistungsempfänger (und nicht wie sonst vom Leistungserbringer) geschuldet, wenn

- der leistende Unternehmer im Inland weder sein Unternehmen betreibt noch eine an der Leistungserbringung beteiligte Betriebsstätte hat und
- der Leistungsempfänger Unternehmer oder eine juristische Person des öffentlichen Rechts ist.

Es kommt also zu einem Übergang der Steuerschuld auf den Leistungsempfänger (**Reverse Charge**). Der Leistungserbringer haftet lediglich für diese Steuer.

Bei **Bauleistungen**, die zwischen zwei Unternehmern erbracht werden, ist hinsichtlich der Umsatzsteuer der Steuerschuldner der Leistungsempfänger und nicht – wie sonst grundsätzlich – der leistende Unternehmer. Das gilt auch für die Reinigung von Bauwerken. Der leistende Unternehmer muss in seiner Rechnung die UID-Nummer des Empfängers angeben und auf dessen Steuerschuld hinweisen.

ACHTUNG

Die Umsatzsteuer darf in der Rechnung nicht gesondert ausgewiesen werden, sonst muss sie – zusätzlich zur Zahlung durch den Leistungsempfänger – an das Finanzamt abgeführt werden. Der Empfänger muss die Umsatzsteuer in seine Umsatzsteuervoranmeldung aufnehmen und an das Finanzamt abführen. Selbstverständlich steht ihm aber dafür nach den allgemeinen Regeln der Vorsteuerabzug zu, sodass in Summe Kostenneutralität besteht.

Zu den Bauleistungen zählen die Herstellung, Instandsetzung, Instandhaltung, Änderung oder Beseitigung von Bauwerken inklusive des Verleihs von Arbeitskräften im Bauwesen. Nicht dazu gehören planerische Leistungen, Beförderungsleistungen und die Vermietung von Geräten, soweit sie selbständige Hauptleistungen darstellen. Mit dieser Regelung sollen Umsatzsteuer-Betrügereien durch zwischengeschaltete Subunternehmen verhindert werden (der Leistungsempfänger zieht sich die Vorsteuer ab, der leistende Subunternehmer taucht unter, ohne die Umsatzsteuer abzuführen).

Der **Übergang der Steuerschuld** gilt weiters ua auch für die Lieferung von sicherungsübereigneten Gegenständen, die Lieferung von Grundstücken im Zwangsversteigerungsverfahren, die Lieferung von Schrott, die Übertragung von Treibhausgasemissionszertifikaten und die Lieferung von Mobilfunkgeräten.

Mit der Umsatzsteuerbetrugsbekämpfungsverordnung fallen seit 2014 folgende weitere betrugsanfällige Lieferungen und Leistungen in diesen Übergang der Steuerschuld: Lieferungen von Videospielkonsolen, Laptops, Tablets (ab 5.000-€-Rechnungen), Lieferungen von Gas und Elektrizität an einschlägige Händler, Übertragungen von Gas- und Elektrizitätszertifikaten, Lieferung von Metallen, Lieferung von Anlagegold.

B.3.3. Steuersatz (Umsatzsteuer)

Welche Umsätze unterliegen dem Normalsteuersatz von 20 %?

Wie schon der Name sagt: Mit dem Normalsteuersatz von 20 % sind alle steuerpflichtigen Umsätze zu versteuern, für die kein besonderer (ermäßigter) Steuersatz vorgesehen ist.

Für welche Umsätze gibt es den ermäßigten Steuersatz von 10 %?

Für folgende Umsätze beträgt die Umsatzsteuer nur 10 %:

- ➔ Lieferung und Eigenverbrauch verschiedener Lebensmittel und Getränke, Rohstoffe, Heizstoffe, Bücher, Zeitungen, Zeitschriften
- ➔ Restaurationsumsätze (Abgaben von Speisen, Milch und Milcherzeugnissen sowie Wasser im Rahmen einer Gastronomieleistung)
- ➔ Vermietung von Kunstgegenständen, Sammlungen, Antiquitäten
- ➔ Aufzucht und Halten von Tieren, künstliche Tierbesamung, Anzucht von Pflanzen
- ➔ Vermietung für Wohnzwecke (ausgenommen die Kosten der Beheizung und Möblierung), die Leistungen von Wohnungseigentumsgemeinschaften
- ➔ Beherbergung in eingerichteten Wohn- und Schlafräumen samt der damit verbundenen Nebenleistungen (zB Beheizung)
- ➔ Vermietung für Campingzwecke
- ➔ Leistungen gemeinnütziger, mildtätiger oder kirchlicher Vereinigungen
- ➔ Leistungen von Privattheatern, privaten Konzertveranstaltungen uÄ
- ➔ Leistungen von Rundfunk- und Kabelfernsehunternehmen
- ➔ Personenbeförderung
- ➔ Müllbeseitigung
- ➔ Umsätze von Krankenanstalten, Altersheimen, Kuranstalten usw (soweit nicht ohnedies steuerfrei)

- Medikamente
- elektronische Druckwerke (e-book, e-paper)
- alle Assistenzhunde (bisher nur Blindenhunde)
- Reparaturleistungen von Fahrrädern, Schuhen, Lederwaren, Kleidung oder Haushaltswäsche (ab 1.1.2021)
- Damenhygieneartikel (ab 1.1.2021)

Für welche Umsätze gibt es den ermäßigten Steuersatz von 13 %?

Ab dem Jahr 2016 wurde für gewisse Leistungen der ermäßigte Steuersatz von bisher 10% auf nunmehr 13% angehoben:

- Lebende Tiere
- Blumen
- Brennholz
- Kunstgegenstände
- Antiquitäten
- Umsätze als Künstler (zB Maler, Bildhauer, Dichter)
- Umsätze von Schwimmbädern
- Filmvorführungen
- Musik- und Gesangsaufführungen
- Museen
- Theateraufführungen
- Zirkusvorführungen sowie die Leistungen von Schaustellern
- Leistungen von Jugendheimen uÄ
- Personenbeförderung mit Luftverkehrsfahrzeugen im Inland
- Ab-Hof-Verkauf von Wein
- Eintrittsberechtigungen für sportliche Veranstaltungen

Corona: Für folgende Umsätze beträgt der Steuersatz 5 % (vom 1.7.2020 bis 31.12.2021):

- Bücher, Broschüren, Bilderalben, Bilderbücher und Zeichen- oder Malbücher für Kinder, Noten und kartographischen Erzeugnisse aller Art, einschließlich Wandkarten, topographischer Pläne, sowie für elektronische Publikationen einschließlich Hörbücher und E-Books,
- Hotellerie, Beherbergung und Camping,
- Verabreichung von Speisen jeder Art und Ausschank von Getränken in der Gastronomie uÄ,
- Einfuhren von vom Künstler aufgenommenen Fotografien,
- Einfuhren von Kunstwerken (Gemälde und Zeichnungen, Originalstiche, Originalerzeugnisse der Bildhauerkunst, aus Stoffen aller Art, Tapisserien, Textilwaren für Wandbekleidung),

Bei Zeitungen und periodischen Druckschriften wurde der Steuersatz nur im Zeitraum zwischen 1.7.2020 bis 31.12.2020 auf 5 % gesenkt.

- Umsätze aus der Tätigkeit als Künstler,
- Leistungen aus Kunst und Kultur
- Filmvorführungen

Für folgende Umsätze beträgt der Steuersatz 0 %:

- Schutzmasken (Stoff- und Papiermasken vom 14.4.2020 bis 31.7.2020 und 23.1.2021 bis 31.12.2021)
- Schutzmasken (FFP2- und FFP3-Masken vom 23.1.2021 bis 31.12.2021)
- Einfuhr und innergemeinschaftlicher Erwerb von Schutzmasken, Schutzkleidung und Desinfektionsmitteln (30.1.2020 bis 31.12.2021)
- COVID-19-Tests (1.1.2021 bis 31.12.2022)
- COVID-19-Impfstoffe (1.1.2021 bis 31.12.2022)
- Schaumwein (ab 1.7.2020)
- Zusatzsteuer bei Land- und Forstwirten (bis 31.12.2021)

Welcher Steuersatz gilt bei der Land- und Forstwirtschaft?

Wenn pauschalierte Landwirte Nichtunternehmer beliefern, beträgt der Steuersatz grundsätzlich 10 %. Handelt es sich allerdings um Produkte mit einem Steuersatz von generell 13 %, gilt dies seit 2016 auch für pauschalierte Landwirte. Das betrifft zB den Verkauf von Brennholz und Schnittblumen an Privatkunden.

Wegen der Festsetzung der Vorsteuerbeträge in gleicher Höhe entsteht für pauschalierte Landwirte aber weiterhin keine Umsatzsteuerzahllast.

Lediglich bei Produkten mit einem Steuersatz von 20 % (insbesondere Wein), ergibt sich eine abzuführende Zusatzsteuer von 7 %.

	Regelbesteuerte Land- und Forstwirte	Pauschalierte Land- und Forstwirte
Umsatzsteuer	Umsatzsteuer muss an das Finanzamt abgeführt werden, die Einnahme ist der Nettopreis	Umsatzsteuer muss (ausgenommen Weinbau) nicht an das Finanzamt abgeführt werden und bleibt daher als Einnahme
Vorsteuer	Vorsteuer von Einkäufen und Investitionen kann vom Finanz zurückgeholt werden	Vorsteuerabzug ist nicht möglich

Wofür gibt es den Steuersatz von 19 %?

Den ermäßigten Steuersatz von 19 % genießen Unternehmer aus Jungholz und Mittelberg (vormals Zollausschlussgebiete) anstelle des Normalsteuersatzes von 20 %.

B.3.4. Umsatzsteuer in der EU

Was versteht man unter innergemeinschaftlichen Erwerben und Lieferungen?

Liefert man als Österreicher an einen Unternehmer aus der EU, bleibt das steuerfrei, wenn sich der andere Unternehmer durch eine UID (siehe dazu weiter hinten) ausweist. Dieser andere Unternehmer muss die Umsatzsteuer für den Erwerb („Erwerbsteuer“) dann in seinem Staat an sein Finanzamt entrichten. Die Erwerbsteuer ersetzt damit die bisherige Einfuhrumsatzsteuer. Das Ganze funktioniert auch mit umgekehrtem Vorzeichen so und nennt sich dann eben innergemeinschaftlicher Erwerb: Man erhält eine Lieferung von einem Unternehmer aus der EU und weist sich ihm gegenüber mit der UID aus. Der andere Unternehmer kann steuerfrei liefern, man selbst muss die Erwerbsteuer an sein österreichisches Finanzamt abführen. Es gilt hier also das so genannte Bestimmungslandprinzip. Vorteil: Die Erwerbsteuer kann in der Regel sofort als Vorsteuer abgezogen werden. Sie wird also nur dann zum Kostenfaktor, wenn man nicht zum Vorsteuerabzug berechtigt ist (zB bei unechter Befreiung). **Aufpassen:** Kein innergemeinschaftlicher Erwerb liegt vor, wenn man nur unecht befreite Umsätze ausführt (also zB Kleinunternehmer mit nicht mehr als 35.000 € Jahresumsatz) oder pauschalierter Land- und Forstwirt ist und zusätzlich weder im vorangegangenen noch im laufenden Jahr innergemeinschaftliche Erwerbe von mehr als 11.000 € aufweist (so genannte Erwerbsschwelle; ein innergemeinschaftlicher Erwerb liegt mit dem ersten Umsatz vor, mit dem die Erwerbsschwelle überschritten wird).

Der Unternehmer muss als Nachweis für eine innergemeinschaftliche Lieferung zB mindestens zwei einander nicht widersprechende Nachweise, die von zwei verschiedenen Parteien ausgestellt wurden, die voneinander, vom Verkäufer und vom Erwerber, unabhängig sind, besitzen (Unterlagen zum Versand oder zur Beförderung der Gegenstände).

In Abholfällen bedarf es darüber hinaus einer schriftlichen Erklärung des Erwerbers, wonach er die Ware in das übrige Gemeinschaftsgebiet transportiert.

TIPP

Auf die Erwerbsschwelle können Sie auch verzichten. Das heißt, dass Sie dann auch als Kleinunternehmer mit weniger als 11.000 € innergemeinschaftlichen Erwerben die Umsatzsteuer zahlen müssen. Und das macht nur dann einen Sinn, wenn die inländische Umsatzsteuer niedriger ist als die andernfalls zu bezahlende ausländische. Ein Vergleich der Steuersätze kann sich also lohnen. Allerdings sollten Sie bedenken, dass Sie dieser Verzicht für mindestens zwei Jahre bindet.

Erwirbt man als **Privater** (dh nicht für sein Unternehmen, zB im Reiseverkehr) Waren in einem EU-Staat, so benötigt man keine UID bzw darf sie (wenn man als Unternehmer über eine verfügt) nicht vorweisen. Diese Lieferungen sind für den ausländischen Unternehmer steuerpflichtig, als Erwerber kann man die Waren ohne zusätzliche Steuerbelastung nach Österreich bringen („Ursprungslandprinzip"). Auch hier gilt vice versa: Erwirbt ein Privater zur Mitnahme in ein EU-Land Waren in Österreich, so sind diese Lieferungen für den österreichischen Unternehmer umsatzsteuerpflichtig, für den Erwerber entstehen keine zusätzlichen Belastungen.

Welche Erwerbe bleiben steuerfrei?

Bestimmte Sonderfälle von Erwerben bleiben steuerfrei. Darunter fallen Erwerbe von Gegenständen, bei denen auch die Lieferung im Inland sowie die Einfuhr aus einem Drittland steuerfrei wären (zB Erwerb von Wertpapieren, Goldmünzen, Zahlungsmitteln).

Welche Sonderregelungen gibt es?

Sonderregelungen gibt es ua für den Erwerb von **Fahrzeugen:** Die innergemeinschaftliche Lieferung von neuen Fahrzeugen ist für den Lieferer steuerfrei. Als Erwerber bezahlt man im Bestimmungsland die Umsatzsteuer. Privatpersonen müssen dazu in Österreich spätestens bis zum Ablauf eines Monats nach dem Tag des Erwerbes eine Steuererklärung abgeben. Ein Kfz gilt dann als neu, wenn die erste Inbetriebnahme nicht mehr als 6 Monate zurückliegt oder das Kfz nicht mehr als 6.000 km gefahren wurde. Wasserfahrzeuge gelten bis 3 Monate bzw 100 Betriebsstunden, Luftfahrzeuge bis 3 Monate bzw 40 Betriebsstunden als neu. Anders sieht es dagegen beim Erwerb von gebrauchten Fahrzeugen aus: Gebrauchte Fahrzeuge, die man als Privater aus dem EU-Gebiet erwirbt, unterliegen dem Ursprungslandprinzip und bleiben daher mit der Umsatzsteuer des Ursprungslandes belastet. Auch ein Unternehmer, der Fahrzeuge nicht für sein Unternehmen anschafft, wird immer wie ein Privater behandelt.

Bei **Versandhandelsunternehmen** hängt die Frage, ob sie die Steuer für die bei ihnen bestellten Waren im Ursprungsland oder im Bestimmungsland der Ware zahlen müssen, davon ab, ob ihre Lieferungen in das jeweilige Land insgesamt über einer bestimmten Schwellengrenze liegen (wenn ja, dann Versteuerung im Bestimmungsland; wenn nein, dann bleibt die Steuer des Ursprungslandes auf den Waren).

Auch bei **verbrauchsteuerpflichtigen Waren** (Tabak, Alkohol, Mineralöle) gibt es Sonderbestimmungen: Erwirbt man solche Waren als Unternehmer, so zahlt man immer die Erwerbssteuer. Private hingegen müssen sich mit der Steuer in der Regel nicht herumschlagen: Bei Versendung an Private zahlt der Lieferer im Bestimmungsland die Umsatzsteuer.

Was versteht man unter der Umsatzsteuer-Identifikationsnummer (UID)?

Jeder Unternehmer, der sich am Binnenmarkt beteiligt, benötigt eine Umsatzsteuer-Identifikationsnummer, die so genannte „UID". Diese UID besteht aus drei Buchstaben (AT für Austria, U für Umsatzsteuer) und einer achtstelligen Zahl (zB ATU 12345678). Die UID haben alle steuerlich erfassten Unternehmen automatisch zugesandt erhalten. Die UID ist auf jeder Rechnung anzuführen (auch für innerstaatliche Leistungen und Lieferungen). Bei Rechnungen über 10.000 € ist auch die UID-Nummer des Leistungsempfängers anzugeben. Erhält man eine UID, benötigt sie aber nicht, ist eine Meldung an die Finanz nicht erforderlich. Braucht man eine UID, hat sie aber nicht automatisch erhalten, so stellt man einen formlosen schriftlichen Antrag oder sendet das Formular U15 (Antrag auf Vergabe einer Umsatzsteuer-Identifikationsnummer) an sein Finanzamt.

WICHTIG

Da die UID dazu dient, trotz Wegfalls der Warenkontrollen in der EU die Umsatzsteuer zu vollziehen, muss man sich bei Geschäftspartnern aus der EU deren UID bestätigen lassen.

Anfragen zur Überprüfung einer UID sind verpflichtend über FINANZOnline durchzuführen. Die qualifizierte Bestätigungsanfrage über FINANZOnline ist nur dann wirksam, wenn Name und Anschrift des Inhabers der UID angezeigt werden. Bei einer Bestätigungsanfrage im Rahmen von FINANZOnline wird die Antwort elektronisch mitgeteilt. Der Ausdruck erfolgt durch den Abfragenden selbst. Die ausgedruckte Bestätigung ist aufzubewahren.

Darüber hinaus besteht auch die Möglichkeit einer elektronischen Selbstabfrage über den EU-Server.

Welche Meldungen sind bei innergemeinschaftlichen Lieferungen vorgesehen?

Als Unternehmer mit einem Jahresumsatz über 100.000 € hat man bis zum Ablauf des auf den Kalendermonat folgenden Kalendermonats (bei Unternehmern bis 100.000 € Umsatz ist der Meldezeitraum das Quartal) an sein für die Umsatzsteuer zuständiges Finanzamt auf einem amtlichen Vordruck (Formular U 13) eine **„Zusammenfassende Meldung"** über die durchgeführten innergemeinschaftlichen Warenlieferungen einzureichen.

Auch sonstige Leistungen eines inländischen Unternehmers, deren Leistungsort in das EU-Ausland fällt, sind in die Zusammenfassende Meldung aufzunehmen. Nullmeldungen sind nicht vorgesehen.

Die Übermittlung der Zusammenfassenden Meldung hat grundsätzlich über FinanzOnline elektronisch zu erfolgen, es sei denn, dem Unternehmer ist die elektronische Übermittlung mangels technischer Voraussetzungen unzumutbar.

Welche Steuersätze gelten für innergemeinschaftliche Erwerbe?

Für innergemeinschaftliche Erwerbe gelten hinsichtlich der Steuersätze die gleichen Bestimmungen wie bei normalen Inlandslieferungen (siehe Kapitel B.3.3.).

Welche Erwerbe sind nicht zu versteuern?

Folgende Erwerbe sind nicht zu versteuern, sondern nur in der Umsatzsteuererklärung anzuführen:

- Wenn bei einem Erwerb der Gegenstand sich am Ende der Beförderung oder Versendung im Gebiet eines anderen Mitgliedsstaates befindet, liegt grundsätzlich ein steuerpflichtiger Erwerb vor. Allerdings braucht man diesen Erwerb dann nicht in Österreich zu versteuern, wenn der Erwerb nachweislich im Mitgliedsstaat des Bestimmungsortes versteuert wurde.
- Auch im Falle so genannter Dreiecksgeschäfte (drei Unternehmer in drei verschiedenen Mitgliedsstaaten) ist der Erwerb nicht zu versteuern, wenn der Erwerber nachweist, dass ein Dreiecksgeschäft vorliegt und er dieses Geschäft in seiner Zusammenfassenden Meldung erklärt.

Was ist bei der Einreise nach Österreich betreffend mitgebrachte Waren zu beachten?

Führt man als Privatperson verbrauchsteuerpflichtige Waren aus einem EU-Land selbst ein, so fällt bis zu folgenden Richtmengen keine inländische Umsatzsteuer an:

- 90 Liter Wein (davon höchstens 60 Liter Schaumwein)
- 110 Liter Bier
- 10 Liter Spirituosen
- 800 Stück Zigaretten
- 400 Stück Zigarillos
- 200 Stück Zigarren.

Im Vergleich dazu: Bei Einfuhr aus einem Drittland sind folgende Mengen umsatzsteuerfrei:

- 1 Liter Alkohol mit mehr als 22 % vol
- 2 Liter Alkohol mit höchstens 22 % vol
- 16 Liter Bier
- 4 Liter nicht schäumende Weine
- 200 Stück Zigaretten
- 100 Stück Zigarillos
- 50 Stück Zigarren.

Die Einfuhr sonstiger Gegenstände im Reisegepäck bis zu einem Gesamtwert von 300 € (für Flugreisende 430 €) ist ebenfalls steuerfrei.

Für den Grenzverkehr (insbes für Grenzgänger, Bewohner im Grenzgebiet) gibt es geringere Mengen (zB 25 Stück Zigaretten, 1 Liter nicht schäumender Wein).

Welche Bestimmungen gibt es für den Onlinehandel?

Plattformen, Portale, Marktplätze uÄ („sharing economy“, Buchungsplattformen), die Lieferungen und sonstige Leistungen im Inland an Nichtunternehmer unterstützen, müssen die für die Besteuerung relevanten Aufzeichnungen jährlich an die Finanz übermitteln, wenn der Gesamtwert der Umsätze 1 Mio € jährlich übersteigt. Bei Umsätzen unter 1 Mio € sind die entsprechenden Daten nur aufzuzeichnen und nur auf Verlangen dem Finanzamt zu übermitteln. Die Plattformen uä Unternehmen haften im Übrigen auch für die anfallenden Steuern ihrer Kunden. Seit 1.7.2021 sind diese Unternehmen selbst Steuerschuldner.

Lieferungen von Paketen aus Drittstaaten bis zu einem Warenwert von 22 € sind bisher von der Einfuhrumsatzsteuer befreit. Diese Befreiung entfiel mit 1.7.2021.

Für die Versteuerung von **Einfuhr-Versandhandelsumsätzen** sowie Dienstleistungen drittländischer Unternehmer, wenn er am IOSS teilnimmt, gibt es ab 1.7.2021 eine Sonderregelung: Unternehmer können für Einfuhr-Versandhandel, bei dem der Einzelwert der Waren je Sendung 150 € nicht übersteigt, auf Antrag die Sendungen bei der Einfuhr bei Vorlage der IOSS-Identifikationsnummer steuerfrei belassen und stattdessen anhand einer monatlichen Steuererklärung im Bestimmungsland versteuern. Bei der Einfuhr von Waren, deren Einzelwert 150 € übersteigt, wird die Einfuhrumsatzsteuer weiterhin grundsätzlich im Zollverfahren erhoben.

Wird der Einfuhr-Versandhandel nicht direkt, sondern über eine **Online-Plattform** (zB Amazon oder shöpping.at) abgewickelt, dann wird der Betreiber dieser Plattform so behandelt, als hätte er die Waren selbst vom Lieferanten erworben und im eigenen Namen wieder veräußert. Der Betreiber der Plattform wird somit selbst zum Steuerschuldner der Umsatzsteuer und hat damit entsprechende Aufzeichnungs- und Meldepflichten zu beachten, wenn

- ➜ es sich um Lieferungen innerhalb der EU durch einen nicht in der EU niedergelassenen Unternehmer an einen Endverbraucher (Nichtunternehmer) handelt und
- ➜ es sich um Einfuhr-Versandhandelsumsätze handelt, bei denen der Einzelwert je Sendung 150 € nicht übersteigt.

Die Umsatzsteuer kann für sämtliche EU-Mitgliedstaaten zentral an ein Finanzamt („EU-One-Stop-Shop" – EU-OSS) oder im Rahmen des Einfuhr-Versandhandels bei Sendungen unter 150 € in nur einem Mitgliedstaat über den „Import-One-Stop-Shop" (IOSS) entrichtet werden.

B.3.5. Vorsteuer

Wie berechnet man seine Vorsteuer?

Die abziehbare Vorsteuer ist nichts anderes als die Umsatzsteuer, die in den eigenen Aufwendungen enthalten ist. Sie stellt also die in Belegen (Rechnungen) ausgewiesene Umsatzsteuer anderer Unternehmer dar, die die eigene Umsatzsteuerschuld mindert. Der Vorsteuerabzug steht grundsätzlich mit der Leistungserbringung (bei Vorliegen einer Rechnung) zu. Für Ist-Besteuerer ist eine zusätzliche Voraussetzung für den Vorsteuerabzug, dass die Zahlung geleistet wurde (mit Vorliegen der Rechnung und Bezahlung kann dann der Vorsteuerabzug aber auch schon vor Ausführung der Lieferung oder sonstigen Leistung erfolgen).

- Die Vorsteuer steht dabei nur insoweit zu, als die Leistungen tatsächlich unternehmerischen Zwecken (mindestens 10 %) dienen.

Bei Gebäuden, die nur teilweise unternehmerisch genutzt werden, ist wie folgt vorzugehen:

- Für den nicht unternehmerisch genutzten Teil steht kein Vorsteuerabzug zu.
- Im Falle der tatsächlichen Entnahme/Veräußerung tätigt der Unternehmer einen grundsätzlich steuerfreien Grundstücksumsatz.
- Wird nicht optiert, kommt es zu einer Änderung der Verhältnisse (Vorsteuerberichtigung) für den unternehmerisch genutzten Teil zu Ungunsten des Unternehmers.
- Wird optiert, kommt es zu einer Änderung der Verhältnisse (Vorsteuerberichtigung) für den nicht unternehmerisch genutzten Teil zu Gunsten des Unternehmers.

Die Vorsteuer kann aber auch **pauschal** ermittelt werden: Wenn die Umsätze des vorangegangenen Jahres 220.000 € nicht überschritten haben (die genauen Voraussetzungen siehe bei „Pauschalierungen" in Kapitel B.1.2.), besteht die Möglichkeit, pauschal 1,8 % des Gesamtumsatzes aus selbständigen und gewerblichen Tätigkeiten (ohne Hilfsgeschäfte) als Vorsteuer abzuziehen. Die pauschalierte Vorsteuer ist mit 3.960 € limitiert. Zusätzlich zu diesem Durchschnittssatz können noch folgende tatsächliche Vorsteuern abgezogen werden:

Vorsteuern

- für Anlagekäufe von mehr als 1.100 €,
- für sonstige Leistungen bei der Herstellung von Anlagegütern von mehr als 1.100 €,
- für Lieferungen von Waren, Rohstoffen, Halberzeugnissen, Hilfsstoffen und Zutaten und
- für unmittelbar in den Betriebsgegenstand eingehende Fremdlöhne.

TIPP

Mit der Entscheidung für den Vorsteuerabzug nach Durchschnittssätzen können Sie sich Zeit lassen: Eine entsprechende schriftliche Erklärung kann beim Finanzamt bis spätestens zur Rechtskraft des Umsatzsteuer-Bescheides abgegeben werden. Diese Erklärung bindet für mindestens zwei Kalenderjahre. Auch einen allfälligen Widerruf der Erklärung muss man dem Finanzamt bis zur Rechtskraft des Bescheides schriftlich mitteilen. Warten Sie daher mit dieser Erklärung, bis Sie zumindest für das abgelaufene Jahr eine genaue Vergleichsrechnung und für das Folgejahr eine Prognose erstellen können.

Daneben hat der Finanzminister noch mit Verordnung für bestimmte Unternehmergruppen eigene Durchschnittssätze für die abziehbare Vorsteuer festgelegt. Hinsichtlich der Pauschalierungen für das Gaststätten- und Beherbergungsgewerbe, für Drogisten, für den Lebensmitteleinzel- und Gemischtwarenhandel sowie Handelsvertreter siehe „Pauschalierungen“ in Kapitel B.1.2.

Weitere **Besonderheiten** bei der Vorsteuer: Bei **Reisekosten** kann von den pauschalen Tagesgeldern (26,40 €) und Nächtigungsgeldern (15 €) ein Betrag von 9,0909 % als Vorsteuer herausgerechnet werden (aufwandswirksam ist daher nur der verminderte Betrag!).

Keine Vorsteuer steht bei Kilometergeldern zu sowie im Zusammenhang mit Anschaffung, Miete und Betrieb von PKW, Kombi und Krafträdern (Ausnahme: Fahrschulautos, Vorführwägen, Fahrzeuge, die zu mindestens 80 % der gewerblichen Personenbeförderung oder Vermietung dienen).

Ausnahme ab 2016: Für PKW und Kombi ohne CO_2-Ausstoß (dh Elektrofahrzeuge) steht bis zur Angemessenheitsgrenze von 40.000 € ein Vorsteuerabzug zu: Übersteigen die Anschaffungskosten 40.000 € nicht, steht der Vorsteuerabzug nach den allgemeinen Vorschriften (uneingeschränkt) zu. Übersteigen die Anschaffungskosten die Angemessenheitsgrenze um mehr als 100 %, dh sind sie höher als 80.000 €, steht kein Vorsteuerabzug zu. Betragen die Anschaffungskosten zwischen 40.000 € und 80.000 €, steht der Vorsteuerabzug nach den allgemeinen Vorschriften ebenfalls uneingeschränkt zu. Der Vorsteuerabzug ist allerdings durch eine Eigenverbrauchsbesteuerung insoweit zu neutralisieren, als die tatsächlichen Anschaffungskosten die angemessenen übersteigen. Ab 2020 besteht auch bei betrieblich genutzten Elektrofahrrädern (zB E-Bikes, Elektromotorräder) die Möglichkeit des Vorsteuerabzugs.

Wichtig zu wissen: Kleinlastkraftwagen und Kleinbusse fallen nicht unter die Begriffe PKW und Kombi und genießen daher den Vorsteuerabzug:

- Ein Klein-LKW muss sich vom Erscheinungsbild und von der Ausstattung her von einem PKW unterscheiden, was sich ua in einer Heckklappe bzw -türe, dem Vorliegen nur einer Sitzreihe, einem Trenngitter bzw einer Trennwand und einem verblechten Laderaum zeigt. Kastenwagen und Pritschenwagen sind ebenfalls als Klein-LKW begünstigt.
- Unter einem Kleinbus ist ein Fahrzeug zu verstehen, das ein kastenwagenförmiges Äußeres sowie Beförderungsmöglichkeiten für mehr als sechs Personen (einschließlich des Fahrzeuglenkers) aufweist.

TIPP

Wenn Sie ein Fahrzeug steuersparend kaufen, dann sollten Sie sich vorher erkundigen, ob für die geplante Type auch tatsächlich die Vorsteuer abgezogen werden kann. Auskünfte erteilt das Finanzamt, und sicherlich weiß auch der Autohändler Bescheid. Überdies finden Sie die aktuelle Liste auch im Internet (www.bmf.gv.at unter Steuern/Kraftfahrzeuge). Die Anschaffung eines vorsteuerberechtigten Fahrzeuges bringt nicht nur die Vorsteuer von den Anschaffungskosten, auch von allen laufenden Kosten kann dann die Vorsteuer abgezogen werden. Überdies gibt es auch keine Angemessenheitsprüfung und keine achtjährige Mindestnutzungsdauer bei der AfA.

Bei einem sog **Bauherrenmodell** ist zu beachten, dass der Erwerb eines unbebauten Grundstücks der Grunderwerbsteuer (siehe C.1.) und nicht der Umsatzsteuer unterliegt, wenn man als Bauherr auftritt (siehe dazu B.2.2.6.). Für die Kosten der Bebauung kann man dann die Vorsteuer nach den allgemeinen Regeln absetzen. Wird man dagegen nicht als Bauherr anerkannt, dann unterliegt die volle Gegenleistung (für Grundstück und Gebäude) der Grunderwerbsteuer. Der Verkauf des bebauten Grundstücks ist dann zwar von der Umsatzsteuer befreit, es steht aber auch kein Vorsteuerabzug zu.

Sind im Umsatz abzugsfähige und nichtabzugsfähige Vorsteuern enthalten (zB Einkünfte als Versicherungsvertreter, die befreit sind, und als Vortragender, die umsatzsteuerpflichtig sind), gibt es zwei Möglichkeiten zur **Aufteilung der Vorsteuer:** Die Vorsteuer kann entweder im Verhältnis der Umsätze aufgeteilt werden, oder es kann eine individuelle Zuordnung der Ausgaben aufgrund der einzelnen Rechnungen erfolgen.

Welche Einfuhrumsatzsteuer kann man als Vorsteuer abziehen?

Werden Gegenstände für das Unternehmen eingeführt und muss man hierfür Einfuhrumsatzsteuer bezahlen, so kann man diese ebenfalls als Vorsteuer in Abzug bringen. Die oa Ausnahmen gelten allerdings auch hier sinngemäß.

Zusätzlich zur Möglichkeit, die Einfuhrumsatzsteuer (EUSt) an das Zollamt zu entrichten und sie dann (bei Vorliegen aller Voraussetzungen) in der beim Finanzamt einzureichenden Umsatzsteuervoranmeldung (UVA) als Vorsteuer wieder abzuziehen, besteht für Schuldner der Einfuhrumsatzsteuer, die im Inland zur Umsatzsteuer erfasst sind und Waren für ihr Unternehmen einführen, folgende Variante:

- Die EUSt ist nicht an das Zollamt, sondern in der in einer Zollmitteilung festgelegten Höhe monatlich (bzw vierteljährlich bei vierteljährlichem UVA-Zeitraum) auf das beim Finanzamt geführte Abgabenkonto zu entrichten.
- In der beim Finanzamt abzugebenden UVA kann die EUSt als Vorsteuer abgezogen werden, sodass bei vollständiger Vorsteuerabzugsberechtigung des Unternehmers kein faktischer Geldfluss mehr stattfindet.

➜ Voraussetzung für die Anwendung dieser Regelung ist, dass bereits in der Zollanmeldung erklärt wird, davon Gebrauch zu machen.

In diesem Fall wird den betreffenden Einfuhrumsatzsteuerschuldnern von der Zollverwaltung monatlich eine Aufstellung übermittelt, in der unter Hinweis auf die jeweiligen Einfuhrabfertigungen bzw Sammelanmeldungen die entsprechenden Einfuhrumsatzsteuerbeträge für den betreffenden Monat ausgewiesen sind. Dieser Betrag wird auf dem Finanzamtskonto als Belastung verbucht (Abgabencode „EU"). Die EUSt wird in diesem Fall am 15. Tag des auf den Voranmeldungszeitraum, in dem die EUSt entsteht, zweitfolgenden Kalendermonates fällig. Sofern der Schuldner der Einfuhrumsatzsteuer zum Vorsteuerabzug berechtigt ist, kann im Ausmaß der Vorsteuerabzugsberechtigung in der UVA (U30) unter der Kennzahl 083 die geschuldete und auf dem Finanzamtskonto verbuchte EUSt als Vorsteuer in Abzug gebracht werden. Damit verringert sich die Abgabenschuld an Umsatzsteuer für den betreffenden Kalendermonat bzw erhöht sich der Vorsteuerüberschuss.

Welche Vorsteuern kann man aus dem innergemeinschaftlichen Erwerb abziehen?

Wie bereits im Kapitel B.3.4. ausgeführt, ist die Umsatzsteuer von den innergemeinschaftlichen Erwerben vom Erwerber zu berechnen. Da der Warenverkehr zwischen Unternehmern in der EU ohne Umsatzsteuer ablaufen soll, kann – wenn grundsätzlich der Vorsteuerabzug zusteht – die berechnete Umsatzsteuer für die innergemeinschaftlichen Erwerbe wieder abgezogen werden.

Was passiert mit Vorsteuern aus empfängerbezogenen Leistungen?

Bei Leistungen eines ausländischen Unternehmers, bei denen der Empfängerort der Leistungsort ist (zB Rechtsanwälte, Sachverständige), wird die Umsatzsteuer aus Vereinfachungsgründen vom inländischen Abnehmer geschuldet, der sie allerdings grundsätzlich gleich wieder als Vorsteuer abziehen kann (siehe auch B.3.2.2.).

Wann erhält man eine Vorsteuer für die Lieferung von Kraftfahrzeugen?

Als Privater wird man durch die Lieferung eines neuen Kraftfahrzeuges in bestimmten Fällen zum Unternehmer (Lieferung eines neuen Fahrzeuges in ein EU-Land) und kann daher auch einen Vorsteuerabzug geltend machen. Die Vorsteuer ist von den Anschaffungskosten oder – wenn das Fahrzeug zu einem niedrigeren Preis weiterverkauft wird – von diesem niedrigeren Preis zu berechnen.

Welche Vorsteuern dürfen nicht abgezogen werden?

Vorsteuern, die auf (unecht) befreite Umsätze entfallen (siehe Kapitel B.3.2.4.), dürfen nicht in Abzug gebracht werden. In der Umsatzsteuererklärung sind in den Gesamtbetrag der Vorsteuern diese Beträge zuerst aufzunehmen und dann unter einer eigenen Kennzahl wieder auszuscheiden.

Das Recht auf Vorsteuerabzug entfällt auch, wenn man wusste oder wissen musste, dass der betreffende Umsatz im Zusammenhang mit Umsatzsteuerhinterziehungen oÄ steht.

Welche Berichtigungen sind bei einer Änderung der Verhältnisse vorzunehmen?

Ändern sich die Verhältnisse, die für den in den Vorjahren geltend gemachten Vorsteuerabzug maßgebend waren, so ist dieser Vorsteuerabzug im Jahr der Änderung zu berichtigen. Bei Gegenständen des Anlagevermögens sind dabei die Änderungen in den auf das Jahr der Anschaffung folgenden vier Kalenderjahren zu berücksichtigen (Berichtigung pro Jahr daher um 1/5), bei Grundstücken und Gebäuden beträgt der Zeitraum neun Jahre (Berichtigung pro Jahr daher um 1/10). Seit 1.4.2012 beträgt der Zeitraum bei Grundstücken und Gebäuden generell 19 Jahre und die Berichtigung pro Jahr 1/20. Vor dem 1.4.2012 war das bereits bei Grundstücken, die nicht ausschließlich unternehmerischen Zwecken dienten und bei denen für den nicht unternehmerischen Teil Vorsteuer abgezogen wurde, der Fall. Je nachdem, ob der ursprünglich vorgenommene Vorsteuerabzug jetzt unzulässig ist (zB Verkauf eines Betriebsgrundstückes) oder ob ein seinerzeit unzulässiger Vorsteuerabzug jetzt zulässig ist (zB Verzicht auf die frühere Kleinunternehmer-Befreiung und damit Übergang zur Besteuerung), ergibt sich eine Vorsteuer-Rückforderung oder eine Vorsteuer-Gutschrift. Es ist zweckmäßig, die Berichtigung in einer Beilage zur Umsatzsteuererklärung darzustellen.

Gegenstände, die seit 1.1.2017 erstmals den Grundstücksbegriff des UStG erfüllen (das sind bestimmte Betriebsvorrichtungen, zB Silo, Turbine), unterlagen bisher einem Berichtigungszeitraum von vier Jahren und seit 1.1.2017 einem Zeitraum von 19 Jahren. Gibt es bis Ende 2016 keine offenen Fünftel, kommt es auch zu keiner Berichtigung.

Bei Gegenständen, die nicht zum Anlagevermögen gehören (zB Handelswaren, Hilfsstoffe), sowie bei sonstigen Leistungen (zB Beratungskosten) ist ebenfalls eine Vorsteuer-Berichtigung vorzunehmen. Hätte man also im laufenden Jahr einen früher zustehenden Vorsteuerabzug nicht mehr (oder umgekehrt), dann ist die Vorsteuer entsprechend zu berichtigen (Nachforderung oder Gutschrift).

Eine Berichtigung ist nicht durchzuführen, wenn die Berichtigung für einen Gegenstand für das Kalenderjahr 60 € nicht übersteigt (bis 2016: 220 € auf den Gegenstand entfallende Vorsteuer).

Welche Berichtigungen sind bei einer Änderung der Bemessungsgrundlage vorzunehmen?

Ändert sich im Nachhinein die Bemessungsgrundlage (zB bei Rückvergütungen oder nachträglich gewährten Rabatten), dann hat nicht nur der Lieferer die Umsatzsteuer, sondern auch der Abnehmer die Vorsteuer zu berichtigen. Das gilt sinngemäß auch in den Fällen, in denen das Entgelt für eine steuerpflichtige Lieferung oder Leistung uneinbringlich geworden ist (zB Konkurs) oder wenn eine Lieferung oder Leistung, für die bereits das Entgelt entrichtet ist, nicht ausgeführt wird.

Welche sonstigen Berichtigungen sind vorzunehmen?

Weiters sind sonstige Berichtigungen (zB Steuersatzdifferenzen bei einem Ist-Versteuerer) sowie Gutschriften durch Steuerfreiheit vorjähriger Ausfuhrumsätze (zunächst versteuerte Ausfuhrumsätze, wenn der Ausfuhrnachweis erst später eingelangt ist) in die Steuererklärung einzutragen.

Welche Umsatzsteuervergütung gibt es für Diplomaten?

Diplomatische oder berufskonsularische Mitarbeiter von ausländischen Vertretungsbehörden können sich auch für private Lieferungen und Leistungen österreichische Umsatzsteuer vergüten lassen (Internationales Steuervergütungsgesetz). Die Voraussetzungen im Detail:

- Vergütungsantrag an das Bundesministerium für Finanzen bzw dessen bevollmächtigten Vertreter durch die ausländische Vertretungsbehörde bzw die internationale Organisation
- Vorliegen von Rechnungen mit jeweils einem Mindestentgelt von 73 €
- Keine Ansässigkeit in Österreich
- Die Vergütung darf für den einzelnen Vergütungsberechtigten maximal 2.900 € pro Kalenderjahr betragen.

Anstelle einer Vergütung der Umsatzsteuer für einzelne Lieferungen oder sonstige Leistungen kann eine pauschale Vergütung von 110 € je angefangenen oder vollen Kalendermonat in Anspruch genommen werden (Bindung an die Pauschalierung für ein Kalenderjahr mit dem Vergütungsantrag), wobei darin die Vergütung der Energieabgaben inkludiert ist.

B.4. Einnahmen-Ausgaben-Rechnung

Checkliste für Einnahmen-Ausgaben-Rechner

Grundsätzliche Fragen	
• Berechtigung zur Einnahmen-Ausgaben-Rechnung	
• Notwendige Aufzeichnungen: Kassabuch Bankbuch Wareneingangsbuch Anlagenverzeichnis	
• Behandlung der Umsatzsteuer (Brutto- oder Nettomethode)	
• Nachweise (Belegpflicht)	
• Verlust	
• Wechsel der Gewinnermittlungsart	
• Zeitpunkt der Erfassung	

ABC der Einnahmen	
• Allgemeines	• Provisionen
• Abfindungen, Ablösen	• Renten
• Betriebsaufgabe	• Rückgängig gemachte Ausgaben
• Betriebsgründung	• Schmerzensgeld
• Darlehen	• Schuldenerlass
• Durchlaufende Posten	• Subventionen
• Entschädigungen	• Steuern
• Forderungsabtretung und -umwandlung	• Stipendien
• Geschenke	• Tausch
• Grundstücksveräußerungen	• Umsatzsteuer
• Hilfsgeschäfte	• Verkauf von Anlagevermögen
• Honorare für Leistungen	• Verkaufserlöse
• Konventionalstrafen	• Versicherungsentschädigungen
• Kredite	• Verzicht auf Einnahmen
• Preise	• Zinsen
• Privatentnahmen	

ABC der Ausgaben	
• Allgemeines	• Familienheimfahrten
• Abschreibung, AfA	• Firmenwert
• Abschreibung, vorzeitige	• Forschungsfreibetrag
• Anwaltskosten	• Fortbildungskosten
• Arbeitsessen	• Fotoapparat
• Arbeitskleidung	• Freibetrag für investierte Gewinne
• Arbeitszimmer	• Fremdleistungen
• Abfertigungsvorsorge	• Gebäude
• Anlagevermögen	• Gehälter
• Ausbildungskosten	• Geldbeschaffungskosten
• Ausstellungen	• Geldstrafen
• Autoradio	• Geringwertige Wirtschaftsgüter
• Bankspesen	• Geschenke
• Beiträge	• Hilfskräfte
• Beratungskosten	• Hilfsgeschäfte
• Betriebsausgabenpauschale	• Honoraraufwand
• Bewirtungsspesen	• Internetanschluss
• Computer	• Kammerumlage
• Darlehen	• Kilometergelder
• Diebstahl	• Kraftfahrzeug
• Doppelte Haushaltsführung	• Kontoführungskosten
• Einrichtung	• Kredite
• Kunstwerke, Antiquitäten	• Kreditkarten

ABC der Ausgaben	
• Leasing	• Sozialversicherungsbeiträge
• Lehrlingsfreibetrag	• Spenden
• Löhne	• Steuerberatungskosten
• Messen	• Steuern
• Miet- und Pachtzahlungen	• Stockablösen
• Nächtigungsgelder	• Strafen
• Notarkosten	• Studienreisen
• Pensionskassenbeiträge	• Stundungszinsen
• Pflichtversicherungsbeiträge	• Tagesgelder
• Postwertzeichen	• Tagungen
• Praxiswert	• Taxispesen
• Privateinlagen	• Telefonkosten
• Provisionen	• Trinkgelder
• Prozesskosten	• Übertragung stiller Reserven, Übertragungsrücklage
• Radioapparat	• Umsatzsteuer
• Rechtsanwaltskosten	• Unfallkosten
• Reisekosten	• Versicherungsprämien
• Renten	• Vorauszahlungen
• Repräsentationsaufwendungen	• Vorsteuer
• Rückstellungen	• Waffen
• Rückzahlung von Einnahmen	• Wareneinkauf
• Säumnis- und Verspätungszuschläge	• Werbeaufwendungen
• Schadenersatzleistungen	• Wettbewerbsverbot
• Schmiergelder	• Zeitschriften und Zeitungen
• Software	• Zinsen

B.4.1. Grundsätzliches

Was versteht man unter Einnahmen-Ausgaben-Rechnung?

Die Einnahmen-Ausgaben-Rechnung ist eine vereinfachte Form der Gewinnermittlung durch Gegenüberstellung der tatsächlich zugeflossenen Betriebseinnahmen und der tatsächlich abgeflossenen Betriebsausgaben im Sinne einer Geldflussrechnung. Dabei werden die Einnahmen – allerdings mit Ausnahmen – zu dem Zeitpunkt und in der Höhe des tatsächlichen Zuflusses, die Ausgaben zum Zeitpunkt und in der Höhe des tatsächlichen Abflusses erfasst. Als Differenzbetrag ergibt sich der Gewinn bzw Verlust.

HINWEIS

Im Gesetz werden bei den betrieblichen Einkunftsarten die Begriffe „Gewinn“, „Betriebseinnahmen“ und „Betriebsausgaben“, bei den außerbetrieblichen Einkünften (zB Vermietung) die Begriffe „Überschuss“,

„Einnahmen“ und „Werbungskosten“ verwendet. Hier soll aber aus Vereinfachungsgründen idR von „Gewinn“, „Einnahmen“ und „Ausgaben“ gesprochen werden.

Wer kann eine Einnahmen-Ausgaben-Rechnung führen?

Die Gewinnermittlung (bzw Ermittlung des Überschusses) mittels Einnahmen-Ausgaben-Rechnung ist vorgesehen für:

- Selbständige Einkünfte von Freiberuflern
- Sonstige selbständige Einkünfte als Vermögensverwalter (zB Hausverwalter, Aufsichtsratsmitglied) und wesentlich Beteiligter an einer Kapitalgesellschaft (= mehr als 25 %)
- Gewerbetreibende, wenn sie nicht nach dem Unternehmensgesetzbuch zur Buchführung verpflichtet sind (Jahresumsatz von nicht mehr als 700.000 €)
- Land- und Forstwirte, wenn sie nicht die steuerlichen Buchführungsgrenzen überschreiten (Jahresumsatz bis 700.000 €)
- Außerbetriebliche Einkünfte (zB Vermietung und Verpachtung) – hier gelten zwar die Grundsätze der Einnahmen-Ausgaben-Rechnung, für die Überschussermittlung sind aber die jeweiligen Sonderbestimmungen zu beachten.

Wie muss eine Einnahmen-Ausgaben-Rechnung geführt werden?

Folgende Vorschriften sind bei der Führung der Einnahmen-Ausgaben-Rechnung zu beachten:

- Die Einnahmen und Ausgaben müssen nach der Zeitfolge, vollständig, richtig und zeitgerecht eingetragen werden.
- Aufzeichnungen müssen in einer lebenden Sprache geführt werden.
- Eintragungen sollen mit nicht leicht entfernbaren Schreibmitteln erfolgen.
- Bücher und Aufzeichnungen sowie die dazugehörigen Belege müssen durch sieben Jahre – bzw bei anhängigen Verfahren auch darüber hinaus, soweit sie von Bedeutung sind – aufbewahrt werden (gerechnet ab dem Schluss des Kalenderjahres, für das die letzte Eintragung vorgenommen wurde).
- Belege sind so geordnet aufzubewahren, dass die Überprüfung der Eintragung jederzeit möglich ist.
- Zwischen den Eintragungen dürfen keine leeren Zwischenräume gelassen werden.
- Wenn eine Eintragung durchzustreichen ist, muss die ursprüngliche Eintragung lesbar bleiben.
- Die Verwendung von EDV ist selbstverständlich gestattet. Zur Lesbarmachung sind die entsprechenden Hilfsmittel zur Verfügung zu stellen. Zwecks Wiedergabe müssen die Daten auf Datenträgern zur Verfügung stehen.

Die Einhaltung dieser Vorschriften über die Ordnungsmäßigkeit bewirkt die Vermutung der sachlichen Richtigkeit. Mit anderen Worten: Das Finanzamt kann nicht ohne sachliche Begründung von den erklärten Besteuerungsgrundlagen abweichen. Können Aufzeichnungen nicht vorgelegt werden oder weisen sie schwere formelle Mängel auf, die geeignet sind, die sachliche Richtigkeit in Zweifel zu ziehen, dann hat das Finanzamt das Recht zur Schätzung. Und das kann unangenehm werden.

Hinweis: Unter folgendem Link finden Sie unsere Buchhaltungslösung für Freiberufler und alle anderen E/A-Rechner: www.lindeoffice.at.

Gibt es eine Struktur für die Einnahmen-Ausgaben-Rechnung?

Einnahmen-Ausgaben-Rechner müssen eine Beilage zur Einkommensteuererklärung (Formular E 1a; für Kleinunternehmer bis 35.000 € bei Umsatzsteuer-Nettosystem bzw den Betrag von 42.000 € bei Umsatzsteuer-Bruttosystem (ab 2020, davor 30.000 €) Jahresumsatz das Formular E1a-K mit deutlich weniger Kennzahlen) ausfüllen. Diese Beilage enthält eine gruppenweise Gliederung der Einnahmen und Ausgaben, also so etwas wie eine standardisierte Grundstruktur für eine Einnahmen-Ausgaben-Rechnung. Es ist daher sinnvoll, den Aufbau der eigenen Einnahmen-Ausgaben-Rechnung dem amtlichen Formular anzupassen. Folgende Posten sind darin vorgesehen:

Einnahmen

- ➜ Waren-/Leistungserlöse
- ➜ Betriebseinnahmen, für die sog Werkvertragsmitteilungen (§ 109a) ausgestellt wurden
- ➜ Anlagenerträge/Entnahmewerte von Anlagevermögen
- ➜ Übrige Erträge/Betriebseinnahmen
- ➜ Bei Umsatzsteuer-Bruttosystem: Vereinnahmte Umsatzsteuer (wenn die Einnahmen ohne USt angeführt sind)

Ausgaben

- ➜ Waren, Rohstoffe, Hilfsstoffe
- ➜ Fremdpersonal und Fremdleistungen
- ➜ Personalaufwand (eigenes Personal)
- ➜ Abschreibungen auf das Anlagevermögen
- ➜ Instandhaltungen (Erhaltungsaufwand) für Gebäude
- ➜ Reise- und Fahrtspesen inkl Kilometergeld und Diäten
- ➜ Tatsächliche Kfz-Kosten
- ➜ Miet- und Pachtaufwand, Leasing
- ➜ Provisionen an Dritte, Lizenzgebühren
- ➜ Werbe- und Repräsentationsaufwendungen, Spenden, Trinkgelder
- ➜ Buchwert abgegangener Anlagen
- ➜ Zinsen und ähnliche Aufwendungen

- Eigene Pflichtversicherungsbeiträge, Beiträge zu Versorgungs- und Unterstützungseinrichtungen und Beiträge zur Selbständigenvorsorge
- Absetzbare Spenden
- Übrige und/oder pauschale Aufwendungen/Betriebsausgaben
- Gewinnfreibetrag
- Bei Umsatzsteuer-Bruttosystem: Bezahlte Umsatzsteuer für Lieferungen und sonstige Leistungen

HINWEIS

Welche Aufzeichnungen müssen geführt werden?

All jene, die den Gewinn bzw Überschuss durch Einnahmen-Ausgaben-Rechnung ermitteln, müssen die **Einnahmen und Ausgaben** grundsätzlich laufend erfassen und am Ende eines jeden Kalenderjahres zusammenrechnen. Die Erfassung hat spätestens einen Monat und 15 Tage nach Ablauf des Kalendermonats (bzw bei Kleinunternehmern bis 35.000 € Jahresumsatz nach Ablauf des Kalendervierteljahres) zu erfolgen. Die Aufzeichnungen lassen sich durch die lose Sammlung und Aufbewahrung von Belegen und sonstigen Unterlagen nicht ersetzen. In der Praxis erfolgt die Aufzeichnung – gleichgültig, ob händisch oder EDV-unterstützt – in der Form, dass sämtliche Einnahmen und Ausgaben jeweils getrennt nach Gruppen chronologisch erfasst werden. Durch die Angabe der Zahlungsart (Kassa, Bank) kann dabei auch das Kassabuch bzw Bankbuch integriert werden.

Zur Führung von Büchern oder Aufzeichnungen können Datenträger verwendet werden, wenn die inhaltsgleiche, vollständige und geordnete Wiedergabe innerhalb der Aufbewahrungsfrist durch entsprechende Einrichtungen gesichert ist. Werden Datenträger verwendet, muss weiters die Überprüfung der vollständigen, richtigen und lückenlosen Erfassung zB durch entsprechende Protokollierung möglich sein.

Als Beilage zur Steuererklärung muss eine Jahresaufstellung der Einnahmen und Ausgaben erstellt werden, in der die Ausgaben gruppenweise gegliedert auszuweisen sind. Diesbezüglich stehen die Formulare E1a für betriebliche Einkünfte bzw E1a-K für Kleinbetriebe zur Verfügung.

Mustervordrucke für die laufende Aufzeichnung sowie die Jahresaufstellung finden sich unter Kapitel B.4.4.

Wie erfolgt die Erfassung der Einnahmen und Ausgaben im Kassabuch?

Grundsätzlich sollen sowohl Buchführungspflichtige alle Bareingänge und Barausgänge täglich einzeln festhalten, als auch Einnahmen-Ausgaben-Rechner ihre Bareinnahmen und Barausgaben einzeln festhalten. Nach der Barumsatzverordnung gibt es in folgenden Fällen eine vereinfachte Losungsermittlung (Rückrechnung aus dem ausgezählten End- und Anfangsbestand pro Tag) bzw Erleichterungen bei der Registrierkassenpflicht und der Belegerteilungspflicht:

- Für Umsätze im Freien, Hütten-, Buschenschank- und Kantinenumsätze bei Nichtüberschreiten der Umsatzgrenze von jährlich 30.000 € (Kalte-Hände-Regelung)
- Wirtschaftliche Geschäftsbetriebe von begünstigten Körperschaften (zB Vereinsfeste bis zu 72 Stunden im Jahr)
- Warenausgabe- und Dienstleistungsautomaten
- Onlineshops

Wer braucht eine Registrierkasse?

Seit 1. Mai 2016 müssen Unternehmer, die

- mehr als 15.000 € Jahresumsatz netto und (!)
- mehr als 7.500 € Barumsätze netto tätigen,

für die Einzelaufzeichnung der Barumsätze eine Registrierkasse verwenden. Diese muss den Vorgaben der sogenannten Kassenrichtlinie entsprechen. Unter der Registrierkassenpflicht versteht man also die Verpflichtung, alle Bareinnahmen zum Zweck der Losungsermittlung mit elektronischer Registrierkasse, Kassensystem oder sonstigem elektronischen Aufzeichnungssystem einzeln zu erfassen.

Unter Registrierkasse versteht man jedes elektronische Aufzeichnungssystem, das zur Losungsermittlung bzw Dokumentation einzelner Bareinnahmen eingesetzt wird. Als Registrierkasse können auch serverbasierte Aufzeichnungssysteme, Waagen und Taxameter mit Kassenfunktionen dienen. Jede Registrierkasse hat über ein Datenerfassungsprotokoll (Kassenjournal) zu verfügen.

Seit 1.4.2017 muss zusätzlich eine technische Sicherheitseinrichtung im Kassensystem vorhanden sein.

Nicht mehr erlaubt sind Stricherllisten, Standlisten oder Streifen von Rechenmaschinen.

Welche Ausnahmen von der Registrierkassenpflicht sind gegeben?

Erleichterungen bei der elektronischen Kassenführung (Ausnahmen von der Registrierkassenpflicht) sind für folgende Bereiche zulässig:

- Bis zu einem Umsatz von jeweils 30.000 € pro Kalenderjahr und Steuerpflichtigen für
  - Umsätze von Haus zu Haus oder auf öffentlichen Wegen, Straßen, Plätzen oder anderen Orten, jedoch nicht in oder in Verbindung mit fest umschlossenen Räumlichkeiten
  - Umsätze in Zusammenhang mit Alm-, Berg-, Schi- und Schutzhütten
  - Umsätze in einem Buschenschank, wenn dieser an nicht mehr als 14 Tagen im Kalenderjahr geöffnet ist

– Umsätze durch eine von einem gemeinnützigen Verein geführte Kantine, die nicht mehr als 52 Tage im Kalenderjahr betrieben wird.

→ Für wirtschaftliche Geschäftsbetriebe einer gemeinnützigen, mildtätigen oder kirchlichen Körperschaft (inkl kleine Vereinsfeste bis 72 Stunden jährlich)

→ Für Warenausgabe- und Dienstleistungsautomaten, insoweit der Einzelumsatz 20 € übersteigt wie zB bei Tankautomaten, gilt die Einzelaufzeichnungs-, Registrierkassen- und Belegerteilungspflicht ab 1.1.2017

Was sind Barumsätze?

Barumsätze sind

→ Barzahlungen
→ Zahlungen mit Bankomatkarte
→ Zahlungen mit Kreditkarte
→ andere vergleichbare Zahlungsformen
→ Einlösen von Wertgutscheinen, Bons, Geschenkmünzen und dergleichen

Nicht als Barzahlung gelten die Zahlung mit Erlagschein, die Online-Banking-Überweisung und Einziehungsaufträge.

Welche Fragen gibt es bei spezifischen Berufsgruppen?

Online-Shops, das sind Betriebe,

→ bei denen keine Gegenleistung durch Bezahlung mit Bargeld unmittelbar an den Leistungserbringer erfolgt und

→ denen im Wege einer Online-Plattform abgeschlossene Vereinbarungen zugrunde liegen,

sind hinsichtlich der Umsätze, bei denen die oa Kriterien zutreffen, von der Registrierkassenpflicht ausgenommen.

Die Einzelaufzeichnungs- und Belegerteilungspflicht bleibt davon unberührt.

Einkünfte aus Vermietung und Verpachtung unterliegen nicht der Registrierkassenpflicht (bspw Privatzimmervermietung), die Abgrenzung zu gewerblichen Einkünften ist in diesem Zusammenhang zu beachten.

Die Einzelaufzeichnungs- und Belegerteilungspflicht bleibt davon unberührt.

Sogenannte mobile Berufsgruppen müssen ihre Umsätze erst im Nachhinein in der Registrierkasse am Betriebsort erfassen. Der Beleg (inkl Durchschrift) muss jedoch sofort ausgestellt werden. Unter dem Begriff „mobile Gruppen" sind zum Beispiel Friseure, Masseure, Hebammen, Babysitter, Schneider, Ärzte, Tierärzte, Reiseleiter, Fremdenführer, Installateure, Hundesitter, Schädlingsbekämpfer, Rauchfangkehrer, Fotografen, Personal Trainer, Hundetrainer, Fahrradkuriere sowie Ticketverkäufe durch Buslenker/Zugpersonal, Verkäufer aus einem „Bauchladen", Messeverkäufer, Lieferservice bei Gastronomie usw zu subsumieren.

Ab wann besteht bzw endet die Registrierkassenpflicht?

Die verpflichtende Nutzung einer Registrierkasse zum Zweck der Losungsermittlung besteht mit Beginn des viertfolgenden Monats nach Ablauf des Voranmeldungszeitraumes, in dem die Umsatzgrenzen (mehr als 15.000 € Jahresumsatz und davon mehr als 7.500 € Barumsätze, jeweils netto) erstmals überschritten wurden.

Beispiele:

Monatlicher Voranmeldungszeitraum: Ein Betrieb überschreitet im März die Umsatzgrenzen: Registrierkassenpflicht ab 1. Juli.

Vierteljährlicher Voranmeldungszeitraum: Ein Betrieb überschreitet im April die Umsatzgrenzen: Registrierkassenpflicht ab 1. Oktober.

Werden die Umsatzgrenzen in einem Folgejahr nicht überschritten und ist aufgrund besonderer Umstände (zB geplante Betriebsaufgabe) absehbar, dass die Grenzen auch künftig nicht überschritten werden, so fällt die Registrierkassenpflicht mit Beginn des nächstfolgenden Kalenderjahres weg. Unabhängig davon bleiben Einzelaufzeichnungs- und Belegerteilungspflicht weiterhin bestehen.

Was ist die allgemeine Belegerteilungsverpflichtung?

Für Barzahlungen besteht eine generelle Belegerteilungsverpflichtung, wobei der Beleg folgende Angaben enthalten muss:

- ➜ Bezeichnung des leistenden/liefernden Unternehmens
- ➜ Fortlaufende Nummer
- ➜ Tag der Belegausstellung
- ➜ Menge und handelsübliche Bezeichnung der Ware oder der Dienstleistung
- ➜ Betrag der Barzahlung
- ➜ Bei Verwendung der Signaturerstellungseinheit (RKS-V)
  - Kassenidentifikationsnummer
  - Datum und Uhrzeit der Belegausstellung
  - Betrag der Barzahlung nach Steuersätzen getrennt
  - Maschinenlesbarer Code (zB QR-Code)

Was bedeutet Belegannahmepflicht?

Der Kunde hat den Beleg entgegenzunehmen und bis außerhalb der Geschäftsräumlichkeiten mitzunehmen (gilt auch für Private).

Wenn Kassenpflicht besteht, wird der Beleg aus dem System erstellt. Andernfalls gilt zwar die Belegerteilungspflicht, aber in diesem Fall erfolgt ein händischer Beleg mittels Kassenblock mit fortlaufender Nummer.

Die Nichtausfolgung eines Belegs stellt eine Finanzordnungswidrigkeit dar (Strafrahmen bis 5.000 €).

Die Nichtentgegennahme bzw Nichtmitnahme des Belegs durch den Kunden hat hingegen keine finanzstrafrechtlichen Konsequenzen, allerdings ist eine Kontrolle durch Organe der Abgabenbehörde möglich.

Welche Grundsätze der Aufzeichnungs- und Aufbewahrungspflichten sind bei der Führung von Büchern, Aufzeichnungen und der Erfassung von Geschäftsvorfällen festgelegt?

Folgende Grundsätze sind zu beachten:

- ➔ Sachverständigen Dritten muss innerhalb angemessener Zeit ein Überblick über die Geschäftsvorfälle vermittelt werden können
- ➔ Der Zeitfolge nach geordnet, vollständig, richtig und zeitgerecht
- ➔ Einzelne Geschäftsvorfälle sollen sich in ihrer Entstehung und Abwicklung verfolgen lassen
- ➔ Buchführungspflicht: alle Bareingänge und Barausgänge sind in den Büchern oder diesen zu Grunde liegenden Grundaufzeichnungen täglich einzeln festzuhalten
- ➔ Einnahmen-Ausgaben-Rechner: alle Bargeschäfte (Bareinnahmen und Barausgaben) sind einzeln festzuhalten
- ➔ Elektronisches Radierverbot
- ➔ Vollständige, richtige und lückenlose Erfassung, Änderungen müssen nachvollziehbar sein
- ➔ Überprüfungsmöglichkeit aller Geschäftsvorfälle (vollständige und richtige Erfassung)
- ➔ Eintragungen in elektronischer Form müssen lesbar gemacht werden
- ➔ Unterlagen, die nicht in direkter Verbindung mit steuerrelevanten Aufzeichnungen stehen, können auch vorlagepflichtig sein (zB Preisverzeichnisse, Reservierungsbücher, Kalkulationsunterlagen, Personalverwaltung)

Was bedeutet Einzelaufzeichnungspflicht?

Einzelaufzeichnungspflicht bedeutet, dass in den Aufzeichnungen die Betriebseinnahmen und die Betriebsausgaben (bzw Bareingänge und Barausgänge) laufend zu erfassen und täglich einzeln festzuhalten und aufzuzeichnen sind.

Für empfangene Barzahlungen für Lieferungen und sonstige Leistungen sind Belege zu erteilen und darüber eine Durchschrift oder sonstige Zweitschrift anzufertigen und aufzubewahren bzw auf Datenträgern zu speichern.

Bei Überschreiten der Grenzen sind die Bareinnahmen in der elektronischen Registrierkasse zu erfassen.

Seit 1.4.2017 ist diese Registrierkasse durch eine technische Sicherheitseinrichtung gegen Manipulation zu schützen.

Wie ist bei Ausfall oder Außerbetriebnahme der Registrierkasse vorzugehen?

Jeder nicht nur vorübergehende Ausfall und jede Außerbetriebnahme der Sicherheitseinrichtung der Registrierkasse sind ohne unnötigen Aufschub (längstens binnen einer Woche ab Auftreten) über FINANZOnline vom Unternehmer oder seinem bevollmächtigten Parteienvertreter bekanntzugeben.

Ohne unnötigen Aufschub sind sowohl der Ausfall der Signaturerstellungseinheit als auch der Registrierkasse selbst zu melden.

Bei jedem Ausfall einer Registrierkasse sind die Barumsätze auf anderen Registrierkassen zu erfassen. Sollte dies nicht möglich sein, sind die Barumsätze händisch zu erfassen und Zweitschriften der Belege aufzubewahren. Nach der Fehlerbehebung sind die Einzelumsätze anhand der aufbewahrten Zweitschriften nachzuerfassen und die Zweitschriften dieser Zahlungsbelege aufzubewahren.

Welche Schritte sind für die Inbetriebnahme der Registrierkasse mit Sicherheitseinrichtung erforderlich?

Folgende Schritte sind erforderlich:

1. Beschaffung der Signaturkarte (bei A-Trust, Global Trust oder PrimeSign)
2. Initialisierung der manipulationssicheren Registrierkasse
3. Erstellung des Startbeleges
4. Registrierung der beschafften Signaturkarte und manipulationssicheren Registrierkasse über FINANZOnline
5. Prüfung des Startbeleges mittels der Prüf-App „BMF Belegcheck“

Ist ein eigenes Bankbuch erforderlich?

Für die Erfassung der über die Bank laufenden Umsätze ist grundsätzlich kein eigenes Bankbuch erforderlich. Vielmehr genügt es, eine Sammlung der Bankkontoauszüge samt den dazugehörigen Belegen lückenlos aufzubewahren. Wenn auf dem Bankkonto sowohl private als auch betriebliche Bewegungen sind, muss – damit die Sammlung der Bankauszüge als Aufzeichnung genügt – der Finanz Einsicht in alle (also auch die privaten) Auszüge und Belege gewährt werden.

Wer muss ein Wareneingangsbuch führen?

Ein Wareneingangsbuch müssen nur Gewerbetreibende führen, also nicht Land- und Forstwirte, Freiberufler oder Vermieter. Im Wareneingangsbuch sind alle Waren (einschließlich der Rohstoffe, Halberzeugnisse, Hilfsstoffe und Zutaten) einzutragen, die man zum Zweck der gewerblichen Weiterveräußerung durch Kauf, Tausch, Schenkung, Erbschaft usw erworben hat. Sie sind auch einzutragen, wenn sie für betriebsfremde Zwecke (zB Eigenverbrauch) verwendet oder als Kommissionsware genommen werden. Nicht in das Wareneingangsbuch aufzunehmen sind aber selbst hergestellte Waren.

Da das Gesetz die Wareneingangsbuchführung nicht geregelt hat und es kein amtliches Formular gibt, kann es nach den eigenen Vorstellungen geführt werden, wenn es folgende Angaben enthält:

- Fortlaufende Nummer der Eintragung
- Tag des Wareneinganges oder der Rechnungsausstellung (Wahlmöglichkeit, wobei jedoch die einmal gewählte Vorgangsweise beibehalten werden soll; zu empfehlen ist das Datum der Rechnungsausstellung, weil aus der Rechnung alle erforderlichen Angaben hervorgehen)
- Name (Firma) und Anschrift des Lieferanten
- Bezeichnung, wobei eine branchenübliche Sammelbezeichnung genügt
- Preis (= zivilrechtlicher Preis, dh Entgelt + Umsatzsteuer)
- Belegnummer (Hinweis auf die dazugehörigen Belege: zB Rechnung, Lieferschein, Frachtbrief, Zahlungsbestätigung)

Die Eintragungen sind einen Monat und 15 Tage nach Ablauf des maßgeblichen Kalendermonats vorzunehmen. Gilt umsatzsteuerlich das Kalendervierteljahr als Voranmeldungszeitraum (bis 30.000 €, ab 2020 35.000 €, Jahresumsatz), sind die Eintragungen auch dann zeitgerecht, wenn sie spätestens einen Monat und 15 Tage nach Ablauf des Kalendervierteljahres vorgenommen werden. Wenn die Vorsteuer aus dem Wareneinkauf bereits im Wareneingangsbuch erfasst wird, müssen zur richtigen Erfassung der Vorsteuer auch jene Beträge eingetragen werden, die die Vorsteuern mindern (zB Rabatte, Skonti, Gutschriften).

Wann muss ein Anlagenverzeichnis geführt werden?

Bei Wirtschaftsgütern, deren Verwendung oder Nutzung sich auf einen Zeitraum von mehr als einem Jahr erstreckt, können die Aufwendungen nur verteilt auf die betriebsgewöhnliche Nutzungsdauer als Absetzung für Abnutzung (AfA, siehe B.4.3.) abgesetzt werden. Dazu muss allerdings ein Verzeichnis mit folgenden Angaben geführt werden:

- Genaue Bezeichnung jedes einzelnen Anlagegutes
- Anschaffungstag
- Anschaffungs- oder Herstellungskosten
- Name und Anschrift des Lieferanten
- Voraussichtliche Nutzungsdauer
- Betrag der jährlichen AfA
- Restbuchwert (noch absetzbarer Betrag)
- Grund und Boden

Die Summe der AfA-Spalte ergibt die absetzbaren Betriebsausgaben. Das Anlagenverzeichnis kann entweder als Kartei oder in Form einer Liste geführt werden (Muster siehe Kapitel B.4.4.). Die jährlichen AfA-Beträge und der Restbuchwert werden weitergerechnet, bis die gesamten Anschaffungs- oder Herstellungskosten abgeschrieben sind (eventuell bis auf den sog Erinnerungswert). Das Anlagegut bleibt aber noch so lange im Anlagenverzeichnis, bis es verkauft oder entfernt wird.

Wie wird die Umsatzsteuer in der Einnahmen-Ausgaben-Rechnung behandelt?

Hinsichtlich der Behandlung der Umsatzsteuer kann man bei der Einnahmen-Ausgaben-Rechnung zwischen zwei Varianten wählen: der Bruttoverrechnung, bei der die Umsatzsteuer als Betriebseinnahme bzw -ausgabe zu erfassen ist, oder der Nettoverrechnung, bei der die Einnahmen und Ausgaben nur netto (ohne Umsatzsteuer) erfasst werden. Für die Verbuchung sowie die Umsatzsteuervoranmeldung bzw die Umsatzsteuererklärung rechnet man die Umsatzsteuer von Bruttobeträgen folgendermaßen heraus: Bruttobeträge: 6 (bei 20%iger USt) bzw Bruttobeträge: 11 (bei 10%iger USt), Bruttobeträge: 8,69 (bei 13%iger USt) bzw Bruttobeträge: 21 (bei 5%iger USt).

Die **Bruttoverrechnung** funktioniert so, dass als Einnahme jeweils der gesamte Betrag inklusive Umsatzsteuer zu erfassen ist. Analog dazu sind auch die Ausgaben brutto zu erfassen. Das heißt, dass auch die von einem anderen Unternehmer in Rechnung gestellte Umsatzsteuer (die so genannte Vorsteuer) eine Ausgabe darstellt. Wird Anlagevermögen bezahlt, das sich steuerlich nur als Absetzung für Abnutzung (AfA) auswirkt, muss für die Umsatzsteuer eine eigene Betriebsausgabenposition gebildet werden (zB „Vorsteuer aus Investitionen"). Die Differenz zwischen der eingenommenen Umsatzsteuer und der bezahlten Vorsteuer, die an das Finanzamt abgeliefert werden muss (siehe dazu Kapitel B.3.1.2.), stellt im Zeitpunkt der Abfuhr der Zahllast an das Finanzamt eine Betriebsausgabe dar. Sind die Vorsteuerbeträge höher, liegt dementsprechend eine Betriebseinnahme vor.

Beim **Nettosystem** werden alle Einnahmen und Ausgaben nur netto, das heißt ohne Umsatzsteuer, angesetzt. Daher stellt auch die Zahlung der Umsatzsteuer an das Finanzamt bzw die Vorsteuer-Gutschrift keine Einnahme bzw Ausgabe dar. Der Unterschied zwischen Brutto- und Nettosystem liegt lediglich darin, dass es wegen der späteren Fälligkeit der Umsatzsteuer zu zeitlichen Verschiebungen des Gewinnes kommen kann.

WICHTIG

Unecht Steuerbefreite (zB Versicherungsvertreter, siehe Kapitel B.3.2.4.) und nicht zur Abfuhr verpflichtete Kleinunternehmer mit maximal 35.000 € (ab 2020, bis 2019: 30.000 €) Jahresumsatz dürfen die Nettoverrechnung nicht anwenden. Für sie stellt die Umsatzsteuer immer eine Einnahme bzw Ausgabe dar, eine Abfuhr an das Finanzamt kann ja unterbleiben.

TIPP

Für Zwecke der Umsatzsteuer müssen die Aufzeichnungen so aufgebaut sein, dass zwischen steuerpflichtigen und steuerfreien Umsätzen sowie zwischen Umsätzen mit verschiedenen Steuersätzen getrennt wird und die Vorsteuerbeträge leicht nachprüfbar sind. Beim Bruttosystem empfiehlt es sich daher, die Einnahmen und Ausgaben ohne Umsatzsteuer und getrennt davon die Umsatzsteuer und Vorsteuer auf einem eigenen Einnahmen- bzw Ausgabenkonto zu erfassen. Durch Saldierung dieser „Konten" kann so ohne zusätzlichen Aufwand die monatliche bzw vierteljährliche Zahlung an das Finanzamt ermittelt werden. Beim Nettosystem müssen entsprechende Aufzeichnungen gesondert geführt werden.

In welcher Form sind die Aufwendungen und Ausgaben nachzuweisen (Belegpflicht)?

Grundsätzlich gilt: „Keine Eintragung ohne Beleg." Man muss nämlich über Verlangen der Finanz die geltend gemachten Aufwendungen nach Art und Umfang nachweisen oder, wenn dies nicht zumutbar ist, wenigstens glaubhaft machen. Ist man dazu nicht in der Lage, kann die Behörde die Höhe der beruflichen Aufwendungen schätzen. Der Nachweis wird in der Regel mit Belegen, also Rechnungen, Quittungen, Eigenbelegen uÄ erfolgen. Der Beleg ist eine Urkunde, die den Zusammenhang zwischen einem Geschäftsfall und der Eintragung darstellt. Der Zusammenhang zwischen dem Beleg und der Aufzeichnung wird durch die Belegnummer hergestellt, die sowohl auf dem Beleg als auch in der Aufzeichnung angemerkt werden muss. Die Belegnummer ist die fortlaufende, chronologische Nummerierung der Belege, eventuell getrennt nach sachlichen Kriterien (zB Kassa 1 …, Bank 1 …). Die Belege sind derart organisiert aufzubewahren, dass aufgrund der Belegnummer jederzeit leicht der dazugehörige Beleg gefunden werden kann.

Die Finanz kann grundsätzlich die genaue Bezeichnung der Empfänger der abgesetzten Beträge verlangen; verweigert der Abgabepflichtige diese Angaben, so sind die beantragten Aufwendungen nicht anzuerkennen. Bei Auslandsgeschäften bzw Provisionen, die an im Ausland lebende Personen bezahlt werden, hat man außerdem eine erhöhte Mitwirkungspflicht gegenüber dem Finanzamt.

Im Übrigen müssen Unternehmer seit 2016 über erhaltene Barzahlungen für Lieferungen und Leistungen verpflichtend einen Beleg ausstellen, den der Empfänger entgegenzunehmen hat.

Was passiert mit Verlusten?

Grundsätzlich sind Verluste im Rahmen der Einnahmen-Ausgaben-Rechnung im selben Kalenderjahr zuerst mit Einkünften aus der gleichen Einkunftsart („horizontal") oder mit anderen Einkünften („vertikal") auszugleichen. Dieser Verlustausgleich geschieht automatisch im Zuge der Veranlagung. Über das laufende Kalenderjahr hinaus können Einnahmen-Ausgaben-Rechner so wie Bilanzierer Verluste, die in den vorangegangenen Jahren entstanden sind, abziehen (Verlustvortrag; siehe auch Kapitel A.1.3.6.).

Für anteilige Verluste aus beschränkt haftenden Mitunternehmern (Kommanditisten, atypisch stillen Gesellschaftern) gibt es eine Wartetastenregelung, soweit sie zu einem negativen steuerlichen Kapitalkonto führen oder ein solches erhöhen. Diese Maßnahme ist gegen Verlustbeteiligungsmodelle gerichtet.

Verluste aus Überschusseinkünften (zB aus Vermietung und Verpachtung), denen im gleichen Jahr keine entsprechenden Gewinne oder Überschüsse gegenüberstehen, können nicht vorgetragen werden.

Corona: siehe Corona-Guide für Selbständige und Unternehmen unter Covid-19-Rücklage und Steuerlicher Verlustrücktrag und unter Verluste im Kapitel B.2.2.3.

Was ist bei einem Wechsel der Gewinnermittlungsart zu beachten?

Wechselt man in der Art der Gewinnermittlung von der Bilanzierung zur Einnahmen-Ausgaben-Rechnung oder umgekehrt, ist ein so genannter Übergangsgewinn zu berechnen. Mit diesem Übergangsgewinn sollen all jene Beträge steuerlich erfasst werden, die sonst durch den Wechsel aufgrund der unterschiedlichen zeitlichen Erfassung innerhalb der verschiedenen Gewinnermittlungsarten unter den Tisch fallen würden. Übrigens muss spätestens im Zeitpunkt der Betriebsveräußerung oder -aufgabe zur Bilanzierung gewechselt werden. Bei Wechsel von der Einnahmen-Ausgaben-Rechnung auf die Bilanzierung sind

- ➔ **Zuschläge** für Warenbestand, Warenforderungen, sonstige Forderungen, geleistete Anzahlungen und aktive Rechnungsabgrenzungen sowie
- ➔ **Abschläge** für Warenschulden, Verbindlichkeiten, erhaltene Anzahlungen und passive Rechnungsabgrenzungen

vorzunehmen.

Wurde die Umsatzsteuer nach der Bruttomethode behandelt, dann sind die Zu- und Abschläge unter Beachtung der Umsatzsteuer vorzunehmen. Wurde nach der Nettomethode verrechnet, sind auch die Zu- und Abschläge nur netto anzusetzen. Beim Wechsel von der Bilanzierung auf die Einnahmen-Ausgaben-Rechnung ist umgekehrt vorzugehen.

Übergangsgewinne sind im ersten Jahr nach dem Wechsel der Gewinnermittlungsart zum normalen Tarif zu versteuern. Lediglich bei Pensionsfällen kann der ermäßigte

Steuersatz zustehen (siehe Kapitel B.2.3.). Übergangsverluste – sie entstehen im Allgemeinen beim Wechsel von der Bilanzierung zur Einnahmen-Ausgaben-Rechnung – werden nicht sofort, sondern verteilt auf sieben Jahre berücksichtigt.

Wann sind Einnahmen und Ausgaben zu erfassen?

Einnahmen sind dann zugeflossen, wenn der Empfänger darüber wie über eigenes Geld rechtlich und wirtschaftlich verfügen kann. Das ist grundsätzlich

- bei Barzahlungen der Zeitpunkt der Geldübergabe,
- bei Banküberweisungen der Zeitpunkt der Gutschrift auf dem Konto,
- bei Zinsen der Zeitpunkt der Gutschrift (bei Sparbuchzinsen idR das Jahresende bzw der Zeitpunkt des gänzlichen Abhebens, bei gebundenen Sparbriefen, Kapitalsparbüchern uÄ das Ende der Laufzeit),
- bei Kreditkartenzahlungen der Zeitpunkt der Gutschrift durch das Kreditkartenunternehmen,
- bei Steuergutschriften (von Betriebssteuern) durch das Finanzamt der Zustellungstag des Steuerbescheides.

Davon ausgenommen sind jedoch

- regelmäßig wiederkehrende Einnahmen, die kurze Zeit (maximal 15 Tage) vor Beginn oder nach Beendigung des Kalenderjahres, zu dem sie wirtschaftlich gehören, zufließen; sie gelten als in dem Jahr zugeflossen, in das sie wirtschaftlich gehören.

Ausgaben liegen vor, wenn der geleistete Betrag aus dem Vermögen ausgeschieden ist, also der Leistende die wirtschaftliche Verfügungsmacht darüber verloren hat. Ausgaben gelten in dem Kalenderjahr als abgeflossen, in dem sie geleistet werden. Dabei ist es gleichgültig, ob sie mit Eigen- oder Fremdmitteln bezahlt werden. Analog zum Zufluss bei den Einnahmen ist der Abfluss bei den Ausgaben grundsätzlich

- bei Barzahlungen der Zeitpunkt der Geldübergabe,
- bei Banküberweisungen der Zeitpunkt der Lastschrift,
- bei Zahlung mit Scheck oder Wechsel der Zeitpunkt der Hingabe,
- bei Zahlung mit Kreditkarte der Zeitpunkt der Abbuchung vom Konto,
- bei Zinsen der Zeitpunkt der Bezahlung.

Davon ausgenommen sind jedoch

- regelmäßig wiederkehrende Ausgaben, die dem Steuerpflichtigen kurze Zeit vor Beginn oder nach Beendigung des Kalenderjahres, zu dem sie wirtschaftlich gehören, abfließen – sie gelten als in dem Jahr abgeflossen, in das sie wirtschaftlich gehören,
- Vorauszahlungen von Beratungs-, Bürgschafts-, Fremdmittel-, Garantie-, Miet-, Treuhand-, Vermittlungs-, Vertriebs- und Verwaltungskosten – sie müssen gleichmäßig auf den Zeitraum der Vorauszahlung verteilt werden, außer sie betreffen

lediglich das laufende und das folgende Jahr (Beispiel siehe B.4.3. „Vorauszahlungen“), sowie

- Vorschriften über die Gewinnermittlung (zB Absetzung für Abnutzung bei Anlagevermögen, Leasing; siehe B.4.3. unter den jeweiligen Stichwörtern) und
- die Anschaffungs- und Herstellungskosten bzw der Einlagewert von Gebäuden und Wirtschaftsgütern, die keinem regelmäßigen Wertverzehr unterliegen und dem Umlaufvermögen zuzuordnen sind (diese sind erst bei Ausscheiden aus dem Betriebsvermögen abzusetzen). Dazu zählen Grund und Boden, Beteiligungen, Edelmetalle und Edelsteine sowie Kunstwerke und Antiquitäten von mehr als 5.000 €.

Durchlaufende Posten – das sind Betriebseinnahmen und Betriebsausgaben, die im Namen und für Rechnung eines anderen vereinnahmt oder verausgabt werden – scheiden bei der Einnahmen-Ausgaben-Rechnung aus. Die Umsatzsteuer kann wie bereits erwähnt entweder als durchlaufender Posten ausgeschieden werden oder als Betriebseinnahme (vereinnahmte Umsatzsteuer) und Betriebsausgabe (Vorsteuer) angesetzt werden.

TIPP

Da bei der Einnahmen-Ausgaben-Rechnung ausschließlich der Zufluss maßgeblich ist, kann durch entsprechende Dispositionen – zumindest in einem gewissen Rahmen – der Gewinn möglichst gleichmäßig auf die einzelnen Jahre verteilt (damit vermeidet man die hohe Progression in einzelnen Jahren mit extrem hohen Gewinnen) oder in Folgejahre hinausgeschoben werden (damit erreicht man eine Art Steuerstundung). Derartige Möglichkeiten stehen sowohl bei den Ausgaben (zB Vorziehen von künftigen Zahlungen) als auch bei den Einnahmen (zB Bitte an Kunden, bestimmte Honorare erst nach Jahreswechsel zu bezahlen) offen.

B.4.2. ABC der Einnahmen

Allgemeines

Der Begriff der Betriebseinnahme ist anders als jener der Betriebsausgabe nicht gesetzlich definiert. Man versteht unter den Betriebseinnahmen alle zugeflossenen, in Geld oder Geldeswert bestehenden Wirtschaftsgüter, die durch den Betrieb veranlasst sind. Zu den Betriebseinnahmen gehören grundsätzlich:

- Erlöse aus Warenverkäufen
- Erlöse aus Dienst- und Werkleistungen

- Zuschüsse der öffentlichen Hand (zB Krankengeld)
- Einnahmen in Sachwerten (Waren oder Dienstleistungen statt Bargeld)

Es genügt bereits ein mittelbarer Zusammenhang mit dem Betrieb. Aus diesem Grund sind auch alle Einnahmen aus

- Hilfs- und Nebengeschäften, wie zum Beispiel der Veräußerung oder Vermietung von Anlagegütern,

zu erfassen.

Einnahmen aus der privaten Sphäre zählen nicht zu den Einnahmen. Bei gemischter Nutzung (betrieblicher/beruflicher und privater Veranlassung) ist eine entsprechende anteilige Aufteilung vorzunehmen.

- **Abfindungen, Ablösen**

Abfindungen und Ablösen stellen Betriebseinnahmen dar, wenn der Grund für die Entstehung in der betrieblichen oder beruflichen Sphäre liegt (zB Entschädigung für die Aufgabe oder Abtretung von Mietrechten an betrieblich genutzten Räumen).

- **Betriebsaufgabe**

Auch jene betrieblichen Beträge, die nach der Aufgabe eines Betriebes noch einlangen, gehören zu den Betriebseinnahmen.

- **Betriebsgründung**

Hat man bereits bei den Vorbereitungshandlungen für die Betriebsgründung Einnahmen, so sind diese im Gründungsjahr zu erfassen.

- **Darlehen**

Die Aufnahme eines Darlehens bleibt ohne Auswirkung auf den Gewinn, das heißt, die Aufnahme des Darlehens ist keine Einnahme, die Rückzahlung des Darlehens keine Ausgabe. Die Zinsen für ein betrieblich gewährtes Darlehen hingegen zählen zu den Einnahmen genauso, wie die Zinsen für ein aufgenommenes Darlehen zu den Betriebsausgaben gehören.

- **Durchlaufende Posten**

Durchlaufende Posten, das sind Beträge, die im Namen und für Rechnung eines anderen vereinnahmt oder verausgabt werden, bleiben unberücksichtigt (zB Gerichtsgebühren für Klienten bei einem Rechtsanwalt). Die Umsatzsteuer und die abziehbare Vorsteuer können wahlweise als durchlaufende Posten behandelt werden.

- **Entschädigungen (Ersatzleistungen)**

Die erhaltenen Beträge sind im Jahr des Zufließens als Einnahmen zu erfassen, wenn ein betrieblicher Zusammenhang zum Schadensfall vorliegt (zB Ersatzleistungen aus Versicherungsverträgen bei Feuer-, Einbruch-, oder Glasschaden, Schadensvergütung bei Diebstahl, Entschädigungen für Wertminderungen im Anlage- und Umlaufvermögen).

- **Forderungsabtretung und -umwandlung**

Erhält man für die Abtretung einer Forderung ein Abtretungsentgelt, ist dies als Betriebseinnahme zu erfassen. Wandelt man eine Forderung in ein Darlehen um, so führt erst die Rückzahlung des Darlehens zu einer Betriebseinnahme.

- **Geschenke**

Unentgeltliche Zuwendungen, die betrieblich veranlasst sind und nicht bloß als Aufmerksamkeiten angesehen werden, müssen erfasst werden (zB Geschenke zwischen Geschäftspartnern). Sie sind in Höhe der fiktiven Anschaffungskosten als Einnahme anzusetzen bzw – wenn es sich um Anlagegüter handelt – zu aktivieren.

- **Grundstücksveräußerungen**

Seit 1.4.2012 unterliegen grundsätzlich sämtliche Gewinne aus der Veräußerung von Grundstücken (Grund und Boden, Gebäude, Eigentumswohnungen, Baurechte) der Einkommensteuerpflicht. Davon ausgenommen sind im Wesentlichen der Hauptwohnsitz, selbst hergestellte Gebäude, Enteignungen und bestimmte Grundzusammenlegungen.

Auch im betrieblichen Bereich kommt der besondere Steuersatz von 30 % zur Anwendung. Alternativ kann jedoch zur Regelbesteuerung optiert werden (wenn auf Grund geringer Einkünfte oder Verluste der Normalsteuersatz günstiger ist).

Und so sieht die Regelung im Detail aus (siehe auch unter Kapitel 2.2.7. Sonstige Einkünfte):

Der Veräußerungsgewinn wird als Differenz zwischen Veräußerungserlös und Anschaffungskosten ermittelt. Der Veräußerungserlös ist dabei immer in tatsächlicher Höhe anzusetzen. Für die davon abzuziehenden Anschaffungskosten ist zu unterscheiden:

➜ „Neu-Grundstücke", die ab dem 31.3.2002 angeschafft worden sind und damit jedenfalls am 31.3.2012 steuerverfangen waren (das heißt, die frühere zehnjährige Spekulationsfrist war noch nicht abgelaufen) oder noch angeschafft werden:
Die Bemessungsgrundlage (Veräußerungserlös abzüglich – gegebenenfalls adaptierter – tatsächlicher Anschaffungskosten) wird um die Kosten für die Mitteilung an das Finanzamt und für die Selbstberechnung der Immobilienertragsteuer sowie allenfalls um Minderbeträge aus Vorsteuerberichtigungen gekürzt. Der so ermittelte Betrag ist dann mit dem besonderen Steuersatz von 30 % (bis 2015: 25 %) zu versteuern. Der sogenannte Inflationsabschlag von 2 % entfällt ab 2016.

➜ „Alt-Grundstücke", die vor dem 31.3.2002 angeschafft wurden und damit am 31.3.2012 grundsätzlich nicht steuerverfangen waren (das heißt, die frühere zehnjährige Spekulationsfrist war bereits abgelaufen). Für diese gilt folgende pauschale Anschaffungskostenermittlung:
Im Normalfall werden die Anschaffungskosten pauschal mit 86 % des Veräußerungserlöses angesetzt. Der zu versteuernde Veräußerungsgewinn beträgt daher

nur 14 % des Veräußerungserlöses. Dieser ist mit dem besonderen Steuersatz in Höhe von 30 % (bis 2015: 25 %) zu versteuern. Effektiv heißt das, dass die Steuerbelastung 4,2 % (bis 2015: 3,5 %) vom Veräußerungserlös beträgt.

- ➜ In beiden Fällen kann auf Antrag die Ermittlung des Veräußerungserlöses auch unter Zugrundelegung der tatsächlichen (und gegebenenfalls adaptierten) Anschaffungskosten für das Grundstück erfolgen („Regel-Einkünfteermittlung").
- ➜ Neben der pauschalen Berechnungsmethode zum besonderen Steuersatz von 30 % ist die Ausübung der Regelbesteuerungsoption möglich. Dabei ist ab dem Jahr 2016 auch der Abzug von Betriebsausgaben oder Werbungskosten zulässig. Eine Adaptierung der Anschaffungskosten ist nur bei der Regeleinkünfteermittlung anhand der tatsächlichen Anschaffungskosten möglich. Dabei erhöht ein Herstellungs- oder Instandsetzungsaufwand die tatsächlichen Anschaffungskosten (und vermindert damit den steuerpflichtigen Veräußerungsgewinn), Instandhaltungskosten dagegen bleiben unberücksichtigt.
- ➜ Im betrieblichen Bereich sind Abschreibungen auf den niedrigeren Teilwert und Verluste aus der Veräußerung von Grundstücken vorrangig mit positiven Einkünften aus der Veräußerung oder Zuschreibung solcher Grundstücke desselben Betriebes zu verrechnen. Ein verbleibender negativer Überhang darf zu 60 % (bis 2015: 50 %) ausgeglichen werden.
- ➜ Im außerbetrieblichen Bereich können ab 2016 60 % der Verluste aus privaten Grundstücksveräußerungen entweder über 15 Jahre verteilt mit Überschüssen aus Vermietung und Verpachtung ausgeglichen oder auf Antrag im Jahr der Verlustentstehung zur Gänze mit Einkünften aus Vermietung und Verpachtung ausgeglichen werden.

Zur Berechnung, Einhebung und Wirkung der Immobilienertragsteuer siehe Kapitel 2.2.7. Sonstige Einkünfte.

• Hilfsgeschäfte

Verkauft man Gegenstände des Anlagevermögens (Maschinen, Fahrzeuge, Computer, Wertpapiere usw), sind die Erlöse als Einnahmen zu erfassen. Auch bei teilweiser Privatnutzung eines überwiegend betrieblich genutzten Wirtschaftsgutes stellt der volle Verkaufserlös eine Einnahme dar (dh keine Kürzung um Privatanteil; zur Ausnahme bei Gebäuden siehe dort). Ist zum Stichtag noch ein Restbuchwert vorhanden (Anschaffungskosten abzüglich bisheriger AfA), muss dieser gleichzeitig als Ausgabe angesetzt werden. Gewinnwirksam wird beim Verkauf daher nur der Unterschiedsbetrag zwischen Verkaufserlös und Restbuchwert (siehe aber Übertragung stiller Reserven unter Kapitel B.4.3.).

• Honorare für Leistungen

Honorare sowie Honorarvorschüsse, die man für erbrachte Leistungen erhält, sind Betriebseinnahmen.

- **Investitionsprämie**

Werden Covid-19-Investitionsprämien für materielle und immaterielle aktivierungspflichtige Neuinvestitionen in das abnutzbare Anlagevermögen ausbezahlt, sind diese von Gesetzes wegen keine Betriebseinnahmen.

- **Konventionalstrafen**

Wenn Konventionalstrafen in der betrieblichen oder beruflichen Sphäre anfallen, gehören sie zu den Betriebseinnahmen.

- **Kredite**

Siehe unter „Darlehen".

- **Krypto-Assets**

Das Mining von Krypto-Assets, das Betreiben von Krypto-Asset-„Börsen" sowie von Krypto-Asset-Geldautomaten führt idR zu steuerpflichtigen gewerblichen Einnahmen bzw Einkünften.

Hält man Krypto-Assets wie zB Bitcoins in seinem Betriebsvermögen, so ist zu prüfen, ob sie langfristig (Anlagevermögen) oder nur kurzfristig (Umlaufvermögen) gehalten werden. Im Rahmen der jährlichen Bewertungen sind ggf Abwertungen oder Zuschreibungen vorzunehmen. Werden Krypto-Assets (zB Bitcoins) an einer „Kryptobörse" erworben und dort auch wieder eingetauscht (egal ob in Euro oder andere virtuelle Währungen), können Kursgewinne oder -verluste entstehen, die im Rahmen der Gewinnermittlung zu berücksichtigen sind (maßgebend ist dabei idR der jeweilige Tageswert).

Bei Krypto-Assets, die zinstragend veranlagt werden (also Verleihung an andere Marktteilnehmer), handelt es sich dagegen um Wirtschaftsgüter, die zu Kapitaleinkünften führen und mit dem Sondersteuersatz von 27,5 % zu versteuern sind.

- **Preise**

Betriebseinnahmen sind dann gegeben, wenn Preise im Rahmen eines Wettbewerbes durch eine Jury für eine konkrete Einzelleistung (zB Architektenwettbewerb, Musikwettbewerb) vergeben werden.

Keine Betriebseinnahmen liegen vor, wenn ein Preis außerhalb eines Wettbewerbes in Würdigung der Persönlichkeit oder des Schaffens gewährt wird. Preise und Prämien iSd Kunstförderungsgesetzes (Staats-, Würdigungs- und Förderungspreise, Preise für hervorragende künstlerische Leistungen) sowie vergleichbare Leistungen aufgrund landesgesetzlicher Vorschriften oder von internationalen Förderungsinstituten sind steuerfrei. Aufwendungen, die in Zusammenhang mit solchen steuerfreien Einnahmen stehen, sind aber nicht absetzbar.

Der Umsatzsteuer sind Preise zu unterziehen, wenn ein Leistungsaustausch vorliegt (also bei Wettbewerben, nicht aber bei Auszeichnungen für die Persönlichkeit oder das Schaffen).

• **Privatentnahmen**

Entnimmt man **Gegenstände** für private Zwecke, so liegen Betriebseinnahmen vor, die mit dem Teilwert anzusetzen sind. Der Teilwert ist nichts anderes als der Anschaffungspreis eines gleichartigen Wirtschaftsgutes zum Zeitpunkt der Entnahme (bei abnutzbaren Gütern vermindert um die AfA). Gleichzeitig ist der Restbuchwert (Anschaffungs- bzw Herstellungskosten abzüglich AfA bis zum Zeitpunkt der Entnahme) als Ausgabe zu erfassen, sodass nur die Differenz (oft auch als stille Reserve bezeichnet) gewinnwirksam wird. Bei nicht abnutzbaren Wirtschaftsgütern sind die Entnahmen in Höhe des Teilwertes als Einnahme, die vollen seinerzeitigen Anschaffungskosten aber gleichzeitig – da sie sich bis dahin ja noch nicht ausgewirkt haben – als Ausgabe zu erfassen. Bei der typischen Form eines nicht abnutzbaren Wirtschaftsgutes, nämlich bei Grund und Boden, sind solcherart aufgedeckte stille Reserven aber aufgrund ausdrücklicher gesetzlicher Bestimmung steuerlich nicht gewinnwirksam (betr. private Grundstücksveräußerungen siehe aber Kapitel B.2.2.7. Sonstige Einkünfte sowie B.4.2. Grundstücksveräußerungen).

Die Entnahme von **Waren** ist ebenfalls mit dem Teilwert als Einnahme zu erfassen.

Nutzt man betriebliche Güter privat (sog **Nutzungsentnahme**), so müssen die auf die private Nutzung entfallenden Kosten als „Privatanteil" unter den Einnahmen erfasst werden.

Entnimmt man **Bargeld**, so hat das überhaupt keine Auswirkung und muss daher auch nicht laufend aufgezeichnet werden (ausgenommen bei einem Kassabuch mit Bestandsverrechnung).

• **Provisionen**

Betrieblich veranlasste Provisionen sind bereits mit Erhalt der Gutschrift als Betriebseinnahme anzusetzen. Das Zu- und Abfließen kann also nicht willkürlich verschoben werden, indem man über gutgeschriebene Provisionen nicht verfügt.

• **Renten**

Unter Renten versteht man regelmäßig wiederkehrende Zahlungen, die auf einem Rentenstammrecht beruhen und deren Laufzeit – im Unterschied zu Raten – von einem ungewissen Ereignis (dem Tod des Empfängers) abhängt. Die steuerliche Behandlung von Renten ist äußerst diffizil geregelt und kann daher hier nur kurz wiedergegeben werden. Betriebliche Gegenleistungsrenten (auch Kaufpreisrenten genannt) liegen vor, wenn man ein Wirtschaftsgut oder auch den Betrieb gegen Rente verkauft und die als Zahlung vereinbarte Rente eine adäquate Gegenleistung darstellt (der nach versicherungsmathematischen Grundsätzen kapitalisierte Rentenbarwert darf um nicht mehr als 25 % vom Wert des Wirtschaftsgutes bzw Betriebes abweichen). Diese Renten führen grundsätzlich zu Einnahmen (siehe auch unter Kapitel B.4.3.), ebenso wie die nur selten anerkannten betrieblichen Versorgungsrenten (wenn die oa

Abweichung größer als 25 % ist und die Rente zB wegen ihres Charakters als „Entlohnung für frühere Dienste" betrieblich veranlasst ist).

Außerbetriebliche Kaufpreisrenten und gemischte Renten siehe Kapitel B.2.2.7.

- **Rückgängig gemachte Ausgaben**

Werden frühere Ausgaben rückgängig gemacht (zB rückgezahlte Pflichtversicherungsbeiträge oder rückgezahlte Betriebsteuern), so liegen Einnahmen vor.

- **Schmerzensgeld**

Schmerzensgeld stellt keine Einnahme dar, weil die Ursache im privaten Bereich zu suchen ist.

- **Schuldenerlass**

Hat man Anlagevermögen auf Schulden gekauft und werden nun diese Schulden im Nachhinein erlassen, dann vermindern sich auch die Anschaffungs- bzw Herstellungskosten. Das wirkt sich so aus, dass der Restbuchwert um den Schuldenerlass vermindert und die AfA hinsichtlich der Restnutzungsdauer neu berechnet wird. Ist allerdings kein Buchwert mehr vorhanden, muss der Schuldenerlass als Betriebseinnahme erfasst werden.

- **Steuern**

Gutschriften sowie Nachsichten von Betriebssteuern (nicht aber von Personensteuern wie zB der Einkommensteuer) stellen Betriebseinnahmen dar.

- **Stipendien**

Stipendien an **Künstler** iSd Kunstförderungsgesetzes sowie vergleichbare Leistungen aufgrund landesgesetzlicher Vorschriften oder von internationalen Förderungsinstituten sind steuerfrei. Aufwendungen, die in Zusammenhang mit solchen steuerfreien Einnahmen stehen, sind aber nicht absetzbar.

Stipendien an **Schüler und Studierende** (zB Dissertationsstipendien) stellen keine Einnahmen dar, wenn es sich um Zuschüsse für nicht veröffentlichte wissenschaftliche Arbeiten handelt, die weder im Rahmen eines Dienstvertrages noch eines Werkvertrages ausgeführt werden und von der Höhe her nicht als Einkommensersatz anzusehen sind.

Stipendien, die nach Abschluss einer Hochschulausbildung gewährt werden (zB **Forschungs- und Habilitationsstipendien**), stellen grundsätzlich steuerpflichtige Einnahmen dar. Stipendien zur unmittelbaren Förderung der Wissenschaft und Forschung bleiben aber insoweit steuerfrei, als sie tatsächlich nachgewiesene Aufwendungen abgelten. Pauschale Aufwandsabgeltungen sind voll steuerpflichtig und daher als Einnahme zu erfassen.

(Kunst- und Wissenschafts-)Stipendien führen ab 2017 zu selbständigen Einkünften, wenn sie wirtschaftlich einen Einkommensersatz darstellen (dh höher sind als die

Höchststudienbeihilfe für Selbsterhalter) und keine Einkünfte aus nichtselbständiger Arbeit sind.

Ebenfalls ab 2017 wird eine Steuerfreiheit für diese Stipendien vorgesehen, wenn für den Stipendienbezieher wegen geringfügigen Einkommens keine Steuererklärungspflicht besteht (max 11.000 € bzw 12.000 € Einkünfte im Jahr).

- **Subventionen**

Zuwendungen inklusive Zinsenzuschüssen aus öffentlichen Mitteln (Geld- oder Sachzuwendungen von Bund, Land oder Gemeinde), von vergleichbaren Körperschaften eines EU- oder EWR-Staates, von der EU selbst oder von ausgegliederten gesetzlich eingerichteten Fördereinrichtungen), die zur Anschaffung oder Herstellung von Wirtschaftsgütern des Anlagevermögens gewährt werden, sind steuerfrei. Dazu zählen auch Leistungen aus dem Katastrophenfonds. Aber: Die Anschaffungs- bzw Herstellungskosten sind um jenen Betrag zu kürzen, der aus öffentlichen Mitteln stammt. Für die AfA-Berechnung ist demnach der um die Subvention verminderte Wert maßgeblich. Bei arbeitsmarktpolitischen Zuschüssen und Beihilfen (zB „Blum-Prämie", Kombilohnbeihilfe) kommt es dagegen zu keiner Kürzung der Betriebsausgaben, wenn mit den Subventionen zusätzliche Arbeitsplätze geschaffen werden.

- **Tausch**

Erhält man im betrieblichen Verkehr Sachwerte als Entgelt, so sind diese grundsätzlich mit dem sog „gemeinen Wert" (das ist der fiktive Verkaufspreis) als Einnahme zu erfassen. Handelt es sich beim im Tauschweg erhaltenen Wirtschaftsgut um Anlagevermögen (zB Erhalt einer Maschine als Gegenleistung für gelieferte Waren), so steht der Einnahme als Ausgabe lediglich die jährliche AfA gegenüber. Handelt es sich dagegen um Umlaufvermögen (zB Altwarenhändler, der einen Gegenstand verkauft und hierfür einen anderen eintauscht), so steht der Einnahme sofort eine Betriebsausgabe in Höhe des ersparten Wareneinkaufes gegenüber. Der spätere Verkauf der eingetauschten Waren führt wieder zu einer Betriebseinnahme. Erhält man im Tauschweg eine sonstige Leistung, liegen Einnahmen und in gleicher Höhe Ausgaben vor, wenn die empfangene Leistung betrieblich veranlasst ist (zB Unternehmer, der etwas an einen Steuerberater verkauft und sich als Gegenleistung von diesem die Bilanz erstellen lässt). Wird die Leistung aber in der privaten Sphäre erbracht, steht der Betriebseinnahme keine Betriebsausgabe gegenüber (zB wenn der Verkauf an einen Zahnarzt und die Gegenleistung in Form der Zahnreparatur erfolgt).

- **Umsatzsteuer**

Hat man sich hinsichtlich der Umsatzsteuer für die Bruttomethode (siehe Kapitel B.4.1.) entschieden, ist auch die Umsatzsteuer von Verkäufen, Leistungen uÄ als Einnahme zu verbuchen. Zahlt man die Umsatzsteuer dann an das Finanzamt (Umsatzsteuer abzüglich Vorsteuer), liegt eine Ausgabe vor. Es empfiehlt sich, die Umsatzsteuer auf einem eigenen Konto zu verbuchen, weil man damit bequem die monatlichen Zahlungen an das Finanzamt sowie die Werte für die Umsatzsteuererklärung ermitteln kann.

Hat man sich für die Nettomethode (siehe Kapitel B.4.1.) entschieden, wird die Umsatzsteuer nicht verbucht: Weder ist die erhaltene Umsatzsteuer als Einnahme zu erfassen noch stellt die Zahlung an das Finanzamt eine Ausgabe dar. Allerdings muss diesfalls eine eigene Aufzeichnung geführt werden, aus der die monatlichen Zahlungen an das Finanzamt hervorgehen.

- **Verkauf von Anlagevermögen**

Siehe „Hilfsgeschäfte".

- **Verkaufserlöse**

Verkaufserlöse sind Betriebseinnahmen.

- **Versicherungsentschädigungen**

Wenn die Versicherung im Rahmen des Betriebes abgeschlossen wurde, stellen ausbezahlte Entschädigungen Betriebseinnahmen dar.

- **Verzicht auf Einnahmen**

Verzichtet man aus betrieblichen Gründen auf Einnahmen, so ist dies nicht zu erfassen. Erfolgt hingegen der Verzicht aus privaten Gründen, liegt eine als Einnahme anzusehende Entnahme vor (zB Verzicht auf die Einnahmen aus einem Warenverkauf, weil der Käufer ein Familienangehöriger ist).

- **Zinsen**

Fließen Zinsen aus betrieblichen Forderungen, Wertpapieren, Bankkonten usw zu, dann liegen Betriebseinnahmen vor.

B.4.3. ABC der Ausgaben

Allgemeines

Unter Betriebsausgaben versteht man Aufwendungen oder Ausgaben, die durch den Betrieb veranlasst sind. Daher ist insbesondere die Trennung von der privaten Sphäre unbedingt erforderlich. Grundsätzlich steht es der Finanz nicht zu, die Notwendigkeit oder Angemessenheit von Betriebsausgaben zu beurteilen. Das heißt, dass auch unzweckmäßige oder vermeidbare Aufwendungen im Zusammenhang mit dem Betrieb abzugsfähig sind. Bestimmte Aufwendungen dürfen aber wegen der Verflechtung mit der privaten Lebensführung ganz oder teilweise nicht als Ausgaben abgezogen werden:

- ➜ Aufwendungen für den Haushalt
- ➜ Aufwendungen für die Lebensführung, selbst wenn sie die berufliche Tätigkeit fördern

- Bestimmte Aufwendungen, soweit sie nach der Verkehrsauffassung unangemessen hoch sind: PKW, Kombi, soweit Anschaffungskosten über 40.000 € (siehe Kraftfahrzeuge), Flugzeuge, Sport- und Luxusboote sowie Jagden grundsätzlich überhaupt nicht, geknüpfte Teppiche und Tapisserien über 730 €/m², Antiquitäten über 7.300 € (siehe Einrichtung)
- Aufwendungen für Arbeitszimmer samt Einrichtung im privaten Wohnungsverband in bestimmten Fällen (siehe Arbeitszimmer)
- Aufwendungen für Familienheimfahrten über einem bestimmten Betrag (siehe Familienheimfahrten)
- Repräsentationsaufwendungen bzw die Hälfte der Bewirtungsspesen (siehe dort)
- Freiwillige Zuwendungen und Zuwendungen an unterhaltsberechtigte Personen
- Zuwendungen, deren Gewährung oder Annahme mit gerichtlicher Strafe bedroht ist (zB Bestechungsgelder), Strafen und Geldbußen von Gerichten oder Verwaltungsbehörden, Verbandsgeldbußen, Abgabenerhöhungen nach dem Finanzstrafgesetz sowie Leistungen aus Anlass einer Diversion
- Einkommensteuer sowie die auf den Eigenverbrauch entfallende Umsatzsteuer
- Ausgaben für Arbeits- oder Werkleistungen von mehr als 500.000 € pro Person und Jahr („überhöhte Managergehälter") seit 1.3.2014
- Freiwillige Abfertigung, soweit sie nicht mehr mit festem Steuersatz begünstigt sind, seit 1.3.2014
- Barzahlungen für Bauleistungen an Subunternehmer im Baugewerbe, wenn sie je Leistung 500 € übersteigen
- Aufwendungen, die mit nicht steuerpflichtigen Einnahmen oder mit Einkünften, auf die ein besonderer Steuersatz anzuwenden ist (Kapitalvermögen, Grundstücksveräußerungen), zusammenhängen

Wirtschaftsgüter, die typischerweise dem Privatbereich zuzuordnen sind (zB Fotoausrüstung, Radio- und Fernsehgeräte), sind auch dann zur Gänze nicht abzugsfähig, wenn sie teilweise betrieblich bzw beruflich genutzt werden (sog Aufteilungsverbot). Lediglich dann, wenn solche Güter (fast) ausschließlich betrieblich bzw beruflich genutzt werden, können die Ausgaben steuerlich abgesetzt werden (zB Radio für die Gäste in einem Restaurant).

Typische regelmäßig anfallende Betriebsausgaben sind Aufwendungen für

- Abschreibungen,
- Beratungskosten,
- Personal,
- Reisespesen,
- Versicherungen,
- Waren,
- Werbung.

• Abfertigungsvorsorge, Abfertigungen

Unter dem Titel „Betriebliche Mitarbeitervorsorge“ wurde ein neues Abfertigungssystem eingeführt, bei dem Abfertigungsansprüche auf so genannte betriebliche Vorsorgekassen ausgelagert werden. Zur Finanzierung des neuen Systems zahlt der Arbeitgeber monatlich den Mitarbeitervorsorge-Beitrag in Höhe von 1,53 % des Entgelts (sofern das Dienstverhältnis mehr als einen Monat dauert) an den Krankenversicherungsträger. Dieser leitet die Beträge an die ausgewählte Vorsorgekasse weiter. Das neue Abfertigungssystem gilt automatisch für alle Dienstverhältnisse, die ab dem 1.1.2003 begonnen haben. Für bereits davor bestehende Dienstverhältnisse bleiben die Arbeitnehmer grundsätzlich im alten Abfertigungsrecht, können aber schriftlich mit dem Arbeitgeber vereinbaren, dass

- ➜ die bisherigen Ansprüche (Anwartschaften) eingefroren werden und ab dem Übertrittsstichtag das neue Abfertigungsrecht gilt oder
- ➜ die bisherigen Ansprüche betragsmäßig in eine Vorsorgekasse übertragen werden und ab dem Übertrittsstichtag das neue Abfertigungsrecht gilt.

Die laufenden Beiträge des Arbeitgebers an die Vorsorgekasse sind Betriebsausgabe. Beim Arbeitnehmer liegt bis zum Ausmaß von 1,53 % des Entgelts kein steuerpflichtiger Lohnvorteil vor. Abfertigungsrückstellungen (für Einnahmen-Ausgaben-Rechner: steuerfreie Beträge) gibt es im neuen System nicht mehr.

Abfertigungsrückstellungen bleiben nur dann bestehen, wenn das alte Abfertigungssystem zur Gänze beibehalten wird oder wenn bestehende Anwartschaften eingefroren werden. Diese Rückstellungen können steuerfrei auf das Kapitalkonto oder eine versteuerte Rücklage übertragen werden. Bei einer nachfolgenden Auszahlung von Abfertigungen oder Übertrittsbeiträgen sind die Aufwendungen gleichmäßig verteilt auf fünf Jahre abzusetzen. Verbleibende Abfertigungsrückstellungen können nur noch im Ausmaß von 45 % gebildet werden. Für mindestens 50-jährige Dienstnehmer bleibt der Prozentsatz unverändert 60 %. Eine Wertpapierdeckung ist nicht erforderlich.

Werden Abfertigungsansprüche auf Vorsorgekassen übertragen, ist der Unterschiedsbetrag zwischen der gebildeten Abfertigungsrückstellung und dem an die Vorsorgekasse zu leistenden Betrag gleichmäßig verteilt auf fünf Jahre abzusetzen.

Freiwillige Abfertigungen sind beim Dienstgeber nur mehr insoweit als Betriebsausgabe abzugsfähig, als sie beim Dienstnehmer mit 6 % begünstigt sind (siehe Kapitel A.2.2.).

• Abschreibung, Absetzung für Abnutzung (AfA)

Bei Wirtschaftsgütern, deren Verwendung oder Nutzung sich erfahrungsgemäß über einen Zeitraum von mehr als einem Kalenderjahr erstreckt (abnutzbares Anlagevermögen), sind die Anschaffungskosten oder Herstellungskosten nicht sofort zur Gänze, sondern gleichmäßig verteilt auf die Nutzungsdauer abzusetzen (so genannte **lineare AfA**).

Als Anschaffungskosten sind die Nettowerte (ausgenommen es steht wie zB bei PKW kein Vorsteuerabzug zu) einschließlich Bezugskosten (Fracht, Zoll, Versicherung) und Montagekosten anzusetzen. Die Herstellungskosten setzen sich aus den Einzelkosten (Material und Lohn) und den anteiligen Material- und Fertigungsgemeinkosten zusammen. Die Umsatzsteuer kann im Zeitpunkt der Bezahlung in voller Höhe angesetzt werden.

Bei Anschaffung (und Inbetriebnahme) in der ersten Hälfte eines Jahres ist für dieses Jahr der volle AfA-Betrag geltend zu machen, bei Nutzung für nicht mehr als sechs Monate darf nur die Hälfte abgezogen werden. Bei einem um 1.000 € im Juli angeschafften Schreibtisch sind daher zB bei zehnjähriger Nutzungsdauer im ersten Jahr 50 € als Betriebsausgaben anzusetzen, die folgenden neun Jahre dann je 100 € und im letzten Jahr die restlichen 50 €. Ausnahme: Betragen die Anschaffungskosten nicht mehr als 800 €, bis 2019: 400 € (geringwertige Wirtschaftsgüter), dann können sie sofort im Jahr der Bezahlung bzw Anschaffung zur Gänze abgesetzt werden. Kann man sich die Vorsteuer abziehen, gelten die 800 €, bis 2019: 400 €, netto, sonst brutto. Aufwendungen für Registrierkassen können bis 31.3.2017 in jedem Fall sofort abgeschrieben werden.

Alternativ zur linearen Abschreibung kann für ab dem 1.7.2020 angeschaffte oder hergestellte Wirtschaftsgüter eine **degressive Absetzung für Abnutzung (AfA)** in Höhe von max 30 % vom Buchwert (Restbuchwert) geltend gemacht werden. Dieser Prozentsatz ist auf den jeweiligen Restbuchwert anzuwenden. Im Jahr der Anschaffung besteht ein Wahlrecht zwischen linearer oder degressiver AfA. Wird ein Wirtschaftsgut degressiv abgeschrieben, ist ein Wechsel zur linearen AfA nur am Beginn eines Wirtschaftsjahres möglich. Ein Wechsel von linearer AfA zur degressiven Afa ist nicht möglich.

Für folgende Wirtschaftsgüter ist die degressive Abschreibung ausgeschlossen: Gebäude, Firmenwerte und Kraftfahrzeuge (für Kraftfahrzeuge mit einem CO_2-Emissionswert von 0 Gramm pro Kilometer ist sie aber möglich), unkörperliche Wirtschaftsgüter, die nicht den Bereichen Digitalisierung, Ökologisierung und Gesundheit/Life-Science zuzuordnen sind, gebrauchte Wirtschaftsgüter, und Anlagen, die der Förderung, dem Transport oder der Speicherung fossiler Energieträger dienen, sowie Anlagen, die fossile Energieträger direkt nutzen (das sind Energieerzeugungsanlagen, Tank- und Zapfanlagen und Luftfahrzeuge).

Hinsichtlich der Nutzungsdauer werden im Allgemeinen folgende Zeiten angenommen:

für Gebäude allgemein	40 Jahre	bis 2015: 50 Jahre oder 33 Jahre, wenn sie zu 80 % der Betriebsausübung dienten
wenn sie Einkünften aus der Vermietung für Wohnzwecke dienen	67 Jahre	
wenn sie Einkünften aus Vermietung und Verpachtung dienen	67 Jahre	

für den angeschafften Firmenwert	15 Jahre
für Maschinen	5 bis 10 Jahre
für Einrichtungsgegenstände (zB Schreibtisch)	10 Jahre
für PKW und Kombi	8 Jahre
für LKW und sonstige Kfz	4 Jahre
für Computer	3 Jahre
für Software	3 bis 5 Jahre

Beschleunigte lineare Abschreibung für Gebäude: Für Gebäude, die nach dem 30.6.2020 angeschafft oder hergestellt worden sind, gilt eine beschleunigte Abschreibung. Im Jahr, in dem die AfA erstmals zu berücksichtigen ist, beträgt die AfA höchstens das Dreifache des jeweiligen Prozentsatzes (7,5 % bzw 4,5 %), im darauffolgenden Jahr höchstens das Zweifache (5 % bzw 3 %). Die Halbjahresabschreibungsregelung gilt nicht. Dies gilt auch für Gebäude, wenn diese nach dem 30.6.2020 im Privatvermögen angeschafft und zu einem späteren Zeitpunkt ins Betriebsvermögen eingelegt wurden.

Kommt es zu einer außergewöhnlichen **technischen Abnutzung** (zB Beschädigung, Brand, Bruch, Unfall), kann die Differenz zwischen dem steuerlich noch offenen Buchwert und dem tatsächlichen Restwert abgeschrieben werden. Das gilt auch für eine außergewöhnliche **wirtschaftliche Abnutzung.** Eine bloße Wertminderung, die die Nutzung eines Gegenstandes nicht beeinflusst, rechtfertigt in den Augen der Finanz aber noch keine außergewöhnliche Abnutzung.

ACHTUNG

Ab 2016 gilt bei für die Erzielung von Einkünften aus Vermietung und Verpachtung verwendeten bebauten Grundstücken gesetzlich ein ausdrückliches pauschales Aufteilungsverhältnis: Von den Anschaffungskosten sind 60 % dem Gebäude und 40 % dem Grund und Boden zuzuordnen. Abweichend vom gesetzlich vorgegebenen Ausmaß von 40 % wird mit der sogenannten Grundanteil-Verordnung der Anteil des nicht abschreibbaren Grund und Bodens für drei verschiedene Kategorien von Grundstücken pauschal vorgegeben:

- 20 % in Gemeinden mit weniger als 100.000 Einwohnern, wenn der durchschnittliche Quadratmeterpreis für baureifes Land weniger als 400 € beträgt;
- in Gemeinden mit mindestens 100.000 Einwohnern und in Gemeinden, in denen der durchschnittliche Quadratmeterpreis für baureifes Land mindestens 400 € beträgt:
  - 30 %, wenn das Gebäude mehr als 10 Wohn- oder Geschäftseinheiten umfasst,
  - 40 %, wenn das Gebäude bis zu 10 Wohn- oder Geschäftseinheiten umfasst.

Der durchschnittliche Quadratmeterpreis für baureifes Land ist anhand eines geeigneten Immobilienpreisspiegels mit Abbildung auf Gemeindeebene glaubhaft zu machen. Nach wie vor besteht die Möglichkeit, ein anderes Aufteilungsverhältnis anzusetzen, sofern dieses nachgewiesen wird (Gutachten, welches jedoch der freien Beweiswürdigung unterliegt).

Die neuen Bestimmungen für Gebäude sind ab der Veranlagung 2016 auch für „Altgebäude" anzuwenden. Das heißt, dass bereits für 2016 der AfA-Satz entsprechend neu zu bemessen ist und – bei Einkünften aus Vermietung und Verpachtung – auch die Anschaffungskosten neu aufzuteilen sind.

Wichtig für die Steuererklärung: Einnahmen-Ausgaben-Rechner müssen ein Anlagenverzeichnis führen, in welches die Anschaffungs- oder Herstellungskosten, der Anschaffungstag, der Lieferant, die Nutzungsdauer, der AfA-Betrag und der noch absetzbare Betrag (Restbuchwert) einzutragen sind (Mustervordruck siehe Kapitel B.4.4.).

- **Absetzung für Abnutzung, vorzeitige**

Zur Unterstützung von Investitionen wurde für abnutzbare körperliche Anlagegüter, die im Kalenderjahr 2009 oder 2010 angeschafft oder hergestellt wurden, die Möglichkeit zur Vornahme einer vorzeitigen Absetzung für Abnutzung geschaffen (30 % für körperliche Wirtschaftsgüter des Anlagevermögens). Für Anschaffungen bzw Herstellungen ab 2011 gibt es diese Begünstigung nicht mehr.

- **Anlagevermögen**

Unter Anlagevermögen versteht man Güter, die dazu bestimmt sind, dem Unternehmen dauernd (länger als 1 Jahr) zu dienen, die also nicht zum Verkauf bestimmt sind. Wirtschaftsgüter, die sowohl betrieblich als auch privat genutzt werden, zählen dann zum Betriebsvermögen, wenn der betriebliche Teil zumindest überwiegt (mehr als 50 %). Beim Anlagevermögen unterscheidet man:

- Abnutzbare Anlagegüter (zB Maschinen, Einrichtung, Fahrzeuge): Betriebsausgaben liegen in Höhe der auf die Nutzungsdauer verteilten Anschaffungs- bzw Herstellungskosten vor (siehe Absetzung für Abnutzung)
- Nicht abnutzbare Anlagegüter (zB Grund und Boden, Beteiligungen, Rechte): Die Anschaffungs- bzw Herstellungskosten sind mit ihrem Nettowert zu aktivieren. Als Betriebsausgaben sind sie aber erst in dem Jahr anzusetzen, in dem sie verkauft oder entnommen werden. Wertschwankungen bei Grund und Boden bleiben jedoch außer Ansatz (betr Grundstücksveräußerungen siehe aber Kapitel B.2.2.7. Sonstige Einkünfte sowie Kapitel B.4.2. Grundstücksveräußerungen).

- **Anwaltskosten**

Siehe „Beratungskosten".

- **Arbeitsessen**

Siehe „Bewirtungsspesen".

• Arbeitskleidung

Siehe Kapitel A.1.4.2.

• Arbeitszimmer

Siehe Kapitel A.1.4.2.

• Ausbildungskosten

Siehe Kapitel A.1.4.2.

• Ausstellungen

Aufwendungen für die Teilnahme an Fachausstellungen und Messen (als Aussteller oder Besucher) sind im Allgemeinen abzugsfähig. Aufwendungen für einen Messebesuch (Reisekosten, Eintrittsgelder) zählen allerdings nur dann zu den Betriebsausgaben, wenn es sich um einschlägige Fachveranstaltungen handelt oder ein sonstiger ursächlicher Zusammenhang zur Berufstätigkeit besteht.

• Autoradio

Die Kosten für ein Autoradio in einem vom Unternehmer selbst verwendeten Fahrzeug sind in keinem Fall absetzbar. Wird allerdings ein Autoradio in ein ausschließlich oder überwiegend von Arbeitnehmern für Dienstfahrten verwendetes Fahrzeug eingebaut, dann liegen Betriebsausgaben vor.

• Bankspesen

Die Kosten für ein Konto, das (fast) ausschließlich für beruflich veranlasste Geschäftsvorfälle eingerichtet ist, wie zB Bankomat- und Scheckgebühr, Kontoführungsspesen, Kreditkarten, sind Betriebsausgaben.

• Beiträge

Beiträge für die freiwillige Mitgliedschaft zu **Berufs- oder Wirtschaftsverbänden** (zB Wirtschaftsbund) sind insoweit abzugsfähig, als sie angemessen sind, statutenmäßig festgesetzt wurden und diese Verbände überwiegend mit der Wahrnehmung der betrieblichen und beruflichen Interessen der Mitglieder befasst sind.

Beiträge an **Kammern** oder andere gesetzliche Interessenvertretungen sind generell abzugsfähig.

Beiträge zur Sicherung des Anspruchs auf **Arbeitslosengeld** stellen Betriebsausgaben dar.

Beiträge zur Pflichtversicherung in der gesetzlichen Kranken-, Unfall- und Pensionsversicherung (gesetzliche Sozialversicherung) sowie zu Versorgungs- und Unterstützungseinrichtungen der Kammern der selbständig Erwerbstätigen, Pflichtbeiträge im Rahmen der **Selbständigenvorsorge** nach dem BMSVG und Beiträge zu einer inländischen gesetzlichen Krankenversorgung sind abzugsfähig (Letztere nur, soweit sie der Höhe nach den Pflichtbeiträgen entsprechen). Auch Beiträge an eine Gruppenkrankenversicherung auf Grund eines so genannten „Opting-out" eines freien Berufes zählen als Beiträge an eine Versorgungseinrichtung und sind daher im Rahmen der Höhe der gesetzlichen Sozialversicherung abzugsfähig (inkl Alterszuschlag und Angehörigenzuschlag).

Vertraglich festgelegte Beiträge für Arbeitnehmer an **Pensionskassen** im Sinne des Pensionskassengesetzes sind ebenfalls idR Betriebsausgaben, sowie vergleichbare Beiträge in Versorgungs- und Unterstützungseinrichtungen der Kammer der selbständig Erwerbstätigen (sofern sie dem Betriebspensionsgesetz entsprechen). Beiträge des Arbeitgebers für sich selbst gehören zu den Sonderausgaben.

• Beratungskosten

Soweit die Beratung betriebliche oder berufliche Fragen betrifft, liegen Betriebsausgaben bzw Werbungskosten vor (zB Steuerberatung – siehe dort, Wirtschaftsberatung, Exportberatung, Beratung in betrieblichen Rechtsfragen).

• Betriebsausgabenpauschale

Eine interessante Alternative für alle jene, die möglichst wenige Aufzeichnungen führen wollen, ist die Pauschalierung von Betriebsausgaben. Dabei gibt es folgende Möglichkeiten:

- ➜ Die gesetzliche Basispauschalierung der Betriebsausgaben mit 6 % oder 12 % der Einnahmen.
- ➜ Die Pauschalierung von Betriebsausgaben oder Gewinn in bestimmten Branchen (Gaststättengewerbe, Lebensmitteleinzel- und Gemischtwarenhandel, Drogisten, Handelsvertreter, Land- und Forstwirte, Künstler, Schriftsteller, Sportler).

Details siehe unter Pauschalierungen in Kapitel B.1.2.

• Bewirtungsspesen

Bei Bewirtungsspesen (Verabreichung von Speisen und Getränken uÄ sowie Unterkunftgewährung) muss man unterscheiden:

In voller Höhe als Betriebsausgaben absetzbar sind:

- ➜ Bewirtungsspesen, die in unmittelbarem Zusammenhang mit einem Leistungsaustausch oder einer Leistungsabwicklung stehen (zB Verpflegung bei Seminaren, Präsentation von anderen Firmen)
- ➜ Bewirtungsspesen, die Entgeltcharakter haben (zB Incentive-Reisen für Geschäftspartner)
- ➜ Bewirtungsspesen ohne Repräsentation (zB Bewirtung als Warenverkostung, geringfügige Bewirtung bei Messen, Betriebsbesichtigungen)

Zur Hälfte als Betriebsausgaben absetzbar sind:

- ➜ Bewirtungen mit Werbewirkung (zB Bewirtung bei Informationsveranstaltungen, bei Geschäftsanbahnungen, Informationsbeschaffung, Geschäftsbesprechungen in den Betriebsräumen)

➔ Aufwendungen für Arbeitsessen mit weitaus überwiegendem Werbecharakter (Achtung: etwaige Tagesdiäten sind bei Inlandsreisen diesfalls aber um 13,20 € je Arbeitsessen zu kürzen, bei Auslandsreisen kommt es bei einem Essen zu keiner Kürzung, bei zwei Essen steht ein Drittel des Tagesgeldes zu)

Nicht absetzbar ist die Bewirtung als bloße Repräsentation:

- ➔ im Haushalt
- ➔ bei Besuchen in Vergnügungsetablissements
- ➔ bei Arbeitsessen nach Geschäftsabschluss
- ➔ aus persönlichem Anlass (zB Geburtstag des Unternehmers)

Bei der **Umsatzsteuer** ist auf Grund der Rechtsprechung des EuGH die Auslegung strenger:

- ➔ Wenn Arbeitsessen der Werbung dienen und die betriebliche oder berufliche Veranlassung bei Weitem überwiegt, steht der Vorsteuerabzug zur Gänze zu.
- ➔ Fehlt es am Werbecharakter mit weitaus überwiegender betrieblicher oder beruflicher Veranlassung, dann gibt es überhaupt keinen Vorsteuerabzug.

Die 50-%-Regelung gibt es bei der Umsatzsteuer also nicht.

• Bildungsfreibetrag

Als Bildungsfreibetrag konnten von den Aufwendungen des Arbeitgebers für die Aus- und Fortbildung der Arbeitnehmer 20 % als Betriebsausgabe abgesetzt werden. Anstelle des Bildungsfreibetrages konnte eine Bildungsprämie in Höhe von 6 % der genannten Aufwendungen beantragt werden.

Bildungsfreibetrag und Bildungsprämie sind ab 1.1.2016 ersatzlos entfallen.

• Computer

Siehe Kapitel A.1.4.2.

• Darlehen

Die Aufnahme eines Geldbetrages als Darlehen bzw dessen Rückzahlung ist nicht als Einnahme bzw Ausgabe zu verbuchen. Auch die Vergabe eines Darlehens oder Kredites an andere führt grundsätzlich zu keiner Betriebsausgabe, es sei denn, eine betrieblich veranlasste Darlehensforderung fällt aus (man gewährt zB ein Darlehen einem Geschäftspartner, der dann in Konkurs geht – in Höhe des Forderungsausfalles liegt eine Betriebsausgabe vor). Ein **Damnum** (Abgeld; Unterschiedsbetrag zwischen Nennbetrag und Verfügungsbetrag bei der Darlehensausgabe) führt zu einer

Betriebsausgabe beim Schuldner und zu einer Betriebseinnahme beim Gläubiger des Darlehens. Da das Damnum eine Vorauszahlung für Fremdmittelkosten ist, muss es gleichmäßig auf die Laufzeit der Verbindlichkeit verteilt abgeschrieben werden. Ebenfalls Betriebsausgaben sind die Zinsen und Geldbeschaffungskosten (siehe jeweils dort).

- **Diebstahl**

Bei Einnahmen-Ausgaben-Rechnern führt ein Diebstahl nur dann zu Ausgaben, wenn er ein Wirtschaftsgut betrifft, dessen auf die Nutzungsdauer zu verteilende Anschaffungskosten noch nicht zur Gänze abgeschrieben sind. Ersätze (etwa von Versicherungen) sind aufzurechnen. In allen anderen Fällen (zB Diebstahl von Handelsware) war bereits die Anschaffung ausgabenwirksam.

- **Doppelte Haushaltsführung**

Siehe Kapitel A.1.4.2.

- **Einrichtung**

Die Einrichtung eines Büros, Schauraumes, Lagers usw führt selbstverständlich zu Betriebsausgaben. Auch hier gilt, dass Gegenstände über 800 € (bis 2019: 400 €) auf die Nutzungsdauer (idR 10 Jahre) verteilt als AfA abzusetzen sind (siehe AfA). Grundsätzlich steht es der Finanz nicht zu, besonders teure Stücke herauszunehmen. Lediglich bei geknüpften Teppichen und Tapisserien werden max 730 €/m² (davon AfA für einen Bodenteppich 5 %, Wandteppich und Tapisserien sind nicht abnutzbar) sowie bei Antiquitäten max 7.300 € pro Stück (Freigrenze!) anerkannt.

Kunstgegenstände (Gemälde, Skulpturen) und Antiquitäten können im angemessenen Ausmaß Betriebsausgaben sein, wenn sie der Büro- bzw Geschäftseinrichtung dienen. Da sie keiner Abnutzung unterliegen, dürfen sie aber nicht abgeschrieben werden, sondern sind zu aktivieren. Die Miete von Kunstgegenständen dagegen kann abzugsfähig sein, wenn sie betrieblich veranlasst ist und eine kurze Mietdauer ohne Kaufoption vorliegt.

- **Familienheimfahrten**

Siehe Kapitel A.1.4.2.

- **Firmenwert**

Als Firmenwert bezeichnet man bei einem Betriebskauf jenen Mehrwert, der sich als Differenz zwischen Kaufpreis und Summe der Teilwerte der erworbenen Wirtschaftsgüter ergibt. Dieser Firmenwert, der für den Kundenstock und die Lage bezahlt wird, kann bei Land- und Forstwirten sowie Gewerbetreibenden gleichmäßig verteilt auf 15 Jahre als Betriebsausgabe abgeschrieben werden. Bei Freiberuflern geht der Firmenwert (Praxiswert) viel mehr auf die persönlichen Leistungen des Vorgängers zurück und kann daher in einem kürzeren Zeitraum von idR 5 Jahren abgesetzt werden.

- **Forschungsfreibetrag, Forschungsprämie**

Die steuerliche Forschungsförderung besteht in Form einer Prämie für eigenbetriebliche Forschung und für Auftragsforschung von jeweils 14 % (bis 2018: 12 %) der Aufwendungen (Ausgaben). Prämienbegünstigt sind also:

➔ Eigenbetriebliche Forschung und experimentelle Entwicklung (zur Geltendmachung einer Forschungsprämie ist für eigenbetriebliche Forschung ein Gutachten der Forschungsförderungsgesellschaft FFG notwendig),

➔ Auftragsforschung für in Auftrag gegebene Forschung und experimentelle Entwicklung (bis Aufwendungen iHv 1 Mio € jährlich)

Die Forschungsprämien sind mit dem Formular E108c zu beantragen. Der Forschungsfreibetrag wurde 2011 abgeschafft.

- **Fortbildungskosten**

Siehe Kapitel A.1.4.2. unter „Aus- und Fortbildungskosten“.

- **Fotoapparat**

Aufwendungen für einen Fotoapparat sind nur dann abzugsfähig, wenn er ausschließlich oder fast ausschließlich beruflich verwendet wird (zB zur Aufnahme von Schadensfällen durch Versicherungsvertreter, Fotograf).

- **Freibetrag für investierte Gewinne**

Der Freibetrag für investierte Gewinne wurde 2010 durch den Gewinnfreibetrag ersetzt (siehe Stichwort „Gewinnfreibetrag“).

- **Fremdleistungen**

Siehe „Hilfskräfte“.

- **Gebäude**

Bei **Gebäuden im betrieblichen Bereich** gilt ab 2016 ein einheitlicher AfA-Satz von 2,5 % (früher zB 3% bei Gewerbetreibenden und 2% bei Freiberuflern), nur bei gewerblicher Vermietung für Wohnzwecke sind es 1,5%. Bei bestehenden Gebäuden reduziert oder erhöht sich der AfA-Satz ebenfalls, was eine geänderte Restnutzungsdauer zur Folge hat. Instandsetzungsaufwendungen für Wohngebäude sowie die freiwillige Zehntelung von Instandhaltungsaufwendungen werden ab 2016 auf eine Fünfzehntelung umgestellt.

Bei **Gebäuden, die zur Erzielung von Einkünften aus Vermietung und Verpachtung** verwendet werden, wird ab 2016 die Aufteilung der (fiktiven) Anschaffungskosten auf (nicht abschreibbaren) Grund und Boden einerseits und Gebäude andererseits im Gesetz festgelegt: 40 % für Grund und Boden, 60 % für das Gebäude (bisher 20 zu 80 laut Verwaltungspraxis). Zur Berücksichtigung besonderer örtlicher oder baulicher Verhältnisse können mit Verordnung Abweichungen festgelegt werden (Grundanteil-Verordnung):

- 20 % in Gemeinden mit weniger als 100.000 Einwohnern, wenn der durchschnittliche Quadratmeterpreis für baureifes Land weniger als 400 € beträgt;
- in Gemeinden mit mindestens 100.000 Einwohnern und in Gemeinden, in denen der durchschnittliche Quadratmeterpreis für baureifes Land mindestens 400 € beträgt:
  - 30 %, wenn das Gebäude mehr als 10 Wohn- oder Geschäftseinheiten umfasst,
  - 40 %, wenn das Gebäude bis zu 10 Wohn- oder Geschäftseinheiten umfasst.

Eine individuelle andere Aufteilung kann nur im Einzelfall mit entsprechendem Gutachten vorgenommen werden. Aber auch das Finanzamt kann von der gesetzlichen Verteilung abweichen, wenn die tatsächlichen Verhältnisse offenkundig und erheblich anders sind. Das gilt auch für bestehende Gebäude, sodass sich auch hier ab 2016 die AfA entsprechend vermindert. Weiters wird für Instandsetzungen nunmehr auf eine freiwillige Fünfzehntelung statt der bisherigen Zehntelung umgestellt.

Welcher Teil der Anschaffungs- bzw Herstellungskosten die Basis für die AfA bildet bzw in welchem Ausmaß die laufenden Kosten absetzbar sind, hängt vom Ausmaß der betrieblichen und privaten Nutzung ab:

- Das Gebäude wird **vorwiegend betrieblich** genutzt (mehr als 80 %): Die Aufwendungen sind in voller Höhe absetzbar, der private Anteil ist als Entnahme zu erfassen. Beim Verkauf ist der volle Erlös als Einnahme zu erfassen.
- Das Gebäude wird nur **untergeordnet betrieblich** genutzt (weniger als 20 %): Die anteiligen Aufwendungen (AfA, Betriebskosten, Heizung usw) können als Betriebsausgabe abgesetzt werden (siehe zB Arbeitszimmer). Der Verkauf ist überhaupt nicht als Einnahme zu erfassen.
- Das Gebäude wird **gemischt genutzt** (betriebliche Nutzung zwischen 20 und 80 %): Die Aufwendungen sind von vornherein aufzuteilen und im aliquoten Ausmaß absetzbar. Auch bei einem Verkauf ist nur der betriebliche Teil als Einnahme zu erfassen.
- **Beschleunigte lineare Abschreibung für Gebäude:** Für Gebäude, die nach dem 30.6.2020 angeschafft oder hergestellt worden sind, gilt eine beschleunigte Abschreibung. Im Jahr, in dem die AfA erstmals zu berücksichtigen ist, beträgt die AfA höchstens das Dreifache des jeweiligen Prozentsatzes (7,5 % für den betrieblichen Bereich bzw 4,5 % für den außerbetrieblichen Bereich), im darauffolgenden Jahr höchstens das Zweifache (5 % bzw 3 %). Die Halbjahresabschreibungsregelung gilt nicht.

Auch bei bestimmten Aufwendungen für ein betrieblich genutztes Gebäude muss man differenzieren:

Erhaltungsaufwand (zB laufende Instandsetzungen, Reparaturen) ist sofort abzugsfähig, muss also nicht auf die Nutzungsdauer des Gebäudes verteilt werden.

Herstellungsaufwand (Änderung der Wesensart des Gebäudes wie zB Zu- oder Umbauten, Einbau von Zentralheizungen) ist zu aktivieren und auf die Restnutzungsdauer zu verteilen.

Bei Wohngebäuden, die zum Betriebsvermögen gehören, ist ähnlich wie bei Vermietern noch zwischen sofort absetzbarem Instandhaltungsaufwand und auf 10 Jahre (ab 2016: 15 Jahre) zu verteilendem Instandsetzungsaufwand zu unterscheiden. Hinsichtlich der Sonderregelung für Vermietung und Verpachtung siehe Kapitel B.2.2.6.

Hinweis: Grund und Boden ist nicht abnutzbar (daher für den im Kaufpreis enthaltenen Grundanteil keine AfA als Ausgabe). Betr Grundstücksveräußerungen siehe Kapitel B.2.2.7. Sonstige Einkünfte sowie B.4.2. Grundstücksveräußerungen).

• Gehälter

Gehälter und Löhne inkl der Lohnnebenkosten stellen Betriebsausgaben dar. Lediglich Gehälter, die pro Person und Jahr 500.000 € übersteigen, sind insoweit nicht abzugsfähig.
Siehe auch „Hilfskräfte".

• Geldbeschaffungskosten

Unter Geldbeschaffungskosten sind alle Nebenkosten zu verstehen, die anlässlich der Aufnahme eines Darlehens (Kredites) anfallen, wie beispielsweise Vermittlungsprovisionen, Kreditgebühren, Gerichts-, Rechtsanwalts- und Notariatskosten, Kosten der Schätzung des Belehnungsobjektes, Zuteilungs- und Abschlussgebühren sowie sonstige Verwaltungs- und Bearbeitungsgebühren. Diese Nebenkosten sind als Betriebsausgaben absetzbar. Die Aufnahme bzw Rückzahlung von Darlehen selbst wirkt sich dagegen idR steuerlich nicht aus (siehe auch „Darlehen" und „Zinsen").

Hinweis: Für die steuerliche Anerkennung von Ausgaben im Zusammenhang mit einem Darlehen zwischen nahen Angehörigen muss die Vereinbarung schriftlich sein und den Bedingungen entsprechen, die auch unter Fremden üblich sind.

• Geldstrafen

Siehe „Strafen".

• Geringwertige Wirtschaftsgüter

Die Anschaffungs- oder Herstellungskosten von abnutzbaren Anlagegütern müssen nicht auf die Nutzungsdauer verteilt werden – sind also im Jahr der Anschaffung bzw Bezahlung voll absetzbar, wenn diese Kosten für das einzelne Anlagegut 800 € (bis 2019: 400 €), nicht übersteigen (wenn Vorsteuerabzug besteht, netto, sonst brutto; „Kann"-Bestimmung). Wirtschaftsgüter, die aus Teilen bestehen, sind als Einheit aufzufassen, wenn sie nach ihrem wirtschaftlichen Zweck oder nach der Verkehrsauffassung eine Einheit bilden.

- **Geschenke**

Geschenke sind grundsätzlich keine Betriebsausgaben, sondern private Repräsentation. Lediglich Geschenke an Geschäftspartner mit überwiegendem Entgeltcharakter sowie Werbegeschenke mit dem Firmennamen (zB Kugelschreiber, Kalender, Flaschenwein) können abgesetzt werden.

- **Gewinnfreibetrag**

Der Gewinnfreibetrag setzt sich zusammen aus:

- ➔ Grundfreibetrag: Gilt für Gewinne, die auf Grund einer Einnahmen-Ausgabenrechnung, einer Bilanzierung oder mittels Pauschalierung ermittelt werden.
- ➔ Investitionsbedingter Gewinnfreibetrag: Gilt für Gewinne, die auf Grund einer Einnahmen-Ausgabenrechnung oder einer Bilanzierung ermittelt werden.

Der Grundfreibetrag steht von Amts wegen zu und beläuft sich auf

- ➔ 13 % des Gewinnes,
- ➔ höchstens jedoch von einer Bemessungsgrundlage von 30.000 €.

Der **Grundfreibetrag** ist also mit einem Gesamtgewinn aus allen positiven Gewinnen abzüglich Veräußerungsgewinnen aus Betrieben des Steuerpflichtigen von 30.000 € gedeckelt. Höchstens 3.900 € können daher als Grundfreibetrag lukriert werden (13 % von 30.000 €).

Übersteigt die Bemessungsgrundlage 30.000 €, steht für den übersteigenden Betrag ein **investitionsbedingter Gewinnfreibetrag** zu.

Gewinn	Gewinnfreibetrag
Von 30.000 bis 175.000 €/Jahr	13 %
von 175.000 bis 350.000 €Jahr	7 %
von 350.000 bis 580.000 €/Jahr	4,5 %
über 580.000 €/Jahr	0 %

Die Prozentsätze sind auf den auf das jeweilige Gewinnsegment entfallenden Teil(Betrag) des Gewinns anzuwenden. Der Gewinnfreibetrag beträgt insgesamt somit höchstens 45.350 € im Veranlagungsjahr.

Für den investitionsbedingten Gewinnfreibetrag sind zwei Grenzen zu beachten:

1. Jener Betrag, um den die Bemessungsgrundlage den Betrag von 30.000 € übersteigt sowie
2. die Summe der Anschaffungs- oder Herstellungskosten der begünstigten Wirtschaftsgüter.

Der niedrigere Betrag stellt die Bemessungsgrundlage für den investitionsbedingten Gewinnfreibetrag dar.

Der Kreis der begünstigten Wirtschaftsgüter umfasst:

- ➔ Körperliche Wirtschaftsgüter des Anlagevermögens mit einer Nutzungsdauer von zumindest vier Jahren, ausgenommen insbesondere PKW und Kombi sowie geringwertige Wirtschaftsgüter.
- ➔ Wertpapiere (vor dem 30.6.2014; sämtliche Wertpapiere gemäß § 14 Abs. 7 Z 4 EStG, vom 1.7.2014 bis 31.12.2016 nur Wohnbauanleihen, ab 1.1.2017 wieder sämtliche Wertpapiere)

Wird die Basispauschalierung oder eine Branchen- bzw Berufsgruppenpauschalierung in Anspruch genommen, steht nur der Grundfreibetrag, nicht aber der investitionsbedingte Gewinnfreibetrag zu.

- **Hilfsgeschäfte**

Verkauft man Gegenstände des Anlagevermögens (Maschinen, Fahrzeuge, Computer, Wertpapiere usw), sind die Erlöse als Einnahmen zu erfassen. Ist zum Stichtag noch ein Restbuchwert vorhanden (Anschaffungskosten abzüglich bisheriger AfA), muss dieser als Ausgabe angesetzt werden (wahlweise im Zeitpunkt des Verkaufs oder im Zeitpunkt des Zufließens des Verkaufserlöses).

- **Hilfskräfte**

Beschäftigt man im Rahmen seiner unternehmerischen Tätigkeit Hilfskräfte, so kann dies im Rahmen eines echten oder freien Dienstvertrages oder eines Werkvertrages erfolgen.

Echtes Dienstverhältnis: Typisch für Dienstleistungen im Rahmen eines Dienstverhältnisses sind die wirtschaftliche und persönliche Abhängigkeit (Weisungsgebundenheit, Eingliederung in das Firmengeschehen durch festen Dienstort und vorgegebene Dienstzeit; zB Arbeiter- oder Angestelltentätigkeit im Allgemeinen, vorübergehende körperliche Hilfs- oder Reinigungsarbeiten). Beschäftigt man echte Dienstnehmer, so resultieren daraus verschiedene steuerliche Verpflichtungen als Arbeitgeber (Einbehaltung und Abfuhr der Lohnsteuer an das Finanzamt, Pflichtversicherung der Dienstnehmer nach dem ASVG, Zahlungspflicht für Dienstgeberbeitrag samt Zuschlag an das Finanzamt, Kommunalsteuer an die Gemeinde usw; siehe auch Kapitel A.2. und C.1.).

Gehälter, die pro Person und Jahr 500.000 € übersteigen, sind insoweit nicht als Betriebsausgaben abzugsfähig (gilt für Dienstnehmer und vergleichbar eingegliederte Personen).

Freier Dienstvertrag: Hier werden ebenfalls Dienstleistungen erbracht, jedoch ohne persönliche Abhängigkeit, dh ohne Weisungsgebundenheit, ohne persönliche Arbeitsverpflichtung und idR ohne fixe Arbeitszeit bzw fixen Arbeitsort (zB Konsulenten, freie Mitarbeiter). Eine in Rechnung gestellte Umsatzsteuer ist als Vorsteuer abzugsfähig. Beschäftigt man freie Dienstnehmer, so kann die ASVG-Versicherungspflicht sowie die Bezahlung der Lohnnebenabgaben (Dienstgeberbeitrag samt Zuschlag, Kommunalsteuer) zum Tragen kommen (siehe Kapitel B.5.2.). Für die Versteuerung muss der Auftragnehmer selber Sorge tragen. Hinsichtlich einer allfälligen Mitteilungsverpflichtung an das Finanzamt siehe Kapitel B.1.3.

Werkvertrag: Bei Werkverträgen dagegen wird keine Dienstleistung, sondern die Erbringung eines konkret vereinbarten Werkes (eines Erfolges) vereinbart (zB Zeichnen einzelner Pläne, Halten von Einzelvorträgen, Programmieren einzelner Programme). Wird die Werkleistung von einem anderen Unternehmer erbracht, so kann eine eventuell in der Rechnung ausgewiesene Umsatzsteuer als Vorsteuer abgezogen werden. Der Auftragnehmer muss für die Versteuerung seines Honorars und die Sozialversicherung selber Sorge tragen. Hinsichtlich der für bestimmte Honorare vorgesehenen Mitteilungsverpflichtung an das Finanzamt siehe Kapitel B.1.3.

Ob eine Beschäftigung auf selbständiger Basis (GSVG-Pflichtversicherung) oder als unselbständige Erwerbstätigkeit (ASVG-Pflichtversicherung) ausgeübt wird, kann seit 1.7.2017 vorweg geklärt werden (Sozialversicherungs-Zuordnungsgesetz, siehe Kapitel B1.3.).

ACHTUNG

Die **Entlohnung von Familienangehörigen** ist grundsätzlich nur dann abzugsfähig, wenn

- der Vertrag nach außen hin ausdrücklich in Erscheinung tritt (Schriftlichkeit),
- auch unter Fremden zu den gleichen Bedingungen üblich wäre (Fremdvergleich) und
- die Tätigkeit über die familiäre Mitwirkungsverpflichtung hinausgeht.

Bei der Frage, wie weit durch die Beschäftigung und Entlohnung von Familienangehörigen eine steuerschonende Einkommensverteilung erreicht wird, sollte man aber nicht vergessen, dass bei der Entlohnung des Partners eventuell der Alleinverdienerabsetzbetrag samt Erhöhungsbetrag bei den Sonderausgaben und Ermäßigung beim Selbstbehalt verloren geht (wenn Entlohnung höher als 6.000 € im Jahr) und bei der Entlohnung von Kindern der Anspruch auf Familienbeihilfe wegfallen kann.

• Honoraraufwand

Siehe „Hilfskräfte“.

• Internetanschluss

Siehe Kapitel A.1.4.2.

• Kammerumlage

Die Beiträge zu den Interessenvertretungen sind als Betriebsausgaben abzugsfähig. Siehe Kapitel C.1. unter Stichwort Kammerumlage.

- **Kilometergelder**

Zur Abzugsfähigkeit als Betriebsausgabe siehe Kapitel A.1.4.2. Vorsteuer darf aus Kilometergeldern nicht herausgerechnet werden.

- **Kraftfahrzeug**

Bei Kraftfahrzeugen ist danach zu unterscheiden, ob die betriebliche oder die private Nutzung überwiegt:

➔ **Überwiegt die betriebliche Nutzung** (mehr als 50 % der gefahrenen Kilometer sind betrieblich veranlasst), ist das Fahrzeug als Betriebsvermögen anzusehen. Dabei sind die auf die betriebliche Nutzung entfallenden Anschaffungskosten auf die Nutzungsdauer von 8 Jahren verteilt als AfA abzusetzen (= 12,5 % AfA). Die laufenden Aufwendungen (Treibstoff, Versicherungen, usw; Aufstellung siehe Kapitel A.1.4.2.) führen ebenfalls im aliquoten Ausmaß im Zeitpunkt der Zahlung zu Betriebsausgaben. Da das Verhältnis zwischen betrieblicher und privater Nutzung erst im Nachhinein feststeht, kann man entweder zuerst die vollen Beträge als Ausgaben und zum Abschluss den Privatanteil zur Korrektur als Einnahme verbuchen oder die Aufwendungen erst im Nachhinein mit dem betrieblichen Anteil als Ausgabe ansetzen. Als Anschaffungskosten wird allerdings nur ein Betrag von maximal 40.000 € anerkannt (Angemessenheitsprüfung). Das heißt, dass bei höheren Anschaffungskosten für „Luxusautos" die AfA maximal von 40.000 € berechnet werden darf. Beim Treibstoff und den wertunabhängigen Kosten müssen keine Kürzungen vorgenommen werden. Bei Gebrauchtfahrzeugen wird die bisherige Nutzungsdauer von den 8 Jahren abgezogen und die Kosten werden auf die verbleibende Restnutzungsdauer verteilt.

➔ **Überwiegt die private Nutzung**, so gehört das Fahrzeug zum Privatvermögen. Man kann entweder wie oben sämtliche tatsächlichen Kosten nachweisen und im Verhältnis der betrieblich gefahrenen Kilometer absetzen oder die pauschalen Kilometergelder (0,42 €, siehe Kapitel A.1.4.2.) geltend machen.

In beiden Fällen muss man ein Fahrtenbuch führen, aus dem die betrieblichen bzw beruflichen Fahrten für die Aufteilung hervorgehen (Muster siehe unter Kapitel A.1.4.2. „Kraftfahrzeug"). Ein Vorsteuerabzug steht für PKW und Kombi idR nicht zu, ausgenommen für Elektrofahrzeuge und ab 2020 für betrieblich genutzte Elektrofahrräder (zB E-Bikes, Elektromotorräder) (siehe Kapitel B.3.5.).

Verkauft man ein Fahrzeug des Betriebsvermögens, stellt der Erlös eine steuerpflichtige Einnahme dar. Ein eventuell noch vorhandener Restbuchwert ist aber gleichzeitig als Ausgabe abzusetzen.

TIPP

Die Nutzungsdauer von 8 Jahren gilt für PKW und Kombi, ausgenommen Fahrschulfahrzeuge sowie Fahrzeuge, die zu mindestens 80 % der gewerblichen Personenbeförderung dienen (zB Taxi). Für PKW und Kombi ist auch ein Vorsteuerabzug nicht zulässig. Für Busse und LKW hingegen kann sowohl eine höhere AfA, als auch der Vorsteuerabzug in Anspruch genommen werden. Auch Klein-LKW und Klein-Busse sind als LKW bzw Bus wesentlich günstiger. Es kann sich also lohnen, vor einem geplanten Kauf beim Händler oder bei der Finanz zu erfragen, ob die geplante Type zu diesen begünstigten Fahrzeugen zählt.

Die achtjährige Nutzungsdauer kann auch bei einem **Leasing** nicht umgangen werden. Man darf nämlich nur jenen Teil der Leasingraten voll absetzen, der als Finanzierungskomponente anzusehen ist. Die Differenz zwischen der 12,5%igen AfA und der Amortisationskomponente muss man vorerst aktivieren. Gibt man das Auto dem Leasinggeber zurück, ist der in den einzelnen Jahren angesammelte Aktivposten sofort absetzbar. Kauft man hingegen das Fahrzeug, dann ist der Aktivposten gemeinsam mit dem Kaufpreis auf die auf acht Jahre verbleibende Restnutzungsdauer verteilt absetzbar.

Beispiel:

Für ein Fahrzeug mit Anschaffungskosten (netto) von 20.000 € wird eine Leasingrate von 5.000 € zuzüglich 1.000 € Umsatzsteuer vereinbart. Dem Leasingnehmer steht der Vorsteuerabzug nicht zu. Als Grundmietzeit werden 4 Jahre vereinbart, die Amortisation der Anschaffungskosten ist in der Leasingrate mit einem Teilbetrag von 4.000 € und 800 € USt kalkuliert. Das Fahrzeug wird am Ende der Grundmietzeit um 6.000 € plus 1.200 € USt gekauft.

Grundmietzeit:	
Gedachter Ankauf: Bruttoanschaffungskosten beim Leasingnehmer	24.000 €
AfA 12,5 %	3.000 €
kalkulierte Amortisation in Leasingraten (brutto)	4.800 €
Unterschiedsbetrag (Aktivposten)	1.800 €
Betriebsausgabe ist der restliche Teil der Leasingrate	
(6.000 € abzüglich 1.800 €)	4.200 €

Wird das Fahrzeug nach der Grundmietzeit von vier Jahren um 5.000 € plus 1.000 € Umsatzsteuer gekauft, dann ist die AfA wie folgt zu ermitteln:

Anschaffungskosten	6.000 €
zuzüglich Aktivposten von vier Jahren (4 * 1.800 €)	7.200 €
AfA-Bemessung	13.200 €
dividiert durch Restnutzungsdauer von vier Jahren = jährliche AfA	3.300 €

Die Angaben auf diesem Musterblatt entsprechen genau den Anforderungen Ihres Finanzamtes (ein eigenes Formblatt dafür gibt es nicht). Verwenden Sie daher am besten eine Kopie dieses Musterblattes – mit den entsprechenden Angaben versehen – als Vorlage. Sämtliche Vorlagen in diesem Buch finden Sie unter www.steuersparbuch.at/vorlagen2021 zum Download.

LEASING VON KFZ

1. Angemessenheitsprüfung: wenn AK inkl Sonderausstattung > 40.000 €
AK sind maximal iHv 40.000 € einzusetzen
Leasingrate ist um Luxustangente zu vermindern (40.000 € : AK)
Laufende Kosten in voller Höhe (wenn wertunabhängig)

2. AfA: AK (idR brutto) ....*12,5 % (bei Anschaffung im 2. Halbj. *1/2) = ...

3. Aktivposten: Amortisationskomponente laut Vertrag oder
(AK abz Restwert : Grundmietzeit in Monaten) × Leasingmonate im jew. Jahr ....
– AfA ....
= Aktivposten ....

4. Betriebsausgaben während Vertragsdauer:
Leasingrate laut Vertrag (idR brutto) ....
+ ev. Anzahlung (verteilt auf die Grundmietzeit) ....
– Aktivposten laut 3 ....
= Betriebsausgaben ....

5. Betriebsausgaben bei Rückgabe des Kfz:
Kumulierter Aktivposten (Summe der bisherigen Aktivposten) ....

6. Betriebsausgaben bei Kauf des Kfz:
Kaufpreis (idR brutto) ....
+ Summe der bisherigen Aktivposten ....
= Basis für AfA ....
: … Jahre Restnutzungsdauer (8 Jahre – bish Nd)
= Betriebsausgaben ....

7. Betriebsausgaben bei Verlängerung des Leasingvertrages:
Leasingrate (idR brutto) ....
+ Summe der bisherigen Aktivposten : … Rest-Nd ....
= Betriebsausgaben ....

8. Ausmaß der beruflichen/betrieblichen Nutzung:
Beruflich/betrieblich gefahrene Kilometer .... km
Insgesamt gefahrene Kilometer .... km
Ausmaß der beruflichen/betrieblichen Nutzung .... %
Privatanteil .... %

9. Zusammenstellung der Betriebsausgaben
Aufwendungen für Leasing
Summe der Aufwendungen (siehe oben) ....
Privatanteil ..... % ....

Laufenden Aufwendungen:
Treibstoffe und Schmierstoffe ....
+ Service- und Reparaturkosten ....
+ Zusatzausrüstungen (Winterreifen usw) ....
+ Steuern und Gebühren ....
+ Versicherungen ....
+ Mitgliedsbeiträge zu Autofahrerklubs ....
+ Sonstiges ....
Summe der laufenden Aufwendungen ....
Privatanteil % ....

- **Kontoführungskosten**

Siehe „Bankspesen“.

- **Kredite**

Siehe „Darlehen“.

- **Kreditkarten**

Siehe „Bankspesen“.

- **Kunstgegenstände und Antiquitäten**

Siehe „Einrichtung“.

- **Leasing**

Die Leasingraten für betrieblich genutzte Wirtschaftsgüter sind als Betriebsausgaben absetzbar. Ist aber ein Leasingvertrag so gestaltet, dass man bereits durch das Leasing als wirtschaftlicher Eigentümer des geleasten Gutes anzusehen ist, dann muss dieses aktiviert werden und kann nur im Wege der AfA (siehe dort) abgesetzt werden.

Beim sog Finanzierungsleasing liegt in folgenden Fällen wirtschaftliches Eigentum des Leasingnehmers vor:

Vollamortisationsleasing (Leasinggeber erhält innerhalb der Grundmietzeit die vollen Investitionskosten ersetzt – im Vertrag ist kein Restwert festgelegt):

➔ Grundmietzeit länger als 90 % der betriebsgewöhnlichen Nutzungsdauer
➔ Grundmietzeit kürzer als 40 % der betriebsgewöhnlichen Nutzungsdauer
➔ Grundmietzeit zwischen 90 % und 40 % plus Kaufoption zu weniger als dem halben Schätzwert (Buchwert)
➔ bzw für Verträge ab 1.5.2007 zu weniger als 80 % des Buchwertes.

Teilamortisationsleasing (Leasinggeber erhält innerhalb der Grundmietzeit nicht die vollen Investitionskosten ersetzt, es verbleibt ein im Leasingvertrag festgesetzter Restwert):

➔ Grundmietzeit und Nutzungsdauer stimmen annähernd überein (Grundmietzeit länger als 90 % der betriebsgewöhnlichen Nutzungsdauer)
➔ Leasingnehmer trägt Risiko der Wertminderung und Chance der Wertsteigerung
➔ Kaufoption zum Restwert, wobei dieser erheblich niedriger als der Verkehrswert ist bzw bei Verträgen ab 1.5.2007 unter 80 % des Buchwertes liegt.

Bei Verträgen ab 1.5.2007 ist das Leasinggut jedenfalls dem Leasingnehmer zuzurechnen, wenn er während der Grundmietzeit neben den Leasingraten zusätzliche Leistungen von mehr als 50 % der Herstellungskosten erbringt (bis 30.4.2007: mehr als 75 %).

Hinsichtlich des Leasings von Fahrzeugen siehe „Kraftfahrzeug“.

- **Lehrlingsfreibetrag**

Der Lehrlingsfreibetrag und die Lehrlingsausbildungsprämie sind ausgelaufen, Letztere stand bis 2012 zu.

• **Löhne**
Siehe „Gehälter“ und „Hilfskräfte“.

• **Messen**
Aufwendungen für die Teilnahme an einschlägigen Messen und Fachausstellungen sind in der Regel abzugsfähig.

• **Miet- und Pachtzahlungen**
Miet- und Pachtzahlungen sind Betriebsausgaben, soweit sie für betrieblich genutzte Wirtschaftsgüter aufgewendet werden (zB Büromiete). Wird die Miete vorausbezahlt, müssen die Vorauszahlungen gleichmäßig auf den Zeitraum der Vorauszahlung verteilt werden, außer sie betreffen lediglich das laufende und das folgende Jahr.

• **Nächtigungsgelder**
Siehe „Reisekosten“.

• **Notarkosten**
Notarkosten sind zu aktivieren und auf die Nutzungsdauer zu verteilen, wenn sie mit der Anschaffung eines Wirtschaftsgutes in Zusammenhang stehen.

• **Pensionskassenbeiträge**
Siehe „Beiträge“.

• **Pflichtversicherungsbeiträge**
Siehe „Sozialversicherungsbeiträge“.

• **Postgebühren und Postwertzeichen**
Soweit Postgebühren und -wertzeichen der Berufstätigkeit zuzuordnen sind und durch Belege nachgewiesen werden, liegen Betriebsausgaben vor.

• **Praxiswert**
Siehe „Firmenwert“.

• **Privateinlagen**
Verwendet man private Gegenstände oder Waren für betriebliche Zwecke, so liegen Einlagen vor. Bei der Einlage von **Umlaufvermögen** ist der Einlagewert (idR Teilwert – das ist jener Wert, den ein fiktiver Erwerber im Rahmen des Gesamtkaufpreises für ein einzelnes Wirtschaftsgut ansetzen würde) als Betriebsausgabe zu behandeln. Die Einlage von **Anlagevermögen** (man verwendet zB einen bis dato privat genutzten Schreibtisch nunmehr für betriebliche Zwecke) wird ebenfalls mit dem Teilwert bewertet und stellt sofort eine Betriebsausgabe dar, wenn der Einlagewert unter 800 € (bis 2019: 400 €) bleibt. Andernfalls kommt die entsprechende jährliche Absetzung für Abnutzung zum Ansatz. Beteiligungen, die als sonstige Einkünfte zu erfassen sind, sind stets mit den Anschaffungskosten anzusetzen, wenn diese niedriger als der Teilwert sind.

• **Provisionen**
Provisionen – auch Subprovisionen – sind bei nachgewiesener betrieblicher Veranlassung absetzbar (zB Vermittlungsprovisionen). Siehe auch „Hilfskräfte“.

• Prozesskosten

Siehe Kapitel A.1.4.2.

• Radioapparat

Ein Radioapparat ist idR der privaten Lebensführung zuzurechnen und damit nicht abzugsfähig. Dies gilt auch für das Autoradio in einem beruflich genutzten Kraftfahrzeug.

• Rechtsanwaltskosten

Anwaltskosten für zB arbeitsrechtliche, gewerberechtliche oder vertragsrechtliche Beratungen und Hilfeleistungen sind grundsätzlich abzugsfähig. Anwaltskosten für einen Prozess siehe unter „Prozesskosten".

• Reisekosten

Bei betrieblich veranlassten Reisen können folgende Aufwendungen als Betriebsausgaben abgesetzt werden:

- ➔ **Fahrtspesen:** Die tatsächlichen Kosten für Bus, Bahn, Flugzeug, Taxi, PKW oder Kilometergelder können sowohl für Fahrten von der Wohnung zum Betrieb als auch für andere betrieblich veranlasste Reisen abgesetzt werden. Eine Vorsteuer kann nur von tatsächlichen Kosten, nicht aber vom Kilometergeld berücksichtigt werden.
- ➔ **Tagesgelder:** Bei betrieblich veranlassten Reisen, die über den Nahbereich von 25 km hinausgehen, können pauschale Tagesgelder als Verpflegungsmehraufwendungen abgesetzt werden. Reisen zum Firmensitz oder zu einem weiteren Tätigkeitsmittelpunkt begründen aber keinen Anspruch auf Tagesgelder (siehe Kapitel A.1.4.2.). Aus den Tagesgeldern kann die Vorsteuer mit 9,0909 % herausgerechnet werden. Aufwandswirksam ist dann nur der um die Vorsteuer verminderte Betrag.
- ➔ **Nächtigungskosten:** Ist bei Reisen eine auswärtige Nächtigung erforderlich, so können entweder die tatsächlichen Nächtigungskosten laut Beleg oder pauschale Nächtigungsgelder abgesetzt werden. Hier kann als Vorsteuer die in den Rechnungen ausgewiesene Umsatzsteuer oder bei den pauschalen Nächtigungsgeldern der Satz von 9,0909 % abgezogen werden.

Hinsichtlich der Höhe und Berechnung der pauschalen Reisekostenersätze siehe Kapitel A.1.4.2. Ein Mustervordruck für eine Reisekostenabrechnung findet sich in Kapitel B.4.4.

• Renten

Unter Renten versteht man regelmäßig wiederkehrende Zahlungen, die auf einem Rentenstammrecht beruhen und deren Laufzeit – im Unterschied zu Raten – von einem ungewissen Ereignis (dem Tod des Empfängers) abhängt. Die steuerliche Behandlung von Renten ist äußerst diffizil geregelt und kann daher hier nur kurz wiedergegeben werden. Betriebliche Gegenleistungsrenten (auch Kaufpreisrenten genannt) liegen vor, wenn man ein Wirtschaftsgut oder auch einen Betrieb gegen Rente kauft und die als Zahlung vereinbarte Rente eine adäquate Gegenleistung darstellt (der nach versicherungsmathematischen Grundsätzen kapitalisierte Rentenwert darf um nicht mehr als 25 % vom Wert des Wirtschaftsgutes bzw Betriebes abweichen). Diese Renten führen grundsätzlich zu Ausgaben, sind aber im Verhältnis Anlagevermögen–Umlaufvermögen aufzuteilen (Renten für das Umlaufvermögen sind sofort Betriebsausgabe, Renten für das Anlagevermögen erst, wenn die Zahlungen den Rentenbarwert überschreiten). Fällt die auf das Anlagevermögen entfallende Rentenverpflichtung infolge Todes des Berechtigten weg, so liegen insoweit Betriebseinnahmen vor. Ebenfalls Ausgaben stellen die selten anerkannten betrieblichen Versorgungsrenten dar (wenn die oa Abweichung größer als 25 % ist und die Rente zB wegen ihres Charakters als „Entlohnung für frühere Dienste" betrieblich veranlasst ist).

Außerbetriebliche Kaufpreisrenten können dagegen zu Sonderausgaben führen (siehe Kapitel A.1.3.2.).

- **Repräsentationsaufwendungen**

Aufwendungen, die zwar in Zusammenhang mit der beruflichen Tätigkeit stehen, durch die aber auch ein gewisses Repräsentationsbedürfnis befriedigt wird, sind nicht abzugsfähig (zB Geschenke an Kunden bei persönlichen Anlässen).

Siehe auch „Bewirtungsspesen".

- **Rückstellungen**

Einnahmen-Ausgaben-Rechner dürfen weder Pensionsrückstellungen noch Jubiläumsgeldrückstellungen bilden. Hinsichtlich der Abfertigungsvorsorge siehe dort.

Hinweis für Bilanzierer: Rückstellungen – mit Ausnahme der Abfertigungs-, Pensions- und Jubiläumsgeldrückstellungen – sind mit dem abgezinsten Teilwert (Zinssatz 3,5 %) anzusetzen (bis 30.6.2014: mit 80 %).

- **Rückzahlung von Einnahmen**

Muss man – aus welchem Grund auch immer – erhaltene Einnahmen zurückzahlen, so liegen idR Betriebsausgaben vor.

- **Säumnis- und Verspätungszuschläge**

Säumnis- und Verspätungszuschläge, die für Betriebsteuern (zB Umsatzsteuer) verhängt werden, sind abzugsfähig. Säumniszuschläge, die Personensteuern betreffen (Einkommensteuer), zählen zu den nichtabzugsfähigen Ausgaben.

- **Schadenersatzleistungen**

Für die Beurteilung von Schadenersatzleistungen als Betriebsausgaben ist festzustellen, ob das der Schadenersatzleistung zugrundeliegende Fehlverhalten der beruflichen Sphäre zugeordnet werden kann. Das wird dann der Fall sein, wenn ein Schaden bei der Berufsausübung aus einem Versehen oder einem sonstigen nicht vorsätzlichen

Verhalten entstanden ist. Schadenersatzleistungen aufgrund krimineller Handlungen (zB Unterschlagung) zählen jedenfalls zu den nichtabzugsfähigen Aufwendungen.

- **Schmiergelder**

Schmiergelder, deren Gewährung oder Annahme mit gerichtlicher Strafe bedroht ist, dürfen steuerlich nicht abgesetzt werden. Andere Gelder, die zB als Provision, Vermittlungsgebühr oÄ bezahlt werden, können Betriebsausgaben darstellen, wenn ein unmittelbarer und ursächlicher Zusammenhang zur Berufstätigkeit besteht. Um diesen Zusammenhang nachzuweisen, kann die Finanzbehörde die Abzugsfähigkeit von der Nennung des Empfängers abhängig machen.

- **Software**

Die Anschaffungskosten beruflich verwendeter Software sind ebenfalls zu aktivieren und als AfA auf die Nutzungsdauer zu verteilen, wenn die Kosten 800 € (bis 2019: 400 €) übersteigen. Als Nutzungsdauer kann ein Zeitraum von drei bis fünf Jahren angenommen werden.

- **Sozialversicherungsbeiträge**

Beiträge zur Pflichtversicherung in der gesetzlichen Kranken-, Unfall- und Pensionsversicherung (gesetzliche Sozialversicherung) sowie Pflichtbeiträge im Rahmen der Selbständigenvorsorge nach dem BMSVG sind abzugsfähig (siehe Stichwort „Beiträge"). Versicherungsaufwendungen, die über das gesetzliche Ausmaß hinausgehen, stellen keine Betriebsausgaben dar, können aber unter Umständen zu Sonderausgaben führen (zB freiwillige Höherversicherung; siehe Kapitel A.1.3.3.). Ebenfalls Betriebsausgaben sind selbstverständlich die Arbeitgeberanteile zur Sozialversicherung der Dienstnehmer.

- **Spenden**

Als Betriebsausgaben sind folgende Spenden aus dem Betriebsvermögen absetzbar:

1. Spenden an Einrichtungen, die im Gesetz aufgezählt sind:
   - Zuwendungen zur Forschung und Erwachsenenbildung zu begünstigten Zwecken an Universitäten, gesetzlich eingerichtete Fonds, die Akademie der Wissenschaften, Einrichtungen von Gebietskörperschaften und bestimmte juristische Personen
   - Zuwendungen an bestimmte Einrichtungen wie insbesondere die Nationalbibliothek, die Diplomatische Akademie, das Archäologische Institut, das Institut für Geschichtsforschung, Museen, das Bundesdenkmalamt, bestimmte Dachverbände im Behindertensport, die Internationale Anti-Korruptions-Akademie sowie Freiwillige Feuerwehren und Landesfeuerwehrverbände
   - Wissenschaftliche Stiftungen und Fonds
2. Spenden an Einrichtungen, die über einen gültigen Spendenbegünstigungsbescheid verfügen und damit in der Liste der spendenbegünstigten Einrichtungen

auf der Website des Bundesministeriums für Finanzen (www.bmf.gv.at) aufscheinen müssen:

- Zuwendungen zur Durchführung von Forschungsaufgaben oder der Erwachsenenbildung dienenden Lehraufgaben sowie damit verbundenen wissenschaftlichen Publikationen und Dokumentationen an begünstigte Einrichtungen (von Gebietskörperschaften, vergleichbare Einrichtungen in der EU, gemeinnützige juristische Personen)
- Zuwendungen an mildtätige Einrichtungen sowie Einrichtungen, die Entwicklungs- und/oder Katastrophenhilfe betreiben oder für solche Zwecke Spenden sammeln
- Zuwendungen an Einrichtungen, die Umwelt-, Natur- oder Artenschutz betreiben oder Tierheime führen oder für solche Zwecke Spenden sammeln
- Freiwillige Feuerwehren und Landesfeuerwehrverbände
- Bestimmte Kunst- und Kultureinrichtungen, zur Förderung von Kunst und Kultur durch künstlerische Tätigkeiten, die allgemein zugänglich sind, insbesondere Darbietungen aus dem Bereich der darstellenden Kunst

Die Höhe der abzugsfähigen Spenden ist mit 10 % des Gewinns des laufenden Jahres vor Berücksichtigung des Gewinnfreibetrages begrenzt. Werden Wirtschaftsgüter gespendet, ist der gemeine Wert als Betriebsausgabe anzusetzen.

Privat bezahlte Spenden sind Sonderausgaben, allerdings nur insoweit, als die Spenden gemeinsam mit den als Betriebsausgaben abgesetzten Beträgen 10 % des sich nach Verlustausgleich ergebenden Gesamtbetrages der Einkünfte des laufenden Jahres nicht überschreiten. Siehe dazu auch Kapitel A.1.3.8.

• Steuerberatungskosten

Betriebsausgaben liegen dann vor, wenn sich die Steuerberatung auf die Gewinnermittlung in Zusammenhang mit Betriebssteuern (zB Umsatzsteuer) oder auf allgemeine betriebliche Belange bezieht. Kosten für die Erstellung der Einkommensteuererklärung oder einer Erklärung zur Durchführung der Arbeitnehmerveranlagung sind keine Betriebsausgaben, sondern Sonderausgaben (siehe Kapitel A.1.3.6.). Allerdings sollen bei Selbständigen die Steuerberatungskosten nicht in einen betrieblichen Teil, der auf die Gewinnermittlung entfällt, und einen außerbetrieblichen Teil, der auf die Einkommensteuererklärung entfällt, aufgeteilt werden. Vielmehr sind solche Steuerberatungskosten zur Gänze als Betriebsausgaben abzugsfähig.

• Steuern

Betriebsteuern, wie die Umsatzsteuer, Dienstgeberbeitrag, Kommunalsteuer für Dienstnehmer oder die Grundsteuer für Betriebsgrundstücke oder Verbrauchsteuern, sind Betriebsausgaben. Die Grunderwerbsteuer und die Normverbrauchsabgabe sind zu den Anschaffungskosten des erworbenen Wirtschaftsgutes zu addieren und werden über die AfA Betriebsausgabe.

Personensteuern, wie die Einkommensteuer, Erbschafts- und Schenkungssteuer und die auf den Eigenverbrauch entfallende Umsatzsteuer, sind keine Betriebsausgaben.

- **Stockablösen**

Die Ablöse eines Kundenstocks zB durch Vertreter ist beruflich veranlasst und damit abzugsfähig. Steuerlich stellt ein Kundenstock in der Regel, da er ja im Allgemeinen auf persönlichen Leistungen des Vorgängers beruht, ein abnutzbares Wirtschaftsgut dar. Daher können die Kosten hierfür auf die Nutzungsdauer (zwischen 5 und 15 Jahren) verteilt abgesetzt werden.

- **Strafen**

Siehe Kapitel A.1.4.2.

- **Studienreisen**

Siehe Kapitel A.1.4.2.

- **Stundungszinsen**

Stundungszinsen gehören zu den Betriebsausgaben, soweit sie sich auf Rückstände an Betriebssteuern beziehen. Stundungszinsen für einen Rückstand an Einkommensteuer sind nicht abzugsfähig.

- **Tagesgelder**

Siehe „Reisekosten".

- **Tagungen**

Aufwendungen für die Teilnahme an berufsspezifischen Tagungen, Seminaren, Kongressen uÄ stellen grundsätzlich abzugsfähige Betriebsausgaben dar. Hinsichtlich der Tagungen mit sog Mischprogramm siehe „Studienreisen".

- **Taxispesen**

Taxispesen im Zusammenhang mit betrieblich bzw beruflich veranlassten Reisen sind abzugsfähig.

- **Telefonkosten**

Kosten für betrieblich veranlasste Telefonate – und zwar Gesprächsgebühr und Grundgebühr – stellen Betriebsausgaben dar. Das gilt auch dann, wenn der Apparat gleichzeitig als Privattelefon verwendet wird. Um den betrieblichen Anteil festzustellen, sollte man entweder einen eigenen Zähler einbauen oder andernfalls den betrieblichen bzw beruflichen Anteil im Schätzungsweg ermitteln.

Ist die Anschaffung eines Mobiltelefons betrieblich veranlasst, so müssen Anschaffungskosten von mehr als 800 € (bis 2019: 400 €) auf eine idR fünfjährige Nutzungsdauer verteilt werden (Absetzung für Abnutzung). Die Gesprächsgebühren für ein **Handy** sind sofort absetzbar. Ein eventueller Privatanteil ist auszuscheiden.

- **Trinkgelder**

Trinkgelder, die in engem wirtschaftlichen Zusammenhang mit der beruflichen Tätigkeit stehen (zB als Folge anderer beruflich veranlasster Aufwendungen), können zu den abzugsfähigen Betriebsausgaben gehören. Der Nachweis über die bezahlten Beträge, deren Empfänger und das Zahlungsdatum kann auch durch einen Eigenbeleg erfolgen.

• Übertragung stiller Reserven, Übertragungsrücklage

Übersteigt bei der Veräußerung von Anlagegütern der Verkaufserlös den steuerlich noch nicht abgeschriebenen Buchwert, so spricht man von sog stillen Reserven (= Unterschiedsbetrag zwischen Veräußerungserlös und Restbuchwert). Diese stillen Reserven erhöhen grundsätzlich den Gewinn, wobei es aber zwei Möglichkeiten gibt, den Zeitpunkt der Gewinnwirksamkeit (und damit der Versteuerung) hinauszuschieben.

Übertragung der stillen Reserven auf ein neu erworbenes Wirtschaftsgut: Die Übertragung erfolgt dadurch, dass man die Anschaffungskosten des neuen Gutes um die stillen Reserven vermindert und diese fiktiven Anschaffungskosten dann als Bemessungsgrundlage für die AfA nimmt. Voraussetzungen dafür sind, dass

- ➔ das veräußerte Anlagegut mindestens 7 Jahre (15 Jahre bei Gebäuden, auf die schon seinerzeit eine stille Reserve übertragen wurde; keine Mindestfrist bei Zerstörung durch höhere Gewalt oder Enteignung) zum Betriebsvermögen gehört hat,
- ➔ das neue Wirtschaftsgut in einer inländischen Betriebsstätte verwendet wird,
- ➔ die stille Reserve, die aus der Veräußerung eines körperlichen Wirtschaftsgutes stammt, auf ein körperliches Wirtschaftsgut und die stille Reserve, die aus der Veräußerung eines unkörperlichen Wirtschaftsgutes stammt, auf ein unkörperliches Wirtschaftsgut übertragen wird,
- ➔ die Übertragung nicht auf Beteiligungen oder Finanzanlagen (Aktien usw) erfolgt sowie
- ➔ keine Übertragung aus und auf (Teil-)Betriebe(n) sowie aus und auf Grund und Boden erfolgt.

Bildung einer **Übertragungsrücklage** (bei Einnahmen-Ausgaben-Rechnern besser als „steuerfreier Betrag" bezeichnet): Werden stille Reserven nicht im selben Jahr auf neue Wirtschaftsgüter übertragen, kann stattdessen ein steuerfreier Betrag gebildet werden (als Ausgabenposten). Da aber auch damit nur der Zeitpunkt der Versteuerung hinausgeschoben werden soll, muss dieser steuerfreie Betrag auf später angeschaffte oder hergestellte Wirtschaftsgüter übertragen werden.

- ➔ Die Übertragungsfrist beträgt grundsätzlich 12 Monate ab Ausscheiden des Wirtschaftsgutes (Ausnahme: bei Enteignung, bei höherer Gewalt und bei Übertragung auf die Herstellungskosten eines Gebäudes, wenn mit der tatsächlichen Bauausführung innerhalb der Frist von 12 Monaten begonnen wurde, beträgt die Frist 24 Monate).
- ➔ Der steuerfreie Betrag ist in einem Verzeichnis, aus dem seine Verwendung ersichtlich ist, auszuweisen und der Steuererklärung beizulegen.

→ Steuerfreie Beträge, die nicht innerhalb der oa Fristen übertragen werden, sind im betreffenden Jahr gewinnerhöhend (= Einnahme) aufzulösen. Ein Zuschlag für die Auflösung ist nicht vorgesehen.

→ **Corona:** siehe Corona-Guide für Selbständige und Unternehmen unter „Steuerliche Entlastung der Land- und Forstwirtschaft“ und unter Einkünfte aus Land- und Forstwirtschaft im Kapitel B.2.2.1.

TIPP

Ob Sie sich für die sofortige Versteuerung der stillen Reserven oder für die Übertragung im selben Jahr oder für die Bildung einer Übertragungsrücklage entscheiden sollen, hängt von der Gewinnsituation im Jahr der Veräußerung ab. Schreiben Sie in diesem Jahr einen Verlust (oder einen atypisch niedrigen Gewinn), dann ist die sofortige Versteuerung sinnvoll. In allen anderen Fällen erreichen Sie zumindest eine Art Steuerstundung, wenn Sie die stillen Reserven auf Neuanschaffungen (im Folgejahr über die Bildung des steuerfreien Betrages, im laufenden Jahr durch Direktübertragung) verteilen.

• Umsatzsteuer

Hat man sich hinsichtlich der Umsatzsteuer für die **Bruttomethode** (siehe Kapitel B.4.1.) entschieden, ist auch die Umsatzsteuer von Einkäufen, Fremdleistungen uÄ als Ausgabe zu verbuchen. Zahlt man die Umsatzsteuer dann an das Finanzamt (Umsatzsteuer abzüglich Vorsteuer), liegt ebenfalls eine Ausgabe vor. Es empfiehlt sich, die Vorsteuer auf einem eigenen Konto zu verbuchen, weil man damit bequem die monatlichen Zahlungen an das Finanzamt sowie die Werte für die Umsatzsteuererklärung ermitteln kann. Bei der Anschaffung von aktivierungspflichtigen Anlagegütern ist die abziehbare Vorsteuer von den Anschaffungskosten, die nur im Wege der AfA abgesetzt werden können, zu trennen und bei Bezahlung als Betriebsausgabe abzusetzen.

Hat man sich für die **Nettomethode** (siehe Kapitel B.4.1.) entschieden, wird die Umsatzsteuer bzw Vorsteuer nicht verbucht: Weder ist die an andere Unternehmer bezahlte Umsatzsteuer als Ausgabe zu erfassen, noch stellt die Zahlung an das Finanzamt eine Ausgabe dar. Allerdings muss diesfalls eine eigene Aufzeichnung geführt werden, aus der die monatlichen Zahlungen an das Finanzamt hervorgehen.

Ist die in Rechnung gestellte Vorsteuer nicht abzugsfähig (zB bei Kraftfahrzeugen), dann muss sie als Teil der Anschaffungskosten aktiviert werden.

• Unfallkosten

Siehe Kapitel A.1.4.2.

• **Versicherungsprämien**

Prämien für eine **Personenversicherung** (Lebens-, Unfall- oder Krankenversicherung) gehören grundsätzlich nicht zu den Betriebsausgaben, können aber Sonderausgaben darstellen (siehe Kapitel A.1.3.3.).

Prämien für eine **Haftpflichtversicherung** sind dann abzugsfähig, wenn diese Versicherung Haftungsrisken der beruflichen Tätigkeit abdeckt.

Beiträge für eine **Sachversicherung**, die sich auf Wirtschaftsgüter des Betriebsvermögens oder auf Arbeitsmittel bezieht, zählen zu den Betriebsausgaben (zB Haftpflichtversicherung für Kraftfahrzeug, Feuerversicherung für Lager- oder Büroräume).

Prämien für eine **Rechtsschutzversicherung** können dann abzugsfähig sein, wenn die Aufwendungen, deren Leistung die Versicherung übernimmt, ebenfalls abzugsfähig wären.

Eine Versicherungssteuer teilt immer das Schicksal der Versicherungsprämie.

• **Vorauszahlungen**

Vorauszahlungen für einen längeren Zeitraum als das laufende und das folgende Jahr sind auf den Vorauszahlungszeitraum gleichmäßig zu verteilen. Dies gilt für:

➜ Beratungskosten,
➜ Bürgschaftskosten,
➜ Fremdmittelkosten,
➜ Garantiekosten,
➜ Mietkosten,
➜ Treuhandkosten,
➜ Vermittlungskosten,
➜ Vertriebskosten und
➜ Verwaltungskosten.

Die Verteilung ist nur vorzunehmen, wenn der Zeitraum, für den die Vorauszahlung geleistet wird, über das laufende und das folgende Jahr hinausgeht. Die Verteilung erfolgt dabei nach jenen Monaten, die von der Vorauszahlung betroffen sind. Sofern eine betragsmäßige Zuordnung zu angefangenen Monaten nicht möglich ist, sind sie als volle Monate zu rechnen und der Gesamtbetrag der Vorauszahlung auf alle (angefangenen und vollen) Monate aufzuteilen.

Beispiele:

Mietvorauszahlung am 1.11.2019 für November 2019 bis einschließlich Dezember 2020: Keine Verteilung, da nur das laufende und das folgende Jahr betroffen sind. Der vorausgezahlte Betrag ist 2019 voll absetzbar.

Mietvorauszahlung am 1.11.2019 für November 2019 bis einschließlich Jänner 2021: Hier muss man die Ausgabe (15 Monatsmieten) verteilen, wobei 2/15 im Jahr 2019, 12/15 im Jahr 2020 und 1/15 im Jahr 2021 als Ausgabe anzusetzen sind.

• **Vorsteuer**

Siehe „Umsatzsteuer".

• **Waffen**

Aufwendungen für eine Waffe können nur bei betrieblicher Veranlassung Betriebsausgaben sein (zB Berufsjäger). Wenn lediglich die eigene körperliche Integrität geschützt werden soll, ist dieser Aufwand der privaten Sphäre zuzurechnen und keine Betriebsausgabe.

• **Wareneinkauf**

Bei Einnahmen-Ausgaben-Rechnern bilden die Anschaffungskosten für Waren im Zeitpunkt der Bezahlung Betriebsausgaben.

• **Werbeaufwendungen**

Werbegeschenke zählen dann zu den Betriebsausgaben, wenn sie überwiegend beruflich veranlasst sind. Dies wird in der Regel dann zu bejahen sein, wenn solche Geschenke an einen größeren Personenkreis gegeben werden. Sonstige Werbemaßnahmen sind generell abzugsfähig.

• **Wettbewerbsverbot**

Entschädigungen, die wegen Übertretung eines Wettbewerbsverbotes gezahlt werden, sind beruflich bedingt und daher abzugsfähig.

• **Zeitschriften und Zeitungen**

Siehe Kapitel A.1.4.2.

• **Zinsen**

Zinsen für betrieblich oder beruflich veranlasste Darlehen sind Betriebsausgaben. Nach den Einkommensteuerrichtlinien sind Zinsen auch dann Betriebsausgaben, wenn den Betriebsschulden Privatentnahmen im Ausmaß der angemessenen regelmäßigen persönlichen Aufwendungen des Unternehmers gegenüberstehen.

Zinsen für Darlehen von dritter Seite (zB Banken), die zur Finanzierung von Wirtschaftsgütern dienen, sind nicht auf dessen Nutzungsdauer zu verteilen, sondern nach dem Zinsanfall zu berücksichtigen.

An das Finanzamt zu zahlende Anspruchszinsen für eine Einkommensteuerschuld sind nicht abzugsfähig.

B.4.4. Mustervordrucke für Einnahmen-Ausgaben-Rechner

DATUM	BELEG	TEXT	EINNAHMEN		AUSGABEN		
			....	....	....	....	....
		Summe/Übertrag					

Download 28

(Die individuell benötigten Einnahmen- und Ausgabengruppen – in Anlehnung an die Jahreszusammenstellung – je nach Bedarf ausfüllen)							
....	....	....	....	....	....	....	....

EINNAHMEN-AUSGABEN-RECHNUNG

EINNAHMEN (BRUTTO/NETTO*)

- Waren-/Leistungserlöse ....
- Betriebseinnahmen, für die sog, Werkvertragsmiteilungen (§ 109a EStG) ausgestellt wurden ....
- Anlageerlöse/Entnahmewerte von Anlagevermögen ....
- Übrige Betriebseinnahmen ....

AUSGABEN (BRUTTO/NETTO*)

- Waren, Rohstoffe, Hilfsstoffe ....
- Fremdpersonal und Fremdleistungen ....
- Personalaufwand (eigenes Personal) ....
- Abschreibungen auf das Anlagevermögen ....
- Instandhaltungen (Erhaltungsaufwand) ....
- Reise- und Fahrtspesen inkl Kilometergeld und Diäten ....
- Tatsächliche Kfz-Kosten ....
- Miet- und Pachtaufwand, Leasing ....
- Provisionen an Dritte, Lizenzgebühren ....
- Werbe- und Repräsentationsaufwendungen, Spenden, Trinkgelder ....
- Buchwert abgegangener Anlagen ....
- Zinsen und ähnliche Aufwendungen ....
- Eigene Pflichtversicherungsbeiträge, Beiträge zu Versorgungs- und
- Unterstützungseinrichtungen und Beiträge zur Selbständigenvorsorge ....
- Absetzbare Spenden ....
- Übrige und/oder pauschale Aufwendungen/Betriebsausgaben ....
- Gewinnfreibetrag – Grundfreibetrag ....
- Investitionsbedingter Gewinnfreibetrag für körperliche Wirtschaftsgüter ....

....

....

GEWINN/VERLUST* ....

* Nichtzutreffendes streichen

Download 30

Belegnummer:

REISEKOSTENRECHNUNG

Name: ....

Adresse: ....

....

Beginn der Reise: Datum ....

Uhrzeit ....

Ende der Reise: Datum ....

Uhrzeit ....

Ausgangspunkt: ....

Zielpunkt: .... Zweck der Reise: ....

Zielpunkt: .... Zweck der Reise: ....

Zielpunkt: .... Zweck der Reise: ....

Zielpunkt: .... Zweck der Reise: ....

Aufwendungen	Aufwand brutto	Vorsteuer	Aufwand netto
Fahrtkosten Kilometergeld mit PKW....... km-Stand: .... = ...km × .... Andere Fahrtkosten (laut Beleg, z.B. Bus/Bahn/Flug/Taxi)	....	keine Vorsteuer	....
Tagesgeld Pauschal ..... Tage .... Stunden zu .... laut Beleg	....	....	....
Nächtigungsgeld Pauschal Nächte zu laut Beleg	....	....	....
Sonstige Ausgaben	....	....	....
Summen			

ANLAGEVERMÖGEN für das Jahr . . . .

Nummer	Anschaffungs-tag	Bezeichnung des Anlagegutes	Name und Anschrift des Lieferanten	Nutzungs-dauer	Anschaffungs-kosten	Jährliche AfA	Buchwert per 1.1.	AfA	Restbuchwert per 31.12.	Freibetrag für in-vestierte Gewinne

31 Download

B.5. Sozialversicherung

Sozialversicherungs-Checkliste für Selbständige

Zuordnung der Tätigkeit	Hinweise	Anmerkungen
Freier Dienstnehmer	Dauerschuldverhältnis	
Gewerbetreibender	Gewerbeberechtigung	
Neuer Selbständiger	Sonstiger Werkvertrag	
Freiberufler	Apotheker, Ärzte, Patentanwälte, Architekten, Ziviltechniker	
Landwirt	Land- und Forstwirte	
Meldeverpflichtungen		
Freier Dienstnehmer	Nur gegenüber Auftraggeber	
Gewerbetreibender	Sozialversicherung der Selbständigen (SVS)	
Neuer Selbständiger	Sozialversicherung der Selbständigen (SVS)	
Freiberufler	Sozialversicherung der Selbständigen (SVS)	
Landwirt	Sozialversicherung der Selbständigen (SVS)	
Zahlungsverpflichtungen		
Freier Dienstnehmer	Monatlich über Dienstgeber	
Gewerbetreibender	Vierteljährlich	
Neuer Selbständiger	Vierteljährlich	
Freiberufler	Vierteljährlich	
Landwirt	Vierteljährlich	

B.5.1. Allgemeines

Mit 1.1.1998 wurde die Sozialversicherung – die früher nur bestimmte Berufsgruppen erfasst hatte – grundsätzlich auf alle selbständig Erwerbstätigen ausgedehnt, und zwar unabhängig davon, ob bereits aufgrund einer anderen Tätigkeit eine Pflichtversicherung besteht. Die Sozialversicherung ist damit zum Thema für den Großteil der Steuerzahler geworden und soll daher auch in diesem Buch in übersichtlicher Form behandelt werden. Die Nähe und Wechselbeziehung zum Steuerrecht zeigt sich ua darin, dass die sozialversicherungsrechtlichen Bestimmungen zum Teil an steuerliche Begriffe anknüpfen. Die Bestimmungen zur Sozialversicherung finden sich im Allgemeinen Sozialversicherungsgesetz (ASVG), im Beamten-Kranken- und Unfallversicherungsgesetz (B-KUVG), im Gewerblichen Sozialversicherungsgesetz (GSVG), im Sozialversicherungsgesetz der freiberuflich selbständig Erwerbstätigen (FSVG) und im Bauern-Sozialversicherungsgesetz (BSVG).

Die Sozialversicherungspflicht richtet sich nach

- der Form der Tätigkeit (Dienstvertrag, freier Dienstvertrag oder „Werkvertrag") und nach
- der Art der Tätigkeit (Gewerbetreibender, sonstiger Selbständiger, Freiberufler, Land- und Forstwirt).

Da in der Praxis immer wieder die Frage auftaucht, ob nun ein Dienstverhältnis, ein freier Dienstvertrag oder eine selbständige Tätigkeit (zB mit Werkvertrag) vorliegt, soll vor den jeweiligen Detailbestimmungen eine kurze Übersicht über die für die Zuordnung relevanten Kriterien erfolgen. Die Beurteilung einer Tätigkeit hat immer nach dem Gesamtbild der tatsächlich ausgeübten Tätigkeit zu erfolgen. Eine gewisse Gestaltungsmöglichkeit besteht nur insoweit, als vor Aufnahme einer geplanten Tätigkeit innerhalb gewisser Grenzen bestimmte Modalitäten vereinbart werden können. Seit 1.7.2017 wurde mit dem Sozialversicherungs-Zuordnungsgesetz (SV-ZG) ein Verfahren zur Abgrenzung von Selbständigen und (freien) Dienstnehmern eingeführt, um die Rechtssicherheit zu verbessern. Neue Selbständige und bestimmte, aufgelistete Gewerbetreibende erhalten bei der Anmeldung einen Fragebogen, um über ihre Zuordnung entscheiden zu können. Bei Uneinigkeit über die Zugehörigkeit im Rahmen einer Prüfung lohnabhängiger Abgaben und Beiträge ist die Sozialversicherungsanstalt der Selbständigen (SVS) einzubeziehen. Im GSVG Versicherte können auch selbst eine Überprüfung ihrer Tätigkeit beantragen. Sollte es zu einer Umqualifizierung vom Selbständigen zum Dienstnehmer kommen, werden die bei der SVS entrichteten Beiträge an die Österreichische Gesundheitskasse (ÖGK) überwiesen und verringern so die Nachzahlungen des Dienstgebers.

Indiz	„Echter Dienstvertrag"	Freier Dienstvertrag	Werkvertrag
Arbeitszeit und Arbeitsort	Vorgabe durch Auftraggeber	gestaltbar durch Auftragnehmer	keine Vorgaben
Auslagenersatz (Kostentragung)	Auftraggeber	Auftraggeber oder Auftragnehmer	eher Auftragnehmer
Bereitstellung der Betriebsmittel	Auftraggeber	im Wesentlichen Auftraggeber	Auftragnehmer
Entlohnung	Zeitlohn, Nichtleistungslohn (zB Monatsgehalt, Urlaubsgeld)	Zeitlohn (zB Stundenlohn je geleistete Stunde)	Erfolgslohn (zB Pauschalhonorar)
Leistungserbringung	persönlich	im Wesentlichen persönlich	auch durch Hilfskräfte
Tätigkeitsinhalt	persönliches Schulden der Arbeitskraft	gattungsmäßig umschriebene Dienstleistung	abgeschlossenes Werk
Unternehmerrisiko	nein	gering	ja

Dienstnehmer im Sinne des ASVG sind Personen, die in einem Verhältnis wirtschaftlicher und persönlicher Abhängigkeit gegen Entgelt beschäftigt werden. Wird eine Tätigkeit im Rahmen eines Dienstverhältnisses ausgeübt, so geht diese Sozialversicherung nach dem ASVG allen anderen Versicherungsformen vor. Hinweise zur Sozialversicherung von Dienstnehmern (im Wesentlichen ist dieser Kreis identisch mit den lohnsteuerpflichtigen Dienstnehmern) finden sich im Kapitel A.2. (Begünstigungen im Zuge der Lohnverrechnung).

B.5.2. Freie Dienstnehmer

Wann liegt ein freier Dienstvertrag vor?

Wird man im Rahmen eines freien Dienstvertrages tätig, so unterliegt man mit dieser Tätigkeit – ähnlich wie ein echter Dienstnehmer – der Sozialversicherung nach dem ASVG. Merkmale eines freien Dienstvertrages sind:

- Dienstleistungen, die im Wesentlichen persönlich zu erbringen sind (aber ohne persönliche Abhängigkeit)
- Dienstnehmer verfügt über keine wesentlichen eigenen Betriebsmittel
- Verpflichtung auf bestimmte oder unbestimmte Zeit
- Tätigkeit für bestimmte Auftraggeber (für Betriebe, Vereine, Körperschaften; nicht darunter fällt die Tätigkeit für private Auftraggeber)

Ausgenommen von der ASVG-Versicherung für freie Dienstverträge sind aber Tätigkeiten, die

- dem GSVG aufgrund einer Gewerbeberechtigung unterliegen oder
- von bestimmten dem GSVG unterliegenden Berufsgruppen (Wirtschaftstreuhänder, Journalisten, bildende Künstler und Tierärzte) erbracht werden, oder
- dem FSVG als Freiberufler-Tätigkeit unterliegen oder
- dem BSVG auf Grund einer landwirtschaftlichen Tätigkeit unterliegen oder
- von selbständig tätigen Mitgliedern einer Kammer der freien Berufe erbracht werden oder
- eine unter das Beamten-Kranken- und Unfallversicherungsgesetz fallende (Neben-)Tätigkeit von Beamten darstellen oder
- als Kunstschaffender, insbesondere als Künstler im Sinne des Künstler-Sozialversicherungsfondsgesetzes, erbracht werden.

Als Beispiele für freie Dienstverträge werden häufig Vortragende, Konsulenten, Werbestandbetreuer in Supermärkten und auf Messen oder Programmierer genannt (obwohl sich auch diese häufig als Dienstnehmer entpuppen).

Freie Dienstnehmer müssen einen Dienstzettel erhalten.

Freie Dienstverhältnisse sind in die Arbeitslosenversicherung (einschließlich IESG-Beitrag; die Beiträge sind bei niedrigem Einkommen gestaffelt) und die betriebliche

Mitarbeitervorsorge einbezogen. Freie Dienstnehmer erhalten Wochen- und Krankengeld und sind auch Mitglieder der Arbeiterkammer (haben daher die Arbeiterkammerumlage zu entrichten).

Welche Sozialversicherungsbeiträge sind zu zahlen?

Bei freien Dienstverträgen fallen einerseits Dienstgeber- und andererseits Dienstnehmeranteile zur Sozialversicherung an.

Der Dienstnehmeranteil wird vom Dienstgeber bei Berechnung des Nettohonorars in Abzug gebracht. Bemessungsgrundlage ist das Entgelt, wobei es aber wie bei echten Dienstnehmern auch bestimmte beitragsfreie Bestandteile geben kann (zB Reisekostenersätze).

Da im Zeitpunkt der Drucklegung die Beträge für die Geringfügigkeitsgrenze und Höchstbeitragsgrundlage 2022 noch nicht festgelegt waren, finden Sie in der Tabelle die voraussichtlichen Beträge.

Freie Dienstnehmer	2022	2021
Krankenversicherung	Insgesamt 7,65 % Dienstnehmer 3,87 % * Dienstgeber 3,78 %	Insgesamt 7,65 % Dienstnehmer 3,87 % Dienstgeber 3,78 %
Pensionsversicherung	Insgesamt 22,8 %** Dienstnehmer 10,25 % Dienstgeber 12,55 %	Insgesamt 22,8 %** Dienstnehmer 10,25 % Dienstgeber 12,55 %
Unfallversicherung	Dienstgeber 1,2 %	Dienstgeber 1,2 %
Mitarbeitervorsorge-Beitrag	Dienstgeber 1,53 %	Dienstgeber 1,53 %
Arbeitslosenversicherung und IESG-Beitrag	Insgesamt 6,20 % Dienstnehmer 3 % Dienstgeber 3,20 %	Insgesamt 6,20 % Dienstnehmer 3 % Dienstgeber 3,20 %
Arbeiterkammerumlage	Dienstnehmer 0,5 %	Dienstnehmer 0,5 %
Geringfügigkeitsgrenze	485,85 € monatlich 5.830,20 € jährlich	475,86 € monatlich 5.710,32 € jährlich
Höchstbeitragsgrundlage Kranken- und Pensionsversicherung Bezüge mit Sonderzahlungen	5.670 € monatlich 11.340 € Sonderzahlungen	5.550 € monatlich 11.100 € Sonderzahlungen
Höchstbeitragsgrundlage Kranken- und Pensionsversicherung Bezüge ohne Sonderzahlungen	6.615 € monatlich 79.380 € jährlich	6.475 € monatlich 77.700 € jährlich

* Im Zuge der ökosozialen Steuerreform sollen die Krankenversicherungsbeiträge für freie Dienstnehmer mit geringeren Einkommen ab 1. Juli 2022 um bis zu 1,7 Prozentpunkte reduziert werden. Bei einem Monatsentgelt bis zu 1.100 € ist eine Reduktion des Beitrags um 1,7 Prozentpunkte auf 2,17 % vorgesehen. Bis zu einem Monatsentgelt von 2.500 € sinken diese 1,7 Prozentpunkte schrittweise um 0,2 Prozentpunkte. Bei einem Monatsentgelt über 2.500 € beträgt der Beitragssatz wieder 3,87 %. Für den Dienstgeberanteil wird sich nichts ändern. Die Gesetzwerdung bleibt abzuwarten.

** Halbierung des Beitrags bei Aufschub der Regelpension

Welche Verpflichtungen treffen freie Dienstnehmer?

In der Sozialversicherung treffen die Meldepflichten – im Wesentlichen sind das die An- und Abmeldung bei der Österreichischen Gesundheitskasse – den Auftraggeber.

Als Auftragnehmer muss man lediglich bestimmte Daten zur Person seinem Auftraggeber mitteilen und Auskunft über das Bestehen einer anderen Pflichtversicherung aus derselben Tätigkeit geben. Auch die Einbehaltung der Sozialversicherungsbeiträge erfolgt direkt durch den Auftraggeber, der die jeweiligen Beträge direkt vom Honorar des freien Dienstnehmers in Abzug bringt. Lediglich hinsichtlich der Steuer, bei der in der Regel selbständige oder gewerbliche Einkünfte vorliegen werden, muss der freie Dienstnehmer seinen Verpflichtungen beim Finanzamt (Einkommensteuererklärung, Umsatzsteuererklärung; siehe Kapitel B.1., B.2., B.3.) selber nachkommen.

B.5.3. Gewerbetreibende

Wer ist bereits bisher in der gewerblichen Sozialversicherung erfasst?

Für folgende Personen – hier als „Gewerbetreibende“ bezeichnet – bleiben die Kranken- und Pensionsversicherung nach dem GSVG (sowie die Unfallversicherung nach dem ASVG) unverändert bestehen:

- ➜ Gewerbetreibende, die Wirtschaftskammermitglieder sind,
- ➜ OG-Gesellschafter sowie Komplementäre einer KG, soweit die Gesellschaft Wirtschaftskammermitglied ist,
- ➜ Geschäftsführer-Gesellschafter einer GmbH, wenn die Gesellschaft Wirtschaftskammermitglied ist und keine ASVG-Versicherung (auch für geringfügig Beschäftigte) besteht.

Darüber hinaus sind in der GSVG-Pensionsversicherung noch folgende Gruppen versichert (seit 1.1.2000 sind diese Gruppen als neue Selbständige pflichtversichert, wobei aber die jeweiligen Kammern eine Ausnahme von dieser Versicherung beantragen konnten; siehe dazu Kapitel B.5.4.):

- ➜ Wirtschaftstreuhänder
- ➜ Dentisten (Pflichtversicherung auch in der KV)
- ➜ Freiberuflich tätige Journalisten und bildende Künstler (Pflichtversicherung auch in der KV)
- ➜ Freiberuflich tätige Tierärzte
- ➜ Wohnsitz(Tier)ärzte

Welche Sozialversicherungsbeiträge sind von Gewerbetreibenden zu zahlen?

Da im Zeitpunkt der Drucklegung die Beträge für die Mindest- und Höchstbeitragsgrundlage 2022 noch nicht festgelegt sind, finden Sie in der Tabelle die voraussichtlichen Beträge.

Gewerbetreibende	2022	2021
Krankenversicherung	6,80 %*	6,80 %
Pensionsversicherung	18,50 %**	18,50 %**
Unfallversicherung	10,64 € monatlich 127,68 € jährlich	10,42 € monatlich 125,04 € jährlich
Selbständigenvorsorge-Beitrag	1,53 %	1,53 %
Arbeitslosenversicherung (optional)	6 % bzw 3 %, wenn Beitragsgrundlage 1/4 der Höchstbeitragsgrundlage	6 % bzw 3 %, wenn Beitragsgrundlage 1/4 der Höchstbeitragsgrundlage
Mindestbeitragsgrundlage Krankenversicherung und SVO-Beitrag	485,85 € monatlich 5.830,20 € jährlich	475,86 € monatlich 5.710,32 € jährlich
Mindestbeitragsgrundlage Pensionsversicherung	485,85 € monatlich 5.830,20 € jährlich	574,36 € monatlich 6.892,32 € jährlich
Mindestbeitragsgrundlage in der Kranken- und Pensionsversicherung für Jungunternehmer in den ersten 3 Kalenderjahren	keine eigene Beitragsgrundlage ab 2016	keine eigene Beitragsgrundlage ab 2016
Höchstbeitragsgrundlage Kranken- und Pensionsversicherung	6.615 € monatlich 79.380 € jährlich	6.475 € monatlich 77.700 € jährlich
Beitragsgrundlage Arbeitslosenversicherung	1/4, 1/2 oder 3/4 der Höchstbeitragsgrundlage	1/4, 1/2 oder 3/4 der Höchstbeitragsgrundlage

* Im Zuge der ökosozialen Steuerreform sollen auch die Krankenversicherungsbeiträge für Gewerbetreibende mit geringeren Einkommen ab 1. Juli 2022 um bis zu 1,7 Prozentpunkte reduziert werden. Bei einer Beitragsgrundlage bis zu 1.100 € ist eine Reduktion des Beitragssatzes um 1,7 Prozentpunkte auf 5,10 % vorgesehen. Mit steigender Beitragsgrundlage bis 2.500 € sinken diese 1,7 Prozentpunkte schrittweise um 0,2 Prozentpunkte. Bei einer Beitragsgrundlage über 2.500 € beträgt der Beitragssatz wieder 6,8 %. Die Gesetzwerdung bleibt abzuwarten.

** Halbierung des Beitrags bei Aufschub der Regelpension

Seit 1.1.2008 gilt für Gewerbetreibende und neue Selbständige, die der Pflichtversicherung in der Krankenversicherung unterliegen, analog zur Abfertigung neu ein Selbständigenvorsorgemodell. Der Beitragssatz beträgt verpflichtend 1,53 % und wird von der für die Krankenversicherung geltenden Beitragsgrundlage berechnet (vorläufige Beitragsgrundlage ohne Nachbemessung). Die Beitragseinhebung erfolgt durch die Sozialversicherungsanstalt der Selbständigen (SVS). Wurde bereits für Dienstnehmer eine BV-Kasse gewählt, so veranlagt diese auch die Beiträge des Gewerbetreibenden, ansonsten ist eine BV-Kasse durch ihn auszuwählen. Ein Auszahlungsanspruch bzw ein sonstiger Verfügungsanspruch besteht bei Vorliegen von drei Einzahlungsjahren und mindestens zweijährigem Ruhen oder Erlöschen der Gewerbeberechtigung oder zweijähriger Beendigung der betrieblichen Tätigkeit (bei neuen Selbständigen). Unabhängig von der Einzahlungsdauer kann man bei Pensionsantritt oder wenn 5 Jahre keine Beiträge zu leisten waren (bei fünfjährigem Ruhen oder fünfjähriger Beendigung der betrieblichen Tätigkeit bei neuen Selbständigen) über das Kapital verfügen. Bei Tod fällt der Kapitalbetrag in die Verlassenschaft. Steuerlich wird das Selbständigenvorsorgemodell wie die Abfertigung neu behandelt, dh die Beiträge werden als Betriebsausgabe anerkannt, die Veranlagung ist steuerfrei, Einmalauszahlungen werden mit 6 % versteuert und Rentenzahlungen sind steuerfrei. Selbständige, die zum 1.1.2014 eine Eigenpension bezogen und daneben noch eine Erwerbstätigkeit ausübten, konnten von 1.1. bis 31.12.2014 gegenüber der SVA schriftlich erklären, keine Beiträge zur betrieblichen Selbständigenvorsorge mehr zu leisten. Sie konnten danach über den angesparten Betrag verfügen.

Für Selbständige, die mit 1.1.2014 noch keine Eigenpension beziehen, endet die Pflicht, in die betriebliche Selbständigenvorsorge einzuzahlen, mit dem erstmaligen Bezug der Eigenpension (fällt die Pension weg, lebt die Beitragspflicht wieder auf). Sie können aber bei Weiterbestehen der Erwerbstätigkeit binnen eines Monats in die Vorsorge hineinoptieren.

Seit 1.1.2009 können auch Selbständige, die der Pflichtversicherung in der Pensionsversicherung nach dem GSVG oder der Versicherungspflicht in der Pensionsversicherung unterliegen, freiwillig in die Arbeitslosenversicherung „Hineinoptieren“ (grundsätzlich innerhalb von sechs Monaten ab Verständigung der Einbeziehungsmöglichkeit; wer seine selbständige Tätigkeit schon vor dem 1.1.2009 begonnen hat, konnte sich bis Ende 2009 entscheiden). Bei der Beitragsgrundlage kann man zwischen einem Viertel, der Hälfte oder drei Viertel der Höchstbeitragsgrundlage wählen. Der Beitragssatz beträgt 6 % bzw 3 %, wenn als Beitragsgrundlage ¼ der Höchstbeitragsgrundlage gewählt wurde. Hat man sich für ein Hinein oder Hinaus entschieden, kann man erst wieder nach 8 Jahren seine Meinung ändern. Erfreulich ist, dass sich für alle, die ihre selbständige Tätigkeit ab 1.1.2009 beginnen, die Rahmenfrist, innerhalb der eine bestimmte Anzahl an Arbeitslosenversicherungsmonaten vorliegen muss, um Zeiten einer selbständigen pensionsversicherungspflichtigen Tätigkeit unbefristet verlängert, wenn durch mindestens 5 Jahre hindurch eine arbeitslosenversicherungspflichtige Tätigkeit ausgeübt wurde.

Für alle, die ihre selbständige Tätigkeit schon vor dem 1.1.2009 begonnen haben, genügt für die unbefristete Rahmenfristerstreckung sogar ein einmal erworbener Mindestanspruch (in der Regel 12 Monate). Die neue Arbeitslosenversicherung für Selbständige ist daher nur für diejenigen interessant, denen die nötigen arbeitslosenversicherungspflichtigen Beschäftigungszeiten fehlen oder die das Arbeitslosengeld erhöhen wollen.

Beitragsgrundlage, von der die Beitragssätze (mit Ausnahme der Arbeitslosenversicherung) berechnet werden, sind die im Steuerbescheid für das jeweilige Jahr ausgewiesenen Einkünfte aus Gewerbebetrieb bzw aus selbständiger Arbeit. Zu diesen Einkünften werden die im Beitragsjahr von der Sozialversicherung vorgeschriebenen Kranken-, Arbeitslosen- und Pensionsversicherungsbeiträge, sofern sie als Betriebsausgaben gelten, hinzugerechnet und ein eventueller Sanierungs- und Veräußerungsgewinn abgezogen (das Außerachtlassen von Veräußerungs- und Sanierungsgewinn muss binnen eines Jahres extra beantragt werden; der Veräußerungsgewinn kann überdies nur insoweit abgezogen werden, als der darauf entfallende Betrag dem Sachanlagevermögen eines eigenen Betriebes zugeführt wird). Das Ergebnis ist die individuelle Beitragsgrundlage, die allerdings begrenzt ist, und zwar nach unten durch die Mindestbeitragsgrundlage und nach oben durch die Höchstbeitragsgrundlage.

Wenn die Einkünfte niedriger sind als die Mindestbeitragsgrundlage, werden die Sozialversicherungsbeiträge auf Basis eben dieser Mindestbeitragsgrundlage berechnet. Bis 2015 gab es bei erstmaligem Eintritt einer GSVG-Pflichtversicherung im Anfangsjahr und den beiden folgenden Kalenderjahren eine eigene Mindestbeitragsgrundlage, seit 1.1.2016 gelten die allgemeinen Beitragsgrundlagen.

Seit 1.1.2013 gibt es für Unternehmer ohne oder mit weniger als 25 Mitarbeitern ein Krankengeld, 2021 in Höhe von 31,55 € pro Tag ab dem 43. Tag der Arbeitsunfähigkeit für die Dauer von max 20 Wochen. Ab 1.7.2018 wird das Krankengeld ab dem 4. Tag rückwirkend ausbezahlt, sofern der Krankenstand mindestens 43 Tage gedauert hat.

Über die Höchstbeitragsgrundlage hinausgehende Einkünfte sind sozialversicherungsfrei.

Hinsichtlich einer Mehrfachversicherung, wenn mehrere unselbständige bzw selbständige Tätigkeiten nebeneinander ausgeübt werden, siehe Kapitel B.5.7.

Für **Kleinstgewerbetreibende** mit Gewerbeberechtigung gibt es die Möglichkeit, über Antrag eine Ausnahme von der Kranken- und Pensionsversicherung nach dem GSVG zu erreichen (es ist dann lediglich der Unfallversicherungsbeitrag zu bezahlen).

Voraussetzung ist, dass

- innerhalb der letzten 60 Monate nicht mehr als 12 Monate Pflichtversicherung nach dem GSVG vorliegen oder das 60. Lebensjahr (obwohl lt Gesetz anders lautend, für Männer und Frauen gleich, da es sonst EU-widrig wäre!) erreicht wurde oder das 57. Lebensjahr vollendet wurde und die unten genannten Voraussetzungen zusätzlich in den letzten 60 Kalendermonaten vor Antragstellung erfüllt sind (seit 1.8.2001),
- der Umsatz jährlich aus sämtlichen unternehmerischen Tätigkeiten 35.000 € netto (vor 2020: 30.000 € netto) und
- die jährlichen Einkünfte nicht das Zwölffache der ASVG-Geringfügigkeitsgrenze (2022: voraussichtlich 5.830,20 €; 2021: 5.710,32 €) übersteigen.

Unabhängig von vorgenannten Voraussetzungen kann diese Ausnahme seit 1.7.2013 auch für die Dauer des Bezuges von Kinderbetreuungsgeld bzw. für die Dauer des

Bestehens einer Teilversicherung während der Kindererziehung (grundsätzlich die ersten 48 Kalendermonate nach der Geburt) beantragt werden.

Anstelle des Kalenderjahres treten die Kalendermonate, in denen zumindest ein Tag Kinderbetreuungsgeld bezogen wird bzw. eine Teilversicherung in der Pensionsversicherung während Kindererziehung vorliegt. Die Einkünfte dürfen pro Monat durchschnittlich nicht über 475,86 € (2022: voraussichtlich 485,85 €), die Umsätze durchschnittlich nicht über 2.916,67 € (vor 2020: 2.500 €) liegen.

Wie wird die endgültige Beitragsgrundlage ermittelt?

Berechnung der endgültigen Beitragsgrundlage und der Beiträge für Gewerbetreibende 2021	
Einkünfte aus selbständiger Arbeit	€ ....
+ Einkünfte aus Gewerbebetrieb	€ ....
+ Kranken- und Pensionsversicherungsbeiträge	€ ....
- Veräußerungs(Sanierungs)gewinne	€ ....
= Beitragsgrundlage	€ ....
mindestens 574,36 € × .... Monate für die PV	€ ....
mindestens 475,86 € × .... Monate für die KV	€ ....
höchstens 6.475 € × ... Monate	€ ....
davon 6,80 % Krankenversicherungsbeitrag	€ ....
davon 18,50 % Pensionsversicherungsbeitrag	€ ....
Unfallversicherung (10,42 €/Mo., 125,04 €/J.)	€ ....
Summe der Beiträge	€ ....

Wie wird die vorläufige Beitragsgrundlage ermittelt?

Bis der Einkommensteuerbescheid des betreffenden Beitragsjahres vorliegt, werden die Beiträge aufgrund der aufgewerteten Beitragsgrundlage des drittvorangegangenen Kalenderjahres vorgeschrieben (= **vorläufige Beitragsgrundlage**). War man im drittvorangegangenen Jahr noch nicht selbständig erwerbstätig, so wird die Mindestbeitragsgrundlage herangezogen. Die vorläufige Beitragsgrundlage kann auf Antrag bis zum Ablauf des jeweiligen Beitragsjahres hinauf- oder herabgesetzt werden, wenn die tatsächlichen Einkünfte des betreffenden Jahres von der vorläufigen Beitragsgrundlage abweichen. Eine Herabsetzung ist nur soweit möglich, als dies nach den wirtschaftlichen Verhältnissen gerechtfertigt erscheint. Eine Herabsetzung unter die Mindestbeitragsgrundlage ist nicht möglich.

Liegt der Steuerbescheid des betreffenden Beitragsjahres vor, wird die Beitragsgrundlage richtiggestellt.

Ausnahme: In der Krankenversicherung erfolgt in den ersten 2 Kalenderjahren der selbständigen Tätigkeit – sofern in den letzten zehn Jahren davor keine Pflichtversicherung im GSVG vorlag – keine Nachverrechnung.

Welche Verpflichtungen treffen Gewerbetreibende?

Die Versicherungspflicht beginnt für Gewerbetreibende mit dem Tag der Erlangung einer Gewerbeberechtigung oÄ bzw bei Neueintritt eines Gesellschafters mit dem Tag der Antragstellung für die Firmenbucheintragung. Das Ende ist der Letzte des Kalendermonats, in dem die Berechtigung erlischt oder bei Gesellschaftern die Firmenbuchlöschung beantragt wird. Man muss der Sozialversicherungsanstalt der Selbständigen (SVS) binnen einem Monat den Eintritt der oa Voraussetzungen für den Beginn oder das Ende der Pflichtversicherung melden. Die Meldung soll auf dem vom Versicherungsträger aufgelegten Vordruck erfolgen, aber auch ohne Vordruck schriftlich oder elektronisch erstattete Meldungen gelten als ordnungsgemäß, wenn sie alle wesentlichen Angaben enthalten. Seit 1.9.2002 kann die Meldung auch bei den Gewerbebehörden automationsunterstützt eingebracht werden.

Wann erfolgt die Vorschreibung der Sozialversicherungsbeiträge?

Von der Sozialversicherungsanstalt werden vierteljährlich die Kranken- und Pensionsversicherungsbeiträge und der Unfallversicherungsbeitrag sowie ab 2008 die Selbständigenvorsorgebeiträge und – wenn beantragt – ab 2009 der Arbeitslosenversicherungsbeitrag vorgeschrieben. Sie sind mit dem Ablauf des zweiten Monats des Kalendervierteljahres fällig. Die Beiträge sind grundsätzlich innerhalb von 15 Tagen ab Fälligkeit einzuzahlen. Anschließend gibt es noch eine dreitägige Respirofrist, nach deren Ablauf dann Verzugszinsen anfallen. Die einzelnen Termine sind daher:

- ➔ Vorschreibung 28.2., Einzahlung bis 15.3. für das erste Quartal
- ➔ Vorschreibung 31.5., Einzahlung bis 15.6. für das zweite Quartal
- ➔ Vorschreibung 31.8., Einzahlung bis 15.9. für das dritte Quartal
- ➔ Vorschreibung 30.11., Einzahlung bis 15.12. für das vierte Quartal

Ab 1.1.2016 können die Beiträge auf Antrag in monatlichen Teilbeträgen entrichtet werden, und zwar durch Einzahlung oder durch Einziehung durch den Versicherungsträger auf dem Bankweg. Eine solche Einziehung ist vor Eintritt der Fälligkeit zulässig.

Diese laufende Vorschreibung erfolgt nur vorläufig auf Grundlage einer vorläufigen Beitragsgrundlage. Sobald der rechtskräftige Einkommensteuerbescheid des jeweiligen Jahres vorliegt (automatische Datenübermittlung der Finanzbehörde an den Sozialversicherungsträger!), kommt es im darauf folgenden Kalenderjahr zur genauen Nachbemessung der Beiträge (mit Ausnahme der Selbständigenvorsorgebeiträge und der Arbeitslosenversicherungsbeiträge) und zur Vorschreibung von vier Teilbeträgen. Für Jungunternehmer kann für die ersten drei Beitragsjahre auf Antrag eine Nachzahlung (aufgrund der Nachbemessung) auf maximal zwölf Quartalsbeiträge zinsenfrei verteilt werden (ab 1.1.2014). Die Antragstellung ist bis 31. März des Kalenderjahres, das der Feststellung der endgültigen Beitragsgrundlage folgt, möglich. Bei der Sozialversicherungsanstalt der Selbständigen ist ein Überbrückungshilfefonds eingerichtet, der in besonders berücksichtigungswürdigen Fällen (zB lang andauernde Krankheit, Naturkatastrophen) Zuschüsse zu den Beiträgen in der PV und KV leistet.

Hinsichtlich der Steuer besteht Einkommen- und eventuell Umsatzsteuerpflicht nach den allgemeinen Bestimmungen (siehe Kapitel B.1., B.2., B.3.).

B.5.4. Neue Selbständige

Wer unterliegt als „neuer Selbständiger" der gewerblichen Sozialversicherung?

Seit 1.1.1998 unterliegen alle jene selbständig erwerbstätigen Personen als so genannte Neue Selbständige der Sozialversicherung nach dem GSVG,

- die selbständig betrieblich tätig sind und dabei Einkünfte aus selbständiger Arbeit oder aus Gewerbebetrieb erzielen,
- wenn aufgrund dieser Tätigkeit nicht bereits eine Pflichtversicherung besteht und
- wenn die von diesen Einkünften abgeleitete Beitragsgrundlage die jeweilige Versicherungsgrenze übersteigt.

Die Sozialversicherungspflicht trifft daher jene Personen, die steuerlich Einkünfte aus selbständiger Arbeit (siehe Kapitel B.2.2.2.) oder aus Gewerbebetrieb (siehe Kapitel B.2.2.3.) beziehen. Zu den neuen Versicherten zählen daher die meisten bis dato nicht erfassten selbständig Erwerbstätigen, also zB Unternehmer ohne Gewerbeberechtigung (Vortragende und Gutachter), Personen mit sonstigen Werkverträgen sowie bestimmte Gruppen von früher nicht versicherten Freiberuflern.

Grundsätzlich gilt die neue Pflichtversicherung seit 1.1.1998. Für folgende Berufsgruppen setzte die Versicherung mit 1.1.2000 ein:

- Selbständige, die nach dem ASVG versichert waren (zB Bergführer, Fremdenführer),
- Freiberufler, die schon bisher im GSVG teilversichert waren (Dentisten, Tierärzte, Wohnsitz(tier)ärzte, Journalisten, Wirtschaftstreuhänder),
- Freiberufler, die derzeit im FSVG pflichtversichert sind (Ärzte, Apotheker, Patentanwälte) oder genannt waren (Rechtsanwälte),
- Erwerbstätige Kommanditisten einer KG.

Für Kunstschaffende gilt die Versicherung seit 1.1.2001.

Anmerkung: Personen, die einer Kammer der freien Berufe angehören (zB Apotheker, Ärzte, Architekten, Rechtsanwälte, Tierärzte, Wohnsitz(tier)ärzte, Wirtschaftstreuhänder), sind auf Antrag ihrer jeweiligen Kammer von der Pflichtversicherung als neue Selbständige ausgenommen, wenn diese Kammer einen entsprechenden Antrag bis 1.10.1999 stellte und ein dem GSVG ähnlicher oder gleichartiger Leistungsanspruch besteht. Solche Anträge wurden von allen Kammern mit Ausnahme derjenigen der

Dentisten gestellt. Die Dentisten sind also seit 1.1.2000 als neue Selbständige nach dem GSVG kranken- und pensionsversichert und nach dem ASVG unfallversichert.

Rechtsanwälte sind zur Gänze von der Pflichtversicherung ausgenommen. Die Angehörigen der Architekten- und Ingenieurkonsulentenkammern waren ebenfalls zur Gänze ausgenommen, sind aber seit 1.1.2013 in der Pensionsversicherung nach dem FSVG versichert. Alle anderen sind nur von der Krankenversicherung ausgenommen, wobei hier die Möglichkeit besteht, eine ASVG- oder GSVG-Selbstversicherung in der Krankenversicherung zu beantragen. Die Kammern bieten jedoch eine Krankenversicherung an, die bei den Ärzten verpflichtend ist.

Ab welcher Altersgrenze ist man von der Pflichtversicherung ausgenommen?

Von der Pflichtversicherung als neuer Selbständiger in der Pensionsversicherung automatisch ausgenommen sind alle Frauen und Männer, die am 1.1.1998 (1.1.2000 für Kommanditisten, 1.1.2001 für Kunstschaffende) das Alter für eine vorzeitige Alterspension wegen Erwerbsunfähigkeit erreicht haben (also Frauen, die das 55. Lebensjahr, und Männer, die das 57. Lebensjahr am 1.1.1998 erreicht haben). Kunstschaffende müssen das 55. Lebensjahr erreicht haben (sofern sie bisher keinen Versicherungstatbestand erfüllt haben).

Wann besteht keine Versicherungspflicht wegen Nichterreichen der Versicherungsgrenzen?

Im Gegensatz zur Pflichtversicherung von Gewerbetreibenden, bei denen im Normalfall auch bei Unterschreiten der Mindestbeitragsgrundlage eine Pflichtversicherung auf Grundlage dieser Mindestbeitragsgrundlage erfolgt, kommt es bei den neuen Selbständigen nur dann zu einer Pflichtversicherung, wenn die Versicherungsgrenze überschritten wird:

- ➜ Diese Versicherungsgrenze liegt seit 1.1.2016 bei der zwölffachen ASVG-Geringfügigkeitsgrenze (2021: 5.710,32 €; 2022: voraussichtlich 5.830,20 €). Bis 2015 wurde unterschieden, ob ausschließlich Einkünfte als neuer Selbständiger erzielt wurden (Versicherungsgrenze 6.453,36 €) oder daneben noch andere Einkünfte vorlagen (Versicherungsgrenze 12-fache Geringfügigkeitsgrenze). Personen, die durch diese Gesetzesänderung in die Pflichtversicherung in der Pensionsversicherung einbezogen wurden, aber am 1.1.2016 das 50. Lebensjahr vollendet und noch keine 180 Beitragsmonate der Pflichtversicherung erworben hatten, konnten die Ausnahme aus der Pensionsversicherung innerhalb eines Jahres ab Verständigung durch die SVA beantragen (spätestens bis 31.12.2019).
- ➜ Für Personen, die neben einer neuen Selbständigkeit bereits als Gewerbetreibende dem GSVG unterliegen, gibt es keine Versicherungsgrenze. Ihre Einkünfte aus allen selbständigen Erwerbstätigkeiten werden zur Bildung der GSVG-Beitragsgrundlage zusammengezählt und sind daher jedenfalls sozialversicherungspflichtig. Lediglich dann, wenn während einer bestimmten Zeit des Jahres ausschließ-

lich Einkünfte als neuer Selbständiger zufließen, besteht für diese Zeit keine Pflichtversicherung, wenn die Gesamteinkünfte dividiert durch die Monate der Erwerbstätigkeit die Versicherungsgrenze von voraussichtlich 5.830,20 € (2021: 5.710,32 €) nicht übersteigen. Ist man allerdings als Kleinstgewerbetreibender von der Kranken- und Pensionsversicherung ausgenommen und erzielt daneben noch als neuer Selbständiger Einkünfte unter der 12-fachen ASVG-Geringfügigkeitsgrenze, wird nicht zusammengerechnet und es fallen für beide Tätigkeiten keine Beiträge an (Ausnahme: UV-Beitrag für die gewerbliche Tätigkeit).

Beispiele:

Ein Student erstellt während der Ferien 2021 im Rahmen eines Werkvertrages ein EDV-Programm für ein Softwarehaus. Für diese Tätigkeit erhält er 5.541 €. Seine Ausgaben (Fahrtkosten, Telefonkosten, Computer-AfA) betragen 727 €, seine Einkünfte daher 4.814 €. Andere Einkünfte bezieht er in diesem Jahr nicht. Da die Einkünfte des Studenten die für ihn geltende Grenze von 5.710,32 € jährlich nicht überschreiten, besteht keine Pflichtversicherung als neuer Selbständiger.

Ein Angestellter mit einem Jahresbezug von 30.523 € ist daneben noch als Vortragender tätig. Seine Einkünfte betragen 5.760 € (Einnahmen 6.487 €, Ausgaben 727 €). Die Einkünfte aus der Vortragstätigkeit übersteigen die für ihn geltende Grenze von 5.710,32 € (2021), sodass die Pflichtversicherung nach dem GSVG als neuer Selbständiger zum Tragen kommt.

Ein Gewerbetreibender mit Einkünften aus einem Gasthaus in Höhe von 21.802 € ist daneben gelegentlich noch als Autor für verschiedene Fremdenverkehrszeitschriften tätig und erzielt daraus Einkünfte von insgesamt 2.180 € im Jahr. Diese Einkünfte sind sozialversicherungspflichtig und werden zur Ermittlung der GSVG-Beitragsgrundlage mit denen aus dem Gewerbebetrieb zusammengezählt (Beitragsgrundlage daher insgesamt 23.982 €).

Bei Unterschreiten der oa Versicherungsgrenzen besteht keine Sozialversicherungspflicht, es sei denn, der Erwerbstätige erklärt, dass seine Einkünfte die jeweilige Versicherungsgrenze überschreiten werden. Weiters kann man sich freiwillig in der Kranken- und Unfallversicherung versichern (sogenanntes „Opting-in“). Diesfalls müssen der Krankenversicherungsbeitrag (6,80 % bzw ab 1.7.2022 5,10 % bei Inkrafttreten der ökosozialen Steuerreform von der ASVG-Geringfügigkeitsgrenze) sowie der Unfallversicherungsbeitrag (2021: 125,04 €; 2022: voraussichtlich 127,68 €) bezahlt werden.

Welche Sozialversicherungsbeiträge sind von neuen Selbständigen zu zahlen?

Da im Zeitpunkt der Drucklegung die Beträge für die Geringfügigkeitsgrenze und Höchstbeitragsgrundlage 2022 noch nicht festgelegt sind, finden Sie in der Tabelle die voraussichtlichen Beträge.

Neue Selbständige	2022	2021
Krankenversicherung	6,80 %*	6,80 %
Pensionsversicherung	18,50 %**	18,50 %**
Unfallversicherung	10,64 € monatlich 127,68 € jährlich	10,42 € monatlich 125,04 € jährlich
Selbständigenvorsorge-Beitrag	1,53 %	1,53 %
Arbeitslosenversicherung (optional)	6 % bzw 3 %, wenn Beitragsgrundlage 1/4 der Höchstbeitragsgrundlage	6 % bzw 3 %, wenn Beitragsgrundlage 1/4 der Höchstbeitragsgrundlage
Versicherungsgrenze	485,85 € monatlich 5.830,20 € jährlich	475,86 € monatlich 5.710,32 € jährlich
Höchstbeitragsgrundlage Kranken- und Pensionsversicherung	6.615 € monatlich 79.380 € jährlich	6.475 € monatlich 77.700 € jährlich
Beitragsgrundlage Arbeitslosenversicherung	1/1, 1/2 oder 3/4 der Höchstbeitragsgrundlage	1/1, 1/2 oder 3/4 der Höchstbeitragsgrundlage

* Im Zuge der ökosozialen Steuerreform sollen auch die Krankenversicherungsbeiträge für neue Selbständige mit geringeren Einkommen ab 1. Juli 2022 um bis zu 1,7 Prozentpunkte reduziert werden. Bei einer Beitragsgrundlage bis zu 1.100 € ist eine Reduktion des Beitragssatzes um 1,7 Prozentpunkte auf 5,10 % vorgesehen. Mit steigender Beitragsgrundlage bis 2.500 € sinken diese 1,7 Prozentpunkte schrittweise um 0,2 Prozentpunkte. Bei einer Beitragsgrundlage über 2.500 € beträgt der Beitragssatz wieder 6,8 %. Die Gesetzwerdung bleibt abzuwarten.

** Halbierung des Beitrags bei Aufschub der Regelpension

Beitragsgrundlage, von der die Beitragssätze berechnet werden, sind die im Steuerbescheid für das jeweilige Jahr ausgewiesenen Einkünfte aus Gewerbebetrieb bzw aus selbständiger Arbeit. Zu diesen Einkünften werden die im Beitragsjahr von der Sozialversicherung vorgeschriebenen Kranken-, Pensions- und Arbeitslosenversicherungsbeiträge, sofern sie als Betriebsausgaben gelten, hinzugerechnet und ein eventueller Veräußerungs- und Sanierungsgewinn abgezogen (der Abzug muss binnen eines Jahres extra beantragt werden, der Veräußerungsgewinn kann überdies nur insoweit abgezogen werden, als der darauf entfallende Betrag dem Sachanlagevermögen eines eigenen Betriebes zugeführt wird).

Das Ergebnis ist die individuelle Beitragsgrundlage, die allerdings nach oben durch die Höchstbeitragsgrundlage begrenzt ist. Darüber hinaus gehende Einkünfte sind sozialversicherungsfrei. Solange der Steuerbescheid nicht vorliegt, wird eine vorläufige Beitragsgrundlage auf Basis der Beitragsgrundlage des drittvorangegangenen Kalenderjahres gebildet, für Neuzugänger bei entsprechender Erklärung auf Basis der Versicherungsgrenze. Hinsichtlich einer Mehrfachversicherung, wenn mehrere unselbständige bzw selbständige Tätigkeiten nebeneinander ausgeübt werden, siehe Kapitel B.5.7.

Berechnung der endgültigen Beitragsgrundlage und der Beiträge für neue Selbständige 2021	
Einkünfte aus selbständiger Arbeit	€ ....
+ Einkünfte aus Gewerbebetrieb	€ ....
+ Kranken- und Pensionsversicherungsbeiträge	€ ....
- Veräußerungs(Sanierungs)gewinne	€ ....
= Beitragsgrundlage	€ ....
wenn unter Versicherungsgrenze von 5.710,32 € jährlich, dann beitragsfrei	€ ....
sonst höchstens 6.475 € × ... Monate	€ ....
davon 6,80 % Krankenversicherungsbeitrag	€ ....
davon 18,50 % Pensionsversicherungsbeitrag	€ ....
Unfallversicherung (10,42 €/Mo, 125,04 €/J)	€ ....
Summe der Beiträge	€ ....

Welche Verpflichtungen treffen neue Selbständige?

Die Versicherungspflicht beginnt für neue Selbständige mit dem Tag der Aufnahme der betrieblichen Tätigkeit, unter der Voraussetzung, dass die jeweilige oa Versicherungsgrenze überschritten wird. Falls für die Ausübung der Tätigkeit eine berufsrechtliche Befugnis benötigt wird, beginnt die Versicherungspflicht mit dem Tag, an dem man die maßgebliche Berechtigung erhält. Da es oftmals erst nach Ablauf des Jahres feststehen wird, ob die Versicherungsgrenze überschritten wird oder nicht, bestehen zwei Möglichkeiten:

1. Man erklärt der Sozialversicherungsanstalt, dass die Einkünfte die in Betracht kommende Grenze übersteigen werden. Dann tritt die Pflichtversicherung ein, dh man muss die Beiträge zahlen, genießt aber auch den Versicherungsschutz. Bis zum Vorliegen des endgültigen Einkommensteuerbescheids kann man diese Meldung widerrufen, wodurch die Pflichtversicherung mit dem Monatsende des Widerrufs erlischt. Widerruft man nicht und bleibt man nachträglich unter der Versicherungsgrenze, werden die Beiträge auf dieser Basis vorgeschrieben.
2. Man erklärt der Sozialversicherungsanstalt, dass die Einkünfte die Versicherungsgrenze voraussichtlich nicht überschreiten werden, oder gibt gar keine Erklärung ab. Diesfalls sind vorläufig keine Beiträge zu bezahlen, es besteht aber auch kein Versicherungsschutz. Stellt sich im Nachhinein aufgrund des Steuerbescheides heraus, dass die Versicherungsgrenze überschritten wurde, werden die Beiträge rückwirkend mit Aufnahme der Tätigkeit vorgeschrieben. Als Ausgleich für den Zinsgewinn muss man dann aber einen Zuschlag von 9,3 % zu den Beiträgen entrichten.

Dieser Zuschlag fällt dann nicht an, wenn man in die Krankenversicherung optiert hat oder innerhalb von acht Wochen ab Ausstellung des maßgeblichen Einkommensteuerbescheides die Versicherungserklärung abgibt.

Beendet wird die Pflichtversicherung als neuer Selbständiger durch die Aufgabe der betrieblichen Tätigkeit bzw durch den Wegfall der berufsrechtlichen Befugnis (übt man die Tätigkeit in einzelnen Monaten nicht aus, gilt das nicht als Beendigung). Sie endet mit dem letzten Tag des Kalendermonats, in dem die Tätigkeit eingestellt wird.

Der neue Selbständige hat den Eintritt der Voraussetzungen für den Beginn und das Ende der Pflichtversicherung binnen eines Monats der Sozialversicherungsanstalt zu melden. Die Meldung (Versicherungserklärung) soll auf dem vom Versicherungsträger aufgelegten Vordruck erfolgen, aber auch ohne Vordruck schriftlich oder elektronisch erstattete Meldungen gelten als ordnungsgemäß, wenn sie alle wesentlichen Angaben enthalten. Die Meldepflicht entfällt, wenn die Versicherungsgrenzen nicht überschritten werden.

Wann erfolgt die Vorschreibung der Sozialversicherungsbeiträge?

Von der Sozialversicherungsanstalt werden vierteljährlich die Kranken-, Pensions- und Unfallversicherungsbeiträge, der Selbständigenvorsorgebeitrag sowie ein etwaiger Arbeitslosenversicherungsbeitrag vorgeschrieben. Sie sind mit dem Ablauf des zweiten Monats des Kalendervierteljahres fällig. Die Beiträge sind grundsätzlich innerhalb von 15 Tagen ab Fälligkeit einzuzahlen. Anschließend gibt es noch eine dreitägige Respirofrist, nach deren Ablauf dann Verzugszinsen anfallen. Die einzelnen Termine sind daher:

- Vorschreibung 28.2., Einzahlung bis 15.3. für das erste Quartal
- Vorschreibung 31.5., Einzahlung bis 15.6. für das zweite Quartal
- Vorschreibung 31.8., Einzahlung bis 15.9. für das dritte Quartal
- Vorschreibung 30.11., Einzahlung bis 15.12. für das vierte Quartal

Seit 1.1.2016 können die Beiträge auf Antrag in monatlichen Teilbeträgen entrichtet werden, und zwar durch Einzahlung oder durch Einziehung durch den Versicherungsträger auf dem Bankweg. Eine solche Einziehung ist vor Eintritt der Fälligkeit zulässig.

Diese laufende Vorschreibung erfolgt nur vorläufig auf Grundlage einer vorläufigen Beitragsgrundlage. Sobald der rechtskräftige Einkommensteuerbescheid des jeweiligen Jahres vorliegt (automatische Datenübermittlung der Finanzbehörde an den Sozialversicherungsträger!), kommt es im darauffolgenden Kalenderjahr zur genauen Nachbemessung der Beiträge (mit Ausnahme des Selbständigenvorsorgebeitrages und des Arbeitslosenversicherungsbeitrages) und zur Vorschreibung von vier Teilbeträgen. Auf Antrag der versicherten Person und unter Bedachtnahme auf ihre wirtschaftlichen Verhältnisse kann die Beitragsschuld bei erstmaligem Eintritt der Pflichtversicherung und den beiden darauffolgenden Kalenderjahren auch auf die folgenden drei Kalenderjahre aufgeteilt werden. Sie ist dann in zwölf gleichen Teilbeträgen abzustatten (seit 1.1.2014). Die Antragstellung ist bis 31. März des Kalenderjahres, das der Feststellung der endgültigen Beitragsgrundlage folgt, möglich. Bei der Sozialversicherungsanstalt der Selbständigen (SVS) ist ein Überbrückungshilfefonds eingerichtet, der in besonders berücksichtigungswürdigen Fällen (zB lang andauernde Krankheit, Naturkatastrophen) Zuschüsse zu den Beiträgen in der PV und KV leistet.

Hinsichtlich der Steuer besteht Einkommen- und eventuell Umsatzsteuerpflicht nach den allgemeinen Bestimmungen (siehe Kapitel B.1., B.2., B.3.).

B.5.5. Freiberufler

Wer unterliegt der Freiberufler-Sozialversicherung?

Der Pensionsversicherung nach dem FSVG unterliegen

- freiberufliche Mitglieder der Apothekerkammer und
- Mitglieder der Patentanwaltskammer
- Mitglieder der Architekten- und Ingenieurkonsulentenkammer (seit 1.1.2013).

In der Krankenversicherung haben alle Kammern einen Ausnahmeantrag gestellt („Opting-out“). Möglich ist daher sowohl eine ASVG- oder GSVG-Selbstversicherung („Opting-in“) als auch die Gruppenversicherung der Kammer. Besteht neben der freiberuflichen Tätigkeit ein Dienstverhältnis zu einer öffentlich-rechtlichen Körperschaft und wird ein Ruhegenuss erwartet, entfällt die FSVG-Pensionsversicherung (gilt nicht für Angehörige der Architekten- und Ingenieurkonsulentenkammer). Angehörige der Architekten- und Ingenieurkonsulentenkammern, die das Ruhen ihrer Berufsbefugnis angezeigt haben, sind für die Zeit ab dieser Anzeige bis zur Wiederaufnahme dieser Tätigkeit von der Pflichtversicherung ausgenommen.

Der Pensions- und Unfallversicherung nach dem FSVG unterliegen

- freiberufliche Mitglieder der Ärztekammer, sofern sie nicht als Wohnsitzärzte in die Ärzteliste eingetragen sind.

Besteht neben der freiberuflichen Tätigkeit ein Dienstverhältnis zu einer öffentlich-rechtlichen Körperschaft und wird ein Ruhegenuss erwartet, liegt keine FSVG-Pflichtversicherung vor. Die Ärztekammer hat hinsichtlich der Krankenversicherung einen Ausnahmeantrag gestellt („Opting-out“). Möglich ist daher auch neben der verpflichtenden Gruppenversicherung der Kammer eine ASVG- oder GSVG-Selbstversicherung.

Welche Sozialversicherungsbeiträge sind zu entrichten?

Da im Zeitpunkt der Drucklegung die Beträge für die Mindest- und Höchstbeitragsgrundlage 2022 noch nicht festgelegt sind, finden Sie in der Tabelle die voraussichtlichen Beträge.

Freiberufler	2022	2021
Krankenversicherung (durch Opting-out in der Praxis ohne Bedeutung!)	6,80 %*	6,80 %
Pensionsversicherung	20 %**	20 %**
Selbständigenvorsorge-Beitrag (Opting-in)	1,53 %	1,53 %
Arbeitslosenversicherung (optional)	6 % bzw 3 %, wenn Beitragsgrundlage 1/4 der Höchstbeitragsgrundlage	6 % bzw 3 %, wenn Beitragsgrundlage 1/4 der Höchstbeitragsgrundlage
Unfallversicherung	10,64 € monatlich 127,68 € jährlich	10,42 € monatlich 125,04 € jährlich
Mindestbeitragsgrundlage Krankenversicherung	485,85 € monatlich 5.830,20 € jährlich	475,86 € monatlich 5.710,32 € jährlich
Mindestbeitragsgrundlage Pensionsversicherung	485,85 € monatlich 5.830,20 € jährlich	574,36 € monatlich 6.892,32 € jährlich
Höchstbeitragsgrundlage Kranken- und Pensionsversicherung	6.615 € monatlich 79.380 € jährlich	6.475 € monatlich 77.700 € jährlich
Beitragsgrundlage Arbeitslosenversicherung	1/4, 1/2 oder 3/4 der Höchstbeitragsgrundlage	1/4, 1/2 oder 3/4 der Höchstbeitragsgrundlage

* Im Zuge der ökosozialen Steuerreform sollen auch die Krankenversicherungsbeiträge für Freiberufler mit geringeren Einkommen ab 1. Juli 2022 um bis zu 1,7 Prozentpunkte reduziert werden. Bei einer Beitragsgrundlage bis zu 1.100 € ist eine Reduktion des Beitragssatzes um 1,7 Prozentpunkte auf 5,10 % vorgesehen. Mit steigender Beitragsgrundlage bis 2.500 € sinken diese 1,7 Prozentpunkte schrittweise um 0,2 Prozentpunkte. Bei einer Beitragsgrundlage über 2.500 € beträgt der Beitragssatz wieder 6,8 %. Die Gesetzwerdung bleibt abzuwarten.

** Halbierung des Beitrags bei Aufschub der Regelpension

Seit dem 1.1.2008 können Freiberufler (außer den unter das FSVG Fallenden auch noch Rechtsanwälte, Apotheker, Architekten, Wirtschaftstreuhänder, Tierärzte, Notare) innerhalb einer Frist von einem Jahr ab Beginn der Berufsausübung (bis 31.12.2008 bei am 1.1.2008 bereits Tätigen) in das Selbständigenvorsorgemodell hineinoptieren (ein späteres Opting-in oder -out ist ausgeschlossen). Die Bestimmungen entsprechen denen der Gewerbetreibenden. Für sie wird als Beitragsgrundlage die Beitragsgrundlage in der Pensionsversicherung herangezogen. Zur Arbeitslosenversicherung siehe Gewerbetreibende.

B.5.6. Bauern

Wer unterliegt der Sozialversicherung der Bauern?

Pflichtversichert in der Bauern-Kranken- und Pensionsversicherung sowie der Unfallversicherung sind

- Personen, die einen land-(forst-)wirtschaftlichen Betrieb auf eigene Rechnung führen,
- im land-(forst-)wirtschaftlichen Betrieb hauptberuflich tätige Kinder und
- im land-(forst-)wirtschaftlichen Betrieb tätige Ehegatten.

Die Pflichtversicherung erstreckt sich seit 1999 auch auf land-(forst-)wirtschaftliche Nebengewerbe, den Buschenschank und auf Tätigkeiten, die nach ihrer wirtschaftlichen Zweckbestimmung in einem sachlichen Naheverhältnis zum land-(forst-)wirtschaftlichen Betrieb erfolgen.

Ab welchem Einheitswert entsteht die Pflichtversicherung?

Die Pflichtversicherung entsteht nur dann, wenn der jeweilige Einheitswert bestimmte Grenzen überschreitet, und zwar

- in der Krankenversicherung 1.500 € (bei Ehegatten ist der gesamte Betrieb maßgebend; wird aus dem Betrieb überwiegend der Lebensunterhalt bestritten, besteht die Pflichtversicherung auch unter dieser Grenze),
- in der Pensionsversicherung 1.500 € (bei Ehegatten ist der gesamte Betrieb maßgebend; wird aus dem Betrieb überwiegend der Lebensunterhalt bestritten, besteht die Pflichtversicherung auch unter dieser Grenze),
- in der Unfallversicherung 150 €.

Welche Sozialversicherungsbeiträge sind zu zahlen?

Da im Zeitpunkt der Drucklegung die Beträge für die Mindest- und Höchstbeitragsgrundlage 2022 noch nicht festgelegt sind, finden Sie in der Tabelle die voraussichtlichen Beträge.

Land- und Forstwirte	**2022**	**2021**
Krankenversicherung	6,80 %*	6,80 %
Pensionsversicherung	17 %**	17 %**
Unfallversicherung	1,9 %	1,9 %
Selbständigenvorsorge-Beitrag (optional)	1,53 %	1,53 %
Mindestbeitragsgrundlage Einheitswert Unfallversicherung	896,56 € monatlich 10.758,72 € jährlich	878,12 € monatlich 10.537,44 € jährlich
Mindestbeitragsgrundlage Einheitswert Kranken- und Pensionsversicherung	485,85 € monatlich 5.830,20 € jährlich	475,86 € monatlich 5.710,32 € jährlich
Mindestbeitragsgrundlage Einkommensteuerbescheid Unfallversicherung	1.684,74 € monatlich 20.216,88 € jährlich	1.650,09 € monatlich 19.801,08 € jährlich
Mindestbeitragsgrundlage Einkommensteuerbescheid Pensionsversicherung	896,56 € monatlich 10.758,72 € jährlich	878,12 € monatlich 10.537,44 € jährlich
Mindestbeitragsgrundlage Einkommensteuerbescheid Krankenversicherung	485,85 € monatlich 5.830,20 € jährlich	475,86 € monatlich 5.710,32 € jährlich
Mindestbeitragsgrundlage landwirtschaftliche Nebentätigkeiten Einkommensteuerbescheid Krankenversicherung, Unfallversicherung und Pensionsversicherung	896,56 € monatlich 10.758,72 € jährlich	878,12 € monatlich 10.537,44 € jährlich
Höchstbeitragsgrundlage Kranken- und Pensionsversicherung	6.615 € monatlich 79.380 € jährlich	6.475 € monatlich 77.700 € jährlich

* Im Zuge der ökosozialen Steuerreform sollen auch die Krankenversicherungsbeiträge für Land- und Forstwirte mit geringeren Einkommen ab 1. Juli 2022 um bis zu 1,7 Prozentpunkte reduziert werden. Bei einer Beitragsgrundlage bis zu 1.100 € ist eine Reduktion des

Beitragssatzes um 1,7 Prozentpunkte auf 5,10 % vorgesehen. Mit steigender Beitragsgrundlage bis 2.500 € sinken diese 1,7 Prozentpunkte schrittweise um 0,2 Prozentpunkte. Bei einer Beitragsgrundlage über 2.500 € beträgt der Beitragssatz wieder 6,8 %. Die Gesetzwerdung bleibt abzuwarten.

** Halbierung des Beitrags bei Aufschub der Regelpension

Seit dem 1.1.2008 können Land- und Forstwirte innerhalb einer Frist von einem Jahr ab Beginn der Berufsausübung (bis 31.12.2008 bei am 1.1.2008 bereits Tätigen) in das Selbständigenvorsorgemodell hineinoptieren (ein späteres Opting-in oder -out ist ausgeschlossen). Die Bestimmungen entsprechen denen der Gewerbetreibenden. Als Beitragsgrundlage wird die Beitragsgrundlage in der Pensionsversicherung herangezogen.

Beitragsgrundlage für die Bemessung sind der Versicherungswert des land-(forst-)wirtschaftlichen Vermögens (das ist ein bestimmter Prozentsatz des Einheitswertes, der mit der Höhe des Einheitswertes variiert) sowie eventuelle zusätzliche Einkünfte aus einem Nebengewerbe, einem Buschenschank oder einer Tätigkeit im Naheverhältnis (dabei gelten 30 % der maßgeblichen Einnahmen aus den land(forst)wirtschaftlichen Nebentätigkeiten als Beitragsgrundlage).

Alternativ dazu kann auf den Einkommensteuerbescheid als Beitragsgrundlage optiert werden.

B.5.7. Mehrfachversicherung und Rückerstattung von Beiträgen

Was bedeutet „Mehrfachversicherung“?

Das österreichische Sozialversicherungsrecht ist geprägt vom Grundsatz der Mehrfachversicherung. Das heißt, wenn man gleichzeitig mehrere versicherungspflichtige Tätigkeiten ausübt, ist man mehrfach versichert, muss also mehrfach die Beiträge zahlen, kann aber unter Umständen Leistungen auch mehrfach beziehen.

Was passiert mit der Pensionsversicherung, wenn gleichzeitig mehrere versicherungspflichtige Tätigkeiten ausgeübt werden?

In der Pensionsversicherung wird dann, wenn in mehreren Pensionssystemen gleichzeitig Beitragsmonate erworben werden, der Monat einem Pensionssystem zugeordnet, wobei folgende Reihenfolge gilt: ASVG vor GSVG und BSVG, GSVG vor BSVG. Das heißt, die Pension wird nur von einem Versicherungsträger ausbezahlt. Pensionsversicherungsbeiträge müssen aber in allen Pensionssystemen entrichtet werden. Dabei gilt allerdings für alle Tätigkeiten ein gemeinsamer Höchstbetrag. Ein Überschreiten dieses gemeinsamen Höchstbetrages kann allerdings in der Regel erst im Nachhinein im Rahmen einer Rückerstattung oder in bestimmten Fällen im Vorhinein durch eine so genannte Differenzvorschreibung berücksichtigt werden (siehe unten).

Das oben Gesagte gilt nicht, wenn man neben Einkünften nach dem ASVG (bzw GSVG oder BSVG) noch Einkünfte als Beamter erzielt. In diesem Fall gibt es keine gemeinsame Höchstbeitragsgrundlage in der Pensionsversicherung. Vielmehr sind von den Einkünften nach dem ASVG (GSVG, BSVG) die Pensionsbeiträge bis zur dortigen Höchstbeitragsgrundlage und zusätzlich der Pensionsbeitrag vom Beamtenbezug (ohne Höchstbeitragsgrundlage) zu bezahlen. Allerdings gebühren später auch zwei Pensionen (Beamtenpension und ASVG/GSVG/BSVG-Pension), wenn die jeweiligen Wartezeiten erfüllt sind.

Apropos Wartezeiten: Im ASVG sind zB für eine normale Alterspension mindestens 15 Beitragsjahre (oder 15 Versicherungsjahre innerhalb der letzten 30 Jahre vor dem Pensionsstichtag oder 300 Versicherungsmonate) erforderlich. Für das Erreichen des Pensionsanspruches werden dabei ASVG, GSVG-/FSVG- und BSVG-Zeiten zusammengerechnet (so genannte „Wanderversicherung").

Nach dem am 1.1.2005 in Kraft getretenen APG (für nach dem 31.12.1954 Geborene) genügen 180 Versicherungsmonate, von denen mindestens 84 aufgrund einer Erwerbstätigkeit erworben werden müssen.

Was passiert mit der Krankenversicherung, wenn gleichzeitig mehrere versicherungspflichtige Tätigkeiten ausgeübt werden?

Im Bereich der gewerblichen Krankenversicherung herrschte bis Ende 1999 der Grundsatz der Subsidiarität. Das heißt, Krankenversicherungsbeiträge nach dem GSVG waren nicht abzuführen, wenn gleichzeitig bereits eine Pflichtkrankenversicherung

- ➜ im ASVG als Dienstnehmer (**Achtung:** Für freie Dienstnehmer galt die Subsidiarität nicht!) oder
- ➜ im B-KUVG als Beamter

bestand. Die Subsidiarität bedeutet also, dass nur einmal Krankenversicherungsbeiträge zu zahlen sind, obwohl zwei oder mehrere Tätigkeiten gleichzeitig ausgeübt werden.

Diese Subsidiarität in der Krankenversicherung wurde allerdings mit 31.12.1999 aufgehoben. Bei Mehrfachversicherung sind die Sachleistungen (oder die Erstattung von Kosten anstelle von Sachleistungen) nur einmal zu gewähren und zwar von dem Versicherungsträger, der zuerst in Anspruch genommen wird. Geldleistungen bei Krankheit gebühren mehrfach.

Kommt es zu einer Mehrfachversicherung und liegen die Einkünfte über der Höchstbeitragsgrundlage (2022: voraussichtlich 79.380 €; 2021: 77.700 €), dann kann für Kalenderjahre bis 2018 eine Rückerstattung der auf den Überhang entfallenden Beiträge beantragt werden (siehe weiter unten), für Kalenderjahre ab 2019 erfolgt diese Rückerstattung von Amts wegen.

Was passiert mit der Unfallversicherung, wenn gleichzeitig mehrere versicherungspflichtige Tätigkeiten ausgeübt werden?

In der Unfallversicherung gilt durchgehend der Grundsatz der Mehrfachversicherung. Erhält man daher Einkünfte aus mehreren Tätigkeiten zB aus einem Dienstverhältnis und als neuer Selbständiger, so wird die Unfallversicherung auch mehrfach fällig.

Welche Sozialversicherungsbeiträge werden rückerstattet?

Übt man mehrere Tätigkeiten gleichzeitig aus und bezahlt man daher in mehrere Sozialversicherungssysteme gleichzeitig ein (Mehrfachversicherung), so erhält man jene Beiträge vom Sozialversicherungsträger zurück, die

- die Höchstbeitragsgrundlage (2022: voraussichtlich 79.380 €; 2021: 77.700 €) überschreiten.

Rückerstattet vom Überhang über die Höchstbeitragsgrundlage werden folgende Beiträge:

- 4 % Krankenversicherungsbeitrag nach ASVG; ab dem Kalenderjahr 2019 der gesamte Beitrag, der nach dem GSVG, FSVG oder BSVG bezahlt wurde;
- 3 % Arbeitslosenversicherungsbeitrag bzw der gesamte Beitrag der von Selbständigen für die freiwillige Arbeitslosenversicherung bezahlt wurde;
- 45 % des Pensionsversicherungsbeitrages, der vom Dienstnehmer nach dem ASVG, und der gesamte Beitrag, der nach dem GSVG, FSVG oder BSVG bezahlt wurde.

Der Unfallversicherungsbeitrag ist in jedem Fall mehrfach zu bezahlen und kann nicht rückerstattet werden.

Beispiel 2021:

Ein Angestellter mit einem Monatsgehalt von 3.500 € (ds bei 14 Bezügen jährlich 49.000 € brutto) ist daneben noch als Vortragender tätig und erzielt dabei Einkünfte von 29.560 € jährlich (Einnahmen 33.160 €, Ausgaben 3.600 €). Dafür fallen grundsätzlich folgende Beiträge an:

Angestellten-Gehalt (ASVG-Versicherung, Einbehaltung durch Dienstgeber):

Pensionsversicherung:	49.000 € × 22,8 % (davon 10,25 % Dienstnehmeranteil)	11.172 €
Krankenversicherung:	49.000 € × 7,65 % (davon 3,87 % Dienstnehmeranteil)	3.748,50 €
Unfallversicherung:	49.000 € × 1,2 % (zahlt zur Gänze der Dienstgeber)	588 €

Einkünfte aus Vortragstätigkeit (GSVG-Versicherung als neuer Selbständiger, Vorschreibung zu je einem Viertel quartalsweise)

Pensionsversicherung:	29.560 € × 18,50 %	5.468,60 €
Krankenversicherung:	29.560 € × 6,80 %	2.010,08 €
Unfallversicherung:	10,42 €/Mo	10,42 €

Die Rückerstattung berechnet sich wie folgt:	
Beitragsgrundlage Angestellten-Gehalt	49.000 €
Beitragsgrundlage Vortragstätigkeit	29.560 €
Beitragsgrundlage insgesamt	78.560 €
abzüglich Höchstbeitragsgrundlage	77.700 €
Überhang über Höchstbeitragsgrundlage	860 €
davon 18,50 % Rückerstattung Pensionsversicherungsbeitrag GSVG	159,10 €
davon 6,80 % Rückerstattung Krankenversicherungsbeitrag GSVG	58,48 €
In der Unfallversicherung ist keine Rückerstattung möglich.	

Wann und wie erhält man zu viel bezahlte Beiträge zurück?

Der Antrag auf Erstattung zu viel bezahlter KV- und AIV-Beiträge ist für Beitragsjahre bis 2018 spätestens bis zum Ablauf des dem Beitragsjahr drittfolgenden Kalenderjahres zu stellen. Zu diesem Zweck ist ein formloses Schreiben („Ich ersuche um Rückerstattung der über der Höchstbeitragsgrundlage liegenden Kranken- und Arbeitslosenversicherungsbeiträge für das Jahr xxxx auf mein Konto, Kontonummer …") an den leistungszuständigen Versicherungsträger zu richten. Die Adressen der nach dem jeweiligen Bundesland zuständigen Sozialversicherungsträger finden sich im Anhang.

Seit 1.1.2005 war der Antrag auf Rückerstattung der Pensionsversicherungsbeiträge an keine Frist mehr gebunden und erfolgte bei Anfall einer Pension sogar von Amts wegen. Ab 2019 muss weder in der Krankenversicherung noch in der Pensionsversicherung noch in der Arbeitslosenversicherung ein Antrag auf Rückerstattung gestellt werden, diese erfolgt zeitnah (bis zum 30.6. des Kalenderjahres, das dem Jahr der gänzlichen Entrichtung der Beiträge für ein Kalenderjahr folgt) von Amts wegen. Erstmals bis zum 30.6.2020 für die im Jahr 2019 gänzlich für ein Kalenderjahr entrichteten Beiträge. Für Kalenderjahre vor 2019 ist noch die alte Rechtslage anzuwenden, wenn für diese Kalenderjahre die vollständige Entrichtung der Beiträge nicht erst im Jahr 2019 erfolgt, in diesem Fall ist nach der neuen Rechtslage vorzugehen.

Für die Jahre vor 2019 kann der Antrag auf Rückerstattung entweder bei der Österreichischen Gesundheitskasse oder bei der Sozialversicherungsanstalt der Selbständigen (SVS) eingebracht werden.

Hinweis: Die Rückerstattung der Kranken- und Arbeitslosenversicherungsbeiträge konnte bisher auch gleich im Vorhinein für die folgenden Jahre beantragt werden („… für das Jahr xxxx sowie für alle weiteren Folgejahre …"). Die Rückerstattung der Pensionsversicherungsbeiträge hingegen musste Jahr für Jahr neu beantragt werden.

Die bezahlten Sozialversicherungsbeiträge mindern als Betriebsausgaben bzw Werbungskosten die Einkünfte und damit die Bemessungsgrundlage für die Einkommensteuer bzw Lohnsteuer. Infolgedessen sind diese Beiträge, wenn sie rückerstattet (oder als Höherversicherung verwendet) werden, wieder der Steuer zu unterziehen. Bei Arbeitnehmern wird bei Rückerstattung von als Werbungskosten abgesetzten Beiträgen ein Lohnzettel an das Finanzamt übermittelt. Dort kommt es dann zur endgültigen Versteuerung nach dem Gesamteinkommen. Selbständige dagegen müssen die Rückerstattung als Einnahme erfassen und selbst über die Steuererklärung (als Teil des Gewinnes) versteuern.

Was passiert, wenn kein Antrag auf Rückerstattung gestellt wird?

Wurde die Rückerstattung nicht (oder zu spät) beantragt, flossen die über der Höchstbeitragsgrundlage liegenden Pensionsbeiträge bis zu einem bestimmten Betrag automatisch in die so genannte Höherversicherung. Aus dieser Höherversicherung resultiert dann später auch ein Zuschlag zur Pension („besonderer Steigerungsbetrag“). Seit 1.1.2005 ist eine Höherversicherung nicht mehr vorgesehen. Eine Rückerstattung in der PV kann jedoch seit 2005 nicht mehr zu spät beantragt werden, die Beiträge verfallen nicht mehr, sondern werden für bis 2018 bezahlte Beiträge spätestens bei Pensionsanfall von Amts wegen rückerstattet, ab 2019 werden die zu viel entrichteten Beiträge zeitnah von Amts wegen rückerstattet.

Wird die Rückerstattung der Kranken- und Arbeitslosenversicherungsbeiträge, die bis 2018 zur Gänze entrichtet wurden, nicht (oder zu spät) beantragt, so sind diese Beiträge verloren. Seit 2019 werden auch diese Beiträge zeitnah von Amts wegen rückerstattet.

Wie funktioniert die Differenzvorschreibung?

Im GSVG und im BSVG werden seit 2020 die Beiträge schon während des laufenden Jahres nur von der Differenz zwischen der Höchstbeitragsgrundlage und der Grundlage für eine daneben ausgeübte ASVG-Beschäftigung als (freier) Dienstnehmer vorgeschrieben (bis 2019 musste dazu ein Antrag auf Differenzvorschreibung gestellt werden, seit 2020 erfolgt die Differenzvorschreibung von Amts wegen).

Beispiel 2021:

Ein Angestellter mit einem Monatsgehalt von 3.500 € (ds bei 14 Bezügen jährlich 49.000 € brutto) ist daneben noch als Vortragender tätig und erzielt dabei Einkünfte von 29.560 € jährlich. Die Vorschreibung erfolgt nur aufgrund der Differenz zwischen

der Höchstbeitragsgrundlage von (2021)	77.700,00 €
und dem ASVG-Bezug von (3.500 € × 14)	49.000,00 €
das sind	28.700,00 €

davon 18,50 % Pensionsversicherungsbeiträge (verteilt auf 4 Teilbeträge)	5.309,50 €
davon 6,80 % Krankenversicherungsbeiträge (verteilt auf 4 Teilbeträge)	1.951,60 €
davon 1,53 % Selbständigenvorsorgebeitrag (verteilt auf 4 Teilbeträge)	439,11 €

Anmerkung: Wenn man nicht ASVG-Dienstnehmer, sondern Beamter ist, funktioniert die Differenzvorschreibung nach dem gleichen Schema (allerdings nur in der Krankenversicherung). Seit 2020 erfolgt auch hier die Differenzvorschreibung von Amts wegen.

C. Sonstige Steuern und Beihilfen

Im Kapitel C finden Sie

- ein ABC der sonstigen Steuern und Abgaben (zB Grunderwerbsteuer, Normverbrauchsabgabe) sowie
- ein ABC der Beihilfen (zB Familienbeihilfe, Kinderbetreuungsgeld).

C.1. ABC der sonstigen Steuern und Abgaben

Übersicht	
• Dienstgeberbeitrag	• Kammerumlage
• Dienstleistungsscheck	• Kapitalverkehrsteuern
• Digitalsteuer	• Kommunalsteuer
• Energieabgaben	• Körperschaftsteuer
• Erbschafts- und Schenkungssteuer	• Kraftfahrzeugsteuer
• Gebühren	• Normverbrauchsabgabe
• Grunderwerbsteuer	• Versicherungssteuer
• Grundsteuer	• Werbeabgabe

• Dienstgeberbeitrag zum Familienlastenausgleichsfonds

Aus den Mitteln des Dienstgeberbeitrages werden vorwiegend Familien bzw Kinder unterstützt (Familienbeihilfen, Schülerfreifahrten usw). Der Dienstgeberbeitrag ist von allen Unternehmen mit Arbeitnehmern bzw freien Dienstnehmern zu entrichten (lediglich Unternehmen, deren Lohnsumme monatlich unter 1.095 € bleibt, sind ausgenommen). Er beträgt 3,9 % der monatlichen Bruttolohnsumme und ist bis zum 15. des Folgemonats an das Betriebsstättenfinanzamt zu bezahlen.

Corona: Kurzarbeitsunterstützung und die vom Arbeitgeber übernommenen Dienstnehmerbeiträge zur Sozialversicherung sind in die Beitragsgrundlagen zum Dienstgeberbeitrag und Zuschlag zum Dienstgeberbeitrag einzubeziehen.

• Dienstleistungsscheck

Mit dem so genannten Dienstleistungsscheckgesetz soll die legale Beschäftigung iZm haushaltstypischen Dienstleistungen in Privathaushalten gefördert werden.

Umfasst von dieser Regelung sind

- ➜ einfache haushaltstypische Dienstleistungen in Privathaushalten (zB Reinigungsarbeiten, Kinderbetreuung, einfache Hilfestellungen bei der Haushaltsführung, einfache Gartenarbeiten),
- ➜ die auf längstens einen Monat befristet für die Dauer des jeweiligen Arbeitseinsatzes abgeschlossen werden (kann aber immer wieder wiederholt werden),
- ➜ wobei die monatliche Entlohnung die Geringfügigkeitsgrenze mit einem bestimmten Arbeitgeber nicht überschreitet.

Das Prozedere sieht folgendermaßen aus:

- ➜ Der Arbeitgeber kauft die benötigte Anzahl (den benötigten Wert) an Dienstleistungsschecks (10 € Entlohnung kosten den Arbeitgeber 10,20 €).
- ➜ Der Arbeitnehmer weist sich mit e-card und Arbeitsberechtigung aus.

- Der Arbeitgeber bezahlt mit dem Dienstleistungsscheck.
- Der Arbeitnehmer löst binnen eines Monats seine Entlohnung bei der Österreichischen Gesundheitskasse ein.

Seit 1.4.2017 können auch Asylwerber, die seit drei Monaten zum Asylverfahren zugelassen sind, bewilligungsfrei haushaltstypische Dienstleistungen in Privathaushalten (zB Gartenarbeiten, Kinderbetreuung) mit einer Entlohnung über den Dienstleistungsscheck übernehmen. Die Zulassung zum Asylverfahren wird mit der Aufenthaltsberechtigungskarte (weiße Karte) nachgewiesen.

Dienstleistungsschecks sind österreichweit über das Kompetenzzentrum der Versicherungsanstalt öffentlich Bediensteter, Eisenbahnen und Bergbau (BVAEB) unter der Telefonnummer 0810 555 666, in Trafiken und Postämtern sowie online über www.dienstleistungsscheck-online.at und nach einer erfolgreichen Registrierung auch über die DLS Handy-App erhältlich.

Für den Arbeitnehmer ist allerdings festzuhalten, dass bei Vorliegen anderer zusätzlicher Einkünfte daraus sowohl in der Sozialversicherung als auch in der Steuer Konsequenzen resultieren (lohnsteuerpflichtige Einkünfte, wobei ein Siebentel davon als Sonderzahlungen gilt). Für den Arbeitgeber fällt bei Überschreiten der eineinhalbfachen Geringfügigkeitsgrenze bei der Beschäftigung mehrerer Arbeitnehmer mittels Dienstleistungsschecks neben dem UV-Beitrag auch die Dienstgeberabgabe an.

• Digitalsteuer

Der Digitalsteuer unterliegen Onlinewerbeleistungen, soweit sie von Onlinewerbeleistern im Inland gegen Entgelt erbracht werden, dh wenn sie von Nutzern mit inländischer IP-Adresse empfangen wird. Die Digitalsteuer beträgt 5 % des Entgelts, das der Onlinewerbeleister von seinem Auftraggeber erhält.

Steuerpflichtig sind Unternehmen mit einem weltweiten Umsatz von mindestens 750 Mio € und einem Inlandsumsatz iZm Werbeleistungen von mindestens 25 Mio € jährlich. Ab 1.1.2021: Für die Erhebung der Digitalsteuer ist das Finanzamt für Großbetriebe zuständig.

• Energieabgaben

Folgende als Verkehrsteuern konzipierte Abgaben sind für die Lieferung und den Verbrauch von Energie zu entrichten:

- Eine **Elektrizitätsabgabe**, mit der der elektrische Strom an Letztverbraucher versteuert wird. Die Steuer beträgt 0,015 €/kWh und wird vom Lieferer (idR EVU) geschuldet (und dem Strompreis zugeschlagen). Für selbsterzeugten und -verbrauchten Strom gibt es eine Steuerbefreiung.
- Eine **Erdgasabgabe**, mit der die Lieferung von Erdgas, Biogas oder Wasserstoff an Letztverbraucher besteuert wird. Der Steuersatz beträgt 0,066 €/m^3 (bei Wasser-

stoff 0,021 €/m³) und wird vom Lieferer (idR EVU) geschuldet (und dem Gaspreis zugeschlagen).

- ➔ Bei Betrieben sollen diese Abgaben aber nicht mehr als 0,5 % des Nettoproduktionswertes (Umsatz abzüglich eingekaufter Lieferungen und Leistungen) ausmachen. Ein eventueller Überhang wird daher auf Antrag erstattet (**Energieabgabenvergütungsgesetz**).
- ➔ Eine **Kohleabgabe**, mit der die Lieferung von Kohle an Letztverbraucher besteuert wird. Der Steuersatz beträgt 0,05 € je kg und wird vom Lieferer geschuldet (und dem Kohlepreis zugeschlagen).
- ➔ Einer **Flugabgabe** unterliegt der Abflug eines Passagiers von einem inländischen Flughafen mit einem motorisierten Luftfahrzeug. Abgabenschuldner ist der Luftfahrzeughalter. Die Flugabgabe beträgt für Kurzstrecken 7 €, für Mittelstrecken 15 € und für Langstrecken 35 €. Ab 2018 wird die Flugabgabe halbiert und beträgt dann 3,50 €, 7,50 € bzw 17,50 €.

• Erbschafts- und Schenkungssteuer

Der Verfassungsgerichtshof hat mit 1.8.2008 die Bestimmungen betreffend die Besteuerung von Erbschaften und Schenkungen als verfassungswidrig aufgehoben. Mit dem Schenkungsmeldegesetz 2008 wurde klargestellt, dass die Erbschafts- und Schenkungssteuer nach dem 31.7.2008 nicht mehr erhoben wird.

In der Bundesabgabenordnung und im Finanzstrafgesetz wurde aber für Schenkungen von Kapital- und Sachvermögen eine Meldepflicht eingeführt:

- ➔ Binnen drei Monaten ab Erwerb sind sowohl der Erwerber als auch der Geschenkgeber und auch allenfalls mitwirkende Notare oder Rechtsanwälte verpflichtet, Schenkungen beim Finanzamt (grundsätzlich) elektronisch zu melden.
- ➔ Ausgenommen von der Meldeverpflichtung sind Schenkungen zwischen Angehörigen bis zu einem gemeinen Wert von 50.000 € pro Jahr, zwischen Nichtangehörigen bis zu 15.000 € innerhalb von fünf Jahren.
- ➔ Weiters sind Gewinne aus Preisausschreiben, Gelegenheitsgeschenke bis 1.000 € und Hausrat ausgenommen.
- ➔ Wird die Anzeigepflicht verletzt, so liegt eine Finanzordnungswidrigkeit vor (Geldstrafe bis zu 10 % des gemeinen Wertes; Möglichkeit zur strafbefreienden Selbstanzeige).

• Gebühren

Den Stempel- und Rechtsgebühren nach dem Gebührengesetz unterliegen bestimmte

- ➔ Schriften und Amtshandlungen sowie
- ➔ Rechtsgeschäfte.

Hundertsatzgebühren werden mittels Bescheid durch das Finanzamt vergebührt. Daneben ist für all jene, bei denen eine Vielzahl von gebührenpflichtigen Vorgängen anfällt, eine Selbstberechnung möglich. Für Bestandgeber von Bestandverträgen ist eine Selbstberechnung verpflichtend vorgesehen. Werden Gebühren nicht vorschriftsmäßig entrichtet, kann es Gebührenerhöhungen um bis zu 100 % geben.

Im Folgenden sind die Gebühren für einige häufig vorkommende Fälle aufgelistet:

Amtliche Zeugnisse	14,30 €
Leichenpassausstellung	83,60 €
Namensänderung	382,60 €
Bescheinigungen über Geburten, Trauungen, Sterbefälle pro Bogen	7,20 €
Eingaben: an Gebietskörperschaften im Privatinteresse	14,30 €
Ansuchen um Ausübung einer Erwerbstätigkeit	47,30 €
Ansuchen um Ernennung zum Notar, Handelsmakler, Zulassung als Steuerberater oder Wirtschaftsprüfer, Eintragung als Patentanwalt	47,30 €
Ernennung zum Notar, Handelsmakler, Zulassung als Steuerberater oder Wirtschaftsprüfer, Eintragung als Rechtsanwalt oder Patentanwalt	285,90 €
Beilagen zu Eingaben: pro Bogen 3,90 €, höchstens	21,80 €
Ansuchen um Verleihung der österreichischen Staatsbürgerschaft	125,60 €
Reisepassausstellung	75,90 €
Kinderreisepass	30,00 €
Führerscheinausstellung	60,50 €
Miet- und Pachtverträge (vom Wert bzw bei unbestimmter Dauer von drei Jahresmieten); Mietverträge für Wohnraum sind ab 11.11.2017 gebührenfrei.	1 %
Jagdpachtverträge	2 %

Hinweis: Gebühren sind durch Barzahlung bzw Erlagschein oder mittels Bankomat- oder Kreditkarte zu entrichten. Für bestimmte elektronisch eingebrachte Eingaben und Beilagen gibt es seit 2016 Ermäßigungen.

CORONA

Corona: Bis 30.6.2021 waren für Anträge von Unterstützungsleistungen und Rechtsgeschäfte, die mit Maßnahmen im Zusammenhang mit der Bewältigung der Covid-19-Krise notwendig sind, keine Gebühren und Bundesverwaltungsabgaben zu entrichten.

• Grunderwerbsteuer

Der Grunderwerbsteuer unterliegt der **Erwerb von inländischen Grundstücken**, also von

- → Grund und Boden,
- → Gebäuden,
- → Superädifikaten (= Gebäuden auf fremdem Grund)
- → und Baurechten.

Sie entsteht vor allem bei Kaufverträgen und anderen Rechtsgeschäften, die den Anspruch auf Übereignung begründen. Von der Besteuerung sind aber ua ausgenommen:

- Grundstückserwerbe, wenn der für die Berechnung der Steuer maßgebende Wert 1.100 € nicht übersteigt;
- Erwerbe im Zusammenhang mit Flurbereinigungsverfahren;
- Grundstücke bei unentgeltlichen oder teilentgeltlichen Betriebsübertragungen (bis zu einem Wert von 900.000 €);
- Land- und forstwirtschaftliche Grundstücke bei unentgeltlichen Betriebsübertragungen bis zu einem Freibetrag von 365.000 €;
- der Erwerb eines Grundstücks unter Lebenden durch den (Ehe)Gatten zur Anschaffung oder Errichtung einer Wohnstätte mit höchstens 150 m² Wohnnutzfläche sowie der Erbanfall, das Vermächtnis usw in diesen Fällen.

Seit 2016 wird immer der Grundstückswert (Verkehrswert) als Bemessungsgrundlage bei der unentgeltlichen Übertragung von Grundstücken herangezogen. Das gilt auch bei Erwerben im Familienverband. Bei Grundstücken in der Land- und Forstwirtschaft wird wegen der im Jahr 2015 eingeführten neuen Einheitswerte an der bisherigen Besteuerung festgehalten.

Die Steuer beträgt beim unentgeltlichen Erwerb von Grundstücken

- für die ersten 250.000 € 0,5 %,
- für die nächsten 150.000 € 2 %,
- darüber hinaus 3,5 %

des Grundstückswertes. Für die Ermittlung der Grunderwerbsteuer werden alle unentgeltlichen Erwerbe berücksichtigt, die zwischen denselben Personen innerhalb von fünf Jahren stattgefunden haben.

Der Grundstückswert kann auf drei verschiedene Arten ermittelt werden:

- Summe des hochgerechneten (anteiligen) dreifachen Bodenwertes und des Gebäudewertes (Details werden in einer Verordnung geregelt)
- Ein von einem geeigneten Immobilienpreisspiegel abgeleiteter Wert (Details werden in einer Verordnung geregelt)
- Nachweis eines geringeren gemeinen Wertes als die nach den ersten beiden Methoden ermittelten Werte (zB durch ein Gutachten eines Immobiliensachverständigen)

Details zur Ermittlung des Grundstückswertes sind in der sogenannten Grundstückswertverordnung geregelt.

Die Grunderwerbsteuer kann wie bisher direkt mit Abgabenerklärung oder über Parteienvertreter (Rechtsanwälte, Notare) mit Selbstberechnung erhoben werden.

Hinsichtlich der Verpflichtung für die Steuerschuldner und die Parteienvertreter, bis zum 15. des zweitfolgenden Monats Erwerbsvorgänge mittels Abgabenerklärung beim Finanzamt anzuzeigen sowie hinsichtlich der Entrichtung der Immobilienertragsteuer durch Rechtsanwälte und Notare bei privaten Grundstücksveräußerungen siehe B.2.7. Sonstige Einkünfte.

• **Grundsteuer**

Grundsteuer zahlt man als Eigentümer oder Mitbesitzer von inländischem **Grundbesitz** für

- ➔ land- und forstwirtschaftliches Vermögen,
- ➔ Grundvermögen und
- ➔ Betriebsgrundstücke.

Die Bemessung für diese Steuer ist der jeweilige Einheitswert des Grundbesitzes, der dann mit der Steuermesszahl multipliziert wird. Von dem sich so ergebenden Steuermessbetrag wird mit einem je nach Gemeinde unterschiedlichen Prozentsatz (sog Hebesatz) die Grundsteuer errechnet.

Die Grundsteuer wird quartalsweise (am 15.2., am 15.5., am 15.8. und am 15.11.) zu je einem Viertel fällig. Beträgt die jährliche Grundsteuer allerdings nicht mehr als 75 €, so ist sie in einem Jahresbetrag am 15.5. fällig.

• **Kammerumlage**

Die Kammerumlage – die aus zwei Teilen besteht – stellt eine Selbstberechnungsabgabe dar, die von der Finanzverwaltung für die Wirtschaftskammern eingehoben wird. Das heißt, sie trifft grundsätzlich nur jene Selbständigen, die Mitglieder der Wirtschaftskammer sind. Bemessungsgrundlage für die Kammerumlage 1 ist die Summe der Vorsteuer (einschließlich Einfuhrumsatzsteuer und Erwerbsteuer sowie Umsatzsteuer aus Reverse Charge vermindert um die Vorsteuer auf Investitionen in das Anlagevermögen, das gilt auch für geringwertige Wirtschaftsgüter; siehe Kapitel B.3.5.). Durch Investitionen verringert sich die Kammerumlage. Die Umlage beträgt bis zu 3 Mio € Jahresumsatz 0,29 %, zwischen 3 Mio € und 32,5 Mio € Jahresumsatz 0,2755 % und ab einem Jahresumsatz von mehr als 32,5 Mio € 0,2552 % und ist quartalsweise jeweils am 15. des zweitfolgenden Monats (am 15.5. für das erste Quartal) an das Finanzamt zu entrichten. Die Jahressumme der Kammerumlage 1 muss übrigens auch auf der letzten Seite der Umsatzsteuererklärung angeführt werden. Die Umlage entfällt allerdings dann, wenn der Jahresumsatz 150.000 € nicht überschreitet (Freigrenze).

Daneben gibt es noch die Kammerumlage 2, die als Zuschlag zum Dienstgeberbeitrag von der monatlichen Lohnsumme eines Betriebes zu berechnen ist. Sie beträgt – je nach Bundesland – zwischen 0,34 % und 0,42 % der monatlichen Bruttolohnsumme und ist am 15. des Folgemonats zu entrichten.

• **Kapitalverkehrsteuern**

Zu den Kapitalverkehrsteuern zählen folgende Steuern:

➔ **Gesellschaftsteuer**

Die Gesellschaftsteuer wurde mit 1.1.2016 abgeschafft.

➔ **Börsenumsatzsteuer**

Die Börsenumsatzsteuer wurde mit 1.10.2000 abgeschafft.

• Kommunalsteuer

Die Kommunalsteuer stellt eine Gemeindeabgabe dar, die von allen Unternehmen mit Arbeitnehmern bzw freien Dienstnehmern zu entrichten ist (lediglich Unternehmen, deren Lohnsumme monatlich unter 1.095 € bleibt, sind ausgenommen). Sie beträgt 3 % der monatlichen Bruttolohnsumme und ist bis zum 15. des Folgemonats an jene Gemeinde(n) zu bezahlen, in deren Gebiet eine Betriebsstätte besteht.

Corona: Von der Kurzarbeitsunterstützung, Zulagen und Bonuszahlungen, die aufgrund der Covid-19-Krise zusätzlich bezahlt werden, ist keine Kommunalsteuer zu entrichten.

• Körperschaftsteuer

Die Körperschaftsteuer ist jene Steuer, der neben bestimmten Betrieben der öffentlichen Hand vor allem **juristische Personen** des privaten Rechtes, also Aktiengesellschaften, Gesellschaften mit beschränkter Haftung, Erwerbs- und Wirtschaftsgenossenschaften, Vereine und Privatstiftungen, anstelle der Einkommensteuer unterliegen. Die Körperschaftsteuerpflicht beginnt mit der Feststellung der Rechtsgrundlage (Satzung, Gesellschaftsvertrag) sowie dem erstmaligen Agieren und endet in dem Zeitpunkt, in dem die Rechtspersönlichkeit untergeht bzw das gesamte Vermögen auf andere übergeht.

Der Steuersatz beträgt einheitlich **25 % des Einkommens**. Allerdings besteht für die Kapitalgesellschaften eine **Mindeststeuer**, die wie folgt geregelt ist:

- ➜ **Normalsatz:** 5 % vom gesetzlichen Mindestgrund- oder Stammkapital (für AG daher 3.500 €, für GmbH 1.750 € jährlich; für neu gegründete GmbH gibt es aber Erleichterungen, hier beträgt die Mindeststeuer in den ersten fünf Jahren 500 € und in den folgenden fünf Jahren 1.000 € jährlich)
- ➜ Kreditinstitute und Versicherungsunternehmen: 5.452 € jährlich Mindeststeuer.
- ➜ Bei Unternehmensgruppen ist die Mindeststeuer für jedes mindeststeuerpflichtige Gruppenmitglied und den Gruppenträger zu berechnen und vom Gruppenträger zu entrichten, wenn das Gesamteinkommen der Gruppe nicht ausreichend positiv ist.

Die Mindestkörperschaftsteuer ist auf eine in den Folgejahren anfallende „normale" Körperschaftsteuer anzurechnen.

Einlagen der Gesellschafter gehören nicht zum Einkommen der Gesellschaft. Gleichzeitig mindern aber auch Ausschüttungen an die Gesellschafter – und zwar weder verdeckte noch offene – nicht den Gewinn. Als verdeckte Ausschüttung ist jede Vorteilszuwendung der Gesellschaft an einen Gesellschafter zu verstehen, die nicht unmittelbar als Einkommensverteilung erkennbar ist und die ihre Wurzel im Gesellschaftsverhältnis hat (zB zinsenloses Darlehen an Gesellschafter, Überlassung eines PKW). Sowohl die offenen als auch die verdeckten **Gewinnausschüttungen** unterliegen der Kapitalertragsteuer (KESt) von 27,5 %. Diese KESt wird von der Gesellschaft einbehalten. Somit werden Gewinne von Kapitalgesellschaften einerseits bei der Gesellschaft mit der Körperschaftsteuer und andererseits zusätzlich – soweit sie ausgeschüttet werden – beim Gesellschafter mit der KESt belastet.

Rechtsbeziehungen zwischen Gesellschaft und Gesellschafter werden grundsätzlich auch steuerlich anerkannt. So kann ein Gesellschafter zB in der Gesellschaft beschäftigt sein. Die Entlohnung samt Nebenkosten stellt bei der Gesellschaft eine Betriebsausgabe dar. Beim Gesellschafter liegen entweder Einkünfte aus nichtselbständiger Arbeit (wenn die Beteiligung 25 % nicht übersteigt) oder solche aus selbständiger Arbeit (mehr als 25 % Beteiligung) vor (siehe Kapitel B.1.3.).

Mit der **Gruppenbesteuerung** erfolgt das Zusammenfassen der steuerlichen Ergebnisse finanziell verbundener Körperschaften bei einem Gruppenträger. Eine finanzielle Eingliederung im Ausmaß einer mehr als 50%igen Kapitalbeteiligung bei Stimmrechtsmehrheit ist für die gemeinsame Besteuerung der Ergebnisse einer Gruppe ausreichend.

Corona: Um die wirtschaftlichen Auswirkungen der Covid-19-Krise steuerlich abzufedern, wurde – zeitlich befristet – die Möglichkeit vorgesehen, betriebliche Verluste aus 2020 in das Jahr 2019 rückzutragen. Zunächst kann auf Antrag der Gewinn im Jahr 2019 um den Verlust 2020 durch die sogenannte **Covid-19-Rücklage**, die den Gesamtbetrag der betrieblichen Einkünfte reduziert, vermindert werden. Zwei Varianten zur Ermittlung der Höhe: Einerseits kann eine pauschale Rücklage iHv 30 % des positiven Gesamtbetrags der betrieblichen Einkünfte 2019 beansprucht werden, wenn die Vorauszahlungen für 2020 null betragen bzw in Höhe der Mindestkörperschaftsteuer festgesetzt wurden. Andererseits kann eine höhere Rücklage (bis zu 60 % des Gesamtbetrags der Einkünfte 2019) angesetzt werden, wenn ein dementsprechender voraussichtlich negativer Gesamtbetrag der betrieblichen Einkünfte 2020 glaubhaft gemacht wird. Die Höhe ist mit 5 Mio € gedeckelt. Diese Covid-19-Rücklage wird im Jahr 2020 wieder hinzugerechnet. Für den Fall, dass im Kalenderjahr 2020 ein abweichendes Wirtschaftsjahr endet, besteht das Wahlrecht, die Covid-19-Rücklage vom voraussichtlichen negativen Gesamtbetrag der betrieblichen Einkünfte 2020 (Verlust 2020, Covid-19-Rücklage 2019 und Hinzurechnung 2020) oder vom voraussichtlichen negativen Gesamtbetrag der betrieblichen Einkünfte 2021 (Verlust 2021, Covid-19-Rücklage 2020 und Hinzurechnung 2021) zu bemessen.

Verbleibt nach der Hinzurechnung der Covid-19-Rücklage ein weiterer Verlust, kann dieser in das Jahr 2019 (maximal 5 Mio €) rückgetragen werden. Unter bestimmten Voraussetzungen ist auch ein Rücktrag von Verlusten in die Veranlagung 2018

(Deckelung mit maximal 2 Mio €) möglich. Die Berücksichtigung des **Verlustrücktrags** erfolgt im Wege eines gesonderten Antrags im Rahmen der Veranlagung 2019 (bzw. 2018). Für den Fall, dass im Kalenderjahr 2020 ein abweichendes Wirtschaftsjahr endet, besteht das Wahlrecht, entweder den betrieblichen Verlust aus der Veranlagung 2020 in die Jahre 2019 und 2018 oder den betrieblichen Verlust aus der Veranlagung 2021 in die Jahre 2020 und 2019 rückzutragen.

Die Berücksichtigung des Verlustrücktrags im Jahr 2019 oder 2018 kann grundsätzlich erst mit Feststellung des Verlustes im Rahmen der Veranlagung des Jahres 2020 vorgenommen werden.

Sollte ein weiterer Verlust verbleiben, ist dieser vortragsfähig und kann ab 2021 abgezogen werden (**Verlustabzug**).

An den Verlustrücktrag sind dieselben Voraussetzungen geknüpft wie an den Verlustvortrag.

Für Unternehmensgruppen gilt, dass der Verlustvortrag allein auf der Ebene des Gruppenträgers stattfindet.

• Kraftfahrzeugsteuer

Die Kraftfahrzeugsteuer ist für alle Kfz zu bezahlen, soweit keine Versicherungssteuer zu entrichten ist. Sie beträgt für mehrspurige Kfz mit mehr als 3,5 Tonnen

➜ bei Kfz mit dem höchsten zulässigen Gesamtgewicht von mehr als 3,5 Tonnen und bis zu 12 Tonnen: 1,55 € für jede Tonne höchstes zulässiges Gesamtgewicht, mindestens 15 €,
➜ bei Kfz mit dem höchsten zulässigen Gesamtgewicht von mehr als 12 Tonnen bis zu 18 Tonnen: 1,70 € für jede Tonne höchstes zulässiges Gesamtgewicht,
➜ bei Kfz mit dem höchsten zulässigen Gesamtgewicht von mehr als 18 Tonnen: 1,90 € für jede Tonne höchstes zulässiges Gesamtgewicht, höchstens 80 €, bei Anhängern höchstens 66 €.

Für mehrspurige Pkw bis zu 3,5 Tonnen, die vor dem 1.10.2020 erstmalig zugelassen werden, bzw Fahrzeuge, die nach dem 1.10.2020 erstmalig zugelassen und deren Werte nicht nach WLTP ermittelt werden, beträgt die Steuer je Kilowatt der um 24 Kilowatt verringerten Leistung des Verbrennungsmotors

➜ für die ersten 66 KW 0,682 €,
➜ für die weiteren 20 KW 0,726 €
➜ und für die darüber hinausgehenden KW 0,825 €, mindestens 6,82 €, höchstens 80 €.

Für mehrspurige Pkw bis zu 3,5 Tonnen, die vor dem 1.1.1987 erstmalig zugelassen wurden, erhöht sich die Kraftfahrzeugsteuer um 20 %, es sei denn, es wird die Einhaltung der vorgeschriebenen Schadstoffwerte nachgewiesen.

Für mehrspurige Pkw bis zu 3,5 Tonnen, die nach dem 30.9.2020 erstmalig zugelassen und deren Werte nach dem WLTP ermittelt werden, beträgt die Steuer:

- 0,72 € je Kilowatt der um 65 Kilowatt verringerten Leistung des Verbrennungsmotors
- sowie 0,72 € je Gramm des um 115 Gramm pro Kilometer verringerten Wertes der CO_2-Emissionen in Gramm pro Kilometer. Es sind mindestens 5 KW und mindestens 5 g/km anzusetzen. Ab 1.1.2021 wird der Wert 115g/km um den Wert 3 und der Wert 65 KW um den Wert 1 vermindert.

Von der Kraftfahrzeugsteuer befreit sind ua Rettungs- und Feuerwehrautos, Mietautos und Taxis, Elektroautos, Invalidenkraftfahrzeuge und Fahrzeuge für Körperbehinderte unter bestimmten Voraussetzungen. Steuerschuldner ist der Zulassungsbesitzer.

Für Kraftfahrzeuge, die ab 1.10.2020 erstmals zugelassen werden, erfolgt die Besteuerung im Sinne der österreichischen Klima- und Energiestrategie auf Basis einer neuen Bemessungsgrundlage und eines neuen Steuersatzes.

Hinsichtlich der motorbezogenen Versicherungssteuer für PKW und Kombi siehe „Versicherungssteuer“.

• Normverbrauchsabgabe

Der so genannten NoVA unterliegen folgende Vorgänge:

- Lieferung von neuen Kraftfahrzeugen im Inland durch Unternehmer
- Der innergemeinschaftliche Erwerb (ausgenommen durch Fahrzeughändler zur Weiterlieferung)
- Erstmalige Zulassung von Kraftfahrzeugen im Inland
- Die Lieferung, der Eigenverbrauch durch Entnahme und die Nutzungsänderung von befreiten Kraftfahrzeugen

Als Kraftfahrzeuge gelten:

- Krafträder und Kraftfahrzeuge mit zwei oder drei Rädern (Klassen L3e, L4e, und L5e), jeweils mit einem Hubraum von mehr als 125 Kubikzentimetern;
- leichte und schwere vierrädrige Kraftfahrzeuge (L6e und L7e), jeweils mit einem Hubraum von mehr als 125 Kubikzentimetern;
- Personen- und Kombinationskraftwagen (Klasse M1) sowie
- neu ab 1.7.2021: Kraftfahrzeuge zur Güterbeförderung mit mindestens vier Rädern und einer zulässigen Gesamtmasse von nicht mehr als 3.500 kg (Klasse N1).

ACHTUNG

Übergangsregelung: Wurde der Kaufvertrag vor dem 1.6.2021 geschlossen und erfolgte die Lieferung des Kfz vor dem 1.11.2021, wird die bis 30.6.2021 (günstigere) Rechtslage angewendet. Diese Frist soll bis 1.5.2022 erstreckt werden (Gesetzwerdung bleibt abzuwarten).

Die Einteilung der Kraftfahrzeuge in Klassen richtet sich nach dem Kraftfahrzeuggesetz. Die Einordnung in die Klassen ergibt sich aus dem Typenschein, dem Einzelgenehmigungsbescheid oder der EG- bzw EU-Übereinstimmungsbescheinigung.

Für Menschen mit Behinderungen gibt es unter bestimmten Voraussetzungen eine NoVA-Befreiung.

Oldtimer, Motorräder unter 125 cm³, Taxis, Vorführwagen und Tageszulassungen, wenn die Zulassung nicht länger als 3 Monate dauert, sind von der NoVA befreit. Elektro-Autos und wasserstoffbetriebene Fahrzeuge sind ausgenommen, weil sie kein CO_2 ausstoßen. Bei hybriden Fahrzeugen fällt oftmals aufgrund des niedrigen CO_2-Ausstoßes keine NoVA an.

Die Steuer wird vom Entgelt (Kaufpreis) bemessen, und zwar mit **Steuersätzen**, die vom CO_2-Verbrauch abhängen:

Der Höchststeuersatz für Motorräder wird von 20 % auf 30 % und für Personenkraftwagen startend bei 50 % jährlich auf bis zu 80 % erhöht. Der CO_2-Abzugsbetrag soll startend bei 112 g/km jährlich um 5 g/km abgesenkt werden. Bei 200 g/km wird ein Malus hinzugerechnet, dieser sinkt jährlich bis einschließlich 2025 um 15 g/km. Der Malus beträgt 2021 50 € und steigt jährlich bis einschließlich 2024 um 10 g/km.

Für Personen- und Lastkraftwagen sollen zusammengefasst folgende Werte gelten:

	Ab 1.7.2021 Pkw/Lkw	Ab 1.1.2022 Pkw/Lkw	Ab 1.1.2023 Pkw/Lkw	Ab 1.1.2024 Pkw/Lkw	Ab 1.1.2025 Pkw/Lkw
CO_2-Abzugsbetrag	112/165 g/km	107/160 g/km	102/155 g/km	97/150 g/km	94/147 g/km
Malus-Grenzwert	200/253 g/km	185/238 g/km	170/223 g/km	155/208 g/km	155/208 g/km
Malusbetrag	50 €	60 €	70 €	80 €	80 €
Höchststeuersatz	50%	60%	70%	80%	80%

Steuerschuldner ist grundsätzlich der Verkäufer (dh die NoVA wird zum Kaufpreis dazugeschlagen). Lediglich bei erstmaliger Zulassung im Inland (also bei Eigenimporten) muss der Zulassungsbesitzer (dh idR der Käufer) die Steuer selbst beim Finanzamt anmelden und einzahlen (Frist: 15. des zweitfolgenden Monats).

Bei Fahrzeugen, die ins Ausland verkauft werden, besteht ein Anspruch auf Vergütung der (anteiligen) NoVA vom Zeitpunkt der Abmeldung im Inland.

Von der NoVA befreit sind ua Ausfuhrlieferungen, Elektroautos, Fahrschul- und Mietautos.

• Versicherungssteuer

Der Versicherungssteuer unterliegen Prämien für Versicherungsverträge. Die Steuer beträgt:

• Kapitalversicherungen mit einer Laufzeit von weniger als 10 (ab dem 50. Lebensjahr) bzw 15 Jahren, wenn keine laufenden Prämienzahlungen vereinbart sind	11 % des Versicherungsentgeltes (bei Lebensversicherungen kommt in bestimmen Fällen wie zB einem vorzeitigen Rückkauf eine weitere Steuer von 7 % zum Tragen)
• Übrige Lebens- und Invaliditätsversicherungen	4 % des Versicherungsentgeltes
• Alters-, Hinterbliebenen- und Invaliditätsversorgung iSd Pensionskassengesetzes	2,5 % der Beiträge
• Krankenversicherung	1 % des Versicherungsentgeltes
• Hagelversicherung	0,2 ‰ der Versicherungssumme
• Kfz-Haftpflichtversicherung für PKW und Kombi	Hängt vom Datum der erstmaligen Zulassung ab.
• Krafträder-Haftpflichtversicherung	Hängt vom Datum der erstmaligen Zulassung ab.

Von der motorbezogenen Versicherungssteuer befreit sind ua Rettungs- und Feuerwehrautos, Mietautos und Taxis, Elektroautos, Invalidenkraftfahrzeuge und Fahrzeuge für Körperbehinderte unter bestimmten Voraussetzungen. Das Verfahren für die Versicherungssteuerbefreiung für Menschen mit Behinderungen wird neu und automatisationsunterstützt aufgesetzt.

Für Kraftfahrzeuge, die ab 1.10.2020 erstmals zugelassen werden, erfolgt die Besteuerung im Sinne der österreichischen Klima- und Energiestrategie auf Basis einer neuen Bemessungsgrundlage und eines neuen Steuersatzes.

Für Kraftfahrzeuge, die **vor dem 1.10.2020** erstmalig zugelassen werden, ist die Bemessungsgrundlage die Leistung des Verbrennungsmotors in Kilowatt. Der Steuersatz errechnet sind folgendermaßen:

Je KW minus 24 KW verringerte Leistung des Verbrennungsmotors

- ➜ für die ersten 66 KW 0,62 €,
- ➜ für die weiteren 20 KW um 0,66 €
- ➜ und für die darüber hinausgehenden KW 0,75 €, mindestens 6,20 €.

Für Fahrzeuge, die vor dem 1.1.1987 erstmalig zugelassen wurden, erhöht sich die motorbezogene Versicherungssteuer um 20 %, es sei denn, es wird die Einhaltung der vorgeschriebenen Schadstoffwerte nachgewiesen. Die Versicherungssteuer erhöht sich hier bei halbjährlicher Zahlung um 6 %, bei vierteljährlicher Zahlung um 8 % und bei monatlicher Zahlung um 10 %.

Für Fahrzeuge, die **nach dem 30.9.2020** erstmalig zugelassen werden und deren Werte **nach WLTP** ermittelt wurden, ist die Bemessungsgrundlage die Leistung des Verbrennungsmotors in Kilowatt und der nach WLTP ermittelte Wert der CO_2-Emissionen in Gramm pro Kilometer.

Der Steuersatz errechnet sich folgendermaßen: (KW – 65) × 0,72 € + (CO_2 – 115) × 0,72.

- ➜ 0,72 € je Kilowatt der um 65 Kilowatt verringerten Leistung des Verbrennungsmotors

- sowie 0,72 € je Gramm des um 115 Gramm pro Kilometer verringerten Wertes der CO_2-Emissionen (nach WLTP) in Gramm pro Kilometer; es sind mindestens 5 KW und mindestens 5 g/km anzusetzen.
- Ab 1.1.2021 wird der Wert von 115 Gramm jährlich um den Wert 3 (2021: 112 Gramm, 2022: 109 Gramm, …) und der Wert 65 KW um den Wert 1 vermindert.

Für Fahrzeuge, die **nach dem 30.9.2020** zugelassen werden und deren Werte **nicht nach WLTP** ermittelt wurden, ist die Bemessungsgrundlage die Leistung des Verbrennungsmotors in Kilowatt. Der Steuersatz errechnet sind folgendermaßen:
Je KW minus 24 KW verringerte Leistung des Verbrennungsmotors

- für die ersten 66 KW 0,65 €,
- für die weiteren 20 KW um 0,70 €
- und für die darüber hinausgehenden KW 0,79 €, mindestens 6,50 €.

Für Krafträder, die **vor dem 1.10.2020** erstmalig zugelassen werden, bleibt die Besteuerung unverändert (je Kubikzentimeter Hubraum 0,025 €). Die Versicherungssteuer erhöht sich bei halbjährlicher Zahlung um 6 %, bei vierteljährlicher Zahlung um 8 % und bei monatlicher Zahlung um 10 %.
Für Krafträder, die **nach dem 30.9.2020** erstmalig zugelassen werden errechnet sich der Steuersatz folgendermaßen: $(cm^3 - 52) \times 0{,}014$ € + $(CO_2 - 52) \times 0{,}2$.

- 0,014 € je Kubikzentimeter des um 52 Kubikzentimeter verringerten Hubraums
- sowie 0,20 € je Gramm des um 52 verringerten Wertes der CO_2-Emissionen in Gramm pro Kilometer, mindestens 10 Gramm pro Kilometer.

• Werbeabgabe

Die Werbeabgabe betrifft entgeltliche Werbeleistungen in Österreich und beträgt 5 % des Entgelts für die Werbung. Zu den Werbeleistungen gehören zB Werbeeinschaltungen in Druckwerken, im Hörfunk und Fernsehen, auf Plakatflächen usw. Der Abgabenschuldner hat die Werbeabgabe selbst zu berechnen und bis zum 15. des zweitfolgenden Monats an das Finanzamt abzuführen. Bis zum 31.3. des Folgejahres ist eine Jahresabgabenerklärung zu erstellen. Bleibt die Bemessungsgrundlage unter 10.000 €, ist keine Abgabenerklärung erforderlich. Eine Werbeabgabe von weniger als 500 € jährlich wird nicht festgesetzt. Online-Werbung siehe Digitalsteuern.

C.2. ABC der Beihilfen

Neben der Einhebung von Steuern kommt den Finanzämtern noch eine weitaus erfreulichere Aufgabe zu: Sie gewähren Beihilfen, und zwar

- die Fahrtenbeihilfen und Freifahrten für Schüler und Lehrlinge,
- die Familienbeihilfe und den Mehrkindzuschlag,
- die Mietzinsbeihilfe.

Daneben finden Sie im Folgenden noch Informationen zum

- Kinderbetreuungsgeld,

das von den Krankenkassen ausgezahlt wird.

• Fahrtenbeihilfen und Freifahrten

Übersicht über Fahrtunterstützungen für Schüler und Lehrlinge

	Strecke	Voraussetzungen	Antragsformular	Antragszeitpunkt	Dauer	Höhe
Schülerfreifahrt	Wohnung - (Berufs-) Schule	öffentliches Verkehrsmittel, dem Fahrpreis vom Bund ersetzt wird, Bezahlung des Selbstbehaltes	(Berufs-) Schule	zu Beginn des Schuljahres im Vorhinein	Schuljahr	Fahrtkostenersatz d Bundes, Eigenanteil 19,60 € je Schuljahr
Schulfahrtbeihilfe	Wohnung - Zweitunterkunft/Schule	kein öffentliches Verkehrsmittel, dem Fahrpreis vom Bund ersetzt wird; ab 2 km (gestaffelt)	(Berufs-) Schule Finanzamt	am Ende des Schuljahres im Nachhinein	max 10 Monate (bei Praktikum max 11 Monate)	siehe unten
Heimfahrtbeihilfe für Schüler	Wohnung - Zweitunterkunft	keine unentgeltliche Beförderung möglich; ab 2 km (gestaffelt)	Finanzamt	für das abgelaufene Kalenderjahr im Nachhinein		siehe unten
Lehrlingsfreifahrt	Wohnung - Lehrbetrieb	öffentliches Verkehrsmittel, dem Fahrpreis vom Bund ersetzt wird, Bezahlung des Selbstbehaltes	Lehrlingsstelle Arbeitgeber Finanzamt	zu Beginn jedes neuen Lehrjahres im Vorhinein	Lehrjahr	Fahrtkosten ersatz d Bundes Eigenanteil 19,60 € je Lehrjahr
Fahrtenbeihilfe für Lehrlinge	Wohnung - Lehrbetrieb	kein öffentliches Verkehrsmittel, dem Fahrpreis vom Bund ersetzt wird; ab 2 km (gestaffelt)	Finanzamt	für das abgelaufene Kalenderjahr im Nachhinein	max 9 Monate	siehe unten
Heimfahrtbeihilfe für Lehrlinge	Wohnung - Zweitunterkunft	keine unentgeltliche Beförderung möglich; ab 2 km (gestaffelt)	Finanzamt	für das abgelaufene Kalenderjahr im Nachhinein		siehe unten

Wann besteht Anspruch auf Schulfahrtbeihilfe?

Der Anspruch auf Schulfahrtbeihilfe besteht für Kinder, für die man Familienbeihilfe bezieht (oder die Anspruch auf gleichartige ausländische Beihilfe haben) und die

1. eine öffentliche oder mit Öffentlichkeitsrecht ausgestattete Schule im Inland oder
2. eine gleichartige Schule im grenznahen Gebiet im Ausland, wenn diese günstiger zu erreichen ist als eine inländische Schule, oder
3. eine Privatschule, der die Führung einer gesetzlich geregelten Schulartbezeichnung bewilligt wurde, oder
4. eine Schule für Gesundheits- und Krankenpflege oder für einen medizinischen Assistenzberuf oder
5. ein Pflichtpraktikum absolvieren.

Der **Antrag** (Formular Beih 85) ist bis 30.6. des auf das Ende des Schuljahres folgenden Kalenderjahres beim Wohnsitzfinanzamt abzugeben. Dem Antrag muss entweder eine Schulbesuchsbestätigung beigelegt oder es muss der Schulbesuch von der Schule auf Seite 2 des Antragsformulars bestätigt werden. Schulfahrtbeihilfe wird pro Schuljahr für höchstens 10 Monate gewährt. Die Auszahlung erfolgt nach Ablauf des Schuljahres (auf gesonderten Antrag monatlich). Anspruch auf Schulfahrtbeihilfe besteht nur, wenn der Schulweg (kürzeste Verbindung zwischen inländischer Wohnung und Schule) mindestens 2 km lang ist (gilt nicht bei Unzumutbarkeit infolge einer Behinderung) und keine Schülerfreifahrt in Anspruch genommen werden kann. Für jenen Teil des Schulweges, der von einem öffentlichen Verkehrsmittel befahren wird, besteht kein Anspruch auf Schulfahrtbeihilfe, wenn der Schüler dieses Verkehrsmittel unentgeltlich benützen kann (Schülerfreifahrt) und dies auch zumutbar ist.

In welcher Höhe wird Schulfahrtbeihilfe gewährt?

Wenn der Schulweg nicht länger als 10 km ist und	
an einem Schultag oder an zwei Schultagen in der Woche zurückgelegt wird, monatlich	4,40 €
an drei oder vier Schultagen in der Woche zurückgelegt wird, monatlich	8,80 €
an mehr als vier Schultagen in der Woche zurückgelegt wird, monatlich	13,10 €
Wenn der Schulweg länger als 10 km ist und	
an einem Schultag oder an zwei Schultagen in der Woche zurückgelegt wird, monatlich	6,60 €
an drei oder vier Schultagen in der Woche zurückgelegt wird, monatlich	13,10 €
an mehr als vier Schultagen in der Woche zurückgelegt wird, monatlich	19,70 €

Die oben genannten Pauschbeträge werden in doppelter Höhe gewährt, wenn ein geeignetes öffentliches Verkehrsmittel nicht zur Verfügung steht. Werden für ein öffentliches Verkehrsmittel höhere Kosten nachgewiesen, dann werden diese notwendigen Kosten abzüglich eines Eigenanteiles von 19,60 € je Schuljahr ersetzt.
Für Fahrten im Linienverkehr mit einem Verbund-Schülerfahrausweis steht eine Schulfahrtbeihilfe höchstens bis zu diesen Kosten abzüglich eines Eigenanteils von 19,60 € zu. Für einen Restschulweg wird die Schulfahrtbeihilfe aufgestockt.

Wann besteht Anspruch auf Heimfahrtbeihilfe für Schüler?

Anspruch auf Schulfahrtbeihilfe besteht für die Zurücklegung des Weges zwischen dem Hauptwohnort im Inland und der Zweitunterkunft bei der Schule. Voraussetzungen dafür:

- Notwendigkeit einer Zweitunterkunft
- Bezug von Familienbeihilfe
- Besuch einer öffentlichen oder mit Öffentlichkeitsrecht ausgestatteten Schule im Inland oder im grenznahen Ausland
- Mindestentfernung von 2 km (gilt nicht für behinderte Schüler)
- Unentgeltliche Beförderung kann nicht in Anspruch genommen werden.

Der Antrag ist spätestens bis zum 30.6. des Kalenderjahres, das auf das Schuljahr folgt, bei dem Finanzamt einzubringen, das auch für die Familienbeihilfe zuständig ist.

In welcher Höhe wird die Heimfahrtbeihilfe für Schüler gewährt?

Entfernung Hauptwohnsitz zu Zweitunterkunft	Betrag
Bis 50 km monatlich	19 €
Über 50 km bis 100 km monatlich	32 €
Über 100 km bis 300 km monatlich	42 €
Über 300 km bis 600 km monatlich	50 €
Über 600 km monatlich	58 €

Wann besteht Anspruch auf Fahrtenbeihilfe für Lehrlinge?

Anspruch auf Fahrtenbeihilfe besteht für Lehrlinge, für die Familienbeihilfe bezogen wird maximal bis zum 24. Lebensjahr, und

- die eine betriebliche Ausbildungsstätte im Bundesgebiet oder im grenznahen Ausland besuchen,
- wenn der Weg zwischen Wohnung und betrieblicher Ausbildungsstätte in einer Richtung mindestens 2 km lang ist (für behinderte Lehrlinge auch darunter) und
- die Lehrlingsfreifahrt nicht in Anspruch genommen werden kann.

Der Antrag ist bis zum Ablauf des folgenden Kalenderjahres beim zuständigen Wohnsitzfinanzamt einzubringen.

In welcher Höhe wird die Fahrtenbeihilfe für Lehrlinge gewährt?

Wenn der Weg zwischen der Wohnung und der betrieblichen Ausbildungsstätte in jeder Richtung wenigstens dreimal pro Woche zurückgelegt wird, bei einer Wegstrecke in einer Richtung	
bis 10 km oder innerhalb des Ortsgebiets	monatlich 5,10 €
von über 10 km	monatlich 7,30 €
Für Fahrten im Linienverkehr mit einem Verbund-Lehrlingsfahrausweis steht eine Fahrtenbeihilfe höchstens bis zu diesen Kosten abzüglich eines Eigenanteils von 19,60 € zu. Für einen Restweg wird die Fahrtenbeihilfe aufgestockt.	

Die Fahrtenbeihilfe wird für jeden Monat bezahlt, in dem der Lehrling in Ausbildung steht, in einem Kalenderjahr jedoch höchstens für neun Monate.

Wann besteht Anspruch auf Heimfahrtbeihilfe für Lehrlinge?

Anspruch auf Fahrtenbeihilfe für Lehrlinge besteht auch für die Zurücklegung des Weges zwischen dem Hauptwohnort und der Zweitunterkunft bei der Ausbildungsstätte. Voraussetzungen dafür:

- Notwendigkeit einer Zweitunterkunft
- Bezug von Familienbeihilfe
- Vorliegen eines Lehrverhältnisses
- Mindestentfernung von 2 km (gilt nicht für behinderte Lehrlinge)
- Unentgeltliche Beförderung kann nicht in Anspruch genommen werden.

Der Antrag ist für jedes Kalenderjahr nach Jahresende spätestens bis zum Ende des Folgejahres bei dem Finanzamt einzubringen, das auch für die Familienbeihilfe zuständig ist.

In welcher Höhe wird die Heimfahrtbeihilfe für Lehrlinge gewährt?

Entfernung Hauptwohnsitz zu Zweitunterkunft	Betrag
Bis 50 km monatlich	19 €
Über 50 km bis 100 km monatlich	32 €
Über 100 km bis 300 km monatlich	42 €
Über 300 km bis 600 km monatlich	50 €
Über 600 km monatlich	58 €

Wie kommt man zur Schüler- bzw Lehrlingsfreifahrt?

Das Bundesministerium für Umwelt, Jugend und Familie schließt mit Verkehrsunternehmen des öffentlichen Verkehrs Verträge ab, wonach diese die Beförderung der Schüler von und zur Schule bzw der Lehrlinge von und zur Ausbildungsstelle übernehmen. **Die Freifahrt ist beim jeweiligen Verkehrsunternehmen zu beantragen** (Formulare: Beih 81 für Schüler, Beih 93 für Lehrlinge). Auf dem Antrag ist der Schulbesuch des Kindes von der Schulbehörde zu bestätigen.

ACHTUNG

Für die Freifahrten muss generell ein Eigenanteil von 19,60 € je Schuljahr bzw Lehrjahr aus der eigenen Tasche bezahlt werden. Die Freifahrausweise dürfen nur gegen Vorweis des Einzahlungsbeleges bei den Verkehrsunternehmen ausgefolgt werden.

Mit dem Jugendticket um € 19,60 können öffentliche Verkehrsmittel für den Weg vom Hauptwohnsitz zur Schule oder Lehrstelle genutzt werden. Für Schüler gilt es an Schultagen für die Fahrt zur Schule, für Lehrlinge an allen Wochentagen für die Fahrt zur Ausbildungsstätte.

Zusätzlich kann ein Top-Jugendticket für ein ganzes Schuljahr für öffentliche Verkehrsmittel erworben werden, mit dem man an allen Tagen, auch in den Ferien, fahren kann (Kosten abhängig vom Bundesland ab 60 €).

• Familienbeihilfe

Wer hat Anspruch auf Familienbeihilfe?

Anspruch auf Familienbeihilfe hat grundsätzlich die Person, zu deren Haushalt ein Kind gehört. Wenn Eltern mit ihrem Kind im gemeinsamen Haushalt leben, gilt aufgrund einer gesetzlichen Vermutung die **Mutter** als haushaltsführende Person und hat damit vorrangig Anspruch auf die Familienbeihilfe. Dem anderen Elternteil kann daher die Beihilfe nur dann gewährt werden, wenn er nachweist, dass er den Haushalt überwiegend führt, oder die Mutter auf ihren Anspruch schriftlich verzichtet. **Vollwaisen** und Kinder, deren Eltern ihnen nicht überwiegend Unterhalt leisten, haben für sich selbst Anspruch auf Familienbeihilfe.

Volljährige, für die Anspruch auf Familienbeihilfe besteht, können beim Finanzamt beantragen, dass die Überweisung der Familienbeihilfe direkt auf ihr eigenes Girokonto erfolgt (Formular Beih 20). Gemeinsam mit der Familienbeihilfe wird dann auch der Kinderabsetzbetrag angewiesen, wozu kein gesonderter Antrag erforderlich ist. Voraussetzung für eine Direktauszahlung der Familienbeihilfe ist, dass die Person (in der Regel die Mutter oder der Vater), die Anspruch auf die Familienbeihilfe hat, der Überweisung zustimmt. Das ist durch eine Unterschrift am Antragsformular zu dokumentieren. Diese Zustimmung kann jederzeit formlos widerrufen werden.

Anspruch auf Familienbeihilfe für Kinder haben folgende Personen:

- ➔ Personen, die im Bundesgebiet einen Wohnsitz oder ihren gewöhnlichen Aufenthalt haben, wenn der Mittelpunkt der Lebensinteressen im Bundesgebiet liegt.
- ➔ Personen, die nicht österreichische Staatsbürger sind, haben nur dann Anspruch auf Familienbeihilfe, wenn sie sich rechtmäßig in Österreich aufhalten, und nur für Kinder, die sich ebenfalls rechtmäßig in Österreich aufhalten.
- ➔ Personen, denen Asyl gewährt wird, bzw für Kinder, denen Asyl gewährt wird.

Personen, die Anspruch auf eine gleichartige ausländische Beihilfe (zB Kindergeld) haben, steht keine Familienbeihilfe zu. Ist diese Beihilfe geringer als die, die nach dem Familienlastenausgleichsgesetz zu gewähren wäre, so erhalten österreichische Staatsbürger sowie EWR-Staatsbürger eine so genannte Ausgleichszahlung.

Wichtig: Die Familienbeihilfe (auch die erhöhte Familienbeihilfe) und die Ausgleichszahlung werden nur auf Antrag (Formular Beih 1 bzw Beih 38), für höchstens fünf Jahre rückwirkend, gewährt. Der Antrag ist beim Wohnsitzfinanzamt abzugeben. Die Familienbeihilfe wird von den Finanzämtern monatlich ausbezahlt. Es gibt einen Auszahlungstermin pro Monat (Überweisung am 3. des Monats und die Gutschrift am Girokonto grundsätzlich am 3. Arbeitstag nach der Überweisung).

Anlässlich der Geburt eines Kindes wird die Familienbeihilfe automatisationsunterstützt ohne Antrag gewährt, wenn die Voraussetzungen vorliegen. Das heißt, die Daten eines im Inland geborenen Kindes sowie die Personenstandsdaten werden durch das Standesamt im Zentralen Personenstandsregister erfasst und der Finanzverwaltung übermittelt. Sie erhalten von der Finanzverwaltung ein Informationsschreiben, das Sie über den Familienbeihilfenanspruch für Ihr Kind informiert. Zeitgleich mit diesem Schreiben wird der Familienbeihilfenbetrag auf Ihr Konto überwiesen.

Für welche Kinder erhält man die Familienbeihilfe?

Kinder müssen grundsätzlich zum Haushalt gehören (in bestimmten Fällen genügt die überwiegende Tragung ihrer Unterhaltskosten), damit man für sie Familienbeihilfe erhält. Kinder sind

- ➜ Nachkommen (Kinder, Enkelkinder, …),
- ➜ Wahlkinder und deren Nachkommen,
- ➜ Stiefkinder und
- ➜ Pflegekinder.

Die Familienbeihilfe wird unter folgenden **Voraussetzungen** gewährt:

1. Für Kinder bis zum 18. Lebensjahr generell.
2. Für Kinder bis zum 24. Lebensjahr, wenn sie
   - in Berufs- oder Schulausbildung stehen (dabei darf die vorgesehene Studienzeit pro Studienabschnitt um nicht mehr als ein Semester bzw die vorgesehene Ausbildungszeit um nicht mehr als ein Ausbildungsjahr überschritten werden; Erschwernisse wie zB Krankheit oder Auslandsstudium oder die Tätigkeit als Studentenvertreter verlängern die zulässige Studienzeit; für die Gewährung der Familienbeihilfe im ersten Studienjahr genügt die Inskriptionsbestätigung, ab dem zweiten Jahr muss für ein vorangegangenes Studienjahr ein Studiennachweis über absolvierte Prüfungen vorgelegt werden; ab dem zweiten Studienabschnitt muss die Prüfungsablegung im Gesamtumfang von acht Semesterwochenstunden oder im Ausmaß von 16 ECTS-Punkten als Voraussetzung für die Familienbeihilfe nachgewiesen werden) oder
   - nach dem Schulabschluss einen Freiwilligen Dienst antreten (für die Zeit dazwischen bzw für maximal drei Monate) oder
   - nach einer abgeschlossenen Schulausbildung eine weitere Berufsausbildung beginnen, für die Zeit, die dazwischen liegt oder
   - nach Ableistung des Präsenz- bzw Zivildienstes bzw Freiwilligen Dienstes ihr Studium zum frühestmöglichen Zeitpunkt beginnen, für die Zeit, die dazwischen liegt oder
   - wenn sie am Freiwilligen Sozialjahr, Freiwilligen Umweltschutzjahr, Gedenkdienst, Friedens- und Sozialdienst im Ausland oder Europäischen Freiwilligendienst teilnehmen.

3. Für Kinder bis zum 25. Lebensjahr, wenn sie
   - noch in Berufsausbildung (innerhalb der vorgesehenen Studienzeiten) stehen und im Monat ihres 24. Geburtstages den Präsenz-, Ausbildungs- oder Zivildienst bereits früher geleistet haben oder gerade leisten, oder
   - im Monat ihres 24. Geburtstages in Berufsausbildung (innerhalb der vorgesehenen Studienzeiten) stehen und davor ein Kind geboren haben oder schwanger sind oder
   - erheblich behindert sind und in Berufsausbildung stehen (die Vorschriften über die Studiendauer usw gelten für behinderte Kinder nicht) oder
   - im Kalenderjahr, in dem sie 19 Jahre alt waren, ein Studium mit einer gesetzlichen Mindestdauer von 10 oder mehr Semestern begonnen haben und diese Studiendauer nicht überschritten wird oder
   - in Berufsausbildung stehen und vor Vollendung des 24. Lebensjahres einmalig eine freiwillige praktische Hilfstätigkeit bei einem gemeinnützigen Träger der Wohlfahrtspflege ausüben.
4. Für Kinder, die ihr 25. Lebensjahr bereits vollendet haben, wenn sie wegen einer erheblichen Behinderung, die vor Vollendung des 21. Lebensjahres (bzw 25. Lebensjahres, wenn in Berufsausbildung) eingetreten ist, außerstande sind, sich selbst den Unterhalt zu verschaffen.

ACHTUNG

Während für Kinder bis zum 19. Lebensjahr die Familienbeihilfe ohne Rücksicht auf ein allfälliges Einkommen des Kindes zusteht, führt bei Kindern im Kalenderjahr nach dem vollendeten 19. Lebensjahr ein zu versteuerndes Jahreseinkommen (Berechnung bei Lohneinkünften siehe A.1.1.2., bei selbständigen Einkünften B.2.4.) von mehr als 15.000 € zu einer Kürzung der Familienbeihilfe: Die Familienbeihilfe verringert sich um den 15.000 € übersteigenden Betrag. Das Einkommen für Zeiträume vor oder nach dem Beihilfenbezug bleibt außer Ansatz. Nicht beihilfenschädlich sind weiters

- ➜ steuerfreie Bezüge,
- ➜ Einkommen für Zeiträume vor und nach dem Familienbeihilfeanspruch,
- ➜ Entschädigungen aus einem anerkannten Lehrverhältnis sowie
- ➜ Waisenpensionen.

CORONA

Corona: Der Anspruch der Familienbeihilfe wird für Kinder, die in Berufsausbildung stehen, um 6 Monate (unabhängig von einer Beeinträchtigung durch die Covid-19-Krise), für studierende Kinder um 1 Semester oder um 1 Ausbildungsjahr (wenn das Studium vor Erreichung der Altersgrenze begonnen wurde), für volljährige Kinder, die eine Berufsausbildung beginnen oder fortsetzen möchten, um 6 Monate (wenn Beginn oder Fortsetzung aufgrund der Covid-19-Krise nicht möglich ist) und bei Absolvierung eines freiwilligen Dienstes, Präsenz-, Ausbildungs- oder Zivildienstes um 1 Semester oder 1 Ausbildungsjahr (wenn zum Zeitpunkt der Erreichung der Altersgrenze der Beginn oder die Fortsetzung des Studiums infolge der Covid-19-Krise nicht möglich ist) verlängert. Zusätzlich wurde die Zuverdienstgrenze von 10.000 € auf 15.000 € erhöht.

Wer hat Anspruch auf einen Mehrkindzuschlag?

Für Familien mit mehreren Kindern gibt es einen so genannten Mehrkindzuschlag. Der Mehrkindzuschlag beträgt für das dritte und für jedes weitere Kind monatlich 20 €. Folgende Voraussetzungen sind zu beachten:

- Anspruch auf Familienbeihilfe für mindestens drei Kinder.
- Das Familieneinkommen des Vorjahres darf den Betrag von 55.000 € nicht überschreiten (maßgebend ist das zu versteuernde Einkommen – Berechnung siehe A.1.1.1. bzw B.2.4. – des Familienbeihilfenbeziehers und seines im gemeinsamen Haushalt lebenden Ehegatten oder Lebensgefährten; ein Verlustausgleich zwischen den Ehegatten bzw Lebensgefährten ist nicht möglich).
- Antrag für höchstens fünf Jahre rückwirkend (mit Steuererklärung E1 oder L1 oder – falls keine Veranlagung durchgeführt wird – mit eigenem Antrag; unterbleibt beim Familienbeihilfenbezieher eine Veranlagung, kann er zugunsten des im gemeinsamen Haushalt lebenden Elternteils oder Lebensgefährten, der veranlagt wird, verzichten, und dieser kann den Zuschlag bei seiner Veranlagung beantragen).

Für welche Kinder gibt es eine erhöhte Familienbeihilfe?

Für erheblich behinderte Kinder ist eine erhöhte Familienbeihilfe vorgesehen (zusätzlich: monatlich 155,90 €). Als erheblich behindert gelten Kinder, die durch eine nicht nur vorübergehende Funktionsbeeinträchtigung im körperlichen, geistigen oder psychischen Bereich oder in der Sinneswahrnehmung

- zu mindestens 50 % behindert sind oder
- voraussichtlich dauernd außerstande sind, sich selbst den Unterhalt zu verschaffen.

Die Behinderung muss durch eine Bescheinigung eines inländischen Amtsarztes, einer inländischen Universitätsklinik, einer Fachabteilung einer inländischen Krankenanstalt oder eines mobilen Beratungsdienstes des zuständigen Bundesamtes für Soziales und Behindertenwesen nachgewiesen werden. Das Formular dazu (Beih 3) ist bei den Finanzämtern erhältlich. Seit 1.1.2003 ist ausschließlich eine Bescheinigung des Bundesamtes für Soziales und Behindertenwesen maßgebend.

In welcher Höhe werden die Familienbeihilfe und der Kinderabsetzbetrag ausbezahlt?

Die Familienbeihilfe (FB) wird gemeinsam mit dem Kinderabsetzbetrag (KAB) ausbezahlt. Die Höhe der Familienbeihilfe ist abhängig vom Alter und der Anzahl der Kinder. Es gibt insgesamt vier Altersstaffeln: 0–3 Jahre, 3–10 Jahre, 10–19 Jahre und über 19 Jahre. Die Erhöhung steht ab dem Monat zu, in dem das Kind das 3., 10. bzw 19. Lebensjahr vollendet hat.

Die **Familienbeihilfe** beträgt pro Kind und Monat:

Alter des Kindes	Monatsbetrag ab 2018
ab Geburt	114,00 €
ab 3 Jahren	121,90 €
ab 10 Jahren	141,50 €
ab 19 Jahren	165,10 €

Für erheblich **behinderte Kinder** ist eine erhöhte Familienbeihilfe vorgesehen (zusätzlich: monatlich ab 1.1.2018 155,90 €).

Der monatliche Gesamtbetrag an Familienbeihilfe erhöht sich durch die **Geschwisterstaffelung** für jedes Kind, wenn sie

Anzahl Kinder	Monatsbetrag ab 2018
2 Kinder	7,10 €
3 Kinder	17,40 €
4 Kinder	26,50 €
5 Kinder	32,00 €
6 Kinder	35,70 €
7 und mehr Kinder	52,00 €

Zusätzlich erhält man je Kind noch den **Kinderabsetzbetrag** in Höhe von 58,40 € monatlich.

Im September wird jeweils ein **Schulstartgeld** von 100 € für jedes Kind zwischen 6 und 15 Jahren ausgezahlt. Die Überweisung des Schulstartgeldes erfolgt gemeinsam mit der Auszahlung der Familienbeihilfe für September. Es ist daher kein gesonderter Antrag nötig.

Bei der (Arbeitnehmer)Veranlagung ist hingegen der so genannte **Mehrkindzuschlag** zu beantragen. Er gebührt für das dritte und für jedes weitere Kind, wenn das zu versteuernde Familieneinkommen 55.000 € nicht überschreitet, und beträgt 20 € monatlich.

Beispiel:

Für zwei Kinder (zB eines mit 2 Jahren und eines mit 8 Jahren) erhält man ab 2018:

Familienbeihilfe zweijähriges Kind	114,00 €
Familienbeihilfe achtjähriges Kind	121,90 €
+ Erhöhungsbetrag für 2 Kinder (2 × 7,10 €)	14,20 €
+ Kinderabsetzbetrag für 2 Kinder (2 × 58,40 €)	116,80 €
Familienbeihilfe und Kinderabsetzbetrag insgesamt	366,90 €

Wann werden die Familienbeihilfe und der Kinderabsetzbetrag indexiert?

Die Familienbeihilfe für Kinder, die sich ständig in einem anderen Mitgliedstaat der EU, des EWR oder der Schweiz aufhalten, ist ab 1.1.2019 auf Basis des vom Statistischen Amt der EU veröffentlichten vergleichenden Preisniveaus des jeweiligen Landes zu indexieren.

Familien bzw. Eltern, die ihren Mittelpunkt der Lebensinteressen in Österreich haben und deren haushaltszugehörige Kinder nur vorübergehend für Ausbildungszwecke im Ausland studieren, haben weiterhin Anspruch auf die volle Familienbeihilfe für diese Kinder. In diesem Zusammenhang gilt die Haushaltszugehörigkeit – unabhängig von der Dauer des Studiums – nicht als aufgehoben.

Analog dazu wird auch der sogenannte Kinderabsetzbetrag (58,40 € je Kind und Monat), der gemeinsam mit der Familienbeihilfe ausbezahlt wird, nach den gleichen Grundsätzen nach dem Land, in dem sich das Kind aufhält, indexiert.

Die indexierten Beträge für die Familienbeihilfe sowie der Kinderabsetzbetrag werden vom Finanzminister und der Familienministerin mit Verordnung kundgemacht und alle zwei Jahre angepasst.

• Kinderbetreuungsgeld

Was sind die Voraussetzungen für das Kinderbetreuungsgeld?

Folgende Voraussetzungen müssen für den Bezug von Kinderbetreuungsgeld erfüllt sein:

- ➜ Anspruch und Bezug von Familienbeihilfe für das Kind.
- ➜ Mittelpunkt der Lebensinteressen in Österreich.
- ➜ Rechtmäßiger Aufenthalt in Österreich.
- ➜ Auf Dauer angelegter gemeinsamer Haushalt mit dem Kind und idente Hauptwohnsitzmeldungen.
- ➜ Durchführung der Mutter-Kind-Pass-Untersuchungen (fünf Untersuchungen während der Schwangerschaft und fünf Untersuchungen des Kindes).
- ➜ Einhaltung der Zuverdienstgrenze; wird sie überschritten, wird das zu Unrecht bezogene Kinderbetreuungsgeld für dieses Kalenderjahr zurückgefordert (Einschleifregelung).
- ➜ Bei getrennt lebenden Eltern zusätzlich Obsorgeberechtigung für das Kind und Bezug der Familienbeihilfe durch den antragstellenden Elternteil.

Sonderbestimmungen, die den nationalen Anspruchsvoraussetzungen vorgehen, bestehen mitunter in grenzüberschreitenden Fällen innerhalb der EU, weiters für Bedienstete von internationalen Organisationen und diplomatisches Personal.

Welche Varianten für das Kinderbetreuungsgeld gibt es?

Für Geburten seit 1.3.2017 besteht für Eltern die Möglichkeit, aus zwei Systemen des Kinderbetreuungsgeldes zu wählen:

- Kinderbetreuungsgeld-Konto (Pauschalsystem)
- Einkommensabhängiges Kinderbetreuungsgeld

Die Wahl des Systems ist bei der erstmaligen Antragstellung zu treffen und bindet auch den zweiten Elternteil. Das heißt, Eltern müssen sich gemeinsam für eines der beiden Systeme entscheiden. Eine Änderung des Systems ist ausnahmslos nur binnen 14 Tagen ab erstmaliger Antragstellung möglich!

Kinderbetreuungsgeld-Konto (Pauschalsystem)

- Höhe: 14,53 € bis 33,88 € täglich (je nach gewählter Variante).
- Bezugsdauer: Von 365 bis zu 851 Tagen ab der Geburt für einen Elternteil bzw von 456 bis 1.063 Tagen ab der Geburt des Kindes bei Inanspruchnahme durch beide Elternteile (je nach gewählter Variante). Von der jeweiligen Gesamtanspruchsdauer pro Kind sind 20 % dem zweiten Elternteil unübertragbar vorbehalten (in der kürzesten „Variante" sind das 91 Tage).

Einkommensabhängiges System

- Höhe: 80 % der Letzteinkünfte, max 66 € täglich (rund 2.000 € monatlich).
- Bezugsdauer: Längstens bis zum 365. Tag ab Geburt des Kindes, wenn nur ein Elternteil Kinderbetreuungsgeld bezieht. Bei Inanspruchnahme durch beide Elternteile verlängert sich die Bezugsdauer um jenen Zeitraum, den der andere Elternteil tatsächlich bezogen hat, max aber gebührt einkommensabhängiges Kinderbetreuungsgeld bis zu 426 Tage ab der Geburt des Kindes (ein Elternteil kann nie mehr als 365 Tage Kinderbetreuungsgeld beziehen). Jedem Elternteil ist eine Anspruchsdauer von 61 Tagen unübertragbar vorbehalten.

Kann man zwischen den Systemen wechseln?

Sowohl im Pauschalsystem (KBG-Konto) als auch beim einkommensabhängigen Kinderbetreuungsgeld können sich die Eltern beim Bezug des Kinderbetreuungsgeldes höchstens zwei Mal abwechseln, somit können sich max drei Blöcke ergeben, wobei ein Block stets mindestens durchgehend 61 Tage dauern muss.

Ein gleichzeitiger Bezug von Kinderbetreuungsgeld durch beide Elternteile ist grundsätzlich nicht möglich – auch nicht für Geschwisterkinder.

Einzige Ausnahme: Beim erstmaligen Bezugswechsel können die Eltern gleichzeitig bis zu 31 Tage Kinderbetreuungsgeld beziehen. Die gleichzeitig bezogenen Tage werden von der Gesamt-Anspruchsdauer abgezogen.

Was ist der Partnerschaftsbonus?

Haben die Eltern das pauschale oder das einkommensabhängige Kinderbetreuungsgeld zu annähernd gleichen Teilen (50:50 bis 60:40) und mindestens im Ausmaß von je 124 Tagen bezogen, so gebührt jedem Elternteil nach Ende des Gesamtbezugszeitraums auf Antrag ein Partnerschaftsbonus in Höhe von 500 € (insgesamt für beide Elternteile somit 1.000 €) als Einmalzahlung.

Jeder Elternteil kann seinen Antrag auf den Partnerschaftsbonus gleichzeitig mit seinem Antrag auf Kinderbetreuungsgeld stellen, es ist aber auch eine spätere, gesonderte Antragstellung bei dem für ihn zuständigen Krankenversicherungsträger möglich.

Bei späterer Beantragung ist der Antrag spätestens binnen 124 Tagen ab dem letzten möglichen Bezugstag des insgesamt letzten Bezugsteiles (für beide Eltern) zu stellen.

Nach Auszahlung des Partnerschaftsbonus darf für dieses Kind kein Kinderbetreuungsgeld mehr bezogen werden.

Achtung: Eine spätere Rückforderung von zu Unrecht bezogenem Kinderbetreuungsgeld bei einem Elternteil (zB bei Überschreitung der Zuverdienstgrenze) löst zugleich eine Rückforderung der beiden Partnerschaftsboni aus, sofern dadurch die vorgeschriebene Aufteilungsquote (50:50 bis 60:40) bzw die Mindestbezugsdauer von je 124 Tagen nicht mehr vorliegt.

Welche Zuverdienst-Grenzen sind zu beachten?

Für Bezieher/-innen von pauschalem Kinderbetreuungsgeld (KBG-Konto) darf der Zuverdienst bis zu 60 % der Letzteinkünfte aus dem Kalenderjahr vor der Geburt, in dem kein Kinderbetreuungsgeld bezogen wurde, beschränkt auf das drittvorangegangene Jahr, mindestens aber 16.200 € im Kalenderjahr, betragen. Falls in allen drei Jahren vor der Geburt Kinderbetreuungsgeld bezogen wurde, ist somit das drittvorangegangene Jahr das relevante Kalenderjahr (zB Geburt 2021, Bezug KBG in den Jahren 2017, 2018, 2019 und 2020: das relevante Kalenderjahr ist 2018.)

Im einkommensabhängigen System ist ein Zuverdienst ab 2020 von maximal 7.300 € im Kalenderjahr zulässig (davor 6.800 €).

Für die Beihilfe zum pauschalen Kinderbetreuungsgeld (KBG-Konto) gelten eigene Zuverdienstgrenzen.

Wird diese jeweilige jährliche Zuverdienstgrenze überschritten, ist jener Betrag zurückzuzahlen, um den die Zuverdienstgrenze überschritten wurde (Einschleifregelung).

Die Prüfung der Einkünfte erfolgt grundsätzlich im Nachhinein durch den Krankenversicherungsträger, sobald die nötigen Daten (zB von der Finanzbehörde) dafür zur

Verfügung stehen. Jedes Kalenderjahr wird gesondert betrachtet und jedes Kind wird gesondert betrachtet. Wer neben dem Bezug von Kinderbetreuungsgeld selbständige Einkünfte erwirbt, hat bis zum Ablauf des zweiten Kalenderjahres nach dem Jahr des Bezuges nachzuweisen, dass die Zuverdienstgrenze nicht überschritten wurde (durch eine Zwischenbilanz oder eine Zwischen-Einnahmen-Ausgaben-Rechnung). Für Geburten von 1.1.2012 bis 28.2.2017 kann der Nachweis der Abgrenzung der Einkünfte bis zum 31.12.2025 erbracht werden. Die Krankenversicherungsträger können von sich aus die Vorlage der Nachweise verlangen. In so einem Fall hat der Elternteil den Nachweis binnen zwei Monaten vorzulegen, eine spätere Vorlage ist in diesem Fall nicht mehr möglich. Bei Geburten von 1.1.2012 bis 28.2.2017 können Eltern, die sich in der Vergangenheit nicht gegen die Rückforderung wegen verspäteter Abgrenzung gewehrt haben, aus dem Jungfamilienfonds (eingerichtet von der Sozialversicherungsanstalt der Selbständigen) Ersatz erhalten. Für Geburten seit 1.3.2017 werden Eltern auf die nötige Abgrenzung der Einkünfte wieder hingewiesen.

Wann ruht das Kinderbetreuungsgeld?

Das Kinderbetreuungsgeld ruht während des Anspruchs auf Wochengeld (auch für den Vater!), während des Anspruches auf eine wochengeldähnliche Leistung (zB Lohnfortzahlung des Arbeitgebers) oder während des Anspruches auf Betriebshilfe nach der Geburt, sodass die Auszahlung erst nach dem Bezug des Wochengeldes bzw nach dem Bezug der wochengeldähnlichen Leistung beginnt. Eine Bezugsverlängerung erfolgt in diesem Fall nicht!

Ist aber diese Leistung geringer als das Kinderbetreuungsgeld, gebührt eine Differenzzahlung.

Weiters ruht für die Mutter das Kinderbetreuungsgeld auch vor der Geburt eines weiteren Kindes, sobald Anspruch auf eine dieser Leistungen besteht.

Der Anspruch auf Kinderbetreuungsgeld ruht ebenfalls, sofern Anspruch auf ausländische Familienleistungen besteht, in der Höhe der ausländischen Leistungen.

Wann erhält man eine Beihilfe zum pauschalen Kinderbetreuungsgeld?

Einkommensschwache Alleinerziehende und Elternteile, die in Ehe bzw Lebensgemeinschaft leben, können eine Beihilfe zum pauschalen Kinderbetreuungsgeld (KBG-Konto) in Höhe von 6,06 € pro Tag für die Dauer von maximal 365 Tagen ab erstmaliger Antragstellung beantragen. Die Einkünfte des beziehenden Elternteils dürfen nicht mehr als 7.300 € (ab 1.1.2020, davor 6.800 €), die Einkünfte des zweiten Elternteils bzw Partners nicht mehr als 16.200 € im Kalenderjahr betragen. Die Beihilfe muss bei Überschreitung der Zuverdienstgrenzen zurückgezahlt werden.

Wie hoch ist das Kinderbetreuungsgeld bei Mehrlingsgeburten?

Für das jüngste Mehrlingskind gebührt Kinderbetreuungsgeld in der vollen Höhe.

Beim pauschalen Kinderbetreuungsgeld (KBG-Konto) erhöht sich bei Mehrlingsgeburten das pauschale Kinderbetreuungsgeld für das zweite und jedes weitere Mehrlingskind um 50 % des jeweiligen Tagesbetrages.

Beim einkommensabhängigen Kinderbetreuungsgeld gibt es keinen Mehrlingszuschlag.

Wann kann es zu einer Verlängerung des pauschalen Kinderbetreuungsgeldes kommen?

In bestimmten Härtefällen kann es zu einer Verlängerung des Bezuges von pauschalem Kinderbetreuungsgeld von 91 Tagen über das höchstmögliche Ausmaß, das einem Elternteil alleine zusteht, kommen:

1. Der zweite Elternteil ist aufgrund eines bestimmten Härtefalles mangels gemeinsamen Haushalts mit dem Kind am Bezug des Kinderbetreuungsgeldes verhindert (Tod, Aufenthalt in einer Heil- und Pflegeanstalt, gerichtlich oder behördlich festgestellte häusliche Gewalt, Aufenthalt im Frauenhaus, Haft).
2. Ein dauerhaft alleinstehender Elternteil hat einen Antrag auf Festsetzung des Kindesunterhaltes bei Gericht gestellt und verfügt über ein max Nettoeinkommen von 1.400 € pro Monat (inkl Familienleistungen) plus je 300 € pro Monat für weitere Personen im Haushalt, für die Unterhalt geleistet wird.

Beim Bezug von einkommensabhängigem Kinderbetreuungsgeld besteht kein Anspruch auf eine Härtefälle-Verlängerung.

Wie wird das Kinderbetreuungsgeld beantragt?

Der Antrag zum Kinderbetreuungsgeld kann mit Formular (https://www.bmfj.gv.at) oder auch online mit elektronischer Signatur (Bürgerkarte oder Handysignatur) unter https://meinesv.at oder über FINANZOnline unter https://finanzonline.bmf.gv.at gestellt werden.

• Mietzinsbeihilfe

Unter welchen Voraussetzungen gibt es eine Mietzinsbeihilfe?

Bei einer **Erhöhung des Hauptmietzinses** konnte – wenn dies die wirtschaftliche Leistungsfähigkeit wesentlich beeinträchtigte – eine direkte Unterstützung vom Finanzamt in Form der sogenannten Mietzinsbeihilfe beantragt werden. Diese Mietzinsbeihilfe ist mit 1.1.2016 ersatzlos entfallen. Allfällige Mietzinsbeihilfen der Länder bleiben davon unberührt.

Anhang

Im Anhang finden Sie

- ➔ ein Verzeichnis der Finanzbehörden und der Sozialversicherungsträger,
- ➔ ein Stichwortverzeichnis sowie
- ➔ ein Steuerkalendarium.

Die österreichischen Finanzbehörden

In der österreichischen Finanzverwaltung wurden in den letzten Jahren tief greifende Reformen mit grundlegenden Änderungen in der Aufbau- und Ablauforganisation durchgeführt. Die Finanzverwaltung besteht aus folgenden Einheiten:

- Das **Finanzamt Österreich** ist als österreichweite Abgabenbehörde für Arbeitnehmer und Unternehmen (Klein- und Mittelbetriebe) eingerichtet. Vor Ort in den Bundesländern gibt es weiterhin lokale Dienststellen bzw Außenstellen des Finanzamtes Österreich.
- Das **Finanzamt für Großbetriebe** ist eine Abgabenbehörde mit bundesweiter Zuständigkeit für Großbetriebe (über 10 Mio Umsatz), Finanzdienstleister, Unternehmensgruppen, Stiftungen und Fonds sowie gemeinnützige Bauvereinigungen.
- Im bundesweiten **Amt für Betrugsbekämpfung** sind die Abgaben- und Sozialbetrugsbekämpfungseinheiten (Finanzstrafsachen, Finanzpolizei, Steuerfahndung) zusammengeführt.
- Der **Prüfdienst für Lohnabgaben und Beiträge** ist eine bundesweite Organisationseinheit für die Lohnsteuerprüfung, die Sozialversicherungsprüfung, die Kommunalsteuerprüfung sowie die Durchführung von allgemeinen Aufsichts- und Erhebungsmaßnahmen für die lohnabhängigen Abgaben.
- Das **Zollamt Österreich** ist eine österreichweite Abgaben- und Finanzstrafbehörde für Wirtschaftsbeteiligte, für den Güterverkehr und den Reiseverkehr sowie Postverzollungen und Verbrauchsteuern,
- Die **Zentralen Services** sind eine bundesweite Einrichtung der Bundesfinanzverwaltung mit Unterstützungsfunktion (Fachstelle, Bundesfinanzakademie usw).

Darüber hinaus ist noch das **Bundesfinanzgericht** relevant, das als unabhängiges Verwaltungsgericht insbesondere über Beschwerden in Steuer- und Beihilfenangelegenheiten sowie in Zoll- und Finanzstrafsachen entscheidet.

Für das Finanzamt wurde ein zentrales Auskunftsservice installiert, das unter den folgenden Telefonnummern erreichbar ist:

- 050 233 233 für Privatpersonen
- 050 233 333 für Unternehmen

Diese beiden Telefonnummern ersetzen alle bisher vorhandenen lokalen Telefonnummern und sind von Montag bis Donnerstag von 7.30 bis 15.30 Uhr und am Freitag von 7.30 bis 12.00 Uhr erreichbar.

Überdies können Sie Fragen ans Finanzamt auch in einem Internet-Chat klären (https://chat.bmf.gv.at/).

Adressen und Telefaxnummern der Finanzämter (in der neuen, ab 1.1.2021 geltenden Organisationsstruktur):

Amt	Dienststelle / Standort	Straße	PLZ	Ort	Bld	Telefon	Fax
Finanzamt für Großbetriebe	Standort Wien	Radetzkystraße 2	1030	Wien	W	050 233 334	050 233 5956000
Finanzamt für Großbetriebe	Standort Eisenstadt	Neusiedler Straße 46	7000	Eisenstadt	B	050 233 334	050 233 5956000
Finanzamt für Großbetriebe	Standort Feldkirch	Schillerstraße 2	6800	Feldkirch	V	050 233 334	050 233 5956000
Finanzamt für Großbetriebe	Standort Graz	Adolf-Kolping-Gasse 7	8010	Graz	ST	050 233 334	050 233 5956000
Finanzamt für Großbetriebe	Standort Innsbruck	Innrain 32	6020	Innsbruck	T	050 233 334	050 233 5956000
Finanzamt für Großbetriebe	Standort Klagenfurt	Siriusstraße 11	9020	Klagenfurt am Wörthersee	K	050 233 334	050 233 5956000
Finanzamt für Großbetriebe	Standort Linz	Bahnhofplatz 7	4020	Linz	O	050 233 334	050 233 5956000
Finanzamt für Großbetriebe	Standort Salzburg	Aigner Straße 10	5026	Salzburg	SA	050 233 334	050 233 5956000
Finanzamt Österreich		Marxergasse 4	1030	Wien	W	050 233 233	050 233 5914001
Finanzamt Österreich	Dienststelle Amstetten Melk Scheibbs	Erlafpromenade 10	3270	Scheibbs	N	050 233 233	050 233 5919000
Finanzamt Österreich	Dienststelle Amstetten Melk Scheibbs	Graben 7	3300	Amstetten	N	050 233 233	050 233 5919000
Finanzamt Österreich	Dienststelle Amstetten Melk Scheibbs	Abt Karl-Straße 25	3390	Melk	N	050 233 233	050 233 5919000
Finanzamt Österreich	Dienststelle Baden Mödling	DI Wilhelm Haßlingerstraße 3	2340	Mödling	N	050 233 233	050 233 5920000
Finanzamt Österreich	Dienststelle Baden Mödling	Josefsplatz 13	2500	Baden	N	050 233 233	050 233 5920000
Finanzamt Österreich	Dienststelle Braunau Ried Schärding	Gerichtsplatz 2	4780	Schärding	O	050 233 233	050 233 5927003
Finanzamt Österreich	Dienststelle Braunau Ried Schärding	Friedrich Thurner Straße 7	4910	Ried im Innkreis	O	050 233 233	050 233 5927002

Amt	Dienststelle / Standort	Straße	PLZ	Ort	Bld	Telefon	Fax
Finanzamt Österreich	Dienststelle Braunau Ried Schärding	Stadtplatz 60	5280	Braunau am Inn	O	050 233 233	050 233 5927001
Finanzamt Österreich	Dienststelle Bruck Eisenstadt Oberwart	Stefaniegasse 2	2460	Bruck an der Leitha	N	050 233 233	050 233 5926000
Finanzamt Österreich	Dienststelle Bruck Eisenstadt Oberwart	Neusiedler Straße 46	7000	Eisenstadt	B	050 233 233	050 233 5926000
Finanzamt Österreich	Dienststelle Bruck Eisenstadt Oberwart	Prinz Eugenstraße 3	7400	Oberwart	B	050 233 233	050 233 5926000
Finanzamt Österreich	Dienststelle Deutschlandsberg Leibnitz Voitsberg	Lastenstraße 10	8430	Leibnitz	ST	050 233 233	050 233 5941000
Finanzamt Österreich	Dienststelle Deutschlandsberg Leibnitz Voitsberg	Bahnhofstraße 6	8530	Deutschlandsberg	ST	050 233 233	050 233 5941000
Finanzamt Österreich	Dienststelle Deutschlandsberg Leibnitz Voitsberg	Dr.-Christian-Niederdorfer-Straße 1	8570	Voitsberg	ST	050 233 233	050 233 5941000
Finanzamt Österreich	Dienststelle Freistadt Rohrbach Urfahr	Bahnhofplatz 7	4020	Linz	O	050 233 233	050 233 5930003
Finanzamt Österreich	Dienststelle Freistadt Rohrbach Urfahr	Linzer Straße 15	4150	Rohrbach in Oberösterreich	O	050 233 233	050 233 5930002
Finanzamt Österreich	Dienststelle Freistadt Rohrbach Urfahr	Schloßhof 2	4240	Freistadt	O	050 233 233	050 233 5930001
Finanzamt Österreich	Dienststelle für Sonderzuständigkeiten	Marxergasse 4	1030	Wien	W	050 233 518	050 233 5918001
Finanzamt Österreich	Dienststelle Gmunden Vöcklabruck	Johann Tagwerker-Straße 2	4810	Gmunden	O	050 233 233	050 233 5931001
Finanzamt Österreich	Dienststelle Gmunden Vöcklabruck	Franz Schubert-Straße 37	4840	Vöcklabruck	O	050 233 233	050 233 5931002
Finanzamt Österreich	Dienststelle Graz-Stadt	Conrad-von-Hötzendorf-Str. 14-18	8010	Graz	ST	050 233 233	050 233 5938001
Finanzamt Österreich	Dienststelle Grieskirchen Wels	Dragonerstraße 31	4600	Wels	O	050 233 233	050 233 5932002
Finanzamt Österreich	Dienststelle Grieskirchen Wels	Manglburg 17	4710	Grieskirchen	O	050 233 233	050 233 5932001
Finanzamt Österreich	Dienststelle Innsbruck	Innrain 32	6020	Innsbruck	T	050 233 233	050 233 5942000
Finanzamt Österreich	Dienststelle Judenburg Liezen	Herrengasse 30	8750	Judenburg	ST	050 233 233	050 233 5940001

Amt	Dienststelle / Standort	Straße	PLZ	Ort	Bld	Telefon	Fax
Finanzamt Österreich	Dienststelle Judenburg Liezen	Hauptstraße 36	8940	Liezen	ST	050 233 233	050 233 5940002
Finanzamt Österreich	Dienststelle Kirchdorf Perg Steyr	Herrenstraße 20	4320	Perg	O	050 233 233	050 233 5929002
Finanzamt Österreich	Dienststelle Kirchdorf Perg Steyr	Handel-Mazzetti-Promenade 14	4400	Steyr	O	050 233 233	050 233 5929003
Finanzamt Österreich	Dienststelle Kirchdorf Perg Steyr	Pernsteiner-straße 23-25	4560	Kirchdorf an der Krems	O	050 233 233	050 233 5929001
Finanzamt Österreich	Dienststelle Klagenfurt St. Veit Wolfsberg	Siriusstraße 11	9020	Klagenfurt am Wörthersee	K	050 233 233	050 233 5933001
Finanzamt Österreich	Dienststelle Klagenfurt St. Veit Wolfsberg	Sponheimer-straße 1	9300	St. Veit an der Glan	K	050 233 233	050 233 5934001
Finanzamt Österreich	Dienststelle Klagenfurt St. Veit Wolfsberg	Lindhofstraße 3	9400	Wolfsberg	K	050 233 233	050 233 5934002
Finanzamt Österreich	Dienststelle Landeck Reutte	Innstraße 11	6500	Landeck	T	050 233 233	050 233 5945000
Finanzamt Österreich	Dienststelle Landeck Reutte	Claudiastraße 7	6600	Reutte	T	050 233 233	050 233 5945000
Finanzamt Österreich	Dienststelle Linz	Bahnhofplatz 7	4020	Linz	O	050 233 233	050 233 5928002
Finanzamt Österreich	Dienststelle Niederösterreich Mitte	Grazer Straße 95	2700	Wiener Neustadt	N	050 233 233	050 233 5925000
Finanzamt Österreich	Dienststelle Niederösterreich Mitte	Daniel Gran-Straße 8	3100	St. Pölten	N	050 233 233	050 233 5924000
Finanzamt Österreich	Dienststelle Niederösterreich Mitte	Liese Prokop Straße 14	3180	Lilienfeld	N	050 233 233	050 233 5924000
Finanzamt Österreich	Dienststelle Oststeiermark	Hans-Kloepfer-Gasse 10	8160	Weiz	ST	050 233 233	050 233 5937004
Finanzamt Österreich	Dienststelle Oststeiermark	Rotkreuzplatz 2	8230	Hartberg	ST	050 233 233	050 233 5937002
Finanzamt Österreich	Dienststelle Oststeiermark	Gnaser Straße 3	8330	Feldbach	ST	050 233 233	050 233 5937001
Finanzamt Österreich	Dienststelle Oststeiermark	Grazertorplatz 15	8490	Bad Radkersburg	ST	050 233 233	050 233 5937003
Finanzamt Österreich	Dienststelle Salzburg-Land	Aigner Straße 10	5026	Salzburg	SA	050 233 233	050 233 5948000
Finanzamt Österreich	Dienststelle Salzburg-Stadt	Aigner Straße 10	5026	Salzburg	SA	050 233 233	050 233 5947000
Finanzamt Österreich	Dienststelle Spittal Villach	Meister-Friedrich-Straße 2	9500	Villach	K	050 233 233	050 233 5935002

Amt	Dienststelle / Standort	Straße	PLZ	Ort	Bld	Telefon	Fax
Finanzamt Österreich	Dienststelle Spittal Villach	Dr.-Arthur-Lemisch-Platz 2	9800	Spittal an der Drau	K	050 233 233	050 233 5935001
Finanzamt Österreich	Dienststelle St. Johann Tamsweg Zell am See	Gartengasse 3	5580	Tamsweg	SA	050 233 233	050 233 5946003
Finanzamt Österreich	Dienststelle St. Johann Tamsweg Zell am See	Hans Kappacherstraße 14	5600	St. Johann im Pongau	SA	050 233 233	050 233 5946001
Finanzamt Österreich	Dienststelle St. Johann Tamsweg Zell am See	Brucker Bundesstraße 13	5700	Zell am See	SA	050 233 233	050 233 5946002
Finanzamt Österreich	Dienststelle Steiermark Mitte	Adolf-Kolping-Gasse 7	8010	Graz	ST	050 233 233	050 233 5939001
Finanzamt Österreich	Dienststelle Steiermark Mitte	An der Postwiese 8	8600	Bruck an der Mur	ST	050 233 233	050 233 5936001
Finanzamt Österreich	Dienststelle Steiermark Mitte	Bleckmanngasse 10	8680	Mürzzuschlag	ST	050 233 233	050 233 5936003
Finanzamt Österreich	Dienststelle Steiermark Mitte	Erzherzog Johann-Straße 5	8700	Leoben	ST	050 233 233	050 233 5936002
Finanzamt Österreich	Dienststelle Tirol Ost	Brandlstraße 19/1	6130	Schwaz	T	050 233 233	050 233 5944000
Finanzamt Österreich	Dienststelle Tirol Ost	Oskar Pirlo-Straße 15	6330	Kufstein	T	050 233 233	050 233 5944000
Finanzamt Österreich	Dienststelle Tirol Ost	Im Gries 9	6370	Kitzbühel	T	050 233 233	050 233 5943000
Finanzamt Österreich	Dienststelle Tirol Ost	Dolomitenstraße 1	9900	Lienz	T	050 233 233	050 233 5943000
Finanzamt Österreich	Dienststelle Vorarlberg	Reichsstraße 154	6800	Feldkirch	V	050 233 233	050 233 5950000
Finanzamt Österreich	Dienststelle Vorarlberg	Brielgasse 19	6900	Bregenz	V	050 233 233	050 233 5949000
Finanzamt Österreich	Dienststelle Waldviertel	Rechte Kremszeile 58	3500	Krems an der Donau	N	050 233 233	050 233 5923000
Finanzamt Österreich	Dienststelle Waldviertel	Schloßplatz 1	3580	Horn	N	050 233 233	050 233 5923000
Finanzamt Österreich	Dienststelle Waldviertel	Hauptplatz 23-26	3830	Waidhofen an der Thaya	N	050 233 233	050 233 5923000
Finanzamt Österreich	Dienststelle Waldviertel	Hamerlingstraße 2a	3910	Zwettl	N	050 233 233	050 233 5923000
Finanzamt Österreich	Dienststelle Waldviertel	Albrechtser Straße 4	3950	Gmünd	N	050 233 233	050 233 5923000
Finanzamt Österreich	Dienststelle Weinviertel	Babogasse 9	2020	Hollabrunn	N	050 233 233	050 233 5922000

Amt	Dienststelle / Standort	Straße	PLZ	Ort	Bld	Telefon	Fax
Finanzamt Österreich	Dienststelle Weinviertel	Laaer Straße 13 - 15	2100	Korneuburg	N	050 233 233	050 233 5922000
Finanzamt Österreich	Dienststelle Weinviertel	Mitschastraße 5	2130	Mistelbach	N	050 233 233	050 233 5921000
Finanzamt Österreich	Dienststelle Weinviertel	Rathausplatz 9	2230	Gänserndorf	N	050 233 233	050 233 5921000
Finanzamt Österreich	Dienststelle Weinviertel	Albrechtsgasse 26-30	3430	Tulln an der Donau	N	050 233 233	050 233 5922000
Finanzamt Österreich	Dienststelle Wien 1/23	Marxergasse 4	1030	Wien	W	050 233 233	050 233 5914001
Finanzamt Österreich	Dienststelle Wien 12/13/14 Purkersdorf	Marxergasse 4	1030	Wien	W	050 233 233	050 233 5914001
Finanzamt Österreich	Dienststelle Wien 2/20/21/22	Dr.-Adolf-Schärf-Platz 2	1220	Wien	W	050 233 233	050 233 5914001
Finanzamt Österreich	Dienststelle Wien 3/6/7/11/15 Schwechat Gerasdorf	Marxergasse 4	1030	Wien	W	050 233 233	050 233 5914001
Finanzamt Österreich	Dienststelle Wien 4/5/9/10/18/19 Klosterneuburg	Marxergasse 4	1030	Wien	W	050 233 233	050 233 5914001
Finanzamt Österreich	Dienststelle Wien 8/16/17	Marxergasse 4	1030	Wien	W	050 233 233	050 233 5914001

Amt für Betrugsbekämpfung	Hintere Zollamtsstraße 2b	1030	Wien	W	050 233 552	
Amt für Betrugsbekämpfung - Finanzpolizei	Hintere Zollamtsstraße 2b	1030	Wien	W	050 233 554	
Amt für Betrugsbekämpfung - Steuerfahndung	Brehmstraße 14	1110	Wien	W	050 233 553	

Prüfdienst für lohnabhängige Abgaben und Beiträge	Hintere Zollamtsstraße 2b	1030	Wien	W	050 233 558	

Bundesfinanzgericht

Präsidium	Hintere Zollamtsstraße 2b 1030 Wien	Tel.: 0502 50577000 Fax: 0502 505977000
Außenstelle Feldkirch	Schillerstraße 2 6800 Feldkirch	Tel.: 0502 50577700 Fax: 0502 505977700
Außenstelle Graz	Conrad von Hötzendorfstraße 14-18 8018 Graz	Tel.: 0502 50577800 Fax: 0502 505977800
Außenstelle Innsbruck	Innrain 32 6020 Innsbruck	Tel.: 0502 50577600 Fax: 0502 505977600
Außenstelle Klagenfurt	Siriusstraße 11 9020 Klagenfurt	Tel.: 0502 50577900 Fax: 0502 505977900
Außenstelle Linz	Bahnhofplatz 7 4020 Linz	Tel.: 0502 50577400 Fax: 0502 505977400
Außenstelle Salzburg	Aignerstraße 10 5026 Salzburg	Tel.: 0502 50577500 Fax: 0502 505977500
Sitz	Hintere Zollamtsstraße 2b 1030 Wien	Tel.: 0502 50577100 Fax: 0502 505977100

Die wichtigsten Sozialversicherungsträger

Mit 1.1.2020 wurden die Gebietskrankenkassen zur Österreichischen Gesundheitskasse (ÖGK) zusammenführt. Die Sozialversicherung der gewerblichen Wirtschaft (SVA) wurde ab 1.1.2020 mit der Sozialversicherung der Bauern (SVB) zur SVS, der Sozialversicherungsanstalt für Selbständige. Ebenfalls mit 1.1.2020 wurden die bisherige Versicherungsanstalt öffentlich Bediensteter (BVA) und die Versicherungsanstalt für Eisenbahnen und Bergbau (VAEB) zur Versicherungsanstalt öffentlich Bediensteter, Eisenbahnen und Bergbau (BVAEB) fusioniert.

Dienststelle	PLZ	Anschrift	Telefon
Hauptstelle der Österreichischen Gesundheitskasse (ÖGK)	1030 Wien	Haidingergasse	050766 - 0
Wien			
ÖGK	1101 Wien	Wienerbergstraße 15-19	050766 - 11
Sozialversicherungsanstalt der Selbständigen	1050 Wien	Wiedner Hauptstraße 84-86	050808 - 808
Niederösterreich			
ÖGK	3100 St. Pölten	Kremser Landstraße 3	050766 -127100 (Dienstgeberservice) 050766 - 126100 (Versichertenservice)
Sozialversicherungsanstalt der Selbständigen	3100 St. Pölten	Neugebäudeplatz 1	0 50808 - 808
Burgenland			
ÖGK	7000 Eisenstadt	Siegfried-Marcus-Straße 5	050766 - 13
Sozialversicherungsanstalt der Selbständigen	7000 Eisenstadt	Siegfried-Marcus-Straße 5	050808 - 808
Oberösterreich			
ÖGK	4021 Linz	Gruberstraße 77	050766 - 14
Sozialversicherungsanstalt der Selbständigen	4010 Linz	Mozartstraße 41	050808 - 808
Salzburg			
ÖGK	5020 Salzburg	Engelbert-Weiß-Weg 10	050766 - 17
Sozialversicherungsanstalt der Selbständigen	5027 Salzburg	Auerspergstraße 24	050808 - 808
Tirol			
ÖGK	6020 Innsbruck	Klara-Pölt-Weg 2	050766 - 18
Sozialversicherungsanstalt der Selbständigen	6020 Innsbruck	Klara-Pölt-Weg 1	050808 - 808

Dienststelle	PLZ	Anschrift	Telefon
Steiermark			
ÖGK	8010 Graz	Josef-Pongratz-Platz 1	050766 - 15
Sozialversicherungsanstalt der Selbständigen	8011 Graz	Körblergasse 115	050808 - 808
Kärnten			
ÖGK	9021 Klagenfurt	Kempfstraße 8	050766 - 16
Sozialversicherungsanstalt der Selbständigen	9021 Klagenfurt	Bahnhofstraße 67	050808 - 808
Vorarlberg			
ÖGK	6850 Dornbirn	Jahngasse 4	050766 - 19
Sozialversicherungsanstalt der Selbständigen	6800 Feldkirch 6900 Bregenz	Schloßgraben 14 Montfortstraße 9	050808 - 808

Stichwortverzeichnis

C

D

E

F

I

J

K

L

M

N

O

P

R

S

Steuerkalendarium

JÄNNER	FEBER	MÄRZ
Fälligkeiten: 15.1.: USt für November Lohnabgaben für Dezember	Fälligkeiten: 15.2.: USt für Dezember bzw 4. Quartal Lohnabgaben für Jänner ESt-Vorauszahlung 1. Viertel	Fälligkeiten: 15.3.: USt für Jänner Lohnabgaben für Feber SV 1. Quartal
Fristen: 31.1.: Abgabe der Papiere/Lohnzettel durch Arbeitgeber bei Betriebsstätten-finanzamt 31.1.: Zusammenfassende Meldung für die USt (Vormonat bzw Quartal)	Fristen: 15.2.: USt-Voranmeldung für das 4. Quartal 28.2.: Elektronische Übermittlung der Lohnzettel durch Arbeitgeber 28.2.: Zusammenfassende Meldung für die USt (Vormonat)	Fristen: 28.2.: Zusammenfassende Meldung für die USt (Vormonat)
Aktivitäten: Anlegen eines Ordners zum Sammeln der Belege Anträge auf Berücksichtigung des Pendlerpauschales, des Familienbonus Plus und des Alleinverdiener- bzw Alleinerzieherabsetzbetrages beim Arbeitgeber Abgabe der Mitteilung über den Freibetrag beim Arbeitgeber (Kapitel A.2.3.)	Aktivitäten: Die folgenden Aktivitäten können auch bereits im Jänner gesetzt werden: Beantragen der Veranlagung (siehe Kapitel A.1.1.) Beantragen der Negativsteuer (siehe Kapitel A.1.2.) Beantragen der KESt-Rückerstattung (siehe Kapitel B.2.2.5.)	Aktivitäten: Abgabe der Erklärung zur Vorsteuer-Pauschalierung (bis spätestens zur Rechtskraft des USt-Bescheides; siehe Kapitel B.3.5.)

APRIL	MAI	JUNI
Fälligkeiten: 15.4.: USt für Feber Lohnabgaben für März	Fälligkeiten: 15.5.: USt für März bzw 1. Quartal Lohnabgaben für April ESt-Vorauszahlung 2. Viertel	Fälligkeiten: 15.6.: USt für April Lohnabgaben für Mai SV 2. Quartal
Fristen: 30.4.: Zusammenfassende Meldung für die USt (Vormonat bzw Quartal) 30.4.: Abgabe der Einkommen-, Körperschaft- und Umsatzsteuererklärung (soweit nicht elektronisch)	Fristen: 31.5.: Zusammenfassende Meldung für die USt (Vormonat) 15.5.: USt-Voranmeldung für das 1. Quartal	Fristen: 30.6.: Elektronische Abgabe der Einkommen-, Körperschaft- und Umsatzsteuererklärung 30.6.: Vorsteuerrückerstattung in Drittstaaten
Aktivitäten: Verzicht auf die Umsatzsteuerfreiheit durch Kleinunternehmer bis zur Rechtskraft des USt-Bescheides (siehe Kapitel B.3.2.3.)	Aktivitäten: Es empfiehlt sich, die Erklärung zur (Arbeitnehmer-)Veranlagung abzugeben, damit man noch rechtzeitig seinen Freibetragsbescheid erhält	Aktivitäten: Anschaffung von Arbeitsmitteln und Investitionsgütern, wenn noch die volle AfA zustehen soll Bei Verehelichung im ersten Halbjahr steht – wenn der Partner gewisse Einkunftsgrenzen nicht überschreitet – der Alleinverdienerabsetzbetrag zu (siehe Kapitel A.1.2.1.)

JULI	AUGUST	SEPTEMBER
Fälligkeiten: 15.7.: USt für Mai Lohnabgaben für Juni	Fälligkeiten: 15.8.: USt für Juni bzw 2. Quartal Lohnabgaben für Juli ESt-Vorauszahlung 3. Viertel	Fälligkeiten: 15.9.: USt für Juli Lohnabgaben für August SV 3. Quartal
Fristen: 31.7.: Zusammenfassende Meldung für die USt bei innergemeinschaftlichen Lieferungen	Fristen: 15.8.: USt-Voranmeldung für das 2. Quartal 31.8.: Zusammenfassende Meldung für die USt (Vormonat)	Fristen: 30.9.: Antrag auf Herabsetzung der Einkommensteuer- oder Körperschaftsteuer-Vorauszahlungen 30.9.: Abgabe der Erklärung zur Durchführung der Arbeitnehmerveranlagung (Pflichtveranlagung) 30.9.: Einreichung von Vorsteuererstattungsanträgen in EU-Staaten
Aktivitäten: Bei Scheidung bzw Trennung erst im zweiten Halbjahr bleibt der Alleinverdienerabsetzbetrag erhalten (siehe Kapitel A.1.2.1.) Start der automatischen Arbeitnehmerveranlagung durch das Finanzamt in bestimmten Fällen	Aktivitäten:	Aktivitäten: Anzahlung auf Einkommensteuer bzw Körperschaftsteuer zur Vermeidung von Anspruchszinsen Zahlungen zur Vermeidung von Anspruchszinsen

OKTOBER	NOVEMBER	DEZEMBER
Fälligkeiten: 15.10.: USt für August Lohnabgaben für September	Fälligkeiten: 15.11.: USt für September bzw 3. Quartal Lohnabgaben für Oktober ESt-Vorauszahlung 4. Viertel	Fälligkeiten: 15.12.: USt für Oktober Lohnabgaben für November SV 4. Quartal
Fristen: 1.10.: Beginn des Zeitraumes für die Anspruchsverzinsung 31.10.: Zusammenfassende Meldung für die USt (Vormonat bzw Quartal) 31.10.: Beantragung eines Freibetragsbescheides für Werbungskosten von mindestens 900 € oder für Katastrophenschäden	Fristen: 15.11.: USt-Voranmeldung für das 3. Quartal 30.11.: Hat man zu diesem Termin noch keinen Freibetragsbescheid, so wird er für das laufende Jahr nicht mehr erlassen, und man muss mit der Steuererstattung auf die Veranlagung warten 30.11.: Zusammenfassende Meldung für die USt (Vormonat)	Fristen: 31.12.: (Arbeitnehmer-)Veranlagung (5 Jahre) Rückerstattung von Sozialversicherungsbeiträgen 31.12.: Zusammenfassende Meldung für die USt (Vormonat)

OKTOBER	NOVEMBER	DEZEMBER
Aktivitäten: Wurde wider Erwarten die 35.000 €-Grenze bei der USt überschritten, ist die USt des gesamten Jahres mit dem Voranmeldungsmonat abzuführen, in dem die Grenze überschritten wurde (siehe Kapitel B.3.2.3)	Aktivitäten: Abgabe der Belege über den Kirchenbeitrag bzw selbst bezahlten Gewerkschaftsbeitrag beim Arbeitgeber vor der Dezemberabrechnung, wenn keine Veranlagung folgt (siehe Kapitel A.1.1.)	Aktivitäten: Anschaffung von Arbeitsmitteln und Investitionsgütern, um noch die halbe AfA zu erhalten Zahlung von Werbungskosten bzw Betriebsausgaben, Sonderausgaben und außergewöhnlichen Belastungen, die in diesem Jahr noch abgesetzt werden sollen Vorziehen von Zahlungen, die auf zwei Jahre verteilt werden sollen